자주독립과 통일정부 수립을 위한

재미한인의 꿈과 도전

홍 선 표 지음

연세대학교 출판부

간행사

일제시기에 미국 본토와 하와이에 거주하던 재미한인들은 조국의 자주독립과 근대적인 민족국가의 건설이라는 염원을 가슴에 품고 살았다. 이를 위해 재미한인들은 고단한 이민생활을 견뎌가며 일제의 지배로부터 조국을 해방시키기 위한 독립운동에 깊이 관계하였다. 즉, 그들은 외교선전활동을 비롯한 독립운동에 직접 가담하여 활동하거나, 대한민국임시정부 및 대한인국민회·동지회와 같은 유력한 독립단체에 재정 지원을 아끼지 않았던 것이다. 따라서 재미한인들은 한국독립운동을 떠받드는 지주 역할을 수행했다고 말할 수 있다.

재미한인들은 민족의 독립역량을 높이고 독립운동을 효과적으로 추진하기 위해 민족 내부의 단합과 통일을 가장 중시하였다. 이를 위해 재미한인들은 일찍이 1909년에 재미한인사회의 독립역량을 총결집한 대한인국민회를 조직하여 민족적 과제를 달성하려 하였다. 그러나 1910년대 후반부터 대한인국민회가 분열과 파쟁으로 기능을 상실함에 따라 재미한인사회의 독립운동은 다시금 침체에 빠져들게 되었다.

재미한인들이 민족 내부의 통합과 독립운동의 활성화라는 양대 과제를 해결하고자 조직한 대표적 단체가 바로 재미한족연합위원회이다. 연합회는 1941년 하와이 호놀룰루에서 열린 해외 한족대회에서 미주지역의 주요 독립단체들이 연합해 결성한 재미한인사회 최대의 독립운동 기관이다. 연합회는 1920년대 초반 이래 지속된 재미한인사회의 통일운동의 산물이자 제2차 세계대전의 발발로 나타난 한국 독립의 호기를 적절히 활용하기 위한 노력의 결실이었다. 연합회는 태평양전쟁 시기 재미한인사회의 독립운동을 선도적으로 이끌었고, 해방 이후에는 대표단을 국내로 파견하여 좌우합작을 통한 통일정부 수립과 근대적인 주권국가를 건설하는데 앞장섰다.

이번에 현대한국학연구소가 펴내는 『재미한인의 꿈과 도전』은 재미한족연합위원회가 하와이에서 결성된 후부터 해방 후 국내활동을 전개할 때까지의 활동상을 중심으로 고찰한 것이다. 이 책에는 1930년대 전후 재미한인사회에 일어난 통합운동의 동향, 연합회가 결성된 후부터 해방 직전까지 벌인 독립활동, 해방 후부터 1948년 다시 도미할 때까지 국내에서 펼친 자주독립과 통일정부 수립을 위한 정치활동 등이 상세히 나와 있다.

끝으로 다년간 박사학위논문을 대폭 보완·수정한 다음, 이를 현대한국학연구소를 통해 출판해 주신 홍선표 독립기념관 책임연구위원께 깊이 감사드린다. 이 책이 미주지역 독립운동계의 실상과 해방 이후 국내정치에 미친 연합회의 역할, 그리고 신생 대한민국의 국가건설에 미친 재미한인들의 영향을 되새길 수 있기를 기대해 마지않는다.

연세대학교 국제학대학원
현대한국학연구소 소장 **이정민**

책머리에

일제강점시기 미주한인의 역사는 한 때 한국근대사에서 주목받지 못한 변방에 위치하면서 거의 잊혀진 존재였다. 이런 잊혀진 역사에 생기를 불어넣으신 분과 저술은 김원용 선생님의 『재미한인오십년사』와 방선주 선생님의 『재미한인의 독립운동』이다. 두 분의 저서는 미주지역 연구에 단비와 같은 업적이었다. 이를 바탕으로 후학들은 다양한 분야에서 미주한인의 역사에 대해 주목하기 시작했다.

필자가 미주한인사회에 주목하게 된 것은 서재필이라는 인물을 통해서다. 미국에서 전개했던 서재필의 독립운동을 통해 처음으로 재미한인의 모습을 들여 보았고 이를 바탕으로 미주 분야에 대한 본격적인 연구에 들어갈 수 있었다.

미주한인의 역사는 2003년 미주이민 100주년 기념행사를 계기로 크게 주목받았다. 100주년이라는 의미와 미국과 미국 내 한국인 동포가 갖는 힘들이 기념 행사를 통해 역사에 대한 관심으로 연결되었다. 그러나 많은 관심에도 불구하고 크게 기대했던 전문적인 연구에 대한 발전은 더디게 진행된 반면 순수한 열정과 관심으로 증폭된 다양한 글들은 대거 쏟아져 나왔다. 지나치게 외형적으로 치우친 행사 위주의 결과였다. 100주년을 계기로 미주지역 연구의 초석을 다지는 원년이 되었더라면 하는 아쉬움이 남는 것은 이런 때문이다.

현재 미주한인사회를 고찰하고 분석할 여건은 예전에 비해 훨씬 잘 구비되어 있다. 비록 완전하진 않겠지만 미주한인과 관련된 각종 자료가 풍부하게 수집되어 있고 여러 자료총서들로 편찬되었다. 자료로 인해 막혀 있던 길이 어느 정도 뚫리고 있는 셈이다. 이제 남은 일은 보다 더 많은 자료 수집과 아울러 수집된 각종 자료들을 잘 정리하고 분석해 잊혀진 역사에서 눈에 보이는 역사로 만들어 내는 일이다. 이를 위해 앞으로 추진해야 할 과제는 무궁무진한 실정이다.

이 책은 필자의 박사학위 논문을 저본으로 쓴 글이다. 학위 논문의 글은 1930년 전후부터 해방 이전까지 재미한족연합위원회의 결성과 활동을 중심으로 미주한인사회의 전모를 살폈다. 그런데 이번에 출간하는 책은 기존 글에서 빠졌던 1945년의 활동상과 해방 이후 국내활동의 내용을 보충해 연합회의 전 활동을 다 다루었다. 그리고 그동안 미진했거나 생략된 많은 부분을 찾아내 보완하고 수정했다. 따라서 이 책은 기존 학위 논문의 골격과 내용을 선용하고 있지만 전체적으로는 새로운 체제와 내용을 갖추고 있다고 하겠다.

이 책은 전체 6부로 구성되어 있다. 제1부는 글 전체의 서론으로서 1930년대 미주한인사회의 모습을 통합과 통일을 중심으로 다루었다. 제2부와 제3부는 1930년대 미주한인의 노력으로 이룩한 재미한족연합위원회의 결성과 조직, 그리고 다양한 활동상을 고찰하였다. 일제강점시기 미주한인의 독립운동을 재미한족연합위원회를 중심으로 살핀 것이다. 제4부는 미주한인사회의 분쟁과 분열을 한길수 · 이승만 · 중경 임시정부를 대상으로 살펴서 복잡다단한 미주한인사회의 동향과 실태를 살피려 했다. 다른 한편에서 볼 때 이것은 재미한족연합위원회가 정체성을 찾아가는 일이기도 했다. 제5부는 분열된 미주한인사회가 1945년 샌프란시스코회의를 둘러싸고 어떻게 대응해 나갔는지를 살폈다. 제6부는 해방을 대비하고 해방된 한국을 위해 파견한 연합회 대표단의 국내활동을 고찰했다. 그동안 자주독립을 위해 진력해 왔던 재미한족연합위원회가 해방 이후 우리 민족

최대의 선결 과제로 떠 오른 통일정부의 수립을 위해 펼쳤던 정치활동을 비롯해 경제 · 문화 · 외교 등의 활동에 주목하였다.

이로 볼 때 이 책의 제목으로 삼은 "재미한인의 꿈과 도전"은 재미한족연합위원회의 결성과 활동을 중심으로 미주한인사회를 고찰한 연구서라 할 수 있다. 특별히 '꿈과 도전'이라 했던 이유는 미주 각 지역에 흩어져 힘들게 살고 있던 미주한인들의 자주독립과 통일정부의 수립, 이를 통해 완전한 자주독립국가를 건설하겠다는 뜨거운 열망과, 그러한 열망을 이루기 위해 부단히 노력했던 열정의 삶을 표현하려 했기 때문이다.

또 다른 면에서 필자는 이 책을 통해 특정 인물이 아닌 미주한인사회의 다양한 인물들에 주목하고자 했다. 그동안 미주한인사회에는 수많은 인물들이 등장했으나 주로 이승만, 안창호, 박용만 중심으로 살펴 온 경향이 많다. 이들 세 사람은 미주한인사회의 핵심 인물이라 해도 과언이 아니다. 때문에 어떻게 보면 이들 인물을 중심으로 미주한인의 역사를 고찰한다는 것은 결코 이상하다거나 그릇된 것이 아니었다. 그러나 이 책에서 주목하고 싶었던 것은 각종 단체 속에 활동한 다양한 인물들이었다.

이 책에는 시기상 가장 관련이 많은 이승만을 제외하고 거의 대부분 새로운 인물들이 등장한다. 필자는 이들 모두를 '애국적 인물'들로 지칭하고 싶다. 이들은 일상에서는 그저 평범한 사업가이자 직장인으로, 그리고 한 가정을 돌보는 가장들이었지만 조국의 독립을 위해선 자신의 물질과 시간을 아까워하지 않고 기꺼이 헌신했던 그런 사람들이었다. 필자는 아직까지도 잘 드러나지 않고 있는 수많은 '애국적 인물'에 대해 존경의 마음을 표현함과 동시에 앞으로 더욱 발굴하고 선양해야겠다는 막중한 책임감을 느낀다.

역사를 공부할 때 마다 선학들이 겪었을 고초와 인내를 생각하며 깊은 존경의 마음을 금할 수 없다. 필자가 선학들의 노고와 업적을 다시 되새기고 높이 평가하는 것은 역사를 공부하면서 새삼 철이 들고 있기 때문인 것 같다. 처음 역사를 공부하려고 결심했을 때 필자는 정말 아무 것도 모른 채 용기 하나만 갖고 덤빈 것 같다. 그 용기도 되돌아보니 현실 감각이 떨어진 무모한 결심이었다는 것을 역사라는 바다에 첫 발을 적시는 순간 깨달았다. 그런 무모한 용기로 시작한 역사 공부가 오늘까지 계속된 것은 순전히 나의 의지와 능력이라기보다 하나님의 은혜와 섭리였다.

이 책이 나오기까지 학문과 인생에서 훌륭하신 선생님들을 만나 과분한 지도와 은택을 받았다. 먼저 학문의 길을 처음으로 인도해 주신 자상하신 박현서 선생님과 진정한 학문의 태도를 보여주시고 세심하고 철저한 논문 지도와 인생의 조언을 아끼지 않으신 정창렬 선생님, 대선배로서 간단치 않은 대학생활에 지원과 지도를 아끼지 않으신 이완재 선생님, 늘 후배들의 모범이 되어 세심하게 보살펴 주신 이석규 선생님의 사랑과 은혜에 진심으로 감사드린다. 역사의 재미와 안목을 잘 가르쳐 주신 최문형 선생님과 역사에 대해 눈을 뜨게 해 주신 김영한 선생님, 자상한 부모처럼 많은 관심과 사랑을 베풀어진 임계순 선생님께도 진심으로 감사드린다.

또 이 책이 나올 수 있었던 데는 존경하는 선생님들의 배려가 있었다. 한국독립운동사연구소 소장으로 재직하시면서 항상 믿음의 본을 보이시고 학문과 인생의 길을 가르쳐 주셨으며 미숙한 필자의 논문을 정성껏 지도해 주신 이만열 선생님의 사랑에 감사드린다. 현대한국학연구소의 초대 소장으로 계시면서 귀중한 자료를 제공해 주시고 삶의 지혜와 안목은 물론 학문의 자세가 무엇인지 스스로 모범을 보여주신 유영익 선생님의 후의와 은택을 감사드린다. 선생님의 배려와 도움이 없었더라면 아마 오늘 이 책이 이렇게 출간되기 어려웠을지도 모른다.

동고동락하며 인생의 청춘을 거의 다 보냈던 한국독립운동사연구소에서 비판과 조언을 아끼지 않은 역대 소장님과 동료 연구위원님들, 인생과 학문에서 애정어린 관심과 조언으로 오늘의 필자를 다듬어 주신 많은 선·후배의 학형들께 진심으로 감사드린다. 게으름과 부족함으로 계속 미루어 온 필자에게 기꺼이 출판을 허락해 주신 연세대학교 현대한국학연구소의 이정민 소장님과 이번 출판을 위해 모든 수고를 아끼지 않으신 오영섭 선생님께 감사의 마음을 전한다. 편집과 디자인으로 수고해 주신 연세대학교 출판부의 김성수, 이정은 선생님께도 심심한 감사의 마음을 전하고 싶다.

가장으로 충실하지 못한 필자를 위해 정성껏 내조해 준 아내 손은신, 건강하고 지혜롭게 잘 자라 준 두 아들 성인과 성일, 어려운 여건 속에도 동생의 앞길을 묵묵히 밀어주신 존경하는 익표 형님께 감사의 마음을 전한다.

오랜 세월 힘들게 살아오셨지만 굴하지 않으시고 늘 못난 아들의 버팀목이 되어 오신 사랑하는 어머니와 힘들고 방황할 때마다 믿음으로 살도록 늘 힘과 지혜를 주신 하나님의 은혜에 진심으로 감사드리고 이 책을 올린다.

2011년 2월 15일

홍 선 표 삼가 적음

목 차

제2부 재미한족연합위원회의 결성과 조직

제3부 재미한족연합위원회의 활동

제4부 재미한족연합위원회의 분열과 대임정 관계의 변화

제5부 샌프란시스코회의와 미주한인의 대응

글을 시작하며

1. 연구 목적과 범위

하와이 이민이 개시된 1903년 1월 13일부터 해방 때까지 미주 한인들은 태평양을 가운데 두고 비록 몸은 조국과 멀리 떨어져 있었으나 마음은 언제나 조국의 자주독립과 근대적인 민족국가 건설이라는 염원을 안고 있었다. 이를 위해 미주 한인들은 고단한 이민생활 속에서도 다방면에서 독립운동을 전개하였다.

미주지역의 독립운동사를 시기별로 구분해 보면 크게 네 시기로 나눌 수 있다.[1] 첫 번째 시기는 1903년부터 1909년까지의 시기이다. 이 기간

1) 미주이민부터 해방 때까지 미주한인사회에 대한 시대구분에 대해서는 다양한 의견이 있었다. 먼저 손보기는 「해외독립운동사」(구미지역)(『한국현대문화사대계』 8, 고려대 민족문화연구소, 1981)에서 미주지역 독립운동사의 시기구분을 준비기(1903~1909), 실시기(1910~1940), 연합기(1940~1945)로 나누었다. 이것은 미주지역 독립운동의 내용을 발전적인 시각에서 구분한 것으로 참고할 만한 내용이다. 서대숙은 「미주에서의 투쟁」(『재발굴 한국독립운동사』, 한국일보사, 1989)에서는 한일병합 전후시기, 3·1운동 전후시기, 일본의 중국침략 전후시기, 제2차대전 발발 전후시기 등 4 시기로 구분했다. 이것은 큰 사건별로 구분한 것이지만 미주지역 독립운동사에 그대로 적용하기 어려운 부분이 있다. 민병용은 「미주에서의 독립운동사 연구」(『한국독립운동의 이해와 평가』, 한국독립운동사연구소, 1995)에서 시기와 사건에

은 한인들이 미주 이민을 시작한 이후 동회, 자강회, 친목회, 전흥협회, 공립협회 등 각종 단체들이 결성되어 상호 친목과 복리를 도모하면서 독립운동을 전개한 시기이다. 그런데 1907년 하와이 한인사회가 합성협회로 결집되고 이후 1909년 2월 북미 공립협회와 결합해 국민회가 결성되면서 미주한인사회는 하나로 통합되었다. 그 이듬해 대동보국회가 국민회에 합류함에 따라 대한인국민회라는 완전한 통일체를 만들었다. 하지만 사실 그 이전에 국민회의 설립으로 이민 초창기의 분산되고 분열되었던 미주한인사회는 하나로 결집되기 시작했고 통일된 힘으로 독립운동을 전개할 수 있었다.

두 번째 시기는 1909년부터 1921년까지의 시기로 미주한인사회가 대한인국민회를 중심으로 단결되고 통일된 독립운동을 전개해 나간 시기이다. 이 기간 동안 이승만과 박용만은 하와이 한인사회를 중심으로 활동기반을 구축하였고 북미 한인사회에는 안창호가 대한인국민회 중앙총회장의 자격으로 활동기반을 구축하는 등 한인사회의 주요 인물들이 부상하던 시기였다. 그리고 이들 간의 알력과 반목도 뒤따라 한인사회가 세 사람 중심으로 사실상 재편되기도 하였다. 이 기간 최대의 독립운동은 제1차 세계대전의 종결과 3·1운동을 전후한 선전·외교활동의 전개와 독립의연금 모집을 통해 대한민국임시정부와 구미위원부에 대한 재정지원활동 등이었다. 이 시기부터 활발히 추진된 선전·외교활동과 재정지원활동은 이후 미주한인사회의 대표적인 독립운동의 방략으로 자리 잡았다.

세 번째 시기는 1921년부터 1941년까지의 시기이다. 이 기간 미주한인사회는 통일 단체인 대한인국민회가 해체되어 하와이와 북미로 분리되었

따라 ① 1905~1910, ② 1910~1919, ③ 1920년대, ④ 1930년대, ⑤ 1940~1945 등 5 단계로 구분하였다. 이러한 분류는 단순히 시대별로 구분하려 한 것으로 미주지역 독립운동의 내용을 세밀하게 분석해서 나온 것으로 보기 어렵다.

고 미주한인의 독립운동은 전반적으로 침체에 빠졌다.[2] 북미에는 대한인국민회총회로, 하와이에는 이승만이 주도한 대한인교민단과 동지회, 그리고 박용만 지지 세력인 대조선독립단 등 주요 단체들로 개편되어 상호 반목과 대립을 지속하였다.

또한 이 시기는 미주한인사회의 내부에 독립이라는 민족적 과제를 해결하기 위해 통합과 통일의 방안을 모색하려 했던 시기이기도 하였다. 즉, 내부 분열로 침체에 빠진 독립운동을 극복하기 위해 1930년 전후부터 미주한인사회에는 다양한 통일론이 대두하였고 통일의 방법과 방식에 대한 구체적인 활동과 노력이 추진되었다.

사회 현상으로 볼 때 이 시기는 한말시기에 도미한 한인 이민자들의 노령화 추세가 두드러져 그 수가 크게 감소하는 시기였다. 대신 이들 이민자 중 1.5세들과 2세들이 성장해 미국사회에 기반을 다지기 시작했고, 일제시기 미국유학을 목적으로 도미한 학생층들이 크게 증가하여 세대 간의 변화를 불러일으켰다. 이에 따라 미주한인사회에는 한국식 전통교육을 받은 세대와 미국식 교육을 받은 세대들 간의 간격이 벌어지고 새로운 지도자적 인물들이 부상하였다.[3] 즉, 미주한인사회 내부에 세대교체라는

2) 하와이와 북미의 대한인국민회지방총회를 관할하며 중심적인 역할을 담당하던 중앙총회가 완전히 폐지된 것은 1922년 12월 29일부터 1923년 1월 4일까지 샌프란시스코에서 개최된 대의원회에서 대한인국민회 헌장을 개정하면서부터였다. 그러나 실제로 대한인국민회는 대한인국민회 하와이지방총회가 1921년 3월 22일 하와이교민단으로 이름을 바꾸면서 완전히 분리되었다.

3) 미주한인의 이민시기를 나누어 보면 크게 세 시기로 구분할 수 있다. 제1기는 1903~1910년까지로 한말시기에 해당된다. 제2기는 1910~1945년까지이고, 제3기는 1945년 해방 이후로 분류할 수 있다. 이 가운데 제1기의 미주이민은 일제가 대한제국의 외교권을 박탈한 1905년 중반이후부터 사실상 불가능해진 상태였다.

변화가 일기 시작한 때로 볼 수 있다.

네 번째 시기는 1941년 4월 해외한족대회의 결과 재미한족연합위원회를 결성한 때부터 1945년 해방 때까지이다. 이 시기 미주한인사회는 1930년대 전후부터 시도해 온 다양한 통일운동의 노력이 해외한족대회를 통해 비로소 결실을 맺어 단결되었고, 재미한족연합위원회라는 미주한인사회 최대의 독립운동기관을 결성하여 대대적인 독립운동을 전개하였다. 이러한 성과는 1909년 국민회를 결성해 처음으로 통합된 힘을 발휘했던 미주한인사회가 과거 국민회의 통일 정신과 단결의 전통을 계승한 것이었다.

일제시기 미주지역의 독립운동사연구는 국내를 비롯한 중국·러시아·일본지역에 비해 상대적으로 학계의 큰 주목을 받지 못하였다. 이는 미주지역이 태평양을 사이에 두고 지리적으로 멀리 떨어져있다는 점과 무장투쟁이나 의열투쟁 등 직접적인 독립운동을 전개하기 어려운 점, 그리고 수적으로 볼 때 해방 이전까지 미주한인의 수가 1만 명이 채 안되었다는 사실 등이 원인이었다. 아울러 미주한인의 활동과 관련한 자료의 수집과 발굴이 어려운 점도 이 지역 연구를 부진하게 만들었다. 다행히 1980년대 후반부터 미주한인의 활동과 관련한 수 많은 자료들이 발굴되고 이것이 자료총서로 발간되면서 학계와 연구자들의 주목을 끌기 시작했다. 그렇지만 여전히 이 지역에 대한 연구는 타 분야에 비해 집중적인 연구가 미진한 실정이다.

일제시기 미주한인들은 대한민국임시정부와 독립운동의 단체를 후원하기 위한 재정공급처의 역할과 대외적으로 한국의 독립을 위한 선전·외교활동에 중요한 역할을 담당하였다. 이러한 역할을 수행하기 위해 미주한인들은 내부적으로 끊임없이 민족의식을 고취하고 민족적 역량을 결집하기 위한 노력을 부단히 전개하였다. 민족 내부의 단결과 역량 결집은 독립운동을 효과적으로 전개하기 위한 것이므로 실제 독립운동과 밀접한 관계가 있다.

앞에서도 언급했듯이 미주한인사회는 1909년 국민회와 이를 발전시킨 대한인국민회의 결성을 통해 비록 완전하진 않았지만 이러한 민족적 과제를 달성한 전통을 세우고 있었다. 그러나 1921년부터 대한인국민회의 지도력이 상실된 이후 미주한인사회는 침체에 빠지고 내부 역량의 통합과 이를 통한 독립운동은 또다시 풀어야 할 숙원이 되었다.

일제시기 미주한인사회에서 민족 내부의 통일과 독립운동이라는 두 과제를 안고 추진한 대표적 사례는 재미한족연합위원회(이하 '연합회'로 약함)이다. 연합회는 1941년 4월 29일 하와이 호놀룰루에서 해외한족대회를 통해 미주지역 9개의 주요 단체들이 연합해 결성한 미주한인사회 최대의 독립운동기관이다. 연합회는 1920년대 초반부터 미주한인사회가 분열돼 독립운동이 침체에 빠지자 이를 극복하기 위해 노력했던 통일운동의 산물이자, 제2차 세계대전의 발발로 나타난 한국 독립의 호기를 적절히 활용하기 위해 결성되었다. 연합회는 태평양전쟁시기 내내 미주한인사회의 독립운동을 이끈 지도자적 역할을 하였고, 해방 이후에는 대표단을 국내로 파견해 좌우합작을 통한 통일정부 수립과 근대적인 주권국가를 건설하는데 앞장섰다.

본서는 연구의 범위와 시기를 연합회가 결성될 때부터 해방 후 국내활동을 전개할 때까지 미주한인사회와 연합회의 활동상을 중심으로 고찰했다. 1930년 전후 미주한인사회에 일어난 통합과 통일의 동향부터 1948년 국내활동을 마치고 다시 도미할 때까지 미주한인사회와 해방된 국내에서 전개된 자주독립과 통일정부 수립을 위한 미주한인의 꿈과 도전의 역사를 연합회를 중심으로 살핀 것이다.

지금까지 발표된 연합회에 대한 연구 성과는 미미한 실정이다. 연합회의 결성과 이를 둘러싼 미주한인사회의 동향에 대해 직접 참고할 만한 책은 연합회 자체에서 그동안의 활동상을 정리한 『해방조선』(나성, 1948)

이 있다. 이 책의 주요 내용은 대부분 해방 이후 연합회 한국대표단의 국내 활동과 국내 사정에 대한 것을 정리한 것이지만, 연합회의 성립과 역사에 대해서도 언급하고 있어 연합회를 연구하는데 좋은 길잡이가 되고 있다. 이밖에 김원용의 『재미한인오십년사』(캘리포니아, 1958)와 유경상(劉慶商, Kingsley K. Lyu)이 쓴 “Korean Nationalist Activities in Hawaii and the Continental United States, 1900~1945”(Amerasia Journal 4:1-2, 1977)은 자신의 경험담을 기반으로 연합회와 당시 미주의 사정을 소략하게 언급하였다. 이 가운데 김원용의 글은 앞의 『해방조선』에 기술된 것을 재정리하고 있는데 이것은 그가 『해방조선』을 쓴 집필자였기 때문이다.

연합회의 활동과 이와 관련한 미주한인사회의 모습을 다루고 있는 본격적인 연구 논문은 고정휴의 「제2차 세계대전기 재미한인사회의 동향과 주미외교위원부의 활동」(『국사관논총』 49집, 1995)이다. 이 글은 제2차대전시기 미주한인사회의 동향을 파악하고 연합회를 이해하는데 선도적인 연구로 평가된다. 그렇지만 이 논문은 이승만의 대미외교활동에 중점을 두고 있기 때문에 미주한인사회의 면모와 연합회의 실상을 이해하는 데는 한계가 있다.

태평양전쟁시기 미주한인사회를 다룬 최근의 연구 성과로는 정병준 교수의 『우남 이승만 연구』(역사비평사, 2005)와 김도형의 「태평양전쟁기 재미한인의 ‘전시행동’」(『역사문화연구』 제21집, 2004)이 있다. 이것은 이승만과 미주한인사회를 이해하고 태평양전쟁시기 재미한인의 다양한 활동을 이해하는데 없어서는 안 될 연구 성과들이다. 또 고정휴의 『1920년대 이후 미주 · 유럽지역의 독립운동』(한국독립운동사편찬위원회, 2009)는 일제강점시기 미주한인사회의 독립운동을 일목요연하게 잘 정리하고 있어 그 가치가 매우 높다.

해방 이후의 연구 성과로는 이현주의 「재미한족연합위원회 대표단의 귀국과 정치활동」(『한국독립운동사연구』 제20집, 2003)이 있다. 해방 이후 연합회 한국파견대표단의 활동상을 고찰하고 있다는 점에서 매우 의의가 있다.

본서는 다음 몇 가지 점에 관심을 갖고 집중 분석하였다. 첫째 미주한인사회가 내부의 분열을 극복하기 위해 1930년 전후부터 지속적으로 전개해 온 통일운동과 1940년 전후 미주한인사회의 동향에 대해 집중 고찰하였다. 하와이와 북미에서 각각 전개된 한인사회 내부의 활발한 통합과 통일의 움직임은 1940년대 해외한족대회를 개최해 연합회를 결성하는데 좋은 기반을 제공해 주었다.

둘째, 미주지역 9개의 주요 단체가 모여 개최한 해외한족대회의 내용과 성과를 분석하였다. 이 대회를 통해 미주한인들은 오랜 기간 끌어왔던 통일의 과업을 미숙하나마 역량 결집의 대업을 이루었고 향후 독립운동의 방략을 결정하였다. 그리고 독립운동의 중추기관인 연합회를 결성함으로써 이후 미주한인사회는 연합회를 중심으로 본격적인 독립운동을 전개하는 기틀을 마련하였다. 해외한족대회의 결실로 이루어진 연합회의 설립은 중경의 임정이나 미국정부 등 외부의 어떠한 간섭이나 지도에 의해서가 아닌 미한인의 자발적인 의지에 의해 결성되었다는 점에서 매우 의의가 있다.

셋째, 연합회의 조직에 대한 분석을 통해 연합회의 성격과 의미를 파악하려 했다. 연합회는 중앙조직이 없는 연합체라는 취약적인 구조 속에서 자체의 조직과 실력을 강화하였다. 하와이의 의사부와 북미의 집행부로 이루어져 있는 연합회는 두 개의 국민회와 동지회라는 핵심 단체에 의해 운영되었고, 의사부와 집행부의 조직이 어떤 규정에 의해서가 아니라 지역적 형편에 따라 자율적이고 민주적으로 조직되었다. 그리고 동지회 탈퇴 이후 연합회는 자체의 조직을 강화해 가면서 반이승만의 성격을 분명히 하는 점도 두드러진다.

넷째, 연합회 활동에 대한 고찰이다. 연합회의 활동은 과거 재정공급처로써 후원활동에 국한했던 미주한인 전래의 독립운동 방식에서 벗어나 자율적이고 독자적인 계획 속에 추진되고 있었다. 특히 워싱턴사무소의 설립 과정을 통해 연합회가 독자활동을 추진하고 있는 점과 재정 지원을 무기로 연합회의 입장을 강화시키는 모습을 집중적으로 파악하려 했다. 이런 모습을 통해 연합회는 독립운동의 보조기관이나 후원기관이 아닌 실제 미주한인사회의 독립운동을 주관하고 지도하는 실질적인 조직체로 드러나고 있다.

다섯째, 연합회가 안고 있는 내부문제에 대해 집중 분석하였다. 중앙조직이 없는 연합회는 일사불란한 지휘계통을 갖지 못해 내부문제가 발생할 때 이를 조정할 지도력을 보여주기 어려웠다. 때문에 각 정파의 지도자들 간에 이해관계가 상충하면 분열이 일어날 여지가 항상 존재하였다. 특별히 이승만과 한길수, 연합회와 이승만, 중경 임정과 연합회 간에 일어난 갈등과 반목은 연합회의 기반을 흔들 만큼 큰 영향을 주었다. 먼저 한길수와 이승만의 갈등은 연합회의 내부 분열을 촉발시킨 계기가 되었다. 이 과정에서 연합회는 이승만을 지지하였고, 그 결과 한길수와 그를 지지하는 중한민중동맹단은 연합회를 탈퇴하였다. 이승만과 연합회의 갈등은 주미외교위원부의 인선문제를 둘러싸고 의견충돌이 일어난 후 점차 개조문제로까지 확대되었다. 이는 결국 연합회의 반이승만 태도로 전환되었고 이에 반발한 동지회는 연합회의 탈퇴로 맞섰다.

본서는 이러한 갈등과 분열 상황이 일어나기까지 연합회를 둘러싼 한길수와 이승만, 연합회와 이승만 간의 관계 변화에 집중 검토하였다. 특히 이승만을 둘러싼 주미외교위원부의 개조문제가 중경 임시정부와 연합회 간의 갈등과 불화로 발전되어 있고 임정에 대한 연합회의 태도가 어떻게 변화되고 있는지를 분석하였다. 이러한 갈등과 분열은 연합회를 분열·침체시킨 요인이기도 했지만 한편으로 이러한 과정을 통해 연합회가 점차 자신의 정체성을 찾아가는 것도 살폈다.

여섯째, 연합회의 내분 이후 미주한인사회가 샌프란시스코회의를 둘러싸고 어떻게 대응해 나갔는지를 고찰했다. 샌프란시스코회의를 대비하고자 연합회는 민중대표단을, 중경 임정은 정부대표단을 각각 구성하였다. 두 대표단은 한 때 상호 협력을 모색하였지만 이승만의 얄타밀약설을 계기로 완전히 분열되었고, 결국 이런 분열 상태에서 해방을 맞이해야 했던 미주한인사회의 실상을 분석했다.

일곱째, 연합회가 해방될 조국의 국가건설을 대비하기 위한 계획과 해방 된 조국에 한국대표단을 파견해 통일되고 자주적인 국가 건설에 전념한 사실을 고찰했다. 해방된 한국의 국가건설을 위해 준비된 연합회의 한국파견대표단은 한편으로 미군정청에 협조하면서 다른 한편으로 좌우 협력을 위해 중간파 세력의 결집을 시도하여 통일된 정부를 수립하는데 진력했다. 한국파견대표단은 국내 지지기반이 미약하였고 활동 기간도 제한되어 있었다. 이런 제약에도 불구하고 한국파견대표단의 국내활동이 장차 신생 대한민국을 건설하는데 동참하며 경주한 사실에 주목하며 그 의의를 평가하고자 했다.

여덟째, '통일', '통합', '단결', '합동'의 산물로 나타난 연합회를 통해 미주한인의 총의가 무엇이었는지를 담고자 했다. 그동안 박용만·이승만·안창호 등 특정인물을 중심으로 미주한인사회를 대변하거나 고찰해 온 것에서 벗어나 다양한 분야에서 민주적으로 탄생된 '애국적 인물'들의 성장과 활동에 주목했다. 이런 '애국적 인물'들은 일상의 삶에서는 자기 고유의 직업에 충실한 그저 평범한 사람들이었지만 조국 독립을 위한 일에는 시간과 물질을 아끼지 않고 헌신하였다. 이런 '애국적 인물'들이야 말로 실제로 미주한인사회를 이끌어 간 주류층이고 연합회는 이런 '애국적 인물'들로 구성된 조직체이자 전체 미주한인들의 열망을 담고 있는 독립운동기관이었다.

본서가 연합회의 결성과 활동상에 초점을 맞추고 있는 것은 특정 인물 중심으로 미주한인사회를 고찰하지 않겠다는 것을 의미한다. 미주한인사회에서 활동했던 수많은 '애국적 인물'들의 모습을 보기 위해서는 연합회에 주목하지 않을 수 없는 이유이다.

이상의 고찰을 통해 본서는 연합회를 통해 나타난 미주지역 독립운동의 실상과 해방 이후 통일정부 수립을 위한 면모를 밝히고자 했다. 이러한 고찰을 통해 필자는 한국독립운동사에서 연합회의 역할과 비중을 제대로 평가할 수 있는 근거를 제공해 주고 나아가 미주한인의 역사를 새롭게 이해하는 기반을 구축하고자 했다. 또 연합회를 둘러싼 미주지역 독립운동계의 실상과 해방 이후 자주자강의 근대적인 독립국가를 수립하기 위한 미주한인의 역할을 통해 신생 대한민국의 국가건설에 미친 미주한인의 영향과 의미를 되새기려 하였다.

2. 연구 방법과 자료

본서의 연구를 위해 활용된 자료는 기존에 잘 알려진 것에서부터 특별한 분야에 이르기까지 다양하게 걸쳐 있다. 활용된 자료는 검증과 분석, 상호 대조와 비교의 방법 등을 통해 정리되었고 이렇게 정리된 자료는 철저한 실증의 원칙 속에 기술되었다.

미주한인사회에서 발행된 각종 신문 · 잡지 · 각종 통신문 등 언론·출판물은 본서 연구의 기반이 되는 주요 자료들이다. 즉, 『공립신보』 · 『신한국보』 · 『신한민보』 · 『국민보』 · 『태평양잡지』 · 『태평양주보』 · 『국민보-태평양잡지』 · 『구위원부통신』 · 『주미외교위원부통신』 · 『북미시보』 등의 자료들은 주요 사건과 활동의 내용을 연대기적으로 파악하는데 없어서는 안 될 귀중한 것들이다. 이들 자료는 미주한인의 역사를 고찰하기 위한 기본 자료이기도 하다.

그러나 신문 · 잡지 같은 자료만 갖고는 실제 정책의 결정이나 활동의 이면을 제대로 다 파악하기 어려운 한계를 갖고 있다. 이것을 보완하면서 중요한 의결 내용을 담고 있는 자료는 관련 단체가 직접 발간했거나 생산한 문건 자료들이다.

이를 위해 본서의 연구에 활용된 문건 자료는 다양하다. 먼저 연합회와 관련 문건자료들이다. 이들 자료는 수집하기 힘든 것들인데, 다행히 한국에 1,800여 점이 입수되어 있다. 연합회 관련 문건은 현재 독립기념관에 1,000여 점, 한국학중앙연구원에 800여 점 소장되어 있다. 한국학중앙연구원의 소장 자료는 미 국립문서기록보관청에서 입수한 마이크로필름이다. 이것들은 본 연구를 위해 없어서는 안 될 귀중한 1차 자료들이다. 이들 외에 연합회가 직접 생산한 집행부 회의록이 있다. 집행부 회의록은 연세대 현대한국학연구소에 소장되어 있는 것인데 지금은 『재미한족연합위원회 회의록』(홍선표 편, 연세대학교출판부, 2005)란 이름으로 출간되어 이용이 쉽다. 집행부 회의록은 연합회의 활동과 내부 모습을 파악하는데 좋은 단서를 제공해 주는 자료이다.

다음에 활용된 자료로는 대한인국민회와 동지회가 생산한 문건 자료들이다. 이들 자료 중 대한인국민회의 자료는 대부분은 독립기념관에 소장되어 있다. 이와 관련해서 로스앤젤레스의 대한인국민회총회관에 소장되어 있는 각종 문건자료도 대한인국민회의 활동을 이해하는 유용하게 활용되었다.

2000년 이후 대한인국민회와 관련해서는 대규모 자료집 형태로 출간되었다. 도산안창호선생전집편찬위원회에서 편찬한 『도산안창호전집』(제1권~14권)과 도산안창호선생기념사업회 · 도산학회가 편찬한 『미주국민회 자료집』(제1권~22권)은 미주한인사회를 고찰하는데 매우 유용한 자료들로 이루어져 있다. 본서는 이들 자료집을 제한적으로 이용했는데 기존에 있는 자료들과 내용이 겹치거나 본서의 연구시기와 맞지 않은 자료들이 많았기 때문이다. 그렇지만 향후 이들 자료집은 본서에서 누락된 미주한인의 역사를 보완하고 정리하는데 많은 기여를 할 것으로 생각된다.

반면 동지회의 자료는 대한인국민회의 것과 비교할 때 상대적으로 희귀한 편이어서 앞으로 더 조사·수집되어야 한다. 다행히 동지회의 활동을 파악하면서 이승만의 활동을 탐구할 수 있는 귀중한 자료들이 있다. 이승만과 관련한 주요 자료는 1998년 연세대 현대한국학연구소에서 발간한 동문편 『우남이승만문서』(1~18) 자료집이 있다. 이 자료집은 이승만의 행적뿐만 아니라 동지회, 중한민중동맹단, 국민회, 교민단 등 미주한인사회의 주요 단체와 활동, 그리고 임시정부와 그와 관련된 각종 문건들이 총 망라되어 있는 귀중한 자료들로 편찬되어 있다. 이들 자료들은 본서의 연구에 매우 유용하게 활용되었다.

2009년 연세대학교 현대한국학연구소는 The Syngman Rhee Correspondence in English(1904~1948)(Ⅰ~Ⅷ)라는 영문 자료집을 출간했다. 동문편의 후속으로 편찬된 이 영문 자료집은 『우남이승만문서』와 함께 매우 귀중한 자료들을 포함하고 있다. 본서는 이들 자료집을 제한적으로 활용했는데 이에 따라 본서에 미진한 부분이 있다면 추후 이 영문 자료집을 통해 보완·수정할 예정이다.

해방 전후 미국의 대한정책과 관련한 자료들도 본서의 연구에 이용되었다. 이들 자료는 실제 미주한인과의 관련성이 많지 않고 한국문제를 열강의 시각만으로 보기 때문에 한인 내부의 주체적인 면을 파악하는데 어려움이 있다. 그렇지만 제삼자의 견해를 통해 미주한인의 입장을 이해하고 그 위상을 파악하는데 많은 도움을 주는 자료들이다. 본서의 경우 미국의 대한정책과 관련해서는 1차 자료 보다 2차 자료 위주로 참고했다. 왜냐하면 본 연구의 목적이 한국문제를 다루는 외교정책에 있지 않고 미주한인과 미주한인사회에 초점을 맞추고 있기 때문이다.

해방 후 연합회와 미주한인의 활동과 관련해서는 해방 공간 당시 국내에서 출간된 각종 신문과 잡지가 있다. 해방 공간에 발행된 신문과 잡지는 무수히 많지만 본서는 연합회와 미주한인과 관련된 것들로 제한해 참고했다.

기타 연합회와 관련해서는 미주한인들이 남긴 각종 전기물이 있다. 회고록 성격의 이들 전기물은 관련 내용의 정확성은 조금 떨어지지만 당시 미주한인사회의 내부 분위기를 파악하는데 적지 않은 도움을 준다.

미주한인사회를 조망할 수 있는 자료들은 앞에서 소개한 것 외에도 현재 무수히 쏟아져 나오고 있다. 과거와 달리 자료가 없어 연구가 미진했다라는 말은 더 이상 나오기 힘들 만큼 다양한 자료들이 출간되었다. 하지만 본서의 연구에 이들 모든 자료를 다 참고하는 것은 한계가 있다. 앞에서도 언급했듯이 출간된 자료집의 경우 극히 제한적으로 활용된 것도 많다. 이런 연유로 본서에서 누락되었거나 미진한 부분이 발생하는 것은 모두 필자의 부족한 역량 때문이지 자료문제는 아니라고 본다. 본서는 이외에도 내용면에서 빠지거나 부실한 점도 적지 않을 것이다. 이 모두는 본서가 지닌 한계라 생각한다. 미진한 부분은 추후 계속 수정·보완해 나갈 것임을 약속드린다. 다만 본서를 통해 미주한인사회와 미주지역 독립운동의 역사를 연구하는 데 소중한 토대가 되기를 바라는 마음은 필자의 소박한 심정이다.

제 1 부

1930년대 하와이 한인사회의 통일·독립운동

제1장

1920년대~30년대 초 하와이 한인사회의 동향

1. 1920년대 하와이 한인사회의 내부 분화

일제식민통치시기 한국 민족은 민족적 시련과 고통을 극복하기 위해 끊임없이 항일독립운동을 전개하였다. 이와 아울러 한국 민족은 독립을 달성하기 위한 민족 내부의 단결과 역량 결집을 위해서도 부단히 노력하였다. 일제강점시기 독립이라는 대 목표를 달성하기 위해 치러야 할 내부적인 선결 과제는 바로 민족 구성원들 간의 통합이었기 때문이다.

1930년대 하와이 한인사회는 '광복'을 위해 민족 내부의 역량을 축적하고 결집시키기 위한 통일운동[1]을 부단히 전개했던 시기였다. 그런데 이 시기의 통일운동은 단순히 하와이 한인사회만의 특수성으로 국한시킬 수

---

1) 1930년 전후부터 미주한인사회에는 다양한 '통일운동'이 전개되었다. 이 시기 한인들은 통일운동을 전개하면서 '통일'이라는 단어를 비롯하여 '통합', '합동', '단합', '단결' 등 다양한 용어를 사용했다. 당시 한인들이 가장 희망했던 바는 분열된 미주한인사회를 하나로 '통일'해 그 힘으로 독립운동을 전개하는 것이었다. 이런 과정을 본서는 '통일운동'의 범주 안에 넣어 정리하려 했다.

없을 만큼 북미지역과 중국 관내지역의 민족진영에서도 각종 통일운동과 통일전선운동이 활발히 전개되고 있었다. 극심한 분열 속에 이를 극복하려는 노력이 1930년대 하와이 한인사회와 북미 한인사회 내부에서 끊임없이 추진되고 있었던 것이다.

3·1운동으로 뜨거워진 독립운동의 열기가 점차 식어가자 1920년대 미주 한인사회는 급격한 분열 양상을 보이기 시작하였다. 1918년 3월 대한인국민회 하와이지방총회를 장악하고 있던 이승만과 안현경 등의 간부진이 재정과 직권을 남용하여 헌장을 위반했다고 비판한 박용만 지지세력은 국민회의 정상화를 위해 임시로 하와이국민회 임시연합중앙회를 설립했다. 그러나 하와이 국민회는 정상화는 커녕 이승만측 지지세력과 이를 저저하려는 박용만측 지지세력으로 양분되어 화해할 수 없는 지경에 이르렀다. 이에 따라 박용만은 1919년 3월 3일 자신의 지지자들을 중심으로 대조선독립단이라는 독자적인 조직을 설립했다.[2] 대조선독립단의 설립은 대한인국민회 중심으로 통일된 활동을 하던 하와이 한인사회가 분열돼 박용만측과 이승만측으로 대립하였음을 의미한다.

한편 대한인국민회 하와이지방총회는 대한민국임시정부의 교민단령에 의거 1921년 3월 22일 자체를 해소하고 대한인하와이교민단을 설립하였다.[3] 이러한 하와이교민단은 1923년 1월 23일 자치규정을 개정해 사실상

2) 『신한민보』, 1919년 5월 1일자, 「대조선독립단의 예식 거행」; 『대조선독립단약장』(국가보훈처, 『미주한인민족운동자료』, 1999). 원래 이름은 '대조선독립단 하와이지부'인데 편의상 '대조선독립단'으로 부른다.

3) 대한인하와이교민단(Korean National Association of Hawaii: 하와이교민단의 영문 명칭은 Korean Residents' Association 또는 The Kyomindan으로 부르기도 하지만 실제로는 해소된 국민회의 영문이름을 그대로 사용하였다. 하와이교민단은 1920년 10월 7일자로 발표한 상해 대한민국임시정부 내무부령 제4호인 "외지에 교거(僑居)하는 인민에게 자치제를 실시키 위하여 교민단제를 공포함"을 근거로(『임시교민단 관계법령집』, 7쪽), 1921년 3

이승만이 관할하는 구미위원부의 직할 기관으로 만들었다.[4] 상해에서 돌아온 이승만은 자신의 정치적 기반을 확보하기 위해 1921년 7월 7일 민찬호·안현경·이종관 등과 더불어 호놀룰루에 대한인동지회를 설립하였다. 이로써 그동안 외형적으로 대한인국민회 중앙총회 중심으로 이루어져 왔던 미주한인사회는 하와이교민단의 설립으로 북미와 하와이로 또 다시 분열되고 말았다.[5]

이처럼 1920년대 하와이 한인사회는 박용만을 지지하는 대조선독립단의 세력과 이승만을 지지하는 하와이교민단과 대한인동지회의 세력으로 양분되었고, 여기에다 대한인국민회 마저도 하와이와 북미로 양분되는 현상을 맞게 되었다.

이승만측 세력과 박용만측 세력은 1910년대부터 누적되어 온 좋지 않은 감정으로 서로 화합하기 어려웠다. 그 한 예로 1925년 7월 8일 박용만이 범태평양회의 참석을 위해 호놀룰루에 도착했을 때, 먼저 도착해 있

월 22일 기존의 대한인국민회 하와이지방총회를 해소하고 설립되었다.(『신한민보』, 1921년 4월 14일, 「민목사 하와이민장」) 초대 단장과 부단장은 민찬호(閔燦鎬)와 안원규(安元奎)였다. 하와이교민단은 설립목적을 "조국의 독립광복에 전력하며 교육을 장려하고 실업을 발전하며 동포의 영예를 증진케"하는데 두었다.(『대한인하와이교민단자치규정』, 1쪽)

4) 자치규정 개정의 주요 내용을 보면 하와이교민단의 총단장과 부단장은 구미위원부 위원장의 인준을 얻어 시행하도록 해 하와이교민단을 이승만이 관할하는 구미위원부의 직속 기관으로 만들었다.(『대한인하와이교민단자치규정』 34쪽)

5) 대한인국민회 하와이지방총회가 하와이 대한인하와이교민단으로 전환되어 대한인국민회를 이탈하자 대한인국민회 북미지방총회는 1922년 12월 29일부터 1923년 1월 4일까지 개최한 대의원회에서 헌장을 개정해 '중앙총회'를 폐지하였고 대한인국민회북미지방총회의 이름도 '대한인국민회총회'로 바꾸어 하와이와 완전히 분리하였다.(『신한민보』, 1923년 1월 18일, 「대한인국민회총회 제14차 대의원회 입안」; 「의회록」)

던 서재필이 7월 16일 블레스틴 호텔에 박용만·이승만·안원규·신홍우·김영기·현순·황사용·민찬호 등을 불러 한인들의 대동단결을 모색하였다. 그러나 양측 간의 화해를 위한 대화 시도는 아래의 내용처럼 날선 공방으로 끝나고 말았다.

> 박용만: 우리는 다 실패한 사람이요. 실패한 사람은 물러가는 것이 이치에 상당하니 실패한 우리는 물러가고 청년들에게 맡겨서 이를 진행합시다.
>
> 민찬호: 나는 말은 좋아 아니하고 일만 좋아하는 사람이올시다.
>
> 이승만: 모이기는 무엇을 모인단 말이요. 마음을 고치지 않고 모이면 무슨 일이 되요. 그런즉 여러분이 회개를 하시오.[6)]

박용만은 젊은 후진을 위해 이승만과 함께 동반 퇴진을 주장한 반면 이승만은 회개해 마음을 고쳐야 한다고 주장해 상대방의 변화가 우선이라 했다. 하와이 지도자들의 타협과 단결을 도모하기 위한 서재필의 의도는 결과적으로 서로 감정의 골만 확인한 채 끝나고 말았다.

1920년대 하와이 한인사회에는 또 다른 부류들이 움직이고 있었다. 박용만과 이승만 어느 쪽도 가담하지 않고 중립적인 태도를 보인 세력들의 움직이었다. 먼저 1925년 4월 1일 정원명·강영효·현순·함삼여 등이 중심이 되어 임시정부후원회를 결성했다.[7)] 임시정부후원회는 1924년 2월에 있은 대조선독립단의 임원 선거에서 부단장으로 선출된 강영효가 부

---

6) 『단산시보』 1925년 7월 22일, 「서박사 오찬회의에서」; 『신한민보』, 1925년 8월 6일, 「서박사 오찬회의에서」; John K. Hyun, 『국민회약사』, 고려대민족문화연구소, 1986, 21~23쪽.

7) 임시정부후원회의 조직은 회장 정원명, 부회장 강영효, 재무 함삼여이고, 이사부원은 현순·임준호·정봉관·강영각이다.(『신한민보』, 1925년 5월 12일, 「정부후원회」; 6월 11일, 「단산시보 간행」)

회장으로 활동하고 있는 것으로 보아 대조선독립단 단원들이 합세해서 만든 단체로 보인다. 그래서 정서적으로는 반이승만 친박용만 성격의 단체로 보이나 나름의 독자적인 활동을 추진해 나간 점에서 중립적 세력으로 분류된다. 그리고 1925년 6월부터 기관지로 『단산시보』를 간행하여 독자적인 활동을 추진했다.

1925년부터 하와이 내에서는 대한인국민회를 복설하려는 움직임이 일어났다. 마우이섬에서 1925년 3·1절 기념식을 계기로 국민회를 부활했고[8], 하와이섬 힐로지방에서도 동년 4월 10일 국민회를 복설했다.[9] 이러한 대한인국민회의 복설 움직임은 기존의 단체를 하와이교민단으로 바꾼 이승만측 세력에 대한 반발 분위기를 잘 대변하였지만 박용만측 세력에도 기울이지 않은 중립적 태도를 견지하였다고 볼 수 있다.

이를 통해 볼 때 1920년대 하와이 한인사회는 하와이교민단과 동지회 중심의 이승만지지세력과 대조선독립단의 박용만 지지세력, 그리고 정서적으로 반이승만의 경향을 보이고 있으나 양측 어느 편에도 기울지 않는 중립적 세력들이 포진되어 있었다고 하겠다.

2. 대한민족통일촉성회의 결성

1920년대의 하와이 한인사회가 점차 분열 상태로 확대되는 가운데 중국 관내와 만주지역에서는 민족유일당운동이 전개되었고 국내에서는

---

8) 이 때 선출된 임원은 회장 함호용, 부회장 오응택, 총무 강재우, 서기 이선명이다.(『신한민보』, 1925년 3월 26일, 「마위에 국민회 부활」)

9) 선출된 임원은 회장 차윤중, 부회장 최홍수, 총무 표상옥, 서기 이정근이다.(『신한민보』, 1925년 4월 23일, 「힐로 임시국민회」; 6월 4일, 「국민회 복설 발기」)

민족협동전선을 통해 신간회가 결성되었다. 국내와 국외에서 민족진영간의 역량 결집과 통일 노력이 확산되자 하와이 한인사회 내부에서도 통합을 위한 시도가 일기 시작했다. 먼저 대조선독립단의 기관지 『태평양시사』 사장 겸 주필을 역임한 구한국 외교관 출신의 조용하가 중심이 되어 1928년 2월 16일 교민단측 인사와 조선독립단측 인사, 그리고 중립측 인사 등 29명의 한인들이 모인 가운데 대한민족통일촉성회(大韓民族統一促成會, '통일촉성회'로 약함)를 발기했다.[10] 1928년 3월 18일 통일촉성회는 제2차 회의를 개최해 회규를 제정하고 설립 목적을 "대한 민족의 통일을 촉성하여 독립운동의 단일기관을 창설함에 재(在)함"이라 했다. 그리고 이 목적을 달성할 시에는 통일촉성회를 해산할 것이라 하여 통일운동기구로서의 소임을 분명히 하였다.[11] 회규에 따라 회장 조용하, 서기 최창덕을 포함한 21명의 집행위원들을 선정하였고 업무를 서무부·선전부·의사부로 나누어 서무부장에 최창덕, 선전부장에 민찬호, 의사부장에 이복기를 각각 선임하였다.[12] 그리고 166명이 연명한 「한국민족통일촉성선언서」를 대내외에 발표하고 아래와 같이 한민족 통일을 위한 3대 강령을 제정하였다.

1. 전민족의 정신을 단결하여 운동의 전선을 일치케 함.
2. 전민족의 역량을 집중하여 대업의 담책(擔責)을 함께 지게 함.

---

10) 『신한민보』, 1928년 3월 15일, 「하와이」: '한민족 통일을 위하여'. 이 때 참석한 29명은 김영기, 김윤배, 김유실, 김유택, 이상호, 이복기, 이원준, 이태성, 이성신, 오계상, 문또라, 민찬호, 박상하, 박인양, 신국겸, 손덕인, 안현경, 안원규, 양유찬, 정인수, 정운서, 조광원, 조병요, 황혜수, 홍한식, 김경준, 정원명이다.(『신한민보』, 1918년 4월 19일 「하와이」: '통일촉성회의 소식')

11) 『신한민보』, 1928년 5월 24일자, 「한민족통일촉성회 선언서를 독하고」.

12) 『신한민보』, 1928년 5월 3일자, 「하와이」: '합성시대를 다시 만난 한족통일독립당촉성회'.

3. 전 민족 이상을 종합하여 국가의 건설을 신미(愼微)케 함.[13]

3대 강령에 나타난 통일촉성회의 성격은 단순히 하와이 한인사회의 통일을 위해 결성되었다기보다는 전 민족을 단결하여 독립운동의 전선을 통일하는 것을 목표로 결성되었음을 보여준다.

통일촉성회에 가담한 21명 집행위원들의 인적 구성에 대해 『신한민보』는 1928년 5월 3일자 「합성시대를 다시 만난 한족통일독립당촉성회」의 기사에서 다음과 같이 분류했다.

서무부: 최창덕(교민단장), 이복기(독립단장: 의사부의 이상호와 바뀜), 조용하(중립측), 안원규(교민단), 이원순(독립단), 이태성(중립측), 오운(중립측)

선전부: 민찬호(교민단), 김영기(교민단), 김윤배(독립단), 안창호(중립측), 문또라(중립측), 김유실(교민단), 황혜수(중립측)

의사부: 이상호(독립단: 이복기와 바뀜), 정원명(중립측), 박상하(중립측), 홍한식(중립측), 안현경(중립측: 교민단측의 오기), 정인수(교민단) 정운수(중립측)[14]

즉, 대조선독립단측 사람은 이복기, 이원순, 김윤배, 이상호(4명)이고, 교민단측 사람은 최창덕, 민찬호, 안원규, 김영기, 김유실, 정인수, 안현경(7명)이며, 중립측 사람은 조용하, 이태성, 오운, 안창호, 문또라, 황혜수, 정원명, 박상하, 홍한식, 정운서(10명) 등으로 분류하고 있다. 과거 『태평

13) 『신한민보』, 1928년 5월 24일, 「한민족통일촉성회 선언서를 독하고」.

14) 그런데 의사부장 이복기가 위의 『신한민보』의 기사에는 서무부원으로 되어 있는데 아마 의사부의 이상호와 잘못 바꾸어 적은 것으로 보인다. 그리고 안현경을 중립측으로 분류한 것은 『신한민보』 기사의 잘못인 것 같다. 그는 대한인국민회 하와이지방총회장을 역임한 이승만의 열렬한 지지자였다.

양시사』의 사장 겸 주필로 활동하며 대조선독립단에서 활동한 조용하를 중립측 인사로 분류하는 것은 아마 이 때쯤 하와이 한인사회에서 독립단 단원으로 활동하기보다 대조선독립단과 일정한 거리를 두고 중립적으로 활동한 때문이 아닌가 싶다.

이를 볼 때 통일촉성회는 대조선독립단측과 교민단측, 그리고 양자 어느 쪽에도 가담하지 않는 중립측 등 세 부류의 사람들이 모여 한인들의 대동단결을 추진하려 한 단체였음을 알 수 있다. 동지회측 인사가 이곳에 포함되지 않은 것은 그 당시 동지회 회원이 곧 교민단 단원이어서 구태여 동지회와 교민단 간의 구분이 필요하지 않았기 때문으로 생각된다. 이러한 구별이 있게 된 때는 이후 언급하게 될 이승만의 동지회 부흥운동으로 나타난 하와이교민단과의 분쟁을 통해 확연히 구별되고 있다.

통일촉성회의 결성에 대해 이승만을 비롯한 하와이의 여러 한인들은 전문을 보내며 축하해 주었다.[15] 그만큼 통일촉성회가 장차 하와이 한인사회를 통합할 기대를 안고 출범했음을 의미한다.

통일촉성회는 5월 20일 호놀룰루에서 제1차 대회를 개최했다. 이날 대회에서 연사로 나온 최선주·이명우·문종현·정두옥 등은 민족통일을 위해 하와이 한인사회의 단체 통합이 먼저 이루어져야 함을 주장했다. 당일의 대회 분위기는 한민족 전체의 통일운동을 이루기 위해서는 한결같이 우선 하와이 한인단체들이 먼저 통일이 이루어야 한다는 것이었다.[16]

하지만 1차 대회 이후 통일촉성회는 유명무실한 단체로 전락하였다. 주요 원인을 보면 첫째, 구체적이고 현실적인 통일운동의 방식이 설정되어 있지 않은 점이다. 즉 통일촉성회의 통일방향은 기존 단체의 해체를 염두에 둔 새로운 통일기관의 설립이냐 아니면 기존 단체를 그대로 둔 연합기

15) 『신한민보』, 1928년 4월 19일, 「하와이: '통일촉성회의 소식'」.

16) 『신한민보』, 1928년 6월 7일자, 「하와이」: '대한민족통일촉성회'」.

관의 설립이냐에 대한 뚜렷한 방향 설정이 없었다. 둘째, 통일운동의 대상을 한민족 전체를 대상으로 삼아 추진함으로써 현재의 지역적 여건을 감안하지 못한 이상적인 명분론에 치우치고 있은 점이다. 한민족 전체의 통일은 국내·러시아·중국 등지의 지역적 특성에 따라 독립운동계의 통일이 전개되어야 할 것인데 이를 고려하지 않고 단순히 한민족 전체의 통일만을 주장한 것은 실현 불가능한 구호로 끝날 수밖에 없었다. 때문에 『신한민보』는 하와이 한인들의 통일촉성회 결성을 크게 환영하면서도 현실적인 방안으로 먼저 하와이 한인사회의 통합이 급선무임을 지적하였다.[17] 셋째, 통일촉성회의 활동이 약화된 데는 박용만이 1928년 10월 16일 중국에서 돌연 피살된 이후 대조선독립단이 급격히 위축되면서 통일촉성회의 활동에 소홀히 한 점이 또 하나의 원인으로 보인다.

그렇지만 1920년대 후반 하와이 한인사회에서 전개된 통일촉성회의 설립은 비록 주목할 만한 성과를 거두진 못하였으나 1930년에 들어와서 한인협회가 결성되고, 연이어 이승만이 본격적인 통일운동을 전개하는데 하나의 원동력이 되었음을 평가하지 않을 수 없다.

3. 한인협회의 결성

1930년이 되자 하와이 한인사회는 내부 통합을 도모하기 위한 새로운 기운이 성숙되기 시작했다. 그러한 계기는 국내 광주학생운동의 소식이 북미를 비롯해 하와이 한인사회에 전파되면서 싹트기 시작했다. 광주학생운동의 발발소식은 하와이한인들에게 국내 독립운동을 응원하자는 분위기를 형성시켰고, 이를 위해 우선 하와이 한인사회가 결집해야 한다는 여

17) 『신한민보』, 1928년 5월 24일자, 「한민족통일촉성회 선언서를 독(讀)하고」.

론으로 발전했다.[18)]

1930년 1월 13일 과거 통일촉성회에서 활동했던 대조선독립단측 사람과 중립측 사람들이 중심이 되어 호놀룰루에서 한인협회(韓人協會)를 발기했다. 이 때 과거 통일촉성회의 결성에 앞장섰던 조용하가 주도적인 역할을 담당했다. 발기자들은 "임시정부로 집중시키는 것이 곧 독립의 정신이요 민족통일의 경로"임을 주장하고 한인협회를 독립운동계에 통일문제를 주도하는 정치기관으로 만들려했다. 그리하여 1월 30일 취지서를 발표하면서 '민족주의에 기초한 대한독립운동을 촉진하는 것'을 설립 목적으로 삼고 다음의 3대 정강을 제시했다.

1. 임시정부로 중력을 기성함.
2. 운동의 방략은 최후 1인까지 분투함.
3. 독립당 통일을 기성함.[19)]

3대 정강 볼 때 한인협회는 민족운동의 방향을 대한민국임시정부로 집중시켜 각계 독립운동 단체들의 통일을 꾀하고자 했음을 알 수 있다.

한인협회는 1930년 2월 6일 정식 결성되었다. 조직은 위원제를 채택하였고, 회비는 1년에 5달러로 하되 이 가운데 1달러는 인두세로, 2달러는 경비로, 나머지 2달러는 독립운동 적립금으로 사용하게 했다.[20)] 그리고 한인협회의 조직으로는 집행위원장에 조용하, 재무에 김윤배, 서기 김진호를 선임하였고 임시위원으로는 최두욱·조광원·이원순·신국겸·정운서·박상하·이상호·강영효·박종수·정원명·김리제를 선임했다.[21)] 이

---

18) 『태평양주보』, 1931년 5월 9일자, 「사설」: '국민회장 백일규가 하와이 한인사회에 한 사람이 되었더면'.

19) 『신한민보』, 1930년, 3월 13일자, 「하와이」: '하와이 한인협회조직'.

20) 『한인협회공보』 제5호(1930. 3. 20), 「동포에게 통고」.

들 인물 가운데 김윤배·이원순·이상호·박종수·강영효·신국겸·김진호는 대조선독립단 단원들이고 나머진 중립측 인사들이었다. 대조선독립단 단원들이 한인협회의 결성에 주도적으로 나서고 있는 것은 새로운 정치기관인 한인협회의 결성을 통해 박용만 사후(死後) 구심점을 잃고 있던 독립단의 진로를 새롭게 변신하려는 시도로 파악된다. 이러한 한인협회는 처음 40여 명으로 출발했으나 두 달도 채 지나지 않아서 80여 명으로 확대되었다.[22] 그리고 대외선전활동의 방편으로 『한인협회공보』를 거의 주간 간격으로 발간하였다.

한인협회는 대조선독립단과 중립측 인사들이 주축이 되어 결성되었지만 민족의 독립을 위해 대조선독립단이나 하와이교민단이 든지 가릴 것 없이 모두 한 군데로 결집해야 한다는 입장이었다. 한인협회의 결성에 주도적인 역할을 한 박상하는 다음의 글에서 이러한 의도를 잘 표명했다.

> 지금 우리 대중의 간절한 마음은 대한민족의 독립운동을 촉진함이 긴절타 함으로 봉건제의 구인물인 듯한 그네들이나, 민주제의 신인물인 듯한 그네들이 각각 그 동지를 합하여 길은 비록 나누어 갈지로되 목적지는 하나라는 양해가 있으니, 이를 전일 시비쟁투 뿐에 비교하면 그 얼마나 깨었는고 궁리하여, 교민단의 유지인사는 한인협회의 착착 발전을 기대하고, 한인협회의 유지인사는 교민단의 장수무강을 기대하나니, 만일 뜻이 같은 이들이 서로 뭉치어 우로 지나 좌로 지나 다만 목적할 날이 있으리니 이곳이 이른바 나누는 것이 합하는 것인져[23]

---

21) 그 외도 현순과 이정근도 한인협회의 결성에 참가하였다. 그런데 동년 3월 26일 임원 선거에서는 김진호가 새로 집행위원장에 선출되었다. 아마 조용하의 사임에 따른 이유가 아닌가 싶다.

22) 『신한민보』, 1930년 3월 6일, 「한인협회를 조직하여」; 4월 3일자, 「한인협회가 진흥되어」.

23) 박상하, 「나누이는 것이 곳 합하는 것인져」, 『한인협회공보』 제3호(1930.

이밖에도 박상하는 「대한의 독립과 하와이 정당통일」이라는 글에서도 오늘날 우리가 간절히 계획하는 것은 형식상의 통일이 아니라 정신상, 심리상의 통일을 중요시 하는 것이니 대한의 독립을 위해 모두가 통일된 힘을 발휘할 것을 주장했다.[24] 즉, 한인협회는 민족의 독립을 이루기 위해서는 하와이교민단을 비롯해 하와이 내 모든 단체들과도 손을 잡아야 한다는 것이다.

하와이 한인사회의 역량을 한 군데로 결집시키려는 한인협회의 추진계획은 이승만이 이 일에 뛰어들면서 보조적인 역할로 전락했다. 즉, 이승만이 동지회 중심으로 하와이 한인사회를 재편하기 위해 전면에 나서자 한인협회는 그의 활동을 뒷받침하는 것으로 만족해야 했다. 더구나 한인협회 위원 중 11명이 1930년 6월 이승만의 계획에 호응해 동지회에 입회하였다.[25] 이후 동지회와 하와이교민단 간에 분쟁이 확대되자 한인협회의 회원들은 대거 교민단에 합류하였다. 이로서 한인협회는 스스로 해산될 수밖에 없었다.

한인협회는 하와이 한인사회의 역량 결집이라는 과제를 독자적으로 추진하지 못했지만 독립을 달성하기 위해 하와이 한인사회가 단합되어야 한다는 통일의 여론을 확산시킨 점은 의의가 있었다. 이러한 분위기는 가와도(島) 한인들에게까지 미쳤고 동지회 중심으로 하와이 한인사회를 재편하려는 이승만에게로까지 확산되었다.

---

2. 28).

24) 『한인협회공보』 제6호(1930. 3. 27).

25) 『신한민보』, 1930년 7월 3일자.

4. 가와도 한인단합회의 결성

한인협회의 결성으로 나타난 1930년 하와이 한인사회의 통일운동 열기는 1930년 3월 1일 가와도 거류 한인 150여 명이 모인 가운데 한인단합회를 결성하는데 영향을 주었다. 그동안 가와도 한인들은 역량 결집과 상해 임정에 대한 지원의 필요성을 절감하고 있었다. 특히 상해 임정의 김구가 하와이 한인들에게 보낸 서신 호소는 가와도 한인들의 마음을 움직여 대한민국임시정부를 후원하는데 앞장섰다.[26] 1930년 들어 광주학생운동의 열기가 전파되고 이어서 호놀룰루에서 한인협회가 결성되자 가와도 한인들은 1930년 3·1절 기념식을 성대히 거행하는 것을 계기로 본격적인 단체 결성 작업에 들어갔다. 기념식 직후 공동회에서 가와도 한인들은 3월 9일 40여 명의 회원들이 참가한 가운데 한인단합회를 출범시켰다.[27]

설립될 당시의 주지(主旨)는 '자치호조(自治互助)', '혁명응원(革命應援)', '교육장려'에 두었고, 전 민족의 통일을 촉진할 것과 대일항전을 위해 혁명군을 신속히 양성하는데 목적을 두었다.[28] 그런데 1933년에 5월에 제

26) 홍선표, 「'가와도한인단합회규정' 자료소개」, 『한국독립운동사연구』 34집, 2009. 12, 362~363쪽; Kingsley K. Lyu(유경상), "Korean Nationalist Activities in Hawaii and the Continental United States, 1900~1945", *Amerasia Journal* 4:1-2, University of California, 1977, pp.72~73.

27) 그런데 『한인협회공보』 제5호(1930.3.20), 「가와도소식」에 따르면 '한인자치회'를 결성한 것으로 되어 있다. 그리고 설립 일자도 3월 1일이 아닌 3월 9일로 적고 있다. 그런데 『신한민보』 1930년 7월 24일자 「가와이 단합회 진흥」의 기사에서 한인단합회라는 단체명 사용하고 있는 것을 보아 '한인자치회'라는 이름을 설립과 동시에 한인단합회로 바뀐 것으로 보인다. 그리고 『가와도한인단합회규정』 제4조에 따르면 "본회의 기념일과 체임회는 매년 3월 1일로 정함" 이라 한 것으로 보아 실제 조직 일자는 3월 9일에 이루어졌으나 공식적인 설립 일자는 1930년 3월 1일로 정한 것 같다.

28) 『한인협회공보』 제5호(1930.3.20), '가와도소식'.

정된 『가와도한인단합회규정』에 따르면 "본회의 목적은 조국 사업에 극력 응원하며 회원의 환난과 질병과 상장 등사에 상구함"이라 하여 설립 당시에 알려진 것과 다른 면모를 보인다. 회비는 매월 매인이 1원 25전을 내게 하였고, 이 가운데 25전은 자치금으로, 1원은 혁명적립금으로 정하였다. 그리고 1930년 3월 9일 모임에서 임원으로 회장 이홍기, 부회장 김상호, 서기 한태경, 재무 정호영, 총무 조치삼, 사교원 안순남·정원현, 이사 정준영·최근하·임경래·도서산을 선출하였다.[29)]

29) 가와도 한인단합회는 1931년에 개최한 3·1절 행사에서 되었는데, 회장에는 김상호, 부회장에는 정춘영, 서기에는 채인영, 재무에는 전록영 등이 선출되었다.(「Kauai Koreans Enjoy Patriotic Program at Lawai Beach」, 『*The American-Korean*』, March 21, 1931)

제2장
이승만의 통일운동과 분쟁

1. 이승만의 통일운동

이승만은 1929년 9월 11일부터 샌프란시스코(상항), 로스앤젤레스(나성), 시카고, 뉴욕, 워싱턴DC 등지를 순행한 뒤 그 다음해 1월 8일 하와이로 돌아왔다.[1] 순방 목적은 1925년부터 이승만이 심혈을 기울여 운영한 동지식산회사가 재정 곤란으로 어려움에 봉착하자 이를 타개하기 위한 재정모금과 자신의 지지 세력을 확보하기 위함이었다.[2] 순방의 결과 그는 1929년 10월부터 미국사회에 불어닥친 경제대공황의 영향으로 한인들의 경제가 급격히 악화되면서 계획했던 재정 후원을 기대할 수 없었다. 또한 그는 그동안 구미위원부의 직속 관할 하에 있어 사실상 이승만

---

1) 『신한민보』, 1929년 10월 17일자 「이승만박사의 도미」를 보면 그는 이 해 9월 11일 미국에 도착한 것으로 보도하고 있다.

2) 독립기념관 소장자료 자3824, 「The Case of Korean National Association」, p.4. 이 글은 교민단이 1931년 3월 27일자로 손덕인, 안영찬, 김현구, 김경준, 박성균, 차신호, 이정근, 조문칠, 서진수의 공동 서명으로 발표한 것으로 동지회와 교민단간의 분쟁 내용을 담고 있다.

의 지지기반이었던 미주지역 교민단의 민심이 구심점을 잃고 있다는 사실을 알게 되었다. 이로 인해 그는 1929년 10월 나성(로스앤젤레스)을 방문했을 때 기존의 교민단을 해소하고 동지회 나성지회로 전환시켰고, 그 해 말 리들리를 방문했을 때 이승만은 김정진('김호'로 개명)을 중심으로 동지회 리들리지회를 설립하기도 했다.

북미지역 순방을 통해 이승만은 기대했던 재정후원의 성과를 올리지 못하고 기존의 교민단을 통해 자신의 정치기반을 구축하거나 확충할 수 없음을 깨닫자 동지회 중심의 세(勢) 확장 계획을 구상하기 시작했다. 여기에는 이승만이 직접 운영한 동지식산회사의 경영 실패가 점차 현실로 다가오면서 투자한 자본주들의 불만을 완화시킬 극적인 변화도 절실하였다.[3)]

이런 가운데 하와이 한인사회에는 대한민족통일촉성회가 결성되어 통합의 기운이 일어나고 있었고, 연이어 국내 광주학생운동의 소식이 전파되어 한인협회가 결성되는 등 모처럼 독립운동의 기운이 확산되었다. 이런 분위기에 고무된 이승만은 한인사회를 결집할 명분으로 침체된 동지회를 부흥시키고 장차 동지회 중심으로 새로운 독립운동을 계획하였다.

이승만은 처음부터 동지회 중심으로 세력을 확장하겠다고 생각한 것은 아니었다. 당시 하와이교민단은 구미위원부의 직할 체제 속에서 이승만에 의해 완전히 장악되고 있었다. 예컨대 이승만이 1924년 인구세를 구미위원부로 보내라는 지시를 위반한 하와이교민단장 김영기에 대해 징계를 내리고 재발방지에 주력한 예와[4)], 1929년 10월 그동안 자신을 대신해 구미위원부의 업무를 맡고 있던 김현구를 하와이로 불러 교민단 서기 겸 재무이자 『국민보』의 주필로 임명한 예는[5)] 하와이교민단의 성격을 잘 보여

3) 김원용, 『재미한인오십년사』, 205쪽 및 정두옥, 『재미한인독립운동실기』, 77~78쪽(『한국학연구』 3 〈별집〉, 인하대한국학연구소, 1991) 참조.

4) 『구미위원부 특별통신』(1924년 7월 3일자)

주었다. 요컨대 이승만은 기존의 교민단을 통해 자신이 원하는 바를 수행하려 했다. 1925년 구미위원부 폐지명령과 임정대통령에 면직된 직후 그는 미국 각지에 설립한 교민단 지부를 통합해 북미대한인교민총단을 만들어 하와이교민단과 함께 세력을 확충하려 했다.

이러한 의도에 대해 구미위원부는 다음과 같이 설명하고 있다.

> 금번 소위 위원부 폐지명령이 침체된 민심을 자극하여 일반 민중으로 하여금 위원부 필요를 더욱 절실히 깨닫게 하였을 뿐만 아니라 년래 우리의 갈망하는 미령 한인사회의 통일할 기운을 촉진케 하였음은 도리어 다행한 일이로다. 분립된 여러 지방을 한데 합하여 큰 단결을 이루어 정부와 위원부를 영구히 유지해 갈 근본대책을 세우자하는 소리는 전미동포의 일치한 여론이오. 지방단체로 각지에 민단을 만들고 이를 결합하여 미주총단을 성립하고 포와총단과 연합하여 미포를 완전히 결합한 통일기관을 조직하자는 소리는 다수 동포의 일치된 요구이다. …… 이 미포동포가 동일한 조직체하에서 부분적 행동으로 인재와 금전을 낭비하는 폐해를 막아 전체의 힘을 한 곳으로 집중하여 적당히 쓰면 현재 과중한 부담을 경감하고도 민단사업, 위원부유지, 정부재정원조를 능히 할 것이오, 국경방면 군사활동비까지 도울 수 있을 것이다.[6)]

즉, 북미대한인교민총단을 만들어 하와이교민총단과 연합해 미국 본토와 하와이를 완전히 결합한 통일기관을 만들겠다는 것이다. 이것은 미주한인사회를 완전히 이승만과 구미위원부의 관할 하에 두겠다는 의도였다.

구미위원부는 북미대한인교민총단의 설립 목적을 “대한 민족의 절대독

---

5) 김현구는 이외에도 한인기독교회이사원, 동지회 중앙부이사원, 대한부인구제회 찬성원, 호놀룰루 동지회 지방회회장까지도 모두 이승만에 의해 직임을 맡았다. 『태평양잡지』, 1930년 10월호, 「합동문제와 이번 풍파의 진상」 참조.

6) 『구미위원부통신』 제9-7호(1925년 7월 10일자)

립을 주장하며 재류동포의 안녕, 행복을 증진"하는 것으로 삼고 다음의 세 강령을 제정했다.

1. 독립운동의 최고기관인 정부의 중앙기관을 공고히 함.
2. 구미위원부를 유지하여 외교와 선전사업을 계속 진행하게 함
3. 내외지에 산재한 모든 단체와 조화 협력하여 대동단결을 실현하게 함.[7)]

북미대한인교민총단은 1925년 9월 워싱턴 DC의 구미위원부 사무실에 임시사무소를 두고 설립되었다. 그 산하에는 나성지방교민단 · 뉴욕지방교민단 · 시카고지방교민단 · 리들리 · 다뉴바지방교민단 등이 있었고, 기관지로 『북미대한인교민단공보』를 발간했다. 현재 『북미대한인교민단공보』 제1호는 찾을 수 없으나 1925년 10월 30일자로 발간된 제2호를 보면 제1호는 9월 말경이나 10월 초경에 발간되었을 것으로 짐작된다. 또 임시사무소가 구미위원부의 사무실을 사용하고 있는 것으로 보아 북미대한인교민총단의 설립과 『북미대한인교민단공보』의 발행은 모두 구미위원부의 주도 하에 이루어졌을 것으로 생각된다.

그러나 이렇게 결성된 북미대한인교민총단은 오래 지속하지 못한 것 같다. 구미위원부 자체가 존립에 위기를 느낄 만큼 유지가 힘든데다 북미교민총단의 운영을 위해 어떤 실효성 있는 활동을 해 나가기 어려웠기 때문이다. 더구나 이승만은 1925년부터 임정대통령에서 면직되어 상해 임정과의 관계가 단절되어 있었고, 임정의 외교기관으로 설립한 구미위원부는 폐지 명령을 받고 있었다. 따라서 대통령직에서 면직된 이승만과 폐지 명령을 받은 구미위원부가 교민단을 계속 관할한다는 것은 미주한인들, 즉, 반이승만측이나 친이승만측 이든 간에 명분이 없는 일이었다.

그런데 이승만이 동지회 중심으로 하와이 한인사회를 재편할 수 없을

7) 위와 같음.

만큼 동지회의 사정은 좋은 편이 아니었다. 당시 동지회는 1930년 7월까지 단독 사무실도 마련되어 있지 않아 교민단 사무실을 사용하고 있었고,[8] 『태평양잡지』도 얼마간 휴간하였다가 1930년 2월부터 다시 발행되기 시작했으며,[9] 동지회를 통할할 중앙 조직 조차 마련되지 않은 상태였다.[10] 때문에 교민단과 동지회 간의 분쟁이 시작되었을 때 교민단은 동지회를 그동안 활동이 거의 없는 명목상의 단체였다고 평가 절하할 정도였다.[11]

이런 상태에서 이승만이 기존의 교민단을 제쳐놓고 동지회 중심으로 활동 방향을 잡은 것은 동지회 설립 당시부터 가졌던 몇 가지 요인이 작용한 것 같다. 첫째, 이승만은 교민단을 한인들의 생활안정과 복리 증진을 위한 교민들의 자치단체로 간주했지 적극적인 정치활동의 목적에 적합한 단체로 간주하지 않았다. 둘째, 교민단은 형식상 상해 임정의 지시를 받아야 하는 공식기관이었다. 때문에 아무리 이승만을 공개적으로 지지한다 하더라도 한 개인을 위한 친위단체로 만들 수 없을 것으로 내다보았다.[12]

임정의 그늘에서 벗어나 있는 이승만은 자신이 독자적으로 설립한 동지회가 장차 정치세력의 중심이 되어야 한다고 생각했다. 특히 1930년 한인협회의 결성을 통해 이미 하와이 한인사회 내에서 단체 간의 통일기운이 무르익는 것을 보아 온 이승만은 이를 잘 이용하면 동지회 중심으로

8) 동지회는 1930년 8월 1일부터 월세로 회관을 마련하였다. 김원용, 앞의 책, 207~208쪽.

9) 『신한민보』, 1930년 3월 20일자, 「태평양잡지 다시 계속 간행」.

10) 동지회 중앙이사부는 동지미포대표대회에서 비로서 조직되었다.

11) 「The Case of Korean National Association」, p.5.

12) 홍선표, 「해방이전 대한인동지회의 조직과 활동」, 『한국독립운동사연구』 제33집, 2009, 423쪽.

한인사회를 통합할 수 있겠다고 판단했다. 때문에 그는 한인협회를 통해 대조선독립단만 끌어들인다면 가능할 것으로 생각했던 것 같다.

기존의 교민단과 동지회는 동지미포대표회 이후 분쟁이 발발하기 전까지 동지회 회원과 교민단 단원을 구별하는 것은 별 의미가 없을 정도 노선의 차이나 조직 구성면에서 이질성을 보이지 않았다..[13] 이것은 동지회가 교민단을 압도할 만큼 조직면이나 활동면에서 왕성했기 때문이 아니다. 기존의 교민단 조직을 통해서도 충분히 동지회의 목적을 수행할 수 있었기 때문에 구태여 구분을 할 필요가 없었던 것이다. 따라서 이승만의 입장에서 볼 때 대조선독립단만 끌어들일 수 있다면 교민단과의 문제는 장애가 없을 것으로 전망했다.

이승만은 1930년 3월부터 김현구를 비롯한 하와이교민단의 핵심 인물들에 대해 민중 합동의 필요성을 인식시켜 갔다.[14] 그러면서 이승만은 한인협회와 대조선독립단의 인물들과 접촉하며 단체 간의 합동문제를 논의하기 시작했다. 대조선독립단이 이승만과 쉽게 협의해 나갈 수 있었던 것은 한인협회 결성이후 대조선독립단의 핵심인물인 이상호,[15] 김윤배,[16] 이원순[17] 등이 대동단결을 위해 기성단체를 희생해서라도 한인사회를 통일해야 한다는 의식을 갖고 있었기 때문이다.[18]

---

13) 『동지별보, 1930년 10월 22일자 김연규가 쓴 「한국 민족의 소원이 무엇이냐」라는 글에서 민단 회원이 곧 동지회 회원이었다 한 것으로 보아, 양측 간의 분쟁이전까지는 특별한 구별 없이 지내왔음을 알 수 있다.

14) 『태평양잡지』, 1930년 10월, 「합동문제와 이번 풍파의 진상」.

15) 1924년 대조선독립단 서기를 역임하였고 1930년 6월에는 단장으로 취임하였다.

16) 1924년 대조선독립단 단장을 역임하였다.

17) 오랫동안 박용만의 비서로 활동하였고 1930년 6월에는 대조선독립단 총무로 활동하였다.

18) 『同志別報』, 1930년 12월 6일, 「교민단 전권대사 인봉주씨 말에 대하여」;

그런데 이승만이 합동문제를 논의하게 되자 하와이 한인사회에는 기존 단체를 해체할 지 모른다는 소문이 나돌았다. 이러한 오해를 불식시키기 위해 이승만은 아래의 협약서를 작성해 대외에 발표했다.

1. 지방 자치단체의 통일은 교민단, 한인협회, 동지회, 독립단 사이에 충분한 양해가 생길 때까지 각각 현상을 유지하며 친밀이 연락하여 신념이 서로 융통한 후에 통일함.
2. 민족운동은 시일이 매우 급하므로 동지회와 합동하여 휴수병진(攜手竝進)케 함.[19]

즉, 기존 단체는 상호 통일에 대한 충분한 양해가 있을 때까지 현상 유지할 것이므로 걱정하지 말라는 것이다. 협약서 2항에, 민족운동을 위해 동지회 중심으로 합동하기로 합의했다는 것은 이승만의 노력이 상당한 성과를 거두었음을 의미한다.

나름의 성과에 고무된 이승만은 한인협회 간부진들과의 협의를 통해 1930년 4월 3일 안원규의 식당에서 동지회, 독립단, 한인협회의 세 단체 대표들이 참석한 가운데 만찬회를 개최하고 하와이 한인사회의 통일방안으로 세 가지 원칙을 제안했다.

1. 하와이 통일책을 진행할 일.
2. 교민단이 통일에 대한 양해를 얻도록 주선할 일.
3. 민족운동을 위해 민중대회를 소집할 일.[20]

『태평양주보』. 1931년 6월 20일, 「호사다마였다」.

19) 『한인협회공보』 제7호(1930.4.7), 「하와이한인사회 통일이」.

20) 『한인협회공보』 제7호(1930.4.7), 「하와이한인사회 통일이」; 『태평양잡지』, 1930년 5월호, 48쪽.

이상의 통일방안 세 원칙 중 제2항에 "교민단이 통일에 대한 양해를 얻도록 주선" 하겠다고 정한 것은 그동안 각 단체와의 교섭과정에서 교민단측 대표가 잘 참석하지 않았거나 적극적인 관심을 보이지 않았음을 방증한다. 그리고 위의 제3항에서 민중대회를 소집하자는 것은 장차 동지회로 역량을 결집하려는 미포동지대표회를 염두에 둔 이승만의 계획으로 보인다.

이어서 참석자들은 통일방안을 시행하기 위한 교섭위원으로 한인협회는 박상하 · 김진호를, 독립단은 이상호 · 김윤배를, 동지회는 이종관 · 정인수를 각각 선출했다.

이승만은 「하와이 한인의 합동」이라는 글에서 통일을 의심하는 내부의 불신을 경계하고 대조선독립단과 교민단을 끌어안으려 했다.[21] 그는 한인들이 합동을 주저하며 의혹을 갖는 것은 통일을 주장하는 인도자가 '통일'의 미명하에 모든 것을 자기 수하에 두려는데 있으며, 진행방식도 일조일석에 대성공을 꾀하려 함으로 실상 아무것도 남는 것이 없고 오히려 풍파만 발생시켰다고 했다. 그것은 한인들의 애국심이 부족한 때문인데 근래 하와이 한인사회의 분위기는 전과는 달라졌다고 보았다. 즉, 서로 합동을 도모하면서 이전에 인사를 나누지 않던 사람들이 함께 모여 서로 악수하는 것을 볼 때 우리의 때가 다다랐다고 전망했다. 그는 하와이에 온 이후 박용만과 원수같이 지낸 것을 크게 후회하고 있다고 말한 뒤 박용만이 억울한 누명을 받고 죽은 것에 대해 동정했다. 그리고 나서 이승만은 현재 독립단과 교민단은 목적과 주의 · 주장이 서로 동일하니 서로 정의의 편에 선다면 양자가 충분히 합해질 수 있다하여 대조선독립단과 교민단을 설득했다.

이승만의 노력으로 동지회 중심의 합동 분위기는 1930년 6월 8일 한인

---

21) 『태평양잡지』, 1930년 5월호, 「하와이 한인합동」

한인기독학원에서 개최한 동지회간친회(同志會懇親會)를 계기로 더욱 성숙되었다. 남녀 200여 명이 참석한 이 날 간친회에 참석한 인물들은 교민단 단원들을 비롯하여 독립단 단원들과 중립측 사람들이 대거 참석한 것으로 보인다.[22] 특히 간친회에서 감상담을 발표한 독립단의 이상호는 기성 단체를 불구하고 동지회에 들어와서 한 인도자의 수령 명령에 복종하여 동지회원들과 같이 일해 볼 생각으로 이번에 동지회 회원이 되었다 하여 참석자들로부터 큰 호응을 받았다. 이러한 분위기 속에서 간친회 참석자들은 그동안 정치상 이견으로 15~20년간 서로 담을 쌓고 상종하거나 인사조차 하지 않았으나, 이번 모임을 통해 과거의 잘못된 것을 후회하고 모두 동지회 회원의 자격이 되어 같이 일해 보겠다는 다짐을 하였다.

동지회간친회를 통해 하와이 한인들의 심리를 동지회로 집중시키는데 성공하자 동지회에 대한 회원 가입은 크게 증가하기 시작했다. 이미 지난 5월 26일에도 28명의 신입회원을 받아들인 동지회는 이 날 간친회에서도 대조선독립단 단장을 역임한바 있는 신홍균을 비롯한 9명이 동지회 신입회원으로 가입했다.[23]

이승만은 동지회간친회의 성과를 동지회 창립 이래 처음 보는 성공적인 모임으로 평가했다. 그리고 하와이 한인들의 합동이 곧 우리 민족의 살 길이니 이 대업을 위해선 무엇보다 사심을 버리고 희생의 마음이 필요하다 하여 동지회 중심의 단결을 강조했다.[24] 이어서 그는 1백만 동지를 한 정신과 한 주의 그리고 한 기치 아래 모으기 위한 동지회 주요 사업의

22) 『태평양잡지』 1930년 7월호, 「동지회간친회후문」 중 일부 소개된 간친회 참가자들 가운데 감상담을 발표한 이상호, 박종수, 이원순, 김진호는 대조선독립단 인물이고, 정운서는 중립측 인물이다.

23) 위와 같음. 새로 입회한 9명의 인물은 신홍균 외에 김재수, 이정근, 박봉즙, 한광주, 조병헌, 주찬숙, 주찬전, 차영근이다.

24) 『태평양잡지』, 1930년 7월호, 「동지회간친회」.

방향을 제시했다. 첫째, 『태평양잡지』를 확장하여 영문란을 설치하고, 둘째, 원동에 선전부를 두며, 셋째, 청년부를 따로 설치하여 청년들의 민족성을 개발시키며, 넷째, 각 단체와의 합동을 추진하며 인물을 집중시켜 민심을 통일시키자고 제안했다.[25] 이와 같은 사업 방안은 추후 동지미포대표회를 통해 반영되었다.

이승만은 그동안 중점적으로 추진해 온 합동 노력이 상당한 진전을 보이자 동지미포대표회(同志美布代表會, 이하 '대표회'로 약함)를 개최해 하와이한인사회를 동지회 중심으로 재편하려 했다. 지난 4월 3일 동지회·한인협회·대조선독립단의 대표가 모인 가운데 민중대회를 개최할 것을 제안한 이승만의 계획이 이제 동지미포대표회의 개최로 이어지게 된 것이다. 대표회는 1930년 7월 15일부터 21일까지 7일간 호놀룰루에 있는 하와이교민단총회관과 신흥국어학교에서 연 800여 명이 참가한 가운데 성대하게 진행되었다. 대표회는 하와이의 한인 대표 외 시카고대표로 김원용이, 나성대표로 최영기가 각각 미주대표로 참가하여 외형상 전 미주의 대표들이 모인 형식을 갖추었다.[26] 그리고 다음의 내용을 의결하였다.

1. 본회('동지회'; 필자주) 헌장을 기초하여 전부 통과.
2. 위원부와 임시정부 법통관계에 대해 선언문을 발표키로.
3. 본 동지회는 구미위원부를 극력 후원할 것.
4. 회기 회표 회가는 중앙부에 위임케 할 것.
5. 여자 동지에게는 특별금 10원 이상으로 할 것.
6. 3·1절 기념금은 1원이상 특출하여 중앙부에 저금할 것.

---

25) 『태평양잡지』, 1930년 7월호, 「동지회 사업순서」.

26) 『동지별보』, 1930년 11월 14일, 「국민보기자에게」. 그런데 정두옥의 『재미한족독립운동실기』 (78쪽)에는 김호가 나성대표로, 김현구가 뉴욕대표로 나와 있는데 이는 잘 못 기록한 것이다.

7. 특별금(유지금)은 매회원의 30원 이상 균일케 함.
8. 원동방면에 선전부를 두는 것은 전부 권리를 이사부에 위임할 것.
9. 연례금은 매년 매 회원에게 2원씩으로 정함.
10. 본회 행정부는 실업부 · 외교부 · 선전부 · 장재부 · 청년부 5부로 정함.
11. 동지회 명부록을 인쇄 분전할 것.
12. 정강을 불변할 것.
13. 동지회는 오직 독립사업에 유일한 정치단체로 정함.[27)]

위의 결의내용 중 주요 사항은 ① 헌장의 통과, ② 구미위원부와 임시정부와의 법통관계 정리, ③ 구미위원부의 후원, ④ 정강의 확정, ⑤ 동지회를 독립운동의 유일한 정치단체로 결정한 것 등으로 정리할 수 있다.

대표회는 새로 작성된 동지회 헌장을 통과시켰다.[28)] 이 가운데 주요 내용을 보면 동지회는 결성 목적을 '국가의 광복'에 두었고, 광복운동은 '3대 정강'에 의해 실행하는 것으로 했으며, 직권복종을 회원의 우선적인 의무조항으로 두었다. 동지회의 조직은 크게 중앙이사부와 대표회로 나누되 중앙이사부는 이사장을 포함한 9인과 행정집행을 위한 5부로 구성하는 것으로 했다. 총재는 공중의 추대로 선택하되 이사원과 대표원을 관리하고 지배하게 함으로써 권한을 대폭 강화시켰다.

이번 대표회에서 총재의 권한이 절대적으로 강화된 것과 아울러 1924년 11월에 만들어진 동지회 3대 「정강」[29)] 중 지휘에 복종하자는 내용에

---

27) 『태평양잡지』, 1930년 9월호, 「공포서」.

28) 『태평양잡지』 1930년 9월호, 「동지회헌장」 참조.

29) 동지회 3대 정강은 다음과 같다.

1. 우리 독립선언서에 공포한바 공약삼장을 실시할지니 3·1정신을 발휘하여 끝까지 정의와 인도를 주장하여 비폭력인 희생적 행동으로 우리 대업을 성취하자.

대해 이견을 제시하는 여론이 일자 이승만은 「의견 그만두오」라는 글에서 민족독립을 위해 반드시 필요한 정신이므로 자신을 중심으로 단합되어야 함을 강조했다.

> 2천만이 합동하여 다같이 죽자는 일에 각각 의견만 주장하다가는 필경은 아무것도 못하고 2천만의 제일되는 자본, 우리 생명만 다 없이 하고 말지니 이에 대해 일제히 각오하고 한 기치와 한 조직 밑에서 일심으로 준비하여 그 때가 되거든 다 한 구덩이에 들어가자고 결심하고, 그 계획대로 따라만 나가려 하면 천하에 우리를 막을 사람도 없고 막을 나라도 없으리라 합니다. 그럼으로 우리는 이것을 위하여 동지회 정강 중에 지휘와 사명을 복종하자한 것이니 우리 민족에게 이 정신만 넣어 줄 수 있으면 우리 독립은 우리 장안에 있는 물건으로 믿습니다.[30)]

이같은 이승만의 글에는 하와이한인사회의 내부 통일을 위해 개최한 동지미포대표회에서 겉으로는 동지회 중심을 내세우면서도 그 이면에는 자신을 중심으로 한인사회를 재편하려는 의도였음을 알 수 있다.

동지미포대표회에서 구미위원부와 임시정부와의 관계가 크게 부각된 것은 당시 하와이한인사회 내 여론이 이 문제에 대한 명확한 해명을 요구하였던 것 때문으로 생각된다. 이승만은 상해임시정부에 의해 구미위원부의 폐지와 임시대통령 면직조처를 당해 대외 위상이 크게 위축되어 있었으나, 그동안 한성임시정부의 법통성을 내세워 외형상 구미위원부를 존속시키고 교민단을 장악하고 있었다. 하지만 1930년에 들어와서 이승만이 동지회 중심으로 통일해 민족운동을 본격화 하려는 마당에 임정과의 관

---

2. 조직적 행동이 성공의 요소이니 우리는 개인 행동을 일절 버리고 단체 범위 안에서 질서를 존중하며 지휘를 복종하자.
3. 경제자유가 민족의 생명이니 자치자급을 함께 도모하자.

30) 『태평양잡지』, 1930년 7월호, 「의견그만두오」.

계를 정립하지 않으면 이번 활동의 정당성을 잃고 심지어 반이승만운동의 빌미를 제공할 수 있었다. 따라서 동지회로서는 다시 한번 구미위원부와 임시정부간의 법통관계를 대외적으로 명확히 정립해 이러한 우려와 의심의 기운을 말끔히 제거할 필요성이 있었다. 그러나 대표회 이후 하와이교민단과 이승만 간의 분쟁에서 보듯이 동지회가 생각한 구미위원부와 임시정부의 관계는 그 대상을 상해임시정부에 둔 것이 아니라 여전히 한성임시정부의 법통성에 기반을 둠으로써 반이승만운동의 주요 요인으로 등장하였다.

한편 대표회 기간 동안 이승만은 동지회 중심의 결속을 다지기 위해 중앙이사부의 조직에 힘을 기울였다. 중앙이사부는 이사장에 이용직, 재무 겸 상무원에 김원용을 선임하였고 이사원에 김현구·김경준·손덕인·차신호·박상하·김윤배·김광재 등 9명으로 구성했다.[31] 이들의 인적 구성을 보면 호놀룰루 동지회 대표로 김현구·이용직, 미주 대표로 김원용, 교민단 대표로 김경준·손덕인·차신호(최성대)·김광재, 대조선독립단 대표로 김윤배, 중립자측 대표로 박상하로 안배되었다.[32] 이같은 안배는 동지회 중앙이사부가 외형상 미국 본토와 하와이를 대표하는 한인 최고의 민족운동 기관임을 보이기 위함이었다.

그리고 동지미포대표회 직후 동지회는 임시사무실을 하와이교민단총회관에 두고 『태평양잡지』의 활자를 총회관으로 옮겨 민족운동의 중심기관

---

31) 『태평양잡지』, 1930년 10월호, 「공문」 참조. 그런데 『동지별보』, 1930년 10월 22일자에 이승만이 쓴 「동지회내정」을 보면 '차신호'의 이름이 빠지고 대신 '최성대'가 들어가 있다.

32) 『동지별보』, 1930년 10월 22일, 「동지회내정」 참조. 미주대표 최영기가 이사원 명단에서 빠진 것은 당시 그의 하와이 거류가 미확정되었기 때문이었다. 그런데 『동지별보』 1930년 11월 14일자 박상하가 쓴 「국민보기자에게」를 보면 김경준은 호놀룰루 동지회 대표로 나와 있어 약간의 차이가 있다.

이 되도록 준비했다.[33)]

이처럼 동지미포대표회를 통해 동지회가 안팎으로 체제를 정비해 장차 민족독립운동을 위한 중추적인 정치단체로 자리 잡게 되자 이승만과 동지회는 상당히 고무되었다. 먼저 동지회는 이번 대표회 개최에 대한 감상을 다음과 같이 설명하면서 하와이 한인 역사상 처음 있는 뜻 깊은 행사로 평가했다.

> 금번 미포동지대표회는 태평양이편에 한인 역사에 처음되는 일입니다. 미주와 포와를 대표하여 이렇게 모이기도 처음이고 민족운동에 단일한 목적으로 모든 대표가 복종하는 뜻으로 참가하여 아무 이론없이 원만한 결과를 맺고 일어나는 것도 처음입니다.
>
> 이 때에 마침 포와 동포합동에 완성함으로 인하여 각 단체 명의로 분열되어 있던 동포가 동지회의 한 기치 밑에서 큰 연회를 열고 팔백여명 사람이 함께 즐기게 된 것이 또한 하와이에 전무한 성황이라. 천(天)의 인심이 합동하여 우리 대업을 속성하려는 것을 보게 되었습니다.[34)]

이승만은 이번 대표회를 우리 민족운동의 한 서광으로 평가한 뒤, 군인 조직체와 같이 동지회의 기치 아래 복종하여 일백만 동지를 규합할 것을 다음의 글에서 촉구하였다.

> 이번 대표회에서 결정한 바는 민국 원년에 내지에서 행한 바를 따라서 각 개인의 의견이라, 언권이라, 투표권이라, 재산권이라, 생명권이라하는 모든 것을 잊어버리며, 종교나 지방이나 계급 등의 구별을 다 개방하고 다만 군인의 조직체로 한 기치 밑에서 다 복종하는 정신으로 한 구덩이에 같

33) 이에 따라 동지회는 사무실 임대료를 하와이교민단에 지불했다. 『태평양잡지』, 1930년 10월호, 「공문」.

34) 『태평양잡지』, 1930년 9월호, 「공포서」.

> 이 들어가자는 결심을 일제히 정한 것이니, 미포 한인계에 이러한 대표회가 있은 것도 처음이거니와 우리 민족운동에 이러한 결심을 취한 것이 재외한인 전체에 처음 되는 일이라.
>
> 그런즉 지금부터 동지회가 민족운동의 중심기관이 되어 일백만 동지를 모집하는 사업에 적극적으로 진행하며 인물을 집중하여 민중의 대희망을 장려하리니 중간에 여간 사소곡절로 오해점이 있거나 불평분자가 있을지로되 대중의 공의를 따르며 대업의 요구를 응하여 분루용진 할 것 뿐이다.[35]

또한 이승만은 다음의 「미포동포에게」의 글에서 대표회를 통해 새롭게 구성된 동지회 중앙이사부를 우리 민족운동의 최고 기관으로 삼아 정신과 물질로 독립운동에 힘쓸 것을 요청했다.

> 다행히 이번에 미포동지대표가 처음으로 열리자 마침 하와이 몇 단체의 합동운동이 생겨서 원만한 효과를 이루었으며, 이번에는 동지회 중앙부로 우리 민족운동의 최고기관으로 삼아 미포에 산심(散心)된 동포를 다 합하여 한 덩어리를 이루어 정신과 물질로 뭉쳐가지고 원동에 몇 백만 동포에게 크게 선전하여 …. 몇 해 안으로 한 번 크게 일어나자는 결심으로 많이 바라는 동지가 여럿이다. 그런 즉 지금부터는 이상에 지닌 몇 가지 경력을 다시는 없게 하고 다만 우리 민족이 살기 위하여 우리가 한 구덩이에 들어가기를 준비하자는 일심으로 합동되어서 우리 당대에 성공하자는 욕심만 품을 지라. …. 이것이 우리 세상에 한 번 나왔던 가치가 될 만한 일이니, 이 기회를 잃지 말고 독립운동을 한 번 하여 봅시다.[36]

이번 대회의 성과에 대해 동지회 중앙이사부 재무 겸 상무원인 김원용은 대성황을 이룬 대표회를 계기로 동지회가 민족 대업을 위한 민족 유

35) 『태평양잡지』, 1930년 9월호, 「동지미포대회」.

36) 『동지별보』, 1930년 10월 22일, 「미포동포에게」.

일한 정치단체가 되었으니 앞으로 동지회로 금전을 속히 지원해 줄 것을 요망하였다.[37] 나성에서도 이번 대표회의 결의안을 적극 찬성하는 글을 보냈다. 즉, 동지회가 유일한 정치단체이자 광복운동의 중추기관이니 이승만의 지휘아래 그를 보좌하며 그의 명령에 절대 복종한다면 대성공을 거둘 수 있다 하고, 정신과 물질을 동지회 한 곳으로 집중할 것을 제안하였다.[38]

이제 동지회는 이승만의 계획대로 동지미포대표회를 계기로 민족독립운동을 위한 유일한 정치단체로서의 위상을 갖추게 되었다고 자평하고 스스로 고무되었다.

2. 하와이 한인사회의 분쟁

1) 분쟁의 발발

대표회가 외형적으로 볼 때 이승만의 계획대로 동지회 중심으로 통일하여 동지회를 크게 부흥시킨 성공적인 모습을 띠었으나 실질적인 면에서는 그동안 쌓인 불만들이 터져 나옴으로써 원만한 합의를 이루지 못한 채 끝나고 말았다. 특히 대표회 기간 동안 이승만이 심혈을 기울여 조직한 동지회 중앙이사부가 이승만과 일부 이사원들 간의 불화로 제 기능을 발휘하지 못하여 동지회의 위상마저 흔들리고 있었다. 때문에 동지회는 중앙이사부의 조직 발표를 계속 미루어오다가 대표회가 종결된 지 두 달이 지난 9월 26일에 가서야 겨우 그 결과를 공포하였다.[39]

---

37) 『태평양잡지』, 1930년 9월호, 「동지회에 관하여」.

38) 『태평양잡지』, 1930년 9월호, 「동지회로 광복운동의 중추기관을 조성하는 것이 마땅」.

39) 『태평양잡지』, 1930년 9월호, 「공문」.

이처럼 대표회가 외형적으로 성공적인 모습을 띤 것과는 달리 실제 내용면에서 뚜렷한 성과를 거두지 못하게 되자 이승만은 동지회의 내부 결속을 위한 노력을 경주했다. 그는 모임이 있을 때마다 "가장 어려운 점이 이용직 · 김현구 양씨에 있는 것을 보았나니"[40]하여 대표회의 성과가 나오지 않은 원인이 이 두 사람에게 있는 것으로 설명했다. 이것은 그동안 동지회 중심의 통일 노력을 추진해 오면서 이 두 사람과 이승만 사이에 계속 갈등 관계를 보여 왔음을 공개적으로 시인한 것으로 볼 수 있다.[41]

이를 구체적으로 살펴보면 먼저 이승만과 이용직과의 갈등은 한인기독교회의 문제에서 비롯하였다. 1918년 이승만에 의해 호놀룰루에 세워진 한인기독교회는 1929년부터 경제적인 곤란에 빠지면서 약 10년 동안 이 교회 목사로 근무해 온 민찬호가 그 해 3월 교회 내부 문제를 이유로 사면하였다.[42] 이후 이승만은 같은 해 12월경 미국에 있는 이용직을 초빙해 1930년 초부터 한인기독교회를 맡겼다.[43] 1930년 당시 한인기독교회는 17,158달러의 빚이 있었다. 이 빚을 갚기 위해 이승만은 교회 건물과 그에 부속된 땅을 팔았으나 여전히 한인기독교회는 3,000여 달러의 빚이 남

---

40) 『동지별보』, 1930년 10월 22일, 「동지회내정」.

41) 여기에 대해선 Dae-Sook Suh ed., *The Writings of Henry Cu Kim: Auto-biography with Commentaries on Syngman Rhee, Pak Yong-man, and Chong Sun-man*, University of Hawaii Press, 1987, pp.221~229 참조.

42) 『신한민보』, 1929년 3월 7일자, 「두 교회 목사가 한꺼번에 사면」 및 4월 18일자, 「기독교회 목사 체임」 참조. 사임후 민찬호는 이후 이승만과 결별하여 교민단, 동지회 어느 쪽도 가입하지 않은 중립적인 입장에 서 있다 반이승만편으로 돌아선다.

43) 이용직이 부임하기 이전 민찬호의 후임으로는 잠시 안시흡이 재직하였다. (『신한민보』, 1930년 4월 18일자, 「기독교회 목사 체임」; 『태평양주보』, 1931. 6월 13일, 「기독교정신에 떠난 이용직 목사에게」)

아 있었고, 예배는 신흥국어학교에서 임시로 드려야 했다.[44] 하와이로 건너 온 이용직[45]은 목사로 부임한지 두 달도 되지 않아 교회 재정의 어려움에 직면해 사례금조차 받기 힘들었고 교회의 발전 전망도 불투명함을 깨달았다. 이를 타개하기 위해 이용직은 한인기독교회를 당시 하와이에서 제일 큰 미국인 교회에 부속시켜 그 교회의 보조와 지원을 받아 교회를 운영하고 건물을 신축할 계획을 세웠다. 그리하여 그는 자신의 계획을 교인들에게 알려 전체 교인 2/3의 찬성을 얻는데 성공하였고, 그런 다음 이승만의 동의를 구했다.[46]

---

44) 『신한민보』, 1930년 7월 24일, 「하와이」; '기독교기지와 예배당예배'; 『태평양잡지』, 1930년 7월호, 「하와이 우리 사업」.

45) 이용직(李容稷, William Yongchik Lee)은 1894년 2월 28일 평양에서 출생하였고, 1911년 숭실중학을 졸업하여 1914년까지 평남 순천에서 교편생활을 잡았다. 잠시 숭실전문학교를 다녔고 1914년 도미하여 미조리주의 파크대학 고등부에 들어가 1917년 대학부에 입학하였다. 파크대학 3학년을 마친 후 이승만의 구미위원부 일을 돕기 위해 워싱턴 D.C.에 있는 조지 워싱턴대학교로 전학하였고, 1921년 학부졸업 후 1922년 석사학위를 받았다. 이후 구미위원부에서 활동하였으며, 1929년 유니언신학교를 졸업한 그 해 12월 10일 호놀룰루에 와서 1930년 1월 1일부터 민찬호 목사의 후임으로 한인기독교회의 목사로 활동하였다. 그러나 이승만과 교회운영 문제로 마찰을 빚으면서 1931년 1월 19일 교회에서 파면되었다. 1935년 동생인 이용로(1902~1935)가 상해에서 재상해조선인거류민회 활동을 전개하다 흑색공포단계열의 엄순봉(嚴舜奉)과 이규호(李圭虎)에게 피살당하자 유가족 문제로 본국으로 귀국하였다. 귀국 후 재출국이 안 돼 평양에서 안경점을 하였고, 해방 때까지 일제에 의해 네 차례나 투옥되었다.(방선주, 「한길수와 이승만」, 유영익 편, 『이승만연구』, 연세대 현대한국학연구소, 2000)

46) 이용직은 백인교회로부터 먼저 자신의 사례금 125달러를 1년 동안 지원받는 것으로 만들었다. (『동지별보』, 1930년 10월 8일, 「기독교회 현상」; 『태평양잡지』, 1930년 7월호, 「하와이 우리 사업」; 『태평양주보』, 1931년 6월

그러나 이승만은 이용직의 계획에 단호히 반대하였고 오히려 이러한 생각을 가진 그를 축출하려 했다. 그는 교회를 짓는 것은 우리 힘으로 할 결심을 해야 하며 만약 타국인에게 의존해서 짓겠다는 생각을 가진 자라면 우리 교회에서 떠날 것이며, 누구든지 교회를 이대로 유지할 수 없다고 생각하는 자는 자리에서 물러나라고 단호한 입장을 표명했다.[47] 이승만의 강력한 반대는 이용직의 목회직까지 위협하는 것과 다름없었다.

이용직은 교회 발전을 위한 계획이 실행에 옮기기 힘들자 이승만에 대한 불만이 누적되기 시작했다. 이용직은 그동안 한인기독교회의 목사뿐만 아니라 동지식산회사의 이사원[48]과 동지회 중앙이사부 이사장으로 선임되는 등 이승만에 의해 전폭적인 신임을 받아왔다. 그런데 다수 교인들이 찬성한 자신의 교회 발전책을 무시하고 강력히 반대한 이승만의 독선에 대해선 상당히 실망한 것 같다.

그런데 이용직의 불만은 그 만이 아니라 그의 제안을 지지한 김현구·손덕인을 중심으로 한 하와이교민단 내에서도 영향을 끼치고 있었다. 그 같은 사실은 이승만이 「동지회 내정」이라는 글에서, 이용직의 제의가 받아들여지지 않으니 협동이 어렵다고 하면서 김현구가 하와이 한인의 합동문제를 은근히 반대하였고 결국 『국민보』에 반대 기사를 게재하기 시작했다고 비판한 것을 볼 때 드러난다.[49]

다음은 김현구[50]와 이승만 사이의 갈등이다. 김현구는 1926년 9월부터

13일 「기독교정신에 떠난 이용직목사에게」)

47) 『태평양잡지』, 1930년 7월, 「하와이 우리 사업」.

48) 이용직은 1930년 5월 27일에 열린 동지식산회사 주주대회에서 9명의 이사원 중 한 명으로 선임되었다. 『태평양잡지』, 1930년 7월호, 「동지식산회사 주주대회 결과」 참조.

49) 『동지별보』, 1930년 10월 22일, 「동지회내정」.

50) 김현구(金鉉九, 1889~1967)는 충북 옥천에 출생한 후 배재 및 보성중학교

이승만의 위임을 받아 워싱턴DC에 있는 구미위원부의 사무를 보다[51] 1929년 10월 이승만의 요청으로 하와이로 건너 왔다.[52] 하와이에 온 후 그는 이승만의 도움으로 하와이교민단의 서기 겸 재무이자 『국민보』 주필을 비롯해 호놀룰루 동지회 지방회장, 『태평양잡지』 편집인, 중앙이사부 이사원 등 직책을 맡는 등 누구보다도 이승만의 절대적인 신임을 받았다. 이런 연유로 이승만은 하와이 한인사회를 동지회 중심으로 재편하려 할 때인 1930년 3월 경부터 김현구와 의논하여 일을 추진하였고, 김현구도 1930년 6월부터 동지회 헌장기초위원이 되어 이승만의 활동을 적극 도왔다.[53]

외견상 이승만과의 관계에 문제가 없었던 것으로 보였지만 김현구는

등에서 수학하였고, 1906~7년경 대한자강회 회원으로 계몽운동에 앞장섰다. 1909년 4월 유학을 목적으로 도미하였고, 1910년 박용만이 설립한 헤스팅스 소년병학교서 수련받아 그 학교의 중견간부로 활동하였다. 1918년 6월 오하이오주 콜럼버스대학교서 정치와 철학을 공부한 후 1919년 7월 24일부터 1921년 1월까지 『신한민보』 주필로 활동하였으며, 북미대한인유학생총회 창립을 주도하였다. 1919년 3월 박용만이 설립한 대조선독립단에 가입하였다가 1927년부터 1929년까지는 이승만이 설립한 구미위원부 위원으로 활동하였다. 1929년 11월 하와이에 온 후 하와이교민단의 서기와 재무, 동 기관지인 『국민보의 주필로 활동하던 중 이승만의 동지회 중심 통일운동에 반대하는데 앞장섰다. 하와이 교민단을 해소하고 1933년 2월 1일자로 국민회를 복설(復設)시키는데 앞장섰으며, 이후 국민회 서기와 재무, 『국민보』의 주필, 그리고 연합회 의사부 국방부장 등으로 활동하였다.(노재연, 『재미한인사략(상권)』, 로스앤젤레스, 1951; 국가보훈처, 『1997년도 독립유공자공적서』)

51) 『태평양주보』, 1931년 6월 13일, 「김현구씨의 정당하신 말씀」.

52) 『동지별보』, 1930년 12월 6일, 「김현구가 이박사에게 보낸 글」.

53) 『태평양주보』, 1931년 5월 9일, 「사설」; '국민회장 백일규가 하와이 한인사회에 한 사람이 되었더면'.

이승만의 동지회 중심의 통일운동에 대해선 적극적인 지지를 보내지 않았던 것 같다. 이승만에 따르면 민족독립을 위해 한인사회가 통일되어야 한다는 명분으로 시도한 대조선독립단과 동지회 사이의 합동 노력에 대해 김현구가 찬성하기보다 오히려 경계했다고 한다. 여기에 대해 이승만은 그 사실을 다음과 같이 설명했다.

> 연내로 독립단원으로 우리와 수차 상극 같이 싸우던 동포들이 이번 합동운동 결과로 40여 명 사람이 고개를 숙이고 들어와서 모든 사람 앞에서 손을 들고 광복대업을 같이 진행하자고 선서하고 차차 모든 단원들로 하여금 같은 언조를 취하도록 힘쓰려는 결심이니, 약간 공심(公心)을 가진 자야 누구나 감복한 눈물을 머금지 않으리요 만은 홀로 김씨(김현구; 필자 주)와 민단 당국들은 극히 냉담하여 싫어하는 태도가 발표되며 신문상 언론이 점점 불찬성하는 논조를 일으키고, 김씨는 합동을 찬성하는 민단단원들도 함께 대면하기를 싫어하며 말하기를 그 사람들이 다른 계책을 속에 묻어놓고 국민보를 빼앗으려드는 것이라 하니 그 뜻이 어디 있는 것을 가히 알 것이라.[54)]

또한 워싱턴의 구미위원부에서 김현구와 3년 동안 숙식을 같이 하며 일한 적이 있는 송필만은 동지회측을 대변해서 말하기를 김현구가 반이승만 행동을 전개하게 된 단초는 이승만이 대조선독립단과 동지회와의 합동운동을 시작한데서 비롯된 것이라는 사실을 다음에서 지적했다.

> 하와이 한인사회에 년래로 대치되었던 동지회와 독립단은 서로 깊은 각오와 양해로 작년 3월을 위시하여 합동의 앞길이 열리는 동시에 대한 민족에게 밝아오는 빛이 거의 부딪히게 되었섰다. …… 저 김씨(김현구; 필자 주)는 억하심정으로 그 합동을 반대하여 우리 민족에게 밝아오는 빛을 막

54) 『동지별보』, 1930년 10월 22일, 「동지회내정」.

> 았을까? 이것이 분요 초차(初次)에 김씨의 주장이었다. "동지회와 독립단과는 절대로 합할 수 없다. 어찜이뇨 하면 독립단이 합하고자 하는 의사는 일을 위한 성의에 있지 아니하고 우리 동지회에 합한 후에 우리 영수를 몰아내려고 하는 계획이다. 그러면 우리는 우리 영수를 위하여 절대로 응종할 수 없다"고 하였다. 이러한 씨의 주장은 하와이에 있어서는 말로 하였겠지만 저 미주 대륙에는 편지로써 전파하였다.[55]

그리고 나서 송필만은 이러한 김현구의 행위는 실제로 이승만을 위할 뜻에서 나온 것이 아니라 독립단원들이 입회하게 되면 그동안 누려온 자신의 위치가 불안해져 생계가 위협받을 것을 염려해서 나온 것이라고 비난했다.[56]

그런데 김현구의 반발이 단순히 자신의 생계 때문에 나온 것이라 하는 동지회측의 주장은 인신 공격적인 것으로 그대로 받아들이기 힘들 것 같다. 김현구는 이승만의 통합 노력이 동지회를 위한 일이라는 점을 익히 알고 교민단이 입을 피해에 대해 충분히 예상했을 것으로 생각된다. 한편 그 자신이 적극 지지한 이용직의 한인기독교회 발전책이 이승만에 의해 좌절되자 이용직과 똑같이 크게 실망하고 이승만의 독선적인 행동에 상당한 불만을 가졌을 것으로 짐작된다. 이런 점들로 인해 여러 차례 동지회 발전책과 동지회 중심의 통일운동에 대한 기사를 『국민보』에 발표하여 합동운동을 도우라는 이승만의 지시를 받았으나, 김현구는 지방순회를 통해 직접 이승만이 한인 대중들에게 한인 합동운동 계획을 알릴 것을 요구하고 심지어 하와이교민단 임시의사원 총회를 열어 한인사회의 통일문제를 정식으로 토의할 것을 제의함으로써 은근히 회피하고 있었다.[57] 그

55) 『태평양주보』, 1931년 8월 22일, 「통일키 위한 우리의 노력」.

56) 위의 기사 및 『태평양주보』, 1931년 7월 4일자, 「오해를 가지신 동포들에게」 참조.

러나 이승만은 시간이 너무 촉박하다는 것과 사람을 만날 여건이 되어 있지 않다하여 그의 제안에 반대했다.[58]

김현구와 이승만의 충돌이 본격화되기 전 약 5, 6개월 동안 양자의 갈등은 지속되었다.[59] 결국 김현구는 하와이교민단의 월급을 받으면서 교민단의 기관보인 『국민보』에 동지회를 위한 글을 쓸 수 없다고 선언해 반이승만운동의 전면에 나섰다.[60] 그러자 이승만은 김현구에게 『국민보』의 주필직을 사면할 것을 명령했다.

김현구는 1930년 8월 26일자로 작성된 『사직청원서』를 『국민보』에 게재했다. 여기서 그는 이승만의 명령에 의해 교민단 총임원회에서 결의된 임시지방순행의 임무와 『국민보』 주필직, 그리고 교민총단의 재무 및 서기의 직임 모두를 사면하겠다고 공개함으로써 논란을 확산시켰다.[61] 이승만의 사면 명령의 이유에 대해 그는 동지회에 반대하는 글을 썼다는 것과 교민단의 사정을 각 지방에 알리기 위한 순행계획 때문이라 했다. 김현구는 지금부터 일반 민중의 중의를 공개적으로 묻겠다 하고 이승만의 독단적인 처사에 정면으로 대항했다.

다음으로 지적할 수 있는 것은 이승만의 동지회 중심의 통일운동에 대한 하와이교민단측의 조직적인 반발이다. 1930년 당시 겨우 명맥만 유지해 온 동지회를 통일운동의 구심점으로 삼으려는 이승만의 계획은 총회관이라는 자체 건물을 갖고 있으면서 그동안 잘 유지해 온 교민단의 입장에서 볼 때 교민단을 무력화시키는 것으로 받아들였다. 이승만이 민족운동을 명분으로 통일 노력을 전개할 초기에는 교민단이 동지회간친회에

---

57) 「The Case of Korean National Association」, p.5.

58) 위와 같음.

59) 『동지별보』, 1930년 10월 15일, 「사실설명」.

60) 『동지별보』, 1930년 12월 6일, 「교민단 전권대사 인봉주씨 말에 대하여」.

61) 「사직청원서」, 『우남 이승만문서』 제12권, 382쪽.

참여하는 등 불만을 죽인 채 나름 이승만에게 협조하였다.[62] 그런데 하와이교민단의 누적된 불만은 잘 드러나지 않다가 동지미포대표회에서 청년운동사업을 동지회의 중점사업으로 확정하기로 의결하면서 터져 나오기 시작했다. 대회가 폐회할 시점에 교민단 단장 손덕인은 공식 석상에서 청년운동은 이미 교민단에서 추진하려는 것인데 동지회가 하겠다고 하니 이는 교민단의 존재를 무력하게 만드는 처사로 비판하고 그동안 쌓인 불만을 터뜨렸다. 이어서 그는 독립운동을 동지회에서만 주장하게 된다면 교민단의 역할이 없어지게 되는 것이니 자신은 동지회 이사원의 책임을 사면하겠다고 선언했다.[63]

하와이교민단은 그동안 유명무실했던 동지회가 동지미포대회를 통해 이제 와서 독립운동의 유일한 정치기관으로 행세하겠다는 것도 받아들이기 어려웠다. 교민단은 임시정부의 법령에 따라 설립된 합법적인 공식기관인데 비해 동지회는 이승만을 지지하기 위해 설립된 별도의 정치단체에 불과했기 때문이다. 따라서 교민단의 입장에서 볼 때 동지미포대표회에서 나온 결의안은 임시정부의 법령을 무시하는 것으로 간주할 수 있었다. 이런 연유로 이후 이승만과 본격적인 분쟁이 전개될 때 교민단은 임시정부와 이승만과의 관계에 초점을 맞추고 이의 해명을 요구하며 신랄하게 비판하였다.

이런 와중에 하와이교민단장 손덕인은 김현구의 사임을 즉각 받아들이고 그의 직임을 자신에게 넘기라고 요구한 이승만의 처사를[64] 불법으로 간주하고 교민단 지방회에 공식적인 의견을 구하기로 했다.[65] 하와이교민

62) 「The Case of Korean National Association」 p.5 및 『태평양잡지』, 1930년 7월호, 「동지회간친회후문」 참조.

63) 위와 같음.

64) 「The Case of Korean National Association」, p.5.

65) 『신한민보』, 1930년 9월 11일, 「하와이」; '김현구씨 전부 임원사직'.

단은 각 지방회에서 실시한 투표에서 투표자의 3/4이 김현구의 사임을 반대했다.[66] 하와이 한인들의 민심은 이승만의 생각과 달랐음을 보여준 것이다. 이에 힘입은 김현구는 1930년 9월부터 『국민보』를 통해 이승만에 대한 비판을 본격화하였고,[67] 교민단이 없어질 지 모르니 오히려 기성단체를 공고히 해야 할 것이라 하여 이승만의 동지회 중심의 통일운동에 강력히 반대했다.[68] 이러한 반발은 교민단의 축소론 또는 폐지론 외에도 이승만의 독선적인 행동에 반대하는 '민중화'의 논리로 발전되어 반이승만운동으로 확산되었다.

이런 중에 이용직은 자신의 뜻을 관철시키고자 한인기독교회 내에 있는 이승만지지파를 몰아냄으로써 하와이 한인사회의 분쟁은 걷잡을 수 없는 상태로 확대되었다.[69]

다른 한편에서는 이승만이 민족운동을 위해 동지회 중심으로 통일해야 한다고 주장할 때부터 동지회의 독립운동노선을 둘러싸고 불만을 표출하고 있었다. 동지미포대표회에서는 '3대 정강'을 불변하는 것으로 결정했으나 비판적인 여론은 '3대 정강'이 독립운동의 방략으로 적절하지 않다고 보았다. 특히 「정강」 중에 있는 '비폭력'에 의한 민족대업 성취노선에 대

---

66) 위와 같음. 그리고 『신한민보』, 1930년 10월 2일, 「하와이」; '국민보 주필 김현구씨 유임' 참조.

67) 이번 분쟁이 9월부터 본격화 되었다고 한 근거는 『태평양주보』 1930년 12월 20일자 「국민보를 꾸짖음」이라는 기사에 따른 것이다.

68) 『동지별보』, 1930년 10월 15일, 「사실설명」.

69) 이용직은 교회부지 문권을 민한옥에게 받아낸 뒤 1930년 9월 21일 평신도대회에서 기존의 교회 이사원을 해체하고 김현구·최영기 등 반이승만 인물로 새로운 이사원을 조직 함으로써 한인기독교회를 이승만의 간섭을 배제한 자신의 직접적인 관할하에 두려했다.

『동지별보』, 1930년 10월 8일, 「기독교회 현상」 및 『태평양주보』, 1931년 6월 13일, 「사설」; '기독교정신에서 떠난 이용직 목사에게' 참조.

한 강해 비판을 비롯해 민족주의와 사회주의를 모두 포용하지 못하고 있는 편향된 이념, 구미위원부와 임시정부 사이의 위상 정립이 이루어지지 않는 점, 노동자·농민 중심의 민족운동 전개가 빠지고 있는 점, 청년들을 수용하고 약소 민족들 간의 교류 증진이 미약한 점 등을 비판하고 이의를 제기했다.[70)]

이러한 비판 여론에 대해 동지회는 나름대로의 이유를 내세워 해명하였지만[71)] 특별히 독립운동의 '비폭력' 문제에 대해선 이승만이 직접 해명하였다. 그는 전쟁을 준비한 후 공식적인 전쟁 선포로 싸움을 하는 것은 폭력이 아니요 세계의 공법이니 우리가 선호하는 바이나, 무법한 개인행동으로 원수 한 두 사람을 살해하려다 무수한 재산상의 손해를 당하게 하는 것을 반대하는 것이라 했다.[72)] 요컨대 이승만은 적에 대한 암살·파괴 등과 같은 의열투쟁의 방식에 대해선 전적으로 반대한다는 것이다.

그러나 이승만의 '비폭력적인 독립운동노선'은 그동안 박용만을 중심으로 무력 및 무장투쟁의 방식으로 독립운동을 준비해 왔던 대조선독립단 측 입장에서 볼 때 전적으로 수용하기 힘든 부분이었다. 일부 독립단의 핵심인물을 포함해 약 40여 명이 이승만을 지지하며 동지회에 가입하기로 했으나[73)] 아직도 많은 독립단 단원들은 주저하고 있었다. 일부 독립단 단원들의 동지회 가입은 이승만의 '비폭력주의 노선'을 찬성했다기보다 민족의 독립을 위해 통합되어야 한다는 당위성과 대의에서 나온 것으로 보인다.[74)] 이런 상황에서 김현구를 중심으로 한 하와이교민단에서 이승만의 통일운동에 반발하는 분위기가 일자 동지회 가입에 주저하던 독립단

70) 『태평양잡지』, 1930년 7월호, 「정강의 신성」.

71) 위와 같음.

72) 『태평양잡지』, 1930년 7월호, 「동지회간친회후문」.

73) 『동지별보』, 1930년 10월 22일, 「동지회내정」.

74) 『태평양주보』, 1931년 6월 20일, 「호사다마였다」.

단원들은 대거 교민단 쪽으로 합류하였다. 그 한 예로 하와이교민단의 전 권대사인 인봉주의 말에 따르면 독립단 단원 80여 명이 교민단 쪽으로 입단했다고 한다.[75)]

2) 분쟁의 확대

하와이 한인사회의 분쟁에 대해 교민단은 기존의 『국민보』 외에 『시사보(時事報)』를 발간하여 반이승만운동을 전개했고, 동지회는 기관지인 월간 『태평양잡지』와 주간으로 전환한 『태평양주보』외에 『동지별보(同志別報)』를 별도로 발간하였고, 몇몇 동지회 회원들이 주축이 된 『공동보』[76)]와 『공론』[77)] 그리고 「통고서」·「사실서」 등을 수시로 발간하여 대응했다. 그러나 이런 양측간의 대응은 분쟁을 논리적이고 이성적으로 해결하기보다 감정적이고 인신공격적인 성향을 더 많이 띠고 있었다.

먼저 하와이교민단이 제기한 반이승만의 논리는 다음과 같이 정리된다. 첫째, 김현구의 사면을 권고한 것은 민중의 의사를 무시한 이승만의 독재행위이니 이러한 독재주의를 막기 위해 한인사회는 '민중화'해야 한다는 것, 둘째, 이승만이 독립단을 움직여 교민단을 탈취할 의도가 있다는 것, 셋째, 동지식산회사의 운영실패로 나타난 많은 빚을 해결하기 위해 이승만이 한인기독교회와 교민단 및 한인기독학원을 사유화 해서 소유재산을 전당 또는 방매할 것이라는 것, 넷째, 이승만이 영수로서의 자질이 부족하다는 것, 다섯째, 이승만의 권유로 투자한 동지식산회사가 실패하여 고본주들에게 막대한 재정 손실을 입힌 것, 여섯째, 이승만이 재정만 없애고 그동안 아무 것도 이룬 것이 없다고 한 것 등으로 정리했다.[78)]

---

75) 『동지별보』, 1930년 11월 14일, 「교민단 전권대사 인봉주씨 말에 대하여」.

76) 호놀룰루 한인공동회에서 발간한 것으로 사장은 박승준이고 총무는 황용익, 주필은 손창희였다.

77) 주필은 이은구, 주자문이고 편집은 민한옥, 계명성이 하였다.

이같은 주장에 대해 이승만과 동지회는 단체가 아닌 특정 개인을 상대로 사패를 풀어나가려 했다. 분쟁 발발 초기 이승만과 동지회는 반이승만 운동을 선동하는 핵심인물을 김현구와 이용직으로 지목하였다. 즉, 동지회는 이번 분쟁이 주의나 공론 그리고 지식의 차이에 따라 일어난 것이 아니라 다만 김현구의 배타주의와 동포들에 대한 악선전에 의한 것이라 하여 분쟁의 원인을 특정 인물로 몰아갔다.[79] 특히 이승만은 다음의 글에서 이번 분쟁의 배후 인물로 이용직과 김현구를 지목했다.

> 이용직씨는 호항에 도착한 이후로 기독교회를 타국인의 교회에 부치자는 의사를 주장하여 혹은 찬성하며 혹은 극반대하여 서로 의혹이 생기는 고로 피차 어려운 점이 깊이 배기었고, 김현구씨는 교회문제로 인연하여 반대함으로 신문에 언론이 모두 반대되는 의사를 연속 표시하며, 교민당국들과 몇몇 동지들로 종종 비밀리 의논하고 항내(港內) 항외(港外)에 선전하기를 이박사가 독립단원들에게 속는다, 독립단원들로 합하여 민단을 없이 하련다는 모든 의혹이 사방에 흩어져서 대표회의 합동운동의 좋은 결과가 다 무효로 돌아가게 되어 ……[80]

이승만은 한인기독교회의 문제로 갈등을 빚어 온 이용직에 대해 교회를 타국인에게 부친다는 의사를 완전히 철회하도록 설득하여 교회문제로 나타난 민심의 이반을 막으려 했다. 그런 다음 이승만은 『국민보』 주필 김현구에게 『국민보』에 통일운동을 찬성하는 기사를 싣는다면 동지회가 확장되는 동시에 교민단도 따라서 확장될 수 있다하여 자신의 통일운동

---

78) 『동지별보』, 1930년 날자 미상, 「현사에 대하여」 와 『태평양주보』, 1930년 12월 20일, 「국민보를 꾸짖음」 및 1931년 7월 4일, 「권유서」 참조.

79) 『태평양주보』, 1931년 8월 1일, 「사설」; '민중화에 캄캄한 장래와 우리의 앞길'.

80) 『동지별보』, 1930년 10월 22일, 「동지회내정」.

에 적극 옹호해 줄 것을 권유하였다. 그러나 이용직과 김현구는 이승만의 설득에도 불구하고 자신들의 의도대로 밀고 나갔다.

이승만은 두 사람을 설득하는 일이 뜻대로 되지 않고 동지미포대표회를 계기로 동지회가 교민단을 없애려 한다는 소문이 확산되자 직접 한인동포들을 대상으로 진상을 설명하고 오해를 불식시키려 했다.

> 근일 호항내에 유행하는 말을 들으면 동지회가 교민단을 없이 하련다는 선동이 부활되는 모양이라. 사실을 공포아니 할 수 없는 관계로 인연하여 이에 설명하노라. ……
>
> 이번 동지대회에서 결정한 조건 중 청년부를 두어 우리 남녀 청년에게 민족정신을 고취하기로 결정한 바가 교민단 의사회에서 결정한 바 청년운동과 모순되는 것이 아니며, 또는 동지회가 민족운동을 촉성하기로 목적하고 전민족적 통일운동을 착수한 것이 교민단이나 다른 단체와 충돌되는 것이 조금도 아니니 헛되이 오해를 품고 오해를 전하는 것은 애국 애족주의가 아니라.
>
> 이번 합동운동에 아무 조건이 없고 동지회명으로 모든 단체가 합동하여 민족운동에 통일적 행동으로 일치한 보조를 취하자 함인바, 몇번 합동하여 모인 자리에 무한한 호감을 얻어 모든 사람이 다 마음을 기울여 크게 바라는 바이거늘, 중간에 몇몇 사람이 공연한 의심과 근거 없는 허언으로 불평을 품게 되어 일에 자연히 손해가 되는지라.
>
> 이것을 아무쪼록 화동으로 해결하기 위해 백방으로 권유하여 보았으되 종시 양해가 생기지 못하니 부득이하여 이 사실을 설명하게 된지라. 이것이 조금도 감정이나 불평에서 나오는 말이 아니요 다만 이 사실을 모르는 동포에게 알려서 모든 동포의 공의를 따라 순리로 처결되기를 요구함이니, 나의 가장 알리고자 하는 바는 언제든지 교민단을 없이 하거나 방해하자는 뜻이 조금도 없고 여전히 계속 진행하려 함이라.[81]

---

81) 『태평양잡지』, 1930년 9월호, 「시사에 대하여」.

요컨대 이승만은 이번 통일운동이 기존의 교민단이나 다른 단체들의 희생을 전제로 추진하는 것이 아니라는 것이다. 아무 조건 없이 동지회의 이름으로 모든 단체가 합동하여 민족운동에 통일된 행동을 취하는 것이라 했다. 이러한 이승만의 해명은 지금까지 진행해 온 통일운동의 성격을 불분명하게 만드는 것이었다. 처음에 제시된 그의 통일운동 방식은 기존 단체를 해산하는 조건 속에서 유일한 정치기관인 동지회 중심으로 결집시키겠다는 것이었다. 그런데 비판 여론이 거세지자 동지회는 정치단체로, 교민단은 자치단체로 그대로 두고 민족운동을 위해 서로 연합하는 방식으로 통일된 행동을 취하자는 논리로 전환했다.[82)]

이승만은 이번 분쟁은 교민단과 독립단 사이에 생긴 것이 아니며, 교민단과 동지회 사이에 생긴 것도 아니라 했다. 오직 교민단 내의 당국자들이 김현구의 선동을 받아 사실 아닌 말과 글로 각 지방 동포들의 오해를 불러일으켜서 나온 것이 했다.[83)] 또 김현구가 주장하는 '민중화'의 이면에는 교민단 유지의 본의보다 사사로운 이해관계에서 나온 것으로 비난하고, 이는 하와이 한인사회의 정당한 합동운동에 대한 반항이라 주장했다.[84)]

동지회는 이번 풍파의 원인을 제공한 김현구의 부도덕한 면을 들어 집중 공격했다. 박상하[85)]는 합동 통일을 위해서는 이번 풍파가 중지되어야

---

82) 『태평양잡지』, 1930년 10월호, 「시사에 대하여」 및 「합동문제와 이번 풍파의 진상」 참조.

83) 『동지별보』, 1930년 10월 15일, 「사실설명」.

84) 김현구가 민중화를 내세워 정당한 합동운동을 방해했다는 비판은 이승만뿐만 아니라 안현경, 손창희 등 동지회측의 공통된 견해였다. 『태평양잡지』, 1930년 10월호, 「민중화」 및 「김현구와 총단장을 충고」; 『태평양주보』, 1931년 7월 4일, 「권유서」.

85) 그동안 중립측에 있었던 박상하는 이번 분쟁으로 동지회 중앙이사부 상무원 겸 재무인 김원용이 사면하자 10월 8일자로 재무로 임명되어 이승만의

함을 희망하면서 그러나 풍파의 책임자인 김현구는 반드시 용퇴해야 할 것이라고 주장했다.[86] 또 그는 이승만이 교민총단의 임원회를 개최하지 않고 김현구에 대해 사면권고를 내린 것은 교민총단의 임원을 무시한 것이 아니라 오히려 김현구의 체면을 보호해 주려는 인도자(이승만; 필자주)의 미덕이었다고 해명했다. 박상하는 이번 풍파는 구미위원부의 재정을 불분명하게 처리해 이를 숨기려 하고 자신의 생계유지를 위해 반이승만 행동을 전개한 김현구의 부도덕성에 있다고 주장했다.[87] 송필만은 김현구에 대해 구미위원부 근무시 재정을 불분명하게 처리한 비리와 과거 이승만에게 다짐했던 충성 맹세를 이제 와서 단순히 생계를 위해 배신한 부도덕한 면 등을 들추었다.[88] 이밖에 시카고동지회와 뉴욕동지회도 이번 분쟁의 원인이 모두 김현구에게 있음을 밝히고 민족운동을 위해 통일운동을 전개한 이승만을 적극 지지하였다.[89]

이승만과 동지회가 김현구 쪽으로 비판을 집중한 것은 교민단 전체로 분쟁이 확대되지 않기를 바랬기 때문으로 생각된다. 예컨대 교민단 단장

적극적인 지지지가 되었다. 『동지별보』, 1930년 10월 22일, 「동지회 통고서」 참조.

86) 『동지별보』, 1930년 11월 14일, 「국민보 기자에게」.

87) 『태평양잡지』, 1930년 10월호, 「합동문제와 이번 풍파의 진상」 및 「시국해결책을 동포제군에게 의논함」; 『태평양주보』, 1930년 12월 20일, 「양심의 공론」 참조.

88) 『태평양주보』, 1931년 6월 13일, 「김현구씨에게」; 7월 14일, 「오해를 가지신 동지들에게」; 8월 8일, 「위원부 재정보고에 대하여」; 8월 29일, 「한번더 위원부 일에 대하여」 참조.

이밖에도 동지회는 사설을 통해서도 김현구의 과거 행적에 대해 집중적으로 비판했다. 『태평양주보』, 1931년 5월 9일자 「사설」 참조.

89) 동지회 뉴욕지회가 발표한 「성명서」(1930.11.1) 및 시카고동지회가 발표한 「포와 우리 동포에게」(1931.7) 참조.

손덕인이 청년운동을 계기로 이사원을 탈퇴하여 교민단과의 단체 분쟁이 일어날 기미를 보이자 이승만은 교민단이나 『국민보』의 일에 관여하지 않겠다고 한 발 뺌으로써 교민단과의 관계가 악화되는 것을 피하려 했다.[90] 또한 하와이 한인들이 분쟁 중재를 위해 임시분규타협위원연합회를 조직하여 교민단과 동지회와의 타협을 중재할 때 교민단측은 소극적으로 대응한 반면 동지회측은 조정할 수 있는 방책만 있다면 분쟁을 종식시키는데 적극 힘쓰겠다고 했다.[91]

이처럼 동지회가 단체와 단체사이의 분쟁으로 확대되지 않기를 바란 것은 민족운동을 위해 서로 통일하자는 명분을 끝까지 지켜보려는 의도로 파악된다. 하지만 이승만과 동지회의 입장에서 이번 분쟁의 확대가 가져달 줄 폐해를 생각해 볼 때 그동안 하와이에서 오랫동안 기반을 구축해 온 모든 것이 하루 아침에 무너질 지 모른다고 우려했다.

그런데 교민단의 입장에서 볼 때 이승만과 동지회가 김현구나 이용직에 집중하여 분쟁을 해결하려는 것은 사태의 본질을 의도적으로 회피하려는 것으로 인식했다. 김현구를 비롯한 교민단측은 상해임시정부의 명령을 무시하고 여전히 임시정부의 대통령으로서, 그리고 구미위원부의 위원장으로서 교민단을 장악하고 그 권한을 계속 확대하려는 이승만의 월권행위에 초점을 맞추어 임시정부와 이승만 간의 문제에 주력하였다. 이에 따라 교민단은 먼저 이승만이 교민단에 회비를 납부해 정당한 의무를 다하지 않은 단원이라고 주장하고 단원이 아닌 자가 정식 임원의 사면을 요구하는 것은 불법이라 하였다.[92] 그런 다음 구미위원부는 이미 1925년 상

---

90) 『동지별보』, 1930년 10월 15일, 「사실설명」.

91) 임시분규타협위원연합회의 「성명서」(1930.12.12) 참조. 이 기사는 1930년 12월 중순경에 발간된 것으로 보이는 『동지별보』에 수록되어 있다.

92) 교민단은 이승만이 하와이에 18년 동안 사는 동안 단 1년만 교민단 회비를 납부한 경력이 있다고 했다. 「The Case of Korean National Association」,

해 임시정부의 폐지명령을 받은 불법 단체이고 이승만 또한 탄핵을 받아 대통령직에서 면직된 상태인데 이후 계속해서 이승만 스스로 임정대통령이자 구미위원부의 위원장으로 주장하며 권한을 행사하는 것은 하나의 조크에 불과하다고 했다.[93)]

이런 교민단의 입장은 그동안 임정대통령이자 구미위원부의 위원장으로 행사한 이승만의 공적 지위를 완전히 부정하는 것으로 사태의 본질에 근원적으로 접근하려는 것이었다. 교민단은 『국민보』를 통해 이승만에게 아래의 공개질의서를 보내고 사실을 규명해 줄 것을 요구했다.

1. 당신이 대통령이오니까, 아니 오니까.
2. 대통령이면 한성정부 계통을 주장하십니까.
3. 당신이 위원부장이오니까, 아니시오니까.
4. 위원부장이시면 어느 때 누가 무슨 수속으로 되었습니까.
5. 위원부가 임시정부의 기관입니까, 아니 오니까.
6. 임시정부 기관이면 한성정부 계통으로 말씀입니까, 상해정부를 말씀입니까.
7. 한성정부 계통이라는 것은 행정할 만한 기관이 있습니까. 혹 대통령, 혹 집정관총재뿐이오니까.
8. 행정할 만한 기관이 없다면 그것을 만들어 놓을 수 있습니까. 있다면 누가 어찌하면 되겠습니까.
9. 교민단이 교민단대로 유지되는 것을 원합니까, 원치 않습니까.
10. 사회생활에 필요한 공결과 규정을 존중히 생각하십니까, 혹 아니 하십니까.
11. 영수로 자처하십니까, 아니하십니까.
12. 공중의 존재를 인정하십니까, 아니 하십니까.

---

p.2.

93) 「The Case of Korean National Association」, p.6.

13. 사실을 존중히 생각하십니까, 아니 하십니까.[94)]

교민단의 공개질의서는 임시정부의 명령을 무시하고 계속 구미위원부를 존속시키면서 동지회를 부흥시켜 동지회 중심의 통일운동을 명분으로 더욱 그 권한을 확대하려는 이승만의 의도에 쇄기를 박는 것이었다.

계속해서 교민단은 앞으로 이승만은 더 이상 교민단의 일에 간섭하지 말 것을 다음과 같이 요구하였다.

> 이박사의 태도에 대해 한 가지 확실히 아는 것은 곧 이박사가 교민단에 손을 떼노라고 선언한 것이다. 손을 뗀다고 선언은 해놓고 실행을 하지 아니하였으니 교민단 일에 대하여 이박사와 동지회는 무슨 말이 그리고 많은지 알기 어렵다. 태평양잡지니 동지별보니 통고서니 사실서니 하는 허다한 문자를 보라. 손을 떼었으면 떼었지 군소가 저같이 많아 천연히 음해로 일삼은 동지회와 그 총재는 법인의 존재에 위해를 가하는 고로 우리는 이박사의 대답을 구하고 회피나 무롱의 대답을 원치 않는다.[95)]

그리고 교민단은 다음 네 가지의 결의안을 만장일치로 가결하여 향후 활동방침을 삼았다.

1. 본 교민총단에서는 대한에 독립을 광복하고 완전한 정부를 국토 안에 건설할 때까지 상해임정을 후원하고 또한 명령을 복종하자.
2. 본 교민단은 미주와 하와이에 거류하는 조선 민족의 단체나 개인을 물론하고 임정 기치 하로 집중을 지휘하되, 만일 본 교민단에 지휘와 명령을 불청(不聽)하고 임정을 여전히 반항하는 자는 대한 독립의 기초를 파괴하고 천만 민족의 대집단을 분열하여 자사자멸(自死自滅)을 음모

94) 『국민보』, 1930년 12월 17일자, 「이박사에게 질문」.
95) 위와 같음.

하는 자니, 우리 공민 대중은 저를 반역자로 대적하자.

3. 대한민국 의정원에서 이승만 박사가 대한민국 임시대통령으로 의정원에 취임한 이래 내치외교에 관하여 여지가 없이 대해(大害)한 사실을 건과로 하여 대통령의 직임을 파면하고 주차구미위원부에 폐지를 명령하였는데, 이승만 박사는 의연히 의정원회의의 결정을 냉소하고 내가 대통령이니 총재이니 위원장이니 하는 허명으로 순량한 동포를 선동하여 사당(私黨)을 편성하여 정부를 여전히 반대하니, 이는 우리 2천만 민족을 영영 멸망시키고자 하는 수단이라.
4. 본 교민단은 서재필 박사를 주차구미외교부 고문관으로 고빙할 일과 또한 정부에서 이박사의 직권을 파면하고 구미위원부 폐지를 명령한 후, 이박사가 여전히 행정한 불법행동을 조사하여 조처할 일을 임시정부에 건의하자.[96]

요컨대 교민단은 향후 진로를 임시정부의 기치아래 힘을 결집하는 것으로 의견을 모은 뒤, 임시정부의 명령을 어기고 불법 행동을 자행하고 있는 이승만을 임시정부에 반대하는 인물로 간주하여 앞으로 강력히 대처하겠다는 의지를 표명하였다.

그러나 교민단의 이러한 비판에 대해 동지회의 입장은 조금도 변함이 없었다. 오히려 더욱 영유로서 이승만을 받들고 정당화시켰다. 먼저 박상하는 영수로서 그리고 인도자로서 이승만 만한 인물이 없음을 다음과 같이 주장했다.

오늘날 이승만 박사는 내외지 동포의 다수가 추대하는 인도자이다. 선생은 백사에 지혜와 능력이 많아 산업장려 경제발전에 용감 선전에 신뢰함이 아니다. 다만 그의 백절 불료의 애국심과 내외 인사의 신앙하는 선망을 의뢰하여 쇠망의 비운에 빠진 국가 민족을 기사회생의 민족운동을 지도하

96) 『국민보』, 1930년 12월 17일, 「근본문제」; '공민의 의결'.

> 시기를 희망함이다. 그런즉 이 사회의 이만한 조직이라도 보유하여 민족운동을 경영하며 대중의 희망을 안위할 자 또 누가 있느냐. 아무렴 지금도 혹 있고 장차도 많이 있을 것이다 만은 더다 죄다 능하신 인도자가 오기까지는 선생의 선망과 위신을 의뢰할 수밖에 다른 도리가 없다.[97)]

동지회는 한성임시정부의 법통성을 내세워 이승만에 대한 도전을 강하게 반박했다.

> 어제일 같고 오늘까지 연장이 되어 있으며 이후까지 …… 나아가게 된 기미년 3 · 1운동을 따라 한성정부를 조직하게 되었고, 이승만 박사가 집정관총재가 되었으며 겸하여 태평양 이서에 외교 전임을 담당시킨 것은 민족전체의 뜻이요 명령이라. 이러한 조직에서 이러한 주권행사를 하고 앉은 한성정부(漢城政府)에 대하여 누구나 신성(神聖)을 느낄지언정 감히 요동은 시험할 수 없으며, 누구나 봉사하기에 희생을 취할지언정 자기 주장을 고집할 수 없는 것은 민족 전체라는 그 이름 아래서 성립된 조직임으로써이다.[98)]

이처럼 임시정부와 이승만과의 관계정립 문제에 대해 하와이교민단과 동지회 사이의 판이한 인식차이는 근본적으로 분쟁의 해결을 어렵게 만들었다. 때문에 김현구와 이용직 등 특정인물에 집중해 사태를 해결해 보려는 이승만과 동지회의 의도는 어긋나 결국 교민단과의 단체 분쟁으로 확대되었다. 즉, 언론을 통한 모함과 인신공격 외에도 상대방에 대한 직접적인 구타와 생명의 위협까지 가하고 서로 고소고발하면서 사태 해결을 난망하게 만들었다.[99)] 분쟁을 해결을 위해 하와이 한인들이 자발적으

---

97) 『태평양주보』, 1930년 12월 20일, 「양심의 공론」.

98) 『태평양주보』, 1931년 6월 20일, 「사설」; '동지회에서 보는 세상'.

99) 『국민보』, 1930년 12월 17일 「동지회 음모연혁」 및 『신한민보』, 1931년 2

로 만든 임시분규타협위원연합회도 167명의 서명을 받아 무조건 타협하라는 경고문을 양측에 보냈지만 아무 성과가 없었고, 오히려 타협 시도가 양측 간의 감정만 악화시킬 우려가 있다하여 스스로 조직을 해산하고 말았다.[100)]

분쟁이 확대되는 가운데 하와이교민단은 향후 이승만의 간섭과 동지회의 개입을 막기 위해 자치규정을 개정했다. 먼저 자치규정의 부록을 삭제하여 구미위원부의 교민단 관할 조항을 삭제해 이승만의 개입을 차단시켰다.[101)] 교민단은 무자격자를 제거한다는 명분을 내세워 지방회의 자격기준을 설정하여 적법한 의사원만 의사원 총회에 참석하게 해 이승만지지자들을 몰아내었다. 교민단은 교민단의사회에 관한 조례를 개정하여 지방회의 기준을 10명이상의 단원들이 부과금을 내는 것으로 하고 만약 당해 년도 부과금을 납입하지 않으면 의사원의 참석을 불허하게 했다.[102)]

이를 근거로 교민단은 이승만 지지자들로 구성된 힐로지방단에 대해 해산령을 내려 힐로지방 단원들로부터 큰 반발을 불러일으켰다.[103)] 1931년 1월 초순경 하와이교민단은 의사원 총회를 위해 각 지방에서 올라온 의사원 29인 중 14명을 새로운 자치규정에 어긋난다하여 불참토록 했다. 여기에 반발한 이원순・김노디・정태하 등 동지회 회원들은 교민단 총회

월 12일 「영수들을 축출한다고」, 그리고 김원용, 앞의 책, 160~161쪽 참조.

100) 1930년 12월 12일에 발표한 임시분규타협위원연합회의 「성명서」. 이 기사가 실린 정확한 날자는 알 수 없으나 『동지별보』, 1930년 12월 중순경에 게재된 것으로 보인다.

101) 1931년 1월 6일자, 「공동보」 참조. 이밖에 교민단은 자치규정 16조에 7항을 신설하여 응급으로 얻어쓰는 돈을 의사회에 보고하게 만들었고, 93조("본단의 자치규정을 가감하는 것은 오직 총단 의사회에서 결정하고 그 결과를 반포함은 행정임원이 행함")도 삭제하였다.

102) 『태평양주보』, 1930년 12월 20일, 「의사회에 대한 총단장의 행정」.

103) 『동지별보』, 1930년 12월 12일, 「힐로지방단 해산령에 대하여」.

관을 점령하였다.[104)]

총회관을 점령한 이들은 1931년 1월 13일 교민단의 재정문부를 불분명하게 처리하고 이를 감추었다는 사유로 기존 교민단의 임원을 탄핵하고 새로운 임원을 선임했다.[105)] 이어서 1월 26일에는 『태평양주보』 편집인 김진호가 국민보사에 난입하여 『국민보』를 불법 간행까지 시도했다.[106)]

동지회 회원들의 교민단 총회관 점령사건은 교민단의 주인이 누구인가 하는 논란을 제공했다. 이승만은 하와이교민단은 하와이 한인들의 공동소유물로 간주하고 동지회와 교민단은 모두 한 집안에서 해 오는 일이라 동일한 입장에 있다고 했다.[107)] 동지회는 동지회원이 곧 민단 회원이며 민단 회원이 곧 동지회 회원인 까닭에 교민단과 동지회의 차이가 없으며,[108)] 설립 초기부터 교민단에 의무를 다한 자는 동지회 회원들이라고 주장했다.[109)] 이러한 인식 때문에 동지회 회원들의 교민단 총회관의 점령은 당연하다고 생각했다.

그런데 하와이교민단은 이번 기회에 교민단의 실질 주인이 누구인지를 분명히 하여 이승만과 동지회와 완전히 결별하려 했다. 교민단은 총회관

---

104) 『신한민보』, 1931년 2월 5일, 「교민단의 내용」.

105) 「The Case of Korean National Association」 p.6 및 『신한민보』, 1931년 2월 19일, 「하와이」; '양파의 감정은 극도에 달함'.

106) 『신한민보』 1931년 2월 5일, 「하와이풍파는 악화해」. 이 때문에 『국민보』는 그 이후 약 3개월 동안 정간되다 1931년 4월 22일부터 속간되었다.(『신한민보』, 1931년 5월 7일, 「국민보 다시 발간」 참조)

107) 『태평양잡지』, 1930년 7월호, 「하와이 우리 사업」 및 『동지별보』, 1930년 10월 22일, 「동지회내정」 참조.

108) 『동지별보』, 1930년 날자미상, 「동지회와 교민단 두 회가 다 필요한가」 및 10월 22일, 「한국 민족의 소원이 무엇이냐」 참조.

109) 『공동보』 제1호 참조. 제1호의 발간 날자는 확실치 않으나 1930년 12월 중순 또는 말경에 나온 것으로 생각한다.

을 점령하여 기존 임원을 몰아내고 새로운 임원을 선출한 동지회 회원들의 불법성을 들어 하와이 법정에 고소했다. 법정 소송의 결과 1931년 4월 16일 하와이 공동법원에서 동지회 회원들의 총회관 점령행위를 불법으로 판단함으로써 교민단이 승소했다.[110] 재판 결과에 대해 교민단장 손덕인은 이번 승소의 의미를 자치규정을 존중하고, 공결을 존중하며, 사실을 존중하는 판결로 해석했다.[111]

법정 소송으로까지 확대된 교민단과 동지회의 분쟁은 교민단의 승소판결에도 불구하고 여전히 해결되지 않았다. 오히려 동지회는 현 교민단 임원들의 재정 부정과 1931년도 의사회가 교민단의 자치규정 대로 실행하지 못한 것을 들어 다시 소송을 제기했다.[112] 하지만 그 결과는 증거 불충

---

110) 『신한민보』, 1931년 4월 30일, 「교민단재판의 판결서」 및 4월 23일, 「교민단이 재판에 득승」 참조.

111) 『국민보』, 1931년 4월 22일, 「사설」; '총단일'.

112) 이 내용은 1931년 11월 2일자로 이은구, 배일진, 주자문의 이름으로 보고된 「재판전말보고 판결선포는 수일내로」에서 나온 것이다. 여기서 동지회가 주장하는 현 교민단 임원들의 재정 부정 사실을 보면 다음과 같다.
1. 예결산을 위반하고 재정을 마음대로 쓴 것.
2. 공회 재정을 난중 물같이 한 것.
3. 문부상에 부정한 것.
4. 무단히 총단간을 전집하여 가지고 낭비한 것.
5. 공전을 가지고 단총을 산 것.
6. 금전 지출이 불분명한 것.
7. 영수증에 실린 금액을 숨긴 사실.
8. 예산에 없는 총단장 자동차 사건.
의사회가 교민단 규칙을 어긴 사항에 대한 동지회의 지적은 다음과 같다.
1. 자격있는 의사원들을 몇 사람외에는 받지 아니한 것.
2. 의사원 자격이 없는 사람을 의사회에 참여케 한 것.
3. 의사회 집회실문에 순사로 파수를 세운 것.
4. 자치규정을 위반하고 소수인이 자행자지 한 것.

분을 이유로 기각되어 동지회의 의도대로 되지 못했다.[113]

3) 분쟁의 영향과 의미

그동안 하와이 한인들의 분쟁을 지켜봐 온 북미의 『신한민보』는 이번 하와이 사건에 대한 해결책을 제시하면서 하루바삐 일본이 좋아할 이같은 분쟁을 종식시킬 것을 요구했다.[114] 먼저 이승만에 대해선 그의 17년 동안의 미주활동의 역사를 볼 때 잘 한 것보다 못한 것이 더 많다고 지적했다. 그런데 이승만은 우리 민족에 상당한 신망과 학식, 그리고 많은 활동의 경험과 명예를 소유한 자이나 이번 하와이 분쟁에 개입한 모습을 볼 때 민족적 수치가 아닐 수 없으며 차라리 물러나 앉아 정치운동보다 교육운동이나 종교운동에 투신하는 것이 자신에게도 유익하고 우리 민족운동에 행복이 될 것이라 했다.

그런 다음 『신한민보』는 이승만과 맞서 분쟁을 일으킨 하와이교민단에 대해서도 비판을 가하고 그 해결 방안을 제안했다. 하와이교민단이 이승만을 함부로 욕하는 것은 우리 민족 전체를 욕하는 것과 같음을 지적했다. 그래서 내외국인의 명망과 민족 전체의 체면을 위해서라도 집정관총재이자 임정대통령으로 지낸 그의 체면을 존중해야 하며, 그의 애국심과 희생적인 생활에 대해서는 우리도 시인하지 않을 수 없다고 했다. 잘했건 못했건 우리 민족의 인물된 자에게 욕하는 것은 우리 민족 전체에 대한 치욕이라 지적하고 함부로 그를 욕하는 교민단의 행위는 비애국적이고 반민족적 행위임을 신랄하게 비판했다. 또 재판을 통해 승소하는 것은 실상 이기는 것이 아니니 그런데 쓰이는 소송 비용을 차라리 빚 갚는데 써라 하여 평화적 투표방식을 통해 우리 스스로의 자율적인 힘으로 해결할

113) 김원용, 앞의 책, 161쪽.

114) 『신한민보』, 1931년 2월 19일, 「하와이 풍파 해결책이 무엇입니까?」.

것을 요구했다.

이같은 『신한민보』의 비판과 제안은 민족운동의 일선에서 이승만이 퇴진할 것과 교민단의 마구잡이식 이승만에 대한 비판의 자제, 공정한 투표 방식에 의한 자율적인 분쟁 해결 방안 등을 제시한 것으로 정리할 수 있다.

이런 『신한민보』의 지적에 대해 동지회는 대한인국민회와 『신한민보』가 하와이 한인사회의 합동을 반대하는 자에게 동정을 표한 것으로 간주하고, 하와이의 풍파를 이용해 미국·멕시코·쿠바의 통일을 부르짖는 이중적인 행동을 취하고 있다고 비난했다.[115] 또 동지회는 『신한민보』가 마치 중재자의 권위나 가진 듯 악선전을 하고 있는 것으로 비판했다.[116]

교민단과 동지회의 문제는 당시 자율적인 해결방안을 기대하기 어려웠고, 계속된 분쟁은 심각한 재정상의 낭비는 물론 조직마저 꾸려나가기 어렵게 만들었다. 예컨대 정두옥은 『재미한족독립운동실기』에서 분쟁으로 인한 재정소모가 약 2만여 달러에 달했다 하고 이는 세계적인 대공황의 때에 한인 동포들의 수중 재산을 거의 소진한 것이라고 주장했다.[117] 때문에 정두옥은 이번 분쟁을 가리켜 '재미한족의 치명적 상처와 민족적 치욕'이라하고 자손만대에 큰 계명으로 삼자고 했다.[118] 또 김원용은 이번 분쟁의 영향을 말끔이 씻고 단체를 새롭게 정돈하는데 5년의 시일이 걸렸다고 하여 이번 풍파의 폐해로 양측 모두에게 심각한 타격을 주었다고 했다.[119] 하와이 분쟁을 대처하기 위해 1931년 3월 15일 시카고에서 개최된

115) 『태평양주보』, 1931년 5월 9일, 「국민회장 백일규가 하와이 한인사회에 한 사람이 되었더면」; 6월 6일, 「북미한인통일연구회에」 참조.

116) 『태평양주보』, 1931년 8월 1일, 「민중화에 캄캄한 우리 장래와 우리의 앞길」.

117) 정두옥, 앞의 책, 79쪽.

118) 정두옥, 앞의 책, 79쪽.

하와이시국강연회에서 강영소는 이번 분쟁을 하와이 한인들 뿐만 아니라 북미 한인들까지 망신을 준 민족적 수치로 평가했다.[120)]

한편 분쟁과 분열로 끝난 이승만의 통일운동 실패에 대해 『신한민보』는 다음과 같이 그 원인을 분석했다.[121)] 첫째, 개인적으로 한인기독교회를 조직하여 교주가 됨으로써 비기독교인 다수가 포함하고 있는 6천 하와이 동포의 단합과 통일을 방해했다고 했다. 즉 이승만의 편중된 종교적 활동이 다른 종교 세력과의 연대를 방해함으로써 그의 정치운동에 이익을 주지 못했다는 것이다. 둘째, 임정대통령으로서의 역할을 다하지 않고 오직 구미위원부의 일에만 전념하여 임시정부를 머리 없는 정부로 전락시켰고 이것이 해외 한인들의 분열을 조장시켜 결과적으로 통일을 어렵게 만들었다고 했다. 셋째, 이승만이 통일운동의 범위를 하와이로 제한함으로써 북미지역 한인들의 성원을 받지 못했다고 했다. 즉, 이승만이 북미의 동지회 회원들에게 국민회 회원들과도 힘을 합치라는 통일정신을 불어넣었더라면 국민회 회원들은 이승만의 통일 노력을 적극 지지하였을 것이고 그러한 영향은 하와이 한인사회의 통일 과업을 이루는데 도움을 주었을 것이라는 것이다. 넷째, 경제에 대한 식견이 부족하여 해 놓은 것이라곤 소모적 기관뿐이니 한인들을 결집시킬 수 없었다는 것이다. 이같은 『신한민보』의 분석은 전적으로 타당하다고 볼 수 없으나 이승만의 통일운동이 가진 한계를 이해하는데 시사하는 바가 적지 않다.

지금까지 나타난 이승만의 통일운동 성격을 정리해 보면 다음과 같다.

첫째, 통일운동의 순수성이 분명하지 않다는 점이다. 하와이 한인들은 민족운동을 위한다는 그의 통일운동의 목적을 순수한 태도로 받아들이지 못한 것 같다. 이승만이 통일운동을 시작할 때는 미국의 경제 대공황이

---

119) 김원용, 앞의 책, 163쪽.

120) 『신한민보』, 1931년 4월 9일, 「하와이 시국강연」 및 「하와이 시국강론」.

121) 『신한민보』, 1931년 2월 19일, 「하와이풍파 해결책이 무엇입니까?」.

막 시작되어 동지식산회사가 재정 곤란으로 파산지경에 있었고 하와이 한인들에게는 경제적 고통이 가중되는 시기였다. 따라서 동지식산회사에 투자한 몇몇 고본주들은 통일운동을 순수하게 받아들이기보다는 사업실패를 덮기 위한 것이 아니냐는 의구심을 충분히 갖게 했다. 예컨대 강영각은 하와이 풍파의 원인을 경제공황에서 비롯된 것으로 본 뒤 동지식산회사가 파산지경에 이르자 고본주들의 원망이 폭발하여 나온 것으로 진단하였다. 이러한 지적에 대해 동지회의 남정헌이 대체로 수긍하는 입장을 보인 것은[122] 이승만의 통일운동을 순수하게 받아들이지 못하였음을 의미한다.

둘째, 이승만의 통일운동이 하와이 한인사회의 여론을 충분히 수렴하지 못하고 조급하게 진행된 점이다. 이승만은 「하와이 한인의 합동」이라는 글에서 통일운동은 일조일석에 대성공을 거둘 수 없다고 스스로 언급했으나 실상은 하와이한인들에게 그의 통일운동에 대한 목적과 방향을 알리기 위한 사전 노력을 다하지 못하였다. 즉, 여론의 호응을 얻기 위한 민주적인 여론수렴 절차를 거치기 보다 통일운동의 당위성을 강조하는데 주력했다. 그래서 통일에 대해 의구심을 가졌거나 방관적인 입장에 선 사람들에게 만족할 만한 이해를 시키거나 설득하는 노력을 다하지 못하였다. 때문에 그의 통일운동은 교민단측 사람들로부터 독재자라는 비판과 함께 '민중화'를 부르짖는 한 요인으로 발전했다.

셋째, 통일운동을 주도한 이승만의 개인적 위상 즉, 임시정부와 이승만간의 공식적인 관계에 대한 진지한 검토와 해명이 없는 가운데 통일운동이 이승만을 위한 것으로 전락된 점이다. 이승만은 여전히 자신을 임시정부의 대통령으로 간주했고 구미위원부를 통해 미주한인사회를 이끄는 인도자이자 영수로 자처하였다. 당시 통일운동이 시작될 때는 상해 임정으

---

122) 『태평양주보』, 1931년 9월 5일, 「깨달은 김에 실행하자」.

로부터 임시대통령직에 대한 면직과 구미위원부의 폐지명령을 받은 지 5년이 지난 상태여서 하와이한인들은 임시정부와 이승만 간의 관계를 충분히 알고 있었을 것으로 생각된다. 이런 상태에서 통일운동을 명분으로 동지회 헌장을 수립해 총재의 권한을 절대화 시킨 것은 이번 통일운동으로 이승만의 권한만 확충시키는 것이 아닌가하는 의구심을 불러일으킬 수 있었다. 그러나 이승만은 임정 간의 관계를 해명하려는 노력 없이 오히려 이전의 주장을 답습함으로써 그가 추진한 통일운동의 참 뜻을 잃게 만들었다.

넷째, 이승만은 '통일'의 대의명분을 위해서라도 자신의 반대세력을 끝까지 포용하려는 노력을 펼쳐야 했으나 그러지 못함으로써 스스로 개인적인 한계를 드러내 보인 점이다. 이승만은 자신을 반대하는 교민단의 인물들을 끝내 포용하지 못했다. 그러한 예는 동지회 중앙이사부의 상무원 겸 재무로서 이승만에게 충성을 다했던 김원용이 1930년 10월 20일자로 이승만에게 보낸 사면청원의 편지에서 "만일 동지회로 백만 각 대중을 단결하여 우리의 광복사업을 하려고 한다면 위선 인심을 집중하여야 할 터인데, 다만 한 사람이라도 감복시키지 못할 지언정 불호감을 가지게 함은 무슨 의사이오니까"[123]라 한 것은 포용력이 부족한 이승만의 한계를 잘 지적하였다.

123) 김원용이 이승만에게 보낸 1930년 10월 20일자 편지.

제3장
1930년대 후반 합동운동과 독립운동

1. 각지의 독립운동과 동지회의 회세 확장

1930년대 초 하와이 한인사회는 이승만의 통일운동의 실패로 민심이 이반 되어 극도로 분열되었다. 하지만 대한민국임시정부를 후원하려는 하와이 한인들의 열기는 하와이 내부에서 일고 있었다. 특히 임시정부의 어려운 살림을 해결하기 위해 김구가 시도한 서신 호소는 하와이를 비롯한 북미 지역 한인들의 마음을 움직였다.[1] 1930년 3월 1일을 기해 설립한 가와도 한인단합회는 설립 이후 한인사회 분쟁의 소용돌이에서 벗어나 임시정부에 600달러를 송금하였고, 윤봉길의거 발생한 직후에는 또다시 300달러를 송금하는 등 독자적인 독립운동을 추진했다.[2] 또 중립

---

1) 도진순 주해, 『백범일지』, 돌베게, 1997, 319-321쪽. 그런데 1925년 초경부터 하와이 내부에는 임정이 관청도 유지 못함을 수치로 여기고 현순의 인도하에 임시정부후원회를 조직한 경험이 있었다. 황사용·정원명·최두숙·강영호 등이 참여한 임시정부후원회는 1925년 4월 1일 후원회 설립의 이유를 공표하고 하와이 한인들의 협조를 요청하였다.(『신한민보』, 1925년 3월 12일, 「하와이」: '정부후원회'; 1925년 5월 21일, 「임시정부 후원하는 이유」)

적 입장에 서있던 임성우 · 김경옥 · 김예준 · 김성옥 · 현도명 · 김태정 · 김형기 · 김기순 등은 1928년경부터 '비밀당(秘密黨, The [Korean] Secret Society)'이라는 것을 조직해 비밀리 김구의 활동을 지원하기 시작했다.[3] 이들은 김구가 조직한 특무공작을 후원하기 위해 1931년 11월 15일 거사 자금 1,000달러를 지원하였다.[4] 그리고 김구의 한인애국단을 공개적으로 후원하고자 1934년 4월 10일 하와이의 '비밀당'을 하와이애국단으로 바꾸고 독립운동을 계속했다.[5]

1931년 9월에 일어난 일제의 만주침략 소식은 침체되었던 하와이 한인

---

2) Kingsley K. Lyu(유경상), "Korean Nationalist Activities in Hawaii and the Continental United States, 1900~1945", *Amerasia Journal* 4:1-2, University of California, 1977, pp.72~73. 『신한민보』, 1932년 6월 2일, 「가와이 후원회」.

3) "Hawaii Korean Organizations," *The New Korea*, April 13, 1944; Kingsley K. Lyu, op. cit., p.74. 그런데 Kingsley K. Lyu의 글에는 비밀당의 설립시기를 1929년으로 보고 있고, *The New Korea*의 기사에는 한국독립당하와이총지부의 뿌리가 되는 이 비밀당이 당시 '임시정부후원회'로 알려져 있었다고 하였다. '임시정부후원회'로 알려져 있었다는 것은 '와히아와 임시정부후원회'를 혼동한 것으로 보인다. 비밀당이나 와히아와 임시정부후원회 모두 1934년 하와이애국단으로 통합되었다.

4) 그런데 앞의 유경상의 글에는 9월에 송금한 것으로 되어 있다.

5) 『한국독립당하와이총지부자치규정』 중 「애국단약사」 참조. 그런데 김원용, 앞의 책, 215~216쪽에 1932년 2월 14일 하와이애국단이 정식 발족되었다고 기록한 것은 사실과 다르다. 이밖에 하와이애국단의 주요 인물은 조병요 · 안창호 · 이대진 · 최찬영 · 유진석 · 이봉수 · 김예윤 · 박이조 · 임영택 · 안영호 · 양성학 · 김현구 · 김원용 등이다. 하와이애국단은 1940년 4월 1일 중경에서 한국독립당이 설립되자 동년 5월 9일 한국독립당하와이총지부로 변경하였다. 그런데 Kingsley K. Lyu(유경상), op. cit., pp.74~75에는 비밀당이 1930년 '애국당'으로 바뀌었다고 했는데, 본고는 「애국단약사」의 기록을 중시했다.

사회에 독립운동의 열기를 고조시켰다. 1932년 5월 22일 오아후섬 와히아와(Wahiawa)지역 한인들은 미국인 감리교회에서 회원 37명으로 임시정부후원회(The League to Support the Korean Provisional Government)를 결성하였다.[6] 조직 목적은 윤봉길의거를 계기로 물질과 정신으로 임시정부를 후원하기 위함이었다. 이 날 모임에서 현순[7]은 '상해 진상'을 연설하였고 이사장 김기순, 서기 김성옥, 재무 현도명・김려준・김태협・김형기・김경옥으로 임시정부후원회를 조직했다. 임시정부후원회는 재정 후원을 위해 인구세로 매년 12달러를 내기로 가결했는데, 그 중 연 24달러를 내기로 자원한 사람도 있어 임정 후원에 대한 열기가 높았다.[8] 또 『시

---

6) 『신한민보』, 1932년 6월 2일, 「임시정부 와히아와후원회」.

7) 현순(玄楯, 1878~1968)은 서울에서 출생하여 관립영어학교를 다녔고 독립협회에서 활동하였다. 1903년 2월 8일 하와이로 건너간 후 자치회를 결성하는 등 한인들의 권익을 보호하는 활동을 전개하다 1907년 귀국하였다. 협성신학교를 졸업해 목사가 된 그는 상동감리교회와 정동감리교회에서 목회활동을 하였고 3·1운동 준비차 상해로 가서는 3·1운동소식의 전파와 대한민국임시정부 수립활동에 전념하였다. 1920년 8월 도미한 후 구미위원부 위원장으로 재직하다 한국대사관 설립문제로 서재필을 비롯해 이승만과 불화를 일으켜 1921년 5월말 하와이로 건너갔다. 모스크바에서 열린 극동인민대표대회에 참석하기 위해 하와이를 떠난 이후 그는 영국의 제약회사에서 잠시 취직했다가 1923년 2월 다시 하와이로 가서 한인감리교회에서 1924~1925년간 목회활동을 하였고 이후 가와이섬에서 목회활동을 비롯해 임시정부후원활동을 전개하였다. 1943년 7월에 설립된 민족혁명당하와이총지부에서는 단장 민찬호(閔燦鎬)와 함께 총서기로 활동하였다.(유동식, 『하와이의 한인과 교회』, 그리스도연합감리교회, 1988; 한규무, 「현순(1878~1968)의 인물과 활동」, 『국사관논총』 제40집, 1992)

8) 매년 24달러씩 내기로 자원한 사람은 선우혁・현도명・김려준・최성찬・김성옥・임성우・김경옥 등 7명이다. 매년 12달러씩 내기로 자원한 사람은 최홍범・전병찬・안창호・김한근・최찬영・김기순・최정호・유진석・강영각・박복수・박인규・이석조・김성원・임창진・문형식・고선신부인・송

사근문』이라는 소식지도 발행하여 임시정부후원회의 활동을 홍보했다.[9)]

하와이 각지에서 임시정부에 대한 후원활동이 적극 전개되는 가운데 분쟁의 당사자였던 동지회는 침체된 조직을 재정비하면서 임정 후원과 선전외교활동을 추진하기 시작했다. 동지회는 1931년 7월 만보산사건과 9월 일제의 만주침략으로 극동 정세가 급변하자 동년 12월 14일 중앙부 이사회에서 현 시기의 당면 과제이자 대정방침으로 다음의 3대 의안을 결의했다.

1. 비상한 이 때에 임시정부 기반을 더욱 공고케 하기 위하여 동지회 중앙부에서 미(美) · 포(布) · 묵(墨)에 산재한 1만명 교류민에게 인구세를 수합하여 임시정부로 납부케 한 사.
2. 양서에 산재하여 있는 1만명 우리들은 2천 3백만을 대표한 대외기관인 구미위원부를 중심하고, 물력과 정신을 총집중하기로 중앙부 서무부에 위탁하여 운동케 한 사.
3. 재만동포의 구휼금을 시급히 수봉하기로 서무부에 위탁한 사.[10)]

요컨대 동지회는 안으로 임시정부를 공고히 하겠다고 함으로써 이승만의 대통령직 면직 이후 임정에게 보였던 불관(不關) 또는 반(反)임정의 태도에서 완전히 돌아서는 모습을 보였다. 밖으로는 구미위원부를 중심으로 물력과 정신을 집중시켜 이승만의 외교적 후원을 강화하기로 했다.[11)] 이

선옥 · 맹정호 · 손학선 · 김인덕부인 · 임영택 · 장금환 · 양기준 · 안치운 · 김월러부인 · 이에리사부인 · 김난형부인 등 27명이다.

9) 『신한민보』, 1932년 6월 16일, 「와히아와에 '시사근문' 신문 발행」. 와히아와 임시정부후원회에 참여한 대부분은 뒤에 하와이애국단에 가입하였다.

10) 『태평양주보』, 1931년 12월 19일, 「사설』 및 「중앙부이사회록」.

11) 당시 이승만은 동지식산회사의 운영이 실패하고 동지회 중심의 통일운동이 오히려 분쟁으로 확대되고 극동에서 중일간의 전운이 고조되자 구미외

같은 동지회의 변신은 이전에 있었던 분열과 파당을 극복하려는 노력의 일환이었다.

이어서 동지회는 「특수한 지위와 비상한 시기에 처한 미·포·묵 동포에게 고함」이라는 글에서 다음과 같이 해외 한인의 정치적 대단결을 촉구하였다.

> 첫째, 미·포·묵 각지의 우리 동포를 크게 뭉치어 정치적 일대 단결을 지을 것.
> 둘째, 미국에 대한 우리 외교를 철저히 할 것.
> 셋째, 상해·만주·시베리아 등 해내 해외의 모든 동포와 참으로 한 덩어리가 되어 중국과 협력하여 왜적의 불의를 깨뜨릴 누력을 준비 실행할 것.[12]

동지회가 이승만에 대한 외교후원과 대외활동을 강화하면서 정치적 대단결을 주장하자 동지회의 사정도 훨씬 나아지기 시작했다. 예컨대 1932년 2월 22일 신흥국어학교에서 200명이나 되는 신입회원들이 입회하였는데 이것은 동지회 설립 이래 최대의 경사로 평가될 정도였다.[13] 교민단과의 분쟁 이후 이승만의 구미외교와 임정 지원활동을 재개하면서 침체되었던 동지회는 점차 회세를 발전시켜 갔음을 의미한다.

1933년 동지회는 외교활동을 각 단체가 개별적으로 전개하는 것보다 협력해서 진행하는 것이 필요하다는 명분을 내세워 제 단체 연합운동을

교를 추진한다는 명목으로 1931년 11월 21일부터 1935년 1월 24일까지 미국 워싱턴DC와 유럽 등지에서 외교활동을 전개했다.(방선주, 「1930년대 재미한인의 독립운동」, 『한민족독립운동사』 8, 1990, 437~448쪽 및 유영익, 『이승만의 삶과 꿈』, 중앙일보사, 1996, 174~188면 참조).

12) 『태평양주보』, 1932년 3월 30일자.

13) 『재미한인민족운동사자료』, 「광고」, 305쪽.

추진했다. 그 결과 동년 4월 9일 6개 단체의 대표가 모여 하와이 한인연합협의위원회를 설립하고 15개조의 규칙과 함께 기관보로 『협의회보』를 발간했다.[14] 참가한 단체는 동지회를 비롯하여 임시정부후원회, 대조선독립단, 동생회, 조미구락부, 와히아와공동회였다.[15] 조직의 구성원은 각 단체에서 선출한 대표로 이루어졌고 1933년도의 위원장은 임성우가 맡았다.

한인연합협의위원회는 한국 독립을 위해 민중의 역량을 집중하며 독립운동의 전선을 널리 협의할 목적으로 조직되었다. 자료미비로 구체적인 활동을 파악하기 어렵지만 1933년 3월 김규식이 대일전선통일동맹의 가입과 중한민중대동맹 미주지부의 결성, 그리고 의연금 모집을 목적으로 도미한 이후 동년 7월 하와이를 방문했을 때 한인연한협의위원회는 동지회를 중심으로 대대적인 환영행사를 준비한 것으로 나타난다.[16] 한인연합협의위원회는 1934년 10월 대조선독립단이 하와이 대한인국민회에 합류한 이후 유명무실해 진 것 같다.

동지회는 한인연합협의위원회의 결성을 통해 대외활동을 연합으로 추진할 만큼 상당한 회세 회복과 역량을 보임으로써 1930년대 중반 이후 하와이 한인사회의 중심적인 단체로 발돋움하였다. 대체로 동지회의 회원은 북미지역을 포함해 적게는 200~300명에서 많게는 1,000여명 정도였다. 하와이대학교 한국학센터에 1930년부터 1938년까지 작성된 것으로 보이는 『대한인동지회 회적』에는 964명의 회원 카드가 수록되어 있는데 중복된 회원 등을 뺄 때 934명을 헤아리고 있다.[17] 이 숫자는 1930~

14) 『신한민보』, 1933년 8월 10일, 「하와이」: '한인연합협의회 조직'. 그런데 『신한민보』의 기사와 달리 동지회가 생산한 문건에는 '하와이 한인연합협의위원회'로 되어 있어 후자의 것을 따랐다. (『미주한인민족운동자료』, 307쪽 참조)

15) 『신한민보』, 1933년 6월 29일, 「하와이」: '외교운동을 각 단체에서 따로'.

16) 국가보훈처 편, 『미주한인민족운동자료』, 307쪽.

1938년까지 적을 두었던 동지회 회원들의 중복도 감안해야 하기 때문에 총 회원수라고 말하기 어렵다. 참고로 1944년에 재미한족연합위원회 의사부에서 조사한 하와이 한인사회의 주요 단체의 회원수를 보면 대한인국민회 650여명, 동지회 650여명, 민족혁명당하와이총지부 60여명, 대한부인구제회(국민회측) 300여명, 대한애국부인회 150여명, 한국독립당하와이총지부 250여명, 중한민중동맹단 30여명 정도로 파악된다.[18] 이렇게 볼 때 동지회의 회세는 새로 복설한 하와이 대한인국민회의 것과 거의 대등한 수준이었다고 볼 수 있다.

2. 하와이 대한인국민회의 복설

동지회와의 극심한 분쟁으로 약화된 체제를 재정비해야 했던 하와이 교민단은 일제의 만주침략으로 극동의 정세가 급변하자 이를 한국독립운동의 호기로 받아들였다. 하와이교민단은 1931년 10월 25일 공동회를 개최하여 대외선전활동을 추진하기로 결의하고, 그 결과 별도의 조직으로 선전부(The Korean National Information Bureau)를 설립했다.[19]

하와이교민단의 선전부는 선전부장 정두옥, 서기 김현구, 재무 차신호

---

17) 이덕희, 『한인기독교회 · 한인기독학원 · 대한인동지회』(한인기독교회 · 동지회, 2008), 332쪽. 한편 고정휴는 「대한인동지회 회원 분석」(『한국민족운동사연구』 40, 2004.9)에서 958명으로 계산하여 약간의 차이가 있다.

18) 도1376(독립기념관 소장자료: 이하 동일), 「Korean Organization in the United States and Hawaii」.

19) 정두옥의 회고록인 『재미한인독립운동실기』 81쪽에 따르면 10월 11일에 공동회가 개최된 것으로 되어 있으나, *The Honolulu Star Bulletin* 1931년 10월 29일자 「Koreans here in Protest to Hoover on Manchuria」의 기사를 보면 10월 25로 되어 있어 후자의 것을 따랐다.

(車申浩), 교섭위원 한길수(韓吉洙)로 구성하였고 그 외 김원용 · 이용직이 참여했다.[20] 교민단 선전부는 후버(Herbert Hoover) 미국대통령에게 보낸 10월 28일자 공개서한을 비롯하여,[21] 국제연맹의회 의장 아리스티드 브리앙(Aristide Briand)에게 보낸 11월 2일자 공개서한과, 중국 남경의 국민당정부 임삼(林森)에게 보낸 12월 11일자 청원서[22] 등을 통해 일제의 만주침략 저의를 폭로하고 한국 독립운동의 지원을 요청하였다. 또 선전부는 정두옥 · 김현구의 이름으로 1932년 11월 14일자로 국제연맹 사무총장 에릭 드럼몬드(Eric Drummond)에게도 공한을 보내 한국의 독립과 세계평화를 위해 일제의 불법침략 행위를 저지시켜 줄 것을 강력히 요청하였다.[23]

이런 가운데 하와이교민단은 1931년 1월 북미지역 한인들이 시작한 통일운동에 영향을 받으면서[24] 대한인국민회를 재건하자는 여론이 비등하기 시작했다. 예컨대 정두옥은 『국민보』, 1931년 5월 6일자 「통일의 길을 걷자」라는 기고문에서 만일 국가 혁명사업을 위한다면 지금 하와이 한인

20) 정두옥, 『재미한인독립운동실기』, 81쪽.

21) 공개서한에 서명한 사람은 교민단 단장 손덕인, 한인중앙기독교회 목사 이용직, 감리교회 홍한식 목사, 성공회 목사 조광원, 대한인부인구제회 회장 김점순, 한인청년연맹 회장 송아더, 하와이 천도교 감독 승룡환 등 7명이다.

22) 『한국독립운동사자료집』, 제7집, 1011~1018면 참조. 이 때 참여한 사람은 손덕인, 정두옥, 김현구, 조광원, 이용직, 김유택(한인청년연맹 총무), 김점순, 승룡환 등 8명이다. 그런데 이 청원서를 위해 58명의 사람들이 연대 지지를 표명했는데, 여기에는 하와이 한인들 뿐만 아니라, 하와이 내의 미국인과 중국인들도 참가함으로써 선전부의 활동에 많은 지지를 보내 주었다.

23) 자3824, Letter from Korean National Information Bureau to Eric Drummond(1932.11.14).

24) 그 영향은 1931년 1월 11일 북미 국민회가 제시한 '재미한인통일촉진의견서'를 비롯하여 북미 한인사회 내부에서 제기되던 통일운동의 분위기 때문이다.

사회는 통일의 길을 가되 그 방법은 과거 미주한인사회를 통일했던 국민회를 복설하여 그 이름아래 통일되는 것이 가장 바람직하다고 역설하고 다음의 이유를 설명하였다.

1. 전일에 하와이 한인사회를 국민회가 통일하고, 또한 국민회 시대에 재미나게 살던 살림살이가 우리 사람에게 인상 깊히 박힌 까닭.
2. 미주 대륙에 있는 국민회와 옛날 형제의 의를 다시 회복하는 것.
3. 하와이정부 재무국에 아직까지 국민회라는 이름으로 등기가 되어 있고, 회관 이름이 아직 국민회관이며, 또한 신문 이름이 아직 국민보라.
4. 하와이 한인사회가 생긴 후로 아직까지 헌장으로 말하면 국민회 자치규정만큼 쓴 것이 없다.

그리고 나서 정두옥은 다음의 통일 방안을 제시하였다.

> 전 민족 통일을 먼저 희망하지 말고 하와이에 있어서는 하와이 한인사회를 먼저 통일하고, 북미에 있어서는 북미 한인사회를 통일하고, 또한 중아(中俄) 양령에도 각각 그렇게 하면 전 민족 통일이 어찌 멀다 하리오. 그럼으로 먼 지방은 근심 말고 우리 있는 곳부터 통일하자.[25]

이러한 정두옥의 제안은 북미지역 대한인국민회가 제시한 '재미한인통일촉진의견서'[26]의 영향에 의한 것이었다. 즉 북미지역은 북미 국민회에

---

25) 『국민보』, 1931년 5월 13일, 「재포한인의 통일」.

26) '재미한인통일촉진의견서'는 1931년 1월 11일 송종익・홍언・김동우・강영소 등 4인이 제시한 6개안의 통일방안이다. 이는 북미지역 중심의 통일, 민족주의와 민중 주체에 의한 통일방향을 발표한 것으로 이후 북미지역 대한인국민회의 통일운동의 지침이 되었다. 여기에 대해선 졸고, 「1930년대 재미한인의 통일운동」, 『한국독립운동사연구』 제10집, (1996) 205~206쪽

의해, 하와이는 하와이 국민회에 의해 통일된다면 자연 전민족의 통일로 나아갈 수 있다는 것으로, 결국 복설된 국민회의 이름으로 먼저 하와이 한인사회를 통일시키자는 주장이었다.

이처럼 교민단 내부에서 국민회를 복설하자는 여론이 일어나자 하와이 교민단은 1933년 1월에 개최한 대의회에서 만장일치로 교민단을 대한인 국민회로 바꾸기로 의결하고, 그 사실을 1월 8일자 공함을 통해 각 지방회로 통지하였다.[27] 1월 16일 교민단 대의회는 국민회 복구기념일을 2월 1일로 결정하여 과거 1909년에 설립된 국민회의 통일정신을 계승하도록 했다.[28] 이에 따라 국민회는 1933년도 신임 임원으로 교민단장이던 이정근을 총회장으로, 강영효를 부회장으로 선출함으로써 복설되었다.[29]

그러나 복설된 하와이 대한인국민회의 재정 상태는 이전에 비해 나아지지 않아 자체 유지도 쉽지 않았다. 때문에 국민회 집행부는 재정 형편 때문에 더 이상 국민회와 국민보사의 사무를 계속할 수 없음을 밝히고, 1934년 4월 26일 임원 총사직을 결의했다. 그리고 5월 19일까지 사직문제가 해결될 때까지 『국민보』를 정간하기로 하였다. 이 때 밝힌 총사직의 이유는 "년래로 소송 과정으로 인해 인심이 소란된 결과, 사회에 대한 복무를 하는 동포가 많지 못함"[30]이라 하여, 과거 동지회와의 분쟁으로 많은 한인들이 기존 단체에 대해 무관심해졌기 때문이라 하였다.

참조.

27) 『신한민보』, 1933년 1월 26일 「교민단을 국민회로」.

28) 『신한민보』, 1933년 2월 2일, 「하와이」; '총부회장 취임식'.

29) 『신한민보』, 1933년 2월 9일, 「하와이」: '하와이 국민회 총부회장 선거'. 한편 1934년도 임원도 총·부회장은 전년과 동일하고 그밖에 총무 김원용, 법무 승룡환, 서기 겸 재무 김현구, 사교 서병순, 상무 손덕인, 학무 김영수, 체육 인봉주이다. 『신한민보』 1934년 3월 1일, 「하와이」: '하와이 국민회 사업확장 계획' 참조.

30) 『신한민보』, 1934년 5월 17일, 「하와이」: '하와이 국민회 총사직'.

존폐의 위기까지 몰린 국민회 문제는 다행히 1934년 5월 27일 오창익·김백수·이두경·이중현·서진수 등 14명이 하와이사회문제연구회를 발족하여 해결에 진력하면서 많이 나아졌다.[31] 그 결과 국민회는 임시총회를 개최하여 새 총·부회장에 김윤배과 이호직을 각각 선출하여 심기일전하였다.

새로 선출된 총회장 김윤배는 국민회 채무에 대한 탕감활동을 전개하는[32] 한편, 대조선독립단과의 통합을 시도했다. 동지회와 교민단에 주요 단원들이 가입한 뒤 한 때 정체상태에 빠졌던 대조선독립단은 단의 체제를 재정비한 뒤 그동안 중립적 태도를 유지해 왔다. 그런데 복설된 국민회에서 통합을 제의하자 대조선독립단 단장 김성옥(金成玉)은 국민회의 제안을 두고 1934년 8월 26일과 10월 14일의 통상회의를 통해 참석 인원 40명 중 36명의 동의를 얻어 단의 해소와 함께 두 단체의 합동을 결의하였다.[33] 그리고 나서 독립단과 국민회는 10월 15일 공식으로 합동을

31) 그외 박종수·정원명·정두옥·박봉집·태병선·이용직·김진호·박상하·이정근이다. (『신한민보』, 1934년 6월 7일자, 「하와이」: '하와이사회문제연구회'.)

32) 하와이 국민회의 채무탕감 노력은 『신한민보』, 1934년 7월 26일자, 「하와이」; '국민회 구당국은 채무를 탕감' 참조.

33) 『신한민보』, 1934년 9월 13일, 「하와이」; '국민회와 독립단 합동운동'. 그런데 김원용의 『재미한인오십년사』(190쪽)과 이원순의 『세기를 넘어서』(신태양사, 1989) 143쪽을 보면 1933년 6월에 독립단을 해소한 것으로 되어 있으나 Circuit Court, First Judicial Circuit Territory of Hawaii E No. 3669(1936)에 따르면 오기로 밝혀진다. 그리고 김원용의 글에는 단의 해소를 반대한 사람을 이원순·김윤배·박태균·정태영·박성달로 기록하고 있으나 이원순 외에는 사실이 아니다. 독립단의 해소에 반대한 인물은 이원순(李元淳)을 비롯하여 차영근(車永根), 김덕진(金德鎭), 양문서, 김난수(金蘭秀) 등 5명이다.

한편 1934년 10월 14일 당시 40명이 모인 자리에 독립단의 해소를 찬성

의결하고, 10월 21일 합동축하기념식을 거행해 외견상 합동을 마무리 지었다.[34)]

두 단체 간의 통합으로 하와이 국민회의 위상은 크게 제고되었으나 재정형편은 여전히 나아지지 못하였다.[35)] 그런데 1935년도 총회장 임성우와 1936년도 총회장 조병요의 선출 이후 활발한 기본금 모금활동과 대한부인구제회의 적극적인 후원에 힙 입어 1936년 12월말을 기해 그동안 밀린 부채를 모두 청산하였다.[36)] 또 총수입도 1935년도 2,255달러, 1936년

한 36명은 김경옥 · 조병요 · 유동면 · 안용호 · 김례준 · 최찬영 · 이대진 · 박종수 · 박봉집 · 태병선 · 박승준 · 차제만 · 박인규 · 이봉수 · 김성옥 · 김례운 · 현도명 · 박이조 · 김상원 · 김한경 · 임성우 · 김한근 · 이오운 · 김몽룡 · 서성백 · 문용환 · 최선여 · 장만권 · 진연철 · 이일택 · 이홍식 · 최제섭 · 한경선 · 김광호 · 임영택 · 한영우이다. 독립단의 해소에 반대한 김덕진은 이 날 참석자 명단에 빠져 있다. 또한 같은 날 대조선독립단 단원들은 그동안 운영하고 있던 국어학교를 '우성학교(又醒學校)'라는 이름으로 바꾸고 관리위원으로 박종수(朴宗洙) · 박봉집(朴鳳輯) · 김한경(金漢京) · 박태균(朴泰均) · 차제만(車濟萬) 등 5인을 선정하였다.

34) 『신한민보』, 1934년 11월 8일, 「하와이」; '합동축하의 성황'. 그러나 독립단과 국민회의 합동이 외형적으로 볼 때 성사된 것으로 보이나 실제로 독립단은 완전히 해소되지 않았다. 국민회와의 통합에 반대하는 일부 단원들은 계속 남아서 독립단을 유지하였고 그러한 모습은 1936년도 독립단의 새 임원으로 단장 박태균, 부단장 박성달, 총무 김희채, 서기 차제만, 재무 양문서가 선출된 데서도 잘 보여준다. 때문에 1938년 하와이의 동지회와 국민회가 두 번째 합동운동 전개할 때 한인사회의 전체 통일을 위해 독립단의 합류문제가 제기되었다. 또한 독립단 내부에서는 우성학교와 자체 부지 등 재산 처리문제로 소송이 제기되어 1936년에 가서야 겨우 분란을 조정할 수 있었다. 이원순이 쓴 『세기를 넘어서』(143~144쪽)를 보면 남아 있던 독립단 재산은 소송으로 빚까지 지게 되자 결국 단원들에게 분배된 것으로 밝히고 있다.

35) 1934년도 재정수입은 이전과 비슷한 1,465달러에 불과하였다.

도 3,476달러로 점차 증가하여[37] 국민회의 조직기반은 점차 탄탄해 질 수 있었다.

3. 제1차 합동운동

하와이 분쟁이후 한동안 잠잠하던 통일운동의 기운은 하와이 한인청년들에 의해 싹트기 시작했다. 미주 각 지역을 여행하며 청년들에게 통일정신을 일깨워 온 강영각은 하와이 내 한인교회 목사들과 청년 지도자들을 중심으로 청년통일운동에 착수하였다.[38] 그 결과 1931년 9월 7일과 19일 이용직 · 강영각 · 한길수 · 김유택 등 10여 명은 두 차례의 모임을 통해 청년공동회를 개최한 후[39] 조선소년동맹단을 설립했다. 설립 목적은 조국정신을 고취하고 친목을 통해 청년 단합을 경영하며 사회활동으로 재미한족의 장래를 준비하는 것에 두었다.[40]

조선소년동맹단(Federation of Young Korean)은 15세 이상 30세 이하의 청년들로 구성하였고, 기성세대와의 유대관계를 위해 30세 이상의

36) 『신한민보』, 1934년 5월 16일, 「하와이」; '총회장 순행의 성적', 5월 23일자 '국민회기본금모집', 그리고 1936년 12월 31일, 「하와이」; '국민회의 외채청장' 참조. 참고로 국민회기본금 모집활동은 1934년 7월부터 시작되었다.

37) 『신한민보』, 1936년 1월 30일, 「하와이」: '국민총회 임원회', 및 1937년 1월 28일, '국민총회의 결산서' 참조.

38) 『신한민보』, 1931년 9월 17일, 「하와이」: '청년통일운동을 계획'.

39) 『신한민보』, 1931년 10월 1일, 「하와이」: '청년운동의 대활동' 참조. 이 때 선출된 임원은 회장 이용직, 서기 강영각, 재무 한길수, 사교원 김유택이고, 참가한 이사원은 이사라 · 김이벨 · 이동번 · 조광원 · 홍한식 · 이한식 · 박종수 · 정이조이다.

40) 『신한민보』, 1931년 11월 5일, 「하와이」: '청년운동의 진보 착착'.

연령층에 찬성원을 두었다. 1931년 10월 23일 회장 송아더와 부회장 박성조가 선출되어 체제를 갖추었다. 활동 방향으로는 먼저 하와이 청년들의 일치단결을 이루고 장차 미주 청년들과의 통일을 도모하는 것으로 하였다.[41)]

조선소년동맹단은 결성 이후 구체적인 활동상이 어떠했고 조직이 언제까지 유지되었는지는 자료미비로 알 수 없는 형편이다. 그런데 하와이 한인사회에에 학생연합회가 결성되고,[42)] 연 2회의 '청년대회'가 여러 교회의 연합으로 진행되어 하와이 청년들의 일치 단결된 모습을 보여준 것은 청년통일운동의 결실인 조선소년동맹단의 영향이 적지 않았던 것으로 보인다. 특히 1933년과 1934년의 경우 한번에 400여 명에서 600여 명이 모여 '청년대회'[43)]를 개최했는데 이것은 기성세대들에게도 신선한 감동과 자극을 준 것으로 생각된다.

하와이 한인청년들의 청년통일운동이 활발히 전개될 때 하와이 한인사회에 국민회와 동지회 간의 합동 여론이 일어났다.[44)] 두 단체의 중개자로 나선 김성옥 · 최선주 · 조병요 · 안창호(安昌鎬)는 1935 10월 13일 국민회와 동지회와의 회동을 주선했다. 이날 참석한 국민회 대표는 황인환 · 승룡환 · 박승준 · 박상하였고, 동지회 대표는 이원순 · 조석진 · 김리제였다. 회동 이전인 9월 7일에 열린 총임원회에서 진정한 합동만을 표준하겠

---

41) 『신한민보』 1931년 11월 5일 「하와이」: '청년운동의 진보 착착'.

42) 하와이에 학생연합회가 결성되었다고 보는 것은 『신한민보』, 1932년 6월 30일, 「하와이」: '하와이 학생연합회 영문잡지」의 기사를 통해 살펴볼 수 있다.

43) 청년대회 개최를 알리는 기사는 『신한민보』, 1933년 9월 28일, 「하와이」: '청년대회의 대성공'과 1934년 1월 11일, 「하와이」: '청년대회를 2월에 개최키로' 참조.

44) 『신한민보』, 1934년 3월 15일, 「하와이」: '청년대회의 대성공' 및 1935년 10월 3일, '청년들의 합동운동' 참조.

다는 방침을 제정한 바[45] 있는 국민회는 이 날 회의에서 하와이 한인사회의 진정한 통일단체는 국민회라는 점을 내세우고 전시(前時)를 잊고 다시 한번 정사를 논의하자고 제의하고 국민회 중심의 통일 의도를 피력하였다.[46] 동지회는 단체 간의 합동은 그 단체의 체면을 존중해야 하기 때문에 쉽지 않으니 우선 개개인을 상대로 합동을 추진하는 것이 어떤가하고 연합적인 방식의 합동방안을 제안하였다. 중개인측은 양측의 입장 차이를 확인한 뒤 향후 합동을 위한 세부조건을 작성하여 찬부를 받기로 한 뒤 회동을 마쳤다. 이 날 모임의 성과는 모처럼 두 단체의 대표가 만나서 합동의 정신을 되살리는데 의견 일치를 본 점이었다. 그런데 1936년 말까지 합동운동의 움직임이 없는 것으로 보아 두 단체의 합동운동은 큰 진전을 보지 못한 것 같다.

하와이 한인사회의 본격적인 통일운동은 중일전쟁의 발발과 이에 따른 중국 내 독립운동의 소식들이 속속 미주한인사회에 전파되면서였다. 중일전쟁 발발이라는 극동정세의 변화에 대응하고자 중국 관내지역 임정 옹호세력들은 한국광복운동단체연합회를 결성하였고,[47] 임정은 「대한민국임시정부공보」 제62호(1937.7.16)를 통해 공포된 임정의 군사위원회를 설치했는데,[48] 이러한 소식이 미주한인사회에 전파된 것이다. 하와이 대한

45) 『신한민보』, 1935년 10월 3일, 「국민회총임원회」: －합동문제에 대한 기정 방침 불변－.

46) 『신한민보』, 1935년 10월 31일, 「하와이」: '합동문제 토의'.

47) 노경채, 『한국독립당연구』(신서원, 1996), 70쪽, 및 김희곤, 한상도, 한시준, 유병용 공저, 『대한민국임시정부의 좌우합작운동』(한울, 1995), 120~121쪽 참조. 한국광복운동단체연합회는 1937년 8월 중국 남경(南京)에서 김구 중심의 한국국민당, 조소앙(趙素昂) 중심의 '재건' 한국독립당, 이청천(李靑天)·최동오(崔東旿) 중심의 조선혁명당 등 3당이 결성한 연합기구로 임정을 적극 지지하였으며, '광복진선'으로 부른다.

48) 『국민보』, 1937년 8월 18일자, 「대한민국임시정부 공보 제62호」.

인국민회는 현 시기를 비상시기로 간주하고 1937년 8월 7일과 8월 14일 두 차례의 회의를 개최했다. 그리고 8월 15일 국민대회를 통해 혈성금의 모금과 선전부 설치를 의결한 뒤 임정에 대한 적극적인 지원활동에 나섰다.[49] 모금한 혈성금은 독립군의 군사후원을 위해 80%를 임시정부에 송부하기로 하였고 나머지 20%는 독립운동을 응원하기 위한 선전비로 사용하기로 하였다. 이어서 국민회는 8월 27일 회의에서 임시정부의 군사운동을 적극 후원할 전담 부서로 찬무부를 조직했다.[50] 찬무부는 다음과 같이 재무부·선전부·기밀부로 조직하였고 혈성금의 수합과 관리를 맡았다.[51]

재무부: 권도인·고덕화·임성우·정운서
선전부: 정두옥·한길수·홍한걸·김원용
기밀부: 박상하·김진호·정봉관·김현구

한편 동지회는 중일전쟁의 발발을 비상한 시기로 간주하고 임시정부 후원활동에 적극 나섰다. 먼저 동지회는 중국 관내에서 조직된 한국광복운동단체연합회('광복진선')에 가입하고 독립운동금을 거두어 임시정부에 지원하기로 결의했다.[52] 독립운동금은 임시정부의 군사운동과 외교선전비에 각 반반씩 나누어 집행하기로 했는데, 1937년도 동지회의 결산을 보면 독립운동금 619달러 37센트 중 150달러 86센트를 임정에 송부한 것으로

49) 『국민보』, 1937년 8월 11일자, 「총임원회록」; 『국민보』, 1937년 8월 18일자, 「총임원회록」.
50) 『국민보』, 1937년 9월 1일, 「찬무회조직」.
51) 『국민보』, 1937년 9월 8일, 「총임원회록」 및 9월 22일 「찬무부 제2차회의」 참조.
52) 『태평양주보』, 1938년 1월 15일, 「동지회대표회회록」.

나타난다.[53)]

하와이의 국민회와 동지회가 임시정부와 광복사업을 위해 적극 지원하기 시작하자 하와이 한인사회에는 두 단체가 별개로 진행할 것이 아니라 통합해서 추진하자는 여론이 일어났다. 더구나 임시정부에서도 1937년 8월 20일자 「포고문」과 「특전」으로 해외의 모든 한인단체들이 임정의 기치 하에 뭉칠 것을 계속 요구하고 있었다.[54)] 하지만 오랫동안 파쟁을 통해 서먹한 관계를 갖고 있던 두 단체가 당장 모여서 자연스럽게 의논할 수 있는 분위기는 형성되어 있지 않았다. 그런데 이제 비공식적인 간친회와 친목회를 통해 막혀 있던 통로가 서서히 열리기 시작했다.[55)] 그 결과 두 단체는 5명의 교섭위원을 선정해 공식 회합을 열기로 의견을 모았다. 국민회는 1937년 8월 21일 교섭위원으로 이정근·김원용·정봉관·유동면·박상하를 선임하였고, 동지회는 이원순·안현경·이종관·조석진·김이제를 선임했다.[56)] 두 단체의 교섭위원들은 임정 후원을 위해 혈성금을 거두되 새로 조직한 재무관리부를 통해 임정에 송부하기로 합의했다.[57)] 그렇지만 후속 진행은 신속하게 추진되지 못했다.[58)]

교섭위원들 간의 만남은 오랫동안 소원했던 두 단체 간의 관계를 회복시키는 역할과 함께 합동문제를 거론하는 계기로 작용하였다. 『국민보』는 「사설」 '합동'이라는 글에서, 임시정부와 중국 내 각처의 우리 단체들이 임시정부를 위해 단합하기를 선언한 사실이 오늘날 하와이 한인사회에 단합의 기초가 되었음을 밝힌 뒤, 합동의 소리가 날 때마다 분열이 더

53) 『태평양주보』, 1938년 1월 15일, 「독립운동금」.
54) 『국민보』, 1937년 9월 29일, 「포고문」 및 「사설」, '국민대회의 경과' 참조.
55) 『국민보』, 1937년 11월 24일, 「합동교섭의 전말」.
56) 『국민보』, 1937년 8월 25일, 「총임원회회록」.
57) 『국민보』, 1937년 10월 13일, 「공함」 참조.
58) 『국민보』, 1937년 9월 8일, 「총임원회록」.

욱 심하게 나온 하와이 한인사회의 역사를 볼 때 선선히 합동을 주장하기 어려운 현실이지만 광복사업에 제일 필요한 것이 단합이니 마땅히 희생을 아끼지 말아야 할 것이라 주장했다.[59] 힐로지역의 한인들은 9월 11일 동지회와 국민회를 포함한 11개 지방 대표들이 모여 임시정부를 공동으로 후원하기 위해 대한인공동회를 조직하였다.[60]

이런 분위기 속에 국민회 총회장 조병요는 하와이 한인사회에 일고 있는 합동의 여론을 다음의 네 가지로 정리하며 합동의 필요성을 주장했다.

> 첫째, 독립운동을 후원하는 일에 인심과 인력을 집중하는 것이 필요함.
> 둘째, 많지 않은 동포들 끼리 서로 너무 오랫동안 다투어 상처가 적지 않았으나 이제는 과거를 뉘우쳐 집안의 화기를 다시 회복하고 분리되었던 형체를 결집시키는 것이 당연하다는 여론이 원로들 사이에 크게 공감하고 있음.
> 셋째, 원동에서 고투하고 있는 선배들과 의사들의 기대에 응하고 각 민족이 우리가 독립된 국민이라는 완전한 인정을 주기 위해서라도 우리 민족이 통일된 민족으로 보이는 것이 먼저 행할 바이라는 것.
> 넷째, 젊은 2세들에게 분열되고 파산된 도덕상과 경제상의 상태를 되물려주지 않기 위해서도 합동의 일이 무엇보다 급하고 긴요하다는 정신이 팽배하게 된 것.[61]

하와이 한인사회의 합동 여론이 제기되는 가운데 국민회와 동지회는 1937년 10월 3일 합동문제를 진지하게 논의하였다. 동지회의 이원순은 합동은 반드시 해야 하겠지만 갑자기 하기 어려움으로 우선 독립운동을

---

59) 『국민보』, 1937년 9월 1일, 「사설」.

60) 『국민보』, 1937년 9월 15일, 「공함」 및 10월 13일, 「공함」.

61) 『국민보』, 1937년 10월 13일, 「합동의 이유」 및 11월 24일, 「합동의 전말」 참조.

응원하는 일에 두 단체가 연합해서 활동할 것을 제의했다. 반면 국민회의 조병요는 이런 좋은 기회에 두 단체가 완전히 합동하자고 제안했다.[62] 합동문제가 정식으로 제기되고 있다는 점에서 이번 만남은 매우 진전된 성과였다.

국민회는 기존 단체를 통합한 절대 합동을 주장했다. 국민회 총회장 조병요는 절대 합동의 이유를 첫째, 합동은 우리 대업을 성공케 함에 권리적으로 필요하고 당연한 일이며, 둘째, 합동은 우리 2세 국민에게 우리의 민족사업을 계속 진행시키는데 피치못 할 준비이며, 셋째, 합동은 분열되어온 우리 사회에 신면목을 전개하여 내외 국민에게 우리 민족의 독립될 자격을 증거하는 유일한 방도이며, 넷째, 합동은 5천년 역사를 가진 민족적 광영을 온 세계에 알려 민족 앞에 발표하는 요로라고 역설했다.[63]

10월 8일 국민회는 "임시정부를 봉대하여 독립운동을 극력 후원하려는 이유로 무조건적으로 절대합동"하는 것으로 재차 결의했다. 그리고 교섭위원으로 박종수 · 박상하 · 정인수 3인을 선정, 동지회와의 교섭을 본격 추진하기로 하였다.[64] 이러한 요구에 응해 동지회는 교섭위원으로 안현경 · 이종관 · 차신호를 선정하였다. 두 단체의 교섭위원들은 10월 10일 모임에서 다음의 '합동결의안'을 작성했다.

1. 본 대표 등은 양 단체의 절대 합동을 진행하라는 두 간부회의 결의사명을 받아서 두 단체를 해결하기로 결정함.
2. 두 단체의 행정부는 각각 헌장에 의지하여 각 지방회 대의원, 대표원에게 공함하여 절대 합동의 찬동을 받기로 함.

---

62) 『국민보』, 1937년 10월 6일자, 「합동 만찬의 성황」 및 11월 24일자, 「합동 교섭의 전말」 참조.

63) 『국민보』, 1937년 10월 13일, 「합동의 이유」.

64) 『국민보』, 1937년 10월 13일, 「총임원회록」 및 「공함」 참조.

3. 두 단체는 지방의원의 합동찬성 보고를 받은 뒤에는 두 단체가 각각 자기 단체의 사단법인 관허장을 청원 취소하기로 결의함.
4. 이상 3조를 결과한 뒤 두 단체 간부가 각각 위원 5인씩을 선정하여 각 지방 대의원과 대표원에게 교섭하여 민중 의사에 만족한 통일 단체를 성립하기로 함.[65]

이상의 '합동결의안'을 볼 때 기존 단체를 그대로 둔 연합적인 방향으로 합동운동을 전개하려 했던 동지회는 이제 완전한 절대 합동으로 선회하였음을 알 수 있다. 아울러 동지회는 이번 교섭위원회의에 앞서 먼저 절대 합동을 결정한 후 이를 국민회측에 통지했다. 이 때문에 『국민보』는 이번 합동운동을 신속하게 처리하려는 동지회를 찬탄한다고 높이 평가하였다.[66] 중일전쟁 발발 직후 임시정부의 지원을 위해 하와이 한인사회에서 가장 먼저 힘을 합친 힐로대한인공동회는 10월 20일자 「공함」을 통해, 이번 합동운동에 기존의 회명(會名)을 희생할 지라도 절대 합동을 강력히 요청한다 하며 위의 결의안을 적극 지지하였다.[67]

절대 합동을 주장해 온 국민회는 10월 12일 위 결의안을 수용하기로 한 뒤 결의안 4조 이행을 위해 5명의 위원을 선정하였고,[68] 일반 회원들에게 동지회와의 합동 가부를 묻기 했다.[69]

10월 31일 국민회는 동지회 대표들을 초청하여 회의를 개최했다.[70] 총

65) 『국민보』, 1937년 10월 10일, 「국민회·동지회 양단체 대표결의안」.
66) 『국민보』, 1937년 10월 20일자, 「합동의 수속」.
67) 『국민보』, 1937년 11월 3일자, 「공함」.
68) 『국민보』, 1937년 10월 20일자, 「총임원회록」 및 「공함」. 이 때 결정된 국민회의 교섭위원은 정인수·권도인·한길수·김원용이고, 정봉관은 위원장에 선정되었다.
69) 『국민보』, 1937년 10월 27일자, 「공문호외」.
70) 『국민보』, 1937년 11월 3일자, 「총임원회록」.

28명이 참석한 회합에서 두 단체는 다음의 공동 의견을 발표했다.

> 분열의 신고한 경험을 가진 우리는 이에 합동의 절대 필요를 선언하는 바 정치상과 사회상으로 보아서 합동이 필요하다는 것이 만구이치이니, 우리는 그 공론을 의하여 서로 감사하고, 스스로 치하하는 의사를 발표한다.
>
> 이번에 국가 대사에 대한 천재일시의 기회가 왔으니, 그 일에 대한 우리의 책무를 충분히 이행하려면 합동이 급선무이라 하는 것은 일반이 느끼고 일반이 발표하는 바이므로, 일의 기회에 의하여 합동의 기회가 왔으니 합동을 기성한다.
>
> 우리 민족의 새 운기가 온 줄 알겠으니, 이번 합동운동에 양편 당국의 합동제의가 무조건적으로 표어를 삼아 절대 희생의 정신을 보이고 수단적, 책술적의 무엇을 보이지 않는 것이 이번 합동운동의 성취를 애기할 수 있는 특색이니, 이번 합동이 꼭 되리라는 것을 우리는 기대한다.[71)]

절대 희생의 정신 바탕에서 반드시 합동문제를 해결하자는 것이었다. 그리고 나서 두 단체 대표들은 혹시 발생할 지 모를 난관에 대해서는,

> 합동이 무론 성취되겠지만 그 운동이 혹 진행 중에 난관에 걸리는 때는 서로 원망하거나 서로 책임을 넘기는 대신에, 해결책을 같이 연구하여 같이 실행하기를 도모함으로 합동이 완성되기를 기한다.[72)]

하여 감정상의 충돌을 피하면서 끝까지 합동을 성사시키는데 최선을 다

---

71) 『국민보』, 1937년 11월 3일자, 「합동의 기성」. 이 날 참가한 사람들은 정봉관 · 김진호 · 박상하 · 정운서 · 한길수 · 김영선 · 차신호 · 박종수 · 김윤배 · 김현구 · 박봉집 · 정두옥 · 김원용 · 정원명 · 김백수 · 손덕인 · 김영기 · 조병요 · 유동면 · 이정근 · 최창덕 · 정인수 · 안원규 · 임성우 · 승룡환 · 이종관 · 고덕화 · 권도인 등 28명이다.

72) 위와 같음.

하기로 하였다.

이처럼 국민회 · 동지회 간의 합동운동이 빠르게 진척되자 국민회 각 지방 일반 회원들의 여론도 긍정적으로 나왔다. 총 14개의 지방회 중에서 한 두 곳을 제외하고는 거의 모두 합동을 찬성한 것으로 나타났다.[73] 이를 바탕으로 국민회는 합동에 대한 최종 결정을 내리기 위한 임시대의회를 11월 26일 개최하였다.

그런데 11월 26일 8개 지방회 대의원들이 참석한 국민회 임시대의회는 합동교섭위원들이 만든 결의안을 통과시키지 못한 것 같다. 즉, 위 '합동결의안' 3안 중 법인 관허장을 취소하는 건을 받아들이지 않았고, 11월 29일 동지회와의 합석회의를 개최할 것을 제의하였다.[74]

동지회는 합동교섭위원들이 만든 '합동결의안'에 의거 먼저 단체의 해체부터 결정한 뒤 대표원들과 만나야 할 것임을 답하고, 다음과 같이 국민회의 제의를 거부하였다.

> 수차 앙고한 바대로 두 단체 대표원들이 합석하기 전에 양 단체 위원들이 제정한 조건 중 단체 해체 사건부터 귀회 규정에 의해 원만히 결의하신 후 대표원들과 함께 소집하여 합동단체 조직에만 착수하는 것이 가할 줄로 아옵나이다.[75]

국민회는 동지회의 거부의사에 대해 11월 30일자 「재차공함」을 통해 임시대의회의 결정 내용을 솔직하게 밝힌 뒤 회의 재개를 제의하였다.

> 1. 합동을 위하여 국민회의 '국'어 이름을 희생할 수 있고, 그 이름을 제의

73) 『국민보』, 1937년 11월 10일자, 「총임원회록」.

74) 『국민보』, 1937년 12월 1일자, 「공함」.

75) 『국민보』, 1937년 12월 1일, 「답합」.

> 하는 권리를 동지회에 줄 수 있으되, 2. 다만 내외국인의 신용상 관계와 재산 소유권문제로 인하여 법인 관허장은 취소할 수 없다고 하였습니다. 다시 말씀하오니 양 단체 교섭위원들의 결의안 중에 제3조만을 변경하기로 동지회에 제의하여 보자함이 올시다.[76)]

즉, 국민회는 합동을 위해서는 어떤 희생을 아끼지 아니할 것이나 다만 법인 관허장 취소건은 내외국인의 신용과 재산 소유권문제로 수정・변경하자는 것이었다. 국민회 총임원회에서 승인한 '합동결의안'이 임시대의회에서 사실상 통과되지 못하였음을 의미한다.

공식회담이 어렵게 되자 국민회는 동지회에 우선 비공식적인 모임을 통해서라도 양측의 적법 대표가 모여 합동수속을 먼저 진행한 후 단체 해체의 여부를 결정할 것을 제의했다.[77)] 또 문제가 된 법인관허장의 처리에 대해선 일단 보류해 줄 것을 동지회에 요청했다.[78)] 그러나 동지회는 기존의 주장 대로 두 단체의 해체와 결부된 관허장 문제를 해결하기 전까지는 합동문제를 논의할 수 없다고 함으로써 국민회의 제의를 거부하였다.[79)]

결국 국민회가 법인 관허장 취소와 같은 중요한 문제를 성급하게 합의한 뒤 곧 이를 수정・보류시킬 것을 제의함으로써 절대 합동을 꾀하려던 동지회측으로부터 불신만을 안겨 주었다. 때문에 합동문제의 논의는 더 이상 진전되지 못하였다.

그러나 동지회와 국민회는 서로 타협의 여지를 남겨 놓음으로써 합동

---

76) 『국민보』, 1937년 12월 1일, 「재차 공함」.

77) 『국민보』, 1937년 12월 8일, 「임시대의회록」.

78) 『국민보』, 1937년 12월 15일, 「공함」.

79) 위와 같음. 합동운동에 대한 동지회의 적극적인 태도는 『태평양주보』, 1938년 9월 24일자에 이원순이 쓴 「우리의 살 길은 오직 합동」이라는 글에서도 잘 나타나고 있다.

의 불씨를 살려 놓고 있었다. 동지회는 1938년 1월 내부 회의를 통해서나,[80] 2월 5일자 「통지서」에서, 비록 합동이 안 되고 있다 하더라도 장래 일을 위해 동포간의 의리를 손상시키는 행동은 합동의 본의를 훼파하는 것이니 조심해 줄 것을 당부했다.[81] 국민회는 1937년 12월 11일 총임원회에서 임시정부의 군사운동 후원을 위해 동지회와 상의하기로 결정함으로써, 앞으로 동지회와 계속 교류하기로 했다.[82]

이처럼 국민회와 동지회 간의 합동운동은 성과 없이 끝났으나 1930년대 초 동지회와 교민단 간의 극심한 분열을 극복하며 서로 진지한 교섭노력을 전개했다는 점에서 향후 전망을 밝게 해 주었다. 그러한 영향은 1938년 제2차 합동운동을 재개하는데 원동력으로 작용했다.

4. 제2차 합동운동

1) 발단

제1차 합동운동이 무산된 뒤 하와이 한인사회에서는 한동안 합동운동이 제기되지 않았다. 이는 합동의 대의는 아무도 반대하지 않았지만 합동의 수속이 쉽게 해결될 정도로 간단치 않다는 사실을 제1차 합동운동을 통해 깨달은데 따른 것으로 보인다. 하지만 이미 합동을 해야 한다는 당위성이 활발히 제시된 이상 하와이 한인사회의 통일문제는 해결되어야 할 당면과제였다.

잠시 잠복해 있던 하와이 한인사회의 통일문제는 김구의 간곡한 통일

80) 『태평양주보』, 1938년 1월 15일, 「결의사항」.

81) 『태평양주보』, 1938년 2월 5일자 및 12일자, 「통지서」.

82) 『국민보』, 1937년 12월 15일, 「총임원회록」.

역량 강화 호소와 하와이 한인사회 내 중개자들의 노력으로 그 필요성이 또다시 제기되었다. 먼저 1938년 6월 20일자로 김구가 『국민보』 편집인 황인환을 비롯한 하와이 한인들에게 호소문을 보냈다. 당시 김구는 임시정부를 후원하기 위해 3당 연합과 광복진선을 결성하여 독립운동단체의 통일에 앞장서고 있을 때 3당 연합과정에서 불만을 품고 있었던 조선혁명당의 강창제(姜昌濟)·박창세(朴昌世)·이운환(李雲煥) 등에 의해 1938년 5월 6일 지청천(池青天)·현익철(玄益哲)·유동열(柳東說)을 저격한 소위 '남목청사건(楠木廳事件)'을 겪고 있었다. 이 사건으로 현익철은 사망하였고 김구·유동열·지청천은 중·경상을 입었다. 김구는 이를 계기로 내부의 반대세력을 제거하여 광복진선을 실질적으로 주도할 수 있었다.[83] 이런 남목청사건에도 불구하고 김구는 독립운동단체의 통일을 계속 추진해 나가기 위해 해외에 있는 한인들에게 다음과 같이 통일운동의 필요성을 강하게 역설하였다.

> 동지여러분 저는 최후에 다시 중복하여 말합니다. 저는 가신 동지를 위로하기 위해 광복대업을 완성하기 위하여 먼저 원동의 삼당통일을 실현하기에 배전 노력하겠고, 이것을 완성한 뒤에는 첫째, 광복진선의 통일, 둘째, 해외한인 전체의 통일, 셋째, 한 걸음 더나가서 전민족적 대동단결을 완성하기에 잔명을 바치려 하오니, 저를 애호하시고 이해하시는 동지 여러분께서도 각각 그 지방에서 먼저 통일을 완성하시고, 그 다음에 전 민족적 대동단결을 실현하여 천재일시의 좋은 기회를 잘 이용할 수 있도록 힘쓰시기를 간절히 바라나이다.[84]

해외 한인들을 향한 김구의 대동단결 호소는 하와이 한인들에게 합동

83) 노경채, 『한국독립당연구』, 72쪽.

84) 김구가 황인환과 미주 한인들에게 보낸 서신(1938. 6.20)

운동을 재개할 명분을 심어준 것 같다. 또 중일전쟁 이후 세계 대전의 전운이 고조되고 있는 긴박한 국제정세에서 하와이 한인들도 독립을 위한 좋은 기회로 삼아야 한다는 인식도 공유하고 있었다. 그러한 인식은 합동문제를 공식 논의하기 위해 국민회가 동지회에 보냈던 다음의 공함 속에 잘 반영되고 있다.

> 오늘날 세계가 물끓듯 하고 번개치 듯 하여 비상한 시속으로 변동되는 터이오며, 지금 중일전쟁이 났고 아일전쟁이 걸렸고, 세계 전쟁의 기미가 박근하온 바, 이것을 일반이 공동이 인정하는 바이올시다.
>
> 우리는 그러한 전쟁들을 미리 말하였고, 그런 전쟁들과 그 전쟁들 끝에 응당있을 평화협정의 자리는 우리 광복대업에 대한 절대 호기회인 줄로 미리 안 바이온데, 지금 그 기회가 박근하였은 즉, 그 기회를 이용하기에 적당한 방도를 강구하여야 할 것을 우리 일반이 간곡히 느끼는 바이올시다.[85)]

이러한 배경 속에 1938년 7월부터 중개자 위치에 서 있던 민찬호 · 최창덕 · 최선주는 국민회와 동지회 사이의 합동문제를 비공식적으로 주선하였다. 중개자들은 1차는 7월 30일 민찬호의 집에서, 2차는 8월 7일 조병요의 집에서, 3차는 8월 14일 이정근의 집에서 각각 합동을 위한 사전 준비 모임을 비공식적으로 가졌다.[86)]

3차에 걸친 비공식 모임은 합동 재개의 필요성을 각인시켜 줌과 동시에 감정적으로도 민족적 동질의식을 재확인시켜 주었다. 즉, 이번 모임을 통해 참석한 사람들은 이구동성으로 합동하여 큰 일을 이루는 것은 그만둘 지라도, 죽을 날이 멀지 아니한 사람들이 서로 손목이라도 잡고 지내

---

85) 『국민보』, 1938년 8월 17일, 「합동주선의 진행」.

86) 위와 같음.

자는 간절한 심정을 서로 확인하였다.[87]

이처럼 김구의 호소문과 긴박한 국제정세, 그리고 서로 손이나 잡고 지내자는 절박한 심정 등이 이번 중개자들의 노력을 통해 하와이 한인사회에 통일운동의 필요성을 일으킴으로써 합동문제는 또다시 재개될 수 있었다.

2) 합동운동의 전개

중개자들에 의한 비공식 모임을 통해 거론된 합동문제는 국민회가 1938년 8월 14일자 「공함」을 통해 동지회와의 만남을 정식 제의함으로써 본격화되었다.

> 작년에 합동의 협의가 종종하였으나 중간에 그 수속이 난관에 걸려 마치지 못하온 것은 많은 유감이었사오나, 지금 시기가 호전되고 따라서 완성될 가능성이 많이 보인다는 희망으로 이에 감히 이같이 간청하는 바이오며, 여하한 난관이던지 양당국의 협의로 조정할 수 있으리라는 것을 확신하옵나이다. 귀회 당국께 사전 협의하시어 양회 합석의 기회를 허락하시되 시간고 장소를 지정하시어 회답하심을 경요함.[88]

동지회는 국민회의 「공함」에 대해 만장일치로 합동 찬성을 결의하고, 이번에는 반드시 합동을 성취하여 일반 동포들이 갈망하는 광복운동을 위한 통일을 만들어 힘있게 활동할 것을 희망하는 「답신」을 즉각 보냈다.[89] 아울러 동지회는 중립적인 한인들도 이번 합동문제의 논의에 참가시킬 것을 요구했다.[90]

---

87) 『태평양주보』, 1938년 8월 20일, 「사회합동이 점점 가까와」.

88) 『국민보』, 1938년 8월 17일, 「공함」.

89) 『태평양주보』, 1938년 8월 20일, 「답합」.

일이 순조롭게 진행되자 국민회와 동지회 및 중개자측 인사들은 각각 교섭위원 3명을 지정하여 합동수속을 위한 방안을 마련하였다. 국민회는 합동수속집행위원으로 김진호·정인수·김현구로, 동지회는 이원순·차신호·이종관으로, 중개자측 인사는 민찬호·최창덕·최선주로 각각 선정하여 8월 23일 제1차 회의를 개최하였다.[91] 회의 결과 두 단체는 해외에 있는 우리의 총역량을 집중하기 위하여 하와이 내 분열되었던 조직체를 합동하되, 합동 실행의 제일보로 국치기념일을 연합으로 거행할 것을 결의하였다.[92]

이에 따라 국민회와 동지회가 공동 시행하기로 계획한 1938년도 제28주년 국치기념일 행사는 하와이 한인사회의 통일 전망을 밝게 해 주었다. 예컨대 『국민보』는 "국치기념일을 공동 기념함으로써 우리 합동의 실행을 시작하고 광복의 큰 일을 같이 주선함으로 합동의 실현을 예기한다"하여 향후 합동의 가능성을 더욱 높여 줄 것으로 평가하였다.

이와 같은 두 단체의 호의적인 움직임에 대해 국민회 참의원 정봉관은 향후 합동운동을 반드시 성공하기 위해선 다음과 같은 기본정신이 필요함을 제시하였다.

1. 술책적 수단을 버리고 오진 진의만으로 할 일.
2. 삼가서 서로서로 관계자 중에 상대편의 인격이나 권리를 가장 존중시 할 일.
3. 대저 동지회나 국민회나 아울러 모든 조선사람의 단체인 기관임을 잊지 말 것.

---

90) 위와 같음.

91) 『국민보』, 1938년 8월 24일, 「임시총임원회록」 및 8월 31일, 「제1차회의」; 『태평양주보』, 1938년 8월 27일, 「합동교섭」.

92) 『태평양주보』, 1938년 8월 27일, 「공함」; 『국민보』, 1938년 8월 24일, 「국치기념일 연합기념」 및 「공함 제7호」.

4. 우리는 합동 이전이나 합동 이후에나 모든 뜻있는 사람을 서로 붙들고 살려서 한 가지 일을 위하여 휴수병진할 것을 잊지 말 일.
5. 조선민족이 타족의 멍에를 벗게 되면 자손만대에 자유행복을 누리게 될 천재일시인 오늘의 기회를 당하여, 우리 끼리의 이만한 일을 못 성공한다면 그 허물이 어찌할까 함을 잊지 말 일.
6. 하와이에 우리 양 기관이 합동된다면 그 힘을 가지고 차차 점차적으로 해외에 한인 전체를 연결할 길이 장차 전개될 희망이 농후할 것이며, 그리하여 우리는 장차 광복 사업을 위하여 만번 일을 착착 진행할 수 있는 기쁨을 잊지 말 일.[93)]

정봉관의 제의는 향후 합동운동에 미칠 우려를 사전에 예방하려는 것이었지만 하와이 한인들의 절실한 기대를 반영한 것이라 보겠다.

1938년 8월 25일 개최된 합동수속집행위원들의 제2차 회의에서는 보다 구체적인 합동 방침을 의논한 뒤 다음과 같이 국민회·동지회 간의 완전 통합에 합의하였다.

1. 국민·동지 양 단체를 합동하여 한 단체로 만들기로 한 일.
2. 합동수속에 대하여 법률 급 재정상 관계를 현 재무국과 법률계에 문의하기로 하고 이원순·김현구 양인을 조사위원으로 정하여 이 다음의 회의에 보고케 할 일.[94)]

이어서 8월 30일 열린 제3차 회의에서는 2차 회의시 결정된 합동 수속에 대한 법률관계 조사와 국민회·동지회와의 연합의회를 개최하기로 결정하였다.[95)] 국민회는 이같은 결정을 받아들인 뒤 차후 모임을 9월 26일

93) 『국민보』, 1938년 8월 24일, 「우리는 합동을 성공합시다」.
94) 『국민보』, 1938년 8월 31일, 「제1차회의」.
95) 『국민보』, 1938년 8월 31일, 「제3차회의」 및 「청구서」.

로 정할 것을 합동수속집행위원들에게 요구하였다.[96]

그런데 동지회는 중앙부 임원회의에서 두 단체의 완전 통합에 대해선 적극 찬성하기로 했으나 연합의회 소집에 대해서는 유보시켰다. 그 이유는 하와이정부의 재무국에 문의하기로 한 두 단체의 합법적인 합동수속 절차가 아직 마무리 되지 못한 점과, 이번 합동 결정에 전체 회원들의 의사가 반영되지 못한 점 때문이라 하였다.[97] 동지회는 9월 6일자 「답함」을 통해 합동의 원만한 성공을 위해 앞의 두 절차가 선행되어야 함을 국민회에 알리고, 이것이 해결되지 않을 경우 연합의회도 유보될 것임을 통보하였다.[98] 이같은 동지회의 결정은 1937년 제1차 합동운동 때 국민회의 합의 번복으로 야기된 법인 관허장의 취소건을 사전에 방지하여 합동의 실패를 막아보려는 신중한 접근 태도로 생각된다.

동지회의 요구 조건에 대해 합동수속집행위원들은 9월 7일 제4차 회의를 개최하여 이원순 · 김현구의 법률수속위원들이 보고한 합동수속 방안을 다음 네 가지로 정리하였다.

1. 합동하려는 양단체가 같이 하나의 이름을 지어 양법인 관허장 중 하나에 그 이름을 등록하고 그 다른 관허장 하나는 취소하는 방법.
2. 두 단체의 관허장을 다 취소하여 단체를 해산하고 재산 및 기타 일반 권리를 잠시 양 단체가 지정한 보관위원에게 맡기고 새 단체를 조직하여 관허장을 얻은 후에 보관위원들은 그 권리를 새로운 단체로 넘김.
3. 합동하려는 두 단체가 상호 동의하에 제3의 단체를 조직하여 관허를 얻은 후, 두 단체는 각각 일반 권리를 새로 조직된 단체에게로 양도하는 방법.

---

96) 『국민보』, 1938년 9월 7일, 「총임원회록」.

97) 『태평양주보』, 1938년 9월 10일, 「합동수속에 대하여」 및 「답합」.

98) 위와 같음.

4. 합동하려는 두 단체는 하나의 이름을 짓고 같은 장정을 만들어 임원을 선정하여 양쪽 법인 관허장에 동일하게 등록하고, 그 후 두 기관 관허장 중 하나를 취소하고 하나만 두거나, 혹 새 관허장을 얻은 뒤 기존 두 개의 관허장을 다 없애는 방법.[99)]

합동수속집행위원들은 위의 네 방안을 면밀히 검토하였다. 먼저 제1안은 합동에 가장 쉬우면서도 적은 비용이 소요되기 때문에 적합하지만 현실적으로 수용하기 어렵다고 보았다. 국민회가 자체 관허장을 취소할 수 없다고 주장하고 있고 동지회는 국민회가 관허장을 취소하지 않으면 자체의 관허장도 취소할 수 없다고 맞서고 있었기 때문이다. 제2안과 제3안은 불필요한 경비가 소모되고 부수적인 난관도 적지 않아 그 실행이 어렵다고 보았다. 이에 따라 제4안이 다소 시일이 걸리더라도 두 단체 사이의 감정을 손상하지 않고 무난하게 해결할 수 있는 안이라 하여 가장 타당한 것으로 보았다.[100)]

그 결과 합동수속집행위원들은 9월 8일 개최한 제5차 회의에서 합동의 최종 방안을 다음과 같이 결정하였다.

> 양 단체의 법인 관허장은 그대로 두고 합동하되 이름을 공결하고 규칙을 수정하며 임원을 공선하고 회원의 권리와 의무를 꼭 같이 할지며, 이후 어느 법인 관허장을 취소할 필요가 있는 때는 법인 관허장을 없앨 단체의 민국20년도(1938년) 임원의 동의를 얻지 못하면 관허장 취소함을 부득함.[101)]

이와 같은 결정은 문제가 되는 국민회·동지회의 기존 법인 관허장을

---

99) 『국민보』, 1938년 9월 14일, 「제4차회의」.

100) 위와 같음.

101) 『국민보』, 1938년 9월 14일, 「제5차회의」.

그대로 두고 합동을 진행하자는 것이다. 먼저 두 단체를 합하여 새로운 한 이름과 하나의 장정(章程)을 만들고, 이를 바탕으로 공동의 임원을 조직한다면 회원이 어느 단체에 있건 그 권리와 의무가 동일하게 되어 서로 차별없게 될 것이라 하였다. 이렇게 되면 기존의 관허장에 동일한 단체 이름, 동일한 장정, 동일한 임원을 등록하기 때문에 기존의 두 관허장은 내용상 차이가 없는 똑 같은 두 개의 관허장이 될 것이라 하였다. 이럴 때 두 단체의 법인 관허장 중 하나만을 선택해야 할 때 1938년도 임원의 동의를 얻어 조정한다면 아무 감정상의 충돌 없이 완전한 합동이 될 것으로 보았다. 요컨대 합동의 방식을 쉬운 것부터 순차적으로 해결하다 보면 그 사이에 존재할 지 모를 두 단체 내부의 감정도 많이 완화될 것이니, 이렇게 되면 남아 있던 난제도 쉽게 해결할 수 있으리라는 것이다.[102)]

이렇게 구차할 정도로 복잡한 합동방식을 택하게 된 데 대해 동지회 외교부장이자 합동수속집행위원인 이원순은,

> 대저 합동을 하려면 피차 명예와 권리를 손상하지 말고 희생이 있으면 꼭 같이 희생을 하여야 할 것이오, 한편으로 치우치는 합동을 한다면 도리어 이 앞에 재차 분열의 씨를 뿌리는 것이므로, 이를 걱정하는 양 단체 위원들은 오랫동안 연구와 토의가가 있은 후 이하와 같은 결정이 있었으니……[103)]

라 하여 어느 한 쪽에도 치우침이 없이 동등한 입장에서 합동하려는 의도 때문이었다.

합동수속집행위원들은 9월 8일자 「공함」을 통해 합동에 대한 최종 결의안을 국민회와 동지회에 알리는 한편 이상의 결의안에 대한 연합의회

---

102) 『국민보』, 1937년 9월 21일, 「합동수속」.

103) 『태평양주보』, 1938년 9월 24일, 「우리의 살 길은 오직 합동」.

소집을 요청하였다.

국민회는 기존 단체 해체라는 방식을 피하면서 두 단체 합동문제를 해결하려는 이번 결정이 1937년 11월 대의회에서 '이름은 고칠 수 있으나 법인 관허장은 없이 할 수 없다'라고 결정한 합동수속의 방식과 저촉되지 않음으로 적극 환영하였다.[104] 하지만 동지회는 9월 12일자로 합동수속집행위원에게 보낸 「답함」에서 먼저 각 지방 일반회원의 투표를 받아 이번 결의안에 대한 가부여부를 확인한 후 연합의회를 소집하는 것이 좋겠다고 회신하였다.[105] 즉 동지회는 합동 결의안이 1938년 1월에 개최한 동지회 대표회에서 '두 단체를 해체하고 합동하기로 한 결정사항'과 저촉되므로 먼저 일반 회원의 동의를 물어야 한다는 것이었다.[106]

이러한 동지회의 요청에 대해 합동수속집행위원들은 9월 17일 제6차 회의에서 각 지방 회원들의 공론을 받아들이되 그 방식은 회원들의 가부투표가 아니라 각 지방회의 결의식으로 하기로 결정하였다.[107] 간단한 예비문의 차원에서 진행하겠다는 것이다. 이는 다음에 개최할 임시연합의회에서 최종 결의안이 도출될 때 회원 전체의 투표로 마무리 짓겠다는 의도였다.

합동수속집행위원들의 결정에 국민회와 동지회는 전적으로 수용하기로 하였다. 이에 따라 두 단체는 독자적으로 각 지방회에 공함을 보내는 한편,[108] 공동 명의로 「선언서」까지 작성하여 이를 각 지방회에 보내어 10

---

104) 위와 같음.

105) 『태평양주보』, 1938년 9월 17일, 「답함」.

106) 『국민보』, 1938년 9월 21일, 「제6차회의」.

107) 『국민보』, 1938년 9월 21일, 「공함」.

108) 국민회는 9월 19일자 「공함」 제10호로 발송하였고, 동지회는 9월 20일자 「합동에 대한 공함」을 각 지방회에 보냈다. 『국민보』, 1938년 9월 21일자 및 『태평양주보』, 1938년 9월 24일자 참조.

월 10일까지 회신을 요청하였다.[109]

이러는 가운데 북미지역의 대한인국민회는 9월 4일부터 5일까지 제3계 중앙집행위원회를 개최하고 비상시기에 미·포·묵·큐 지역 각 한인단체들과 통일된 행동을 전개할 것을 결의하였다.[110] 그리하여 북미 국민회는 중앙집행위원장 김호의 명의로 9월 14일 하와이 대한인국민회와 동지회에 각각 「공함」을 보내 광복운동을 위해 다음과 같은 행동 통일을 요청하였다.

1. 독립운동에 관한 일체 재정을 동일한 기관에 집중할 것.
   본회의 의견은 이상 재정을 임시정부로 집중하기로 하나이다.
2. 대내선전은 사상 통일을 할 일.
3. 대외선전은 논조와 태도를 일치할 일.[111]

이러한 북미 국민회의 제의에 대해 하와이 국민회는 9월 30일자 「답함」을 통해 절대 동감을 표하였다. 그렇지만 현재 하와이 내에 합동운동이 전개 중이어서 곧 있을 연합의회에서 중론을 모아 긍정적인 답이 나올 수 있도록 하겠다고 회신하였다. 아울러 하와이 국민회는 미주와 하와이와 원동에 산재한 한인 단체들의 연합대표회를 개최하여 민족 대업을 위한 정책을 세울 것을 희망하고, 이번 하와이에서의 합동운동을 계기로 광복사업이 더욱 확대되기를 기대하였다.[112] 광복 사업을 위해 미주 한인 단체들에게 통일된 행동을 요청한 북미 국민회의 제안은 하와이 한인사회에 추진 중인 국민회와 동지회의 합동운동을 반드시 성사시키자는 분위

---

109) 『국민보』, 1938년 10월 5일, 「선언서」.

110) 『신한민보』, 1938년 9월 8일, 「제3계 중앙집행위원회 결의안」.

111) 『신한민보』, 1938년 9월 22일, 「총회공독」 및 『국민보』, 1938년 10월 5일, 「공함」.

112) 『국민보』, 1938년 10월 5일, 「답공함」.

기를 조성시켜 주었다.

10월 10일까지 요구한 합동수속집행위원회의 합동 결의안에 대해 국민회 지방회는 9개 중 7개가 찬성하였고, 동지회는 전체의 4/5가 찬성을 표하였다.[113] 합동을 적극 지지한다는 쪽으로 모아진 것이다. 11월 11일 국민회는 10개 지방회 대표와 참의원 등 13명의 대표가 참석한 임시대의회에서 동지회와의 합동을 가결시켰고, 후속 진행을 위해 동지회 대표와 연합의회를 개최할 것을 결정하고 이를 동지회 중앙부장 김리제에게 통보하였다.[114] 같은 날 동지회는 11개 지방대표 15명이 모여 14개항을 결의하였는데 주요 내용은 다음과 같다.

1. 새 단체의 이름은 ○○○ 상을 하고, 동포에게 반포하여 제일 적합한 이름으로 택용케 할 사.
2. 새 단체의 회체를 무엇이라고 토의 결정할 사.
3. 양 단체에 이미 가입한 회원으로 새 단체에 회원됨을 허락함.
4. 새 단체를 조직하여 합동하기를 결의하는 동시에, 각 단체에 교섭하여 함께 합동하여 통일전선을 짓도록 할 사.
5. 새로 조직되는 단체 규정을 연합의회에 허락을 얻어 상당히 제정토록 할 사.
6. 인선은 일반 동포에게 투표 공설(公設)케 하되 후보자는 양 대표회에서 인선하여 투표 다수로 총·부회장이 됨.
7. 새로 조직되는 단체에 총·부회장 후보자는 중앙부장으로 택함.
8. 기왕 단체의 재산과 소유는 각각 그 단체에서 조사한 대로 인계할 사.
9. 새 단체의 부회장에게 신문잡지에 사장을 겸임할 사.
10. 각 임원과 사원은 꼭 같은 수효로 임명토록 할 사.

---

113) 『신한민보』, 1938년 10월 27일, 「하와이」: '투표로 진행하는 한인 양회 합동'; 『국민보』, 1938년 10월 19일, 「공함 제12호」.

114) 『국민보』, 1938년 11월 16일, 「임시대의회록」 및 「공함」.

11. 신문과 잡지는 그대로 두되 하나는 국문, 또 하나는 영문으로 발행케 할 사.[115)]

합동 이후 탄생할 새 단체의 총·부회장에 대한 인선 방법과 후보자 선정기준, 그리고 기존 단체의 재산권 인계문제 등에 대한 동지회의 언급은 합동 준비에 있어서 국민회보다 구체적이고 진전된 자세를 보여주고 있다. 특별히 위의 제4항에서 보듯이 동지회는 단순히 두 단체만의 합동이 아닌 하와이 내 제 단체들과도 합동하여 통일전선을 이룰 것을 제시했다. 이것은 이번 합동운동을 계기로 하와이 한인사회를 하나로 통일하자는 포부를 드러낸 것이다.[116)]

동지회와 국민회 두 대표들은 11월 18일부터 12월 7일까지 13차에 걸친 연합의회를 개최하였다. 참석자는 국민회에서 16명, 동지회에서 14명 등 30명이었다.[117)] 연합의회는 제1차 회의에서 회의 진행을 위해 무기명

115) 『태평양주보』, 1938년 11월 26일, 「임시대표회 순서와 결의사항」.

116) 동지회 내부에서 이번 합동운동을 하와이 한인사회의 완전한 통일운동으로 전개할 것을 주장한 대표적인 인물은 임시대표회의 서기이자 마위 대표원으로 나온 김연규였다. 그는 「합동을 하려면 진의로 하자」(『태평양주보』 1938.11. 12), 「합동의 앞날」(『태평양주보』, 1938.11.19), 「시대」(『태평양주보』, 1938.11. 26) 등의 글에서 이산된 민심을 이번 합동운동에 집중시켜 전체 한인의 통일운동으로 나아가야 함을 강력히 주장하였다. 또한 저자 미상의 글인 「대동통일전선의 합동을 받자」라는 글에서도 이와 같은 제기하고 있다.(『태평양주보』, 1938년 11월 19일.) 따라서 합동운동에 대한 동지회 내부의 여론은 두 단체만의 합동이 아닌 하와이 한인사회 전체의 통일운동에 목표를 두고 있었다.

117) 참석자 중 국민회 총회장 조병요와 동지회 중앙부장 김리제는 제외하고 있다.

국민회 대표들을 보면 대의장은 안원규였고, 대의원은 인봉주(호항)·권도인(번취볼)·전익주(팔라마)·이관묵(리나이)·임준호(마위)·유명옥

투표로 의장 안원규(국민회), 찬의 이종관(동지회), 서기 이관묵(국민회), 통신서기 박동완(동지회)을 선임했다.[118]

제2차 회의부터는 하와이 한인사회의 통일을 위해 가와도 한인단합회와 대조선독립단에게도 연합의회의 참석을 요청하기로 했다.[119] 이러한 제의는 동지회에서 먼저 제안한 것으로 생각된다. 동지회는 1938년 제2차 합동운동을 시작할 때 국민회 뿐만 아니라 중립적 인사들까지 참가한 전체 합동을 주장하였다.[120] 이에 따라 대조선독립단은 정태영 · 양문서 · 이명순을 대표로 선정하였고, 제3차 회의부터 제6차 회의까지 참가하였다.[121] 그러나 가와도 한인단합회는 거리 관계로 회원들의 집합이 11월 24일나 되겠고, 그 이전의 대표 파송의 여부는 확언할 수 없다는 현순의 통보에 따라 처음부터 참가하지 못하였다.[122]

(힐로) · 고덕화(고할라) · 김상원(와히아와) · 김난수(와이파후)였고, 그밖에 참의장 정봉관을 비롯하여 이정두 · 이순화 · 송진홍 · 조덕상 · 김수원 · 김민수 참의원들이다.

동지회 대표들은 대표회장은 이종관이었고, 대표원은 민근호 · 안시흡 · 박주범 · 배일진 · 홍진표(이상 호항), 김국경(와히아와), 김연규(마위), 정윤필(와이나구), 박동완(코니), 서정일(국가야우), 손창희(호노카아), 김영순(시카고), 이원순(뉴욕) 등이다.(『국민보』, 1938년 11월 23일, 「연합의회」 참조)

118) 『국민보』, 1938년 11월 23일, 「연합의회」.

119) 위와 같음.

120) 『태평양주보』, 1938년 8월 20일, 「사회합동이 점점 가까워」 및 『국민보』, 1938년 8월 24일, 「답함」 참조. 이 때 중립자측 인물은 민찬호 · 최창덕 · 최선주인데 이들의 활동은 제3차 회의까지만 활동한 것으로 보이며, 그 이후부터는 국민회 · 동지회 대표들만의 회의로 운영된 것 같다.

121) 『국민보』, 1938년 11월 23일과 12월 7일, 「연합의회」 중 '제3차 속회'부터 '제7차 속회' 참조.

122) 『국민보』, 1938년 11월 23일, 「연합의회」, '제3차 속회'.

연합의회는 대조선독립단이 제6차 회의까지만 참가하였고 한인단합회가 불참함으로써 또 다시 국민회와 동지회 중심으로 진행되었다. 그렇지만 대조선독립단은 만약 국민회와 동지회가 합동운동을 성공시키면 동참할 것이라 하여 지지하는 태도를 보였다.[123)]

3차 회의에서는 합동이후의 회체(會體)를 민주제(民主制)·총재제(總裁制)·위원제(委員制) 중에서 투표하여 총 29인 중 22표를 얻은 민주제로 결정하였다.[124)]

4차 회의에서는 기관보 문제를 토의하여 『국민보』는 그대로 발행하기로 하되 『태평양주보』는 영문으로 발행하기로 했다.[125)]

합동이후의 임원은 각 단체에서 공평하게 인수(人數)를 배분하기로 하자는 의견과 신임 회장의 직권에 맡기자는 의견으로 나누어졌는데, 5차 회의에서 신임 총·부회장에게 위임하기로 했다.[126)] 논란이 된 신문 발행권은 5차 회의에서 신문사 사장을 총회장으로, 발행인을 부회장으로 하는 것으로 결정하였다.[127)]

7차 회의부터는 합동할 새 단체의 회명(會名) 문제를 토의하여 '국민당'과 '한민회' 두 이름으로 논의했으나 다 부결시키고 8차 회의에서 2차 투표까지 가면서 '대한인회'로 결정하였다.[128)] '대한인회'의 명칭은 '대한인국민회'와 '대한인동지회'의 이름 중 공통된 '대한인'이라는 이름에서 차용한

123) 『국민보』, 1938년 11월 30일, 「연합의회」, '제6차 속회'.

124) 『국민보』, 1938년 11월 23일, 「연합의회」, '제3차 속회'.

125) 같은 일자, '제4차 속회'.

126) 『국민보』, 1938년 11월 30일, 「연합의회」: '제5차 속회'.

127) 위와 같음. 신문 발행에 대한 이같은 논란은 사실상 동지회의 의도대로 된 것으로 보인다. 왜냐하면 11월 11일 개최된 임시대표회 결의사항에 그대로 나타나 있기 때문이다.

128) 『국민보』, 1938년 12월 7일, 「연합의회」, '제7차 속회' 및 '제8차 속회'.

것이다.[129] 이같은 결정은 회명 문제로 서로 기존 단체의 이름을 희생시키지 않으면서 공평한 회명을 찾으려는 의도에서 나온 것이었다.[130]

그런데 이번 연합의회의 진행에는 난관도 적지 않았다. 제일 처음 부딪힌 문제는 연합의회 참석 대표들의 자격 문제였다. 동지회는 국민회의 참의원에 대해 발언권을 주되 가부 투표권을 줄 수 없다고 주장하여 이들의 참석에 제동을 걸었다.[131] 국민회는 연례금 낸 회원 80명 중 15인이 대표로 참가한 동지회의 상황을 비판했다. 동지회는 회원이 1인 혹은 2인이 있더라도 그 지방을 대표한 사람들이 참가한 것으로 설명하였으나 양측 간의 변론이 적지 않았다.[132] 다행히 두 단체는 각각의 대표들을 그대로 받기로 타협하면서 넘어갔다.

연합의회의 진행을 보다 어렵게 만든 것은 국민회・동지회의 자산보고 문제와, 이 문제와 결부되어 대두된 합동 이후 새 단체의 지도자를 어떻게 선임할 것인가에 선거방식의 문제였다. 먼저 두 단체의 재정 상태에 대한 자산보고는 11월 26일에 개최된 제6차 회의에서 결정되었다.[133] 국민회는 1938년 1월 10월까지의 자산상황을 회관건물, 인쇄물, 호상제 재정 및 혈성금, 그리고 의무금 등을 합하여 현재까지 여재금이 3,000여 원이 있고 연례금을 낸 숫자는 462명으로 보고했다.[134] 동지회는 10년 임대

129) 『국민보』, 1938년 11월 30일, 「이름과 실상」.

130) 『국민보』, 1938년 12월 7일, 「회명문제」.

131) 『국민보』, 1938년 12월 14일, 「사설」: '연합의회 정회' 및 『태평양주보』, 1938년 12월 10일, 「합동연합대표회 성황」.

132) 위와 같음.

133) 『국민보』, 1938년 11월 30일, 「연합의회」.

134) 『국민보』, 1938년 11월 30일, 「답공함」 및 『태평양주보』, 1938년 12월 10일, 「합동연합대표회 상황」. 그런데 연례금 낸 숫자가 전자의 신문이 462명, 후자의 것이 463명으로 약간 차이를 보이고 있다. 여기서는 전자의 수를 따랐다.

한 회관과 사무실 집기류가 있고 재정은 현재 600여 원이 남아 있다고 보고했다.[135] 두 단체의 자산보고를 단순히 비교해 볼 때 국민회의 회세가 동지회의 것보다 상대적으로 월등한 위치에 있은 것으로 나타난다.

그런데 동지회는 자산 보고 때 연례금의 납부자 숫자를 명확히 밝히지 않아 국민회의 독촉을 받았으나 끝내 불응했다. 국민회는 동지회의 연례금 납부자를 80여 명으로 추정하였다.[136] 당시 연례금을 통해 본 두 단체의 회원수를 추정해 보면 먼저 동지회는 1937년, 38년도에 각각 310원, 464원이었고 39년도 경우는 연례금 수입 예산을 1,200원으로 계획하였다.[137] 국민회는 1937년 981원이었으나[138] 1938년도의 경우는 자료미비로 알 수 없다. 다만 1939년도 국민회의 의무금 수입 예산은 1,900원으로 책정하였다.[139] 1939년도 예산을 기준으로 연례금 수입을 회원 수로 환산해 볼 때 최대치는 동지회는 300명, 국민회는 470명이 된다.[140] 따라서 단순히 연례금을 기준으로 두 단체 회원 수를 비교해 볼 때 국민회가 동지회보다 약1.5배 이상 많은 것으로 나타난다.

그렇지만 전체 수입면에서 볼 때 두 단체의 회세는 큰 차이를 보이지 않는다. 1939년도 예산 중 총수입은 국민회가 2,610원, 동지회가 2,680원으로 계획한 것으로 보아,[141] 두 단체의 회세는 거의 비슷한 규모를 하고

---

135) 『태평양주보』, 1938년 12월 10일, 「합동연합대표회 성황」.

136) 『국민보』, 1938년 12월 14일, 「사설」: ‘연합의회 정회’.

137) 『태평양주보』, 1938년 1월 15일 「동지회 대표회회록」 및 1939년 2월 4일, 「전체대표회」 참조.

138) 『국민보』, 1937년 12월 22일, 「임시대의회록」.

139) 『국민보』, 1938년 12월 14일, 「대의회록」. 이 때의 의무금은 연례금으로 볼 수 있다.

140) 위와 같음. 동지회는 1인당 연례금이 4원으로 계산되고 국민회는 남자의 경우 1인 5원에 총 320명, 여자의 경우 1인 2원에 총 150명으로 계산하고 있다.

있다. 더구나 동지회는 비록 자체의 소유물은 아니지만 동지회 회원들이 소유하고 있는 한인기독교회와 한인기독학원에 대한 자산보고 내용을 빼고 있어, 이를 포함할 경우 국민회의 자산보다 결코 뒤처지지 않았다고 볼 수 있다.

6차 회의에서 제기된 자산보고는 국민회의 요구로 이루어진 것이었다. 국민회는 동지회에 사채(私債)가 많다는 소문을 듣고 이를 해명할 필요성이 있었다.[142] 때문에 국민회는 재정 관련 오해를 먼저 푸는 것이 합동 수속을 원활히 진행할 수 있는 것으로 보았다. 특히 국민회가 자산보고 중 연례금 납부 숫자에 관심을 보인 것은 단순히 회원수만을 밝히려는 것이 아니라 추후 있을 새 단체의 총·부회장 선거 때 정식 회원에 한에서 적법한 투표권을 부여하겠다는 복안이 깔려있었다.

동지회는 국민회가 재정보고 문제에 집착하는 것에 대해 불만이 적지 않았다. 재정문제는 순서에 따라 자연스럽게 제기될 것인데 국민회에서 너무 극성스럽게 고집하고 있다는 것이다. 다행히 재정조사 문제는 동지회의 불문명한 재정보고에도 불구하고 큰 시비거리로 발전되지 않고 넘어 갔다.

하지만 새로 설립될 단체의 총·부회장의 선거방식은 두 단체 간에 양보 없는 논쟁거리가 되었다. 선거방식은 11월 30일 개회한 9차 회의에서 논의되었다. 주요 내용은 두 단체가 총·부회장의 후보 각 1인씩 추천하여 일반 회원의 투표에 부치되 최다 득표자는 총회장, 차수(次數)는 부회

---

141) 위와 같음 및 『태평양주보』, 1939년 2월 4일, 「전체 대표회」 참조.
1939년도 예산을 갖고 비교하는 것은 그 이전의 기록을 통해 비교할 수 없기 때문이다. 동지회의 경우 총수입이 1937년 2,082원, 1938년 2,348원으로 나타나고 있으나(『태평양주보』, 1938.1.15, 「동지회 대표회 회록」 및 1939.2.4, 「전체 대표회」), 국민회의 경우 1937년도 1월부터 11월까지의 총수입 3,711원만 기록되고(『국민보』, 1937.12.22, 「임시대의회록」), 그 이후의 재정보고는 자료미비로 알 수 없는 형편이다.

142) 『국민보』, 1938년 12월 14일, 「사설」, '연합의회 정회'.

장에 선출하기로 합의했다.[143] 대신 이번 선거방식은 임시 규정에 의한 한시적인 것임을 밝혔다. 그리하여 12월 2일 제10차 회의를 통해 국민회는 총회장 조병요를, 동지회는 중앙부장 김리제를 총회장 후보로 추천하였다.[144] 하지만 제10차 회의에서 동지회는 한인 전체의 공동 투표에 부쳐 다수결로 결정할 것을 주장하였다. 반면 국민회는 의무를 이행한 회원에 한에 투표권을 주어 다수결로 선정하자고 했다.[145] 이견이 좁혀지지 않자 국민회는 "지금부터 투표할 때까지 의무금을 내는 새 회원에게도 동일한 권리(투표권)을 주자"고 수정 제의했다. 그러나 동지회는 처음 주장을 굽히지 않았다.

서로 주장이 맞서게 된 데는 이번 제2차 합동운동에 임하는 두 단체의 입장이 달랐기 때문이었다. 연례금을 낸 정식 회원에 한에 적법한 투표권을 주자는 국민회의 '법적 투표' 주장의 배경에는 이번 합동운동의 목표를 동지회와의 합동에만 염두하고 있었다. 이와 달리 회원 여부와 상관없이 모든 하와이 한인들에게 공동의 투표권을 주자고 한 동지회의 '공동 투표' 실시 주장의 배경에는 단순히 두 단체만의 합동이 아니라 하와이 한인사회 전체 통일이라는 범주에서 추진하려 했다. 이러한 동지회의 의도에 중앙부장 김리제는 아래의 「동포와 동포전에」라는 글에서,

> 동지회측 주장은 국민회 · 동지회는 합동에 결말되었고, 새 단체인 대한인 회원권은 기왕 단체 사람이나 다수 동포나 일체로 우리와 평화의 정신을 가지고 대동통일의 기관을 조직하는데, 꼭 같은 심리와 꼭 같은 권리를 표현하여 투표권을 평균히 하여, 다수 인심이 끌리는 본으로 인선이 된다면 난국을 정돈할 수 있고 대동통일에 본 정신체라고 고집하였다.[146]

143) 『국민보』, 1938년 12월 7일, 「연합의회」, '제9차 속회'.

144) 『국민보』, 1938년 12월 7일, '제10차 속회'.

145) 위와 같음.

라고 밝혀 이번 합동운동이 하와이 한인사회 전체의 대동통일을 위한 것으로 설명했다.

이와 같은 동지회의 의도는 연합의회를 대비하고자 사전에 마련한 14개항의 대표회 결의 속에도 포함하고 있었다. 즉 14개항 중 제4항과 제6항은 국민회·동지회만의 합동이 아닌 제 단체의 통일전선의 모색과 일반 동포들에 의한 인선방식을 결의하고 있었다.[147]

그런데 제9차 회의에서 동지회는 '일반 회원'의 투표로 총·부회장을 뽑는 것으로 국민회와 합의했었다. 이는 동지회의 당초 입장이 수정되었음을 의미한다. 그런데 제10차 회의에서 이 합의를 번복하여 당초 입장으로 되돌아감으로써 국민회와의 대립을 초래했다. 동지회가 합의를 번복하고 처음 태도로 돌아간 주요 요인은 '일반 회원'에 한해 투표를 할 때 자신보다 많은 회원 수를 가진 국민회에게만 유리하여 새 총회장은 국민회 편에서 당선될 것으로 보았기 때문이었다. 이러한 생각은 김리제의 다음 글에서 잘 드러나고 있다.

> …… 인선에 대하여 국민회측에서 주장하기를 이왕 잡아 매논 국민회 의무와 권리·법규를 끄집어 내어 가지고 적법적으로 국민회원 463인과 동지회 80명과 투표 공선하는 것이 마땅하되, 사회에 의무와 권리가 없는 사람에게 투표권을 주는 것은 사회의 난당을 양성하는 것이라고 고집하고 ……[148]

---

146) 『태평양주보』, 1938년 12월 17일.

147) 제4항의 내용은 "새 단체를 조직하여 합동하기를 결의하는 동시에, 각 단체에 교섭하여 함께 합동하여 통일전선을 짓도록 할 사"이고, 제6항은 "인선은 일반 동포에게 투표 공설(公設)케 하되 후보자는 양 대표회에서 인선하여 투표 다수로 총·부회장이 됨"이다.(『태평양주보』, 1938년 11월 26일, 「임시대표회 순서와 결의사항」)

148) 『태평양주보』, 1938년 12월 17일, 「동지와 동포전에」.

이를 종합해 볼 때 동지회는 한인 전체의 대동통일이라는 대의명분을 내세워 현실적으로 불리한 회원수 문제를 전략적으로 해결하려 했다. 반면 국민회는 처음부터 의도한 바대로 두 단체만의 합동에 우선 목표를 두고 회원들에 의한 선거 방식을 줄 곧 주장하였다. 예컨대 국민회측 인사로서 연합의회 의장인 안원규는 "만일 수효가 적은 동지회가 양보하고 들어오기 전에는 불가능"하다고 언급함으로써 국민회의 입장을 대변하고 있었다.[149] 따라서 양측은 현실적인 이해관계를 초월해서 타협하지 않은 한 서로 물러설 수 없었다.

결국 연합의회는 합동으로 탄생할 새 단체의 주도권을 누가 장악할 것인지를 두고 벽에 부딪혔다. 곧 이어 재개된 제11차 회의와 제12차 회의는 서로 입장 차이만 확인하고 말았다.[150] 12월 7일 제13차 회의를 개회했으나 동지회 대표원들이 출석하지 않음으로써,[151] 사실상 합동운동은 실패하고 말았다.

3) 합동운동의 성과와 의의

제2차 합동운동은 그동안 서로 양보하는 가운데 상당한 진척을 보였으나 선거방식을 둘러싸고 이견을 좁히지 못해 실패로 끝났다. 특별히 논란이 된 투표방식을 둘러싼 두 단체의 주장은 비록 나름의 정당성과 명분이 있었지만 주도권 장악이라는 이해관계 앞에 모두가 팽팽히 맞섰다. 합동운동의 실패에 대해 동지회는 크게 세 가지로 분석했다. 첫째, 기왕의 분열 상태인 의심과 감정이 아직도 화해하지 못한 점, 둘째, 주의와 주장이 서로 양해되지 못한 점, 셋째, 대동통일에 대한 지식과 정신이 미치지 못한 점 등으로 파악했다.[152]

---

149) 위와 같음.

150) 『국민보』, 1938년 12월 14일, 「연합의회」, '제11차 속회' 및 '제12차 속회'.

151) 같은 일자, '제13차 속회'.

하지만 이번 합동운동의 최대의 성과는 특별한 충돌 없이 중단되면서 또 다른 합동운동의 가능성을 열어 놓은 점이었다. 『국민보』는 합동 수속의 정지가 한순간의 정지요, 무희망으로 완전히 끝난 것이 아님을 상기시키고, 독립과 자유를 잃고 그 잃은 것을 되찾겠다고 분투하는 우리에게는 더욱더 합동이 필요성을 제시했다고 보고 희망적으로 전망했다.[153]

동지회는 이번 합동운동을 통해 크게 고무된 것 같다. 동지회가 대동통일의 명분으로 하와이 한인 전체의 통일을 주장한 것은 여타의 많은 한인들에게도 좋은 인상을 주었다. 이런 연유로 1939년 1월에 개최된 전체 대표회에서 동지회는 합동운동은 불발되었으나 책임 및 여론 면에서 볼 때 동지회 쪽에 유리한 여론을 형성하여 다소 동정을 얻었다고 자찬하였다.[154] 이런 동지회의 자신감은 1939년부터 구미위원부의 대외활동을 재개하는데[155] 큰 자산이 되었다.

1930년대 하와이 한인사회의 통일운동을 정리하면 먼저 한국 민족의 독립이라는 분명한 목표 속에 전개된 점이다. 이런 점 때문에 이 시기의 통일운동은 단순히 한인사회의 분열을 통합하려는 시도가 아니라, 적극적인 독립운동을 추진하기 위한 방편이었다. 다음으로 1930년대의 통일운동은 외형적으로 볼 때 별 성과를 보지 못하였으나, 하와이 한인사회를 재 정돈 하고 상호 이해를 촉진시킨 점에서 볼 때 적지 않은 성과였다. 이러한 성과를 토대로 1940년대에 들어서면 미주한인사회는 대동단결이라는 기치 하에 한 목소리를 낼 수 있었다.

---

152) 『태평양주보』, 1938년 12월 17일, 「동지와 동포전에」.

153) 『국민보』, 1938년 12월 14일, 「사설」, '연합의회 정회'.

154) 『태평양주보』, 1939년 1월 28일, 「대한인동지회 전체 대표회 회장 귀하」.

155) 동지회는 1939년 1월 25일 개최한 대표회에서 구미위원부를 다시 열기로 결의하면서 본격적인 대외활동을 전개하였다.(『태평양주보』, 1939년 1월 28일, 「구미위원부를 다시 열어」 참조)

제4장

1930년대 북미 한인사회의 통일운동

1. 대한인국민회의 침체와 한인사회의 분열

1) 대한인국민회의 침체

1930년 전후 북미 한인사회는 기존의 대한인국민회 외에 동지회지부가 나성을 비롯해 시카고·뉴욕 등지에 있었고, 이밖에 뉴욕의 대한인교민단, 멕시코의 묵경자성단 등이 있었다. 하지만 국민회를 제외하고 그 외 단체들의 세력은 미미했다. 그러나 1930년대에 들어서면서 북미의 대한인국민회는 급격히 침체하기 시작하였다. 1922년 3월 하와이 국민회가 임시정부의 교민단령에 의거 대한인교민단으로 바꾼 후 떨어져나가자 대한인국민회는 중앙총회를 폐지하고 북미지역 중심의 대한인국민총회(이하 '북미 국민회' 또는 '북미 대한인국민회'로 약함)로 재편하였다. 재편된 후 북미 국민회는 이승만과 같은 뚜렷한 지도인물이 없는 데다, 구태의연한 조직 유지책으로 1920년대 후반으로 갈수록 침체 상태로 떨어졌다. 더구나 1929년 10월부터 1933년까지 지속된 경제 대공황은 세계자본주의의 심장부였던 미국 경제에 치명적인 위기를 초래해 국민회의 재정수입을 급격히 감소시켰다.

급격한 재정수입의 감소와 국민회의 침체는 경제 대공황의 여파로 돌릴 수 있지만, 무엇보다 경제위기라는 시대적 변화에 국민회가 안일하게 대처한 지도력 부재에도 주요 요인이 있었다. 예컨대 국민회 시카고지방회나 뉴욕지방회에서 국민회의 과중한 회비징수로 탈락하는 회원들이 속출하고 있고, 신규회원의 모집도 어려움에 처해 있으니 해결책을 강구해 줄 것을 요청하였으나 국민회 당국은 아무런 대응책을 세우지 못하고 있었다. 이로 인해 1930년대에 들어서면 자체 유지도 어려울 정도로 국민회의 침체는 가속되었다.[1)]

2) 한인공동회의 설립

국민회가 침체에 빠지고, 대공황으로 경제상 어려운 상태에 빠졌지만 독립운동의 열기는 식지 않았고, 오히려 북미 한인의 민심은 새로운 단체 설립으로 나아갔다. 북미 한인들에게 새로운 단체설립의 영향을 준 것은 국내에서 발생한 광주학생운동 소식이었다. 이 소식이 미주에 퍼지자 국내학생운동을 후원한다는 목적을 내걸고 각지에서 한인공동회가 설립되었다. 1930년 1월 27일에 발기된 뉴욕의 한인공동회를 비롯하여, 시카고한인공동회(1930. 2. 3), 나성한인공동회(1930. 2. 9), 디트로이트한인공동회(1930. 2월경), 중가주한인공동회(1930. 3. 8) 등이 차례로 설립되었다.

이들 공동회는 모두 독자적인 자체 활동기반을 갖고 있었으나, 국내 혁

---

1) 예컨대 국민회 시카고지방회의 보고에 따르면 회원 의무금의 과중한 부담으로 회원에서 탈락하는 자가 증가하고 있고, 신규회원의 모집시도 이 문제로 어려움을 겪고 있다고 하였다.(『신한민보』, 1929년 7월 18일자, 「만천하 인심이 국민회로 집중」). 그리고 수입결산을 보면 1929년이 5,313달러이나 1930년에는 1,244달러로 급격하게 줄고 있어 국민회가 급격한 침체에 빠지고 있었음을 보여 준다. (『신한민보』, 1930년 1월 9일자, 제21회 대의회」 및 1931년 1월 22일, 「국민회총회 대의원회 제22회 대의원회 입안」 참조.)

명운동에 대한 후원과 선전활동을 위해 동일한 보조를 취하자는 뉴욕한인공동회의 제의를 받아들여 연합을 꾀하였다.[2] 그 결과 각지의 한인공동회는 뉴욕에 한인공동회 중앙위원회를 설치하고, 위원장 허정, 서기 오천석을 선임하였다.[3] 중앙위원회가 약 1년 동안 전개한 활동의 성과를 보면, ① 영문책자 *Korea Must Be Free* 1만 여권을 발간하여 미국의 각지를 비롯하여 세계 각국에 보낸 일, ② 학생회를 도와 학생 영문보를 출판하고 미국 각지에 배포한 일, ③ 미국의 언론과 접촉하여 국내 학생들의 항일운동사건을 선전한 일, ④ 자체적으로 통신부를 설치하여 학생운동 및 국내 사정을 설명케 한 일 등이었다.[4]

그러나 1932년 중앙위원회에서 신년 사업을 발표하였지만 인물난과 비용문제의 해결이 어려워 앞으로 계속 유지되기 어렵다 사실을 공포한 것으로 보아 이후 한인공동회의 연합활동은 더 이상 지속되지 못한 것 같다. 한인공동회의 조직과 운영이 모두 독자적이고 개별적으로 이루어짐에 따라 군소기관으로 전락한 국민회를 비롯해 북미 한인사회는 더욱 분열되었다.

2. 북미 한인사회의 통일론

1) 『신한민보』의 통일론

국민회의 침체와 한인공동회 설립으로 인한 북미 한인사회의 분열상에 대해 자성의 기운과 함께 다양한 통일론이 등장하였다. 먼저 『신한민보』

---

2) 『신한민보』, 1930년 3월 27일, 「한국 독립은 당면문제」.

3) 『신한민보』, 1931년 2월 5일, 「공동회 중앙위원회 사업에 관하여 해외동포 제위에게 고함」.

4) 위와 같음.

는 미주한인사회의 현안문제를 대동단결 즉 통일의 문제로 지적하고 광복사업을 지금보다 대규모적으로 하기 위해 무엇보다 통일이 우선되어야 함을 역설하였다. 그리고 현재 통일을 방해하는 요소는 첫째, 1,700여 명 밖에 안되는 재미한인들이 북미・멕시코・쿠바 등지로 흩어져 살고 있는 현실, 즉 거리상 한인들이 너무 떨어져있고 분산되어 있다는 점과, 둘째, 인도자라 자처하는 자가 너무 많은 점, 셋째, 한인들의 경제적 어려움, 넷째, 한인들의 기본상식의 부족을 들었다.[5)]

통일방식에 대해 『신한민보』는 기성단체들의 연합으로 중앙기관을 두려는 방식을 반대하고 기존 단체 해체를 통한 새로운 조직체 건설을 주장하였다.[6)] 그러나 『신한민보』의 통일론은 국민회를 비롯한 기성단체의 해체를 전제로 한 것이기 때문에 국민회 내부에서 받아들이기 힘들었다. 이 때문에 국민회가 1931년 4월 '재미한인통일촉진의견서'를 통해 통일론의 방향을 단체 중심의 연합적이고 점진적인 방법으로 정돈하자, 『신한민보』도 여기에 따른 것으로 보인다.[7)]

2) 북미대한인유학생총회의 통일론

북미대한인유학생총회(이하 '유학생총회'로 약함)는 한민족의 대동단결에 대해 많은 관심을 갖고 방안을 마련하였다. 이미 1929년부터 『삼일신보』를 통해 기존 단체를 해체하고 전민족을 포괄하는 단일당을 건설하자는 통일논의를 제기한 바 있는[8)] 유학생총회는 1930년 6월 뉴욕에서 열린 동부유학생총회대회에서 6개조의 통일책을 발표하였다. 주요 내용은 임시정부를 우리 민족의 최고 기관으로 인정하여 정신적・물질적으로 후원하고,

---

5) 『신한민보』, 1930년 4월 10일자 「재미한인사회 통일의 실현이 가능한가」.

6) 『신한민보』, 1930년 5월 29일자 사설, 「통일에 대하여」.

7) 여기에 대해서는 '대한인국민회의 통일론' 참조.

8) 『신한민보』, 1931년 4월 16일, 「재미한인통일촉진의견서를 읽고」.

임정과 구미위원부의 법통관계를 회복시켜 미주동포가 구미위원부의 사업발전을 위해 일치된 협조를 요청하며, 이를 위해 상설적인 연합위원회의 설치를 주장하였다.[9] 이러한 주장은 기존 단체 중심 보다 임시정부와 구미위원부 중심으로 통일하자는 방향을 제시한 것이었다. 이와 아울러 1930년 6월 20일부터 22일까지 시카고에서 개회된 중서부유학생총회대회에서는 재미한인사회의 통일을 위해 '통일운동기성회'를 설립하기로 결의하고, 금년 9월 발족하기로 의결하였다. 이와 같은 학생들의 통일론은 미주한인사회의 기존 단체를 불신하고 정부기관 중심의 통일론을 제시한 급진적인 방안이었다.

3) 대한인국민회의 통일론

북미 국민회는 1931년 1월 11일 제22회 대의원회에서 북미 한인사회의 통일문제를 정식으로 거론하면서 본격적인 통일연구에 착수하였다. 그 결과 다음의 '재미한인통일촉진의견서'를 만들어 북미 한인들에게 배포하고 7월 31일까지 회답을 요청하였다.

1. 재미한인의 통일 범위는 미 · 묵 · 큐 3개 지역 재류동포를 포함함이 어떨까요.
2. 재미한인 통일은 일반 민중을 주체로 함이 어떨까요.
3. 기성단체와 개인 중 유지자와 및 유력자는 일체 민중 공의에 복종하여 무론 하등의 명의 · 권리 · 주장 또는 의견을 희생함이 어떨까요.
4. 다수의 의견이 찬동되는 때는 정식 선언서를 발표하고 상당한 시기와 지점을 지정하여 재미한인 전체대회를 열고 기성회를 조직함이 어떨까요.
5. 기성회에 출석하는 각 단체 대표자와 민중 대표자와 및 유지인사는 다 같은 일개 대표자의 동등 권리를 가짐이 어떨까요.

---

9) 『신한민보』, 1930년 6월 19일, 「동부학생년회」.

6. 재미한인의 통일 건설의 방식과 공작은 기성회로써 획책하여 이를 실행함이 어떨까요.[10]

위 재미한인통일촉진의견서의 주요 내용은 기성단체를 해산하여 새로운 통일기관을 설립하는 것은 현실적으로 불가능하니, 기존 단체의 대표들로 구성된 연합기관을 별도로 조직할 것과, 통일의 지역도 하와이를 제외한 미·묵·큐 지역으로 한정하며, 통일의 주체는 민중을 주체로 전개할 것 등이다. 여기서 민중 주체에 의한 통일 방안이란 유학생총회가 주장한 정부기관으로의 통일론을 배제하는 것이었다. 즉 재미한인의 단체는 순수한 민중 단체인데 민중 단체의 통일도 어려운 형편에 정부기관으로의 통일을 거론할 수 없다는 입장이었다.

국민회가 제시한 '재미한인통일촉진의견서'의 회신 결과는 이후 발표되지 않아 알 수 없으나, 미·묵·큐 중심의 통일과 연합적인 방법에 의한 통일방안 제시는 점진적인 통일론에 바탕을 둔 것으로, 이후 미주한인연합회의 설립에 영향을 끼쳤다.

3. 북미 한인사회의 연합운동

1) 미주한인연합회의 설립

북미 한인사회의 통일운동은 일제의 만주침략으로 한중 두 민족의 대일항전의 열기가 확산되면서 고조되었다. 상해 거류 한인들은 1931년 9월 25일 한교전체대회(韓僑全體大會)를 개최해 한중 양 민족의 단결로 대일무력항전을 수행하기로 결의하면서 국내외 한인들의 단결을 요구하였다.[11] 또 상해 임시정부도 1931년 10월 1일자로 국내외 동포들에게 공함

10) 『신한민보』, 1931년 4월 9일자, 「재미한인통일촉진의견서」

을 보내 한국 독립을 위해 혁명역량의 집중과 혁명동지들과의 연합전선을 요구하였다.[12] 이러한 영향 속에 중가주한인공동회는 1931년 10월 17일 3개조의 결의안을 발표하여 북미 한인의 연합을 처음으로 제의하였다.

1. 우리도 상해한교연합회와 일치 모두 거일(去日)을 선언한 임시정부를 후원할 일.
2. 우선 후원금을 수합하여 임시정부에 보내고 응원을 계속할 일.
3. 재미한인의 총역량 집중을 위하여 재미한교연합회(在美韓僑聯合會) 조직을 발기할 일.[13]

이같은 제의에 대해 국민회 총회장 백일규와 선전부 위원들은 1931년 11월 2일 중가주한인공동회 대표 김정진과 회의를 갖고 임시정부로 모든 힘을 합칠 것과 미주한인연합회를 조직하자는데 의견 일치를 보았다.[14] 그리하여 11월 9일 두 단체의 이름으로 미주한인연합회(이하 '한인연합회'로 약함) 발기문을 대외에 공포하였다.[15] 한인연합회의 발기에 대해 묵경자성단·나성한인공동회·디트로이트한인공동회·대한여자애국단 등에서 즉각 찬동하였다.

긍정적인 호응에 힘입어 12월 5일부터 7일까지 국민회·나성한인공동회·중가주한인공동회·묵경자성단 등 4개 단체대표가 모인 가운데 한인연합회 조직의 대강을 발표하였다.[16] 이어서 한인연합회는 "임시정부로

---

11) 『신한민보』, 1931년 10월 29일자, 「상해한교전체대회」; 국회도서관 편, 『한민족독립운동사료(중국편)』, 693쪽~694쪽.

12) 『신한민보』, 1931년 11월 5일자, 「국내외 동포에게 고하노라」.

13) 『신한민보』, 1931년 10월 22일자, 「중가주공동회결의안」.

14) 『신한민보』, 1931년 11월 5일, 「임시정부의 활동에 힘을 다함이 우리의 책임」 및 11월 12일 「미주한인연합회발기문」 참조.

15) 『신한민보』, 11월 12일, 「미주한인연합회발기문」.

집중하자"라는 표어를 내걸고, 12월 7일 선언서와 규칙 및 의결안을 발표함으로써 정식으로 발족되었다.[17] 한인연합회의 설립 목적은 '한인 전체의 역량을 집중하여 임시정부를 후원하며, 국민의 선전에 노력' 하는데 두었다.

설립 후 한인연합회는 가장 먼저 임시정부의 승인을 얻는데 주력했다. 임정은 집행부 사무장 송헌주에게 보낸 12월 19일자 공문에서,[18] 1932년 1월 22일자로 연합회 인준을 허락했고 동시에 미·묵·큐 지역 동포의 인구세 수봉업무를 한인연합회가 맡아 줄 것을 지시하였다.[19] 이로써 한인연합회는 임시정부의 공식 기관으로 활동할 수 있는 명분을 얻게 되었다. 그 결과 한인연합회는 타단체로부터 지지를 받거나 동참을 얻을 수 있었다. 먼저 1932년 2월 14일 뉴욕한인공동회는 회명을 뉴욕한인연합회로 개칭한 뒤 미국 서부의 한인연합회의 활동을 적극 지지하였다.[20] 나성동지회는 1933년 2월 한인연합회에 참가하였다.[21] 이로써 한인연합회의 위상은 북미 한인사회를 총괄하는 중심기관으로 부상하게 되었다.

한인연합회는 크게 입법부와 집행부로 나누었으나 실질적인 업무는 집

---

16) 『신한민보』, 1931년 12월 10일, 「4단체 대표가 한인연합회에 출석」. 이 때 참가한 각 단체의 대표는 대한인국민회 대표 백일규·홍언, 나성한인공동회 대표 송헌주·한재명, 중가주한인공동회 대표 김정진·이살음, 묵경자성단 대표대리 장수영이었다. 그러나 한재명은 이번 모임에 불참하였다.

17) 『신한민보』, 1931년 12월 10일자 및 17일자, 「미주한인연합회」.

18) 『신한민보』 1931년 12월 7일, 「미주한인연합회」 및 12월 31일 「한인연합회 공문 제4호」.

19) 『신한민보』 1932년 4월 7일, 「임정공보」.

20) 『신한민보』, 1932년 6월 30일, 「뉴욕한인연합회」. 그러나 뉴욕한인연합회가 미주한인연합회를 적극 지지했지만 정식 가입했는지의 여부는 확실치 않다.

21) 『신한민보』 1933년 2월 16일, 「미주한인연합회 제2차 통상대표회」.

행부에서 담당하였다. 입법부는 각 단체의 대표들로 구성하되 사무의 건의나 의결사항을 담당했다. 집행부는 사무장 1인 재무 2인 서기 1인, 선전부장 1인으로 구성하고 사무장이 모든 사무를 총괄하게 했다.

한인연합회의 주요 활동은 북미 한인들로부터 인구세를 수봉하여 임시정부로 송부하는 것이었다. 설립이후 약 1년간 인구세 수봉실적을 보면 677달러였고, 이 중 675달러가 임정으로 송금되었다.[22)]

그런데 한인연합회는 회원 단체의 결속을 탄탄하게 유지시킬 만큼 강력한 조직력을 발휘하지 못하였다. 한인연합회는 자체 유지를 위한 예산이 없어 전담 사무실이나 전담 사무원을 둘 수 없어 회원 단체에서 사무를 분담하였다. 또 한인연합회 내에서도 활동 근거지가 달라 선전부는 상항에, 집행부는 나성에 위치하여 쉽게 모여 활동하기 어려웠다.[23)] 재정 관리 업무도 재정 출납을 담당하는 자와 영수증 발부 및 문부 기록을 담당하는 자로 나누는 2중적인 형태를 취했는데 이는 상호 불신을 예방하려는 조치였지만 회의 효율적인 운영을 어렵게 만들었다.[24)]

무엇보다 한인연합회의 운영을 어렵게 만든 것은 북미의 국민회가 한인연합회에 대해 강한 소속감을 갖기 보다 비판적인 태도를 보인 점이다. 그 이유는 첫째, 한인연합회 내 소속한 여타 단체들과 동일하게 취급받을 수 없다는 국민회의 우월감이다. 비록 국민회가 1930년대에 들어서면서 자체 유지도 어려울 정도로 침체 상태에 빠져있었지만 14곳에 지방회를 두고 있었고, 역사와 전통적인 면에서도 한인연합회에 참가한 다른 신설 단체들과는 비교할 수 없는 우월한 위치에 있었다. 때문에 국민회 대의회에서는 총회장 백일규의 승인 요구에도 불구하고 한인연합회의 재정수합계획인 연례금 모집 규칙을 부결시켜 의연금으로 바꾸게 했고, 이

22) 『신한민보』 193년 2월 23일, 「미주한인연합회 제2차 통상대표회 공포서」.
23) 『신한민보』, 1932년 4월 7일자, 「미주한인연합회통고」.
24) 『신한민보』, 1934년 3월 8일자, 「동양정세와 우리의 원하는 통일」.

마저도 이의를 제기해 한인연합회는 인구세만을 수봉할 것을 요구하였다.[25] 또 향후 한인연합회의 중요 사건이 생길 때 국민회 대표가 사전에 반드시 대의회의 논의를 거칠 것을 요구하여 한인연합회의 활동에 제동을 걸었다.[26]

둘째, 한인연합회가 국민회의 정서에 반한 행동을 취한 점이다. 북미 국민회는 과거 1910년대 후반과 1920년대 초 이승만과의 분쟁 이후 이승만 지지세력과 감정상 화합하기 어려운 상태였다. 그런데 나성동지회가 1933년 2월 한인연합회에 참여한 뒤 한인연합회의 이름으로 제네바에서 국제연맹을 대상으로 한국문제로 외교활동을 전개하던 이승만에게[27] 공식 축전을 보내자,[28] 국민회가 노골적인 불만을 드러내기 시작했다. 국민회는 임시정부와 한인연합회는 서로 밀접한 관계가 있지만, 이승만이나 구미위원부와의 법적 관계는 없는 것인데 현재 임시정부·한인연합회와 이승만·구미위원부 간에 화합이 된 것처럼 이승만에게 축하 전보를 보

25) 『신한민보』, 1932년 1월 21일자, 「대한인국민회 제23회 대의회 의결안」 및 6월 2일자, 「연합회와 국민회」.

26) 『신한민보』, 1932년 1월 21일자, 「대한인국민회 제23회 대의회 의결안」.

27) 이승만은 1930년 7월부터 1931년 11월 하와이를 떠날 때까지 하와이내 동지회와 대한인교민단 간의 분쟁 당사자였다. 이 분쟁으로 인한 재판에서 패한 이승만은 결국 하와이를 떠나게 되었다. 그는 1933년 1월 스위스의 제네바로 가 『제네바일보(Journal de Geneve)』를 통해 일제의 만주침략과 만주 한인의 참상에 대해 홍보하고, 국제연맹의 방송시설을 통해 '극동의 분쟁과 한국'이라는 영어 연설을 하는 등 활발한 선전외교활동을 전개하였다.
 여기에 대해서는 방선주, 「1930년대 재미한인독립운동」, 『한민족독립운동사』 8, (국사편찬위원회, 1990), 437쪽~441쪽과 Robert T. Oliver, *Syngman Rhee; The Man Behind the Myth*(Dodd Mead & Co. New York, 1954), pp.160~161 참조.

28) 『신한민보』, 1932년 2월 23일자, 「미주한인연합회 제2차 통상대표회 공포서」.

낸 것은 무슨 의미인가라고 반문했다.[29] 그리고 과거 임시정부가 폐지시킨 구미위원부를 지금까지 계속 유지하면서 인구세까지 받아들이는 이승만측의 무법행동을 도저히 수용할 수 없다는 태도를 보였다. 축전문제를 계기로 제기된 국민회의 공공연한 비판은 한인연합회와의 관계를 더욱 어렵게 만들었다.

셋째, 북미 국민회가 내부의 합법적인 절차를 거치지 않고 한인연합회의 설립에 참여한 점이었다. 국민회 회원들은 국민회가 한인연합회에 가입할 때 대의회의 절차도 거치지 않고 일부 유력자들의 힘만으로 이루어진 사실을 지적하고, 국민회의 가입은 절차상 불법임을 주장하여 국민회 임원진의 한인연합회 활동을 곤란하게 만들었다.[30]

넷째, 북미 국민회 내부에서 일고 있은 한인연합회에 대한 강한 거부감을 들 수 있다. 한인연합회에 대한 국민회 내부의 거부감은 김규식의 방미 이후 한국대일전선통일동맹으로의 가입문제로 나성·새크라멘토·시카고 지방회에서 강하게 표출되었다.[31] 특별히 국민회의 시카고지방회는 1933년 3월 18일 시국문제 모임을 갖고, "우리는 불필요로 인정하여 현금 북미연합회를 부인"한다고 선언하면서 그 이유를 다섯 가지로 들었다.

1. 조직상 공동회의 존재를 인정치 않음.
2. 조직상 몇 개의 단체로는 연합회라는 이름을 붙일 수 없음.
3. 현금 연합회에서 수봉하는 인구세는 북미 대한인국민회에서도 할 수 있

29) 『신한민보』, 1933년 3월 30일자, 「나성사회 종횡관」.

30) 국민회 총회장이자 연합회 재무인 백일규가 1933년 2월 국민회 업무와 신한민보사의 과중한 업무를 이유로 재무직 사임을 연합회에 청원한 것은 이러한 국민회 내부의 비판세력 때문인 것으로 보인다.(『신한민보』, 1933년 2월 16일자, 「미주한인연합대표회」 및 1933년 6월 1일자, 「대일전선통일동맹과 국민회와의 관계」)

31) 『신한민보』, 1933년 3월 30일자, 「연합회에서 탈퇴와 중한민중동맹」.

는 것임.

4. 국민회 회원이 인구세를 납입하는 것을 불구하고 '연합회'를 유지하여 인구세 납입을 강요하는 것을 불필요한 한 것으로 인정치 아니함.
5. 연합회라는 딴 지엽체로 공연한 경비를 쓸 필요를 인정치 아니함.[32)]

시카고지방회의 이같은 주장은 사실상 한인연합회의 존재를 무용한 것으로 본 것임을 알 수 있다.

이처럼 한인연합회와 비판적인 관계를 유지하던 북미 국민회는 1933년 4월 2일 단독으로 한국대일전선통일동맹의 가입을 결정하면서 한인연합회 탈퇴를 공식화하였다.[33)] 한인연합회 탈퇴에 대해 국민회는 먼저 경제상의 이유를 들었다. 즉, 한국대일전선통일동맹에 가입하려는 마당에 한인연합회에 계속 참여하는 것은 국민회 회원들에게 3중의 경제적 부담만 안길 뿐이고, 또 국민회 자체의 유지도 어려운데 한인연합회를 위해 쓸 경제적 여유가 없다는 것이었다.[34)] 다음 국민회는 나성·새크라멘토·시카고 등지의 국민회 회원들의 연합회 참가 반대여론을 들었다.[35)] 그러나 이런 두 가지의 사유 외에도 위에서 언급된 국민회의 우월의식, 절차상의 하자, 이승만에 대한 반감 등이 복합되어 있었다고 생각된다.

소속 단체에 대해 강력한 지도력을 발휘할 수 없었던 한인연합회는 국민회가 탈퇴하자 크게 위축되었다. 연합회는 1933년 4월 16일 중가주 리

---

32) 『신한민보』, 1933년 3월 30일자, 「단일전선통일책으로 우선 연합회 부인」. 이 때 사회는 지방회 회장 한장호가 맡았고 연설은 전경무와 강영승이 맡았다. 본문의 글은 현대어법에 맞게 고친 것임.

33) 『신한민보』, 1933년 4월 6일자, 「중한민중동맹에 참가를 정식으로 가결」.

34) 『신한민보』, 1933년 3월 30일자, 「연합회에서 탈퇴와 중한민중동맹」 및 6월 1일자, 「대일전선통일과 국민회의 관계」.

35) 『신한민보』, 1933년 3월 30일자, 「단일전선 통일책으로 우선 연합회 부인」 및 「연합회에서 탈퇴와 중한민중동맹」.

들리에서 국민회를 제외한 4개 단체 대표가 모여 특별대표회를 개최하였으나, 중가주한인공동회와 나성한인공동회 두 단체가 한국대일전선통일동맹에 참가한다는 이유로 대한독립당(大韓獨立黨)[36]을 설립하면서 한인연합회는 유명무실해 졌다.[37] 또한 신설된 대한독립당도 소속 단체 회원들의 동의를 얻지 못해 외면 받으면서 설립된 지 한 달도 지나지 않아 임원들만 남은 이름뿐인 단체로 전락하고 말았다.[38]

일제의 만주침략을 계기로 임시정부를 돕고 북미 한인의 역량을 집중시키기 위해 설립된 한인연합회는 미주한인사회에 외견상 하나의 통일체로서의 위상을 가졌으나, 국민회의 탈퇴와 대한독립당의 설립으로 와해되어 무위로 돌아갔다. 그러나 새로운 통일체에 대한 희망은 김규식의 방미를 계기로 확산된 한국대일전선통일동맹으로의 가입을 통해 포기되지 않고 계속 추진되었다.

2) 김규식의 방미와 한국대일전선통일동맹의 가입

한인연합회로 운영되던 북미 한인사회는 김규식이 1933년 3월 10일

---

36) 대한독립당은 다음의 자체 규약을 정하였다.
제1조 우리 단결은 대한독립당이라 함.
제2조 우리는 혁명의 방법으로써 한국 독립을 완성하기 목적함.
(『신한민보』, 1933년 4월 20일자, 「공동회가 독립당으로」)

37) 한인연합회는 국민회가 1933년 4월 2일 단독으로 한국대일전선통일동맹 참가를 결정하자, 4월 16일 국민회를 의도적으로 배제시키고 특별대표회를 소집함으로써, 국민회의 연합회 탈퇴를 인정한 것으로 보인다. 한편 국민회는 나성과 중가주 한인공동회가 대한독립당을 설립하자 이제 이전의 연합회는 자연 해산된 것으로 보았다.(『신한민보』, 1933년 4월 27일자, 「연합회에게 한 설명」)

38) 회장 송헌주와 서기 송창균만 남게 되었다.(『신한민보』, 1933년 5월 18일자, 「대한독립당의 소식」)

나성에 도착하면서 새로운 변화를 맞이한다. 김규식의 도미 목적은 미주 지역 한인단체의 한국대일전선통일동맹(이하 '통일동맹'으로 약함)[39]으로의 가맹과 재미 한중 양 민족의 연합을 통한 중한민중대동맹[40] 미주지부를 결성하여 국제적인 연대를 꾀하는 일, 마지막으로 독립운동을 위한 미주 동포의 의연금 모집과 선전활동에 있었다.[41]

김규식의 방미에 대해 가장 먼저 반긴 곳은 국민회였다. 국민회는 4월 2일 특별임원회를 통해 만장일치로 김규식의 방미활동에 동조하기로 한 후 지방회 14개 중 12개의 찬성을 얻어 5월 1일 통일동맹 가입을 확정하였다.[42]

---

39) 통일동맹은 1932년 10월 김규식(金奎植)이 상해에서 최동오, 이유필 등과 독립운동 세력의 통일문제를 협의하면서 발단이 되어, 1932년 11월 10일 한국독립당(상해), 조선혁명당(만주), 한국독립당(남경), 의열단(남경), 한국광복군동지회(북경)의 5개 단체가 모여 설립되었다. 통일동맹의 취지는 혁명역량의 총결집, 직접적인 군사행동, 한중연합전선의 형성 등에 두었다. (강만길, 『조선민족혁명당과 통일전선』, 화평사, 1991, 46~64쪽 및 한상도, 「1930년대 좌우익 진영의 협동전선운동」, 『대한민국임시정부의 좌우합작운동』, 한울, 1995, 60~66쪽 참조)

40) 중한민중대동맹(中韓民衆大同盟)은 김규식이 통일문제를 결성할 당시부터 중국 민간 항일단체인 중화민중자위대동맹(中華民衆自衛隊同盟)측과 제휴를 모색하면서 1932년 11월 14일 결성되었다. 중한민중대동맹의 결성 목적은 "중국의 실지(失地) 회복(回復)과 한국의 독립 완성을 통해 진정한 자유·평등의 인류사회를 실현하는데 있음"을 선언하고, '중한대일연합군 조직(中韓對日聯合軍組織)', 모든 '반일세력의 연합', '민중반일운동의 확대'를 활동지침으로 설정했다. 이것은 통일동맹의 취지와 큰 차이가 없었다. 때문에 통일동맹과 중한민중대동맹과는 긴밀한 유대관계를 유지하였다. (한상도, 앞의 글, 68~70쪽 참조)

41) 『신한민보』, 1933년 5월 18일, 「김박사의 사명」.

42) 그러나 이 때의 가입은 단지 임시였고, 정식 가입은 1934년 1월 6일 총회의 결의를 통해 이루어졌다. 『신한민보』, 1933년 6월 1일자, 「대일전선통일

한편 김규식의 방미에 대해 국민회 외 여타 단체들도 적극 환영하고 통일동맹에 가입하였다. 나성한인공동회는 1933년 4월 9일 100여 명이 모인 가운데 환영회를 개최하고 당일 220여 달러의 의연금을 거두었고,[43] 4월 16일에는 중가주한인공동회와 합하여 대한독립당으로 이름을 바꾼 뒤 통일동맹 가입을 서둘렀다.[44] 뉴욕의 한인들은 김규식의 뉴욕 방문을 계기로 6월 18일 뉴욕의 동지회·대한인교민단·국민회지방회 등 3개 단체 연합으로 통일동맹뉴욕지부를 결성하였다. 통일동맹뉴욕지부는 6월 25일 제1차 대회를 개최하여 규약과[45] 임원을 선임하고,[46] 다음을 결의

과 국민회의 관계」 및 1934년 1월 11일자, 「제25회 대의회」 참조.

43) 『신한민보』, 1933년 4월 13일자, 「공동회에서 5백원」

44) 『신한민보』, 1933년 4월 20일자, 「공동회가 독립당으로」. 그런데 『社會運動の狀況』 6(1934), 1,632쪽에는 대한독립당이 1933년 4월 12일에 한국대일전선통일동맹에 가입한 것으로 기록되어 있고, 『신한민보』, 1934년 4월 5일자, 「대일전선통일동맹은 각 단체 대표회의로」에도 4월 12일로 나타나 있다. 따라서 정확한 가입 날짜를 아는데 어려운데, 필자는 대한독립당이 설립된 날짜를 기준으로 4월 16일로 보았다.

45) 제정된 한국대일전선통일동맹 뉴욕지부의 규약은 다음과 같다.

제1장 조직 급 목적

제1조 한국대일전선통일동맹 뉴욕지부는 동 통일동맹에 가입한 뉴욕 在住 각 단체로써 조직함.

제2조 본 지부는 통일동맹에 가입한 뉴욕 재주 각 단체가 공동 연합하여 본부의 규약 급 강령과 본부의 일절 결의·지시 및 의무를 충실히 이행함으로써 목적함.

제3조 본 지부는 뉴욕 재주 중화민국인 동지와 연락하여 중한민중대동맹 뉴욕지부를 조직함.

제2장 기관 급 임무

제4조 본 지부는 매년 1차식 전체대표대회를 소집하여 중요 법안건을 처리하며, 집행위원회에서 필요로 인할 시에 임시 전체대표대회를 소집함.

하였다.

1. 통일동맹에 가입한 각 단체의 의무금은 각 단체 소속회원 매인 하 매년 1원으로 함.
2. 인구세는 무릇 한인된 남녀에게 징수하되 매년 1원으로 함.[47]

또한 뉴욕 한인들은 6월 24일 재미 중국인들과 연합하여 중한민중대동맹뉴욕지부를 결성했다. 그리고 6월 27일에는 중한민중대동맹뉴욕지부의 임원을 선출하고, 제반활동을 중한민중대동맹 본부의 지시를 받아 결정·시행하기로 결의했다.[48]

김규식이 머무른 약 4개월의 짧은 기간 동안[49] 이처럼 북미 한인사회 거의 대부분의 단체가 통일동맹에 가입하게 되었다. 또 하와이에 있는 국민회와 동지회도 1933년 7월 22일과 10월 30일에 각각 통일동맹에 가입하였는데,[50] 이로써 하와이를 포함한 전체 미주한인사회는 외견상 통일동

제5조 본 지부의 사무를 진행하기 위하여 집행위원회를 치(置)하되, 전체 대표대회에서 의원 약간인을 선정하여 이를 조직함. (이하 생략) (『신한민보』, 1933년 9월 28일자, 「한국대일전선통일동맹 뉴욕지부」)

46) 위와 같음. 선임된 임원은 집행위원 고소암, 이철원, 조극, 이진일, 장신산 등 5인과 재무 고소암, 서기 장진산이다.

47) 『신한민보』, 1933년 9월 28일자, 「한국대일전선통일동맹 뉴욕지부」.

48) 위와 같음. 이때 선임된 임원은 상무위원 오건초·사도일평·이진일, 총무부 조정영·고소암, 경제부 이양래·이진일, 선전부 이철원·최자전·려광·완쾌정, 외교부 이배·오영광·이걸민·이철원, 민중부 진정백·장진산 등 5부 17인이었다. 중한민중대동맹 뉴욕지부 설치를 위해 모인 한국측 대표는 고소암·이진일·이철원·남궁염·장진상 등 6인이었고, 중국측 대표는 화상총회대표 이양래를 비롯한 13개 단체 16명이었다.

49) 김규식은 1933년 7월 8일 하와이로 출발했다.(『신한민보』, 1933년 7월 13일자, 「김규식박사 하와이로」)

맹을 중심으로 결집된 것처럼 보였다.

이와 같은 통일동맹으로의 가입 바람에 대해 미주 한인들은 이번 기회를 통일을 위한 호기로 삼을 것을 주장했다. 먼저 최진하는[51] 김규식의 방미를 미주한인사회가 통일할 수 있는 유일한 기회로 삼아야 한다고 역설하였고,[52] 『신한민보』는 「동양정세와 우리의 원하는 통일」에서 앞으로 새로운 통일단체를 만들 가망이 없다면 차라리 지금 각 한인단체가 가입하고 있는 통일동맹을 중심으로 한인들의 힘을 결집하는 것이 상책임을 주장하였다.[53] 이러한 생각을 가진 신한민보사는 미주 한인들을 대상으로 '전운(戰雲)이 임박한 동양의 시국을 당하여 재미·묵·큐 한인 통일의 필요와 그 방책을 논함'이라는 주제로 현상 논문을 모집하기도 했다.

그러나 미주한인사회의 통일동맹 가입바람은 어디까지나 한국 독립을 위한 대의에 찬성하고 동조한다는 표시였지 북미 한인단체의 연합이나 통일을 기대한 일은 아니었다. 오히려 통일동맹 가입을 계기로 통일운동의 산물인 한인연합회가 해체되었고 대한독립당이 설립되는 등 북미 한인사회는 더 분열되었다. 북미 한인사회에 통일동맹의 가입 바람이 가져다 준 의미는 광복이라는 한 목표 아래 모든 단체가 언제라도 힘을 결집할 수 있다는 가능성을 확인시켜준 것이라 하겠다. 예컨대 이번 일을 계기로 『신한민보』는 북미 한인사회가 하나로 통일할 수 있다는 가능성을 확인하고, 「널리 동포의 여론을 구함 — 재미한인사회의 합동에 대하여」,[54] 「임시정부와 국민회」,[55] 「혁명역량의 집중에 대하여」[56] 등의 논

50) 『신한민보』, 1934년 4월 5일자, 「대일전선통일동맹은 각 단체 대표회의로」

51) 최진하는 1921년 대한인국민회 중앙총회장을 역임한 바 있고, 1935년에는 북미대한인국민회 총회장으로 피선되는 국민회의 중진 인물이다.

52) 『신한민보』, 1933년 5월 18일자 및 6월 1일자, 「김박사의 사명」

53) 『신한민보』, 1934년 3월 8일자.

54) 『신한민보』, 1935년 5월 9일자.

설을 계속 발표하여 통일 여론을 불러일으켰다 이렇게 볼 때 북미 한인사회의 통일과업은 통일의 대의명분을 누가 어떻게 분명하게 제시할 수 있는가에 달려 있었다. 이것은 이후 국민회의 합동운동(合同運動)을 통해 확인된다.

4. 대한인국민회의 합동운동

1935년 3월 북미 국민회는 최진하가 새로 총회장이 된 이후 변화를 맞이하였다. 먼저 국민회 내부가 차츰 정비되어 1935년 5월 23일 그동안 경제 대공황으로 와해되었던 국민회 뉴욕지방회가 복설되었고,[57] 5월 26일에는 멕시코에 있는 묵경자성단과 국민회지방회가 국민회로 통합되었다.[58] 이같은 변화는 국민회의 위상을 제고시켜 줌과 동시에 국민회에게 북미 한인사회를 이끌어갈 자신감을 회복시켜 주었다. 그리고 국민회 총회장으로 취임한 최진하는 첫째, 2세 청년을 위하여 그들에게 필요한 것을 할 것과, 둘째, 북미 한인사회의 통일책과 발전책을 연구하는 것을 향후 국민회의 당면과제로 삼았다.[59]

최진하는 이런 자신의 생각을 실행하기 위해 1936년 5월 17일 나성에서 각 단체 대표자들과 간담회를 개최하고 한인사회의 발전을 위해 노인구제 · 청년교양 · 임시정부 후원을 향후 핵심과제로 설정했다.[60] 간담회에 참

55) 『신한민보』, 1935년 5월 16일자.
56) 『신한민보』, 1935년 5월 23일자.
57) 『신한민보』, 1935년 6월 6일자, 「뉴욕지방회 복설」.
58) 『신한민보』, 1935년 6월 20일자, 「묵경동포사회의 통일」.
59) 『신한민보』, 1935년 9월 12일자, 「남가주 순행 후 나의 감상」.
60) 『신한민보』, 1936년 5월 21일자, 「재미한인사회 발전책 간담회기사」.

석한 주요 인사는 중가주에서 김정진 · 이살음, 북가주에서 김탁 · 홍언, 남가주에서 송헌주 · 한재명 · 안석중 · 김종림 · 임지영 · 정지영 · 윤병희 · 손승곤 · 이순기 · 송종익 · 임준기 · 한승곤 · 김성권 · 임치호 · 김병연 · 이영수 · 김창만 등 21명이었다. 참석자들의 면면을 보면 국민회 인물 들 외에 중가주한인공동회 · 나성한인공동회 · 나성동지회의 인물들이 다 수 포함되어 있어 미국 서부지역 한인대표들이 거의 다 모인 셈이었다.[61]

간담회 참석자들은 북미 한인사회의 발전을 위해 모두 하나로 뭉치는 것이 필요하다는데 인식을 같이 하고, 그 실현 방법은 역사와 전통이 가장 오래된 국민회를 부흥시켜 국민회 중심의 합동운동을 전개하는 것으로 의결했다.[62] 그리하여 간담회 다음날인 5월 18일 북미 한인사회 발전책실행위원 15명을 선정하여 국민회 회원 모집활동을 대대적으로 전개하기로 결의했다.[63] 그 결과 중가주 리들리에서는 국민회지방회가 복설되었고, 나성 · 시카고 등지를 비롯한 각지에서도 합동운동 소식에 대한 축하회가 대대적으로 거행되었다.[64]

한편 『신한민보』는 합동운동의 전개 소식을 "재미한인 역사에 영원히 기념할 가장 기쁜 날"이라고[65] 표시한 뒤, 「국민회와 재미 각 단체」라는

61) 김정진(일명 김호)과 이살음은 중가주한인공동회 인물이고, 송헌주 · 한재명은 나성한인공동회 인물이며, 이순기는 나성동지회 인물이다.

62) 『신한민보』, 1936년 5월 28일자, 「대한인국민회총회 임원회의 결의안」.

63) 위와 같음. 이 때 선정된 실행위원은, 나성에 송헌주 · 송종익 · 한재명 · 황사용 · 김성권 · 박재형 · 김병연 · 이순기 · 김창만, 중가주에 김정진 · 한시대 · 송태은, 상항에 홍언, 오클랜드에 임정구, 새크라멘토에 정몽룡 등 15명이다.

64) 복설된 국민회 중가주지방회는 1936년 5월 31일 김정진(일명 김호) · 이살음의 주도로 이루어져, 회장 진영규, 부회장 강화중, 대의원 김정진이 선임되었다. (『신한민보』, 1936년 6월 4일자, 「국민회총회 기치하에 집중」 및 6월 11일자, 「재미한인사회 합동의 기쁜 소식」)

논설을 통해 향후 방향에 대한 입장을 정리했다. 첫째, 국민회는 어떤 다른 단체와 경쟁적 관계로 생각하거나 시기·방해하지 않고, 오히려 많은 단체가 있어 각 개인의 사회활동이 왕성하기를 바라며, 둘째, 국민회는 단체가 많을수록 우리 사회를 위해 기뻐하나 한인 전체를 위해선 반드시 통일기관이 필요함을 확신하며, 셋째, 국민회는 그 자체가 혁명당은 아니나 대중의 힘을 합해 임시정부를 후원할 것임을 천명하였다.[66] 이는 결국 북미 한인사회가 국민회를 중심으로 통합되어 활동하는 것이 현재로선 가장 바람직한 방향임을 제안한 것이었다.

국민회는 미국 독립기념일인 1936년 7월 4일부터 5일까지 샌프란시스코 총회관에서 국민회 특별대의회를 개최하고 9개조의 의안을 통과시켰다. 통과된 의안 중 주요 내용은 ① 본회 헌장을 고쳐 위원제를 채용함, ② 노인구제, ③ 2세 청년을 위한 국어학교 설립, ④ 임시정부에 대한 후원 ⑤ 로스앤젤레스에 총회관을 신축하는 것 등이다.[67]

이 가운데 위원제로 전환한다는 것은 북미 국민회 중심의 합동운동에 매우 중요한 의미를 갖고 있었다. 위원제 도입의 이유는 첫째, 각 지방 유력자들의 재능과 힘을 합해 우리 사회의 쇄운(衰運)을 만회하고, 둘째, 각 지방 유력자가 균등한 권한 책임을 갖게 해 분립의 근원을 막고, 셋째, 이번 합동운동의 결과 모든 기관조직을 일신하여 새로워진 기상을 표시하려는 것과, 넷째, 총회장의 독단을 예방하려는 것이었다.[68] 요컨대

65) 『신한민보』, 1936년 6월 4일자 논설, 「재미한인사회의 신기원」.

66) 『신한민보』, 1936년 6월 18일자 논설.

67) 『신한민보』, 1936년 7월 9일자, 「대한인국민회 특별대의원회」.

68) 『신한민보』, 1936년 7월 30일자, 「위원제의 의미」. 새로운 직제안은 최고의결기관으로 전체대표회의를 두고 실질적인 업무는 11명의 중앙집행위원회에서 담당케 했다. 중앙집행위원회는 위원장과 서기 각 1인, 중앙상무위원 5인으로 구성되고, 상무위원은 총무부, 구제부, 교육부, 실업부, 선전부 등

총회장의 독단을 예방하기 위해 총회장 선거 방식을 폐지하는 대신 능력 있는 위원들을 중심으로 민주적이고 투명한 합의제의 운영방식을 도입한 것이었다.

이러한 제도상의 변화를 위해 국민회는 헌장을 개정하였고,[69] 능력있는 지방 유력자들을 국민회로 끌어들이는 한편 국민회의 중심의 합동운동을 본격화시켰다. 『신한민보』는 「합동의 근본정신」이라는 논설에서 특별대의회의 개최는 사실상 국민회 중심의 합동운동이 형식상 완성되었다는 의미를 갖고 있다고 평가했다.[70] 그 결과에 대해서도 "재미한인사회에 마치 시들어가는 꽃이 핀 듯 하며, 엄동설한을 지낸 따스한 양기를 맞은 듯 하다"[71]라고 하여, 북미 한인사회의 심리혁명이라 부를 정도로 큰 의미를 부여했다.

합동운동 이후 개정된 새 헌장을 가지고 국민회는 1937년도 새 임원을 선출했다.

> 중앙집행위원장: 김 호
> 중앙상무위원 총무: 최진하
> 중앙감찰위원: 김 탁·황사용·조성학
> 중앙집행위원: 김 호(정진)·최진하·신두식·한시대·정몽룡·김동우·송종익·송헌주·김형순·임정구·황사선[72]

5개 부서의 업무를 분담했다. 이외에 중앙감찰위원을 두어 중앙집행위원회의 활동을 감사하도록 했다. (『신한민보』, 1936년 9월 24일자, 「대한인국민회 헌장」)

69) 『신한민보』, 1936년 9월 24일자, 「대한인국민회 헌장 개정안」 참조.

70) 『신한민보』, 1936년 8월 13일자 논설.

71) 『신한민보』, 1936년 9월 3일자 논설, 「합동의 결과」.

72) 『신한민보』, 1937년 1월 14일자, 「중앙집행위원회 기사」.

새로 개편된 국민회는 이후 놀라울 정도로 부흥되었는데, 1년 간의 사업성적을 보면 다음과 같다.

- 중일대전으로 인한 임시정부의 후원과 중국 항일에 정신과 물질로 돕는 일에 재미한인이 국민회의 기치아래 일치 행동을 취한 것.
- 총회관을 나성에 건축한 일.
- 국민회 회원이 3배로, 인구세 납부가 3배로 증가한 것과 지방회가 16곳으로 확장된 것.
- 청년부가 미·묵·큐 각지에 설립된 것.[73]

이러한 성과 외도 북미 국민회는 재정 수입면에서도 합동운동 이후 크게 증가하였다. 1933년도 2,881달러, 1934년 2,739달러, 1935년 2,801달러에서 1936년 4,764달러, 1937년 9,489달러로 재정 수입이 급증하였다.[74] 특히 1937년의 경우 임정후원금과 중국항일동정금 및 총회관 건축을 위한 의연 총액이 1만여 달러에 달했고, 중앙상무비의 경상비까지 합하면 약 15,000달러에 달했다. 이는 1919년 3·1운동 이후 북미 한인사회에 처음 있는 일로 평가되었다.[75]

북미 한인사회의 합동운동은 북미지역 내 거의 모든 한인들을 국민회 회원으로 만들만큼 큰 성과를 낸 것은 아니었지만 국민회로 하여금 북미 한인사회에 상당한 위상과 지도력을 회복시켜 주었다. 이제 내부 역량을 갖춘 국민회는 광복사업의 재개하는데 자신감을 갖고 추진할 수 있게 되었다.

---

73) 『신한민보』, 1938년 2월 3일자, 「재미한인의 정형」

74) 『신한민보』 1933년~1937년까지의 국민회 재정보고 참조.

75) 『신한민보』, 1938년 2월 3일자, 「재미한인의 정형」

제5장
1930년대 후반~1940년 전후 미주한인사회의 동향

1. 하와이 한인사회의 동향과 연합활동

1) 한길수·이승만의 선전외교활동

하와이 한인사회는 광복사업을 효율적으로 진행하기 위해 1930년대 여러 차례 통일운동을 시도했으나 성과를 보지 못하였다. 그렇지만 일련의 통일운동은 하와이 한인들에게 그동안 분쟁과 분열로 점철된 하와이 한인사회를 극복해 반드시 민족적 대단결을 이루어야 한다는 당위성을 각인시켜 주었다.

1930년대 후반부터 1940년을 전후로 하여 미주한인사회에서는 독립운동의 기운이 증대하고 있었다. 중일전쟁 발발 이후 1939년 유럽에서 제2차 세계대전이 발발하면서 미국의 참전과 미일전쟁의 가능성이 고조되고 있었다.[1] 그 가능성이 높아질수록 미주 한인들에게 한국 독립에 대한 전

---

1) 『태평양주보』, 1939년 3월 18일 「사설」; '구미위원부'에 따르면, 중일전쟁 이후 미일관계가 날로 험악해 지고 있음을 지적한 뒤, 미국은 그 요해처를 하와이로 확신하고 하와이에 육해공군 세력을 확장하고 있음을 밝혔다. 이에 따라 중일전쟁 이후 미일전쟁이 조석(朝夕)에 있다는 예상은 널리 확

망은 그만큼 밝아지고 있었다.[2] 이러한 전망 속에 북미와 하와이 한인들의 독립운동 열기 또한 점차 고조되었다.

1930년대 후반부터 하와이 한인사회에서는 중한민중동맹단(中韓民衆同盟團)의 한길수(韓吉洙)와 동지회의 이승만을 중심으로 본격적인 대외활동이 전개되기 시작했다. 먼저 한길수의 대외활동을 살펴보면, 평소 일본의 하와이 점령과 하와이의 일본화를 우려하고 있던 한길수는 1930년대 초부터 대외활동을 추진하고 있었다. 한길수의 존재가 하와이 한인사회에 알려진 때는 1932년 10월 25일 국민회의 대외선전 활동계획에 의거 정두옥을 중심으로 조직된 선전부에 교섭위원으로 활동하면서부터다.[3] 이후 1933년 3월 초 한길수는 하와이 국민회 회장 이정근과 선전부장 정두옥 간의 공동명의로 된 「하와이 일본인 여론조사」라는 보고서를 하와이 육군정보당국에 제출하였다. 조사보고서의 주요 내용은 다음과 같다.

- 하와이 일본인들은 일미전쟁이 불가피하다고 생각하며 일본의 필승을 믿고 있다.
- 하와이 일본인은 남자 50%, 여자 80%가 일본제국에 충성하고 있다.
- 일본 해군은 선전포고 없이 기습으로 하와이와 필리핀의 미국기지에 대타격을 가하려 하고 있다.
- 하와이에는 특공대를 포함한 3종의 일본 지하조직이 있다.
- 한인은 일본인이 아니다.[4]

산되고 있었다.

2) 그 한 예로 『신한민보』는 1933년 12월 28일부터 그 이듬해 1월 4일까지 연재한 「일미전미래기」를 통해 미일전쟁의 발발가능성을 예견하면서 한국의 독립이 이 전쟁에 달려있음을 은근히 암시하였다.

3) 정두옥, 『재미한인독립운동실기』(『한국학연구』 별집3, 인하대한국학연구소, 1991), 81쪽 및 “Koreans Here in Protest to Hodver on Manchuria”, *The Honolulu Star Bulletin*, October 29, 1931.

위 보고서 가운데 하와이내 세 종류의 일본 지하조직이 있다는 내용은 미국 당국을 긴장시켰다. 이리하여 하와이에 그동안 없던 미 연방수사국 요원을 상주시켜 조사하게 했는데, 조사 결과 한길수가 이용직의 도움을 받아 이 보고서를 만들어 냈음을 파악했다.[5)]

1933년 4월 20일 한길수는 이용직과 함께 40매에 달하는 호소문(Korea' Appeal)을 미 육군장관에게 전달했다. 두 사람의 이름을 합성하여 W.K. Lyhan(William Lee Yongchik & Kenneth Haan)의 이름으로 우송한 이 보고서의 요지는 미일전쟁은 불가피한 것이니 반일성향이 강한 한인을 반드시 이용해야 한다는 것이었다.[6)]

이런 한길수의 존재가 미주한인사회에 크게 부상하는 시기는 1937년부터라 할 수 있다. 1937년 10월 하와이의 미국 주 편입을 논의하기 위해 미 연방 상하양원합동위원회 공청회가 호놀룰루에서 개최될 때, 한길수는 일본 정부가 하와이에 있는 일본계 시민들을 배후 조정하여 인종적 분규를 일으키려 한다고 폭로하여 사회적으로 큰 반향을 일으켰다.[7)] 이로 인

---

4) 미육군정보국문서(MID) 1766-S-146철 제2번문서, 방선주, 앞의 책, 450쪽에서 재인용.

5) 방선주, 「1930년대의 재미한인독립운동」, 『한민족독립운동사』 8 (국사편찬위원회, 1990), 450쪽.

6) 방선주, 위의 글, 449~450쪽. 그런데 방선주의 글에 의하면 한길수가 정두옥・이용직・최영기 등 13~15명과 함께 동생회(同生會)라는 비밀단체에 가입하여 활동한 것으로 보고 있다. 그러나 LA동지회의 송세인이 쓴 「일반동포에게」에는 '대광(大光)'이라는 비밀결사가 1921년경 설립되었는데 1931년 현재 북미의 것은 해체되었으나 하와이의 것은 존재하여 약 30여 명의 회원을 가지고 있다고 밝혔다. 따라서 한길수가 참여한 비밀단체는 동생회가 아니라 '대광'이라 할 수 있다. '대광」에 참여한 인물은 김현구・이용직・김원용・홍한식 등이다.

7) 『국민보』, 1937년 10월 27일, 「한길수씨의 대폭격」.

해 한길수는 하와이내 일본인들의 맹렬한 비난을 받았고 일본계 신문인 『일포시사(日布時事)』측으로부터는 명예훼손 고발을 받았다.[8] 한길수와 하와이 일본인들과의 재판사실은 미주한인들에게 널리 알려져 한인단체들로부터 그에 대한 동정과 함께 강력한 배일운동을 일으키는 계기를 만들어 주었다.[9] 공청회 개최를 계기로 한길수는 그 자신뿐만 아니라 중한민중동맹단의 존재까지 널리 알리는 성과를 얻었다.

중한민중동맹단은 그 설립 시기가 불분명한 데 중한민중동맹단에서 발간한 「중한민중동맹단선전문」 제24호(1939년 9월 1일)를 보면 본단의 설립은 1935년 2월 15일임을 밝히고 있다. 그 근거로 한길수가 상해의 중한동맹단 본부로부터 받은 위임장을 소개하였다.[10] 이에 대해 김원용은 『재미한인오십년사』에 1938년 12월 2일 설립했다고 기록하고 있다.[11] 이렇게 설립 시기가 차이나는 것은 설립 이후 실제로 조직을 갖추고 활동했는지의 여부가 명확하지 않기 때문이다.[12]

그런데 중한민중동맹단의 이름이 처음 공개되는 것은 『국민보』 1937년 11월 10일자 「한길수씨 대일포시사」의 기사부터이다. 이 기사에 따르

8) 『국민보』, 1937년 11월 10일, 「한길수씨대 일포시사」.

9) 『신한민보』, 1937년 11월 17일, 「한길수씨 재판보조」.

10) 『우남이승만문서』 동문편 12, 606쪽.

11) 김원용, 『재미한인오십년사』, 217쪽.

12) 이밖에도 중한민중동맹단이 1933년에 설립되었다고 하는 주장도 있다. 1943년 오이뱅크(Louriel E. Eubank)의 주장에 따르면 중한민중동맹단은 일제의 상해 침공(1932. 1) 이후 "극동에서의 일본의 행동에 대한 정보를 알려 경고할 목적으로 1933년에 결성되었다고 하였고 그 기관지로 『중한주간(The Sino-Korean Weekly Journal)』 이라는 잡지를 발간했다가 미일전쟁 발발 후 정간되었다고 한다. 또 일본인 학자 稻葉强도 1933년 초에 설립한 것으로 보았다. (고정휴, 「하와이 중한민중동맹단(1938~1945) 연구」, 『한국근현대사연구』 제34집, 2005년 가을호, 160쪽)

면 그는 스스로 '한중동맹회' 회원의 자격으로 활동하고 있다고 했다. 중한민중동맹단이 아직까지 하와이 한인사회에 널리 알려지지 않은 관계로 그 이름이 '한중동맹회'로 보도된 것으로 보인다.

중한민중동맹단이 1937년 11월에 '한중동맹회'의 이름으로 하와이 한인사회에 처음으로 공개되고 있음을 볼 때 1935년 설립되었으나 그동안 실제 활동을 전개하지 않은 관계로 명목상의 단체에 머문 것으로 보인다.[13] 그동안 한길수는 하와이 국민회를 통해 활발히 활동하고 있었다. 예컨대 그는 1937년 8월에 조직된 국민회 찬무회에 선전부원으로 임명되었고, 동년 9월 16일에 개최된 국민회 국민대회에서는 연사로서 활동하였다.

1938년에 중한민중동맹단이 공식 설립되었다고 하는 김원용의 주장은 발기회를 거쳐 1939년도 임원이 처음 공개되고 있는 것을 근거로 삼았기 때문이다.[14] 이것은 조직적인 면을 볼 때 타당한 주장이라 하겠지만 그렇다고 공식 설립일자로 보기에는 무리가 따른다. 왜냐하면 「중한민중동맹

---

13) 방선주의 「1930년대의 재미한인독립운동」(『한민족독립운동사』 8, 1990), 449~452쪽에 따르면, 미국 육군정보국문서(MID) 2657-H-392철 제2문서와 1766-S-146철 안의 제5문서를 근거로 김규식의 하와이 방문 이후인 1935년에 중한민중동맹단 하와이지부의 이름이 사용된 것으로 기록하고 있다. 그렇지만 미 육군의 조사보고에 의하면 1935년에 설립된 이 단체는 서류상의 것에 불과했고, 1938년에 들어와서 10명이 모여서야 비로소 정식 단체화 되었다고 한다.

14) 처음으로 공개된 중한민중동맹단의 임원진은 다음과 같다.
단장: 차신호 / 부단장: 최선주 / 서기: 최창덕 / 재무: 서정근
이사회 이사장: 민찬호 / 이사원: 권도인 · 정봉관 · 이태성 · 김백수 · 김경준 · 오창익.(『신한민보』 1939년 2월 16일, 「한중동맹단 조직, 하와이에서」) 이후 중한민중동맹단의 단장은 민찬호, 손승균이 차례로 맡았고, 한길수는 본단의 대표 자격으로 대외적인 활동을 전담하였다.

단선전문」 제24호(1939년 9월 1일)를 비롯해 한길수 스스로도 대외적으로 밝히고 있듯이 비록 명목상의 설립일지라도 중한민중동맹단은 1935년에 설립된 것으로 보아야 할 것이다. 그리고 1937년에 가면 그 존재도 분명히 드러나고 있다.

중한민중동맹단의 설립 목적은 설립 시기와 마찬가지로 명확하지 않다. 그렇지만 한길수가 미국 법무부에 중한민중동맹단의 워싱턴 대표로 등록할 때 본단의 목적을 첫째, 하와이와 미국 및 극동에서의 일본인 이민자들과 미국계 일본인들의 반미활동을 폭로하는 방첩활동, 둘째, 극동에 있는 비밀요원들과의 접촉, 셋째, 이들의 보고를 정리하여 미국정부의 담당부서에 제출하는 것, 넷째, 순회강연과 미국계 한국인 및 중국인 무관들과의 접촉, 다섯째, 잡지와 신문에의 기사 제공 등 다섯 가지를 열거하였다.[15] 이를 볼 때 중한민중동맹단은 한길수가 미국 국방과 안전을 위한 방첩활동과 반일선전활동에 주력하기 위해 설립한 것으로 생각된다. 때문에 한길수는 본단의 임원 조직에는 빠져 있지만 설립자의 자격으로 본단을 대표해 대외활동을 전담하였다.

한길수의 활동은 1938년 9월 30일 하와이를 떠나 미 본토로 들어간 이후 본격화하였다.[16] 한길수는 중한민중동맹단을 대표하여 미국정부와 국회, 그리고 미국 국민들을 대상으로 일본의 팽창위협과 전쟁음모를 폭로하는 등 활발한 강연활동과 외교활동을 전개하였다.[17]

---

15) 고정휴, 위의 글, 166~167쪽.

16) 한길수의 활동에 대한 연구는 稻葉强의 「太平洋戰爭中の在美朝鮮人運動—特に韓吉洙の活動お中心に—」(『朝鮮民族運動史硏究』제7호, 1991)을 비롯해 곽림대, 『못잊어 화려강산』(대성문화사, 1973)과 고정휴의 「하와이 중한민중동맹단(1938~1945) 연구」(『한국근현대사연구』 제34집, 2005년 가을호) 등이 있다.

17) “Kilsoo Haan in Washinton” *The Korean Student Bulletin*, March-April, 1939 and “Korean Testifies Before the House Foreign Affairs

한길수의 활발한 외교활동이 하와이 한인사회에 알려지자 동지회에서도 적극적인 대외활동을 추진하였다. 동지회는 1937년 1938년 두 차례나 시도한 하와이 국민회와의 통일운동이 비록 성과를 거두지 못하였으나, 이를 계기로 한인사회에 동지회에 대해 좋은 여론과 동정을 얻게 되었음을 자평하고 사기가 고무되었다.[18] 그리하여 동지회는 1939년 1월 25일에 열린 동지대표회 제9차 속회에서 그동안 활동하지 않던 구미위원부를 매월 100달러의 경비로 열기로 하고 그 경비는 특연으로 유지할 것을 결의했다.[19]

이같은 결의는 동지회가 이승만의 외교활동을 이제부터 적극 추진하고 지원하겠다는 의도였다. 이에 대해 동지회 중앙부장 손승운은 '한성임시정부가 조직될 때 외교선전의 사명을 미주에 있는 우리에게 부탁하였고, 중일전쟁 이후 현 상황이 외교선전활동을 전개할 때이다' [20]라고 강조하며 이승만의 구미위원부 외교활동 재개가 정당성과 명분있는 사업임을 적극 홍보하였다.

동지회는 구미위원부의 활동 재개문제를 동지회 회원을 비롯한 하와이 전체 한인들의 적극적인 지원 속에 추진하려 했다. 이는 1939년 2월 12일 한인공동대회와 3월 16일 특별공동회의 개최,[21] 그리고 이승만의 요청으로 이루어진 1939년 3월 19일 하와이 한인 전체를 대상으로 한 공동대회 등으로 전개되었다.[22] 이런 일련의 노력을 통해 동지회와 이승만은 명

Committee in Washington" *The Korean Student Bulletin*, May-June, 1939.

18) 『태평양주보』, 1939년 28일, 「대한인동지회 전체대표회」

19) 『태평양주보』, 1939년 1월 18일 및 2월 4일, 「동지대표회록」

20) 『태평양주보』, 1939년 2월 4일, 「사설」: '위원부 문을 개방하자'

21) 『태평양주보』, 1939년 3월 18일, 「광고」.

22) 『태평양주보』, 1939년 3월 18일 「광고」 및 3월 25일 「공동대회 좋은 결과」

분상 민중의 뜻과 지원을 받들어 이번 외교활동을 실행하는 모양을 취했다. 그 결과 이승만은 3월 30일 하와이를 떠날 때, 워싱턴의 외국 친구들과 미주 동포들의 청함, 그리고 하와이 동포들의 부탁을 받고 독립운동 외교를 위해 워싱턴으로 떠나게 되었음을 대외에 천명할 수 있었다.[23)]

동지회가 구미위원부의 활동 재개를 결의하면서 이처럼 하와이 한인 전체를 상대로 적극적인 동참을 이끌어내려 한 것은 이중적인 의미를 갖고 있었다. 즉 구미위원부의 활동이 단순히 이승만의 사적(私的)인 활동이 아니라 한민족 독립을 위한 중대한 외교적 사명을 감당하는 것이라는 점과, 모든 한인들에게 구미위원부에 대해 관심을 갖고 적극적인 재정 지원을 유도하기 위한 점을 들 수 있다.

1930년대 후반 하와이 한인사회에는 이처럼 중한민중동맹단의 한길수와 동지회의 이승만이 각각 활발한 외교선전활동을 시작하였다. 그렇지만 이들의 활동은 임시정부의 승인과 지원을 받아서 전개한 것은 아니었다. 그리고 하와이 한인사회 최대 단체였던 국민회의 활동상황은 현재 자료 미비로 알 수 없는 상황이지만 당시 국민회가 적극적인 대외활동을 전개했을 가능성은 그리 많지 않다. 왜냐하면 사실 국민회는 한길수와 이승만처럼 대외활동을 담당할 지도자적 인물을 갖고 있지 않았기 때문이다.

2) 하와이 한인사회의 연합활동

개별적으로 활동하던 하와이 한인단체들이 연합활동을 보인 때는 1940년이 되면서이다. 이 때가 되면 유럽에서 발생한 제2차 세계대전이 점차 확대되어 미국이 이번 전쟁에 개입하지 않을 수 없는 분위기가 형성되었다. 루즈벨트 대통령은 1940년 5월 26일 시국연설에서 현 전쟁을 대비해

참조.

23) 『태평양주보』, 1939년 4월 1일, 「이박사 전별회」.

야 함을 역설하고 국방력 건설과 전쟁 난민을 위한 적십자 구제금기부를 미국민들에게 요청하였다.[24] 이어서 미국정부는 160억 달러의 막대한 국방비 증액과 400만 명의 증병을 시도하였다.[25] 그리고 미국은 동년 8월 27일부터는 12월 26일까지 미국 내 거류하고 있는 모든 외국인의 등록을 실시하여 전시를 대비하였다.[26] 특히 일본이 태평양의 괌과 하와이에 있는 미국의 포대 폐지를 요구하자 미국은 일본과의 전쟁이 불가피하다는 인식을 가지는 한편 일본에 대해 강철 수출을 금지하였다.[27] 이와 함께 1940년 10월 26일부터 미국은 하와이에 대해 징병을 실시하고 하와이 내에서는 민병대를 조직하여 군사훈련을 계획하고 있었다.[28] 이처럼 미국 내에서는 미국이 장차 1년 이내에 세계대전에 참전할 것이라는 예견이 현실화하고 있었고, 미일전쟁이 불가피하다는 여론도 고조되고 있었다.[29]

이런 상황에 하와이 한인들의 위기감은 크게 고조하였다. 특히 하와이가 미일전쟁의 첫 발생지가 될 지 모른다는 우려가 하와이 내에서 고조되고 있는 마당에 하와이 한인들은 이에 대처하지 않으면 안 되었다. 그러한 상황은 동지회 외교원 이원순이 「이때 한인은 어떻게 할까?」라는 글에서, 미국 국방을 후원하기 위해 하와이 한인들의 공동행동을 요구하고 있는데서 잘 반영하고 있었다.[30] 그리고 당시 미국정부가 하와이에 대한

---

24) 『태평양주보』, 1940년 6월 1일, 「국방에 대한 대통령연설」.

25) 이주영, 『미국사』, 대한교과서주식회사, 1995, 291쪽. 해군의 경우 기존 20억 달러에서 41억 달러로 증액시켰다.(『태평양주보』, 1940년, 6월 8일, 「1941년 국방비는 41억」 및 6월 22일, 「40억원 해군비」 참조)

26) 『태평양주보』, 1940년 8월 17일 및 8월 24일, 「외국인 등록에 주의」.

27) 『태평양주보』, 1940년 10월 12일, 「미일전쟁은 불가피」 및 10월 29일 「강철수출 금지」.

28) 『태평양주보』, 1940년 10월 12일, 「10월 26일에 하와이에 증병」

29) 『태평양주보』, 1940년 8월 3일, 「1년래 미국 참전을 선언」 및 10월 12일, 「미일충돌이 일주일내에 날 듯」 참조.

국방 설비를 추진하는 중이어서 거류민 사회 전체가 이에 대한 준비에 대대적으로 후원하고 있었다. 이러한 때 미국의 국방활동을 후원하기 위해 한인들도 실제적인 역할을 감당해야 한다는 여론이 하와이 한인사회에 형성되었다.

1940년 10월 13일 6개의 단체 대표들이 모여 결성한 연합한인위원회(聯合韓人委員會)는 이러한 분위기 속에 미국 국방을 조직적으로 후원하기 위해 결성되었다.[31] 그런데 10월 20일 발표된 「연합한인위원선언서」를 보면 연합한인위원회의 결성은 미국 국방의 후원뿐만 아니라 한국의 독립과 전 인류의 해방을 위한 것임을 다음에서 밝혔다.

> 미국의 국방문제는 단순히 국내적 행복만을 의미하지 아니하고 늘여서는 동양과 유럽의 침략을 당한 각 민족과 국가에 대한 해방적 번영을 또한 목적함이니, 이번 우리 연합위원의 이 운동은 곧 조선독립운동의 양방면의 활동을 의미하며, 또다시 늘여서는 전 인류의 해방전선에 대한 의용군임을 의미함이라. 우리의 정성은 한층 더 지극하여짐을 깊이 깨달으면서 이를 천하 만방에 선언하노라.[32]

이를 볼 때 연합한인위원회는 하와이 한인들이 미국 국방에 대한 의무와 책임을 다하기 위해 조직된 것이었으나, 결국 목표하는 바는 이를 통해 한국의 독립과 식민지민족의 해방에 두었음을 알 수 있다.

연합한인위원회의 결성에는 하와이내 주요 단체인 6개 단체와 24명의 대표들이 참가하였다.[33] 10월 20일 모임에서는 연합한인위원회의 조직을

30) 『태평양주보』, 1940년 10월 12일.

31) 재미한족연합위원회편, 『해방조선』(나성과 하와이, 1948), 149쪽.

32) 『태평양주보』, 1940년 10월 29일, 「연합위원회선언서」.

33) 『태평양주보』, 1940년 10월 29일, 「각단체 대표대회」. 조직 상황을 보면 다

관리부 · 선전부 · 구호부 · 훈련부 · 조사부 · 재정부 등 6부로 하였고 인선은 참가한 단체 대표를 골고루 안배하였다. 이를 보면 다음과 같다.

- 관리부: 의장 이원순, 부의장 김현구, 서기 김원용, 재무 안원규.
- 선전부: 의장 김원용, 부의장 안현경, 평의원 김영기 · 임두화 · 정두옥.
- 구호부: 의장 손노디, 부의장 심영신, 평의원 민찬호 · 임성우.
- 훈련부: 의장 조병요, 서기 차신호, 외교원 양유찬, 평의원 권도인 · 박태균.
- 조사부: 의장 김현구, 부의장 도진호, 평의원 조광원 · 현순.
- 재정부: 의장 손승운, 서기 정봉관, 회계 안원규, 평의원 최선주 · 안창호.

연합한인위원회는 1941년 4월 해외한족대회를 계기로 재미한족연합위원회가 결성되자 동년 5월경 해소된 것으로 보인다.[34] 왜냐하면 재미한족연합위원회에서 미국에 대한 국방원조사업을 직접 담당함으로써 연합한인위원회의 필요성이 사라졌기 때문이다.

연합한인위원회를 통한 하와이 한인들의 연합활동 움직임은 광복군 후원을 공동으로 추진시키는데 일조하였다. 임시정부의 한국광복군 창설계획이 미주한인사회에 알려진 것은 1940년 1월 22일자로 보낸 임시정부 공함에서 비롯한 것으로 보인다.[35] 그 후 5월 23일자 김구의 공함에서 광

음과 같다.

· 부인구제회(동지회): 정순이, 김순연, 손노디, 이유실
· 부인구제회(국민회): 심영신, 곽명숙, 김차순, 김매들린
· 중한민중동맹회[단]: 정두옥, 차신호, 손창희, 김영선
· 대조선독립단: 정태영, 박성달, 현순, 이명선
· 동지회: 손승운, 이원순, 안현경, 도진호
· 국민회: 안원규, 김원용, 김태원, 김현구

34) 『신한민보』, 1941년 5월 22일, 「재미한족연합위원회 하와이의사부」 참조.
35) 『신한민보』, 1940년 2월 15일, 「임시정부의 광복군 조직」.

복군 조직이 구체적으로 진행되고 있음을 알게 되었고,[36] 9월 2일자 김구 공함에는 9월 17일 한국광복군이 비로소 조직될 것임을 밝히고 있었다.[37] 이러한 일련의 소식을 접한 미주한인사회는 광복군 후원문제에 대해 적극 관심을 가졌다.

하와이 한인사회에서 일어난 광복군 후원에 대한 연합활동은 1941년 3·1운동 기념식을 통해 나타났다.[38] 1941년 하와이 한인사회는 3·1절 기념행사를 제 단체의 연합행사로 거행하였고,[39] 이를 계기로 광복군 후원을 공동으로 추진하였다.[40] 또한 오하우섬 서부지역 한인들은 국민회와 동지회의 연합기념식을 계기로 광복군후원회를 조직하기로 결의하고 '선언문'과 함께 '결의문'을 발표하기도 하였다.[41]

---

36) 『신한민보』, 1940년 6월 13일, 「임시정부 독립광복군 조직」.

37) 『신한민보』, 1940년 10월 10일, 「국민회총회 중요결의」 및 『태평양주보』 1940년 10월 12일, 「광복군성립을 비준」 참조.

38) 한편 북미의 국민회가 광복군후원을 둘러싸고 1940년부터 적극적인 재정모금활동을 전개하고 있는 것을 보면, 하와이 한인단체들도 동일한 시기에 후원활동을 전개했으리라 생각된다. 그렇지만 자료미비로 1940년의 하와이내 후원활동상황에 대해선 알 수 없는 형편이다.

39) 3·1절 기념식의 연합경축방안은 시카고 동지회의 보고에서도 확인된다. 그 보고에 따르면 시카고동지회는 동지회 중앙부의 명령에 의거하여 시카고 국민회와의 합동으로 3·1절 기념식을 성대히 거행하였음을 밝히고 있다. (『태평양주보』, 1941년 3월 22일, 「보고」).

40) 그리하여 호놀룰루의 3·1운동 기념식에서는 한인사교단체 17개 단체들이 참여하여 단결력을 대외에 과시하면서 광복군 후원금으로 1,000달러를 모금하였다.(『태평양주보』, 1941년 3월 1일, 「3·1절 경축순서」 및 3월 15일, 「누가 광복군인가」 및 『신한민보』, 1941년 3월 27일, 「한국독립광복군: 하와이 6천동포의 힘있는 후원」)

41) 이밖에도 마위지방과 라나이지방, 가후구지방에서도 연합행사로 거행되었다. 『신한민보』, 1941년 3월 27일, 「한국독립광복군: 하와이 6천 동포의 힘있는 후원」 참조.

1941년 3·1절 연합행사를 통해 하와이 한인사회는 전례 없는 단결력을 보임과 동시에 광복군 후원을 위해 일시에 2,000여 달러의 의연금을 모금했는데 이는 하와이 한인들 스스로도 놀라운 일이었다.[42] 이런 협조적인 분위기에 대해 당시 3·1절 경축위원장이던 안원규(安元奎)는 3월 10일 각 단체에 보낸 「윤첩」에서, 이번 일을 상설화해서 추진할 것을 요청하였다.[43] 그 결과 3월 13일 국민회 · 동지회가 연합한 대한광복군후원금관리위원회가 아래와 같이 조직되었다.

위원장: 안원규(국민회)
재무: 손승운(동지회) · 조병요(국민회)
위원: 김원용(국민회) · 도진호(동지회)[44]

대한광복군후원금관리위원회는 설립 이후 본격적인 후원금 모집활동을 전개하였다. 예컨대 1941년 2월 1일부터 5월 15일까지 하와이 한인들의 광복군후원금 모금액을 보면 3,231.40달러로 나타난다.[45]

이처럼 하와이 한인사회는 연합한인위원회를 조직하고 광복군 후원을 공동으로 거행하는 등 연합활동을 통해 단결력과 함께 독립운동의 열기를 고조시켜 나갔다. 특별히 이번 일들을 하와이 국민회와 동지회가 공동

42) 『태평양주보』, 1941년 3월 29일, 「대한광복군후원금 청연」 참조.
43) 『신한민보』, 1941년 3월 27일, 「윤첩」
44) 『태평양주보』, 1941년 3월 29일, 「대한광복군 후원금 청연」 및 『신한민보』, 1941년 4월 3일, 「한국광복군후원회 조직」. 그런데 『신한민보』의 기사에는 이 위원회의 조직 일자가 3월 12일로 되어 있는데 앞의 안원규 명의의 「윤첩」과 비교해 볼 때 이는 오기로 생각된다.
45) 『태평양주보』, 1941년 7월 5일, 「3,000원 광복금」. 그런데 이 금액이 하와이 한인 전체를 대상으로 거둔 것인지 아니면 동지회 중심으로 모금한 것인지는 확실하지 않다.

협력하는 가운데 추진해 나간 것은 이후 북미 국민회와 함께 해외한족대회를 준비하는데 좋은 기반을 제공해 주었다.

2. 북미 한인사회의 동향과 대한인국민회

1) 중국후원회의 결성과 대한인국민회

1930년대 후반 북미지역 한인사회는 최진하의 노력 이후 국민회 중심의 합동운동이 성과를 보임에 따라 새로운 활기를 되찾았다. 이런 가운데 1937년 중일전쟁이 발발하자 국민회는 현 시국을 비상시기로 인식하고 임시정부 후원활동을 계획하였다. 먼저 국민회는 1937년 9월 제4계 중앙집행위원회의에서 그동안 적립해 온 민족운동준비금 3,000달러 가운데 1,000달러를 임시정부에 급히 송부하기로 하고, 임정 후원을 위한 특별의연금과 중국항일전쟁후원금(또는 '중국항일동정금'으로 불림) 모금활동을 전개할 것을 결의하였다.[46] 또 광복 때까지 독립운동을 항구적으로 후원하기 위한 국민부담금(國民負擔金) 모금운동을 실시하기로 하고 이를 추진하였다.[47]

1938년 9월에 개회한 국민회 제3계 중앙집행위원회에서는 적극적인 대외활동을 계획하였다. 주요 내용은 중앙상무부 안에 시사위원회를 두어 원동정세와 재미한인의 임무 및 대내외의 선전방침을 연구하게 하고, 국민회 대표 1인을 원동으로 특파하기로 하였다.[48] 또 국민회는 하와이 각

46) 『신한민보』, 1937년 9월 9일, 「국민회 제4계 중앙집행위원회 결의안」.

47) 『신한민보』, 1939년 9월 9일 및 10월 28일, 「총회공독」. 이외도 국민회는 자체 예산수행을 위한 특연모금계획도 수립하였다.(『신한민보』, 1937년 9월 9일, 「국민회 제4계 중앙집행위원회 결의안」 및 9월 16일 「논설」: '민족운동의 진행과 재미동포의 책임' 참조)

단체들에게 연락하여 미주한인들의 일치된 행동을 도모하기로 하였다.[49] 그리하여 9월 14일자로 하와이의 국민회와 동지회에 다음 내용의 공문을 보내 행동 통일을 요청했다.

> 1. 독립운동에 관한 일체 재정은 동일한 기관에 집중할 일.
>   본회의 의견은 이상의 재정을 임시정부로 보내기로 하나이다.
> 2. 대내 선전은 사상의 통일을 고취할 일.
> 3. 대외 선전은 논조와 태도를 일치할 일.[50]

그러나 당시 하와이 국민회와 동지회는 합동운동을 전개하고 있었기 때문에 이에 대해 별다른 반응을 보이지 않았다.

1939년에 들어와서도 국민회의 대내외의 활동은 계속 확대되었다. 임시정부에 인구세와 국민부담금 1,500원을 송금한 것을 비롯하여, 한인동포의 미국 입출입의 주선, 쿠바 재류동포에 대한 구제금 송부, 한인유학생의 미국 체류권 청원활동, 그리고 원동에 있는 한인 정당들에게 글을 보내 통일과 연합활동을 재촉하였다.[51] 아울러 김용중과 2세 한인청년들이 중심이 되어 재해로 경제적 어려움에 빠진 국내 한인들을 돕기 위해

---

48) 이 때 선정된 시사위원 7인은 초기엔 한재명, 김성락, 임병직, 김강, 김탁, 안정수, 장세운으로 결정되었으나 최종적으로는 김성락, 임병직이 빠지고 박재형, 심행호로 대치되었다. 그리고 원동특파원 선정은 곽림대와 김강이 후보로 선임되었으나 경비부족으로 취소되었다. (『신한민보』, 1938년 9월 8일, 「제3계 중앙집행위원회 결의안」과 1939년 1월 19일, 「사업성적서」, 그리고 4월 13일 「논설」: '중앙집행위원회의 결의안에 대하여' 참조.)

49) 이는 중앙집행위원회 결의안 제3조에 해당한다.

50) 『신한민보』, 1938년 9월 22일, 「총회공독」.

51) 『신한민보』, 1939년 9월 14일, 「사업성적보고서」, 12월 28일, 「민21 대사기」, 1940년 1월18일, 민국 이십일년도 사업성적서」 참조.

1939년 12월 20일 내지한재구제회(內地旱災救濟會)가 결성되자 국민회는 적극 지원하며 도왔다.[52)]

북미 국민회의 대내외 활동은 크게 두 가지 목표 속에 추진되었다. 하나는 전 민족의 통일 단결을 이루는 것이고, 다른 하나는 북미 한인사회가 국민회 중심으로 완전한 합동을 이루는 것이었다. 이 두 가지 중 1938년 당시 국민회가 가장 관심을 가진 것은 후자의 완전한 합동문제였다. 비록 최진하의 노력으로 1935년 북미 한인사회가 겉으로는 국민회 중심으로 합동을 이룬 것으로 보였으나 완전하진 못하였다.

북미의 국민회가 완전 합동문제를 거론하게 된 것은 중일전쟁을 계기로 북미 각 지역에서 중국후원회가 결성되면서였다. 1938년도 국민회 중앙집행위원장 김호(金乎)는 국민회가 현재 형식상 단결이 완성된 것으로 보이지만 사상통일이 이루어지지 않았다고 했는데,[53)] 이는 국민회를 통하지 않고 중국후원회가 결성되었기 때문이었다. 그래서 김호는 먼저 국민회 당국부터 일반 회원에 이르기까지 사상이 통일되어야 역량을 집중할 수 있다고 역설했다.[54)] 이로 볼 때 국민회가 생각한 전 민족의 통일단결의 과제는 우선 국민회 중심의 완전한 합동이었고 이를 토대로 임시정부 중심의 통일전선을 실현하는 것이었다.[55)]

중국후원회의 결성은 중일전쟁 발발 직후 국민회가 시국문제에 신속하

52) 『신한민보』, 1939년 12월 28일, 「국민회총회 청원서」, 「인준장」, 「제이세 청년의 장거 내지한재구제회」 참조.

53) 여기에 대해서는 중앙집행위원장 김호가 『신한민보』, 1938년 9월 8일자에 발표한 「비상시기와 우리의 할 일」 참조.

54) 북미 국민회의 입장을 대변하는 『신한민보』도 1938년 11월 17일자 「호외」에서, 미국・멕시코・쿠바의 재류동포는 비상시기에 국민회의 기치 하에 손잡고 분투해 줄 것을 요청했다.

55) 『신한민보』, 1938년 9월 8일, 「물질과 정신의 총동원」 및 「제안분류」 참조.

게 대응하지 못하고 있다고 본 한인들에 의해 추진되었다. 사실 앞에서 언급한 1937년 9월 국민회 제4계 중앙집행위원회의 결의사항은 중일전쟁 발발 직후 비상시기에 대응한 결과로 볼 수 있지만, 북미 한인동포들의 강력한 요구에 대응한 측면도 없지 않았다. 1937년 7월 21일 샌프란시스코의 한인동포들은 현 시국문제를 협의하는 자리에서 중국항일전쟁후원금을 자발적으로 모집하기로 결의했는데, 그 다음날 이들은 국민회가 중일전쟁 발발 이후 아직까지 구체적인 활동방침을 발표하지 못하고 있음을 질타하고 하루 빨리 조직과 통일을 주관하여 중국과 임시정부에 대한 후원활동을 추진해 줄 것을 요청하고 있었다.[56] 또한 7월 22일 오클랜드 재류동포들은 샌프란시스코 한인들의 행동에 동조하여 독자적으로 중국후원을 위한 특연 모집을 개시하였다.[57]

북미 각지의 중국후원활동이 처음으로 중국후원회라는 명칭으로 모인 곳은 뉴욕거류 한인들에 의해서였다. 뉴욕 한인들은 1937년 9월 12일 자발적으로 뉴욕한인연합중국후원회를 결성하고[58] 중국전비보조금 200여 달러를 모음과 동시에 일화비매동맹(日貨非買同盟)을 결의하였고, 9월 17일에는 한중(韓中) 학생 5, 6백 명이 일본 총영사관 앞에 나가 연합시위를 전개하였다.[59] 뉴욕한인연합중국후원회는 1937년 12월 모임에서 일화

56) 『신한민보』, 1937년 8월 26일, 「잡보」: '상항동포의 항일전쟁 특연개시'.

57) 위와 같음.

58) 뉴욕한인연합중국후원회라는 명칭은 처음 결성 때부터 정식 명칭으로 나온 것 같지 않고 중국후원회를 결성하면서 자연스럽게 붙여진 것 같다. 뉴욕한인연합중국후원회의 조직을 보면 총무 현피터, 재무 이덕환으로 알려지고 있다.(『신한민보』 1938년 5월 12일, 「잡보」; '뉴욕중국후원회' 참조) 그런데 『독립』 1946년 9월 18일자 김혜란이 쓴 「중일전쟁 이후 재미동포 해방운동의 회고」(1)을 보면 회장은 변준호로 보여지며, 그밖에 참여한 주요 인물로는 전경준 · 임창영 · 임성호 · 김만근 · 김병호 · 현피득 등이다.

59) 중국후원회의 명칭이 이 때 처음으로 언급되는 것으로 보아 설립시기도 이

배척을 위한 단추와 선전 소책자 발매에 나서 100달러를 모았는데, 처음에는 모금액 전부를 국민회에 직접 송부했으나 그 뒤부터는 중국 피난민 구제를 담당하는 송미령에게 바로 송금하였다.[60] 1938년 4월 24일 뉴욕의 중국후원회는 390달러를 모금하여 이를 중국 정부에 직접 송금하였고, 적십자용 자동차 1대를 구입해 중국에 보낼 것을 만장일치로 가결하여 6월 2일부터 3일동안 1,700달러의 의연금을 모금하였다.[61]

뉴욕지역 중국후원회의 활동은 이후 미국 각지로 확대되었다. 1938년 1월 로스앤젤레스에서 나성한인연합중국후원회(羅城韓人聯合中國後援會)가 결성되어 일화배척운동(日貨排斥運動)을 추진하였다.[62] 즉, 1월 창립 이후 4개월 동안 나성한인연합중국후원회는 일화배척을 위한 단추 발매를 개시하여 5,000여 개를 팔았고, 각종 배일단체에 연사를 파견하여 평균 월 1회의 연설을 시행하였다.[63] 시카고에서도 강영승·강영문·장세운·천

와 동일한 시기로 볼 수 있다. 중국후원회의 보다 정확한 명칭은 '뉴욕한인연합중국후원회'이다(『신한민보』, 1937년 9월 23일, 「잡보」; '뉴욕재류동포의 활동').

60) 『신한민보』, 1938년 2월 17일, 「잡보」: '뉴욕한인연합중국후원회' 및 2월 24일 「잡보」: '뉴욕중국후원회의 활동' 참조.

61) 『신한민보』, 1938년 5월 12일, 6월 2일, 6월 23일자, 「잡보」: '뉴욕 중국후원회'와 '뉴욕 중국후원회의 활동' 참조.

62) 나성한인연합중국후원회는 1938년 1월 1일부터 2일까지 흥사단소에서 개최된 국민회 전체대표회에서 뉴욕지방회 대표로 참석한 변준호에 의해 결성되었다.(『신한민보』, 1938년 5월 5일, 「잡보」; '변준호씨 뉴욕도착') 5월 6일 임원 보선에서 나타난 인적 구성을 보면, 회장 김월라, 부회장 김강, 영문서기 김옥자, 국문서기 최능익이다. 이밖에 참여한 인물로는 이경선·안석중·최영순·최봉윤·선우학원·곽림대·김혜란 등이다.(『신한민보』, 1938년 5월 12일, 「잡보」: '나성중국후원회' 및 『독립』, 1946년 9월 18일자, 김혜란, 앞의 글 참조)

63) 『신한민보』, 1938년 5월 19일, 「잡보」; '중국후원회의 례회'; 『의용보』 1940

세헌을 중심으로 중국후원회가 결성되어 활동하였다.[64]

중국후원회는 국민회나 동지회 등 기존 단체의 임원 및 회원들이 중국후원을 목적으로 자발적으로 참가해 결성된 임시적인 단체였다. 그런데도 국민회측은 이런 자발적인 중국 후원활동에 대해 예의주시하는 입장이었다. 그래서 결성 초기 나성한인연합중국후원회는 모든 활동을 『신한민보』에 알렸는데 이것은 국민회 당국을 비롯한 한인동포들의 지지를 받기 위한 노력이었다. 나성한인연합중국후원회 부회장인 김강(金剛)도 1938년 5월 13일 국민회 총회관에서 중국후원회의 목적과 사명을 설명하면서 중국후원회의 활동에 대해 일반인의 오해가 없기를 희망한다고 하여 국민회를 의식한 신중한 태도를 보였다.[65]

이에 따라 『신한민보』는 1937년 10월 7일자 논설 「재미한인의 각오」라는 글에서, 30년간 쓰라린 미주생활의 경험에서 나온 것이라며 다음 세 가지 사항을 절실히 당부하였다. 첫째, 비상시기에 인심이 흥분되는 기회를 이용한 단체 창조에 주의할 것, 둘째, 오직 대의(大義) 대절(大節)만을 볼 것, 셋째, 계속적인 희생을 결심할 것 등이라 하였다. 이러한 주장은 중일전쟁 이후 우후죽순 생기고 있는 중국후원회의 활동이 새로운 단체 결성으로 발전될 것을 우려해 예방차원에서 나온 것으로, 북미 한인사회가 기존 국민회 중심으로 단결된 행동을 강조하기 위함이었다.

국민회 당국의 이런 의심에 대해 1939년 1월 중국후원회 참가자들은 활동 방침을 기존 국민회와의 협의 하에 처리하려 하였다. 협의 내용은 중국후원회의 사무진행은 국민회 중앙상무부와 연락해서 진행하며, 중앙

년 3월호, 「질의문답」.

64) 『독립』 1946년 9월 18일, 김혜란, 「중일전쟁 이후 재미동포 해방운동의 회고」(1).

65) 『신한민보』, 1938년 5월 12일, 5월 19일 「잡보」, '나성중국후원회' 및 '중국후원회례회'.

상무부는 선전부원을 대표로 보내 중국후원회의 일에 참여하도록 하는 방식이었다.[66] 요컨대 국민회는 중국후원회의 활동과 사무 진행을 국민회 중앙상무부와 사전 협의하도록 하여 중국후원회의 개별 활동을 방지하려 했던 것이다. 그 한 예로 1939년 1월 15일 나성에서 나성한인연합중국후원회가 '중국후원'과 '일화배척'의 목적으로 '한국의 밤'을 개최할 때 국민회 당국도 직접 참여하였고, 행사는 1,000여 명이 참석한 가운데 성황리에게 개최되었다.[67]

그렇지만 중국후원회는 조선의용대(朝鮮義勇隊) 창설소식이 미주에 알려진 1938년 11월 이후부터 국민회를 통하지 않고 독자활동을 추진하려 했다.[68] 각지의 중국후원회는 조선의용대가 창설되었다는 소식을 듣자 곧바로 축하문을 보내 후원자가 될 것임을 약속하였다.[69] 그리하여 뉴욕한인연합중국후원회는 1939년 1월 8일 모임에서 중국후원을 위한 의연금 모집을 결의하고 실행에 옮겼다.[70]

상황이 이렇게 되자 1939년 1월 22일 국민회는 중앙상무부·국민회 나성지방회·중국후원회·대한여자애국단의 임원들과 로스앤젤레스 거류 유지 등 수 십명과 함께 간담회를 개최하여 중국후원회 문제를 토의하였

---

66) 『신한민보』, 1939년 1월 26일, 「잡보」; '중국후원회문제를 토의'.

67) 여기에는 국민회 중앙집행위원장 송헌주와 중앙상무부 총무 최진하, 나성지방 집행위원장 임정수, 그리고 김강과 변준호가 참석하였다. 이날 모금한 의연금 200원은 1월 23일 나성중국인거일구국회에 보냈다. (『신한민보』, 1939년 1월 12일, 「특별광고」 및 「잡보」; '한국 선전날', 그리고 1월 19일 및 26일 「잡보」; '코리아 나이트 대성황'과 '코리아 나이트 수입을 중국인구제회로 넘겨' 참조)

68) 조선의용대 창설소식이 미주에 알려진 것은 『신한민보』 1938년 11월 3일자, 「한구에서 조선의용대 정식성립」이라는 기사에서부터다.

69) 『신한민보』, 1938년 12월 1일, 「중국후원회의 국제의용대 성립을 축하」.

70) 『신한민보』, 1939년 1월 19일, 「잡보」; '뉴욕한인중국후원회 의연모집계획'.

다.[71] 여기서 국민회는 그동안 로스앤젤레스 지역에 중국후원회가 결성된 지 1년 동안 일화배척과 중국후원을 위한 노력에 좋은 성적을 내었음을 평가하였다. 그렇지만 이전에 국민회와 중국후원회 사이에 협의한 활동방침에 따라 진행되지 않아 현재 시비가 분분하고 있으며, 중국후원회 내부에 공산당원이 있어 주의가 요망된다고 하는 여론도 일고 있음으로 이러한 문제들이 해결되어야 할 것이라 주장했다. 논의 결과 참석자들은 중국후원회가 공산당 색채를 가졌다는 것은 근거 없는 것으로 판명하였다. 그리고 향후 중국후원회의 활동방침에 대해 송종익(宋鍾翊[72])은 로스앤젤레스에 있는 국민회가 부속단체를 연합하여 임원을 다시 선정하고 대외선전은 국민회 선전부의 동의를 얻어 진행한다면 서로 충돌이 일어나지 않을 것이라고 제안했다.[73] 여기에 대해 중국후원회측이 송종익의 제안을 그대로 수용하면서 간담회는 원만하게 진행되었다.[74] 나아가 2월 16일 국

71) 『신한민보』, 1939년 1월 26일, 「잡보」; '중국후원회문제로 토의'.

72) 우강(友江) 송종익(1887.2.27~1956.1.7)은 경북 대구에서 출생하여 1905년 일본에 유학했다가 1906년 4월 유학을 목적으로 도미하였다. 샌프란시스코에 있는 공립협회에서 활동했고 도산 안창호를 도와 1913년 흥사단의 창립 회원으로 가입한 뒤 일생 흥사단의 핵심인물로 활동하였다. 북미 국민회의 재무를 비롯해 중앙집행위원으로 오랫동안 활동하였고 재미한족연합위원회 결성시 집행부의 재무로 활동하였다.(대구흥사단, 『우강송종익선생』, 우강 송종익기념사업회, 1999)

73) 위와 같음.

74) 중국후원회는 오랜 역사와 전통을 가지고 있고 북미에서 가장 큰 조직체인 국민회의 요구사항에 대해 이제 갓 신설된 처지에서 거부하기 힘들었을 것으로 보인다. 또 당시 국민회는 독립운동을 적극 진행해야 할 비상시기에 미주한인들의 당면문제는 외교선전과 재정후원에 주력하는 것으로 보고, 이를 위해 국민회 중심으로 모든 한인들이 사상을 통일하고 행동을 같이 해야한다는 태도가 확고하였다.(『신한민보』, 1939년 2월 2일, 「논설」; '비상시기의 2월 1일을 기념' 참조)

민회는 향후 진행될 선전사무를 위한 방안을 다음과 같이 결정하여 중국후원회에 통보하였다.

- 중국후원회는 중앙선전부 아래 임시기관으로 둘 일.
- 중국후원회의 임원 5인은 중앙상무부로 선임하며 중앙상무위원회의 선임을 입은 임원은 각부 보조위원 4인씩을 선거하여 중앙상무위원회의 승낙을 요할 일.[75)]

이같은 결정의 이면을 보면 국민회는 미국·멕시코·쿠바 지역 한인들의 역량을 집중하여 임시정부와 항전중인 중국을 구원하고 재미동포의 안녕을 보장하는 정식단체이나, 중국후원회는 단지 중국을 후원하는 임시기구라는 의도에서 나온 것이었다.[76)]

국민회는 4월 6일 개회한 제2계 중앙집행위원회에서 나성지역 중국후원회의 재정지원문제에 대한 입장을 정리하였다. 즉, 나성한인연합중국후원회가 재정적으로 중국에 있는 '한인국제군(韓人國際軍)'을 원조할 때 반드시 국민회와 임시정부를 경유할 것을 결정하여 중국후원회의 독자활동을 제한시키려 하였다.[77)]

2) 조선의용대미주후원회연합회의 결성과 대한인국민회

북미 국민회의 통제와 간섭이 점차 심해지고 있었지만 중국후원회는

---

75) 『신한민보』, 1939년 3월 23일, 「중앙상무위원회의 중요결의」.

76) 『신한민보』, 1939년 4월 13일, 「논설」; '중앙집행위원회의 결의안에 대하여'.

77) 『신한민보』, 1939년 7월 6일, 「의용대후원에 관한 중상결의」 및 1940년 1월 18일, 「민국 이십일년도 사업성적서」 참조. 여기서 '한인국제군'이란 '조선의용대'를 말한다.

1939년부터 조선의용대후원회(朝鮮義勇隊後援會)로 개편하는 등 독자적인 활동을 더욱 강화하였다. 조선의용대 후원문제가 처음 대두한 때는 1939년 6월 나성한인연합중국후원회를 대표한 변준호(卞俊鎬)가 조선의용대 후원을 목적으로 나성한인의 소집을 허락해 달라고 국민회 당국에 요청하면서였다.[78] 국민회는 6월 29일 중앙상무위원회를 열고 그의 제안을 거절했다. 이유는 지난 4월 6일 국민회 제2계 중앙집행위원회에서 결의한 것과 어긋난다는 것이었다.[79] 당시 국민회의 입장은 재미한인은 국민회의 통솔 하에 인구세와 국민부담금을 거두어 임시정부로 상납하는 것이 원동활동을 돕는 바른 길이요 재래(在來)의 규례라고 했다. 그런데 이 규례를 버리고 조선의용대로 직접 후원한다면 사무진행의 계통을 문란케 하는 것이므로 허락할 수 없다는 입장이었다.[80] 이러한 태도는 북미 한인사회를 철저하게 임시정부 중심과 국민회 중심으로 주도하려 했던 국민회의 방침을 재확인할 수 있는 대목이다.

국민회의 거부에 대해 중국후원회측은 간섭과 통제만 있고 활동이 미약한 국민회를 비판하고 불신하기 시작했다.[81] 그렇지만 중국후원회측은

78) 『신한민보』, 1939년 7월 6일, 「의용대후원에 관한 중상결의」 및 1940년 1월 18일, 「민국이십일년도 사업성적서」 참조. 그런데 『의용보』 1941년 1월호, 「의용대후원회의 유래」에는 조선의용대후원회가 처음결성된 것은 1939년 4월 뉴욕에서라고 한다. 그렇지만 본고에서는 여기에 대한 방증자료가 나오지 않고 있고, 또 당시 조선의용대 후원문제로 국민회와 마찰을 보이고 있은 곳이 나성이므로 나성지역의 조선의용대후원회 중심으로 살펴 볼 것이다.

79) 『신한민보』, 1939년 7월 6일, 「의용대후원에 관한 중상결의」 및 1940년 1월 18일, 「민국 이십일년도 사업성적서」 참조.

80) 위와 같음.

81) 그동안 국민회의 활동을 보면 임정후원금이나 국민부담금 모금활동에만 주력할 뿐 일화배척운동과 같은 적극적이고 대대적인 반일선전활동을 전개

조선의용대 후원문제를 기존의 국민회·동지회와 같은 기성단체들과 연합해서 추진하려 했다.[82] 광복사업을 위한 군사운동을 모든 재미한인들이 힘을 합쳐 공동 후원하자는 의도에서였다.

하지만 기존의 북미 국민회측과 동지회측은 조선의용대의 창설과 후원문제에 대해 별 반응을 보이지 않았다. 그동안 두 단체는 처음부터 임시정부 중심으로만 후원해 왔기 때문에 임정과 무관하게 설립된 조선의용대를 그리 중요하게 생각하지 않았다.[83] 그러한 배경은 조선의용대를 창설한 김원봉(金元鳳)의 민족혁명당이 사상적으로 사회주의에 경도되어 있었다고 본 점과, 그동안 철저하게 임시정부를 부정(否定) 또는 불관(不關)해 온 사실이 미주한인사회에 투영된 결과로 볼 수 있다.[84] 그리고 조선

하지 않고 있었다.

82) 여기에 대해서는 『의용보』 제3호(1941.3.10), 「질의문답」 참조. 그리고 『의용보』 1941년 1월호, 「의용대후원회의 유래」를 보면 조선의용대 후원를 연합적으로 하자는 제의에 대해 먼저 동지회는 본부가 하와이에 있는 관계로 가부를 결정하지 못하겠다고 통지하였고, 국민회는 의용대는 임시정부와 무관하고 다수 좌익분자가 참가하고 있으므로 거절하였다고 한다.(최기영, 「조선의용대와 미주한인사회」, 『한국근현대사연구』 제11집, 1999, 87쪽)

83) 이는 1940년 임시정부에서 광복군을 창설중이라는 소식을 들었을 때 나온 북미 국민회의 반응과 비교해 보면 큰 대비가 된다.

84) 『의용보』, 1941년 1월호, 「의용대후원회의 유래」. 중국 관내지역 민족혁명당을 비롯한 좌익진영 세력은 임시정부가 각 혁명단체와 국내 인민의 민주적이고 합법적인 선거에 의해 조직된 것이 아니고, 국토와 인민이 없는 상태에서 정권을 행사할 수 없다는 이유를 들어 임정을 민족의 대표기구로 인정하지 않았다.(김희곤·한상도·한시준·유병용, 『대한민국임시정부의 좌우합작운동』, 한울, 1995, 144쪽) 이외에도 임시정부에서 미주한인들에게 보낸 서신 중에는 민족혁명당과 조선의용대를 공산주의사상을 신봉하고 임시정부를 옹호하지 않는 점을 들어 강하게 비판하고 있어서 그 영향 또한 무시할 수 없었다.(「송병조가 차경신에게 보낸 서신」(1939.6.13), 최

의용대를 후원할수록 임시정부에 대한 후원이 줄어든다는 사실도 마땅치 않았을 것이다.

기존 단체로부터 후원을 얻지 못하였지만 중국후원회측은 활동범위를 점차 확대해 나갔다. 예컨대 나성지역의 중국후원회는 1939년 4월 30일 개최한 무도회를 비롯하여, 8월 12일 중국인과 백인들과 함께 나성의 일본 영사관 앞에서 '한국 독립을 돌려라', '일병은 중국에서 물러가라', '일본 군물을 팔지 말라'라는 피켓을 들고 격렬한 시위운동을 전개하였고, 9월 5일 군월 비행가에 대한 항의시위운동도 활발히 전개하였다.[85] 그리고 중국후원회의 자체 유지는 소속 단체를 불문한 개인별 후원에 의존하였다.[86]

1939년 8월 27일 로스앤젤레스에서 안석중(安奭中) 등 40여 명은 중국후원회를 해소하고 조선의용대후원회 성립 선언문을 발표하였다.[87] 아울러 이들은 10월 7일 중국인 및 미국인들과 함께 로스앤젤레스 일본영사관 앞에서 대대적인 시위운동을 전개한 뒤 조선의용대미주후원회연합회(朝鮮義勇隊美洲後援會聯合會, The League to Aid Korean Volunteers in China)의 설립을 대외에 공포하였다.[88]

기영, 앞의 글, 86쪽)

85) 『신한민보』, 1939년 4월 13일, 8월 17일, 8월 31일 「잡보」.

86) 그 결과 1940년 3월 현재 나성지역의 조선의용대후원회는 회원 70인 중에 국민회원 21인, 동지회원 15인, 중립회원 34인으로 구성하였다고 한다.(『의용보』 1940년 3월호, 「질의문답」 참조)

87) 『朝鮮義勇隊通訊』 제28기(1939. 11), 「조선의용대후원회성립선언」. 후원회의 회원은 60여 명에 달했고, 집행위원으로는 위원장 안석중, 위원 김강·최능익·신두식·정지영·변준호·김혜란·곽림대·최봉윤·선우학원·이창희·최영순·이경선 등이었다 한다.(『독립』, 1946년 9월 25일, 김혜란, 「중일전쟁 이후 재미동포 해방운동의 회고」(2))

88) 『신한민보』, 1939년 1월 12일, 「잡보」; '조선의용대후원회의 나성 왜(倭)영

조선의용대 후원조직은 로스앤젤레스 외에도 1939년 4월과 10월 뉴욕과 시카고에서도 각각 설립되었던 것으로 보인다.[89] 이에 따라 세 곳의 조선의용대 후원 조직은 1940년 4월 로스앤젤레스에 있는 조선의용대미주후원회연합회를 중심으로 연합되었다.[90] 조선의용대미주후원회연합회(이하 '조선의용대후원회'로 약함)는 중한민중동맹단 대표인 한길수의 선전외교활동에 대한 후원과 반일시위운동이나 반일선전강연 등의 대외활동, 그리고 조선의용대 후원을 위한 재정모금활동 등에 주력하였다.[91]

사관에 피케팅'. 그런데 김혜란의 위의 글에서는 나성지역 조선의용대후원회 설립시기를 10월 18일로 보고 있고, 최기영, 위의 글에서는 최능익의 「의용대후원회와 과거의 활동」이라는 글을 통해 1939년 10월 10일로 보았다. 그런데 『의용보』 1941년 1월호의 「의용대후원회의 유래」 기사는 9월로 기록하고 있어 모두 차이가 있다. 본고는 당시 나성지역 후원회 소식을 시간적으로 가장 근접하게 보도한 『신한민보』의 기사를 따랐다.

89) 『의용보』, 1941년 1월호, 「의용대후원회의 유래」 참조. 그런데 뉴욕의 경우는 기존의 중국후원회는 해소되지 않고 별도로 조선의용대후원회가 결성되었다.(『의용보』 6월호(1941.6), 「뉴욕후원회 소식」, 「뉴욕중국후원회 임원 개선은 여좌함」) 그렇지만 뉴욕 소재의 두 단체에 참여한 인물들이 양쪽 모두에서 활동하고 있기 때문에 두 단체를 완전히 별개 단체로 구분한다는 것은 의미가 없다. 예컨대 1941년도 임원을 보면 뉴욕 조선의용대후원회 위원장 김만근은 중국후원회의 위원이고, 뉴욕 중국후원회 총무 이진일은 조선의용대후원회 총무를 겸임하고 있었다.

90) 위와 같음. 조직은 1940년도의 경우 집행위원장 안석중, 집행위원 김종림, 김순권, 김강, 이경선 등이었으나, 1941년도의 경우 집행위원장 안석중, 총무 김종림, 서기 이경선, 영문서기 신두식, 재무 김순권, 선전부 최능익·변준호·한길수 등으로 확대되었다. 회원은 150여 명에 달했다.(『의용보』, 1941년 1월호, 「사업성적서」, 「연합회소식」)

91) 위와 같음. 대표적인 반일시위운동은 1941년 3·1절을 기해 나성 일본영사관 앞에서 전개한 운동이다. 이밖에 조선의용대후원회의 조직과 구체적인 활동에 대해서는 최기영, 앞의 글 참조.

사상적인 면에서 조선의용대후원회는 회원 개인자격으로 공산주의를 찬성할 수 있었으나 기본적으로 회 자체가 공산주의를 선전하는 단체가 아님을 강조했다. 이는 보수적 성향의 미주한인사회에 오해를 낳지 않기 위함이었다.[92] 조선의용대후원회는 민족운동의 중심기관으로서 임시정부에 대한 존재를 인정하고 있었지만, 임정에서 한국광복군을 창설할 때 이왕이면 이미 조직된 조선의용대를 확대 · 강화하는 것이 더 낫다는 생각을 갖고 있었다.[93] 그리고 조선의용대후원회에 참가한 회원들이 기존 국민회나 동지회의 성향에 불만을 가진 사람이 적지 않았던 것으로 보아 이 후원회의 성향이 비교적 진보적이었다고 볼 수 있다.[94] 그러한 경향은 조선민족혁명당미주[북미]총지부(朝鮮民族革命黨美洲[北美]總支部, The North American Branch of the Korean National Revolutionary Party)로 확대 · 개편될 때 점차 사회주의적 성향으로 나타나게 된다.

조선의용대후원회는 스스로를 특정한 목적을 위해 조직한 임시적인 기구이며 기존의 국민회와 전혀 대립적인 조직이 아니라고 강조하였다. 하지만 로스앤젤레스에서 의용관(義勇館)이란 자체 회관을 마련하고, 1940년 1월부터 기관지 『의용보』를 발간하는 등 점차 항구적인 정치단체로 자리잡아 갔다.[95] 그 결과 1941년 4월 해외한족대회 개최시에는 북미 국

---

92) 위와 같음.

93) 『의용보』 1940년 3월호, 「질의문답」.

94) 조선의용대후원회에 참가했거나 관여한 인물에 대해서는 최기영, 앞의 글, 90~92쪽 참조. 그러나 이 후원회에 후원회비를 냈다고 해서 반국민회 · 반동지회 성향의 인물이었다고는 할 수 없다. 순수한 열정에서 후원할 수 있었기 때문이다. 예컨대 1940~41년 당시 천세헌, 조성학, 장세운, 이선옥은 순수한 국민회측 인물이었고, 남궁염, 현정렴, 이진일, 김종림, 장인명은 동지회측 인물이었다. 이밖에 임성우는 한국독립당하와이총지부 대표로 활동하였다.

95) 『의용보』, 1940년 3월호, 「질의문답」.

민회와 함께 대표를 보내기도 하였다. 조선의용대후원회는 조선의용대가 한국광복군 제1지대로 편입됨에 따라 1942년 6월부터 자체를 해소하고 조선민족혁명당미주총지부로 개편되었다.[96]

이처럼 1940년대 전후 북미 한인사회는 중국후원회와 조선의용대후원회의 결성으로 활기를 띤 반면 지도력을 발휘해야 할 국민회의 위상은 오히려 위축되거나 활동이 상대적으로 미약했다. 북미 국민회의 소극적인 활동에 대해 황사용(黃思溶)[97]은 「국민회와 회원」이라는 글에서, 비상시기에 국민회가 이전보다 가난하여 통상 경비도 빚을 내고 활동도 전에 비해 심히 잔잔하니 무슨 까닭인가 반문하고 국민회의 분발을 요구하기도 했다.[98] 이것은 중일전쟁 발발이후 북미 국민회가 한인들의 기대에 부응해 대내외적으로 적극적인 활동을 전개하지 못하였음을 의미한다. 이에 따라 의식있는 북미 한인들은 국민회의 처신에 불만을 가졌을 것이고, 여기에 중국후원회와 조선의용대후원회의 결성으로 인해 한인사회에 대한 국민회의 지도력은 오히려 위축되는 상황이었다.

---

96) 「동포동지에게 고함」, 『우남이승만문서』(동문편) 12, 739~741쪽 참조.

97) 황사용(黃思溶)은 1881년 4월 27일 평북 의주에서 출생하였고 1905년 도미하였다. 1910년 대한인국민회 북미 지방총회 총회장과 이후 중앙총회의 부회장을 역임한 이후 멕시코와 하와이의 순행위원이자, 목사로 활동하였다.(독립기념관 소장자료 자5951, 『미주지역 흥사단원이력서』)

98) 『신한민보』, 1939년 11월 23일, 「국민회와 회원」.

제 2 부

재미한족연합위원회의 결성과 조직

제6장
하와이 해외한족대회의 개최

1. 개최 배경과 대회 준비

해외한족대회(海外韓族大會, The All-Korean Overseas Convention)는 1930년대부터 활발히 추진해 온 미주한인사회의 통일과 합동을 위한 부단한 노력의 결실이다. 해외한족대회는 흩어져 있던 미주한인사회를 하나로 결집하기 위해 1941년 4월 20일부터 29일까지 하와이 호놀룰루에서 개최된 미주한인 역사상 최대의 대회였다.

해외한족대회를 준비한 곳은 북미지역에 있는 대한인국민회였다. 북미 국민회는 중일전쟁 이후 당면 과제를 광복대업을 위한 민족적 대단결을 도모하는 것과 북미지역을 국민회 중심으로 합동하는 것에 두었다. 민족적 대단결을 도모하기 위한 방편으로 북미 국민회는 1938년 9월 하와이의 국민회와 동지회에 제안했으나 두 단체가 상호 합동문제에 몰두하면서 별 반응을 얻지 못했다. 또 북미지역에 국민회 중심으로 합동을 완성하려는 목표는 중국후원회와 조선의용대후원회의 결성으로 어긋나기 시작했다. 이런 상황에서 북미 국민회는 포기하지 않고 밀고 나가 미주한인사회의 지도력을 회복하고 민족적 대단결을 도모하면서 마침내 해외한족대회를 추진하였다.

1930년대 후반 중국 관내에서 전개된 좌우 민족진영의 통일전선운동은 미주한인사회에 많은 영향을 주었다. 특히 1939년 5월 한국광복운동단체연합회[일명 '광복진선(光復陣線)']와 조선민족전선연맹[일명 '민족전선(民族戰線)']의 두 대표인 김구와 김원봉은 「동지 · 동포 제군에게 보내는 공개통신」을 발표하고 전 민족의 역량을 집중하기 위한 통일조직의 건설을 선언하였다.[1] 그 결과 그 해 8월 기강(綦江)에서 민족전선의 4개 단체와 광복진선의 3개 단체가 모여 7당 통일회의를 개최하였다.[2] 7당 통일회의가 개최될 때 광복진선의 대표자 김구는 다음의 8월 20일자 공함을 미주한인들에게 보냈다.

> 경계자 원동에서는 현하 각 운동의 역량을 집중함을 깊이 느끼어 …… 단일당을 조직하려고 본월 25일에 7개 단체가 대표를 선출하여 토의 결정하기로 한 바, 그 결과를 수시 통보하겠사오며, 미주와 하와이에 있는 광복진선 각 단체와 연합선언에 참가한 각 단체들은 이것을 성취함에 찬동하여 주시고, 형편을 참조하여 귀 지방에 각각 지방적으로 통일을 촉성하여 임시정부의 사업을 더욱 힘있게 하며, 원동 통일체와 더욱 절신한 결속을 지어 역량집중에 실효를 거두게 하심을 경요하나이다.[3]

김구는 이 공함에서 광복사업을 위해 미주한인들도 모든 역량을 집중해 줄 것을 당부하였다. 중국지역의 통일전선운동은 미주한인사회가 그동안 추구해 온 민족적 대단결을 위한 통일 · 합동운동의 열기를 가속화 시

---

1) 김희곤 · 한상도 · 한시준 · 유병용, 『대한민국임시정부의 좌우합작운동』, 한울, 1995, 122쪽과 141~143쪽.

2) 한상도, 『한국독립운동과 국제환경』, 한울, 2000, 269~278쪽.

3) 재미한족연합위원회 편, 『해방조선』, 나성, 1948, 148~149쪽.

켰다.

그런 가운데 1940년 초 전해진 한국광복군의 창설 소식은 미주 한인들로 하여금 즉각적인 행동을 불러 일으켰다. 임정 재무총장의 1940년 1월 22일자 공함을 통해 한국광복군의 창설 소식을 전달받은 북미의 국민회는 곧바로 행동에 착수했다. 3월 3일 임시정부 광복군후원을 위한 인구세와 국민부담금 모집에 박차를 가하였고,[4] 언론을 통해 광복군 후원을 위한 여론을 고조시켰다.[5]

북미의 국민회가 이렇게 적극적으로 나선 것은 그동안 중국후원회의 활동과 조선의용대후원회의 설립으로 북미 한인사회에 국민회의 위상과 주도권이 약화된 상태를 중경 임정의 한국광복군 창설 소식을 계기로 전환해, 국민회의 입지를 강화시킬 명분으로 삼았기 때문이다.

아울러 북미 국민회는 현 시국에 일치된 행동을 전개하고자 하와이의 국민회와 교섭을 시도했다. 1940년 3월 22일 중앙상무위원회에서 결정된 이 계획은 4월 7일자 공함으로 하와이의 국민회로 보내졌다.[6] 하와이 국민회는 4월 10일자 답신에서, '독립운동을 임시정부의 한 기관 아래 집중하자는 것은 오래된 원칙이며 이는 귀회도 동일한 보조와 논조를 취할 것

---

4) 『신한민보』, 1940년 3월 7일, 「국민회총회 중상회록」. 그런데 이 결정 직후 인구세와 국민부담금에 대해 『신한민보』는 '광복군후원금'으로 통칭하고 있는데, 이는 재정모금활동에 박차를 가하려는 의도에서 나온 것이었다.

5) 여기에 대해 『신한민보』에서는 1940년 2월 29일자 「논설」 '3·1정신을 실현한 광복을 후원'과 3월 14일 「논설」 '임시정부 광복군후원에 대하여'라는 글을 비롯해, 매 신문지면 곳곳에 '임시정부 광복군을 후원합시다'라는 문구를 삽입해 후원 여론을 불러일으켰다.

6) 이 때 결의된 사항은 "하와이 대한인국민총회에 공문을 보내 하와이·미주 양 국민총회 대표회집에 대한 방침지시를 요망함"이었다.(『신한민보』, 1940년 3월 28일, 「국민회총회 중상회록」 및 4월 11일, 「중집결의안」 제5조」와 「국민회총회 공독」 참조)

이라, 비록 재정상 소비가 있더라도 1차 대표 회집을 했으면 좋겠다'는 내용으로 회신했다.[7)]

하와이 국민회의 회신 이후 북미측이나 하와이측 어떤 쪽도 더 이상 진전하지 못했다. 하지만 이번 일은 미주의 한인들이 북미와 하와이라는 지역적 고립 상태에서 벗어나 미주한인사회 전체를 아우르는 대동단결을 심각히 모색하는 계기를 만들어 주었다.

이런 와중에 임시정부로부터 계속 고무적인 소식이 들어왔다. 북미 국민회는 4월 22일 광복진선이 통일하여 한국독립당을 성립시켰다는 김구의 공함을 받았다. 이 공함에서 북미 국민회는 미주·하와이에 산재한 광복단체들까지 통합해 달라는 임시정부의 간절한 열망을 다시금 확인하였다.[8)] 또한 6월 6일에 도착한 김구의 공함(1940.5.23)에는 광복군 창설에 대한 구체적인 내용도 알게 되었다.

일련의 소식을 접한 북미 국민회는 광복군후원 특별의연금 모금운동과 대외선전활동을 강화했다.[9)] 먼저 국민회는 6월 17일자로 한인동포들에게 「포고문」을 발표하여 적극적인 재정후원을 당부하였고, 로스앤젤레스의 라디오방송국과 미국의 영자신문에 임정의 광복군 조직 사실을 적극 홍보하였다.[10)] 마침내 9월 23일 김구의 「특전」으로 광복군이 창설되었다는 소식을 접한 북미의 국민회는 긴급회의를 열어 중경 임시정부에 「하전(賀電)」을 보내는 한편, 10월 11일 특별회의의 결정에 따라[11)] 10월 20일 대대적인 광복군성립축하식을 거행했다. 광복군성립축하식은 10월 20일

---

7) 위와 같음. 그런데 위 기록에는 회신 날자가 3월 10일로 되어 있는데 이는 오기이다.

8) 『신한민보』, 1940년 5월 16일, 「광복진선이 통일하여 한국독립당을 성립」.

9) 『신한민보』, 1940년 6월 13일, 「독립광복군 조직」.

10) 『신한민보』, 1940년 6월 20일, 「국민회총회: 한국광복군 조직의 선전」

11) 『신한민보』, 1940년 9월 26일, 「하전」; 10월 17일, 「국민회 중요결의」

나성의 국민회 중앙부에서 개최된 것을 비롯해 샌프란시스코(상항)·뉴욕·오클랜드·메리다·딜레노 등지의 지방회에서도 개최되었다. 축하식과 아울러 광복군 후원을 위한 의연금 모집도 활기를 띠었다. 축하식을 통해 모금한 금액을 보면, 상항 972원, 뉴욕 189원이었고 멕시코의 메리다에서는 멕시코돈 633원 50전을 모금하였다. 그런데 딸레노지방회에서는 1차로 712원, 2차로 1,525원을 거두어 최고조의 모금열기를 보이고 있었다. 이런 활발한 모금활동의 결과 1941년 2월 현재 4,000여 원이나 되었다.[12)]

미주한인들의 적극적인 후원활동에 대해 김구의 『백범일지』에 따르면, 한국광복군의 창설은 미주·하와이 동포들이 원조한 3~4만 달러 등 자력에 의한 창설이었다고 회고한 것으로 보아 그 성과가 적지 않았다.[13)]

북미 국민회는 광복군 후원활동을 통해 상당한 자신감과 지도력을 확보하자 그동안 미루어왔던 하와이 국민회와의 교섭문제도 또다시 추진하였다.[14)] 1940년 9월 2일 북미 국민회는 광복대업을 위해 전체 미주한인사회의 합동문제와 시국대책을 강구한다는 목적으로 하와이 국민회에 회

12) 『신한민보』, 1940년 10월 13일, 「각지방의 광복군 축하식」; 11월 7일, 「딸레노의 대성황」; 11월 28일, 「중상회록」; 1941년 2월 20일, 「포고」.

13) 도진순 주해, 『백범일지』, 돌베게, 1997, 382쪽. 광복군후원활동은 북미에서만 전개되었던 것은 아니고 앞 절에서 언급했듯이 하와이 한인들의 연합활동을 통해서도 적극 이루어졌다. 북미 국민회와 그 자매단체인 대한여자애국단이 1940년 2월부터 1941년 5월 15일까지 임정에 송금한 액수는 6,228.12달러였다. 그리고 하와이의 경우는 확실치 않으나 1941년 2월부터 5월까지 3,231.40달러를 임정에 보낸 것(『태평양주보』, 1941년 7월 5일, 「3000원 광복금」) 외에는 기록이 없는 실정이나 북미 한인사회의 모금액에 비해 약 2배~3배 이상이었을 것으로 예상된다.

14) 북미 국민회로 하여금 자신감과 지도력을 회복시켜 준 당시의 분위기는 하와이까지 전파되어 특별히 임시정부를 적극 후원해 온 하와이 국민회와 동지회의 사기도 크게 앙양시켰을 것이다.

의를 제안했다.[15] 하와이 국민회는 9월 24일 회신에서, 합동준비위원회를 조직하고 동지회의 동의를 얻은 후 북미측과의 합동문제를 실시하겠다고 했다.[16] 당시 하와이 한인사회는 미국의 국방후원을 위해 10월 13일 6개 단체들이 모여 연합한인위원회를 조직, 연합활동을 전개해 상호 협조적인 분위기가 성숙되고 있었다. 때문에 하와이의 국민회는 동지회로부터 쉽게 동의를 구할 수 있었다.

1940년 11월 5일부터 하와이 호놀룰루에서 하와이의 국민회와 동지회 대표, 그리고 로스앤젤레스에서 건너온 북미 국민회 대표 등 세 단체의 대표들이 모인 가운데 합동준비회의를 개최했다.[17] 회의 과정에서 각 단체의 대표는 다음의 합동방안을 제안했다.[18] 먼저 북미의 국민회는

> 각 사회 합동을 달성한 후에 모든 기성단체들을 해체하고 미주와 하와이를 통하여서 단일당을 조직할 것이며, 그것을 위하여 미주와 하와이 사회 당국의 합석회의를 열 것.

이라 해 기존 단체의 해체를 통한 단일당 조직을 제의했다.

하와이의 동지회는,

> 각 사회 단체는 각자 단체 유지에 관한 사무만 취급하는데 국한하여 존속

15) 김원용, 『재미한인오십년사』(Reedly, Ca. U.S.A, 1959), 399쪽 및 재미한족연합위원회편, 『해방조선』, 나성, 1948, 149쪽.

16) 『해방조선』, 150쪽. 북미 국민회의 합동제의에 대해 동지회가 쉽게 동의할 수 있었던 것은 당시 하와이 한인사회에 미국의 국방후원을 위해 동년 10월 13일 6개 단체들이 모여 연합한인위원회를 결성해 연합활동을 추진할 정도로 상호 협조적인 분위기가 형성되어 있었기 때문이다.

17) 『해방조선』, 150쪽.

18) 이하 각 단체의 합동방안에 대해서는 위의 책, 150~151쪽 참조.

> 케 하고, 정치적 연합기관을 조직하여 독립운동에 관한 정치·재정·외교·선전 등 모든 사무를 정리하게 하며, 각 사회는 그 연합기관을 절대 후원할 것.

이라 해 기존 단체를 존속시킨 채 연합기관의 설립을 제안했다.

하와이의 국민회는,

> 미령·중령 각지에 있는 해외 독립운동단체들의 대표자를 소집하여 해외한족대회를 열고, 독립운동에 관한 일절 업무를 해외한족대회의 공결에 의하여 실천할 것.

이라 해 해외한족대회 개최를 통해 나타난 공결로 결정할 것을 제안했다.

각기 다른 방안을 제시한 세 단체는 3일 동안 다섯 차례의 회합을 열고 마침내 다음의 「결의안」을 통과시켰다.

> 1. 현하 각 단체의 실정이 그 자체를 해소하고 단일당을 결성하기에 준비되지 않은 까닭에, 해외 한인 전체의 공동결의로 연합기관을 조직하고 독립운동의 모든 행사를 그 기관에 일임하기로 함.
> 2. 각 단체들은 연합기관의 세포기관이 되어서 독립운동에 대한 의무를 분담하되, 다만 그 자체에 관한 일에는 자의 행사하기로 함.
> 3. 각 단체가 이 결의안을 일치 동의하면 해외한족대회를 열기로 함.[19]

1941년 1월 7일 북미의 국민회는 제5차 대표대회(1940. 12. 29~31) 「입안」에 의거 3개 단체의 대표 3인씩을 선출해 시국문제를 공동협의 할 것을 하와이의 국민회와 동지회에 제의했다.[20] 이 제안을 검토한 하와이의

---

19) 김원용, 앞의 책, 400쪽.

20) 『신한민보』, 1941년 1월 9일, 「중상회결」 및 3월 6일 「중상결의」 참조.

국민회와 동지회는 1월 16일자와 17일자 회신에서 경비문제로 하와이에서 모일 것을 회신했다.[21] 그리고 3개 단체의 대표회를 열어 미주와 하와이 재류동포의 광복군 후원과 외교진행의 일치를 위해 협의하자고 제의했다.

이에 따라 해외한족대회는 실질적인 준비에 들어갔다. 먼저 북미의 국민회는 3월 9일 임시중앙집행위원회에서 한시대(韓始大)·김호·송종익으로 대표를 선임하였고, 4월 상순 하와이로 보내기로 결의했다.[22] 그리고 향후 대회의 주요 의제를 다음과 같이 '임시정부의 봉대', '광복군의 후원', '외교운동의 전개'에 두기로 했다.

1. 미·포·묵·쿠바 재류동포의 역량을 집중하여 임시정부를 봉대.
2. 미·포·묵·쿠바 재류동포는 임시정부 기치 하에 한국독립 광복군을 후원.
3. 한국광복군이 전쟁을 개시하고 아울러 태평양 풍운이 긴박한 이 시기에 있어 대외선전과 및 ○○○ 활동을 위한 외교문제를 협의.[23]

하와이의 국민회와 동지회도 대회 준비를 위한 공동의 방침과 의제를 마련했다. 먼저 하와이의 두 단체는 이번 대회의 목적을,

---

21) 『신한민보』, 1941년, 3월 6일, 「중상결의」 및 3월 13일, 「임시중앙집행위원회 결의」.

22) 『신한민보』, 1941년 3월 13일, 「임시중앙집행위원회 결의」.

23) 『신한민보』, 1941년 4월 10일, 「미주국민총회대표 하와이로 전왕」. 이러한 공동의제는 당시 중한민중동맹단에서도 같은 생각을 갖고 있어 미주한인들의 보편적인 생각을 정리한 것이었다.(「중한민중동맹단 선전문」 제70호(1941. 4.18), '사설; 미포대표대회에 대하야', (『우남이승만문서』 동문편 12, 697쪽)

전 대한 민족의 의사로 표현 건설된 대한민국임시정부 기치 하에 대한 민족은 대동단결하여 독립전선에 대한 총역량을 집중하고 광복대업을 적극 촉성하기로 함.[24)]

이라 하여, 임정 중심의 대동단결로 광복대업을 촉성하는 것으로 정했다.

그런 후 이번 대회에서 토의할 의제의 범위와 대강을 다음과 같이 결정하였다.

1. 독립전선에 대한 전 민족의 총동원 강화와 그 지도방략.
2. 정치·외교·군사 3대운동의 현 시대적 신방략의 전개.
3. 독립운동의 강화실현에 대한 경제적 기초와 운동방략.[25)]

요컨대 독립운동을 위해 전 민족을 동원하여 정치·외교·군사의 3대운동을 새로운 방식으로 전개하되, 이를 위해 경제적인 후원방법을 강구할 것이라는 것이다.

또 하와이의 두 단체는 이번 대회의 참가단체의 범위와 출석 대표의 자격을,

1. 대한민국임시정부를 신뢰·옹호하는, 또는 그를 서약하는 단체.
2. 제1항에 적당한 단체에서 전권 임명하는 신임장을 휴대하고 자격심사위원의 승인을 득한 자.[26)]

로 규정하여 임정을 절대적으로 지지하는 단체와 그 대표로 한정하였다.

---

24) 『태평양주보』, 1941년 4월 5일, 「해외한족전체대회」. 이와 동일한 내용이 『신한민보』, 1941년 4월 10일, 「3개 단체대회의 회의정서」에 보도되고 있다.

25) 위와 같음.

26) 위와 같음.

이상을 볼 때 해외한족대회는 임시정부를 옹호하고 지지하는 모든 단체들이 참가한 대규모의 대회로 계획되었음을 알 수 있다. 때문에 대회의 명칭을 '해외한족대회'로 부르게 된 것으로 보인다.[27] 또 이번 대회의 공동의제를 북미 국민회가 제의한 '임시정부의 봉대', '광복군의 후원', '외교운동의 전개'로 받아들였는데 이것은 대체로 미주한인들의 보편적인 정서를 반영하고 있었기 때문으로 볼 수 있다.

해외한족대회는 북미 국민회 대표 3명이 4월 16일 하와이 호놀룰루에 도착하면서부터 본격적으로 착수되었다.[28] 하와이의 국민회 대표는 안원규(安元奎)·김현구·김원용이 선임되었고, 동지회는 이원순·안현경(安顯卿)·도진호(都鎭鎬)를 대표로 선임했다.[29] 세 단체 대표들은 대회준비위원회를 구성해 미주의 각 단체에 대표 출석을 요청하는 공함을 송부하였다.[30] 원동지역 대표의 참가문제는 중경의 임시정부에 위탁하되 한국독립당의 대표로 김구의 참석을 요청했다.[31] 원동 지역의 대표, 특히 중경

---

27) '해외한족대회'라는 명칭은 『태평양주보』 1941년 4월 5일자, 「해외한족전체대회」라는 글에서 처음 사용되고 있다.

28) 『신한민보』, 1941년 4월 10일, 「미주국민총회대표 하와이로 전왕」 참조.

29) 『태평양주보』, 1941년 4월 19일, 「잡보」; '연합대표는 금일에 소집'.

30) 위와 같음. 이 때 각 단체 대표의 초청은 북미 국민회의 대표가 오기 전에 하와이 국민회와 동지회에서 미리 초청해 놓고 있었다. 따라서 대회준비위원회는 북미 국민회 대표가 오기 전에 이미 성립되어 있었고, 북미 국민회 대표는 단지 여기에 합류했을 뿐이다.

한편 대표 출석을 제의받은 단체는 와히아와 한국독립당 대표 안창호, 중한민중동맹단 대표 차신호, 조선의용대후원회의 황사용, 대한부인구제회의 심영신(국민회)·민함나(동지회), 그리고 대조선독립단 등 6개 단체이다. 그런데 조선의용대후원회의 대표는 초청받은 황사용이 사면하는 바람에 나중에 권도인으로 교체되었다.(『신한민보』, 1941년, 5월 15일, 「해외한족대회에 참가한 단체와 대표」 참조)

31) 『해방조선』, 151쪽.

임정의 대표를 초청하려 한 것은 이번 대회가 임시정부를 지지하고 지원하기 위한 대회라는 점 외에 원동의 대표를 참가시킴으로써 '해외한족대회'라는 이름에 걸 맞는 행사를 치루기 위함이었다. 김구는 미국 입국수속과 왕래 여비의 곤란으로 참석이 어려울 것 같다는 회신을 보냈는데, 대회준비위원회는 하와이 이민국의 허가를 얻고 비행기를 통한 왕래 편의를 제공할 것이니 참석해 줄 것을 다시 요청하였다.[32] 그렇지만 임시정부에 일이 많아서 떠날 수 없다는 김구와 차리석(車利錫)의 회신을 받으면서 대회준비위원회는 포기해야 했다.[33]

해외한족대회에 참가한 단체와 대표는 북미의 2곳, 하와이의 7곳 해서 총 9개 단체에 15명이었다. 참가한 각 단체와 대표자 명단은 다음과 같다.

- 북미 국민회: 한시대, 김호, 송종익
- 동지회: 안현경, 이원순, 도진호
- 하와이 국민회: 안원규, 김현구, 김원용
- 중한민중동맹단: 차신호
- 대조선독립단: 강상호
- 한국독립당하와이총지부: 임성우
- 조선의용대미주후원회연합회: 권도인
- 하와이 대한부인구제회: 민함나, 심영신[34]

---

32) 위와 같음.

33) 위와 같음. 그리고 『태평양주보』, 1941년 4월 19일, 「잡보」; '연합대표는 금일에 소집' 및 5월 31일, 「재미한족에 대한 임정훈사」 참조.

34) 하와이 대한부인구제회는 국민회측(심영신)과 동지회측(민함나)으로 나누어져 있어 두 단체로 보아야 한다. 그 외 하와이 국민회장 조병요와 동지회 중앙부장 손승운은 정식 대표는 아니었지만 대표자격으로 참석하였다. 그리고 김원용의 『재미한인오십년사』, 410쪽에 대한여자애국단 대표 이성

위에서 볼 때 북미의 국민회와 하와이의 국민회·동지회는 각 3인씩 초청된 반면 그 외 단체는 대표 1인만 초청된 것은 두 국민회와 동지회 중심의 해외한족대회가 예견되는 부분이다.[35]

2. 대회의 개최와 성과

해외한족대회는 1941년 4월 19일 대회 임원의 선정과 4월 20일 해외한족대회 의장 안원규의 개회「선언」의 발표, 그리고 최종「결의안」을 공포하는 29일까지 진행되었다.[36] 4월 20일 개회식 날 해외한족대회 의장 안원규와 대회 위원 일동은 다음의 개회「선언」을 발표했다.

> 해외한족대회를 미령에 소집함은 전 대한 민족은 일치 협력하여 미국 정부의 급진 맹작하는 국방사업과 세계 구의공작을 직접 간접으로 원조하

례·박경신이 참가했다고 기록한 것은 잘못된 것이다.(『신한민보』 1941년 5월 8일,「해외한족대회준비회」 참조)

35) 이 때문에 중한민중동맹단은 1인 대표만 초청한 것에 대해 불만을 표시하였다.(「중한민중동맹단선전문」 제70호(1941.4.18),「사설」: '미포대표회에 대하여')

36) 해외한족대회의 공식적인 개회 선언은 4월 20일에 이루어졌으나 대회의 개회는 이미 4월 19일부터 시작하였다. 그리고 공식회의는 4월 21일 갈리히 기독학원에서 시작하였고「결의안」 발표 이후인 5월 1일까지도 세부회의가 계속되었다. 안원규가 발표한「선언」의 내용은『해방조선』, 153쪽의 기록과 김원용의『재미한인오십년사』, 404~405쪽의 것이 약간 차이를 보인다. 4월 19일 대회 진행을 위해 선정된 임원은 의장 안원규, 부의장 한시대, 서기 김원용·도진호, 영문서기 김현구, 의안수리위원 이원순·김호이다.(『신한민보』, 1941년 5월 8일,「해회한족대회준비회」 및『태평양주보』, 1941년 4월 26일,「해외한족대회진행」)

며, 전후의 건설 공작에 이르기까지 만일의 공헌을 같이 하자 함이오.

독립 자주의 정당한 권리 행복을 평등 향수코자 하는 민족 자연의 충동과 요구에서 이 시대에 대처하는 최선의 방법을 연구토의 하자 함이니, 대회와 및 대회의원의 사명이 실로 중대하며, 그 임무가 또한 신성 중대함을 우리는 깊이 자각하고 가깝게는 미령동포의 성실한 협조와 지도가 있기를 바라고, 멀리는 전 민족의 뜨거운 편달이 있기를 바라노니, 금일로부터 통일과 조직적 전투로써 최후의 승리를 굳게 맹약하노라.

조국의 완전한 독립을 불원 장래에 다시 세계에 선언하고 위대한 민족의 장래를 자유와 행복으로써 광휘있게 개척하고 건설하자. 3천만 민중의 건전한 분투를 기대하며 이에 선언하노라.[37)]

이 「선언」에서 주목할 점은 해외한족대회가 한국의 독립문제뿐만 아니라 미국의 국방후원문제와 전후(戰後)의 건설문제까지 고려하고 있었다는 점이다. 대회의 의제범위가 점차 확대되고 있었음을 알 수 있다.

그러면 해외한인대회 개최에 따른 해외 한인들의 심정은 어떠했을까. 여기에 대해 동지회 이원순은 「미포동지들께」라는 글에서 다음과 같이 그 심정을 피력하였다.

…… 전후후무한 좋은 기회를 당한 우리 민족이 어떻게 하면 광복운동을 통일적으로 하여 볼까 하는 충심에서 이번 해외한인 전체대회를 소집하는 것입니다.

이번 집회에 바라는 바의 갖지 못하게 된다면 오히려 모이지 아니하였던 것보다 못할 위험성을 가진 것을 불계하고 이 일을 단행함은 이것이 아니고는 우리의 운동을 적극적으로 하여 볼 수도 없고, 대표기관이 없어 가지고는 여기저기서 일을 한다고 하면 일에 성사는 커녕 이번 기회를 또 그

37) 『해방조선』, 153쪽. 그런데 김원용의 『재미한인오십년사』, 404~405쪽에 있는 것은 원문과 조금 차이가 있다.

저 보내게 될 것을 보는 이유외다.[38]

즉, 해외한족대회는 피할 수 없는 시대적 요청에 의한 것이라고 했다. 때문에 이원순은 계속해서, 이번 대회의 진행은 다수 결정만으로 진행하지 않고 각 단체 각 개인의 성충에 맡길 것이라 하여, 한인들의 전적인 협조 속에 진행되어져야 함을 주장했다.

아울러 하와이의 중한민중동맹단은

> …… 기회가 우리에게 실로 천재일시라. 이러한 기회를 잃고는 우리가 다시 만나기 어려울 줄 아노라. 대저 구주에 전쟁이 전 세계를 저울질하고 일미의 전쟁이 급박하여져서 피차에 다시 퇴보하기 어렵게 되었으니, 원동의 문제는 일미 간에 태평양에서 승부를 판결하게 되었다.
>
> 그런즉 우리 외양에 있는 우리 한인들은 대동단결이 되어야 하겠고, 미포에 있는 우리 한인들은 미국에 충성하는 것을 분명히 하여 나타내 보여야 하겠다. ……
>
> 절대로 우리의 주의·감정·이론을 다 내어버리고 단순히 우리의 광복사업만 위하여 일대 통일의 견고한 지대를 세워 놓으면, 이번 여러분 대표의 막대한 성공이오, 우리 운동에 만행(萬幸)이겠지만, 그렇지 아니하고 각 대표들이 내 주장을 고집하고 타인의 의견을 압도하거나, 내 단체만 높이려 하고 다른 단체를 무시하는 경우에는 단합이 잘 되지 아니하리니, 합동적 사업이 잘 되지 아니하면 많은 재정과 귀한 시간만 허비할 뿐 아니라 우리 광복사업에 다대한 영향과 장애를 주리니, 바라건대 대표 제위는 이 기회를 중요시하고 충심으로 일만 위하여 모이는 자리가 되기를 축원하는 동시에……[39]

---

38) 『태평양주보』, 1941년 4월 12일, 「미포동지들께」.

39) 「중한민중동맹단 선전문」, 제70호(1941.4.18), 『우남이승만문서』(동문편, 12, 696~697쪽.

라 하며, 반드시 대동단결된 모습으로 성공할 것을 기원했다.

중경의 임시정부는 축전을 보내며 치하했다. 그리고 "우리 운동 중에 있어 이 회의는 우리 역사의 페이지를 가장 광휘(光輝)하게 꾸미는 것이니, 따라서 특수한 성효(成效)가 안전에 표현될 것을 확신합니다"하여 큰 기대를 표명하였고, 특별히 대미외교문제와 광복군후원문제를 당부하였다.[40] 그 외 워싱턴에서 활동 중인 이승만도 축전을 보내 대회 개최를 축하해 주었다.[41] 이처럼 해외한족대회의 개최는 미주뿐만 아니라 원동에 있는 임시정부의 큰 관심 속에 진행되었다.

해외한족대회에서 나온 주요 의결사항은 4월 27일 공동대회를 통해 조정되었고, 최종안은 「해외한족대회 결의안」(이하 「결의안」으로 칭함)이라는 이름으로 4월 29일 발표되었다.[42] 세칙과 규정을 포함하여 총 7개조로 이루어진 「결의안」은 그 동안 진행된 해외한족대회의 모든 회의내용을 압축하고 있다. 「결의안」의 주요 내용은 '독립전선의 통일', '임시정부의 봉대', '군사운동', '외교운동', '미국 국방공작의 원조', '재정방침', '재미한족연합위원회의 설치' 등 일곱 가지이다. 이를 정리해 보면 다음과 같다.[43]

첫째, 독립전선의 통일문제에 대해서는 주의와 이론을 초월하고 모든 신문·잡지의 논조를 통일하여 온갖 역량을 항일전선에 집중할 것을 결

40) 『태평양주보』, 1941년 5월 31일, 「재미한족에 대한 임정훈사」. 그런데 『신한민보』, 1941년 6월 5일자에 소개된 '임정 훈사'는 4월 21일에 송부된 것으로 기록하고 있어 약간 차이를 보인다.

41) 『태평양주보』, 1941년 4월 26일, 「해외한족대회 진행」.

42) 이를 볼 때 해외한족대회의 공식회의 기간은 4월 21일부터 4월 29일까지로 볼 수 있다.

43) 이하의 「결의안」 세부내용에 대해서는 『해방조선』, 153~156쪽, 「해외한족대회 결의안」 참조.

의하였다.

둘째, 임시정부 봉대문제에 대해서는 먼저 모든 민족 제 단체는 임정을 절대 신뢰하고 물질과 정신을 다해 희생・봉사하며, 임정으로부터 발포되는 모든 명령에 절대 준행하기로 하였다.

셋째, 군사운동에 대해서는 우리 국민 전체가 광복군된 인식을 하여 전선 출동에 대한 준비훈련을 행하기로 하였다. 아울러 한국광복군과 조선의용대는 무조건 임시정부 통제 하에 합작하여 대일항전을 전개할 것을 요청하기로 하였다.

넷째, 외교운동에 대해서는 외교기관으로 주미외교위원부(駐美外交委員部)를 워싱턴DC에 설치하되, 외교대표는 위원 한 사람을 두어 전무(專務)하게 하고 시국의 전개와 사무의 증가에 따라 인원을 보충하기로 하였다. 주미외교위원부의 소요경비는 재미동포가 부담하기로 하고, 대미외교의 대표는 이승만으로 택정하였다. 주미외교위원부의 활동은 임시정부의 법적 승인절차를 마친 후 사무를 개시하기로 하였다.

다섯째, 미국 국방공작의 원조에 대해서는 봉사원 1인을 선정하되 그 경비는 재미한인이 부담하기로 하였다. 미국 국방공작 봉사원은 한길수로 택정하였다.

여섯째, 재정방침에 대해서는 종래 각 단체에서 시행하던 각종 독립의 연금을 폐지하고 '독립금'이라는 이름으로 수합하되, 연예산은 2만 달러로 책정했다. 이 가운데 2/3는 임시정부로 상납하며, 1/3은 외교비와 국방공작 원조에 사용하기로 하였다. 재정에 관한 세측은 별도로 정했다.

일곱째, 독립운동을 추진하기 위해 재미한족연합위원회라는 연합기관을 설치하기로 했다. 재미한족연합위원회는 의사부와 집행부로 구성하되 의사부는 하와이에, 집행부는 북미에 두기로 했다. 재미한족연합위원회에 관한 규약은 별도로 제정했고, 설립 목적은 조국의 독립운동과 그 전선을 통일하여 항전 승리를 획득하며 미주한인 동포사회의 발전과 향상을 위하여 연락 협조하는데 두었다. 또 재미한족연합위원회에 참가할 단체를 재미한족의 정치단체로 한정하고 체제는 위원제로 하되 위원은 해외한족대표 출석대표 전부와 하와이의 국민회·동지회 및 북미의 국민회 수석으로 선출하기로 하였다. 재미한족연합위원회는 미국 국방공작의 후원 사무를 관리하며, 운영방식은 상례회(常例會)가 없고 의사부와 집행부가 공동결의에 따라 임시로 소집하는 것으로 했다.

이상의 「결의안」을 통해 볼 때 해외한족대회는 매우 순조롭게 진행되었음을 짐작케 한다. 이는 이미 공동 의제로 선정했던 '임시정부의 봉대', '광복군의 후원', '외교운동의 전개' 문제가 그대로 반영되어 있고, 이를 추진하기 위한 재정 방침이나 외교기관인 주미외교위원부와 독립운동의 총괄기관인 재미한족연합위원회의 설치문제도 계획한 대로 잘 추진되었기 때문이다. 그리고 미국 국방을 후원하는 문제는 재미한인들로서 미국에 대한 책임을 다해야 한다는 생각 때문에 참가자 모두 이의없이 쉽게 합의할 수 있었다.[44]

그런데 이번 대회의 진행을 어렵게 만든 것은 이러한 안건문제가 아니라 인선문제였다. 즉 대미외교를 담당할 사람을 1인으로 두느냐 3인으로 두느냐, 또 이와 관련해 누구를 선정할 것인가에 대해 의견이 분분했던 것이다.

대미외교사업은 이미 해외한족대회가 개회하기 전부터 임시정부에서 큰 관심을 갖고 있었다. 임시정부는 신설될 외교기관의 명칭을 대한민국 임시정부 주미외교위원부로 하되 책임자를 3명 정도 임명할 것을 권유하였다.[45] 아울러 그 책임자의 자격은 무엇보다 순정한 정신과 인격을

44) 이 때문에 대회 참가자들은 해외한족대회 의장 안원규의 이름으로 4월 27일 「권유문」을 대외에 발표하여, 미국 국방문제에 대한 미주한인들의 이해와 지원을 당부하기도 하였다.(『해방조선』, 156쪽)

45) 『태평양주보』, 1941년 5월 31일, 「재미한족에 대한 임정훈사」.

갖춘 덕망있는 사람이어야 함을 당부하였다. 요컨대 해외한족대회에서 외교원을 3인으로 두어야 한다는 안은 임시정부에서 제시한 것으로 볼 수 있다.[46)]

중한민중동맹단과 동지회는 처음부터 외교사업의 안건에 큰 관심을 갖고 있었다. 이미 중한민중동맹단의 한길수는 1938년부터 미국 정부와 국회를 대상으로 외교활동을 활발히 전개하고 있었고, 그 뒤를 이어서 동지회는 1939년 구미위원부를 통한 이승만의 외교활동을 적극 후원하고 있었다. 그렇지만 이들 두 단체의 외교활동은 임시정부로부터 전혀 인정을 받지 못하고 있었다. 임시정부는 중한민중동맹단이 본단의 존재와 한길수의 외교사업을 인준해 달라는 요청에 대해, 외교목표와 선전주지(宣傳主旨)가 득당(得當)치 못하기 때문에 그 교정을 지시하고 허락하지 않았다.[47)] 또 이승만의 외교활동을 위해 동지회에서 요청한 구미위원부 부활건에 대해서는 임시의정원에서 구미위원부를 이미 폐지하였으므로 허락할 수 없다는 입장이었다.[48)] 이런 상황에서 해외한족대회에서 외교사업을 임시정부의 인준을 받아 시행하겠다고 한 것은 두 단체가 그동안 시도한 외교활동의 정당성뿐만 아니라, 소속 단체의 대내외적 위상문제까지 영향을 끼칠 중요한 문제였다.

따라서 동지회나 중한민중동맹단은 해외한족대회에서 논의될 외교사업

---

46) 임시정부가 외교원을 3인으로 하려 한 것에 고정휴 교수는 주미외교위원부의 책임자를 한사람으로 했을 때 재미한인단체들의 반목과 대립을 조정하기 어려울 뿐 아니라, 임시정부의 주미외교부에 대한 통제력이 약화될 지 모를 상황을 고려한 것이라 해석했다. (고정휴, 「제2차세계대전기 재미한인사회의의 동향과 주미외교위원부의 활동」, 『국사관논총』 제49집(1993), 237쪽).

47) 「대한민국임시의정원기사록」(대한민국 21년~23년), 『한국독립운동사자료』(임정편) 1, (국사편찬위원회, 1983), 93쪽.

48) 위와 같음.

의 문제에 관심을 기우리지 않을 수 없었다. 먼저 동지회 대표 이원순은 「임시정부와 대미외교」라는 글에서, 오래 전에 설립한 바 있고, 최근 활동을 재개한 구미위원부와 이승만 중심으로 외교활동을 전개한다면 모든 일이 순서적으로 진행될 것이라 주장하여 동지회의 입장을 강하게 대변했다.[49] 중한민중동맹단은 "외교단을 조직하여 이미 외교선전사업을 시작한 인사들이나 새로 증가되는 인원들이라도 이 범위 안에서 일치한 행동을 취케 할 것이오"라 하여,[50] 이번 대회가 기존의 외교활동을 모두 포괄해서 합의를 이끌어 내 줄 것을 기대하였다.

이런 두 단체의 태도를 볼 때 중한민중동맹단은 외교사무의 인원을 3인으로 주장했을 가능성이 높다. 그 이유는 현실적으로 볼 때 중한민중동맹단의 회세는 동지회에 비해 열세였기 때문에 이왕에 전개 중인 한길수의 외교활동을 인정받기 위해서라도 서로 합력해야 한다는 논리를 펼 수밖에 없었을 것이다.[51] 반면, 동지회는 이번 대회를 주관한 세 단체 중의 하나로서 우월적인 위치에 서 있었으므로 이승만 1인으로 한정하여 외교사업을 독점하기를 바랬을 것이다.

이런 양측의 입장 차이 때문에 이견조정이 쉽지 않았는데 북미 국민회 대표인 김호의 절충안으로 해결되었다. 그는 1인으로 외교 사무를 전무하게 하되 시국의 전개와 사무의 증가에 따라 인원을 증원시키며, 주미외교위원부에 관한 모든 것은 임시정부로부터 정식 승인을 받은 후 진행할 것을 제안했다.[52] 그리고 그는 외교 사무를 담당할 1인을 이승만으로 추천했다. 그 이유는 첫째, 자격 · 신용 · 배경 등을 조사해 볼 때 40년의 애국성의를 가진 이승만 만한 인물이 없다는 것과, 둘째, 이승만을 외교의 중

49) 『태평양주보』, 1941년 4월 19일, 「우리의 임시정부와 대미외교」.

50) 「중한민중동맹단 선전문」 제70호(1941.4.18), 앞의 글, 697쪽.

51) 그렇기 때문에 이번 대회 참가도 대표자 1인만 참가할 수밖에 없었다.

52) 『태평양주보』, 1941년 5월 3일, 「한족대회의 3대운동」.

심 인물로 삼아 추진하지 않으면 수십년동안 그를 추대한 동지회를 배제시키는 셈이니, 이는 이번 대회의 목적인 대동단결의 노력을 실패로 돌리게 될 것이라는 점, 셋째, 이승만에 대한 반대자는 소수의 식자층인 반면 그의 임명을 찬성하는 민중은 다수라는 점 때문이라 했다.[53)]

이같은 김호의 제안은 논의 결과 수용되었으나 임시정부가 기대했던 수준은 아니었다. 비록 외교기관의 명칭은 임정이 제시했던 주미외교위원부로 받아들였으나 외교원 1인의 선임은 임시정부의 3인안과는 맞지 않았다. 임정 봉대를 외쳤던 미주한인들이 이해관계 앞에서는 결국 명분보다 현실적인 실리를 따르는 모순을 보이고 있었다.

외교업무가 이승만 1인으로 결정되자 한길수를 추대하던 중한민중동맹단은 한 때 대회 탈퇴까지 주장하면서 거세게 반발하였다. 이렇게 되자 한길수를 외교원보다 미국 국방을 후원할 봉사원(奉仕員)으로 선임하는 쪽으로 무마시켜 인선과정을 둘러싼 제 문제는 일단락 되었다.[54)] 그런데 해외한족대회 이후 한길수의 활동영역이 미국 국방 봉사원보다 외교원으로서 더 활동하였음을 볼 때, 외교활동을 둘러싼 이승만과 한길수 사이의 대립 여지는 이미 처음부터 내포하고 있었다고 볼 수 있다.

전체적으로 볼 때 해외한족대회는 성공적인 대회였다. 이런 성공적인 해외한족대회의 결과 전 미주한인사회는 임시정부의 기치 하에 완전히 통일되었고 미주한인사회를 통할할 최대의 독립운동기관인 재미한족연합위원회와 외교를 전담할 주미외교위원부를 탄생시켰다. 이에 따라 미주한인사회는 재미한족연합위원회를 중심으로 대대적인 독립운동을 전개할 수 있었다. 이는 미주한인 역사상 유례없는 성과였다. 이러한 성과에 대해 임시정부의 김구는 5월 20일자 공함에서 이번 해외한족대회를 미주독

53) 위와 같음.

54) 위와 같음.

립운동의 역사상 신광채로 표현하였고,[55] 특별히 미주한인사회가 임시정부로 통일된 데 대해 높이 평가하였다.[56]

또 중경의 조선민족전선연맹(朝鮮民族戰線聯盟)이 해외한족대회 의장 안원규에게 보낸 통신(1941. 8. 1)에는 해외한족대회의 역사적 의의를 다음과 같이 평가하였다.

> 우리에게 대규모의 독립전쟁을 요구하는 긴급한 시기에 재미 8단체 동지들이 솔선 통일단결하여 통일적 지도하에 반일역량을 집중하게 된 것은, 첫째, 조선민족(이) 갈망하고 전 중국민족이 요구하고 전 세계 반일인민과 국가가 요구하는 장거이며 조선 민족 독립운동 책략상에 가장 정확한 노선에 의거한 것입니다. 둘째는 재미 8단체가 주의와 이론을 초월하여 온갖 역량을 항일전선에 집중하자는 원칙하에 통일단결된 것은 가장 적절한 방법이오, 오직 그렇게 하는데서만 우리의 각계층 각당파의 역량을 유감없이 항일전선에 집중할 수 있는 것입니다. 셋째는 재미 8단체의 통일단결은 우리 해외운동의 광영한 일편(一片)을 이루었을 뿐 아니라 우리 민족의 국제적 체면을 제공하였습니다.[57]

이러한 평가와 함께 민족전선연맹은 아직까지 중국 관내의 독립운동 단체들이 통일되지 못한 것을 깊이 반성하여 앞으로 재미동포들의 본을 따라 통일운동에 공헌할 것임을 다짐하였다. 이를 볼 때 해외한족대회의 성공은 민족전선연맹으로 하여금 임시정부의 한국독립당 세력과 통일전선운동을 재추진하는데 적지 않은 영향을 끼쳤을 것으로 생각한다.

미주의 한인들은 이번 해외한족대회의 성공을 그동안의 실패를 딛고 나온 '희생'의 산물이며, 그 중에서도 가장 어려운 '주장의 희생'으로 이루

55) 『신한민보』, 1941년 6월 26일, 「임시정부 당국은 한족대회를 가장」.

56) 「제33회 의회의사록」, 『한국독립운동사자료』(임정편) 1, 117~118쪽.

57) 『태평양주보』, 1941년 9월 20일, 「민족전선연맹의 통신」.

어진 값진 경험으로 평가하였다.[58] 그리고 이번 대회를 계기로 미국과 하와이 그리고 멕시코와 쿠바의 재류동포들이 하나로 결집하여 다같이 임시정부의 기치 하에 서게 된 것은 해외한인 역사상 처음 있는 일로 평가하였다.[59] 워싱턴에서 이 대회를 지켜보던 이승만은 이번 해외한족대회에서 피차 호의를 가지고 의사를 교환하여 민족운동을 위해 합심합력하기로 작정한 것은 과연 축하할 만한 성과로 치하하였다.[60] 아울러 그는 이번 대회 이후의 결실은 각 단체의 인도자들과 일반 민중들에게 달려 있으니 대회 이전보다 지금 이후부터 더욱 조심하여 이러한 단결을 유지・발전해 줄 것 당부하였다.

이와 같은 각계의 반응들을 살펴 볼 때 해외한족대회는 일제강점시기 미주한인 역사상 가장 자랑할 만한 업적 중 하나였다고 평가할 수 있다. 그리고 이를 통해 재미한족연합위원회가 결성되면서 이후 민족독립을 위한 미주한인들의 본격적인 독립운동이 시작될 수 있었다.

58) 『신한민보』, 1941년 5월 15일, 「희생」. 이는 『국민보』 1667호의 「사설」을 인용한 것이다.

59) 『신한민보』, 1941년 5월 15일, 「하와이로부터 돌아 온 대표를 환영」 및 「논설」: '결의안에 대하여' 참조.

60) 『태평양주보』, 1941년 5월 31일, 「해외한족대회를 치하」.

제7장
재미한족연합위원회의 조직

재미한족연합위원회(在美韓族聯合委員會, The United Korean Committee in America; UKC, 이하 '연합회'로 약함)는 미주한인사회의 분산된 독립운동을 한 군데로 결집하고 통할하기 위해 결성된 최대의 독립운동기관이다. 해외한족대회에서 결의된 연합회의 규정을 보면 다음과 같다.

1. 본회는 재미한족연합위원회라 칭함.
2. 본회는 조국의 독립운동과 그 전선을 통일하여 한전['항전', 또는 '항일'] 승리를 획득하며 동포사회의 발전 향상을 위하여 연락 협조하기로 함.
3. 본회는 재미한족의 정치단체로 구성함.
4. 본회의 기관은 위원제로 하고 위원은 해외한족대표대회 출석 대표 전수와 하와이 국민회, 동지회, 미주 국민회 수석으로 선출함.
5. 하와이에 있는 위원 전부로 의사부를 조직하고 미주에 있는 위원 전부로 집행부를 조직하되, 각 위원의 결원 보충은 각각 전임자 소속 단체에서 행케함.
6. 본회 회원된 각 단체는 독립금을 수봉하여 본 위원회로 납부하는 의무를 각별히 준수함.

7. 본회 회원된 단체는 본회 규정과 공약을 준수하는 동시에 본회 주의 주장과 규약에 위반되는 일체 행치 않기로 함.
8. 본회에서 선임하는 모든 임원은 본회에 지도를 준수 실행함.
9. 미국 국방공작 후원사무 일체를 본회에서 관리케 함.
10. 본회 재정 출납의 규정은 별정함.
11. 본회 경비에 대한 일체 세목은 의사부 공결로 집행부에서 지출함.
12. 본회는 상례회가 없고 특별 사정으로 의사부와 집행부 공동결의를 따라 임시로 소집케 함.[1)]

---

1) 도1325, 「해외한족대회결의안」; 『태평양주보』, 1941년 5월 10일, 『한족대회 3대운동』; 홍선표 편, 『재미한족연합위원회 회의록』, 연세대학교 출판부, 2005, 30쪽. 원 자료에는 전체 13항으로 되어 있으나 제7항과 8항의 내용이 중복되어 있어 실제로는 12항이다. [ ] 한 부분은 원문 오기에 대해 필자가 수정한 내용이다. 그런데 김원용이 쓴 『재미한인오십년사』(408~409쪽)를 보면 원 자료와 많은 차이가 있어 주의를 요한다. 이것은 해외한족대회 이후 수정된 규정을 반영한 때문이 아닌가 생각된다. 이를 보면 다음과 같고, 밑줄 친 부분은 새로 추가된 내용을 말한다.

제1항 "본회의 목적은 대한민족의 독립운동과 항일전선을 통일하며 항일 승리를 획득하기 위하여 재미 한인단체들을 규합하여서 그 역량을 집중하며 일반 운동을 확대 강화함에 있음." 즉, 원래 있는 "동포사회의 발전 향상을 위한 연락 협조"의 내용이 변경되고 있다.

제5항 "궐임된 임원을 보선할 경우에는 전임자 소속 단체에 통지하여 대표 파송을 요구하며 임원의 직무를 변경할 경우에는 임원회의 결의를 실행함."

이것은 원래의 내용에 없는 것이 새로 추가되었다.

제6항 "본회의 회원 단체는 사업 진행의 제의권과 투표권이 있고 경비를 분담하는 의무와 독립금을 수봉하여 본회 재무부에 납부하는 책임이 있음." 여기서는 '제의권과 투표권'이라는 내용이 새로 추가되었다.

제8항 "본회의 임원과 본회의 임명을 받은 인사들은 반드시 본회의 지도에 따라서 임무를 수행함." 여기서는 "반드시"라는 문구가 새로 추가되었다.

연합회의 설립 목적을 보면, 조국의 독립운동과 그 전선을 통일하여 항일전의 승리를 획득하는 동시에 동포 사회의 발전과 향상을 위해 연락 협조하는데 두었다. 즉, 해외한족대회에서 결의한 독립전선의 통일, 임시정부의 봉대, 군사 및 외교운동의 전개, 미국 국방공작의 후원, 재정 수합 등 이 모든 일을 주관하고 실행하기 위해 연합회가 결성되었던 것이다. 이런 연합회의 성격은 연합회가 단순히 배후에서 독립운동을 지원하는 후원단체로 머물지 않을 것임을 의미한다.

연합회는 해외한족대회 「결의안」이 선포된 1941년 4월 29일 결성 되었으나 이는 형식상의 선언이었고, 실제 결성은 의사부와 집행부가 각각의 조직을 갖추면서다. 연합회의 조직은 해외한족대회에서 그 대강(大綱)이 결의됨에 따라, 하와이 호놀룰루(호항, 湖港)의 의사부(議事部)와 북미 로스앤젤레스의 집행부(執行部)로 구성된 2원체제의 위원제로 운영되었다.

해외한족대회에서 결정한 연합회의 조직 내용을 보면 의사부 12명, 집행부 6명 등 총 18명으로 구성하였다. 즉 하와이의 의사부는 동지회 대표 2명과 동회 수석(중앙부장) 1명, 국민회 대표 3명과 동회 수석(총회장) 1명, 중한민중동맹단 대표 1명, 대조선독립단 대표 1명, 한국독립당하와이총지부 대표 1명, 대한부인구제회 대표 2명(국민회측 1명, 동지회측 1명) 등 총 12인으로 호놀룰루에서 조직되었다.[2] 북미의 집행부는 국민회 대표 3

제10항 "본회 재정출납의 세칙은 시세를 따라서 변경할 수 있으나 반드시 의사부의 인준이 있어야 함." 이것은 "본회 재정출납의 규정은 별정" 하겠다는 내용과 완전히 상이하다.

제11항 "본회의 재정지출은 의사부 지시에 의하여 집행부가 지발함." 이것은 "의사부의 공결로 집행부에서 지출" 한다는 것이 의사부의 "지시"로 하는 것으로 변경되고 있다.

제12항 "본회에는 상례회가 없고 의사부와 집행부의 공결로 사업을 진행하되 특별한 경우에는 전체 대회나 각 단체 합석회의를 소집함." 여기서는 "각 단체 합석회의를 소집" 한다는 내용이 추가되고 있다.

명과 동회 수석(총회장) 1명, 동지회 대표 1명, 조선의용대후원회 대표 1명 등 총 6인으로 로스앤젤레스에서 조직되었다.

연합회 조직의 인원 안배는 참가 단체 총 회원수의 비례에 의해 정해졌다.[3] 해외한족대회 당시 회원 수 비례의 원칙은 정확하지 않으나 100~150명 당 1인으로 기준한 것으로 보인다. 예컨대 하와이 국민회의 경우 4명의 의미는 1941년 당시 국민회 회원 수가 약 400~600명 정도였음을 의미한다. 그런데 의사부 조직 중 하와이 동지회의 인원이 국민회의 4명에 비해 1명이 적은 것은 집행부 조직에 참가할 북미의 동지회가 기준 회원 수에 미치지 못하여 집행부 조직에서 빠지게 되자 동지회 중앙부의 1명을 북미의 동지회에 배려한 때문이었다.[4] 이후 회원 수에 따른 인원배분의 원칙은 1943년 제2차 전체위원회에서 회원 50명당 1인으로 줄였고, 그 이후엔 회원 단체의 대소를 불문하고 평등한 참여로 나아갔다.

연합회 임원의 임기는 결성 초기 정해져 있지 않았다가 제1차 전체위원회(1942. 4. 3~7, 5. 4~7)에서 2년으로 확정하였다.[5]

연합회의 운영방침은 해외한족대회에서 결정된 대로 상례회가 없고 특별한 사정이 있을 때 의사부와 집행부의 공동 결의로 임시 소집하는 것으로 정했다. 이에 따라 연합회는 별도의 중앙조직이 없이 매년 전체위원회를 열어서 현안 문제와 장래 사업 등을 논의하였다. 연합회의 전체위원회는 총 3회(1942~1944) 시행되었는데 회기를 정하지 않았지만 시국의 사

---

2) 홍선표 편, 『재미한족연합위원회 회의록』 32쪽.

3) 여기에 대해서는 "What U.K.C. Stands For: Its Program," *The Korean National Herald-Pacific Weekly*, Jan. 20, 1943; 유일한(柳一韓)이 기고한 「단체에 대한 인식 착오」, 『신한민보』, 1943년 8월 12일 참조.

4) 위와 같음.

5) 『신한민보』, 1942년 5월 14일, 「재미한족연합위원회 제1차 전체위원회 결의안」.

정에 따라 매년 봄철에 정기적으로 개최되었다.

연합회의 재정 사무는 해외한족대회의 결의에 따라 의사부의 공결로 집행부에서 지출하는 원칙을 정했으나 그대로 시행되지 못하였고 각기 독자적으로 재정을 관리하고 지출하였다. 이것은 의사부와 집행부의 위치가 지리적으로 상호 멀리 떨어져 있는 관계로 각지에서 수봉한 재정을 한 곳으로 집중하기 어려웠고, 실제 운영면에서도 중앙기구가 없는 연합회의 속성상 통합 관리하기도 힘들었기 때문이었다.

1943년 제2차 전체위원회(4.28~5.8)에서는 집행부와 의사부의 행정범위를 조정하여 전체적인 일은 집행부가 담당하고 지역적인 것은 두 부가 자체적으로 담당하는 원칙을 결정하였다.[6] 그래서 연합회의 중경특파원 파견문제나 워싱턴사무소의 설립 등 주요 사안에 대해선 의사부와 집행부의 공동 협의로 추진되었다. 대체로 연합회의 조직과 운영은 일정한 원칙에 의해서라기보다 지역적 특성과 환경의 변화에 따라 독자적이면서 자율적으로 시행되었고, 중요사항에 대해선 상호협의 하에 추진되었다.

1. 의사부

의사부의 첫 조직은 1941년 5월 4일 전체 12명 중 한국독립당하와이 총지부 대표 1명이 빠진 11명으로 이루어졌다. 이를 보면 다음과 같다.

위 원 장: 이원순(동)
부위원장: 안원규(국)
비서위원: 국문서기 도진호(동), 영문서기 김원용(국)

6) 『신한민보』, 1943년 5월 13일, 「재미한족연합위원회 제2차 전체위원회 결의안」.

재 무: 조병요(국), 손승운(동)
국방위원: 김현구(국)
검사위원: 차신호(중한)
의사위원: 강상호(독립단), 민함라(구제 · 동), 심영신(구제 · 국)[7]

이를 보면 위원장 · 부위원장 각 1인과 비서위원으로 영문서기 1인과 국문서기 1인을 두었으며, 재무 2인, 검사(또는 '감사'로도 부름) 1명, 국방위원 1명, 그리고 의사위원 3인을 두었다. 재무는 하와이 국민회 총회장과 동지회 중앙부장이 각각 맡았는데, 이는 연합회가 재정의 수합과 관리 사무를 매우 중요시했기 때문으로 보인다.

초기 조직 때부터 미일전쟁이 발발하기 전까지 의사부의 조직은 점차 보강되었다. 먼저 임성우(任成雨)가 한국독립당하와이총지부(The Hawaii Branch of the Korean Independence Party. 또는 The Tokniptang)의[8] 대표 자격으로 새 위원에 추가되어 총 12명의 의사부 정원을 모두 채웠다.

---

7) 『태평양주보』, 1941년 5월 10일, 의사부조직」; 『신한민보』, 1941년 5월 22일, 「재미한족연합위원회 하와이의사부」 및 5월 29일, 「연회공함」.
   * 동: 동지회, 국: 국민회, 중한: 중한민중동맹단, 독립단: 대조선독립단, 구제 · 동: 대한부인구제회(동지회측), 구제 · 국: 대한부인구제회(국민회측)를 의미.

8) 한국독립당하와이총지부는 1934년에 조직된 하와이애국단의 후신으로 1940년 4월 1일 중경에서 한국독립당이 결성되자 이를 후원하기 위해 동년 5월 9일 결성되었다. 하와이애국단은 1928년경 임시정부내 김구의 활동을 후원하기 위해 조직된 비밀당(秘密黨)과 와히아와 임시정부후원회를 통합해 만든 것이다. 결성 초기 한국독립당하와이총지부의 주요 임원은 단장 임성우, 서기 김현구, 재무 안창호가 맡았고, 1944년 7월 30일 하와이지부(단장 유동면, 부단장 이명우, 서기 정봉관)가 결성되었다.("Hawaii Korean Organizations," *The New Korea*, April 13, 1944; 『한국독립당하와이총지부자치규정』 중 「애국단약사」 참조)

미국 국방에 대한 후원활동을 강화하기 위해 김현구 외에 새로 10명을 국방위원에 임명해 국방부를 확대시켰다.[9] 그리고 전후(戰後)의 공작과 한국독립 문제를 조사하고 연구하기 위해 조사연구위원회를 두기로 하고 위원 9명을 선임하였다.[10] 또한 의사부는 하와이 한인청년계의 정치운동의 계발과 청년사교회의 응원을 위해 국방위원이던 전경무(田耕武)를 특무원으로 임명했다.[11] 그런데 미일전쟁을 계기로 한국독립을 위한 선전활동을 강화할 필요성이 대두되자 의사부내에 선전부를 신설하고 1942년 1월 전경무를 선전부장에 임명하였다.[12]

의사부는 이상의 조직 외에도 하와이 전체 한인들로 하여금 연합회 활동을 적극 지원하기 위해 각 지방에 연합회지부를 설치하였다. 먼저 1941년 6월경 캡틴쿡·라나이·마위서부·하나·오아후서부 지역에 연

9) 이들 위원은 유진석·도진호·조광원·정월터·이태성·김영기·강영각·민찬호·전경무·윤용선이고 국방부 위원장은 김현구이다. (『태평양주보』, 1941년 11월 22일, 「보고서」)

10) 위와 같음. 조사연구위원은 현순·전경무·김현구·김원용·조광원·도진호·안현경·민찬호·김영기이다.

11) 『태평양주보』, 1941년 11월 22일, 「보고서」. 미주한인사회에 한인 2세의 문제는 당시 연합회만의 문제가 아니고 1930년대부터 제기된 한인사회의 현안 사항이었다. 1940년대 초 하와이 한인사회에는 전체 한인 6,800여 명 중 한인출생자 2,200~2,300명을 제외하고 모두 하와이 출생의 2세 한인들이었다. 약 65%를 차지하고 있는 한인 2세들은 어린 청소년들이 대부분이었지만 점차 청년의 수가 증가하고 있었고 이들의 성향은 한국의 민족독립 문제보다 미국화에 더 관심을 갖고 있었다. 반면 한인출생자들은 그동안 하와이 한인사회를 이끌면서 독립운동에 진력해 온 세대였지만 이미 노령화에 들어서고 있었다. 따라서 장차 한인사회의 발전을 위해 이들 청년들의 지도와 계발이 무엇보다 시급한 상황이었다.

12) 여기에 대해서는 독립기념관 소장자료 도1306, Won Soon Lee to Jacob Kyuang Dunn Letter(1942.1.7) 참조.

합회지부를 설치하였고,[13] 이어서 가와이지방,[14] 고나지방,[15] 몰로가이지방에도 각각 연합회지부를 설립하였다.[16] 한편 연합회 재무 조병요(趙炳

13) 이들 지부는 1941년 6월경에 설립된 것으로 보인다. 각 지방위원회의 조직은 주무원(또는 '지부장'으로도 부름), 서기, 재무, 국방위원, 독립금수봉위원 등으로 구성하였다. 이들 지방연합회의 조직상황을 보면 다음과 같다.
   - 캡 틴 쿡 지 방: 주무원 강승진, 재무 백덕규, 서기 윤한근, 수봉위원 안수암
   - 라 나 이 지 방: 주무원 정익서, 서기 손정심, 재무 정헌철, 국방위원 김인규 · 이철연 · 이그레이스, 수봉위원 이원섭 · 김경문
   - 마위 서부 지방: 주무원 이윤호, 서기 김완신, 재무 김영조 · 심상렬, 국방위원 김규섭, 수봉위원 문메리 · 남경주
   - 하 나 지 방: 주무원 김성년, 서기 김재무 · 장한조, 국방위원 윤봉수
   - 오하우서부지방: 주무원 김재한, 서기 김팔석, 재무 김례준 · 김국경, 국방위원 최창덕, 수봉위원 현도명 · 유진석 · 조응주 · 박인 · 김병률 · 이봉수 · 송세환 · 안순서

   (『태평양주보』, 1941년 6월 28일, 「각 지방 연합위원」)

14) 가와이지방연합회는 1942년 10월경 설립된 것으로 보이며 이 때의 조직상황은 지부장 정호영, 부지부장 정원현, 서기 이정근, 재무 김태하, 국방위원 이정근, 의사원 황사용, 수봉위원 조치삼 · 오정실 · 홍경하 · 박근실이다. (『국민보 — 태평양주보』, 1942년 10월 7일, 「연합위원회 가와이지부 임원」) 1943년 11월에는 위원장 정원현, 부위원장 이경서, 서기 김태하, 재무 정호영, 국방위원 유경상, 의사원 조치삼 · 정준영, 수봉위원 박근실 · 이경서 · 김태하 · 조치삼, 대표원 유경상으로 구성하였다(『국민보 — 태평양주보』, 1943년 12월 15일, 「보고」).

15) 고나지방연합회는 1943년 1월 3일 다시 조직되었다고 기록한 것으로 보아 이전에 조직되었음을 알 수 있다. 조직 상황은 주무원 황명수, 서기 민광여, 재무 조신근, 수봉위원 서봉기 · 김순근 · 백덕규 · 우익주이다.(『국민보 — 태평양주보』, 1943년 1월 13일, 「고나지방연합회」)

16) 몰로가이지방연합회는 1943년 3월 경 설립된 것으로 보이며 조직은 주무원 겸 재무 전진태, 서기 하용직, 수봉위원 정운섭으로 구성하였다.(『국민보 — 태평양주보』, 1943년 3월 17일, 「몰로가이 동포의 성의」)

堯)와 손승운(孫昇雲)은 1941년 6월 25일부터 독립금 수봉을 위해 하와이 각 지역을 순행하였는데 이 과정에서도 각 지방에 연합회 지부가 설립되었다.[17] 그렇지만 시간이 지날수록 이들 지부의 조직 중 마위지방·오아후서부지방·가와이지방을 제외하고는 비교적 활동이 활발하지 않았던 것으로 보인다. 이들 지부 조직의 주된 목적은 연합회의 독립금 수봉을 원활하게 하기 위함이었다.

독립금의 모금을 효율적으로 수행하기 위해 연합회는 별도의 조직을 만들었다. 즉 독립금 수봉을 위해 구호부과 훈련부로 구성된 간부위원을 조직하였고,[18] 연합회 회원 각 단체에서 도합 26명의 독립금 수봉위원들을 선임하여 조직적인 수봉활동을 전개하도록 했다.[19] 미일전쟁의 발발로

---

17) 이 때 설립된 지부연합회를 보면 다음과 같다.
고할라지방 : 주무원 김우옥, 서기 황희중, 재무 차영필
홀로알루아지방 : 주무원 유기준, 재무 서봉기, 국방위원 조원섭
교호지방 : 주무원 정원조, 재무 김원근, 국방위원 황명수
파할라지방 : 주무원 최중구, 서기 김창수, 재무 정상원, 국방위원 최광한
호노나우 지방 : 주무원 최용국, 서기 박원백, 재무 박인규
힐로지방 : 주무원 김봉서, 서기 심상현, 재무 피홍선, 재무 김응섭, 국방위원 정이조
파하우지방 : 주무원 이경호, 서기 홍우순, 재무 이순응, 국방위원 차윤명, 수봉위원 이경호
옥갈라지방 : 주무원 김종율, 서기 이수영, 재무 신영문 (『태평양주보』, 1941년 7월 12일, 「각 지방에 위원 조직」)

18) 이 때 조직된 상황을 보면 구호부에 민찬호·안현경·이태성이고, 훈련부에 김영기·정월터·강영각이다.(『태평양주보』, 1941년 5월 24일, 「독립금 4,300원 응모」).

19) 이 때 각 단체에서 선임된 26명의 독립금수봉위원은 다음과 같다.
유명옥·김태윤·이묘옥·차신호·서복수·강창신·민함라·김봉순·박은신·박찬길·배일진·송명자·박정숙·최경애·정순이·안현경·심영신·권희경·안덕은·김메들린·민의식·김주한·인봉주·조병요·오창익·곽

독립운동의 열기가 크게 고조된 직후에는 독립금 수봉을 위한 재무부의 조직을 확장하여 동지회 대표로 김영기(金永基)·안현경(安顯卿)을, 국민회 대표로 안원규를 재무부위원으로 추가 임명하였다.[20]

이런 활발한 지부 설립과 독립금수봉위원의 조직, 그리고 재무부의 확장은 하와이 의사부로 하여금 체계적이고 대대적인 독립금 수봉활동을 가능하게 만들었다.

의사부는 제1차 전체위원회(1942. 4. 3~7, 5. 4~7)의 결의에 의거 중경특파원 파송을 위한 특별경비 수연을 위해 별도의 협찬위원회(協贊委員會)를 조직하였다.[21] 회장 이홍기(李鴻基)와 서기 강영효로 조직된 협찬위원회는 특별목적을 수행하기 위한 한시기구로, 일반인들의 독립금 부담을 줄이기 위해 협찬위원들에게만 그 경비를 부담시키려는 의도에서 나왔다.[22]

이상을 통해 볼 때 1942년도까지 의사부의 조직을 정리해 보면 다음과 같다.

[중앙조직]

위 원 장: 이원순(동)

명숙 (『태평양주보』, 1941년 5월 24일, 「독립금 4,300원 응모」; 6월 21일, 「각 단체 독립금 수봉위원 택선」)

그런데 1943년에 가면 수봉위원은 17명으로 줄어든다. 이것은 연합회가 주미외교위원부 확장 및 정리를 둘러싸고 이승만과의 갈등을 지속하면서 전반적인 독립금 수봉활동이 위축되었기 때문으로 보인다(『국민보—태평양주보』, 1943년 1월 13일, 「독립금 예약수봉원」).

20) 이에 따라 재무부는 기존의 조병요·손승운을 포함하여 5명으로 확장되었다(『국민보—태평양주보』, 1942년 2월 4일, 「독립금 예약에 대한 말」).

21) 『국민보—태평양주보』, 1942년 7월 29일, 「협찬위원회의 활동」.

22) 『국민보—태평양주보』, 1942년 9월 22일, 「전경무씨의 사명」; 1943년 3월 3일, 「중경특파원경비에 대하여」)

부위원장: 안원규(국)
비 서 부: 국문서기 도진호(동) / 영문서기 김원용(국)
재 무: 조병요(국), 손승운(동)
• 재무위원: 안원규 · 김영기(동) · 안현경(동)
국 방 부: 김현구(국)
선 전 부: 전경무(국)
검 사: 차신호(중한)
의사위원: 강상호(독립단) · 민함나(구제 · 동)
심영신(구제 · 국) · 임성우(한독당)
※ 동: 동지회, 국: 국민회, 중한: 중한민중동맹단, 독립단: 대조선독립단, 구제 · 동: 대한부인구제회(동지회측), 구제 · 국: 대한부인구제회(국민회측), 한독당: 한국독립당하와이총지부

[지부조직]
캡틴쿡 · 라나이 마위서부 · 하나 · 오아후서부 · 가와이 · 고나 · 몰로가이
고할라 · 홀로알루아 · 교호 · 파할라 · 호노나우 · 힐로 · 파하우 · 옥갈라

[특별조직]
국방위원회: 위원장 김현구
위 원: 유진석 · 도진호 · 조광원 · 정월터 · 이태성 · 김영기 · 강영각
민찬호 · 전경무 · 윤용선
조사연구위원회: 현 순 · 전경무 · 김현구 · 김원용 · 조광원 · 도진호 · 안현경
민찬호 · 김영기
협찬위원회: 위원장 이홍기 / 서기 강영효
독립금수봉위원회
• 구 호 부: 민찬호 · 안현경 · 이태성
• 훈 련 부: 김영기 · 정월터 · 강영각
• 수봉위원: 유명옥 · 김태윤 · 이묘옥 · 차신호 · 서복수 · 강창신 · 민함라

김봉순 · 박은신 · 박찬길 · 배일진 · 송명자 · 박정숙 · 최경애
정순이 · 안현경 · 심영신 · 권희경 · 안덕은 · 민의식 · 김주한
인봉주 · 조병요 · 오창익 · 곽명숙 · 김메들린

위 조직을 볼 때 의사부의 중앙조직은 처음 12명으로 출발하여 15명으로 확대되었음을 알 수 있다.[23] 그리고 각 회원 단체의 연합회 참여도 국민회 5명, 동지회 5명, 대조선독립단 1명, 대한부인구제회 2명(동지회측 1명, 국민회측 1명), 한국독립당하와이총지부 1명, 중한민중동맹단 1명으로 안배하고 있었다. 연합회의 임원 임기는 결성 초기 정해져 있지 않다가 제1차 전체위원회에서 2년으로 확정하였다.[24] 한편 의사부 위원장 이원순이 1943년 8월 이승만에 의해 주미외교위원부 위원으로 임명됨에 따라 1943년 9월 20일 부위원장인 안원규가 위원장직을, 동지회의 김영기가 부위원장직을 맡았고, 궐석된 동지회 대표는 배일진으로 보충되었다.[25]

1944년에 들어서면 연합회의 의사부 조직은 보다 새롭게 변모하게 된다. 그동안 연합회에 참가한 단체는 의사부 7개, 집행부 2개 도합 9개 단체로 출발했으나 1941년 말부터 연합회 내부의 갈등과 활동방향을 둘러싸고 가입과 탈퇴가 잦아졌다. 중한민중동맹단은 1942년 1월 14일 한길수의 국방봉사원 사직을 계기로 의사부를 탈퇴하였다가[26] 1943년 4월 5일 정

23) 그런데 실제는 15명이 아니라 16명이었다. 왜냐하면 1942년 4월 제1차 전체위원회에서의 의사부 보고에 따르면 처음 12명에서 16인으로 증가했다고 하기 때문이다(『신한민보』, 1942년 4월 23일, 「재미한족연합회 의사부 보고」). 그런데 여기서 빠진 1명이 누구인지는 기록이 없어 알 수 없는 실정이다.

24) 『신한민보』, 1942년 5월 14일, 「재미한족연합위원회 제1차 전체위원회 결의안」.

25) 『신한민보』, 1943년 10월 14일, 「재미한족연합위원회 의사부건의」.

26) "Kilsoo Haan Resigns," *The Korean National Herald-Pacific Weekly*,

두옥・김리제(金利濟)를 대표로 보내면서 다시 가입하였지만 재차 탈퇴하였다.[27] 가와도 한인단합회는 대한여자애국단과 함께 1942년 제1차 전체위원회에서 참가 결정을 얻어 동년 5월 새로 의사부에 가입하였으나,[28] 1944년 연합회 제3차 전체위원회(4. 2~8)에서 워싱턴사무소 설립이 결의되자 이를 반대해 탈퇴하였다.[29] 1943년 12월 23일 동지회가 연합회의 이승만 처리에 불만을 품고 탈퇴하였고,[30] 1944년 1월에는 새로

February 25, 1942. 중한민중동맹단은 이미 1941년 말부터 사실상 연합회와 단절상태에 있었다.(『신한민보』, 1942년 2월 5일, 「재미한족연합위원회 중요회록) 이것은 이승만과 한길수와의 분쟁소문에 대해 의사부가 일방적으로 이승만을 지지한데 따른 불만이었던 것으로 보인다. 이후 중한민중동맹단은 한길수 사퇴를 계기로 연합회에 대한 공식탈퇴로 이어졌다.

27) 그러나 중한민중동맹단은 연합회 1944년 3차 전체대회 때 이름이 없는 것으로 보아 가입 후 얼마 지나지 않아 연합회를 떠난 것으로 보인다. 그 이유는 1943년 7월 민족혁명당하와이총지부가 결성되자 중한동맹단의 주요간부 대부분이 그 쪽으로 옮겼기 때문으로 보인다. 중한민중동맹단은 1944년 9월 주미외교위원부 재조직을 위한 하와이 전체 대표대회가 열리자 이를 계기로 다시 연합회 의사부에 가입하였다(『국민보』, 1943년 4월 7일, 「동맹단 대표참예」; 1944년 9월 27일, 「연합위원회 임원조직」).

28) 『신한민보』, 1943년 5월 14일, 「재미한족연합위원회 제1차 전체위원회 결의안」.

29) 『독립』, 1944년 8월 23일, 「가와이동포 군사후원회 조직」. 가와도 한인단합회는 1944년 5월 21일 회명을 가와이 대한임시정부군사후원회로 바꾼 뒤 임정에 직접 군자금을 송부하는 등 독자활동을 전개하였다. 그러나 위원장이던 박근실이 하와이 국민회 총회장 조병요에게 가와이 군사후원회가 국민회의 관할에 있음을 알린 것으로 보아 곧 독자활동에서 벗어나 완전히 국민회에 편입된 것으로 보인다(『국민보』, 1944년 9월 20일, 「보고」).

30) "Dong Ji Hoi Withdraws from UKC and Recalls Pacific Weekly Publication", *The Korean National Herald-Pacific Weekly*, December 29, 1943.

대한애국부인회(大韓愛國婦人會, The Korean Women's Patriotic Society)가 가입하였다.[31]

이런 상황에서 의사부 임원의 2년 임기도 만료됨에 따라 새로운 진용이 필요해져 1944년 1월 12일 위원 7명을 새로 영입하였다.[32] 아울러 의사부는 카이로선언 이후 군사운동이 미주한인사회에 중요한 독립운동과제로 대두하여 군사금 모집을 대대적으로 전개하게 되자 이를 위해 동년 5월 1일 군사금 회계를 신설하고 유진석・최두욱・차윤중을 임명하였다.[33] 그리고 의사부는 동지회 탈퇴이후 연합회 중심의 통일 역량이 쇠퇴해지자 이를 타개하기 위해 차윤중・강영효・도진호를 조사연구위원으로 임명하였다. 조사연구위원은 재미한족의 통일공작 실현을 연구할 목적으로 조직한 것인데 별도 기구라기보다 특정 목적을 수행하기 위한 임시기구로 설립된 것으로 보인다. 이를 종합해 보면 1944년 5월까지 의사부의 조직은 다음과 같다.

위 원 장: 안원규 / 부위원장: 유진석

31) 대한애국부인회는 1943년 말경 호놀룰루에서 설립된 것으로 보이며, 고덕화・김공도가 회장을 역임하였고 회원은 약 150명에 달했다(독립기념관 소장자료 도1376, Korean Organization in the United States and Hawaii; 『국민보』, 1944년 12월 6일, 「애국부인회 회록」).

32) 이 때 새로 영입된 7명은 최두욱・조제언・강영효・정덕흥・안창호・고덕화・정순덕이다("UKC Accepts 7 New Delegates", *The Korean National Herald*, Jan. 12, 1944.). 이 가운데 대한애국부인회의 대표로 연합회에 참석했던 고덕화는 곧 김공도로 바뀐 것으로 보인다. 이 밖에 유진석・정두옥은 그 전에 영입된 것으로 보인다.

33) 1944년 5월 1일 의사부 회의에서는 유진석과 정두옥을 임명되었는데 곧 정두옥 대신 최두욱으로 정정하였다. 그후 5월 22일 또다시 차윤중을 추가하여 군사금회계는 총 3명이 되었다(『국민보』, 1944년 5월 3일, 「재미한족연합위원회」; 5월 10일, 「정오」; 5월 24일, 「위원회 소식」 참조).

집행서기: 김원용
영문서기: 김현구 / 국문서기: 정두옥
재　　무: 조병요 / 협동재무: 김공도
※ 독립금 회계(또는 재무): 유진석 · 최두욱 · 차윤중
선 전 부: 전경무
국 방 부: 김현구
회계검사: 강영효 · 조제언
외교위원: 도진호 · 최두욱 · 정순덕 · 심영신 · 안창호 · 임성우 · 민함나
　　　　　강영효 · 조제언 · 정덕흥[34)]
※조사연구위원: 차윤중 · 강영효 · 도진호
(※ 표시는 1944년 5월 1일 의사부 회의에서 새로 추가된 임원을 의미.)

외형적으로 볼 때 1944년도 의사부 조직은 1942년 15명에서 20명으로 확대되었으나 이전에 비해 조직 내용은 매우 빈약하였다. 의사부의 구성 인물을 보면, 안원규 · 김원용 · 김현구 · 전경무 · 조병요 · 조제언(趙濟彦) · 정덕흥(鄭德興) · 강영효 · 최두욱(崔斗旭) · 차윤중(車允中) · 도진호(都鎭鎬)[35)]는 국민회 대표이고 유진석(柳鎭錫) · 임성우 · 정두옥[36)] · 안창호(安昌

34) "UKC Accept 7 New Delegates," *The Koren National Herald- Pacific Weekly*, January 12, 1944.; 『국민보 — 태평양주보』, 1944년 1월 26일, 「위원회의 위원 증선」; 2월 2일 「연합위원회의 새 간부」 참조. 그런데 이들 보도 기록들을 보면 약간씩 차이를 보이고 있어 주의를 요한다.

35) 동지회 대표로 연합회 의사부에 참여했던 도진호는 1943년 12월 12일 동지회를 탈퇴하여 국민회에 입회하였다. (『국민보 — 태평양주보』, 1943년 12월 15일, 「탈퇴선언」)

36) 정두옥은 원래 중한민중동맹단 대표로 1943년 4월 5일 김리제와 함께 의사부에 참여했으나 곧 동맹단이 연합회에 탈퇴한 관계로 한국독립당하와이총지부로 옮긴 것으로 보인다. 그리고 그는 1944년 7월 23일 가이묵키에 국민회지방회를 신설하는데 앞장서 회장에 선임되었고, 1945년에는

鎬)[37]는 한국독립당하와이총지부 대표로 보인다.[38] 대한애국부인회 대표 김공도·정순덕도 모두 국민회 회원들이고,[39] 안정송과 심영신(沈永信)은 국민회측 대한부인구제회 대표이다. 민함나는 동지회측 대한부인구제회 대표이다. 그 외 의사부에 가입하고 있던 대조선독립단은 1944년이 되면 사실상 조직과 활동이 유명무실해 진 것으로 보이며, 가와도 한인단합회는 이름뿐인 참여에 그쳐 대표를 보낸 것 같지 않다.

이로 볼 때 1944년 5월의 조직은 동지회측 대한부인구제회를 제외하고 사실상 국민회 회원들로 이루어졌다고 볼 수 있다. 여기에다 1943년 4월 28일부터 5월 8일까지 열린 연합회 제2차 전체위원회에서 연합회에 참가하는 회원 단체의 대표 수를 의무금과 독립금을 부담하는 회원을 기준으로 50명당 1명으로 확대하기로 함에 따라,[40] 국민회는 이홍기·차윤중·유동면(兪東勉)을 연합회 참가 대표로 파견하였다.[41] 따라서 여러 회원 단

한독당하와이총지부 집행부위원장을 역임하였다.(『국민보 — 태평양주보』, 1943년 4월 7일, 「동맹단대표 참예」; 『국민보』 194년 7월 26일, 「공함」; 1945년 8월 1일, 「당우에게 부고」 참조).

37) 안창호는 목사로서 도산 안창호(安昌浩)와 다르다. 그는 1944년 8월 20일 새로 구성한 한국독립당 하와이총지부 조직에 행정부 소속으로 편성되어 있다(『국민보』, 1944년 8월 30일, 「한국독립당 임시대회」).

38) 이러한 분류가 정확하다고 볼 수 없다. 왜냐하면 한독당 하와이총지부 대표는 사실 모두 국민회 회원들이기 때문에 양자를 구분하는 것은 쉽지 않기 때문이다. 여기에 대해서는 『국민보』, 1945년 1월 17일, 정운수, 「시사를 불가측」 참조.

39) 이 때문에 『독립』지에는 연합회 제3차 전체위원회에서 현 대한애국부인회는 국민회 회원들인데 국민회가 대한애국부인회의 의무금 낸 것까지 합하여 회원 수로 편입한 것은 잘못이라고 비판하였다.(『독립』, 1944년 4월 13일, 「한족연합회 제3차 전체대회 전말」).

40) 『신한민보』, 1943년 5월 13일, 「재미한족연합위원회 제2차 전체위원회 결의안」.

체가 의사부에 참가하였지만 중한민중동맹단과 동지회의 탈퇴이후 연합회 의사부는 점차 국민회측 인사 위주로 조직되어 갔음을 알 수 있다.

1944년 8월 12일자로 지시한 임시정부의 주미외교위원부 개조명령에 의거해 미주한인사회에 재미한인 전체대표회를 준비하게 되자 의사부는 이러한 기회를 의사부 조직을 강화하는 계기로 삼았다. 의사부는 9월 11일 하와이 주요 단체들에게 전체대표회 소집을 알리는 청요장을 보내고,[42] 이를 수락한 9개의 단체 대표로 준비위원회를 구성하여 9월 18일과 9월 24일~26일 대표회의를 개최하였다.[43] 그런데 이번 모임의 직접 당사자였던 동지회가 끝내 의사부의 청함을 거절함에 따라 동지회측의 대한부인구제회(大韓婦人救濟會)[44]와 대한인부인회[45]도 불참하였다.[46]

---

41) 『국민보』, 1944년 2월 9일 「총임원회록」 및 「재미한족연합위원회 의사부회록」. 국민회의 대표 증선 제의에 대해 의사부는 2월 7일 이를 수락하였다.

42) 『국민보』, 1944년 9월 13일, 「대표대회소집」·「청요장」.

43) 이 때 참석한 8개 단체와 대표는 다음과 같다.
대한인국민회: 고덕화 · 차윤중 · 김현구
한국독립당하와이총지부: 유진석 · 정두옥 · 도진호
중한민중동맹단: 송승균 · 서재근 · 차신호
민족혁명당하와이총지부: 박상하 · 현순 · 홍한식
대조선독립단: 강상호 · 정태영 · 차O만
대한부인구제회: 강창신 · 김차순 · 우도경
대한애국부인회: 김공도 · 정순덕 · 박금숙
한인구락부: 박춘경 · 승룡환 · 서상순
영남부인회: 권희경 · 박금우 · 김보배
(『국민보』 1944년 9월 20일, 「대표대회 개최」; 9월 27일, 「각 단체 대표대회 제2차 속회」)

44) 대한부인구제회(The Korean Ladies Relief Society 또는 Korean Women's Relief Society)는 3·1운동의 영향을 받아 독립운동의 후원과 각종 구호사업을 위해 1919년 3월 29일 41명의 하와이 각 지방 부인 대표들이 호놀룰루에 모여 설립한 대표적인 여성단체이다.(안정송의 「하와이 국민부인회

준비위원회는 이번 모임의 주요 안건을 통일책, 군사책, 외교책으로 정하고 이를 집중적으로 논의하였다. 이 가운데 통일책 분야는 의사부 조직을 강화하기 위한 것이었다. 참석자들은 통일책의 방안으로 기존의 연합회 의사부를 상설기관으로 두고 여기에 각 단체의 대표 모두가 참가해서 연합회 조직을 확대 조정하기로 결의하였다.[47] 그리고 참가 단체의 대표

약사」, 독립기념관 소장자료. 그런데 김원용의 『재미한인오십년사』 234쪽에는 1919년 4월 1일 결성한 것으로 되어 있는데, 안정송의 기록이 정확한 것으로 보인다.) 대한부인구제회의 설립 목적은 "본국에서 난리로 말미암아 기사의 참상과 전쟁에 나아가 부상하는 동족 구원으로 기본을 삼는 동시에 부인들의 절기와 예모와 근면을 서로 권장하여 동방예의지국이라 칭하는 우리 대한공화국 부인의 청수(淸秀)를 보전하기로써 정함"으로 하였다.(『하와이 대한부인구제회장정』)

대한부인구제회는 설립이후 세 번의 분열을 겪는다. 1928년 지방차별에 항거한 구제회 회원들이 탈퇴해 영남부인회를 설립하였고, 1930년 이승만의 동지회와 교민단과의 분쟁으로 국민회측 구제회와 동지회측 구제회로 양분되었다. 양분 되었지만 단체명은 같이 써왔는데 이는 상호 정통성을 주장한 까닭이었다. 1941년 해외한족대회 결성으로 연합회가 조직되면서 국민회측과 동지회측 구제회는 서로 연합하여 연합회에 참여하였다. 그러다가 동지회가 연합회서 탈퇴하자 1944년 1월 말경 동지회측 구제회 또한 탈퇴하여 구제회는 다시 양분하였다.(김원용의 『재미한인오십년사』, 233~238쪽; 『국민보』, 1944년 2월 23일, 「부인구제회 대표회」 참조).

45) 대한부인회(The Korean Women's Society)는 1944년 7월경 호놀룰루에 설립되었고, 조직은 회장 조매륜, 부회장 김복세, 총무 홍애경, 서기 김순이·김복순, 재무 양덕선, 구제원 도소남, 사찰 남순남, 외교원 민맬늬이다.(『북미시보』, 1944년 8월 15일, 「대한인부인회가 호놀룰루에 창립됨」) 동지회를 지지하는 여성들에 의해 조직된 단체이며 회세는 크지 않았던 것 같다.(『국민보』, 1944년 9월 20일, 「각 단체 대표대회 진행」 참조).

46) 『국민보』, 1944년 9월 20일, 「각 단체 대표대회 진행」.

47) 『국민보』, 1944년 9월 27일, 「각 단체 대표대회 준비위원회 심의안 보고서」; 9월 27일, 「각 단체 대표대회 제2차 속회」.

원수에 대해서는 회원의 다과에 따라 차등을 둘 것인지를 검토하였으나 준비위원회의 견해는 모든 단체의 대표원수를 동수로 정할 것을 제안하였다.

이러한 제안에 의거 의사부는 9월 말경 9개 단체 대표가 참석한 전체위원회를 열어 새로운 조직 방안을 결정하였다. 즉 연합회 의사부를 위원 전체대회의 의사제(議事制)와 실무 부서인 6부로 나누는 2원체제로 하고 6부 위원은 상근직화 했다. 각 단체의 대표수는 대소를 불문하고 평균 2인으로 정하였다. 이에 따라 의사부는 다음과 같이 강화되고 확장된 조직을 갖게 되었다.

위 원 장: 박상하
부위원장: 안원규
비 서 부: 기록서기 정두옥 / 통신서기 김현구 / 영문서기 조제언
재 무 부: 군사비 재무 최두욱 / 독립금 재무 김공도 · 차윤중 · 강창신
군 사 부: 고덕화 · 유동면 · 승룡환
조 사 부: 송승균 · 권희경 · 차신호 · 신홍균
선 전 부: 현순 · 유진석 · 박금우
교 제 부: 오창익 · 박보광 · 인봉주 · 강상호 · 심영신[48)]

이상에 새로 조직된 의사부의 임원은 총 24명인데 이를 각 단체별로 분류해 보면 다음과 같다.

대한인국민회: 안원규 · 김현구 · 조제언 · 최두욱 · 신홍균 · 고덕화

---

48) 『국민보』, 1944년 10월 11일, 「해외한족연합회 6부로 조직 임원개선을 반포함」. 그런데 이번에 발표된 의사부 조직은 『국민보』 9월 27일자에 보도된 「연합위원회 임원조직」을 많이 보완한 것으로 보인다.

한국독립당하와이총지부: 유동면 · 정두옥 · 차윤중 · 유진석 · 인봉주

민족혁명당하와이총지부: 박상하 · 현순 · 오창익[49]

중한민중동맹단: 송승균 · 차신호

대조선독립단: 강상호

한인구락부: 승룡환

대한애국부인회: 김공도

영남부인실업동맹회:[50] 권희경 · 박금우

대한부인구제회: 심영신 · 강창신 · 박보광

---

49) 오창익은 1943년 7월 중순 민혁당하와이총지부 결성시 부재무(副財務)로 선임되었다. ("Revolutionary Party Organized Here: Min Chief." *The Korean National Herald-Pacific Weekly*, August 4, 1943) 그런데 그는 1944년 1월 20일 개최한 국민회 대의회에서 구제원으로 선임되고 있음을 볼 때(『국민보』, 1944년 1월 24일, 「총임원 조직」) 2중 회원이든지 아니면 민혁당하와이총지부 결성직후 탈퇴하고 국민회로 갔는지는 알 수 없는 형편이다.

50) 영남부인실업동맹회(The Ladies Youngnan Society)는 1928년 9월 27일 호놀룰루에서 김보배 · 박금우 곽명숙 · 권희경 등에 의해 조직된 영남부인회의 후신이다. 역대 회장은 박금우 · 김보배 · 권희경 · 박정숙 · 김정숙 · 박보광 등이 역임하였다. 처음 단순히 경상도라는 지방열로 설립되었다가 설립 목적을 국산장려를 통한 실업발전으로 확대하면서 회의 명칭을 영남부인실업동맹회(嶺南婦人實業同盟會)로 바꾸었다.(김원용, 『재미한인오십년사』, 239쪽). 영남부인실업동맹회의 대표로 이번 조직에 참여한 권희경과 박금우 가운데 전자는 1944년도 대한부인구제회 호항지방 법무이자 1945년도 본회 중앙부 사교원이다. 후자 또한 1945년도 본회 중앙부 서기이며 국민회 가이묵키지방회 회원이다.(『국민보』, 1944년 2월 23일, 「부인구제회 체임회」; 7월 26일, 「가이묵키지방회 회원명부」; 1945년 2월 28일, 「부인구제회 회록」 참조). 따라서 국민회를 비롯하여 그 자매단체인 대한부인구제회와 영남부인실업동맹회 사이에는 서로 밀접한 연관성이 있어 친국민회 단체로 분류된다.

여기서 대한인국민회와 한국독립당하와이총지부는 모두 같은 국민회의 회원으로 볼 수 있기 때문에 구분이 무의미하고, 대한애국부인회와 영남부인실업동맹회도 거의 대부분 친국민회계였기 때문에 상호 구분이 무의미하다. 이로 볼 때 남녀를 포함한 국민회와 친국민회측 인사들은 총 17명으로 절대 다수를 차지하였음을 알 수 있다.

이번 조직의 두드러진 특징은 국민회측 인물이 압도적으로 많았지만 위원장 자리를 민족혁명당하와이총지부의 박상하(朴相夏)에게 양보하면서 최대한 군소 단체를 배려하고 있는 점이다. 이것은 비록 재무부의 위원을 모두 국민회측 인물들로 채워 연합회의 재정권을 장악하였지만 이상의 연합회 조직은 당시 최대 단체이던 국민회의 입장에서 볼 때 대단한 양보였다.[51] 이러한 결정에 대해 집행부 위원장 한시대(韓始大)는 어떻게 박상하가 의사부 위원장에 되었는지를 물을 정도로 놀라워했다.[52]

하와이 국민회의 양보는 의사부를 하와이 한인사회의 통일된 중심기관으로 격상시키려는 강한 의지와 주미외교위원부 개조를 지시한 임정 훈전(訓電)에 의거 북미 대표들과 함께 전체대표회를 성공적으로 수행하려는 열망이 담긴 것으로 해석할 수 있다. 그리고 비록 동지회측의 탈퇴가 있었지만 그동안 연합회의 출입을 반복하던 중한민중동맹단이 또다시 가입하고, 영남부인실업동맹회와 민족혁명당하와이총지부(The Hawaii Branch of the Korean National Revolutionary Party)가 새로 가

51) 참고로 1944년 당시 하와이내 주요 단체들의 회원수를 보면 국민회 약 650명, 민족혁명당하와이총지부 약 60명, 대한부인구제회(국민회측) 약 300명, 대한애국부인회 약 150명, 한국독립당 하와이총지부 약 250명, 중한민중동맹단 약 30명 정도였다(도1376, Korean Organization in the United States and Hawaii). 그런데 하와이 동지회의 회원수는 약 650명으로 국민회와 거의 같았다.

52) 한국학중앙연구원 소장 NARA자료, 970036-3, Telegram from Sidai Hahn to Wonkiu Ahn(1944.10.2).

입함에 따라,[53] 하와이 내 의사부의 위상은 크게 강화되었다고 할 수 있다.

그런데 바로 앞에서 언급된 의사부의 6부 조직은 전체대표회(全體代表會, 1944. 10. 28~11. 5) 이후 그대로 실행된 것 같지 않다. 임시정부 훈전에 의거 위원부 개조를 위한 미주한인 전체대표회의 결과가 임정에 의해 취소되자 연합회의 대외적 위상은 크게 흔들렸다. 그런데다 그동안 의사부의 6부 조직을 성립시키는데 최대한 협조해 온 하와이 국민회가 이제와서 단체의 대소를 불문하고 동수로 구성된 의사부의 조직에 대해 반발하면서 의사부 내에 주도권문제가 야기되었다. 이러한 사실은 국민회 총회장 안원규가 의사부 위원장 박상하에게 보낸 공함(1945. 3. 5)을 보면 대소 단체의 불평을 고려하여 기존 국민회 대표 3인에 다시 3인을 더 추가해 줄 것을 요청한데서 드러났다.[54]

이러한 국민회의 요구에 대해 민족혁명당하와이총지부를 비롯한 중한민중동맹단·대조선독립단·한인구락부 등 비(非)국민회계 단체 대표들은 해결책을 모색했으나 심각한 갈등으로 발전하였다. 결국 양측의 견해 차이를 해소하지 못하자 비국민회계 단체 대표 모두 의사부 탈퇴로 종결한 것으로 보인다.[55] 이렇게 생각하는 것은 1945년 4월 22일 새로 개선

53) 『국민보』, 1944년 9월 27일, 「연합위원회 임원조직」. 조선민족혁명당 하와이총지부(Hawaii Branch of the Korean National Revolutionary Party)는 1943년 7월 16일경 설립되었고 위원장은 중한민중동맹단 단장을 역임한 민찬호이고 총서기는 현순이다.(여기에 대해서는 "K. N. R. P(Korean National Revolutionary Party) Hawaii Branch Observes First Anniversary," *Korean Independence*, August 2, 1944 참조)

54) 『국민보』, 1945년 3월 7일, 「연합위원회 공독」. 원래 참가 단체의 대표 수는 전체대표회 준비위원회에서 동수(同數)로 할 것을 제안하였고, 이에 대해 의사부 전체위원회서 단체의 대소를 불문하고 평균 2인으로 정했는데, 이 2인도 나성에서 개최한 전체대표회 이후 3인으로 확대한 것으로 보인다.

된 의사부 임원을 보면 모두 국민회와 한국독립당하와이총지부 인물들로만 채워져 있기 때문이다.

새로 조직된 의사부의 구성은 다음과 같다.

위 원 장: 김원용
부 위 원 장: 정두옥
서 기: 도진호
독립금 재무: 이명우
군사금 재무: 최두욱
외 교 원: 조제언[56)]

비국민회계 단체의 탈퇴로 구성된 이번 조직의 특징은 모두 국민회와 한국독립당하와이총지부 인물로 구성된 점과 이전의 6부조직에서 크게 축소한 점이다. 그리고 친국민회 여성단체인 대한부인구제회 · 영남부인실업동맹회 · 대한애국부인회에서 임원이 없는 점도 주목된다.[57)]

한편 해방 후 연합회에서 고국 방문을 위해 한국파견대표단을 결성하고 여기에 연합회의 임원들이 대거 참가하며 궐석이 많아지자 동년 11월

55) 이 가운데 영남부인실업동맹회, 대한부인구제회(국민회측), 대한애국부인회는 기존의 의사부 조직에 그대로 참여하였다.

56) 『국민보』, 1945년 4월 25일, 「연합위원회 임원개선」. 이 가운데 이명우는 1941년 당시 동지회 중앙부 재무를 역임하는 등 동지회 인물이었으나 도진호의 동지회 탈퇴 이후 국민회와 한국독립당 하와이총지부에서 활동한 것으로 보인다. 즉 그는 1944년 1월 국민회 재무로 선임되고 있고, 동년 7월 30일 한국독립당 호항지부 설립시에는 부단장에 선임되고 있었다.(『국민보』, 1944년 1월 24일, 「총임원조직」; 8월 22일, 「독립당 호항지부 조직」).

57) 이들 여성단체에서 임원선출이 안 된 것은 1945년 3월 10일 하와이 여성단체 연합으로 전후조선구제회 결성으로 인해 전 여성단체에 여기에 집중한 때문이 아닌가 생각된다.

13일 의사부는 아래와 같이 대폭 임원을 교체하였다.[58]

위 원 장 : 조병요
부위원장 : 유동면
서　　기 : 김성진 / 통신서기 : 신홍균
재　　무 : 이명우
외 교 원 : 조광원
교 제 원 : 박정금 · 김보배 · 승정한 · 전경억

위 조직에는 여성단체의 대표들이 참여하고 있었지만 여전히 국민회와 한국독립당하와이총지부 중심으로 구성되었다.[59] 그리고 1945년이 되면 의사부의 지부 조직 또한 더 이상 활발히 움직이지 못한 채 무용화되고 있었다.[60]

세계대전의 종전과 일제의 패망이 가까이 와 한국 민족의 해방이 눈앞에 둔 1945년도 시기에 이처럼 의사부의 조직이 크게 축소된 것은 미주한인사회에 연합회의 지도력이 크게 약화됨과 동시에 한인사회가 또다시 분열해 갔음을 의미한다. 그동안 독립운동을 위해 미주한인 단체들이 하나로 결집해 독립운동에 진력해 왔던 연합회는 정작 필요하고 중요한 시기에는 그 힘이 약화되어 제 힘을 발휘하지 못한 채 해방을 맞이하였다.

58) 『국민보』, 1945년 11월 14일, 「재미한족연합위원회 임원개선」.

59) 예컨대 교제원 김보배는 1945년 당시 영남부인실업동맹회 회장을 하고 있었고, 박정금은 1945년도 대한부인구제회 중앙부장이며, 승정한은 본회의 부회장이었다. 그런데 대한애국부인회 대표는 이번 의사부 조직에서도 빠진 것으로 보인다.

60) 오하우 서부지방위원회의 경우 그동안 거의 회집이 없다가 1945년 8월 모임을 갖는다는 소식이 있을 뿐이다.(『국민보』 7월 25일, 「지방연합위원회 개회」)

2. 집행부

연합회 집행부는 1941년 5월 18일 위원장, 서기, 재무, 위원으로 구성한 첫 조직을 발표하였다.[61] 그러나 발표 이후 약간의 인원 보완과 변경이 있었다. 먼저 이날 발표에는 동지회측 인물이 빠져 있었으나 동년 6월 1일 동지회 나성지부 재무인 송철이 집행부 재무로 합류했다.[62] 그리고 이날 서기로 발표된 이경선(李敬善)이 동년 7월 25일 하와이로 이거하여 조선의용대미주후원회에서 신두식(申斗湜)을 천거하자 집행부는 그를 서기로 임명하였다.[63] 이를 정리해 보면 집행부의 초기 조직은 다음과 같다.

위원장: 김호
서　기: 이경선 [신두식]
재　무: 송종익 · 송철
위　원: 한시대 · 김병연

초기 조직을 보면 국민회 4명(김호 · 송종익 · 한시대 · 김병연), 동지회 1

61) 이를 보면 다음과 같다.
위원장 : 김호(국민회)
서　기 : 이경선(조선의용대미주후원회)
재　무 : 송종익(국민회)
위　원 : 한시대(국민회) · 김병연(국민회)
(『신한민보』, 1941년 5월 22일, 「미주집행부」)

62) 이렇게 된 것은 북미의 동지회지부가 집행부에 대표를 파견할 만큼 충분한 회원 수를 가지지 못한 것을 감안한 동지회 중앙부가 자신의 대표 몫 4명에서 1명을 빼 집행부의 재무직을 동지회의 몫으로 요구했는데, 이 과정에서 동지회 자체의 인선이 늦어져 시간이 걸렸다.(『신한민보』, 1941년 8월 21일, 「재미한족연합위원 집행부회록」 및 1942년 4월 30일, 「집행부보고」)

63) 『신한민보』, 1941년 7월 31일, 「재미한족연합위원회 미주집행부회결」.

명(송철), 조선의용대미주후원회 1명(신두식)으로 분류되어 해외한족대회에서 결의된 6명의 집행부 정원이 계획했던 대로 잘 이행되었다. 그러나 집행부의 초기 조직은 부위원장직을 비롯해 국방위원과 검사위원을 갖춘 의사부의 초기 조직과 비교해 볼 때 매우 엉성한 상태로 출발하였음을 알 수 있다. 이러한 조직 상태는 집행부가 특별한 활동계획 없이 주로 독립금 수봉사업에만 주력하기 위해 나온 것으로 보인다.[64]

이러한 집행부 초기 조직은 미일전쟁이 발발하면서부터 크게 변모되고 강화되었다. 미일전쟁의 발발과 동시에 1941년 12월 7일부터 9일까지 개최한 비상시국회의에서 집행부는 광복사업을 비롯하여 재미동포의 안녕 보장과 미국 국방에 대한 협조를 현 단계의 시급한 과제로 삼았다.[65] 이에 따라 집행부는 대대적인 조직 보완을 단행하였다. 먼저 사무진행의 편리를 도모하기 위해 6명의 임시위원[66]을 선정한 뒤 사무과・재무과・국방과・선전과 등 4과로 업무를 세분화하였다.[67] 그리고 위원장 김호가 나

---

64) 미일전쟁 개전 이전까지 집행부가 독립금 수봉업무 외 추진한 활동은 1941년 9월 1일 집행부회의에서 재미동포의 보호를 위해 의사부와 함께 신분증명권 발급계획을 세운 것이 두드러진다.(『신한민보』, 1941년 9월 4일, 「재미한족연합위원회 집행부결의」) 그리고 그동안 집행부는 별도의 사무활동을 전개할 사무실이나 사무경비도 편성되어 있지 않다가 미일전쟁 발발을 계기로 비로소 사무실을 국민회 총회관에 설치하고 아울러 사무경비 75달러를 배정하였다.(『신한민보』, 1941년 12월 11일, 「재미한족연합위원회 집행부결의」; 12월 18일, 「격앙 강개한 나성민중대회」)

65) 『신한민보』, 1941년 12월 11일, 「재미한족연합위원회 집행부 공독」.

66) 송헌주・김용중・김성락(이상 국민회), 임병직・송헌영(이상 동지회), 김강(조선의용대미주후원회) 이다.

67) 네 과의 조직과 업무는 다음과 같다.

• 사무과 : 김병연(과장)・신두식・송헌영
  * 주요업무 : 한인증명서발급, 한인인구조사 등
• 재무과 : 송종익・송철・김강

성에서 멀리 떨어진 리들리(Reedly)에 있어 일상의 사무진행을 감당하기 어렵다는 이유로 위원장 직무를 대신할 부위원장제를 신설하였고, 그 자리에 국민회 총무이자 집행부 사무과장인 김병연을 선임하였다.[68] 그런데 부위원장 김병연을 비롯하여 각 과의 책임자인 국방과장 송헌주(宋憲澍), 선전과장 김용중(金龍中) 모두가 국민회측 인사들이다.

한편 집행부는 동년 12월 14일 나성에서 한인의 신분보장과 미국방 후원, 그리고 독립운동 수행을 위한 결의를 다지기 위해 민중대회를 개최하고, 이날 특별운동비 모금을 위한 수전위원(收錢委員)으로 각 단체 2명씩을 선임하였다.[69] 또 집행부는 독립금 수전위원으로 1942년 2월 이석원을 임명한 것을 비롯해,[70] 국민회 각 지방회를 중심으로 독립금 수전위원

＊주요 업무 : 독립금 수봉 및 관리

• 국방과 : 송헌주(과장) · 김호 · 김성락

＊주요업무 : 미국방 후원을 위한 국방공채 및 스탬프 구입, 미적십자사 모금활동 후원

• 선전과 : 김용중(과장) · 한시대 · 임병직

＊주요 업무 : 외교 및 선전활동과 지원

(『신한민보』, 1941년 12월 11일, 「재미한족연합위원회 집행부결의」)

그런데 재무과의 김강은 선임 후 곧 사임했거나 아니면 임명이 취소된 것으로 보인다. 왜냐하면 이후의 기록들은 송종익과 송철 두 사람 이름만 나오고 있기 때문이다.

68) 사무과장 김병연이 부위원장이 되면서 그 자리에 국민회 인사인 박원걸이 사무과장으로 선임되었다.(『신한민보』, 1942년 2월 26일, 「재미한족연합회 집행부 결의」)

69) 이들 위원들은 한시적으로 임명되어 정규조직으로 볼 수 없을 것 같다. 이들을 보면 다음과 같다.

김성락 · 박원걸(국민회)

송헌영 · 이용선(동지회)

최능익 · 김강(조선의용대후원회)

(『신한민보』, 1941년 12월 18일, 「격앙 강개한 나성 민중대회」)

을 임명하였다.[71] 그리고 집행부는 사무 확장을 위해 1942년 6월 6일 시카고에 있던 장세운(張世雲)·한영문(韓英文)을 영입하였고, 특별히 장세운에 대해서는 실직 서기를 둘 것을 건의한 국민회의 의견에 따라 유급 서기로 임명하였다.[72] 이것은 조선의용대후원회의 연합회 탈퇴로 서기였던 신두식이 소환되자 이를 보완한 것이었다.[73]

이로 보건대 1942년도 집행부 조직을 정리해 보면 다음과 같다.

위 원 장: 김호
부위원장: 김병연
서 기: 장세운, 한영문
사 무 과: 김병연(과장)·송헌영
재 무 과: 송종익·송철
국 방 과: 송헌주(과장)·김호·김성락
선 전 과: 김용중(과장)·한시대·임병직
위 원: 한시대·김병연
독립금수전위원: 이석원[74]

---

70) 『신한민보』, 1942년 2월 19일, 「연합회 수전위원」.

71) 예컨대 국민회 몬테나지방회에서는 수전위원으로 김성실을 임명하고 있고, 시카고지방회에서는 천세헌을 독립금수전위원으로 임명하였다.(『신한민보』, 1942년 1월 8일, 「몬테나지방회」; 6월 11일, 「시카고지방회」)

72) 『신한민보』, 1942년 1월 1일, 「대한인국민회 제6차 대표대회입안」, 6월 11일, 「재미한족연합위원회 집행부 사무확장」, 「장세운 박사는 연합회 서기로 연빙」. 그런데 장세운은 *Korean Research Bulletin* 창간을 이유로 1943년 1월 17일 사임하였다.(『신한민보』, 1943년 2월 4일, 「장세운 사임」)

73) 신두식의 소환에 대해서는 『신한민보』, 1942년 5월 14일, 「재미한족연합회 집행부보고」 참조.

74) 이 가운데 신두식은 조선의용대후원회 대표로 참석하여 집행부 서기와 사무과 위원으로 임명되었으나 한길수의 사퇴를 계기로 조선의용대후원회가

위 조직은 1941년도 집행부 조직에 비해 조직이 세분화되고 인원도 처음 4명에서 12명(수전위원 제외)으로 크게 증대하였다. 그런데 집행부 구성은 조선의용대후원회가 미 국방봉사원 한길수의 연합회 사퇴를 계기를 집행부에서 탈퇴한 관계로 이들 대표들이 다 빠지고 있어 국민회와 동지회 대표들로만 이루어져 있다. 이 가운데 동지회 대표 송철·송헌영·임병직을 제외한 나머지 9명은 모두 국민회측 인사들이다. 이는 처음부터 집행부 조직이 국민회 중심으로 이루어지고 있었음을 보여준다.

집행부의 회원 단체는 국민회를 비롯하여 동지회와 조선의용대후원회인데 1942년이 되면 이들 회원 단체들의 출입과 새로운 단체의 가입이 이루어진다. 먼저 조선의용대후원회는 중한민중동맹단과 함께 한길수를 후원해 온 단체로 한길수의 연합회 사퇴를 계기로 중한민중동맹단과 함께 연합회를 탈퇴하였다. 이후 조선의용대후원회는 1942년 10월 민족혁명당 미주총지부로 개편되었고 1943년 5월 연합회 제2차 전체위원회의 결정으로 연합회에 가입하였다.[75] 1942년 연합회 제1차 전체위원회에서의 결정으로 국민회 자매단체인 대한여자애국단(大韓女子愛國團, The Korean Women's Patriotic League)이 새로 연합회에 참가하였다.[76]

한편 그동안 지역적으로 분산되어 세력 결집을 이루지 못하던 북미지역의 동지회는 1942년 6월 시카고에서 북미동지회총지부(北美同志會總支部)를 결성하면서 그 세력이 크게 확장되었다. 이는 연합회 집행부에 대한 동지회의 영향력이 이전보다 커졌다는 것을 의미한다.

연합회에 탈퇴하는 바람에 그 직에서 사퇴한 것으로 보인다.

75) 『신한민보』, 1943년 5월 13일, 「재미한족연합위원회 제2차 전체위원회 결의안」. 민족혁명당북미총회는 연합회 가입이후 대표를 보내지 않아 연합회 조직에는 참여하지 않았고, 1944년 1월에 가서야 대표를 파견한다.

76) 『신한민보』, 1942년 5월 14일, 「재미한족연합위원회 제1차 전체위원회 결의안」.

1943년 제2차 전체위원회(4. 28~5. 8)의 결의에 의거 집행부의 조직은 더욱 확대되었다. 즉, 참가 단체의 대표 수를 회원 50명당 대표 1인씩으로 확대하여 구성원 수를 늘린 것 것과 전후계획연구부(戰後計劃硏究部)를 설치하기로 한 것이다.[77] 집행부는 이러한 결정에 의거 1943년 7월 15일 전후계획연구부를 설립하였다.[78] 설립 목적은 현 태평양전쟁시기 전시공작을 연구하여 일본의 패망과 연합국의 전쟁 승리에 협조하며 한국의 독립과 전쟁 종결 후 한국의 국가재건을 도울 정보 수집과 연구에 두었다.[79] 조직은 유일한을 위원장으로 하여 부위원장 김용성, 서기 김성락(金聖樂), 부원 송헌주·김병연으로 구성하였고, 재정은 의사부와 집행부에서 결정한 매월 300달러 이내로 해서 연 3,600달러의 예산을 책정하였다.[80] 원래 전후계획연구부의 설치 계획안은 1942년 연합회 제1차 전체위원회에서 의사부와 집행부에 연구과를 신설하고 각 5인의 위원을 두기로 한 데서 나왔다.[81] 1942년 당시 연구과로 설치하려 했던 배경에는 현 전쟁과 해방 후 한국의 필요에 적합한 실질적인 대비가 없었다는 반성에서 계획되었다. 그러나 연구과는 의사부와 집행부 모두 설치하

---

77) 『신한민보』, 1943년 5월 13일, 「재미한족연합위원회 제2차 전체위원회 결의안」. '전후계획연구부'의 영문명은 'The Planning and Research Board'인 것을 볼 때 '기획연구부'로 부르는 것이 합당하나 당시의 표현을 그대로 따랐다.

78) 『신한민보』, 1943년 7월 22일, 「연합회 연구부 위원조직」.

79) 『신한민보』, 1943년 7월 29일, 「재미한족연합위원회 전후계획연구부에 대한 우리의 기대」. 이런 관계로 연구부 위원장 유일한은 그동안 우리가 무엇을 가지고 연합국에 가맹하고 어떠한 방법으로 일본을 대항할 수 있는지에 대한 실제 공작을 연구한 적이 없었음을 지적하고, 앞으로 독립을 위한 실제 능력과 방침을 연구하는 것이 본 연구부의 사명임을 밝혔다.

80) 『신한민보』, 1943년 7월 22일, 「연합회 연구부 위원조직」.

81) 『신한민보』, 1942년 5월 14일, 「재미한족연합회 제1차 전체위원회 결의안」.

지 못하다가 1943년에 와서야 설립되었다. 전후계획연구부의 성과로는 한국의 정치・사회・경제 등 제 실상을 조사・연구하여 1943년 11월 발간한 『*Korea and The Pacific War*(韓國之實情)』이 있다.[82)]

한편 1943년 제2차 전체위원회에서 참가 대표원 수를 확대하기로 결정함에 따라 동년 9월 4일 국민회는 회원 수 621명에 대한 대표원 수를 13명으로 정하고 이들을 집행부에 파견하였다.[83)] 그러나 동지회가 연합회 집행부의 이승만 소환 제기에 대한 불만으로 대표를 파견하지 않은데다, 민족혁명당북미총지부는 연합회 참가를 약속해 놓고 대표를 파견하지 않았다.[84)] 집행부는 이들 두 단체로 인해 사무진행을 더 이상 늦출 수 없다는 이유로 1943년 9월 26일 국민회 대표들로만 새로 구성하였다.[85)] 대한여자애국단은 1943년 10월 31일 이성례(李聖禮)・임인재(任仁哉)를 대표로 보냈다.[86)]

이를 정리해 보면 1943년 10월 집행부의 조직은 다음과 같다.

위 원 장: 김 호
부위원장: 김병연
재무과장: 송종익

82) "Korea and The Pacific War": A Condensed Reference, *The New Korea*, Dec.2, 1943; "UKC Publishes Korean Reference," *The Korean National Herald*, Feb. 9, 1944.

83) 이들 13명은 한시대・김병연・김호・송종익・송헌주・김용중・박원걸・임일・유일한・윤혁・김용성・박재형・이정근이다.(『신한민보』, 1943년 9월 9일, 「대한인국민회 중앙집행위원회 결의안」)

84) 『신한민보』, 1943년 9월 30일, 「재미한족연합위원회의 집행부회록」. 그런데 민혁당측의 불참은 뚜렷한 이유를 발견하기 힘들다.

85) 『신한민보』, 1943년 9월 30일, 「재미한족연합위원회의 집행부회록」.

86) 『신한민보』, 1943년 11월 4일, 「연합회 집행부 회록초략」.

사무과장: 김병연
국방과장: 송헌주
선전과장: 김용성[87)]

동지회와 민족혁명당북미총지부의 참여 없이 국민회(13명)와 대한여자애국단(2명)으로만 이루어진 집행부 조직은 정상적인 활동과 역할을 기대할 수 없었다. 제2차 전체위원회의 결의에 의거 참가 대표원 수를 회원 50명당 1인으로 확대시킨 것은 결과적으로 국민회에게만 유리하게 만들고 집행부 내 국민회의 독주를 더욱 강화시키고 말았다.[88)]

이런 가운데 카이로선언으로 미주한인사회에 새로운 독립운동의 분위기가 일어나자 1943년 12월 4일 집행부는 시국문제 긴급회의를 개최하고 각 단체 대표 3인씩을 초청해 의견을 듣고 향후 방향을 정하는 것으로 결정했다. 이에 따라 집행부는 12월 12일과 26일, 그리고 1944년 1월 2일 등 총 세 차례에 걸쳐 비공식 시국문제 토의회를 개최했다. 참석한 단체체는 국민회・민족혁명당북미총지부・대한여자애국단이었다. 유학생총회는 처음부터 불참하였고, 동지회는 12월 12일 첫 회의에 이범녕(李範寧)이 대표로 참석했으나 동지회의 공식 대표가 아닌『북미시보』대표로 참가하는 것이라 하면서 계속 불참했다.

3차에 걸친 시국문제 토의회의는 다음의 내용을 결의했다.

1943년 12월 1일 카이로선언에 열강은 한국의 자유와 독립을 원칙상으

87) 여기서 빠진 한시대・유일한・박재형・박원걸・임일・윤혁・박재형・이정근・이성례・임인재 등은 각과의 위원으로 선임된 것으로 보인다.

88) 참고로 연합회에서 조사한 1944년 북미 한인단체의 회원수를 보면 동지회 북미총회 약 100명, 민족혁명당북미총지부 약 40명 대한여자애국단 약 100명이고 국민회는 약 660명으로 조사하고 있었다.

로 승인하는 동시에 또한 한국의 해방은 오직 한인의 투쟁으로 야만 성공할 것을 암시한 바, 현시 한족의 급선무는 군사운동으로 인정하고 이 운동의 촉진과 원만한 성공을 위하여 민족혁명당 · 학생회와 및 여자애국단으로서 각각 5인의 대표를 선출하여 국민회 대표 10인과 연합하여 연합회 집행부를 강화하고, 또한 동지회에도 이상의 결의를 통고하기로 연합회 당국에 제의할 일.[89)]

즉, 향후 활동방향으로 군사운동에 주력할 것과 이를 위해 연합회 집행부의 조직을 강화하기로 하였다. 이러한 결정에 의거 집행부는 임시회의를 열기로 하고 민족혁명당북미총지부 · 대한여자애국단 · 유학생총회 · 동지회에 대표 각 5인을 보내 줄 것을 요청하였다.[90)]

집행부 강화를 위한 임시회의는 1944년 1월 30~31일 개최되었다. 동지회북미총회 대표가 불참한 가운데 국민회 · 민족혁명당북미총지부 · 대한여자애국단 · 유학생총회의 대표 25명이 모였다.[91)] 회의 결과 새 집행부의 구성은 오는 2월 6일 국민회 · 민족혁명당북미총지부 · 대한여자애국단 국민회의 정식 대표가 다시 모여 의논할 것과, 유학생총회는 정식 대표를 선출하고 의사부의 동의를 얻는 법적 수속을 밟은 뒤 정식 참가하는 것으로 의결했다.[92)] 유학생총회가 빠진 것은 첫째, 정식 대표가 아닌 임시 대

89) 홍선표 편, 『재미한족연합위원회 회의록』, 165쪽.

90) 『신한민보』, 1944년 1월 6일, 「재미한족연합위원회 집행부 임시회의」.

91) 홍선표 편, 『재미한족연합위원회 회의록』, 165~169쪽.
참가한 각 단체의 대표는 다음과 같다.
대한인국민회: 송헌주 · 송종익 · 한시대 · 김병연 · 김용성 · 윤 혁 · 김호
박원걸 · 신두식 · 장세운(10명)
조선민족혁명당북미총지부: 김 강 · 변준호 · 정덕근 · 황성택 · 최능익(5명)
대한여자애국단: 이성례 · 임인재 · 김혜원 · 임메불 · 박경신(5명)
북미대한인유학생총회: 이창희 · 장기형 · 박상엽 · 이득환 · 현 철(5명)

표가 이번 회의에 참가한 때문이고 둘째, 연합회의 가입이 선결되지 않았기 때문이었다. 이를 해결하려면 먼저 정식 대표가 선임되고 앞으로 열리게 될 연합회 제3차 전체위원회에서 의사부의 동의를 얻어야 했는데 그때까지 기다릴 수 없어 유학생측의 참가를 일시 보류시켰다.[93]

1944년 2월 6일 집행부는 새 임원을 선출해 조직을 강화하기 위한 각 단체 대표회를 개최했다.[94] 이미 약속된 대로 국민회(10명)·민족혁명당 북미총지부·대한여자애국단(이상 각 5명)의 대표만 오기로 했지만 이날 회합에는 유학생총회와 동지회북미총회도 각 5명의 대표를 보내 참가했다.[95] 하지만 유학생총회는 이미 의논한 대로 의사부의 동의를 얻어 연합회에 정식 가입이 될 때까지 참가가 유보되었고, 동지회북미총회는 연합회를 탈퇴한 하와이 동지회 중앙부가 다시 연합회에 가입하기 전까지 이번 회합에 참가할 수 없다고 결정했다. 이러한 결정에 대해 최능익과 장세운이 크게 반발하자, 정덕근과 변준호는 타협안으로 이번 집행부 임원의 선출은 동지회와 학생회의 연합회 가입을 위하여 의사부 대표가 올 때까지 유보할 것을 제의했다. 참석자들은 정덕근과 변준호의 타협안을 받아들이기로 했다.

이에 따라 집행부의 개조와 강화를 위한 각 단체 대표회는 신임원이 조직될 때까지 현 임원을 존속시키되 군사금 모금을 위한 주요 사업은 현

---

92) 『신한민보』, 1944년 2월 3일, 「연합회 집행부 회록초략」.

93) 그러나 이러한 결정에 반발한 민족혁명당측과 유학생총회측 대표는 항의하고 회의에 불참하였다.

94) 이에 대한 자세한 내용은 홍선표 편, 『재미한족연합위원회 회의록』, 170~173쪽 참조.

95) 국민회·민족혁명당북미총지부·대한여자애국단·유학생총회의 대표는 지난 임시회의 때와 같다. 다만 대한여자애국단의 경우 임메불 대신 박에디가 참석했다. 동지회북미총회의 대표는 이살음·송헌영·김형식·이범녕이고 나머지 1명은 미상이다.

임원이 담당하는 것으로 결정했다.[96] 카이로선언 이후 모처럼 고조된 독립운동의 열기를 집행부의 개조와 강화로 연결시키려 했던 노력은 일단 보류되었다.

집행부는 1944년 연합회 제3차 전체위원회(4. 2~8)를 계기로 자체를 강화시키려 했으나 의도대로 되지 않았다. 우선 문제가 된 유학생총회의 연합회 가입은 허락되었고 대신 학생의 범위를 1924년 이후 유학생의 신분으로 도미하여 영주권이 없는 자와 대학의 학적이 있는 자로 한정하였다.[97] 이렇게 정한 것은 현 유학생총회가 재학생 위주가 아니라 졸업생 위주로 구성되어 있다는 점 때문이었다. 때문에 『신한민보』는 「사설」에서 학생이 졸업해 사회인이 되어도 여전히 유학생총회에서 활동하고 있는 폐단을 지적하고 사회인이 되었으면 어느 조직체든 가담해야 할 것이라고 비판하였다.[98] 하지만 새로 입회한 유학생총회는 전체위원회가 진행 중인 4월 7일 워싱턴사무소의 설치가 투표로 확정된 것에 반발해 민족혁명당북미총지부와 함께 다시 연합회를 탈퇴를 하고 말았다.[99]

카이로선언 이후 집행부를 새롭게 강화하려던 계획은 연합회의 워싱턴 사무소 설치문제로 결국 무산되었다. 이에 따라 집행부는 1944년 4월 8일 국민회와 그 자매단체인 대한여자애국단 만으로 다음과 같이 구성하였다.

위 원 장: 한시대

---

96) 『신한민보』, 1944년 2월 10일, 「연합 집행부 회록초략」.

97) 『신한민보』, 1944년 4월 13일, 「재미한족연합위원회 제3차 전체위원회 결의안」.

98) 『신한민보』, 1944년 2월 24일, 「학창에서 나왔거든 조직체에 가담하라」.

99) 『신한민보』, 1944년 4월 13일, 「재미한족연합위원회 제3차 전체위원회 결의안」.

부위원장: 김병연
사무과장: 김호, 위원: 박원걸
재　　무: 송종익 · 임일
선전과장: 김용성, 위원: 김동우
국방과장: 박경신, 위원: 이성례 · 윤혁[100)]

집행부의 조직이 두 단체만으로 구성된 것은 역량 집중을 통해 독립운동을 전개하려는 연합회 본래의 의도에서 크게 벗어나는 일이었다. 따라서 자체의 변화를 모색하지 않고서는 앞으로 집행부의 조직이 계속 유지되리라는 보장이 없을 정도였다.

이런 집행부의 위기감을 해소해 준 좋은 기회는 임시정부의 훈전에 의거해 주미외교위원부 개조를 위해 소집한 미주한인 전체대표회(1944. 10. 28~11. 5)였다. 이 대회의 주요 안건 중 하나는 미주한인사회의 통일책이었다. 특별히 하와이 9개 단체대표를 비롯하여 북미의 유학생총회 · 민혁당북미총지부 · 국민회 대표들은 당면한 통일책의 방안으로 현 연합회를 강화할 것과 이를 위해 연합회를 중심으로 재조직하는데 한 목소리가 되었다.[101)]

그런데 당시 하와이는 의사부 강화를 통해 이미 역량 통일을 도모한 상태여서 남은 문제는 북미의 집행부만 해결하면 되는 사안이었다. 집행부의 김호는 군사 · 재정 · 통일의 방안을 연구 실시하기 위해 각 단체 대표 3인씩 선출해서 집행부 강화를 위한 회의를 개최할 것을 제의하였다.[102)] 당초 카이로선언 직후 집행부 강화를 위해 회합을 열 때 국민회 대표는 10인이었고 나머지 단체는 각 5인씩 배분했는데 이제 와서 단체의

100) 『신한민보』, 1944년 4월 13일, 「재미한족연합위원회 집행부 임원선거」.
101) 『신한민보』, 1944년 11월 16일, 23일, 「전체대표대회 회록」.
102) 위와 같음.

대소를 불문하고 동등한 대표 수로 회의를 갖자는 것은 국민회의 기득권을 포기하겠다는 의도였다. 이는 완전히 떨어져 나간 동지회를 제외하더라도 북미 한인사회를 연합회 중심으로 재통합하기 위해 집행부를 재건, 강화하겠다는 심정이 절실하였음을 의미한다.

집행부 강화를 위한 회의는 1944년 11월 19일 국민회 · 대한여자애국단 · 민족혁명당북미총지부 · 유학생총회 등 4개 단체 대표들이 모인 가운데 개최되었다.[103] 이날 회의에서는 참가 대표의 수를 3인에서 5인으로 확대시키로 하는 등 이후 착실히 추진되었다. 그 결과 1945년 1월 6일 아래의 새 집행부를 조직하였다.

위 원 장: 한시대
부위원장: 김병연
서 기: 곽림대
사무과장: 황성택
재 무: 송종익 · 박경신
선전과장: 김용성
국방과장: 최능익

그리고 각과의 인원은 담당 과장이 천거하기로 하였고, 군사운동 후원을 위해 별도로 군사금 모집위원 5명(김호 · 최능익 · 한시대 · 김병연 · 황성택)을 선임하였다.

---

103) 이 날 참석한 대표는 국민회에서 김호 · 김병연 · 임일, 대한여자애국단에서 임메불 · 임인재, 유학생총회에서 이창희 · 이정근이다. 민혁당북미총지부는 비공식 대표로 최능익 · 황성택 · 한길수 · 현철을 보냈다.(『신한민보』, 1944년 11월 30일, 「재미한족연합위원회 집행부회록초략」) 그리고 이 날 회의에서는 카이로선언 1주년 기념식 준비위원으로 김병연 · 김용성 · 최능익 · 한길수 · 이창희를 선임하였다.

그런데 위 조직을 보면 1944년 12월 17일 4개 단체 중심으로 집행부를 조직하기로 한 결의가 그 이듬해 1월 6일 발표에서는 유학생총회가 빠진 3개 단체의 대표들로만 구성되고 있다. 유학생총회가 마지막 조직 단계에서 빠진 이유는 학생 대표들이 미국 각 지역에서 선발된 관계로 현실적으로 집행부가 있는 로스앤젤레스에 오기 힘든 여건 때문이며, 집행부를 강화하는 일에 반대한 때문은 아닌 것으로 생각된다.

그리고 새로 조직된 집행부의 임원은 총 8명 가운데 국민회 대표 4명(한시대·김병연·송종익·김용성), 민족혁명당북미총지부 대표 3명(곽림대·황성택·최능익), 대한여자애국단 대표 1명(박경신)으로 안배하였다. 이러한 안배는 기득권을 가진 국민회가 연합회 본래의 뜻을 되살려 집행부 재건을 위해 많은 양보를 했기 때문으로 생각된다.

이상의 집행부 구성은 해방 때까지 계속 유지·발전되었다. 이것은 1944년 하와이 국민회의 양보로 의사부 조직이 6부로 강화되었다가 다시 국민회와 한국독립당하와이총지부 중심으로 약화된 의사부의 경우와 비교해 볼 때 매우 진전된 모습을 보여주었다.

아울러 집행부는 구제부(救濟部)를 신설하며 조직을 점차 확대하였다. 구제부 설치안은 전쟁으로 조난당한 본국과 해외의 한인 난민구제를 위한 대책을 마련하기 위해 1945년 1월부터 논의되다가 3월 3일 집행부 회의에서 황성택(黃聖澤)을 구제부장으로 임명하면서 결정되었다.[104] 그런데 이 구제부는 단순히 집행부의 한 부서라는 범위에서 벗어나 한인구제회라는 별도의 조직으로 확대되었다. 즉, 한인구제회는 25명의 발기인이 참여한 가운데 새로 발족되었고 미국정부의 정식 인가를 받은 법인기관으로서 이사원 11명과 사무원 10명으로 구성된 조직체로 발전하였다.[105] 하

---

104) 『독립』, 1944년 3월 14일, 「재미한족연합회 집행부 결의사항」. 나성의 대한여자애국단는 2월 25일 난민구제문제를 정식으로 제의하였다(『신한민보』, 1945년 3월 8일, 「대한여자애국단 나성지부 구제실시를 제의」).

지만 구제부장이 집행부에서 임명되고 감사 또한 집행부에서 실시하였기 때문에 집행부와 분립될 수 없었고 운영 또한 집행부의 지도 감독 하에 있었다. 하지만 한인구제회의 설립은 그만큼 집행부의 조직이 확대되어갔음을 의미한다.

3. 연합회 조직의 성격

연합회 조직에 나타난 특징을 살펴보면 첫째, 연합회의 참가 단체는 정치단체로 한다는 해외한족대회의 결의안을 확장해 비정치적 단체로까지 참가 폭을 확대시키고 있는 점이다. 하와이 의사부의 경우 대한애국부인회와 한인구락부가, 집행부의 경우 유학생총회가 연합회에 참여하였다. 이러한 현상은 역량통일을 통해 독립운동을 추진하려는 연합회 본래의 정신에 충실하려는 것으로 볼 수 있으나 동지회 탈퇴 이후 연합회의 세력이 점차 약화되고 있는데 따른 대응책의 일환으로 해석할 수 있다.

---

105) 『신한민보』, 1945년 8월 30일, 「한인구제회 조직계획」.
한인구제회의 조직 상황을 보면 다음과 같다.
발기인: 정등엽・김용성・송정윤・황저넬・박상엽・이영수・시영완
염만석・유진석・임메불・한길수・한흥복・박영하・최능익
이성례・한시대・임인재・김성락・장기형・황성택・곽림대
김 호・송종익・김병연・이마리아
이사원: 김성락・장기형・이마리아・곽림대・임메불・임일・김병연
김용성・임인재・박경신・한흥복
감사원: 송종익・이암・조원두
사무원: 구제부장: 황성택, 총무 김병연, 서기 박영섭, 재무 김용성
곽림대, 조직부원: 이화목・김중수・송종익・최능익・임메불
(『신한민보』, 1945년 9월 6일 「한인구제회의 직원」)

둘째, 이와 같은 연유로 연합회에 참가한 단체의 대표수는 초기 회원수 기준에서 점차 동등한 참여로 변화하고 있는 점이다. 해외한족대회 결성 시 약 100~150명의 회원당 1인으로 정하였다가 1943년 제2차 전체위원회에서는 50명당 1인으로 확대되었고, 1944년 주미외교위원부 개조를 위한 전체대표회를 전후해서는 단체의 대소를 불문하고 평등한 참여로 발전하였다. 이러한 변모는 동지회 탈퇴이후 위기에 빠진 연합회를 강화하기 위해 국민회가 스스로 기득권을 포기한 결과였다. 이에 따라 동지회 탈퇴이후 연합회는 반이승만과 비동지회 세력을 결집하는 구심점이 되었고, 적어도 1944년도의 경우 연합회의 위상은 크게 상승하였다. 그러나 1945년 국민회의 기득권 양보가 지속되지 못하여 하와이 국민회와 한국독립당하와이총지부 만으로 다시 축소된 의사부의 경우처럼 연합회의 위상은 다시 약화되었다.

셋째, 연합회의 조직이 국민회와 동지회 등 특정단체 중심으로 조직·운영되고 있는 점이다. 집행부는 시종일관 국민회 중심으로 조직되었고, 의사부는 동지회 탈퇴 이전까지 국민회와 동지회 중심으로 운영되다 잠시 민족혁명당하와이총지부에게 위원장직을 양보하였지만 실질적으로 볼 때 하와이 국민회가 끝까지 주도적인 역할을 하였다.[106] 이러한 구조는 이미 해외한족대회에서도 반영되고 있는 현상이지만 국민회와 동지회가 여타의 군소 단체들에 비해 회원수·조직력·회세 등에서 월등히 앞서 있었기 때문이다. 따라서 연합회는 처음부터 국민회와 동지회 중심으로 조직되었고 동지회 탈퇴 이후에는 비록 국민회의 양보로 회원 단체들에게

106) 집행부의 경우 대한여자애국단은 국민회의 자매기관이어서 항상 국민회의 입장만 따랐다. 의사부의 경우 한국독립당하와이총지부와 대한부인구제회(2개 중 하나는 동지회 자매기관임)는 국민회의 지지 단체들이기 때문에 항상 국민회의 입장만 대변하였다. 그리고 영남부인회와 대한애국부인회도 국민회의 입장을 적극 동조하는 단체였다.

동등의 권한을 주기도 했었지만 여전히 연합회가 곧 국민회로 연상될 정도로 국민회 위주로 구성되었다.

넷째, 의사부와 집행부의 조직이 시간이 지날수록 서로 다른 모습을 보이고 있는 점이다. 연합회 조직이 일정한 원칙에 의해 구성되고 있기보다 그때그때의 상황에 맞추어 적응해 갔음을 말한다. 이러한 요인은 연합회가 독립운동의 대의에 동조한 단체들의 자발적인 합의에 의해 결성된 연합체여서 강력한 중앙조직을 갖추고 추진할 여력이 없었기 때문이었다. 이런 사정으로 연합회는 회원 단체들의 출입을 제재하거나 지도할 법적인 장치를 가질 수 없어 강력한 지도력을 기대하기 어려웠다.

제 3 부

재미한족연합위원회의 활동

제8장
독립운동자금 모금 및 재정지원활동

1. 독립운동자금 모금활동

해외한족대회에서 결의한 재정방침은 재정의 통일과 집중이었다. 이에 따라 독립운동을 위해 거두는 모든 금전을 독립금(獨立金)으로 통일시키고 재래 각 단체에서 실행해 온 독립운동 관련 각종 수금은 폐지하기로 하였다. 수봉한 독립금은 미화(美貨) 2만 달러의 예산으로 2/3는 임시정부에, 1/3은 외교비와 미국 국방공작 지원경비에 사용하기로 했다. 독립금의 수지 회계는 집행부에서 관리하되 의사부의 공결로 집행부에서 지출하도록 했다. 독립금은 1년에 매인당 15달러 이상을 거두는 것으로 하였고, 그 수봉은 하와이는 의사부가, 북미는 집행부가 담당하되 각부에서 2인의 재무를 두어 관리하도록 했다.

재정의 수합과 지원은 연합회의 주요활동이었다. 연합회는 해외한족대회에서 결정한 재정방침에 따라 재정모금운동을 지속적으로 전개하였다. 먼저 연합회 의사부는 1941년 5월 18일 개최한 민중대회에서 4,500달러의 독립금을 예약받는 등 독립금 모금운동을 성황리에 추진하였다. 1941년 6월까지 이루어진 의사부 재무의 제1회 보고에 따르면

350인이 10,200달러의 독립금을 허락하였고 예정일 전에 정한 예산대로 지출하게 된 것은 무척 놀라운 일임을 자평하였다.[1] 연합회 집행부는 동년 6월 1일 회의에서 독립금 수봉위원을 국민회·동지회·조선의용대후원회 각 1인씩 천거하기로 하되 대대적인 독립금 수봉을 위한 민중대회를 6월 15일 로스앤젤레스에서 개최하기로 하였다. 6월 15일 민중대회에서 집행부는 독립금 656달러의 예약금을 거두는 성과를 얻었었다.[2]

한편 의사부는 연 예산 2만 달러에 대한 세부항목과 분담방침을 마련하여 집행부에 제의하였다. 즉, 의사부는 매월 임시정부에 800달러, 주미외교위원부에 300달러, 미국 국방봉사원에 100달러 등 도합 1,200달러를 지출하기로 하고, 집행부는 매월 임정에 250달러, 주미외교위원부에 100달러, 국방봉사원에 50달러 등 총 400달러를 지출하기로 한 것이다.[3] 이럴 경우 1년이면 의사부는 14,400달러, 집행부는 4,800달러가 되어 총 19,200달러가 되는데 전체 2만 달러 예산중 800달러가 모자라게 된다. 모자라는 800달러는 의사부에서 600달러, 집행부에서 200달러를 부담하되 이것은 추후 협의하는 것으로 하였다. 이렇게 볼 때 의사부의 분담액은 15,000달러로 전체 예산의 3/4가 되고, 집행부 분담액은 5,000달러로 전체의 1/4에 해당되었다. 이러한 분담 원칙은 미주에 거류하고 있는 한인의 수를 기준으로 한 것으로 보인다.[4] 그리고 연합회에서 임시정부에

---

1) 『신한민보』, 1941년 7월 3일, 「하와이의사부 재무의 제1회 보고」.

2) 『신한민보』, 1941년 6월 19일, 「나성한인 민중대회의 소집과 성적」.

3) 『신한민보』, 1941년 6월 12일, 「재미한족연합위원회 의사부결의」.

4) 참고로 하와이내 한인의 수는 1941년의 경우 6,851명으로 발표하고 있고(『태평양주보』 1941년 4월 5일, 사설, 「재미동포의 사업」), 북미의 경우 약 1,500명 정도로 헤아려 진다.(『신한민보』 1944년 4월 13일, 「군자금문제에 대하여」). 그런데 하와이의 경우 실제로 독립운동금을 부담할 수 있는 한인 1세대의 수는 불과 2,200~2,300명 정도였고 나머지는 하와이 출생 한인 2세대들이었다(여기에 대해서는 졸고, 「일제하 미국유학연구」, 『국사관논총』 96, 2001,

지원하는 금액은 매월 1,050달러이고, 주미외교위원부에는 매월 400달러, 국방봉사원에는 매월 150달러가 각각 지출되었다.

집행부와 의사부에서 수봉한 독립금은 이상의 재정분담 원칙 하에서 대체로 독립적으로 운영되었고 수지회계의 발표도 각기 독자적으로 진행되었다. 이러한 재정운영방식은 수지회계의 모든 업무를 의사부의 공결로 집행부에서 하도록 한 해외한족대회의 결의안을 무시하는 것이었다. 특별히 의사부가 부담한 국방봉사원 경비의 경우 의사부가 매월 100달러를 집행부로 보내 집행부에서 통합 지출하도록 하였다. 그러나 그 외의 경우, 재정의 지출과 수입의 원칙을 세울 때 항상 집행부와 의사부의 공결로 시행하였지만,[5] 현실적으로 재정을 통합해 집행부에서 집행하는 원칙은 지켜지기 어려운 것이었다. 그럼에도 불구하고 연합회가 재정문제로 내부에서 갈등을 발생시키는 일은 없었다.

미일전쟁의 발발로 미주한인사회에 독립운동의 열기가 크게 고조되자 재정모금은 더욱 활기를 띠었다. 집행부는 1941년 12월 28일부터 29일까지 개최한 회의에서 독립금을 일시 정지시키고 전시부담금을 신설하는 안을 마련하였고, 뒤이어 이 문제를 의사부의 동의 하에 추진하되 거부할 경우 북미만이라도 시행하기로 하였다.[6] 즉 매인당 월 5달러, 10달러, 20달러로 나누어 전시부담금이라는 명목으로 모금하고 이 기간 동안에는 독립금 수봉을 일시 정지하기로 한 것이다.[7] 이러한 집행부의 제의에 대

주) 96 참조)

5) 예컨대 미일전쟁 발발 직후 집행부에서 전시부담금을 실시하려 할 때 의사부의 동의하에 시행하려 하였고, 1944년 군사운동금 모집추진도 연합회 전체위원회의를 통해 추진하려 하였다.(『신한민보』, 1942년 1월 8일, 「재미한족연합위원회 집행부 결의의 보유」 및 『국민보』, 1944년 2월 9일, 「재미한족연합위원회 의사부회록」 참조)

6) 『신한민보』, 1942년 1월 1일, 「재미한족연합위원회 집행부 결의」; 1월 8일, 「재미한족연합위원회 집행부 결의보유」.

해 의사부가 2월 7일자 전보에서 이를 수락함으로써 집행부는 전시부담금 모금활동을 전개하였다.

그런데 하와이 의사부의 경우는 집행부의 제의가 있기 전에 미일전쟁 발발을 계기로 독립금을 더 많이 수봉하기 위해 기존의 재무인 조병요·손승운 외에 안원규(국민회), 안현경·김영기(이상 동지회)를 독립금 수봉위원으로 임명하여 재무부를 확장하였고 독립금도 매인 매월 5달러 이상을 수금하기로 결정하고 있어서 집행부의 전시부담금 제안에 별 이의가 없었다.[8] 의사부는 집행부의 제의에 대해 찬성했지만 여전히 독립금 명목으로 수봉활동을 전개하였고, 집행부도 처음에는 전시부담금 이름으로 수봉했지만 결국에는 전시부담금이 곧 독립금화 되는 쪽으로 돌아가고 말았다.[9]

---

7) 전시부담금은 1941년 12월 14일 집행부가 나성에서 개최한 민중대회에서 집행부의 전시후방공작과 멕시코·쿠바 재류한인동포의 안녕보장을 위한 사무경비로 매인 5달러이상의 특별임시운동비를 거둔 후, 북미 국민회가 수연의 복잡을 해결하기 위해 계획한 것으로 보인다. 즉 독립금을 비롯한 각종 의연금을 전시부담금이라는 명목 안에 포함시킴으로써 수연의 복잡을 피하기 위한 한 방안이었다. 따라서 전시부담금으로 독립금 수연을 일시 정지하겠다는 의미는 그것의 중단이 아니라 전시부담금이라는 이름 안에 포함해서 거두겠다는 것이다.(『신한민보』, 1941년 12월 18일, 「격앙 강개한 나성민중대회」; 1942년 1월 1일, 「대한인국민회 제6차 대표대회입안」, 1월 8일, 「재무과의 통고」)

8) 『국민보-태평양주보』, 1942년 2월 4일, 「독립금예약에 대한 말」. 그런데 안원규는 1943년 10월 4일 이원순의 뒤를 이어 의사부 위원장에 취임하면서 김원용이 그 자리를 이어받았다. 안현경과 김영기는 재무부에서 재정검사를 담당하였고, 김원용은 독립금 및 기타 의연금을 담당하였다.(『국민보-태평양주보』, 1943년 10월 6일, 「하와이 의사부」, 10월 27일, 「연합회 재무 사면코자」 참조)

9) 『신한민보』, 1943년 1월 14일, 「1942년 대사기」 중 '재미한족연합회' 3항을 참조.

결국 이것은 이전의 해외한족대회 결의안 중 '매인에게 독립금 15달러'로 규정한 것을 전시부담금이라는 이름하에 매인에게 매월 5달러 이상의 독립금을 내도록 만듦으로써 독립금의 수입을 크게 증대시키는데 기여하였다. 참고로 집행부가 1941년 5월 15일부터 12월말까지 거둔 독립금은 약 4,400달러 정도로 추산되는데 비해 1942년에 거둔 독립금은 19,200달러로 대폭 증가하였다.[10] 의사부의 경우는 1941년 5월부터 12월말까지 독립금 수입이 9,725달러이었는데 비해 1942년도에는 34,700달러의 독립금을 거두었다.[11]

미일전쟁 발발을 계기로 독립금 수입이 증대하자 하와이 의사부는 예산을 대폭 증액시켰다. 1942년도 연합회 예산을 20,000달러에서 35,000달러로 증액시키고 임정에 10,000달러 이상과 주미외교위원부에 7,000달러를 송금하는 등의 새 예산안을 마련하여 집행부에 통보하였다.[12] 이 안은 1942년도 연합회 제1차 전체위원회(4. 3~7, 5. 4~7)에서 연예산

10) 이러한 계산은 북미 국민회의 1941년도 결산에서 연합회에 송금한 액수가 4,205달러이고, 동지회가 부담한 금액이 약 200달러인 것을 감안하여 1941년까지 연합회의 독립금 수입을 4,400달러로 추정하였다.(『신한민보』, 1942년 1월 8일, 「대한인국민회 중앙상무부 사업성적서」 참조. 동지회 부담액 추정은 『신한민보』 1941년 9월 4일, 「대한인국민회 중앙상무부 사업성적서」 중 동지회에서 5~7월까지 146달러를 부담했다고 보고한 것에 근거한 것이다) 그리고 1941년 5월부터 1942년까지의 집행부 총결산을 보면 독립금 총액이 23,622달러인데 이중 1941년도분인 4,400달러를 제하면 1942년도 순수한 독립금 총액은 19,222달러가 된다.(『신한민보』, 1943년 2월 11일, 「재미한족연합위원회 집행부 재정결산서」 참조)

11) 『국민보-태평양주보』, 1942년 3월 18일, 「연합위원회 의사부 민국23년도 재정보고」; 1943년 2월 3일, 「재미한족연합위원회 의사부 재정공고서」 참조.

12) 『국민보—태평양주보』, 1942년 2월 18일, 「재미한족연합위원회 하와이 의사부」; 『신한민보』, 1942년 2월 12일, 「하와이전보」.

60,000달러로 최종 조정되었다. 세부내역을 보면 수입란 중 의사부가 40,000달러를, 집행부가 20,000달러를 부담하기로 했다. 지출은 집행부 20,000달러 중 임시정부에 10,000달러, 사무비 5,000달러를 지출하는 것으로 했다. 의사부는 40,000달러 중 임시정부에 20,000달러, 주미외교위원부에 10,000달러, 사무비 5,000달러로 하였으며, 남은 5,000달러에 대해선 예비비로 두어 집행부에서 특별사업을 진행할 때 사용키로 하였다.[13] 요컨대 60,000달러의 연예산 가운데 임시정부에 연 30,000달러(50%), 주미외교위원부에 연 15,000달러(25%)를 지출하는 셈이었다.[14] 이렇게 해서 연합회가 거둔 독립금 총수입을 보면 149,481.88달러인데 이는 전체 총수입 270,478.19달러의 55%에 해당되었다.[15]

연합회는 독립금 수봉외에 특별운동비를 모집하였다. 먼저 집행부는 미일전쟁 발발 직후인 12월 14일에 민중대회를 통해 각종 증명권 제조 경비와 국방후원을 위한 경비 그리고 사무비 지출을 위한 특별운동비로 2,698달러의 수입을 올렸다.[16]

1942년 제1차 전체위원회에서 2명을 중경특파원으로 파송할 것을 결의한 이후 연합회는 경비지원을 위한 특별수연을 추진하였다. 하와이 의사부는 1942년 7월 19일 협찬위원회의 결성과 함께 예정액을 10,000달러로 정한 후 특별독립금 모집을 결의하였고 1차로 5,000달러를 예약하

13) 『신한민보』, 1942년 5월 14일, 「재미한족연합위원회 제1차 결의안」.

14) 연합회 설립 당초에 계획했던 국방봉사원에 대한 경비지원은 한길수의 사면을 계기로 1941년까지만 지급되어 1942년부터 지출항목에서 빠지게 되었다.

15) 국가보훈처, 『미주한인민족운동사료』, 1998, 573쪽 및 아래의 [표 2] 참조.

16) 아울러 이를 계속 추진하기 위해 집행부는 특별운동비 수전위원으로 김성락·박원걸·최능익·김강·송헌영·이용선을 임명하였다.(『신한민보』, 1941년 12월 18일, 「격앙강개한 나성민중대회」)

였다.[17] 협찬위원회를 조직한 것은 일반 한인들에게 독립금을 내는 부담을 줄이려는 의도 하에 특정한 사람들만 부담하기 위해서였다.[18] 의사부가 1943년 12월까지 거둔 중경특파원 특별경비는 약 6,600달러이었고,[19] 1944년 이후부터 수금을 중단한 것으로 보인다.

집행부는 중경특파원 파견경비모금에 적극적인 활동을 전개하지 못한 것 같다. 1943년 4월에 가서야 중경특파원 여비모집광고를 시작하고 있었고, 동년 5월 1일 개최한 북미 국민회 중앙집행위원회의에서 중경특파원 후원을 결의하는 등 집행부의 행보가 의사부에 비해 무척 더뎠다. 이는 비록 중경특파원에 집행부 대표로 김호가 선임되고 있었지만 이번 일이 전적으로 의사부에 의해 주도되었기 때문으로 보인다.[20] 하지만 집행부는 1943년 한 해에 특파원 경비로 2,848달러라는 적지 않은 돈을 수봉하였다.

---

17) 『국민보—태평양주보』, 1942년 7월 29일, 「협찬위원회의 활동」. 그런데 하와이 의사부가 집행부에 보낸 1942년 6월 12일자 전보에서는 전체 예산액을 8,000달러로 정하고 집행부와 의사부가 반반씩 분담하자는 제의를 하였다.(도1209-2, Telegram from Honolulu United Korean Committee to L.A. United Korean Committee. 이하 '도' 자료는 모두 독립기념관 소장 자료를 의미)

18) 『국민보—태평양주보』, 1942년 9월 2일, 「전경무씨의 사명」.

19) 이 금액은 1943년 2월까지 의사부가 수봉한 금액은 4,939달러이고, 1943년 1월부터 12월까지 수봉 총계가 1668달러이었음을 감안해서 나온 액수다.(『국민보—태평양주보』, 1943년 4월 7일, 「특파원 경비특연」; 1944년 2월 2일, 「재미한족연합위원회 의사부 재정공고서(1943.10~12)」)

20) 중경특파원은 처음에 의사부가 하와이 국민회측에서 전경무를, 하와이 동지회측에서 도진호를 각각 선임하였다(『국민보—태평양주보』, 1942년 8월 12일, 「중경특파와 동포의 성원」). 그런데 곧 의사부가 집행부와의 협조를 감안하여 도진호 대신 북미쪽의 김호로 대체한 것으로 보인다.(도1166, United Korean Committee in America: A Memorandum)

연합회의 중경특파계획은 이승만의 비협조와 임정의 소극적인 태도로 추진되지 못하였다. 이에 따라 모금된 제 경비에 대해 의사부는 전경무의 워싱턴 활동비용으로 그 대부분을 쓴 것으로 보이며, 집행부는 계속 은행에 적립해 두었다가 해방 직후 국내에 한국대표단을 파견할 때 그 경비로 전환하여 사용하였다.[21]

카이로선언으로 한국의 독립이 열강들에 의해 보장된 이후부터 미주한인사회에는 군사운동에 대한 관심이 고조되었다. 이에 따라 군사금(軍事金, 당시 '군사운동금'으로도 부름) 모집활동이 활발히 전개되었다. 1943년 12월 12일 샌프란시스코(상항)에서 열린 북가주 대한인시국대회에서 한인들은 향후 독립운동의 방침을 적극적인 군사운동 후원에 두고, 1차로 군사비 1백만 달러 모금을 계획해 당석에서 2,000달러의 예약금을 모금하였다.[22] 그후 군사운동비의 모금활동은 포틀랜드·시애틀의 재류동포 합동회의에서 3,000달러, 로스앤젤레스(나성) 시국문제 토론회서 2,000달러를 모금하는 등 각지에서 적극 추진되었다.

이러한 분위기 속에 연합회 의사부는 1944년 2월 7일 회의에서 군사금 모집을 전개하되 지출은 필요한 때 사용하는 것으로 결의하였다. 담당 회계로 의사부는 유진석(柳鎭錫)·최두욱(崔斗旭)·차윤중(車允中)을 선임하였다. 의사부는 총 10만 달러의 군사금을 모금하기로 계획했는데, 1945년 3월까지 모금총액을 보면 12,163달러이었다.[23] 집행부는 비교적 늦은 1944년 7월 이후부터 군사금 모금을 시작하였고 이듬해 1월 2일 집행부 강화회의에서는 군사금 모집위원 6명을 선정하는 등 적극 추진하였다.[24]

---

21) 『신한민보』, 1945년 8월 23일, 「재미한족연합위원회 결의」.

22) 『신한민보』, 1943년 12월 23일, 「북가주 대한인시국대회」.

23) 『국민보』, 1945년 4월 25일, 「연합위원회 총수입(1945.1~3)」.

24) 이 때 선임된 군사금모집위원은 한신대·김호·최능익·황성택·김병연·임인재이다.(홍선표 편, 『재미한족연합위원회 회의록)』, 연세대 현대한국학

집행부가 1945년 10월까지 모금한 군사금 액수를 보면 6,900여 달러를 수봉한 것으로 나타난다.[25] 연합회의 군사금 총수봉액은 19,116.66달러였다.[26]

군사운동 후원을 위한 군사금 모금활동은 1944년 10월 28일부터 11월 5일까지 주미외교위원부 개조문제로 열린 재미한인 전체대표회에서 결의되면서 핵심적인 독립운동의 방략으로 자리 잡았다.

이밖에도 워싱턴사무소 설립이후 사무소 운영과 활동을 위한 특별경비로 16,656.50달러를 수봉하였고, 샌프란시스코의 국제연합창설대회('샌프란시스코회의') 참가를 위해 14,054.75달러, 국내파송을 위한 한국대표단의 경비를 위해 13,983.50달러를 수봉하였다.

이를 정리하면 독립금 외에 연합회가 특별한 목적을 위해 수봉한 총수입은 91,006.66달러이다.[27] 이는 전체 총수입금 270,478.19달러의 33.6%에 해당되며, 독립금 총수입 149,481.88달러의 61%에 해당되는 많은 금액이다. 특별운동금의 수입이 많다는 것은 연합회의 독자활동의 범위가 점차 확대되어 갔음을 말해 주지만, 상대적으로 그만큼 독립금의 수입이 감소하는 것을 의미한다. 왜냐하면 미주한인들의 경제여건을 감안할 때 독립금과 특별운동금 모두를 충실히 부담한다는 것은 쉽지 않은 일이었기 때문이다.

소, 2005, 200쪽.)

25) 『신한민보』, 1945년 8월 23일, 「대한인국민회 중앙상무부 재정결산」 및 12월 27일, 「재미한족연합위원회 재정결산」 참조.

26) 국가보훈처, 『미주한인민족운동사료』, 1998, 573쪽 및 아래의 [표 1] 참조.

27) 이것은 [표 2]의 수입부분 중 사이판동포 및 티니엔동포의 특연과 재류국승전후원금 특연을 제외한 제 경비를 포함한 금액이다.

2. 재정지원과 그 성격

연합회는 독립금과 군사운동금 등 각종 재정모집에는 활발하였으나 임정이나 주미외교위원부에 송금해야 할 지출은 제대로 시행하지 않았다. 당연히 임시정부에 보내져야 할 인구세나 약정된 독립금은 해가 지날수록 급격히 줄거나 송금이 중단되었다. 연합회의 임시정부 지원상황을 자세히 살펴보면 집행부의 경우 1941년 5월부터 1942년 12월까지 임정 송금액이 9,200달러(39%)인데 비해,[28] 1943년 4,561달러(41.7%)로,[29] 1944년 2,988(3.7%)달러로 줄고 있었으며,[30] 이것도 1944년 6월 이후부터 전혀 송금되지 않고 있었다. 의사부의 경우는 1941년 5월부터 12월까지 5,100달러(52.4%)가 송금된 것을 비롯해,[31] 1942년 15,320달러(43.6%),[32] 1943

---

28) 이 기간 동안 수입된 독립금은 23,622.26달러이다. ( )의 % 표시는 총수입된 독립금 중 임정으로 송금된 비율을 나타낸다. 연합회의 수입은 여러 방면에서 있었지만 임정송금은 독립금 중에서만 지출되었기 때문이다(『신한민보』, 1943년 2월 11일, 「재미한족연합위원회 집행부재정결산서 총결산(1941.5~1942. 12)」).

29) 1943년에 수입된 집행부의 독립금은 10,920.70달러이다.(『신한민보』, 1944년 5월 18일, 「재미한족연합위원회 집행부재정결산서(1943년도)」)

30) 1944년 1월 6월까지 수입된 독립금은 4,212.86달러이다. 그런데 북미 국민회의 재정결산을 보면 1944년에 독립금 7,576.30달러를 수봉해 집행부로 송금한 것으로 보아 집행부의 전체 독립금의 수입은 약 8,000달러 정도로 볼 수 있다.(『신한민보』, 1944년 8월 3일, 「재미한족연합위원회 집행부재정결산서(1944.1~6)」; 12월 28일, 「대한인국민회 민국 27년도 재정결산서」)

31) 이 시기 독립금 수입은 9,725.71달러이다(『국민보—태평양주보』, 1942년 3월 18일, 「연합위원회 의사부 민국 23년도 재정보고」).

32) 1942년도 독립금 수입은 34,700.77달러이며 임정특연이 408.90달러이어서 도합 35,109.67달러이다.(『국민보—태평양주보』, 1943년 1월 27일, 「재미한족연합위원회 의사부재정공고서」)

년 16,410달러(60.5%),[33] 1944년도 2,925달러,[34] 1945년 1,220 (17.4%)달러이다.[35] 특별히 집행부에서는 1945년에 들어서면 북미 국민회가 모금한 인구세마저도 은행에 적립함으로써 임시정부에 전혀 재정지원을 하지 않았다.[36] 이를 정리해 보면 다음의 [표 1]과 같다.

[표 1] 연합회의 임시정부 재정지원 상황 (단위 : 미화 달러)

	1941.5～1942.12	1943년도	1944년도	1945년도	합 계
집행부	9,200	4,561	2,988	0	16,749
의사부	20,420	16,410	2,925	1,220	40,975
합 계	29,620	20,971	5,913	1,220	57,724

＊그런데 위 [표 1]은 [표 2]의 연합회 임정지원 총계와 차이가 난다. 이것은 [표 1]의 수치를 『국민보—태평양주보』 및 『신한민보』에 기록된 연도별 지출현황을 통계로 잡았기 때문이다.

33) 1943년도 독립금 수입은 27,090.40이다.(『국민보—태평양주보』, 1944년 2월 2일, 「재미한족연합위원회 의사부재정공고서(1943.1～12)」; 2월 16일, 「정오」)

34) 『국민보』, 1944년 5월 10일자 「임시정부에 송금」 중 독립금 1,000달러와 인구세 425달러 그리고 『국민보』 11월 8일자, 「연합위원회 재정보단」 중 임정송금액 1,500달러를 합한 금액이다. 독립금 및 인구세 합계를 낼 수 없어 전체 몇 퍼센트를 차지했는지 알 수 없다.

35) 1945년 1월~3월까지 독립금과 인구세를 합친 수입은 3,177.60달러이고(『국민보』, 1945년 4월 25일, 연합위원회 총수입(1945.1～3)), 7월~9월까지 수입된 독립금은 2862.59달러이다. 그런데 4월~6월 사이의 재정통계는 『국민보』에 보도되지 않아 알 수 없는 형편이나 7월~9월의 재정보고 중 독립금 조월금이 929.49인 것으로 보아 이 금액은 모두 이 기간에 수입된 독립금임을 알 수 있다. 왜냐하면 1945년이 되면 수입된 인구세 외에 임정송금이 전혀 없었기 때문이다. 이를 볼 때 1945년 1월~10월까지 독립금과 인구세의 총수입은 약 7,000달러 정도로 볼 수 있다.

36) 『신한민보』, 1945년 8월 23일, 「대한인국민회 중앙상무부 재정결산(1945.1～8)」.

[표 2] 재미한족연합위원회 전체 재정보고서 (1941. 5~1948. 12. 31)

(화폐 단위 : 미화 달러)

수 입 부				지 출 부			
항 목	의사부	집행부	소 계	항 목	의사부	집행부	소 계
독립금	83,439.51	66,042.37	149,481.88	임시정부 후원금	41,635.00	16,566.84	58,201.84
군사운동 후원금특연	12,239.50	6,877.16	19,116.66	주미외교위원부경비	21,591.96	4,928.63	26,520.59
워싱턴 사무소특연	14,606.50	2,500	16,656.50	워싱턴 사무소경비	16,578.50	5,664.33	22,242.83
중경대표 여행비특연	6,557.60	2,864.17	9,421.77	중경대표 경비	6,317.98	—	6,317.98
국제연합대회 참가운동비 특연	11,378.75	2,676.00	14,054.75	국제연합대회 참가운동경비	6,424.90	2676.00	9,100.90
한국파송단 대표단경비 특연	13,983.50	—	13,983.50	한국파송 대표단 경비	20,516.22	22,053.97	42,570.19
미국승전 후원금특연	26,694.84	—	26,694.84	미국승전 후원금특연	26,694.84	—	26,694.84
하와이 국민회특연	2,611.95	—	2,611.95	각지 대표 파송경비	3,518.93	3,086.81	6,605.74
하와이 동지회특연	765.00	—	765.00	미국국방 후원경비	1,627.81	2,733.21	4,361.02
하와이 부인회특연	980.00	—	980.00	중국전재 구제후원금	1,000.00	—	1,000.00
하와이 독립당특연	250.00	—	250.00	의사부 경상경비	34,621.39	—	34,621.39
북미 국민회 특연	—	3,000.00	3,000.00	집행부 경상경비	—	18,355.78	18,355.78
의사부 각항 특연	8,828.96	—	8,828.96	남조선과도입법 의원경비	4,952.88	5,866.03	10,818.91
집행부 각항 특연	—	800.50	800.50	해방조선 출판경비	580.00	2,915.67	3,495.67
집행부 증명패 특연	—	537.07	537.07				

사이판동포 특연	1,297.20	—	1,297.20				
티니엔동포 특연	1,997.60	—	1,997.60				
합 계	185,630.92	84,847.27	270,478.19	합 계	18,5630.92	84,847.27	270,478.19

* 출처 : 국가보훈처, 『미주한인민족운동사료』, 1998, 573~574쪽.

또한 연합회는 모금한 군사운동금을 군사운동에만 써야 한다는 원칙에 따라 이 돈을 바로 임정으로 송금하지 않았다. 즉 임시정부의 광복군이 직접적인 군사활동을 전개할 그 때까지 은행에 적립하겠다는 것이었다.[37)] 이러한 배경에는 주미외교위원부 개조문제를 둘러싸고 연합회의 의견을 무시하고 오히려 배제해야 할 이승만을 지원한 임시정부에 대한 오해와 불신 때문이었다.[38)] 결국 군사운동금은 1945년 11월 19일 의사부의 결의에 의거 국내운동경비로 모두 전환되어 사용되었다.[39)]

37) 『신한민보』, 1945년 2월 22일, 「연합회집행부 회록 초략」. 군자금 송금문제는 1944년 모금할 때부터 송금의 방법을 둘러싸고 의견이 분분하였지만 임정이 군사활동을 분명히 전개할 때 보내야 한다는 데는 대체적인 의견이었다. 이에 따라 연합회는 모금된 군자금을 모두 은행에 적립하였다. 그런데 1945년 1월 6일 집행부 강화회의에서 모집된 군자금을 임시정부 재무부를 경유해 오직 군무부에만 사용하는 조건으로 제1착으로 5,000달러를 송금하고, 이후의 것은 임정 군무부와 군사공작의 교시를 받아 속 송금하는 것으로 결의하였지만(『신한민보』, 1944년 1월 11일, 「재미한족연합위원회 강화회회록 초략」), 곧 이것은 취소되었다.

38) 한편 민족혁명당북미총지부는 군사운동촉진위원회를 조직하여 모금한 군사운동금 2000달러를 임정이 아닌 민족혁명당의 조선의용대원으로 편성된 광복군 제1지대로 보냄으로써 임정의 분노를 쌓기도 했다.(『신한민보』, 1944년 7월 20일, 「내외국전보」; 『독립』, 1944년 9월 27일, 「군사운동비 모집에 대하여」)

39) 『국민보』, 1945년 11월 21일, 「군사운동후원금 처결」.

이처럼 연합회의 임정지원은 1943년부터 줄기 시작하여 1944년 이후엔 눈에 띄게 크게 감소하였다. 참고로 연합회가 발족된 이후 해체될 때까지 정리한 [표 2]의 수입과 지출 상황을 보면 임정후원금이 총 58,201.84달러로 전체 지출(270,478.19달러)의 21.5%에 해당하고 총 독립금 수입(149,481.88달러)의 38.9%에 해당한다.[40] 이것은 당시로 볼 때 결코 적은 금액은 아니었다.[41] 그러나 연합회 결성 초기부터 임정봉대를 외치면서 독립금의 2/3(66%)를 임시정부에 상납하겠다고 했을 때와, 1942년도부터 연합회 연 예산을 60,000달러로 늘리고 이 가운데 50%인 30,000달러를 매년 임시정부에 보내기로 한 것과 비교해 볼 때 큰 차이를 보인다.

그리고 연합회가 주미외교위원부에 지원한 재정규모는 연합회 설립 이후 총금액은 26,520.59달러로 전체 독립금(149,481.88달러)의 17.7%에 해당되는 금액이다. 그러나 1942년을 고비로 연합회의 주미외교위원부의 지원은 크게 줄고 있다. 1942년 연합회의 주미외교위원부 지원상황을 보면 의사부 7,750달러, 집행부 2,800달러해서 총 10,550달러인데, 1943년은 의사부 6,738달러, 집행부 403.63달러해서 총 7,141.63달러로 크게 줄었다.[42] 동지회의 연합회 탈퇴 이후인 1944년 1월에는 의사부 마저 주미외교위원부에 대한 송금을 중단하였다.

임정 및 주미외교위원부에 대한 재정지원의 감소현상에 대해 다음 몇

---

40) 이러한 비율은 연합회 의사부와 집행부의 경상비 52,976.87달러와 해방이후 지출한 53,389.91달러와 맞먹는 금액이다.

41) 미국화폐 1달러를 중국돈으로 환산하면 약 20원에 해당된다. 따라서 58,201.84달러는 중국 돈 1,164,036원이 된다.

42) 『국민보―태평양주보』, 1943년 8월 3일, 「주미외교부 재정보고」; "Financial Report of The Korean Commission for The Year 1942," *The Korean National Herald-Pacific Weekly*, July 28, 1943; "The Korean Commission Financial Report, 1943,"

가지로 설명할 수 있다. 첫째, 외형적으로 볼 때 1943년부터 주미외교위원부의 정돈문제를 둘러싸고 연합회가 이승만과 갈등을 빚으면서 전반적으로 독립금의 수입이 급격히 감소한 점을 들 수 있다. 1943년 들어 연합회의 독립금 수입이 크게 떨어지고 있는 현상은 먼저 의사부의 경우 1942년도 독립금 수입은 34,700.77달러인데 비해 1943년도엔 27,090.40달러로 크게 줄었다.[43] 그리고 집행부의 핵심단체인 국민회의 경우를 보면 1942년도 독립금 수입이 17,196.65달러인데 비해 1943년도는 11,278.52달러로 크게 줄고 있다.[44] 이를 볼 때 이승만과의 분쟁이 본격화되는 1943년부터 연합회 내부의 독립금 수입이 크게 줄고 있었음을 알 수 있다.

둘째, 이승만과 연합회의 갈등이 발생하는 1943년부터 북미민중대회와 동지회북미총회 등 북미지역의 이승만 지지자들이 별도의 모금을 통해 직접 주미외교위원부로 송금하기 시작한데다 이후 동지회의 연합회 탈퇴가 이루어지면서부터 재정권이 연합회로 집중되지 않고 분산된 때문이다. 예컨대 동지회가 연합회를 탈퇴하기 전인 1943년 8월경의 하와이 내에서도 기독교인친한회의 활동을 후원하기 위해 호놀룰루의 한인기독교인들이 주축이 되어 의사부와 별도로 독자적인 모금활동을 전개하고 있었다.[45]

셋째, 연합회가 독자활동을 추진하기 위해 중경특파원의 파견경비나 위

---

43) 『국민보—태평양주보』, 1943년 2월 3일, 「재미한족연합위원회 의사부재정공고서(1942.1~12)」; 1944년 2월 2일, 「재미한족연합위원회 의사부재정공고서(1943.1~12)」. 그밖에 5월 5일, 「임정과 외교부에 송금」 및 9월 29일, 「독립금 수봉의 걱정」 등 참조.

44) 『신한민보』, 1943년 1월 14일, 「민국24년도 재정결산서」; 1944년 1월 6일, 「대한인국민회 중앙상무부 사업성적서」.

45) 『국민보—태평양주보』, 1943년 8월 25일, 「통지서」.

싱턴사무소의 경비, 국제연합창설대회('샌프란시스코회의')의 참가경비, 한국대표단의 국내파견경비 등 특별운동금을 계속 수봉함에 따라 상대적으로 독립금의 수입 감소에 영향을 미치게 된 점을 들 수 있다.

넷째, 보다 근본적인 요인으로 임정과 주미외교위원부에 대한 재정지원을 무조건적으로 시행한 것이 아니라 연합회의 요구조건이 충족되는 것에 따라 지원하려 했기 때문이었다. 이에 따라 연합회는 이승만과의 갈등이 깊어지자 먼저 집행부는 1943년 2월부터 주미외교위원부의 송금을 중단하기 시작하였다. 그리고 이러한 이승만과의 갈등에 대해 임시정부가 오히려 이승만과 동지회에 대한 편중정책을 펴 나가자 연합회는 임정에 대한 재정지원의 감소와 중단으로 대응하였다. 이러한 재정지원의 자세는 재정권을 통해 독자적인 위상과 권위를 확보해 가려는 연합회의 의도를 잘 보여주는 것이었다.

제9장
중경특파원 파견 추진

1. 추진 배경과 준비

중경특파원의 파견추진은 단순히 연합회의 대외활동을 추진한다는 측면보다는 연합회가 정체성을 확보하고 대외입지를 강화하려는 성격의 일환이었다. 그래서 연합회는 중경에 특파원을 파견하려는 일로 이승만의 오해를 사 분쟁발생의 한 요인이 되었고 임정에 대해선 강한 불신을 갖게 되었다. 그렇지만 중경특파원 파견추진을 통해 연합회는 점차 이승만과 임정에 대한 수동적인 지원 태도에서 벗어나 보다 자주적이고 능동적인 자세로 전환해 나갔다.

중경특파원 파견계획은 1942년 4월 3일부터 개회한 연합회 제1차 전체위원회에서 원동특파원 2인을 선출하여 대내활동과 대외선전을 힘써 행하기로 결의하면서 공식 제기되었다.[1] 이후 집행부는 중경특파에 관해 구체적인 논의를 하고 다음의 결과를 동년 7월 10일자 공문으로 이승만에게 알려 고견을 통보해 줄 것을 부탁하였다.

---

1) 『신한민보』, 1942년 5월 14일, 「재미한족연합회 제1차 전체위원회 결의안」.

1. 한국과 일본과 만주 등지에서 혁명운동(정탐, 파괴, 선전운동 등)을 촉진키 위하여 비밀단을 조직케 할 일.
2. 북미합중국 정부와 교섭하여 차등(此等) 운동에 필요한 재정은 미국정부에서 담임케 할 일.
3. 차등 운동의 교통 급 기타 편의는 제 연합회의 협조를 얻도록 하되 특히 중국과 미국의 깊은 양해를 얻도록 할 것.
4. 비밀단은 북미주에서 한인대표자 4, 5인(미국정부의 인정을 받은 자)을 중경에 파견하여 차를 중심을 삼고, 중국 영토 내에 있는 한인으로 비밀기관을 조직케 하고 또한 한국 본토 내에 있는 한인과 연락을 취하여 실제공작에 착수케 할 것.
5. 모든 활동은 한국임시정부 지도하에서 진행하되 중·미 양국의 후원을 받을 것.[2)]

중경특파의 임무를 중·미의 협조와 임시정부의 지도하에 비밀단을 조직해서 정탐·파괴·선전 등 혁명운동을 추진하려 했던 집행부의 제안에 대해 이승만은, 자료미비로 확실히 알 수 없으나 아마 반대의견을 내놓았을 것으로 생각된다. 임정승인문제를 독립운동의 최우선으로 생각하는 이승만이 이 제안을 받아들이기란 쉬운 일이 아니었기 때문이다. 그리고 집행부의 이 제안도 현실적으로 실현가능성을 갖고 구상한 것이라기보다 단순히 계획안을 작성한 것에 지나지 않아 곧 흐지부지 된 것 같다. 그렇지만 집행부의 이번 제안은 재정의 모금과 지원, 그리고 외교운동의 후원이라는 소극적인 자세와 활동에서 벗어나 전혀 다른 성격의 독립운동을 계획하고 있음을 보여주었다. 즉, 실제적이고 적극적인 독립운동을 모색하려 함으로써 집행부의 변화된 모습을 보이기 시작했다.

중경특파원 파견문제는 의사부에서도 적극적으로 움직였다. 의사부는

---

2) 도1198, 연합회 집행부위원장이 이승만에게 보낸 공함(1942.7.10).

중경 여행에 필요한 특파원 2명의 경비를 지원하기 위해 1942년 7월 19일 특별조직으로 협찬위원회를 조직하였다. 협찬위원회는 일반 한인들에게 독립금 이외의 부담을 지우지 않으려고 중경특파원 경비만을 부담할 목적으로 조직되었다.[3] 회장은 이홍기, 서기는 강영효이다. 중경특파원은 처음에 의사부가 전경무와 도진호로 선정하였으나 곧 전경무로 결정하였다.[4] 의사부는 집행부에 보낸 1942년 6월 12일자 전보에서, 특파원 파견 경비 예산을 8,000달러로 책정하고 집행부가 그 절반을 분담해 줄 것을 요청하였으나 의사부가 2/3를 부담하는 선에서 조정하였다.[5]

그런데 집행부는 당초와 달리 중경특파에 열의를 보이지 않았다. 집행부는 1942년 9월 21일에 가서야 집행부위원장 김호를 주미외교위원부에 파견하기로 결정하고 있었다.[6] 이러한 결정도 중경특파원으로 결정했다기보다 주미외교위원부의 사무확장 문제를 해결하는 것이 더 시급했기 때문에 나온 것이었다.

이에 따라 의사부는 집행부에서 중경특파원을 선정하기까지 특파경비

---

3) 『국민보—태평양주보』, 1942년 7월 29일, 「협찬위원회의 활동」,; 9월 2일, 「전경무씨의 사명」.

4) 그런데 의사부는 2명의 특파원을 모두 의사부 인물(田耕武: 하와이 국민회 대표, 도진호: 동지회중앙부 대표)로 선정했는데 집행부 측과의 안배를 위해 1942년 9월 21일 집행부회의에서 도진호 대신 김호로 대체된 것으로 보인다.(『신한민보』, 1942년 10월 15일, 「집행부 결의」)

5) 도1209-2, Telegram from Honolulu UKC to L.A. UKC(1942.6.12); 도1092, Telegram from Honolulu UKC to L.A. UKC(1942.12.9).

6) 그리고 집행부는 의사부와 달리 그동안 중경특파원경비에 대한 특별모금이 없었다가 『신한민보』 1943년 3월 25일자에 처음으로 「재미동포 제씨에게—중경특파원의 여비를 도우시기를 바라나이다」 하여 광고를 시작하고 있고, 북미 국민회에서는 5월 1일 중앙집행위원회에서 정식으로 경비모집을 결의하고 있었다.(『신한민보』, 1943년 5월 6일, 「제2기 중앙집해위원회 의결안」)

를 비롯하여 제반 준비를 단독으로 준비하였다.[7] 의사부 선전부장 전경무는 1942년 6월 13일자로 미국 국무장관 헐(Cordell Hull)에게 보낸 서신에서 이번 중경여행의 목적은 만주와 중국에서 일본과 싸우는 한인들의 전투력을 강화하고 조직화하는 것을 도울 것과 영어로 임시정부 외무부의 대외업무를 지원하는데 있음을 밝히고 이번 중경여행에 필요한 교통편의 등에 대해 협력해 줄 것을 요청하였다.[8] 그리고 전경무는 이승만에게도 연락해 이번 중경파견에 대해 협조해 줄 것을 요청하였다.[9] 이승만은 이러한 요청을 받아들여 1942년 6월 30일자로 전경무의 중경특파에 대한 미국 국무부의 협조 서신을 보내며 협조하였다.[10] 그런데 이승만이 보낸 서신에는 전경무가 중경에 가서 일본과 싸우기 위한 한인전투력의 제고에 주력할 듯한 인상을 남겼다. 이 때문에 미 국무부 극동국은 전경무의 여행목적이 성격상 군사적이기 때문에 관련 군사당국과 협의하는 것이 좋겠다는 회신을 보냈다.[11]

---

7) 한국학중앙연구원 소장(M/F)자료, 970036-4, Letter from Warren Y. Kim to J. Kyuang Dunn(1942.12.1).(이하 '970036' 자료는 한국학중앙연구원 소장 M/F자료를 의미). 이 과정에 중한민중동맹단에서도 한길수와 이경선의 중경파견계획을 수립했는데 김호를 비롯해 각지에서 반대하는 바람에 무산되었다. 여기에 대해서는 970036-4, Telegram from Hong Key Kim to Young Kee Kim(1942.6.3); Telegram from J, Kyuang Dunn to Won Soon Lee(1942.6.5); Telegram from Won Soon Lee to Honolulu UKC(1942.6.9).

8) 970036-3, Letter from J. Kyuang Dunn to Cordell Hull(1942.6.13).

9) 970036-3, Letter from J. Kyuang Dunn to Syngman Rhee(1942.6.13). 이 편지에서 전경무는 미국 국무장관 헐에게 보낸 자신의 편지 사본을 동봉하면서 이승만의 조언과 협조를 요청하였다.

10) 970036-4, Letter from George Atcheson Jr.(Assistant Chief, Division of Far Eastern Affairs) to Syngman Rhee(1942.7.11).

11) 위와 같음.

한편 전경무는 중경특파를 준비하면서 주미외교위원부 문제에 관심을 갖게 되었다. 이것은 이후 김호와 함께 워싱턴DC에 갔을 때 이승만과 외교사무확장을 둘러싸고 심각한 갈등을 빚게 된다.

2. 이승만·임시정부와의 추진 협의

김호와 전경무는 1942년 9월과 10월 각각 워싱턴DC로 떠났다.[12] 두 사람은 이승만에게 이번 중경특파의 사명을 다음과 같이 세밀하게 설명하고 그의 협조를 요청하였다. 즉, 중국 내 한인상황에 대한 조사와 연구, 주미외교위원부와 임시정부를 위한 연락사무, 중국과 미국 내 한인들의 상호 협력을 위한 정보교환과 제반문제에 대한 해명, 영어 거래가 요구되는 임정의 외교적 협상의 지원, 목표 달성에 필요한 제반 사항이 필요한 임정에 대한 적극적인 지원, 임정승인을 위한 미국과의 협상과 장차 주미외교위원부의 외교활동에 이용될 항일투쟁 중인 한국인과 한국민족에 대한 정보 및 자료 수집활동 등임을 밝혔다.[13]

그러나 두 사람이 워싱턴에 온 뒤 부딪힌 문제는 중경특파 추진문제보다 이승만과 주미외교위원부 전반에 대한 사무확장에 대한 문제였다. 중경특파의 문제는 이승만에 대한 단지 예우차원의 협조 의뢰였을 뿐 모든 일은 사실상 전경무 단독으로 준비하고 있었다. 이승만은 이미 중경특파

12) 전경무는 호놀룰루를 떠나 잠시 L.A.에 머문 뒤 1942년 9월 23일 워싱턴으로 떠나 이후 12월 말 또는 이듬해 1월초경 하와이로 떠날 때까지 계속 워싱턴에 체류하였고, 김호는 10월 13일 L.A에서 워싱턴에 간 후 12월 3일 돌아왔다.(『신한민보』, 1942년 10월 1일, 10월 15일, 12월 10일, 「잡보」 참조)

13) 도1166, United Korean Committee in America: A Memorandum.

계획을 알고 표면상 지원노력도 하였지만, 워싱턴에 온 이들을 통해 중경특파의 임무가 임정 및 주미외교위원부와 연합회 사이의 연락원(Liaison) 자격으로 중경으로 가는 것으로 이해하고 반대로 돌아섰다.[14] 이승만은 자신이 맡은 주미외교위원부 위원장의 직위는 임시정부로부터 특사나 전권공사의 권한을 부여받았기 때문에 임정 외에 어떤 사적 조직이나 개인이 그러한 권위를 침해할 수 없다고 생각하였다.[15]

이승만은 이번 사안을 임정에 문의했다. 임정은 향후 정책결정이 되기 전까지 두 사람의 중경여행을 불가하라고 통보했다. 이승만은 이를 근거로 두 사람의 중경특파계획을 반대하는 명분으로 삼았다.[16] 아울러 이승만의 비서였던 임병직(林炳稷)은 동지회 회원들에게 보낸 서신에서, 중경특파계획은 당초 알고 있던 목적과 반대되는 것이며 임정 자체에도 영향을 끼치는 새로운 지위를 만드는 행위라고 유포하여,[17] 이승만 지지자들을 격분시켰다. 또한 한미협회(韓美協會) 회장 크롬웰도 『신한민보』와 『국민보』의 편집장에게 보낸 서신에서, 당초 계획한 정보 수집 목적을 유보하고 이승만과 중경 임정 사이의 연락원으로 행동하기 위해 중경으로 가겠다는 것은 기존 주미외교위원부의 존재를 무시할 소지가 있을 뿐 아니라 전혀 불필요한 재정낭비라고 비판했다.[18] 그런데 임시정부가 곧 태

---

14) 도1166, Letter from Syngman Rhee to C. Ho Kim and J. Kyuang. Dunn(1942.11.28).

15) 『주미외교위원부통신』 제17호(1943.1.4) 「연합회 대표와 그 사실 전말」.

16) 『주미외교위원부통신』 제17호(1943.1.4), 「연합회 대표와 그 사실 전말」; 국가보훈처, "Telegram from Kingston(金九) to Syngman Rhee(1942.11.10)," *Napko Project of Oss*, 2001. 69쪽.

17) 도1311, B. C. Lim(임병직)'s Letter: Dear Compatriots.(1943.1.4). 여기서 '새로운 지위'란 현 위원부 위원장 이승만의 지위를 위협할 새로운 직책을 임정으로부터 부여받을 것에 대한 우려해서 나온 말이다.

18) 도1206-2, Letter from James H. R. Cromwell to The Editors of The

도를 바꾸어 연합회의 중경특파계획을 환영하자 이승만은 서신에서 이미 미국정부와 공관에서 교섭 결정이 끝난 일을 갖고 번복하는 것은 정부의 위신을 손상시킨다는 이유를 내세워 끝까지 반대하였다.[19] 하지만 근본적인 반대 이유는 주미외교위원부의 사무확장문제로 협의해 왔던 김호·전경무와 이승만 사이의 의견차이가 주된 요인이었다.[20]

연합회는 이승만의 반대에도 불구하고 중경특파계획을 계속 추진해 나갔다. 먼저 연합회는 중경 임정의 김구에게 직접 전보(1942. 12. 28)를 보내 중경특파계획이 성사될 수 있게 주선해 줄 것을 요청했다. 이 전보에서 연합회는 중국대사가 자국의 외무장관에게 이번 중경여행계획에 대한 협조를 지시하였음을 밝히고 임정도 이에 맞추어 신속하게 움직여 줄 것을 당부했다.[21] 이에 대해 김구는 1943년 3월 5일자 전보에서 전경무와 김호의 중경여행을 허가할 것임을 통보하였다.[22]

1943년 연합회는 제2차 전체위원회에서(4. 28~5. 8)에서 중경특파의 사명을 재확인하고 중국 국민당정부와 임정을 상대로 적극 추진할 것임을 결의하였다.[23] 이에 따라 연합회는 전체위원회 의장 한시대와 하와이

New Korea and The Korean National Herald(1942.12.31) 그런데 연합회는 중경특파임무가 김구와 이승만사이의 연락관으로 간다는 의미로 해석하는 것은 잘못된 것임을 지적하였다. 여기에 대해서는 도1139, Letter from UKC to James. H. R. Cromwell(1942.12.21) 참조.

19) 『주미외교위원부통신』 제22호(1943.2.8).

20) 여기에 대해선 제14장 이승만과 연합회 간의 갈등과 분쟁 참조.

21) 도1167, UKC To Kim Koo Telegraph(1942.12.28). 한편 이러한 연합회 요청에 대해 임정도 보다 협조적이었다. 여기에 대해서는 도1089, J. Kyuang Dunn to Col. Sinju Pu Hsiao(Chinese Embassy) Telegram(1943.1.4) 참조.

22) 『국민보—태평양주보』, 1943년 3월 10일, 「중경특전」.

23) 『신한민보』, 1943년 5월 13일, 「재미한족연합위원회 제2차 전체위원회 결

대표 이원순·김원용의 이름으로 임정의 김구에게 타전하여 김호와 전경무의 특파 추진을 재요청하였다. 이 전보에서 연합회는 이번 사명이 임정에 대한 미국의 입장을 전달하고, 임정에 대한 지원을 증대할 것이며, 우리의 전쟁 노력과 분명한 전후계획(戰後計劃)을 수립하는 데 있음을 역설하고 중경특파계획에 대한 임정의 우려를 불식시키려 하였다.[24] 이러한 요구에 대해 임정도 외무부장 조소앙을 통해 중국 국민당 외무당국에게 두 사람의 비자발급을 당부하는 등 적극적으로 대응해 나갔다.[25] 그리고 연합회는 대외 섭외를 강화해 미국 국무부와 전쟁부와의 협의를 통해 중경여행에 필요한 협력을 얻어내었고, 워싱턴 주재 중국대사의 격려와 중국 외교부장의 협조 전보를 받아 내었다.[26]

그러나 연합회의 중경특파 추진활동은 임정으로부터 적극적인 호응을 얻지 못한 것으로 보인다. 집행부는 1943년 7월 임정 외무부장 조소앙(趙素昻)에게 보낸 서신에서, 만약 임정이 중경특파에 대해 반대 입장을 갖고 있다면 그 이유를 명확히 설명해 줄 것을 요청하였으나,[27] 임정으로부터 어떠한 회신도 받지 못했다. 1944년 6월 19일 집행부위원장(1944년도) 한시대가 김구에게 보낸 서신을 보면, 이번 중경특파계획에 대해 임시정부가 왜 전적으로 지원하지 않는지를 이해할 수 없다고 지적하고 임정과 재미한인 사이에 밀접한 협력을 제고하기 위해서라도 이번 일이 촉진되

의안」.

24) 도1122, Telegram from Sidai Hahn, Won Soon Lee and Won Yong Kim to Kim Koo(1943.5.7).

25) 도1126, Telegram from Umhangsup to Press New Korea(1943.7.9); 도1130, Telegram from Honolulu UKC to L.A. UKC(1943.7.12).

26) 도1127, Telegram from L.A. UKC to Victor Hu, Vice(Foreign Minister, Republic of China) 1943.7); 도917, Letter from Sidai Hahn to Kim Koo (1944.6.19).

27) 도1131, Telegram from L.A. UKC to Tjosowang(1943.7.22).

어야 함을 역설하였다.[28] 전경무는 1944년 7월 김구에게 보낸 서신에서, 중국 여행을 위한 비자가 한인들 스스로에 의해 좌절되었음을 알렸는데,[29] 이는 외견상 이승만의 비협조로 실패한 것처럼 본 때문이었다. 연합회는 중경특파계획을 추진하면서 임정이 이승만과 연합회 사이에서 불분명하게 처신하고 있다는 인식을 갖게 되었다. 이것은 연합회가 임정을 불신하게 되는 한 요인으로 작용하였다.

이런 가운데 1945년에 들어서면 임시정부가 북미와 하와이 재류 한인 대표를 초청하는 계획을 세웠다. 1945년 4월부터 5월까지 개최한 제38차 임시의정원회의와 3~4월경부터 본격적으로 논의되기 시작한 5당 통일회의를 통해 임정을 항일민족통일전선의 중심으로 만들기 위한 방안으로 독립운동자대표대회를 소집할 것을 결의하였다.[30] 독립운동자대표대회는 임정이 중국과 러시아 그리고 미주지역의 한인 대표들을 중경에 모이게 해 임정의 대표성과 영도성을 보장하고 나아가 해방 후 임정 중심의 조직적이고 통일된 국내활동을 모색하기 위해 계획되었다. 독립운동자대표대회의 추진문제는 국무위원회가 소집 주체가 되기로 결정했으나 소집 시기나 추진 방법에 대해선 중경 내 정파 간에 통일을 이루지 못했다. 이에 따라 한국독립당이 중심이 된 국무위원회가 화북·소련·국내 등의 독립운동세력과 독자적으로 교섭을 추진하였다.

미주의 경우는 임정 고문 소유린(邵毓麟)을 통해 연합회 집행부에 한국독립운동자대표대회 추진소식이 전달되었다. 중경소식을 접한 집행부는 의사부에 대표파견을 제의하면서 그동안 중단되었던 중경파견문제를 재

28) 도917, Letter from Sidai Hahn to Kim Koo(1944 6.19).

29) 도2818-7, Letter from J. Kyuang Dunn to Kim Koo(1944.7.24).

30) 국회도서관 편, 『대한민국임시정부임시의정원문서』, 1974, 546쪽; 정병준, 「해방 직전 임시정부의 민족통일전선운동」, 『대한민국임시정부 수립80주년 기념논문집』(하), 1999, 563~566쪽.

추진하였다.[31] 의사부는 7월 30일 회의에서 연합회 대표를 3인으로 정하되 2인은 의사부에서 1인은 집행부에서 선출하도록 하였고, 경비는 워싱턴사무소 경비를 포함하여 60,000달러의 예산으로 하되 하와이가 2/3를, 북미가 1/3을 분담하는 것으로 결정하였다.[32] 이후 집행부와의 협의를 거쳐 북미에서 2인, 하와이에서 3인, 도합 5인으로 파견대표가 확대되었다. 그런데 준비도중 일제가 항복함에 따라 이 계획은 더 추진되지 못한 채 무산되었다.

의사부는 1945년 7월 20일 하와이 대표로 김원용·도진호를 선임해 진행하던 중 해방이 되자 중경파견이 현실성이 없다고 판단하고 해방된 조국건설을 위해 국내파견으로 계획을 변경하였다. 세부적인 일은 워싱턴사무소 선전부장 전경무에 의해 추진되었다. 그는 먼저 미국 국무부와 전쟁부에 보낸 8월 15일자 서신에서 해방된 조국의 정치·사회·경제의 회복과 한국의 자치행정을 돕는데 참여할 것과 한국 내 주둔할 미군정청의 행정사항에 필요한 영어통역을 통해 한미 간의 협력을 증진 하겠다는 목적을 내세워 연합회 지도자들의 한국 입국을 정식으로 요청하였다.[33]

미 국무부는 9월 14일자 서신에서 이 요청을 받아들였는데,[34] 이에 따라 연합회는 본격적인 국내파견을 준비하였다. 의사부는 국내파견대표로 김원용·도진호·안창호·정두옥·전경무·최두욱·조제언·안정송·박금우 등 9명을 선정하였고,[35] 집행부는 한시대·송종익·김호·김병연·

---

31) 『국민보』, 1945년 8월 1일, 「제38차 임시의정원결의안」.

32) 『국민보』, 1945년 8월 1일, 「원동대표파견을 의정」.

33) 도1386, Letter from J. Kyuang Dunn to James F. Byrnes, Secretary, Department of State (1945.8.15); 도1391, Letter from J. Kyuang Dunn to John J. McCloy, Assistant Secretary of War Department(1945.8.15).

34) 도1384, Letter from J. Kyuang Dunn to Joseph W. Ballantine(Office of Far Eastern Affairs, Department of State)(1945.9.22).

김성락을 선정하여 총 14명으로 10월 24일 재미한족연합위원회 국내파견대표단(이하 '연합회 대표단'으로 약함)을 구성하였다.[36] 연합회 대표단의 파견경비는 40,000달러로 하되 북미와 하와이가 반반씩 분담하기로 하였다.[37] 특별히 경비모금을 하지 않는 대신 의사부는 기왕에 모금된 군사금을 대표단 경비로 전환하여 사용하였고,[38] 집행부는 은행에 예치해 놓은 독립금과 중경여비를 전환하여 사용한 것으로 보인다. 연합회 대표단은 1차로 1945년 11월 4일 서울에 도착한 것을 비롯하여 이듬해 2월 12일 2차 대표단이 서울에 도착하여 본격적인 국내활동을 전개하였다.[39]

연합회가 해방된 한국에 대표단을 파견하게 된 것은 미국정부가 해방 이후 여러 재미한인단체들 가운데 국제상의 한 정치단체로 처음으로 인정했다는 중요한 의미를 갖는다. 연합회 대표단의 국내파견의 성과는 연합회가 그동안 어려운 여건 속에 중경특파문제를 추진해 온 대외교섭활

---

35) 도1062, Letter from J. Kyuang Dunn to James Osbourn(Visa Division, Department of State)(1945.10.18); 재미한족연합연합위원회 편, 『해방조선』, 1948. 181쪽; 『국민보』, 1945년 9월 5일, 「한국특파원 선거발표」. 원래 선정한 인원은 8월 24일 특별회에서 이미에 선정한 김원용·도진호를 비롯하여 안창호·정두옥·전경무·최두욱·조제언·김현구·안정송·조병요·유진석·박금우 등 12명이었는데 최종 선발과정에서 김현구·조병요·유진석이 빠져 9명이 되었다.

36) 재미한족연합위원회 대표단의 구성은 재미한족연합위원회 편, 『해방조선』, 나성, 1948, 181쪽 참조.

37) 『국민보』, 1945년 10월 17일, 「물전물벌하라」(정두옥).

38) 『국민보』, 1945년 11월 21일, 「군사운동후원금처결」. 그외 의사부는 은행에 예치해 놓은 독립금과 기타 제경비도 국내활동비로 사용한 것으로 보인다.

39) 연합회 대표단의 사명은 한국 민중의 위문, 임시정권 수립의 협조, 건설적인 정치운동을 전개하는 것으로 했고 체류기간은 1년으로 정했다.

동이 새로운 형태의 결실로 이루어졌음을 의미한다. 이러한 모습은 연합회의 대내외적인 위상의 제고는 물론 연합회 자체의 사기를 크게 고무시켜 주었다.[40]

40) 연합회 대표단의 입국은 전경무의 외교적 수완에 의한 것이었지만, 미국정부가 이승만을 개인자격으로 환국시킨 것과 비교해 볼 때 미국 내 연합회의 위상을 가늠할 수 있다.

제10장
워싱턴사무소의 설립과 선전외교활동

1. 설립 과정

워싱턴사무소(Washington Office, 또는 華府事務所)는 연합회가 독자적인 선전·외교활동을 위해 1944년 6월 10일 워싱턴DC에 설립한 외교사무소이다. 해외한족대회에서 연합회를 설립할 때 주미외교위원부도 신설해 대미외교를 전담하게 했다. 해외한족대회는 대미외교를 전담할 인원을 시국의 전개와 사무의 증가에 따라 인원을 증대하기로 의결했다. 외교업무을 주관하기 때문에 주미외교위원부는 신설된 연합회와 달리 중경 임정의 승인을 받아 추진하게 했다. 연합회는 해외한족대회의 결의에 따라 이승만이 위원장으로 있는 주미외교위원부의 외교사무 진행을 위해 필요한 모든 재정을 지원하였다. 때문에 연합회는 처음부터 독자적인 외교활동을 추진한다는 생각은 전혀 갖지 않았다.

그런데 주미외교위원부 사무확대 문제와 중경특파 임무를 수행하기 위해 워싱턴에 갔던 김호와 전경무가 이승만과의 협의과정에서 상당한 불신을 갖게 되었다. 그 후 이승만의 외교실패와 권리남용, 인심소란 등의 이유를 들어 공개적인 비난을 가하면서 연합회와 주미외교위원부 사이의 관계는 돌이킬 수 없이 되었다. 때문에 외교업무를 주관하는 문제에 대한 연합회의 인식은 점차 단독 수행의 입장으로 바뀌어져 갔다.[1] 주미외교위원부와 연합회간의 관계가 갈등과 분쟁으로 더욱 확대되자 결국 동지회의 연합회 탈퇴로 연결되었다. 따라서 워싱턴사무소가 설립되는 계기는 연합회와 주미외교위원부의 갈등 관계가 주된 요인이었다.

연합회가 독자적인 외교를 처음으로 계획한 것은 김호와 함께 주미외교위원부의 사무확장에 나섰던 전경무가 1943년 6월 27일 집행부에 보낸 비망록에서였다.[2] 그는 이 비망록에서 이승만이 주도하고 있는 현 주미외교위원부에서 한인들의 실제 활동과 계획에 필요한 개선을 기대하기 어려우니 연합회가 자체 사무소를 마련해야 함을 처음으로 제안하였다. 사무소는 미국을 비롯한 연합국에 대응하도록 한국에 관한 연구와 홍보, 그리고 미국 내 한인들의 복리문제 등을 담당해야 할 것이라 하였다. 이를 위해 그는 신설된 사무소에는 연구부, 선전부, 대외교섭부가 필요하며 인원은 연구위원, 선전위원, 대외교섭위원, 조정위원 등 4명으로 하고, 예산은 연 3만 달러로 하되 의사부서 2만 달러, 집행부서 1만 달러씩 부담하면 될 것이라 하였다.

매우 구체적으로 제시된 전경무의 제안에 대해 집행부는 1943년 8월 1일 특별회의에서 참석자 전원이 이를 찬성하였다.[3] 그리고 사무소 활동요원으로 연구에 유일한, 홍보에 김용중, 대외교섭에 전경무, 조정위원에 김병연과 도진호 중 한 명을 선임하기로 하는 등 구체적인 인선안과 예산분담의 원칙도 마련하였다.[4] 이러한 원칙하에 집행부는 의사부에 서신을 보

1) 『국민보—태평양주보』, 1944년 1월 19일, 「연합위원회 화부사무소」.

2) 도1323-3, Recommendation for Establishment of A United Korean Committee Office in Washington D.C.(1943.6.27)

3) 회의는 김용성의 사무실에서 열렸고, 참석자들은 김호·김병연·김용중·한시대·박원걸·송종익·김용성·유일한·김성락·전경무 등 10명이었다.

내 이승만의 외교 실패와 그에 따른 소환 결정 등을 비롯해 워싱턴사무소의 설립문제를 정식으로 권고하였다.[5)]

집행부의 제의에 대해 의사부의 김원용은 1943년 10월 6일자로 집행부에 답전을 보냈다. 즉 이승만과 연합회는 공식 단절이 선언된 상태이지만 임시정부로부터 주미외교위원부 재조직에 관한 동의를 얻는다면 새로운 사무소를 설립하는 것보다 나을 것이며, 임정의 승인이 없는 독립된 외교 사무소의 설립은 있을 수 없을 것임을 알렸다.[6)] 의사부의 이런 견해는 우선 임정의 동의하에 주미외교위원부를 개조하는 것이 더 바람직하다는 생각이며, 연합회 단독으로 외교사무소의 설립을 추진하는 것을 유안시키기 위함이었다.

워싱턴사무소의 설립문제를 조심스럽게 제기해 온 전경무는 *The Korean National Herald-Pacific Weekly* 1942년 10월 20일자 "금후의 단계(Steps Forwards)"라는 사설에서 이 문제를 공개적으로 제기하였다. 여기서 그는 워싱턴사무소의 설립 목적을 전후 연합국의 한국문제를 대비하기 위한 본격적인 연구활동과 이러한 연구를 기반으로 한국의 자유와 독립을 위한 선전·외교활동, 그리고 미국 내 한인들의 안녕과 복리를 위한 것이라 설명했다.[7)] 또 그는 *The Korean National Herald-Pacific Weekly* 사설에 "Further Elaboration"(1943.10.27), "UKC Washington Office"(1943. 11. 10), "Where is Korea in Conference"(1943. 11. 17),

---

4) 도1323-4, Notes on UKC Special Executive Session Called for Consideration on Subject: Opening of UKC Washington Office(1943.8.6)

5) 도1423, Letter from Pyung Y. Kim to Honolulu UKC, Won Kiu Ahn (1943.8.13).

6) 도1437, Letter from Warren Y. Kim to L.A. UKC(1943.10.6).

7) 전경무의 이 사설은 이후 워싱턴사무소의 설립목적이 되었다. 여기에 대해서는 도917, Sidai Han to Kim Koo Letter(1944.6.19) 참조.

"Washington Office"(1943. 12. 1) 등의 제목으로 워싱턴사무소의 역할과 활동사항을 구체적으로 설명하고 연합회가 더 이상 새로운 외교사무소의 설립을 미루어서는 안 된다는 점을 강력히 주장하였다.

전경무의 주장으로 연합회는 1943년 10월 4일 이승만을 외교고문으로 승차시키고 주미외교위원부를 새로 조직하는 내용의 결의사항을 임정에 통보했다. 그러나 임정은 11월 15일자 답신에서 명확한 답변을 회피하였다.[8] 임정의 태도에 실망한 연합회는 11월 15일 집행부와 의사부의 합의하에 장차 사무소를 개소하는 것으로 결의했다.[9] 그리고 같은 날 사무소의 세부 업무와 이에 필요한 인원을 선임해 총괄연구에 도진호, 경제협상에 유진석, 선전활동에 김용중, 섭외활동에 전경무, 사무행정 및 한인연락사무에 김원용을 선임하기로 잠정 결정하였다.[10] 이러한 인선 내용은 김용중을 제외하곤 모두 의사부의 인물들로 구성된 것이었다. 이것은 처음 집행부 중심으로 인선안을 계획했던 것과 크게 다른 것으로, 전체 예산의 2/3를 부담한 의사부의 의견이 크게 반영되었기 때문으로 보인다.

1943년 12월 1일 카이로선언이 발표된 후 하와이의 의사부는 사무소 설립의 필요성이 더 크게 대두했다고 보고 설립 준비에 박차를 가했다. 먼저 하와이의 국민회와 한국독립당하와이총지부는 내부적으로 연합회의 워싱턴사무소 설립을 찬성하기로 하였고, 한국독립당하와이총지부의 경우

---

8) 도912, Telegram from Umhangsup to Press New Korea(1943.11.15); 『국민보—태평양주보』, 1943년 10월 13일, 「연합위원회의 결의」; 『신한민보』, 1943년 10월 14일, 「재미한족연합위원회 의사부건의」; "Local UKC Recommends Commission Re-Organization: Urge Dr. Rhee for Elder Statesman," *The Korean National Herald-Pacific Weekly*, Oct. 6, 1943.

9) "UKC to Open Its Own Office in Washington," *The National Herald-Pacific Weekly*, Dec. 1, 1943.

10) 도1310, Report of UKC in America, Washington Office of Secretary of Republic Relations, June 5, 1944~February 5, 1945)

사무소 경비를 위한 의연금으로 3,550달러를 거두기도 하였다.[11] 의사부는 카이로선언 이후 한국문제에 대한 입장을 대외에 발표하면서, 완전한 독립을 위해 외교사무소의 설립이 더욱 필요한 때임을 주장하고 일반 동포의 이해를 촉구하였다.[12] 그리고 나서 12월 27일 의사부는 위원장 안원규의 명의로 이승만과의 공식 단절을 선언함과 동시에 워싱턴사무소의 설립을 대외에 선포하였다.[13] 1944년 1월 16일 의사부는 민중대회를 개최한 후 사무소 설립의 당위성을 설명하고 사무소 운영에 필요한 경비특연을 요청하여 당일에 14,000달러의 예약금과 5,000달러 이상을 현금을 모금하였다.[14]

연합회가 워싱턴사무소 설립을 주장한데는 나름의 이유가 있었다. 연합회는 임정이 국제적으로 승인받지 못한 상황에서 한민족의 대표자격으로 능력있는 인물을 통해 연합국의 공동 승리와 미국정부에 대한 협력, 그리고 한국의 자유와 독립을 위해 최선을 다할 필요가 있다고 판단하였다.[15] 즉, 승인 받지 못한 임정의 외교업무를 대신해서 민중 대표가 나서서 대외문제를 풀어보겠다는 것이다. 워싱턴사무소의 설립이 기존 주미외교위원부의 외교업무와 상충하여 싸울 수 있다는 우려에 대해, 연합회는 일에

---

11) 회집 일자는 국민회가 12월 12일이고 한국독립당하와이총지부는 12월 20일이었다.(『국민보 — 태평양주보』, 1943년 12월 15일, 「총임원회록」; 12월 12일, 「독립당의 결의사항」)

12) 『국민보 — 태평양주보』, 1943년 12월 22일, 「카이로선언과 위원회의 새 공작」.

13) 『국민보 — 태평양주보』, 1944년 12월 29일, 「이박사와 그의 외교실책」.

14) "Mass Meeting is Called by UKC for This Sunday," *The Korean National Herald-Pacific Weekly*, Jan. 12, 1944; "Donation Toward Washington Office," *The Korean National Herald-Pacific Weekly*, Jan. 26, 1944.

15) 『국민보 — 태평양주보』, 1944년 1월 19일, 「연합위원회 화부사무소」.

우선을 둘 것이며 주미외교위원부의 업무에는 간섭하지 않을 것이라고 했다.[16] 워싱턴사무소가 연합회의 독자적인 정책결정에 의해 설립되는 만큼 주미외교위원부가 정부기관으로서 독재적으로 운영된다면 연합회는 민간기관으로서 '독재의 보무'를 다할 것이라 하여 연합회의 독자외교활동에 대한 의지를 강하게 표출하였다. 연합회는 워싱턴사무소를 통해 어떤 정치적 야욕이나 무슨 주의와 당쟁에 빠지는 것이 오직 한국의 독립과 일제의 패망을 위해 개척해 나갈 것이라 하여 외교기관으로서의 임무에만 충실할 것임을 밝혔다.[17] 이로 볼 때 연합회는 임정의 외교기관인 주미외교위원부와 완전히 분리해서라도 독자적인 외교활동을 구상하고 이를 추진하려 했음을 알 수 있다.

워싱턴사무소의 설립안에 대해 연합회 내부에서 의견이 통일된 것은 아니었다. 워싱턴사무소의 설립안은 1944년도 연합회 제3차 전체위원회(4. 4~8)에서 민족혁명당북미총지부와 북미대한인유학생총회의 강력한 반대에 부딪히고 있었다.[18] 민혁당북미총지부와 유학생총회는 전체위원회에서 설립을 확정하자 이에 반발하여 회의 종결 하루 전인 4월 7일 연합회를 탈퇴하였다.[19] 뒤이어 북미의 대한인국민회 내부에서도 워싱턴사무소의 설치통과에 반대하여 집행위원장 송헌주를 비롯해 신두식(申斗湜)·장세운(張世雲)·황사선(黃思宣)·백일규(白一圭)·이옥형(李玉亨) 등 6명의 집행위원들이 사면하였다.[20] 하와이의 가와도 한인단합회에서도 이러

16) 『국민보—태평양주보』, 1944년 1월 19일, 「위원회와 위원부」.

17) 『국민보』, 1944년 5월 3일, 「조선의 길로」.

18) 『국민보』, 1944년 4월 19일, 「제3차 재미한족연합위원회 전체위원회 결의안」.

19) 위와 같음.

20) 그러나 이 가운데 이옥형은 사퇴서가 반려되어 다시 복직하였다. 이들 6명의 사면이유는 처음 신두식과 장세운이 국민회 회원이자 민혁당북미총지

한 설립 통과에 반발하여 연합회를 탈퇴하여 연합회의 입장을 어렵게 만들었다.[21]

연합회 내부에서 워싱턴사무소의 설립에 반대한 이유를 보면, 먼저 민혁당북미총지부는 민족해방운동의 제일 급선무는 군사운동이며, 외교는 반드시 정부기관을 통하여야 한다는 점을 주장했다.[22] 유학생총회는 임정과 교섭해 주미외교위원부 문제를 끝까지 교섭하되 민간외교의 필요조건이 생길 때까지 연기 또는 무효화할 것, 3만 달러의 사무소 예산은 군사운동을 촉진하겠다는 결의와 어긋나는 것이라 했다. 또 집행부 내부에서도 의견이 불일치하고 있다는 것과 다수 동포의 여론을 수렴하지 않고 착수한 것 등은 부당하다는 점을 내세웠다.[23]

북미 대한인국민회의 내부에서 설립안에 크게 반발한 집행위원장 송헌주는 대내외에 「성명서」를 발표하고 국민회를 탈퇴하였다. 그는 워싱턴사무소의 설립을 확정한 이번 전체위원회의 결정은 민중의 여론을 수렴하지 않은 형식적인 통과에 불과하며, 민간단체에서 외교기관을 설립한 것은 연합회가 임정을 무시하는 처사라 주장했다.[24]

각지에서 반발이 쏟아져 나오자 『신한민보』는 「사설」에서 주미외교위원부는 임정의 대리기관이지만 워싱턴사무소는 외교기관이 아닌 연합회

부 회원이라는 2중자격으로 연합회의 국민회 대표로 활동하자 이를 문제삼은 국민회 내부에서 이들을 소환시키자 여기에 반발한데다, 이번 워싱턴사무소 설립까지 결정되자 사면으로 이어졌다. 따라서 사면의 이유가 처음부터 워싱턴사무소 문제 때문은 아니었고 국민회 내부의 행정문제에서 비롯하였다.(『신한민보』, 1944년 2월 17일, 「나성지방회의 중요결의」; 3월 23일, 「특별중집회의; 5월 4일, 「제1계 중앙집행위원회 결의안」)

21) 『독립』, 1944년 8월 23일, 「가와이동포 군사후원회 조직」.

22) 『신한민보』, 1944년 4월 13일, 「조선민족혁명당의 연합위원회 탈퇴의 공문」.

23) 『독립』, 1944년 4월 13일, 「학생회의 탈퇴이유」.

24) 『독립』, 1944년 5월 3일, 「성명서」.

의 사무기관이며 원칙상 임정을 지원하는 보조기관이라는 점을 들어 이번 사무소의 설치가 임시정부와 대립하는 행동이 아님을 해명했다.[25] 그리고 집행부에 참가하고 있는 대한인국민회도 워싱턴사무소는 외교기관이 아니므로 임정의 외교기관과 상치하는 것이 아니라고 해명했다.[26] 그러나 이런 해명들은 이미 독자활동을 추진하겠다고 나선 연합회의 원래 의도를 회피한 궁색한 답변에 불과하였다.

워싱턴사무소는 집행부 내부의 반발에도 불구하고 연합회 제3차 전체위원회에서 다수결로 확정한 후 1944년 6월 10일 개소하였다.[27]

2. 활동과 의미

연합회는 워싱턴사무소의 조직을 위해 제3차 전체위원회에서 의사부에서 김원용·도진호·전경무 3인과 집행부에서 김용중 등 총 4인을 선임하였고 예산은 30,000달러로 책정하였다.[28] 이러한 인선은 1943년 11월

---

25) 『신한민보』, 1944년 4월 13일, 「사설」: "재미한족연합위원회 제3차 전체위원회에서 조선민족혁명당미주총지부와 북미한인학생의 진퇴"

26) 『신한민보』, 1944년 5월 4일, 「제1계 중앙집행위원회 결의안」.

27) 도1310, Report of UKC in America, Washington Office of Secretary of Republic Relations, June 5, 1944-February 5, 1945; 도1029, Letter from J. Kyuang Dunn to John J. MaCloy(1944.6.5). 그런데 전경무의 활동보고서(도1310)에 따르면 6월 10일 개소하였지만 활동은 6월 5일부터 한 것으로 기록하고 있다. 그리고 6월 5일 개소한 것으로 기록한 『신한민보』, 1944년 6월 8일, 「재미한족연합위원회 워싱턴사무소 개시」의 기사는 사실과 다르다.

28) 『신한민보』, 1944년 4월 20일, 「재미한족연합위원회 제3차 전체위원회 회록개요」. 집행부는 일반 한인들을 상대로 특별경비를 거둔 의사부와 달리

15일 결정한 것과 비교할 때 유진석만 빠진 셈이었다. 그런데 김용중이 워싱턴에 개인적으로 설립한 한국사정사(韓國事情社, Korean Affairs Institute)[29]의 일로 복무하기 어렵다고 통보하였고, 도진호는 하와이 당국의 조사를 받아 하와이를 떠날 수 없었다.[30] 이에 따라 사무소의 조직은 한인사회의 연락관계 임무를 맡은 위원장 김원용과 대외교섭업무를 맡은 선전부장 전경무로만 이루어졌다.[31]

연합회는 워싱턴사무소를 설립하면서 임정과 상의하지 않고 독자적으로 추진하였다. 이는 외형적으로 워싱턴사무소가 연합회의 사무를 원활하기 위해 설립한 것이므로 별도의 외교기구가 아니라는 연합회의 생각 때문이었다. 또 이것은 정부외교를 담당하는 임정과 불필요한 오해와 마찰

집행부 간부들만 부담하였다. 예컨대 김호 1,000달러, 한시대·임일·김용중 각 500달러하여 각 분기별로 2,500달러를 분담하였다.(『신한민보』, 1944년 8월 17일, 「재미한족연합위원회 집행부 회록」) 이는 한인동포들에게 독립금 이외의 부담을 지우지 않으려는 의도였지만, 워싱턴사무소에 대한 북미 한인사회의 여론이 좋지 않았던 것도 한 요인으로 보인다.

29) 한국사정사는 1943년 11월경 김용중이 워싱턴서 설립한 비정치적인 단체로 설립목적은 한국과 연합국 사이의 친선을 도모하며 한국의 문화와 사정을 전파하여 연합국의 전쟁노력에 협조하는 것에 두었다. 총무 겸 재무로는 송철이 담당하였고, 1943년 11월 23일부터 *The Voice of Korea*라는 잡지를 발간하였다.(『신한민보』, 1943년 11월 25일, 「한국사정사창립」; "Institute of Korean Affairs," *The New Korea*, Dec. 2, 1943)

30) 도1002, Letter from J. Kyuang Dunn to Hawaii & L.A. UKC(1944.6.20); 홍선표 편, 『재미한족연합위원회 회의록』, 연세대학교 출판부, 2005, 281~282쪽.

31) 김용중이 빠진 것에 집행부는 1944년 8월 12일 모임에서 배의환(裵義煥)과 최용순(崔鏞淳) 두 사람을 천거하고 김원용으로 하여금 동부의 유학생 중 인재를 골라 쓸 것을 결의했지만 반영되지 않았다.(홍선표 편, 『재미한족연합위원회 회의록』, 283쪽)

을 피하기 위한 방편이었다. 이리하여 연합회는 임정에 대해 뒤늦게 개소 사실과 워싱턴사무소의 설립 이유를 설명하고 추인을 요구하였다. [32] 그러나 연합회가 단독으로 사무소를 설립한 일에 대해 임정의 김구와 김규식·조소앙 등은 깊은 유감의 뜻을 표하고 미주한인사회의 통일이 무엇보다 긴요함을 역설하였다.[33] 임정의 입장에서 볼 때 미국 수도인 워싱턴에 주미외교위원부라는 공식 외교기관이 있는 마당에 새로운 사무기관의 설립을 강행한다는 것은 받아들일 수 없었고 더구나 연합회의 의도대로 워싱턴사무소를 단순한 사무기관으로 간주한다는 것은 더더욱 어려웠다.

연합회는 워싱턴사무소의 설립을 계기로 임정과의 관계를 새로 정립하려 하였다. 연합회는 워싱턴사무소의 설립을 통해 이승만을 임정과 미주한인사회로부터 고립시키겠다는 의도를 갖고 있었다. 이에 따라 연합회는 임정에 대해 이승만과 연합회 사이에 어느 쪽을 택할 것인지의 입장을 분명히 밝혀 줄 것을 요구하였다.[34] 이런 양자택일의 태도는 임정뿐만 아니라 중경의 조선민족혁명당과 한국독립당에 대해서도 동일하게 요구하였다.

미주한인사회를 더욱 분열시키는 연합회의 이런 요구는 대미외교를 더욱 강화해야 하는 임정의 입장에서 볼 때 그대로 방치할 수 없는 문제였다. 따라서 워싱턴사무소의 설립은 임정이 미주한인사회의 분란을 조정하고 임정의 지도력을 회복해야 하는 과제를 던져주었다고 할 수 있다.

---

32) 도915, Letter from Sidai Hahn to Kim Koo(1944.6.14), 도916 Letter from Sidai Hahn to Kim Koo(1944.6.16), 도917 Letter from Sidai Hahn to Kim Koo(1944.6.19)

33) 도920, Telegram from Umhangsup to Press New Korea(1944.6.20). 임정 내부의 우려는 단지 워싱턴사무소의 설립문제만은 아니었다. 연합회가 이승만의 외교실패를 지적하면서 주미외교위원부를 새로 개조해야 한다는 주장을 계속하고 있었기 때문이다.

34) 도921 Letter from Sidai Hahn to Kim Koo(11944.7.24)

워싱턴사무소의 설립은 기존 주미외교위원부의 활동과 중복되는 것이어서 선전·외교활동의 효율성이 떨어질 것이라는 것은 예상할 수 있는 문제였다. 이미 워싱턴을 중심으로 한 주변에는 기존의 주미외교위원부를 비롯하여 중한민중동맹단과 민족혁명당미주[하와이·북미]총지부의 후원을 받는 한길수가 사무소를 설치해 활동하고 있었다. 1943년 11월경 김용중이 설립한 한국사정사와 12월 경 유일한이 설립한 고려경제회(Korea Economy Society)[35]는 정부차원의 외교활동을 전개하기 위함이 아니라 한국문제를 개인적으로 선전홍보하기 위한 비정치적인 기관이라는 해명에도 불구하고 외부에서 볼 때 워싱턴 정가를 둘러싼 한인들의 외교활동은 복잡한 양상을 띠고 있었다. 김용중과 유일한의 개별 활동은 미국사회에 한국문제를 여론화시키고 호응을 얻는데 유익한 면이 적지 않았다. 그렇지만 미주외교를 주관하고 담당하는 임정과 이승만의 시각에서 볼 때 이런 모든 선전활동이 정부차원으로 일원화되지 않은 것은 우려할 상황이었다.

이런 상황을 해결하기 위해 주미외교위원부 산하의 협찬부(協贊部)에서 활동하는 황창하(黃昌夏)가 워싱턴 내 한인기관의 통합을 위한 모임을 주선하였다. 1944년 7월 4일에 열린 비공식 회합에서 이승만·황창하·이원순·황사용·김원용·전경무·김용중 등 7명이 참석했는데, 사실상 연합회 대표 대 주미외교위원부 대표들과의 회합인 셈이었다.[36] 워싱턴사무

---

35) 고려경제회는 1943년 12월 2일 뉴욕에서 유일한을 비롯한 11명의 발기로 조직한 선전홍보기관이다. 고려경제회는 전쟁 종결 후 독립된 한국의 근대적인 산업 및 경제건설을 준비하기 위해 설립되었고, *Korean Economic Digest*(『고려경제회보』)라는 잡지를 발간하였다.(『신한민보』, 1943년 112월 16일, 「경제연구회 조직준비」; 1944년 6월 22일, 「고려경제회 회원변동」; 이현희, 『유일한의 독립운동연구』, 동방도서, 1995, 171~173쪽)

36) 도995, Letter from J. Kyuang Dunn to Hawaii & L.A. UKC(1944.7.6). 그런데 『국민보』 1944년 8월 2일자 「연합회와 워싱톤 사무직원의 보고」에

소는 회합을 갖기 이전에 5개의 요구조건을 이승만에게 제출한 바 있다. 5개의 요구 조건을 정리하면 다음과 같다.

1. 모든 회합에는 이승만·전경무·한길수·김용중·김원용이 참석할 것.
2. 이승만은 최근 정치적 조직인 협찬부를 해체하고 이를 대외에 공포할 것.
3. 연합회 주최로 나성에서 대회를 소집하고 여기에 이승만이 참석해 연합회와 주미외교위원부의 과거 관계와 장래 공동사업을 위한 제안을 공중에 설명할 것.
4. 통합을 위한 임시위원회를 설치하고 이승만은 통합을 위한 연구 분석을 위해 주미외교위원부의 모든 사무 서류를 이 임시위원회에 넘기도록 할 것.
5. 주미외교위원부 재조직을 위한 방식과 인선계획을 작성하여 임정에 제의할 것.[37]

이상의 요구서를 제의한 연합회는 이번 모임을 계기로 서로 통합하여 주미외교위원부와 연합회의 관계가 회복되고 장차 주미외교위원부를 새로 재편해야 할 것을 기대하였다.

연합회는 이번 모임을 주선한 주미외교위원부의 태도에 대해 이승만이 임정으로부터 모종의 압력을 받아 통합을 위한 명분을 축적하려 한다고 보았다.[38] 연합회는 이승만이 한인 통합을 절실히 원한다면 실질적인 공

는 황사용이 빠져있다. 비공식 회합 이전에는 김경(金慶)도 참석하였다. 그런데 연합회는 사전에 5개의 요구서를 제출해 이번 모임에 한길수의 참석을 요구했으나 성사되지 못하였다. 이는 이승만이 한길수의 참석을 원치 않았기 때문으로 보인다.

37) 도1462, Commission-UKC Washington Office Meeting(1944.7.5); 도995, Letter from J. Kyuang Dunn to Hawaii & L.A. UKC(1944.7.6). 그런데 『국민보』 1944년 8월 2일자 「연합회와 워싱턴사무직원의 보고」의 기술과는 약간 차이가 있는데 본고는 앞의 원 자료를 준용하였다.

약을 해야 할 것인데 그렇지 못한 것으로 보아 그의 진실성을 의심하지 않을 수 없다고 생각하였다.[39]

이승만은 워싱턴사무소의 김원용과 전경무에게 주미외교위원부에 들어와 함께 일할 것을 제의했다.[40] 연합회를 자신의 관할 하에 두겠다는 의도였다.

이로 볼 때 이번 회합은 이승만 중심으로 주미외교위원부를 강화할 의도에서 시도한 것이지 통합의 대의를 실현할 생각으로 추진된 것은 아니었다. 주미외교위원부의 강화와 재편을 둘러싼 이승만과 연합회의 생각이 확연히 다른 만큼 이번 회합의 성과는 처음부터 기대하기 어려웠다.

워싱턴사무소의 활동은 전경무에 의해 다방면에서 전개되었다. 먼저 전경무는 한인들이 연합국의 대일전에 참여할 수 방안을 모색하였다. 이것은 이미 전경무가 1943년 6월 5일부터 해외에 산재한 한인들을 연합국의 전쟁에 참가할 수 있도록 미국 전쟁부와 국무부를 대상으로 교섭해 왔던 사안이었다.[41] 그로부터 1년 뒤인 6월 5일 미국 전쟁부의 서기관보

---

38) 전경무는 회의결과를 연합회에 알린 서신에서 이승만이 이번 모임을 통합이라는 모양새로 만들어 임정으로부터 자신의 지위를 유지할 수단으로 이용하려 한다고 하였다.[도995, Letter from J. Kyuang Dunn to Hawaii & L.A. UKC (1944.7.6)]

39) 도992, Letter from J. Kyuang Dunn to Hawaii & L.A. UKC(1944.7.26)

40) 『주미외교위원부통신』 제92호(1944. 10. 25), 「주미외교위원부 개조에 대하야」.

41) 도1006, Letter from J. Kyuang Dunn to John J. MaCloy, Assistant Secretary of War, War Department(1943. 6. 5); 도1008, Letter from J. Kyuang Dunn to Laurence E. Salisbury, Acting Chief, Far Eastern Division, State Department(1943. 6. 5). 전경무는 이 서신에서 "군사정부에서 한국인 복무를 위한 제안과 전쟁잠재력으로서 한국인(Koreans as War Potential with Suggestion for Korean Service in Military Government)"을 제출해 미국을 비롯한 해외에 산재한 한인들을 대일전투

인 존 맥클로이(John J. MaCloy)에게 「The Use of Koreans and Their Service Who Are Now in American Military Interment」라는 보고서를 제출해 미국 내 한인들과 한인 포로들을 연합국의 대일전 수행에 이용할 수 있는 방안을 제의하였고, 계속 해서 이 문제를 갖고 미국 전쟁부와 교섭했다.[42] 여기에 대해 미국 전쟁부는 한인포로의 이용 가능성에 대해서는 고려할 수 없다는 회신(1945. 1. 8)을 보냈다.[43] 그런데 전경무가 한시대에게 보낸 편지에서 한인 청년 2명을 미 육군의 군사훈련에 참여시켰다고 보고한 것을 보면 재미한인을 상대로 한 군사훈련의 계획은 미국 군부 내에서 긍정적으로 검토한 것 같다.[44]

전경무는 국제회의 참가를 통해 한국문제를 선전하는 활동을 적극 추진하였다. 캐나다 몬트리올에서 1944년 9월 15일에 개최되는 국제연합구제부흥회(United Nations Relief and Rehabilitation Administration, UNRRA)에 참가하기 위한 교섭 끝에 연합회 대표로 김용중, 주미외교위원부 대표로 임병직이 각각 참관자의 자격을 획득했다.[45] 이 대회는 비정치적

와 해방 후 신정부 건설에 활용할 것을 제안하였다.

42) 도1029, Letter from J. Kyuang Dunn to John J. MaCloy(1944.6.5); 도1030, Letter from J. Kyuang Dunn to Harrison A. Gerhardt, Exeutive General Staff, War Department(1944.6.5); 도1019, Letter from J. Kyuang Dunn to Daniel C. Buchannan, Office of Strategic Service (1944.10.27); 도1018, Letter from J. Kyuang Dunn to John H. Hildring, Director of Civil Affairs Division, War Department(1944.12.21).

43) 도1021, Letter from J. Kyuang Dunn to John Weckerling, Brigadier General, War Department, (1945.1.18).

44) 도980, Letter from J. Kyuang Dunn to Sidai Hahn(1944.9.19).

45) 도981, Letter from J. K. Dunn to Hawaii & L.A. UKC(1944.9.16); 『주미외교위원부통신』 제88호(1944.9.21), 「연합국구제대회에 위원부대표 참석」; 『국민보』, 1944년 9월 27일, 「연합국회의에 한인대표」.

인 대회로서 한국의 이익을 기대할 수 없는 것이었지만 미주한인이 처음으로 국제대회에 참가했다는데 의미가 있었다. 또 1945년 1월 5일 버지니아 핫 스프링스(Hot Springs)에서 개회한 태평양국제대회(International of Pacific Relation, IPR)의 참가 교섭을 주선해 참관자의 자격을 획득하였다.[46] 이에 따라 한인대표 선정을 위해 1944년 10월 19일 워싱턴DC에서 워싱턴사무소를 비롯한 5개의 한인단체 대표들이 모인 가운데 전경무·정한경·유일한을 공동대표로 선정하였다.[47] 전경무를 비롯한 한인 공동대표는 카이로선언에 나타난 "In Due Course"의 문제를 두고 외교활동을 전개했는데, 그 결과 해방 후 한국이 6개월 안에 반드시 독립국이 되도록 공결하게 됨으로써 미주한인들의 사기를 크게 고무시켰다.[48]

전경무는 미국이 해방 될 한국에 유리한 대한정책을 수립할 수 있도록

---

46) 도1036, Letter from J. Kyuang Dunn to Joseph C. Grew, Director, Office of Far Eastern Affairs, State Department(1944.7.11); 도1352, Letter from J. Kyuang Dunn to Sidai Hahn(1944.9.20); 도979, Letter from J. K. Dunn to Hawaii & L.A. UKC(1944.10.5). 업저버 참가권은 1944년 10월 10일 정식으로 통보받았다.

47) 도1345, Letter from J. Kyuang Dunn to Byung Y. Kim(1944.10.12); 도1343, Letter from J. Kyuang Dunn to Byung Y. Kim(1944.10.19); 『국민보』, 1944년 11월 8일, 「태평양연원에 분 동요」; 『주미주미외교위원부통신』 102호(1945.1.5), 「태평양대회」. 이 때 참가한 5개의 한인단체는 워싱턴사무소·주미외교위원부·중한민중동맹단·고려경제회·한국사정사였다.

48) 『국민보』, 1945년 1월 31일, 「태평양국제대회의 성과와 우리 중에 된 일」. 그런데 대회 진행 과정에서 이승만이 정부대표가 민간대표들과 합세할 수 없다는 논리로 철수하는 등 어려움이 있었으나 임정의 지시로 다시 참석하였다. 공동대표외 이승만은 자신의 대리자로 한표욱을 IPR에 참가하도록 지시했는데, 한표욱은 대회측으로부터 참가를 거부당해 정식활동을 할 수 없었다. 그렇지만 한표욱은 주미중국대사 호적과 올린 등을 만나 한국의 임정승인문제를 협의했다고 한다.(한표욱, 『이승만과 한미관계』, 중앙일보사, 1996, 35쪽)

대미교섭에 주력했다. 그는 1944년 8월 16일자로 미 국무부 차관 스테티니우스(Edward R. Stettinius Jr.)에게 보낸 서신에서, 덤바톤 옥스(Dumbarton Oaks)에서 열릴 국제안보계획을 위한 미·영·중·소 4개국 국제회의에서 다음과 같은 방향으로 대한정책을 수립해 줄 것을 요청하였다.[49] 첫째, 해방된 한국의 영토보전은 중·소의 안전과 일본의 비무장을 위해 필수적이며, 이들 세 나라 중 어느 한 나라에 의해 한국이 점령 또는 감독되면 극동의 안전에 위협을 줄 것이다. 둘째, 해방된 한국은 대서양헌장에 따라 자국의 정부를 스스로 선택할 수 있어야 한다. 셋째, 한국의 완전한 주권회복을 위해 중·소 정부사이에 공개적인 양해가 있어야 한다. 넷째, 아시아의 평화를 유지하기 위해 해방된 한국은 정치적·경제적 안정을 위한 수단으로 무역과 상업을 발전시키기 위해 이웃 국가들과 동등한 기회를 제공받아야 한다. 이러한 제안은 전후 해방된 한국이 일본은 물론 중국과 소련 중 어떤 나라의 간섭도 받지 않는 근대적인 자주독립국가를 수립하겠다는 방향을 제시한 것이었다.

이러한 전경무의 제안에 대해 스테티니누스는 8월 31일자 회신에서 한국문제를 매우 낙관한다고 전망하였다. 그는 전후 한국문제를 위해 제시한 연합회의 견해를 존중할 것임을 전제하고, 한국민이 극동의 평화와 안전에 중요한 역할을 할 것이며, 미국정부는 장차 독립된 한국이 세계의 자유 독립국가들과 함께 할 날이 올 것임을 고대하고 있다고 회신했다.[50]

전경무는 라디오나 미국정부의 교육부 등 주요기관, 그리고 각종 집회에 참석해 방송과 연설로 한국문제를 선전하고 미국인들의 이해를 촉구

49) 도1038, Letter from J. Kyuang Dunn to Edward R. Stettinius Jr., Undersecretary of State, State Department(1944.8.6).

50) 970036-4, Letter from Edward R. Stettinius Jr. to J. Kyuang Dunn (1944.8.6).

하였다.[51] 그는 미국 우정국의 한국 우표 발행에 참여해 1944년 11월 2일 미국사회에 처음으로 태극기 모양의 한국우표를 소개하였다.[52] 이 때 발행된 한국우표는 5센트 짜리로 한국의 독립을 지지하는 미국 정부의 의도가 담겨 있었다. 이밖에 전경무는 국제기업인대회와 국제연합통화회담 등 국제회의에 대한 참가교섭을 시도했으나 거부당하기도 했다.[53]

1945년 같이 활동하던 김원용이 워싱턴사무소의 위원장직을 사직하고 하와이로 돌아가게 되자[54] 전경무는 워싱턴사무소의 진로를 검토하기 시

---

51) 도991, Letter from J. Kyuang Dunn to Hawaii & L.A. UKC(1944.7.28); 도985, The People of Korea; "Korea Seeks Recognition," *The Korean National Herald*, Nov. 8, 1944; "Dunn Lecture on Korea Before 600 at Washington D.C."*The Korean National Herald*, Dec. 20, 1944; 도984, Report UKC in America Washington Office of The Secretary of Public Relations(June 5, 1944-February 5, 1945); 『국민보』, 1944년 8월 16일, 「강구에 문 동료」; 1945년 3월 7일, 「미경연합회 사무원의 거진행보고」.

52) 도996, Letter from J. Kyuang Dunn to Hawaii & L.A. UKC(1944.6.30); "US Stamps To Bear Korean Flag Design," *The Korean National Herald*, June, 12, 1944; 『국민보』, 1944년 11월 8일, 「한국우표 발행」. 한국우표 발행을 처음 제안한 사람은 한길수로 알려지고 있다. 주미외교위원부는 직접 간여하지 않다가 발행기념식 때 이원순의 두 딸이 참석하였고,(이원순, 『세기를 넘어서』, 279~280쪽) 발행된 한국우표가 곧 매진되자 재발행을 위해 주선하였다.(『주미외교위원부통신』 제104호(1945.1.24), 「대한기념우체표」) 이런 사정을 모르는 한인사회에서는 한국우표 발행의 공을 둘러싸고 논란이 일어나기도 하였다.(『국민보』, 1944년 12월 20일, 「질투와 시기를 버리자」)

53) 도999, Letter from J. Kyuang Dunn to Hawaii & L.A. UKC(1944.6.23); 도983, Letter from J. Kyuang Dunn to Hawaii & L.A. UKC(1944.9.1); 도982, Letter from J. Kyuang Dunn to Hawaii & L.A. UKC(1944.9.5).

54) 김원용은 1945년 4월 22일 의사부 임원선거에서 위원장에 취임하였는데,

작했다. 연합회의 지원 없이는 워싱턴사무소의 사업을 계속 추진하기 어렵기 때문에 전경무는 연합회의 입장을 재정립하고 내부 방향을 새로 확정하지 않을 수 없었다. 전경무는 한시대에게 보낸 서신(1945. 2. 5)에서 워싱턴사무소의 설립에 대해 많은 비판이 있었지만 앞으로 연합회가 계속 지원할 수 있다면 다수의 한인들로부터 신망과 협력을 얻을 것으로 전망하고 연합회의 지속적인 관심을 촉구하였다.[55] 아울러 그는 1945년 2월 5일자로 작성한 워싱턴사무소 활동보고서에서 그동안의 설립 과정과 활동상을 정리한 후 앞으로 국제회의를 대비하기 위해서라도 폐지할 수 없다는 입장을 강력히 전달하였다.[56] 전경무는 4월 10일자로 작성된 「문의서」를 연합회에 보내 앞으로 워싱턴사무소가 앞으로 확대 또는 축소될 것인지 아니면 현상유지나 폐지될 것인지의 여부를 결정해 줄 것을 요청하였다.[57]

이러한 요구에 대해 연합회는 확대하는 쪽으로 결정하였다. 의사부는 1945년 7월 30일 원동대표의 파견을 의논하는 회의에서 사무소의 인원을

아마 이런 연유로 워싱턴사무소 직임을 사면한 것으로 보인다.(『국민보』, 4월 25일, 「연합위원회 임원개선」; 5월 30일, 「워싱턴위원 사면」)

55) 도975, Letter from J. Kyuang Dunn to Sidai Hahn(1945.2.5).

56) 『국민보』, 1945년 3월 14일, 「미경연합회 사무원의 거진행 보고」; 도1310, Report of UKC in America, Washington Office of Secretary of Republic Relations, June 5, 1944-February 5, 1945.

57) 『국민보』, 1945년 4월 18일, 「문의서」. 여기서 워싱턴사무소가 현상유지가 되려면 연 16,000달러가 들고, 축소하여 1명만 둘 경우는 8,800달러가, 확대할 경우는 25,000달러가 든다하였다. 이로 볼 때 당초 3만 달러의 예산은 과하게 책정되었음을 알 수 있다. 참고로 1944년 5월부터 12월까지 워싱턴사무소 설립을 전후해서 사용된 경비는 11,571.15달러인데, 잔금이 3,928.15달러인 것을 보아 총 15,499.3달러였다.(『국민보』, 1945년 2월 21일, 「재정보고」)

2인으로 증가해서 계속 유지하기로 하였다.[58] 집행부는 6월 14일 회의에서 워싱턴사무소를 계속 유지하기로 결정하였고 8월 5일 회의에서는 연구부와 선전부를 설치하고 각부의 인원은 1인씩으로 하되 필요에 따라 인원을 증가하는 것으로 결정했다.[59] 북미의 대한인국민회는 8월 18일 개최한 중앙집행위원회에서 워싱턴사무소 안에 연구부 · 선전부 · 교섭부를 설치하고 상근직으로 5인의 위원을 선임하기로 결의했다.[60] 이러한 내용들은 워싱턴사무소를 계속 유지하는 것은 물론 조직을 크게 확충하겠다는 의도의 결정이었다.

워싱턴사무를 계속 유지하고 조직을 확대하려는 조치는 일본의 패망이 현실로 다가온 상황에 전쟁 이후 개최될 국제회의에 신생 한국의 근대적인 자주독립국가 건설을 대비하겠다는 의도로 생각된다. 그런데 해방과 동시에 연합회 대표단의 한국 방문을 추진해 성사시킨 전경무가 한국파견대표단의 일원으로 합류함으로써 워싱턴사무소는 자연 해소되었다.

이처럼 연합회는 워싱턴사무소의 설립을 통해 독자적인 선전외교활동을 추진함으로써 그동안 후원활동에만 머물렀던 과거 미주한인 독립운동의 형태에서 완전히 탈피하였다. 이러한 변신은 동지회의 탈퇴 이후 위기에 몰린 연합회가 자신감을 회복하고 다시금 그 위상을 강화해 나가는데 크게 일조하였다. 반면 연합회의 독자적인 외교활동의 추진은 대미외교를 전담한 주미외교위원부와 이를 후원하는 임정의 위상을 추락시켰고, 일관되고 통일된 외교 역량을 발휘하기를 바라는 뜻있는 한인들에게 큰 실망을 불러 일으켰다.

58) 『국민보』, 1945년 8월 1일, 「원동대표 파견을 의정」.

59) 홍선표 편, 『재미한족연합위원회 회의록』, 204~205쪽.

60) 『신한민보』, 1945년 8월 23일, 「중앙집행위원회의 결의안」.

제11장
한인경위대의 결성

1. 집행부의 재미한인경위대

연합회는 미국 국방후원뿐만 아니라 한국 독립을 위한 군사운동의 일환으로 로스앤젤레스(나성)과 샌프란시스코(상항)에 한인경위대(California Korean Reserves)를 설립하였다. 재미한인경위대(在美韓人警衛隊)란 1942년 6월 로스앤젤레스와 샌프란시스코 두 곳의 한인경위대를 통칭하기 위해 만든 이름이고, 원래는 나성한인경위대와 상항한인경위대로 나누어져 있다.

나성한인경위대가 설립하게 된 데는 미일전쟁 발발직후 나성에 있는 미국 캘리포니아주(加州)국방경위군(The California National Guard Armory in L.A.)이 경위대 조직에 관한 협조를 요청하면서다. 집행부의 국방과는 이러한 협조 요청에 응해 1차(1941. 12. 22)와 2차(1942. 1. 4)에 걸친 광고를 통해 한인경위군을 모집하였다.[1] 가주국방경위군은 미일전쟁이 발발하

1) 『신한민보』, 1941년 12월 25일, 「재미한족연합위원회 집행부 국방과 포고 제2호」; 1942년 1월 1일, 「제2차 경위군 모집」.

자 미국이 자국 내 거류하고 있는 한국인 · 중국인 · 필리핀인을 중심으로 일종의 예비군을 조직해 대미국방을 후원하고 대일항전의식을 고취하기 위해 계획되었다. 한인경위대는 원래 100명 이상의 한인부대를 결성할 계획을 갖고 있었지만 두 차례에 걸친 집행부의 광고에서 78명이 참석한 것으로 보인다.[2] 이 숫자는 계획한 대로는 아니었지만 남가주지역 한인의 수가 남녀 어른과 어린이를 포함해 약 700명인 점을 감안해 볼 때 결코 적은 수는 아니었다. 한인경위대의 모집 연령은 18세부터 64세까지였으나 대부분 50~60대의 노년층이 응시한 것으로 보인다.[3]

나성한인경위대의 설립 일자는 확실하지 않으나 1942년 2월 15일 조직 사실을 대내외에 발표한 것으로 대체로 이 무렵 시기로 볼 수 있다.[4] 나성한인경위대의 조직 구성은 사령관 김용성, 교관 쉐리(J. Sherry) 정위, 기밀부 부위 김병연, 부위 김인 · 한아더(Arther Hahn), 주계과 참위 송철, 선전과 참위 임병직, 종군목사 김성락, 교관 참위 허성, 참위 전봉운 · 김탁 · 안필선 · 최조셉 등이었다.[5] 한인경위대는 가주국방경위군 소속의 2개의 부대로 편성되었고, 휴즈(Rupert Hughes)와 레이(Harry Ray)의 지휘 감독 하에 교관 쉐리에 의해 매주 1차례씩 군사훈련을 받았다.[6] 군

---

2) 『신한민보』, 1942년 2월 26일, 「가주 나성의 한인경위군」. 제1차 모집에는 55명이 응시하였다.

3) 『신한민보』, 1942년 9월 24일, 「맹호군인」.

4) 1월에 설립되었다고 하는 기록도 있으나(『신한민보』 1943년 6월 17일, 「재미한인경위대 맹호군인」) 정상적인 조직이 2월에 발표되고 있는 것과, 한국광복군에서도 한인경위대의 설립을 2월로 언급한 것을 감안해 볼 때 2월로 보는 것이 타당할 것으로 생각한다.(『신한민보』, 1942년 10월 1일, 「광복군 사령부 보고」)

5) 『신한민보』, 1942년 3월 5일, 「한인경위대의 사관」.

6) "Koreans Join Calif. State Guard in War Against Japan," *The New Korea*, Jan. 1. 1942; 『신한민보』, 1942년 1월 22일, 「잡보」; '가주경위군 복

복과 군기 등 훈련에 필요한 물품들은 모두 가주국방경위군에서 지급되어 참가자들의 경비부담은 없었다. 정규군이 아니었기 때문에 군사훈련은 복무자의 일상생활에 지장을 주지 않게 운영되었다.

나성한인경위대의 조직에 대해 미주 한인들은 과거 미주 각지의 선배들이 무장독립운동을 위해 추진한 상무정신을 계승한 것으로 받아들였다. 비록 한인경위대가 미국 국방장관의 직접적인 지휘를 받고 설립 목적이 미국의 국방에 충성을 다하기 위한 것이었지만, 미주 한인들은 멕시코 메리다의 숭무학교(崇武學校), 박용만의 한인소년병학교와 대조선국민군단(일명 '산넘어' 병학교) 등 항일무장투쟁의 정신을 잇는 것으로 생각하였다.[7] 또한 한인경위대는 노백린이 캘리포니아주의 윌로우스(Willos)에서 추진했던 독립군단과 한인비행사양성소[8]의 상무정신을 계승한 것이었다.

무의 규정'; 2월 26일, 「한인경위대의 관병식 순서예정」. 가주국방경위군은 1942년 1월 미상원의 통과로 정식 설립되었고 인원은 33,000명이었다.

7) 『신한민보』, 1942년 2월 19일, 「사설」: '나성 한인의 경위군'. 한인소년병학교와 멕시코의 숭무학교, 대조선국민군단 등 미주한인사회의 군사활동에 대해서는 윤병석, 「1910년대 미주지역에서의 조국독립운동」, 『국외한인사회와 민족운동』(일조각, 1990) 참조.

8) 독립군단은 1920년 2월 20일 노백린이 김종림(金鍾林)의 후원을 받아 독립운동에 필요한 한인비행가를 양성할 목적으로 설립되었다. 비행기가 도입된 이후 독립군단은 같은 해 7월 5일 '한인비행가양성소라'는 이름으로 정식 개소되었다. 독립군단으로 운영될 때는 노백린에 의해 주로 육상 훈련에 주력하였고 한인비행사양성소가 개소된 이후부터 본격적인 비행술을 연마하였다. 한인비행가양성소는 1920년 말부터 경제적인 어려움에 직면한 뒤 1921년 4월 결국 폐소되었다. 이곳에서 훈련받은 박희승(朴熙昇)과 이용근(李用根)은 온갖 난관에도 불구하고 국제비행사가 되어 상해 임시정부로부터 육군 비행병 소위로 임관되었다. (『독립신문』 1921년 8월 15일, 「비행 졸업생 포상」; 곽림대, 『못잊어 화려강산』, 대성문화사, 1974, 140~145쪽; 국회도서관 편, 『한국민족운동자료』(중국편), 1976, 110쪽 및 206~207쪽; 홍선표, 「미주한인의 군사운동-노백린과 윌로스 한인비행가양성소-」, 『미주

집행부는 한인경위대를 통해 미국에 대한 미주한인들의 충성을 홍보하는 한편 독립운동을 위한 주요 방편으로 이용하려 하였다. 예컨대 1942년 3·1절 기념행사를 거행할 때 집행부는 한인경위대 관병식을 병행했다. 미국 국방을 위한 충성과 후원이 바로 한국의 독립문제와 직결된다는 것을 널리 알리기 위함이었다.[9] 또 4월 5일 한국인 · 중국인 · 필리핀인 등 세 나라 민족의 경위대를 비롯해 가주경위군 4,500명이 모인 가운데 치룬 제1차 관병식에는 나성한인경위대가 캘리포니아 주지사 올손(Culbert E. Olson)으로부터 가장 높은 평가를 받아 미주 한인들의 위상을 크게 제고시키기도 하였다.[10]

집행부는 한인경위대를 독립운동을 추진할 군사조직으로 전환하고자 그 관리권을 임정에 요청하였고, 임정은 3월 31일자로 인허장을 송부하였다.[11] 임시정부의 인가가 갖는 의미는 한인경위대를 한국광복군 소속의 군사조직 안에 정식으로 편성하겠다는 것을 말한다.[12] 집행부는 1942년 9월 17일 한국광복군 성립기념 축하식을 성대히 거행했는데 이것은 한인경위대가 한국광복군의 일원으로 정식 편입된 것과 무관하지 않았다.[13]

한인사회와 독립운동』, 2003, 294~326쪽)

9) 『신한민보』, 1942년 2월 26일, 「한인경위대 관병식 순서예정」; 3월 5일, 「사설」: '오늘에 비로소 웃으며'; 3월 19일, 「현상으로부터 전도를 전망하며」.

10) 『신한민보』, 1942년 4월 16일, 가주 총독 올손은 한인경위군을 가장」.

11) 『신한민보』, 1942년 4월 30일, 「임시정부의 한인경위대에 관한 전보」; 5월 7일, 「재미한족연합위원회 집행부 보고」; 11월 5일, 「임시정부 국무회의 중요기사」.

12) 1942년 9월 17일 광복군 성립 2주년 행사 때 사령관 지청천은 나성 한인경위대의 설립을 보고하면서 장차 미국 연합국과 전투에 참가할 군사조직으로 파악하였다. 여기에 대해 미주한인들은 한인경위대가 하나의 군대조직으로서 광복군의 일부분으로 인정된 것으로 해석하였다(『신한민보』, 1942년 10월 1일, 「광복군사령부 보고」; 「맹호군인」).

또 집행부는 군사훈련을 위한 재정지원에도 보다 활기를 띄었다. 예컨대 1942년도 한인경위대의 훈련을 위해 집행부는 556달러를 지출했는데 이 금액은 훈련을 담당한 잭 쉐리의 월급 80달러와 제반 활동경비 등에 사용되었다.[14]

나성한인경위대는 1942년 4월 26일 한국인·중국인·필리핀인 등 3국인의 경위대와 함께 관병식을 거행하는 날 캘리포니아 주정부로부터 정식 인가증을 받고 가주국방경위군 부속의 군대로 정식 편성되었다.[15] 이 때 맹호휘장의 연대기를 받았다. 때문에 한인경위대를 일명 '맹호군(猛虎軍, The Tiger Brigade)'으로, 한인 대원들을 '맹호군인'으로 불렀다.[16] 상항한인경위대가 동년 5월 30일 성립된 이후부터 두 한인경위대를 통칭하여 재미한인경위대로 불렀다.[17]

나성한인경위대는 각종 대외활동을 통해 미주한인의 군사활동을 대외에 과시했다. 1942년 6월 28일 10만 명이 모인 미국전쟁영웅환영회, 8월 29일 연합회 집행부가 국치기념일을 폐지하고 LA시청에서 성대하게 치른 현기식(懸旗式, The Korean National Flag Day), 9월 27일에 거행한 미국동맹국승진행렬 등 각종 행사에서 나성한인경위대는 미주한인을 대표하는 군사조직으로 참여해 위상을 떨쳤다. 1943년 3월 31일 장개석의 부인이 로스앤젤레스를 방문하자 한인경위대는 장개석의 부인이 한국광복군

---

13) 『신한민보』, 1942년 9월 24일, 「광복군성립 2주년기념 축하식」.

14) 『신한민보』, 1942년 5월 14일, 「재미한족연합회 집행부 보고」; 1943년 2월 11일, 「재미한족연합위원회 재정결산서」.

15) 『신한민보』, 1942년 4월 30일, 「의기가 하늘에 닿은 한·중·비 3국인 경위대 관병식의 장관」. 한인경위대의 명칭이 '맹호군'으로 부르게 된 것은 이 때 받은 맹호휘장 연대기를 받으면서다.

16) 『신한민보』, 1942년 4월 30일, 「의기가 하늘에 닿은 한·중·비 3국인 경위대 관병식의 장관」; 「맹호휘장의 연대기」.

17) 『신한민보』, 1942년 6월 25일, 「맹호군인」.

의 설립을 위해 10만 달러의 거액을 기부한 것에 대해 한국광복군을 대신해 감사의 예를 표시하기도 하였다.[18]

상항한인경위대는 임병직(林炳稷)의 주선으로 1942년 5월 30일 샌프란시스코와 오클랜드 재류한인 20여 명으로 시작하였다.[19] 첫 훈련은 6월 21일부터 들어간 것으로 보이며,[20] 8월경에는 27명의 대원이 참가하여 매주 일요일과 수요일 두 차례의 군사훈련으로 확대하였다.[21]

상항한인경위대의 주요 활동은 샌프란시스코에 있는 미국의 소리(Voice of America, VOA)를 통해 한국과 원동에 있는 한인들을 대상으로 한 단파 라디오 선무방송이었다. 1943년 5월 22일부터 시작하여 5월 29일, 6월 5일 각각 한국어로 된 방송을 실시하여 국내와 해외에 거주 한인들에게 일본의 패망이 임박했음을 알리고 한국 독립의 희망을 고취시켰다.[22]

나성한인경위대와 달리 단파 라디오를 통한 선전활동이 가능했던 것은 샌프란시스코에 설립된 전시정보국(The Office of War Information, OWI)이 1943년 3월 31일자로 연합회 집행부 위원장 김호에 보낸 공문에서 한국부를 만들 것임을 알린 후, 대일전을 효과적으로 수행하기 위해 상항한인경위대를 이용했기 때문이다. OWI는 처음 일본부 안에서 한국문제를 다루었는데 본격적인 항일전을 수행하기 위해 한국부를 독립시켰다. OWI의 국장은 라티모어(Owen Lattimore)였고 한국부는 오스본(Clay Osborne)이 맡았으며 쿤스(E. W. Koons) 박사가 고문으로 활동했다.[23]

---

18) 『신한민보』, 1943년 4월 1일, 「재미한인경위대 맹호군인」.

19) 『신한민보』, 1943년 6월 10일, 「재미한인경위대 맹호군인」.

20) 『신한민보』, 1942년 6월 25일, 「맹호군인」.

21) 『신한민보』, 1942년 8월 13일, 「맹호군인」.

22) 『신한민보』, 1943년 5월 27일, 6월 10일, 6월 24일, 「상항한인경위대 라디오방송」.

미국의 소리는 제2차 세계대전이 진행 중이던 1942년 2월 BBC 네트워크를 통해 독일어방송을 개시한 미국 최초의 해외선전방송이다. 적의 심리를 교란하고 미국의 정책과 입장을 선전하기 위해 만들어진 미국의 소리는 뉴욕, 워싱턴, 샌프란시스코 3곳에 분산 조직되었고 한국어방송은 샌프란시스코에 소재했다.[24] 샌프란시스코의 미국의 소리 방송은 한국인・일본인・중국인을 상대로 추진되었다. 한국어방송은 1942년 8월 29일 연합회 집행부가 국치기념일을 폐지하고 현기식을 거행하던 날 "자유의 종은 울린다"라는 미국의 소리 한국어방송 프로그램을 최초로 방송하면서 시작되었다.[25] 한국어방송에 활약한 사람은 미국인으로는 서울 경신중학교 교장이던 쿤스 박사, 연희전문학교 교수였던 밀러 박사, 대구 계성중학교 교장이었던 헨드슨 아담스 목사였다. 한국인으로는 이진묵・김하태・민덕순・신두식・황사용・이동진・이용준・양주은・최봉윤・신달윤・이창순・김지혜・김창수 등이다.[26] 해방될 때까지 한국어방송은 일본의 후방을 교란하고 독립운동을 전개하도록 한반도를 비롯한 아시아 각지의 한국인들을 선동하였다.[27] 이승만을 비롯한 주요 미주지역 독립운

---

23) "Korean Department in O.W.I," *The New Korea*, April 22. 1943; "Osborne Becomes Chief of Korean Dept. in OWI," *The Korean National Herald-Pacific Weekly*, May 19, 1943.

24) 1946년 7월 통합 발표 이후 샌프란시스코에 있는 미국의 소리 방송국은 뉴욕 본부로 이전, 통합되었다.

25) 여기에 대해서는 박기성, 「태평양 전시하의 해외독립운동 방송체제」(『방송학연구』 5, 한국방송학회, 1992) 참조.

26) 최봉윤, 『떠도는 영혼의 노래 -민족통일의 꿈을 안고-』 동광출판사, 1986, 88쪽.

27) 해외의 한국어방송은 '미국의 소리' 뿐만 아니라 중경 임시정부에 의해서도 이루어졌다. 중경에 정착한 임시정부는 국민당정부의 협조 하에 1941년 봄부터 국내를 향해 단파방송을 시작했다. 단파 방송은 김구를 비롯한

동가들도 샌프란시스코와 워싱턴에서 한국어방송에 출연하여 태평양전쟁 상황과 일본의 패전 소식을 전파했다.[28] 국내에서는 일제의 감시망을 피해 미국의 소리를 청취하였고 이 일로 경성방송국(JODK)의 한국인 직원들이 일제에 의해 체포되는 '단파사건'이 일어나기도 했다.[29] 한국어 방송은 제2차 세계대전 종결 직후 1945년 12월 OWI가 폐지되자 존폐의 논란이 일다가 미국 국무부의 국제방송처(International Broadcasting Division, IBD)로 이전되어 소극적으로 운영되었다. 미소의 냉전이 격해지고 해외선전활동이 강화되면서 1948년 1월 공포된 PL 402 스미스-문트법으로 미국의 소리 방송은 다시 강화되었다. 해방 직후 한국에서의 미국의 소리는 1945년 12월 31일 KBS의 중파방송을 통해 한국 전역에 중계되어 미국의 문화와 역사, 대한정책과 반공사상 등 각종 선전활동을 담당했다.[30] 이 때 황재경, 민재호, 강흥흘, 김성덕 등이 활동했다고 한다.

임정의 요인들이 교대로 방송하였고 평상시에는 신기언(申基彦)과 정명(鄭明)이 교대로 아나운스 역할을 했다고 한다. 방송 시간은 처음 매주 목요일 1차례를 실시하다 점차 횟수를 증가해 매주 월, 수, 금요일 3회로 대폭 늘어났다. 중경의 단파방송은 해방 이후에도 당분간 계속되었다. (유병은, 『단파방송 연락운동』, KBS문화사업단, 1991, 64~68쪽)

28) 이승만은 1942년 6월 13일 워싱턴에서 "나는 이승만입니다. 미국 워싱턴에서 해내해외에 산재한 우리 2천 3백만 동포에게 말 합니다"라는 말로 시작하여 자유와 독립을 위해 싸울 것을 호소하여 국내 청취자들에게 독립의 희망과 용기를 불러일으켰다.

29) '단파사건'이란 일제가 미일전쟁을 일으킨 직후 1941년 12월 26일 제정 공포한 조선임시보안령을 비롯해 사설 무선전신전화법, 사설방송전화법, 육·해군 형법, 보안법과 치안유지법을 위반한 혐의로 1942년부터 1943년까지 약 1년동안 방송국의 한국인 직원들을 대량 검거한 사건을 말한다. (유병은, 『단파방송 연락운동』, KBS문화사업단, 1991, 33쪽)

30) 장영민, 「해방 후 '미국의 소리(Voice of America) 한국어방송'에 관한 연구(1945~1950)」, 『한국근현대사연구』 제50집, 2009년 가을호, 208~209쪽.

그런데 1943년 6월 경 재미한인경위대는 미국 육군의 방침에 의거 군사조직으로서의 권리를 상실하게 되었다. 이로 인해 동년 6월 13일 전체 모임에서 한인경위대는 이 문제를 토의한 결과, 앞으로 특별한 일이 있을 때 미국정부의 국방행사에 참여한다는 방침만 결정한 채 사실상 해산되었다.[31]

2. 의사부의 한인경위대

하와이의 한인경위대는 연합회 의사부가 일제의 진주만공습 직후 미국 국방후원을 목적으로 하와이 군정부에 한인경위군의 조직을 청원한 것을 계기로 1942년 7월 경 약 80여 명으로 설립되었다.[32] 지원할 수 있는 연령은 재미한인경위대의 경우와 비슷했지만 대부분 노년층이 참가하여 그 연령 분포는 북미의 상황과 별 다를 바 없었다. 하와이 한인경위대는 한국인·중국인·필리핀인 등 세 나라의 외국인을 중심으로 조직되었다. 설립 초기 하와이의 군정부는 한인을 적성(敵性) 외국인으로 취급하여 군사훈련을 불허하였는데 연합회 의사부의 노력으로 허락을 받아 미국 시민권자들과 동등한 위치에서 군사훈련을 받았다.[33] 하와이 한인경위대의 조직은 군의관 강영복을 중심으로, 종군 목사 이명우, 군대 소용품 조달 서기문, 군영참모부 한인반 전경무·김영기, 소대장 김성구 등으로 구성하였다.

하와이 한인경위대는 1943년 1월 16일 자체적으로 하와이 총독과 시

31) 『신한민보』, 1943년 6월 17일, 「재미한인경위대 맹호군인」.

32) 『신한민보』, 1942년 9월 24일, 「맹호군인」.

33) 『국민보 — 태평양주보』, 1942년 7월 22일, 「한인경위군의 증가」.

장 등 귀빈을 초청하거나, 동년 1월 24일 거행된 하와이 경위군 관병식에 참여하는 등 활동을 전개하였다.[34] 그러나 이후의 활동 상황이 보이지 않는 것으로 보아 재미한인경위대의 경우처럼 미국 육군의 방침에 따라 해소된 것으로 보인다.

---

34) 『국민보—태평양주보』, 1943년 1월 27일, 「하와이경위군의 관병식」.

제12장
미국 국방후원활동

1. 의사부의 후원활동

미주한인들은 제2차 세계대전 발발이후 미국에 대한 국방후원문제를 중요한 과제 중 하나로 인식하였다. 이미 하와이 한인들이 1940년 10월 13일 6개의 단체가 연합, 연합한인위원회를 결성하여 미국 국방을 후원하기 위한 조직 활동을 전개한 바 있었고, 해외한족대회에서는 미국 국방을 원조하기 위해 한길수를 봉사원으로 임명하는 등 일찍부터 미주한인들은 이 문제에 깊은 관심을 표명하였다. 이런 연속선상 속에 연합회는 미국의 국방을 위해 다양한 방면에서 후원활동을 추진하였다.

연합회 의사부는 제2차 세계대전의 발발로 하와이 내 육·해군 군영 내에 많은 사역자들이 필요해지자 미국 국방을 후원한다는 명분으로 보다 많은 한인들의 참여를 유도하였다. 하와이 내 미 군영에서의 일은 이미 1939년부터 시작되었는데 1940년 당시 한인 청년 45%를 비롯해 국민회 간부 65%, 동지회 간부 40%가 이 곳에서 근무하고 있었다.[1] 특수

1) 『태평양주보』, 1940년 7월 27일, 「한인단체를 친일파로 지목」.

지역인 군영에 근무한다는 것은 한인이 일인이 아니라는 사실을 증명하는 것임과 동시에 재류국 미국에 대한 보은과 충성을 표시하는 두 가지의 의미를 담고 있었다.[2)]

한인의 입장에서 볼 때 미군영의 근무는 경제적으로도 적지 않은 수입을 올릴 기회를 제공해 주었다. 때문에 제2차 대전기간 내내 하와이 한인 사회의 경제력은 그 이전보다 월등히 나아지는 한 요인이 되었다.[3)] 의사부는 한인 경제의 수입과 미국 국방이라는 2중의 효과를 주는 국방사역에 관심을 가졌다. 의사부는 하와이 당국에 공함을 보내 한인들이 미국 국방의 각 방면에서 봉사할 수 있는 길을 청원하여 허락을 받아 내었다.[4)]

연합회 의사부는 하와이에서 복무중인 육·해군의 미군인들을 초대하여 그들을 격려하는 일을 추진하였다. 1941년 7월 9일 미국 육·해 군인 400명을 초대해 한국의 풍속과 문화를 소개하며 이들의 군복무를 격려하였고,[5)] 10월 4일에는 육·해군의 장교와 국회의원, 하와이 주의원 등 30여 명을 초대해 미국 국방을 위한 노고에 감사하는 행사와 아울러 한국문제와 한인들에 대해 호감을 갖도록 노력했다.[6)] 10월 17일에는 한인계 미국시민으로 미국 국방에 징병된 한인 청년 30여 명을 초대해 축하하는 행사를 가졌다.[7)]

미국이 전쟁준비로 막대한 국방비를 조달하기 위해 국방공채 발매를

---

2) 『국민보 — 태평양주보』, 1942년 5월 27일, 「국방공채를 삽시다」.

3) 대체로 하와이 한인의 경제는 미일전쟁 발발이후 더욱 활기를 띄어 생활여건이 많이 개선되었다.(『신한민보』, 1942년 5월 21일, 「하와이 재류동포의 생활정형」)

4) 『태평양주보』, 1941년 6월 21일, 「국방에 대한 요구」.

5) 『태평양주보』, 1941년 7월 12일, 「육해군 초대 성왕」.

6) 『태평양주보』, 1941년 10월 11일, 「육해군급 고등관리 초대」.

7) 『태평양주보』, 1941년 10월 18일, 「한인징병초대」.

전개하자 연합회는 적극 동참하였다. 국방공채의 매입은 직접 군대에 입대할 수 없는 대부분의 한인들이 미국 국방을 위해 충성할 수 있는 최선의 방침이었다. 또 국방공채의 금리는 은행의 금리보다 훨씬 높아서 공채 구입이 한인 경제에도 유리해 일거양득의 효과도 갖고 있었다.[8] 이에 따라 의사부는 하와이 한인사회에 국방공채 매입을 위해 다음과 같이 홍보하며 장려하였다.

一. 국방공채를 많이 삽시다.
一. 국방공채를 사는 것으로 소재국의 은혜를 만분의 일이라도 보답합시다.
一. 국방공채는 저축으로도 제일 안전하고 좋은 것입니다.
一. 국방공채를 정성껏 힘껏 사십시다.[9]

의사부는 국방공채 매입을 위해 처음부터 조직적으로 활동한 것 같지 않다. 예컨대 연합회 재무부가 1942년 5월 발표한 것을 보면 한인 가운데 공채를 사는 사람이 하도 많아 다 계산할 수 없을 정도이며, 이 중에 수 천 달러 이상을 산 사람도 아주 많다고 했다.[10] 이것은 국방공채의 매입을 한인들에게 장려하기는 했지만 조직화해서 통합 관리하지 않았음을 보여준다.

하와이 한인들이 국방공채 매입활동에 나선 것은 중한민중동맹단에서 1941년 8월 13일 이경선[11]초청 만찬회를 개최하면서부터 자발적으로 전

8) 은행에 1년간 100달러를 맡길 때 이자율이 1%이라면 국방공채는 2.9%의 이자율을 받았다.

9) 『태평양주보』, 1941년 10월 4일, 「국방보국」.

10) 『국민보 — 태평양주보』, 1942년 5월 27일, 「국방공채를 삽시다」.

11) 이경선(李敬善)은 평양에서 목사로서 활동하다 1938년 도미하여 로스앤젤레스 한인감리교회(담임목사 황사용)의 부목사로 있었다. 이후 연합회 집행부의 서기로 활동하다 1941년 7월 25일 하와이로 옮겨 목회활동을 하

개되었다.[12] 그러다가 1941년 9월 회장 양유찬, 부회장 권도인, 총무 김창수, 서기 정봉관, 스탬프위원 이태성으로 구성한 국방공채위원회가 설립되어 조직적인 국방공채 매입활동이 가능해졌다.[13] 국방공채위원회는 이후 1943년 1월 초경 한미공채위원회라는 이름으로 바뀌어 위원장 양유찬과 공채판매위원 선우혁·최창덕이 활동한 것으로 보인다.[14] 의사부는 한미공채위원회와 함께 국방공채 매입활동을 추진하였으나 뒤에서 적극 후원하는 입장이었다. 예컨대 1943년 연합회는 12월 5일 시작한 12·7 미일전쟁 기념 국방공채 발매 행사 때 한미공채위원회와 공동으로 추진하였다. 대체로 1944년까지 하와이 한인들이 국방공채를 매입한 금액은 약 65만~70만 달러정도로 보아진다.[15]

였다.

그는 매우 진보적인 성향의 인물이었다.(선우학원, 「아리랑 그 슬픈 가락이여 —미주이민 90년을 맞으며—」, 대흥기획, 1994; 최기영, 「1930~40년대 미주 기독교인의 민족운동과 사회주의 –이경선을 중심으로–」, 『한국기독교와 역사』 제20호, 2004 참조)

12) 『의용보』 8·9월호(1941.9), 「국방공채표를 사시요」.

13) 『태평양주보』, 1941년 9월 20일, 「국방공채 사시오」; 『의용보』 10·11월호(1941.11), 「한인국방공채 공동회」.

14) 국방공채위원회가 언제 한미공채위원회로 바뀌었는지는 확실하지 않으나 1943년 1월 3일 공채와 세금에 관한 모임에서 결성된 것으로 보이며, 발족될 때는 재한선교사였던 아펜젤러의 협조가 컸던 것으로 보인다.(『국민보—태평양주보』, 1942년 12월 30일, 「공채와 텍스에 대한 회」; 1943년 1월 20일, 「한미공채위원」; 12월 8일, 「공채모집의 성공」 참조)

15) 이 추정치는 1943년 3·1절을 기해 모집할 당시 국방공채금액의 누계가 374,000 달러였고, 그 해 12·7 진주만사건을 기념해 모집한 금액이 45,000달러 정도였다. 그리고 1944년 3·1절을 기념해 모집할 금액이 250,000달러인 것을 감안해 볼 때 약 669,000 달러가 된다. 『국민보—태평양주보』, 1943년 3월 10일, 「전시공채 13만원」; 1944년 1월 19일, 「제4차 전시공채」.

연합회 의사부가 미국 국방을 돕기 위해 단독으로 추진한 것은 1943년 8·29 국치일 행사를 계기로 설립한 한미승전후원금모집위원회이다.[16] 이 조직은 미국 국방헌금을 조직적으로 모금하기 위해 23명의 한인 인사들이 참가해 설립된 것으로, 위원장에 정덕흥(鄭德興), 재무에 김원용이 임명되었다. 한미승전후원금모집위원회는 1943년 7월 10일부터 8월 29일까지 한시적으로 운영되었는데, 이 기간 동안 총 26,265.35달러의 승전후원금을 모금해 하와이 군정부에 전달하였다.[17] 기간 만료 이후 모금된 429달러는 미국적십자사 하와이지부에 기부되었다.[18]

2. 집행부의 후원활동

미국 국방후원활동에 대해 집행부는 국방공작봉사원 한길수에 대한 지원 외에는 뚜렷한 활동이 거의 없다가 미일전쟁 발발 이후부터 이 문제에 관심을 표명하고 인적·물적 지원방안을 강구하기 시작하였다. 먼저 집행부는 1941년 12월 7일~9일까지 개최한 긴급 연석회의에서 미국 국방에 대한 충성을 보이기 위해 한인 자원병의 모집과 국방공채 매입, 그리고 적십자사 후원을 의결하고 집행부 내 국방과를 설치하였다. 12월 14일 민중대회에서 집행부는 미국 국방후원을 위한 인적, 물적 지원방안을 발표하여 한인들의 적극적인 협조를 당부하였다.[19] 이런 가운데 미국

16) 『국민보—태평양주보』, 1943년 7월 14일, 「국방후원금 특연」.

17) 『국민보—태평양주보』, 1943년 9월 22일, 「승전후원금 구대통령에게 전달」.

18) 『국민보—태평양주보』, 1943년 12월 15일, 「미국적십자사에 기부」.

19) 이 때 발표된 국방후원의 방안은 다음과 같다.

一. 지원자 모집: 육군·해군·항공대·소방대·의사·간호부·제약사·어학(통역)·운전수(트럭)·요리사.

적십자사 로스앤젤레스지회는 12월 13일자 공문에서 집행부 국방과에 대해 적십자 후원에 관한 모든 사무를 위임하였다.[20] 집행부는 12월 19일 이 사무를 다시 대한여자애국단총부에 위임하여 효과적인 수행이 되도록 했다.[21]

집행부는 1941년 12월 20일 미국 재무부 국방공채국 캘리포니아지국장 밀스(Haward D. Mills)에게 북미 한인에 대한 국방공채 및 스탬프 발매를 연합회 집행부로 위임해 줄 것을 요청했다. 그 결과 집행부는 모든 사무를 집행부 국방과에 위임한다는 국방공채국의 공문을 받았다.[22]집행부가 국방공채 발매활동을 한 군데로 모아 추진하려 했던 것은 미주의 한인들이 미국 국방을 위해 충성하고 있다는 홍보 효과와 함께 미국사회에 한인들의 입지를 강화하고 연합회 집행부의 역할을 부각시키려는 의도였다.

집행부 국방과는 국방공채의 매입을 촉진시키기 위해 1943년 5월 한미전시저금위원회(Korean-American War Savings Committee)를 조직했다. 이 때 조직된 한미전시자금위원회는 국민회 · 동지회 · 민족혁명당 북미총지부 · 대한여자애국단 대표들이 골고루 편성되었다. 조직 내용을 보면 다음과 같다.

회장: 송헌주(국민회)
서기: 박경신(대한여자애국단)
위원: 박재형(국민회) · 송철(동지회) · 최능익(민족혁명당북미총지부)[23]

一. 물질 공급: 국방공채표 스탬프 및 적십자 후원에 관한 일체 공급. (『신한민보』, 1941년 12월 18일, 「격앙 강개한 나성민중대회」)

20) 『신한민보』, 1941년 12월 18일, 「미국적십자지회는 한인 국방과에」.

21) 『신한민보』, 1941년 12월 25일, 「나성 재류 한인부인의 미국 적십자회 후원협의」.

22) 『신한민보』, 1942년 1월 1일, 「국방공채 발매를 국방과에 위임」; "Koreans Make Strides to Help U.S. Victory," *The New Korea*, Jan. 8, 1942.

한미전시자금위원회는 미국 내 외국인들로 구성된 전시공채발매외국인단체위원회와 공동으로 발매활동을 전개하기도 하였다.

연합회 집행부가 미국 국방후원을 위해 전개한 인적·물적 지원활동의 성과는 상당했다. 먼저 한인들의 국방공채 매입상황은 1942년 111,701달러, 1943년 239,130달러, 1944년 482,600달러로 증대하였다.[24] 이로 볼 때 1945년까지는 약 55만~60만 달러로 추정된다. 인적지원과 관련, 미군에 입대한 한인청년의 지원병 수는 1944년까지 195명에 달했다.[25] 당시 2,000명도 안 되는 북미한인들이 이만한 활동을 전개했다는 것은 미국 국방후원에 대한 열정과 충성을 잘 보여주는 것이라 하겠다.

미국에 대한 충성을 보여주는 연합회의 미국 국방후원활동은 미일전쟁 발발 직후부터 미국 정부가 한인을 적성 외국인(Enemy Alien)으로 대우하려는 것을 막고 우호적인 외국인(Friendly Alien)으로 대우받기 위한 노력의 일환이었다. 특별히 전시계엄령이 공포된 하와이의 경우 미국의 정보기관들은 한인들을 믿을 수 없는 존재로 분류해 적성 외국인으로 취급하려 했기 때문에 한인들의 자유로운 활동과 재산권 사용은 크게 제한을 받았다. 예컨대 하와이에서 활동 중인 미국의 주요 정보기관들은 육군정보부(G-2, Army Intelligence)와 해군정보부(ONI, Office of Naval Intelligence), 그리고 미 연방수사국(FBI, Federal Bureau of Investigation)

---

23) 『신한민보』, 1943년 5월 6일, 「동포 여러분에게 드리는 말씀」; 「한미인전시자금위원회의 활동」.

24) 집행부의 국방공채 발매기록은 1942년도 것 외에 나타나 있지 않다. 1943년과 1944년의 통계치는 국민회가 보고한 수치인데 이를 집행부의 통계로 잡은 것은 국민회와 집행부의 사이가 불가분의 관계에 있음을 감안한 것이다. (“Koreans Purchase U.S. War Bonds,” *The New Korea*, Dec. 24, 1942; 『신한민보』, 1944년 1월 6일, 「국민회 중앙상무부 사업성적서」; 12월 28일, 「국민회 사업성적서」)

25) 『신한민보』, 1944년 12월 28일, 「국민회 사업성적서」.

등인데 이들 기관은 특별히 하와이 한인들을 적성 외국인으로 분류하려 하였다. 그 이유는 하와이 한인들이 아직도 일본이나 한국에 가족 또는 친척을 두고 있으면서 왕래하고 있다는 것과, 많은 한인들이 개인적인 이익에 따라 움직이려 하고 있다는 것, 외형적으로 볼 때 한인과 일인을 구분하기 힘들다는 것, 현재의 제한조치는 한인들에게 그리 가혹하지 않다는 것 등을 내세웠다.[26] 따라서 연합회의 미국 국방후원활동은 이런 미국 측의 적성 외국인 취급을 불식시키려는 것이었다. 1943년 12월 4일 하와이총독 리차드슨(Robert C. Richardson)이 계엄령 제45호에서 야간통행 금지령을 해제하고 한인들을 더 이상 적성 외국인으로 취급하지 않을 것임을 발표한 것은,[27] 그동안의 미국 국방을 위한 후원활동에 대한 큰 성과의 하나로써 한인들의 사기를 고무시켜 주었다.

26) Wayne Patterson, *The Ilse*, Center for Korean Studies, University of Hawaii Press, 2000, pp.203~204.

27) "Korean Status is Cleared at Last," *Korean National Herald-Pacific Weekly*, Dec., 8, 1943; 「3대 강국 영수에게 보낸 감사전보」, 『국민보—태평양주보』 1943년 12월 15일.

제 4 부

재미한족연합위원회의 분열과 대임정 관계의 변화

제13장

이승만과 한길수 간의 갈등과 연합회

1. 이승만과 한길수 간의 갈등

주미외교위원부 위원장 이승만과 해외한족대회에서 미국 국방공작봉사원으로 임명된 한길수 사이의 갈등과 알력은 연합회가 처음부터 해결해야 할 주요 과제였다. 중한민중동맹단 워싱턴 외교대표인 한길수는 이승만보다 앞선 1938년부터 빠른 정보력과 기민한 행동으로 워싱턴 정가에서 큰 활약을 펼쳤다. 비록 이승만에 비해 독립운동의 경륜이나 사회적 지위면에서 상당히 뒤떨어졌지만 그의 활약상은 미주한인사회는 물론 미국 정가에 상당한 반향을 불러 일으켰다.

1939년 4월 한길수는 미국 하원 외교위원회가 중립법안 수정을 둘러싼 찬반 논쟁을 펼칠 때 청문회에 출석해 일본의 팽창을 재촉하는 중립법안의 폐기를 강력히 주장하여 워싱턴 정가에 자신의 명성을 부각시켰다.[1] 이러한 증언 이후 한길수는 미국 전역을 돌아다니며 중립법안의 수정과

1) 고정휴, 「하와이 중한민중동맹단(1938~1945)연구」, 『한국근현대사연구』 제34집, 2005, 가을호, 181~183쪽.

일본에 대한 전략물자 금수조치, 미일통상조약의 폐기, 미국 내 일본인 및 일본인계의 대미위협론 등을 부각시켜 미국정부와 미국사회에 대일 심리의 변화에 많은 영향을 끼쳤다.[2] 한길수의 배일운동은 미일전쟁 발발 이후 미국정부로 하여금 1942년 2월 19일 일본계 미국인의 강제수용법의 수용 결정에 영향을 주어, 1944년 12월 17일 이 법안이 폐지될 때까지 약 12만 명의 일본계 미국인을 강제 격리하는데 큰 역할을 담당했다.[3]

한길수는 조선총독부의 여권을 갖고 온 재미유학생들이 유학을 마치거나 유학 공부를 중단할 경우 본국으로 강제 귀국해야 하는 문제를 보고 한인유학생의 재류권 획득운동을 진행했다. 미국 재류권 문제는 중일전쟁 이후 본국 귀국을 꺼려하는 한인유학생들에게 중대한 관심사였다. 한길수의 노력으로 아이오아주 질레트[4] 상원의원에 의해 1939년 7월 29일 조선에서 정치적 변화가 일어날 때까지, 즉 해방될 때까지 조선인 유학생들의 미국 재류권을 보장한다는 법안 2870이 제출되었고, 1940년 4월 18일 미국 의회에서 통과되어 해결될 수 있었다.[5] 이 일로 한길수는 미주한인들로부터 칭송과 아울러 대한인국민회로부터 재정지원까지 받아 자신과 중한민중동맹단의 위상을 크게 제고시켰다.[6]

---

2) 『신한민보』, 1939년 6월 22일, 「한길수씨의 대미선전 ― 왜적의 죄상을 폭로」

3) 稲葉强, 「太平洋戰爭中の在美朝鮮人運動 ― 特に韓吉洙の活動お中心に」, 『朝鮮民族運動史硏究』 7, 1991, 63~66쪽

4) 질레트(Guy M. Gillette, 1879~1973)는 민주당 소속으로 1936년 상원의원에 당선된 후 외교관계위원회와 해군위원회 등에서 활동했다. 1937년 10월 하와이의 주(州) 승격문제를 조사하기 위해 호놀룰루에 왔다가 공청회(1937.10. 6~22)의 증인으로 나온 한길수를 만나면서 이후 두 사람의 관계는 매우 돈독해 졌다.

5) 중한민중동맹단 「별보」, 『우남이승만문서(동문편)』 12, 700쪽.

6) 『신한민보』, 1939년 9월 28일, 「유미한인학생 임시재류권」; 1940년 3월 7일, 「국민회총회 중상회록」

한길수는 일본의 미국침략론을 지속적으로 선전해 미국 내 배일운동을 주도하였다.[7] 한길수는 1941년 3월 일본이 장차 미일전쟁을 계획하고 있다는 「삼국동맹과 미일전」의 초안과 영어 번역본을 미국 국무성과 전쟁성에 보낸 이후부터 지속적으로서 일본의 대미침략설을 제기했다. 마침내 일본의 진주만 공습이 현실화되자 한길수의 명성은 미국 정가와 미국사회 에 최고조로 달했다.

반면 한길수의 과장된 행동은 미주한인사회 일각의 우려를 자아내기도 하였다. 예컨대 중국과 소련에 거주하는 한인 1만 명을 알래스카로 이민시키는 계획안을 북미 국민회에 제출하고 이를 위해 재정지원을 요청하였다가 그의 주장이 법률상으로나 정치상으로 이치가 맞지 않는다는 이유로 거부당하기도 했다.[8] 때문에 북미 대한인국민회는 전체 한인과 관련될 때는 반드시 국민회와 상의해서 추진할 것을 요구하여 한길수에 대한 기대와 우려가 혼재해 있었다.[9]

한길수는 자신이 설립한 중한민중동맹단 외에 미국 내 진보적인 신진단체들의 지원을 받아 활동하였다. 북미의 조선의용대미주후원회연합회('조선의용대후원회'로 약함)는 그를 외교대표로 임명하여 중한민중동맹단과 공동으로 후원하였다.[10] 조선의용대후원회의 후신인 조선민족혁명당북미총지부에서도 그를 외교대표로 인정, 후원해 주었다.[11] 한길수는 이러한 지원 속에 대외활동을 강화하며 자신의 위상을 구축해 나갔다.

---

7) 稻葉强, 앞의 글, 60~62쪽; 『신한민보』, 1939년 11월 16, 「한길수씨의 대미활동 — 일본의 미국침략음로를 폭로」.

8) 『신한민보』, 1939년 8월 10일, 「한길수씨 이민주선에 몇 가지 주의점」.

9) 『신한민보』, 1939년 10월 5일, 「중상협의회 — 한길수씨의 활동을 듣고」.

10) 『의용보』, 1941년 4월호, 「후원회연합회소식」.

11) "Kilsoo K. Haan's New Appointment," *Korean Independence*, October 27, 1943.

한길수에 비해 이승만은 오랜 독립운동의 경륜과 관록을 갖고 있었고 동지회의 절대적인 후원을 받아 주미외교위원부를 중심으로 활동 영역을 구축하였다. 때문에 그의 경력과 활동상에 대한 인식도 미주한인사회에 뿌리 깊게 박혀 있었다.

1941년 4월 호놀룰루에서 개최한 해외한족대회에서 한길수를 미국 국방공작봉사원(Serviceman to Aid U.S. National Defence)으로 임명한 것은 그의 활발한 과거 경력을 미주한인사회가 긍정적으로 받아들였기 때문이다. 해외한족대회에서 한길수를 국방공작봉사원에 추천한 사람은 김호였다. 그는 한길수를 평가하기를, 과거 북미 대한인국민회에 대해 해를 끼치기도 하였으나 칭찬할 점이 한 두 가지가 아니라고 전제한 뒤, 비록 학식은 부족하나 첩보수집 능력은 경탄할 만하며 그러한 사실은 미국인들도 인정하는 바라 했다.[12] 아울러 그를 지원하는 중한민중동맹단과 조선의용대후원회의 연합회 가입을 위해서라도 한길수의 존재가 필요하다고 설명했다.

한길수는 연합회로부터 생활비 명목으로 매월 150달러를 지원받았다. 그런데 이 경비는 이승만이 매월 받는 400달러에 비해 적은 액수였다. 활동경비가 아니라 생활비로 지급한 때문이었다. 이런 점 때문에 한길수는 집행부에 월 100달러의 증액을 요구하였는데 1941년 9월 1일 개최한 집행부 회의에서 현 생활비로도 충분하다는 의견에 따라 부결시켰다.[13] 이러한 모습은 이승만이 한미협회(The Korean-American Council)의[14]

12) 『태평양주보』, 1941년 5월 10일, 「한족대회 3대운동」.

13) 『신한민보』, 1941년 9월 4일, 「재미한족연합위원회 집행부결의」.

14) 한미협회(The Korean-American Council)는 1942년 12월 말경이나 1942년 1월초경 워싱턴 D.C.에서 설립되었고 뉴욕지부와 오하이오 애쉴랜드지부 및 캡튼지부 등이 있다. 조직은 이사회와 전국위원회로 나누어져 있으며, 회장은 주캐나다 대사를 지낸 크롬웰(James H. R. Cromwell), 서

지원을 위해 6개월 예산으로 1,200달러를 지원해 달라는 요청을 하자 집행부가 가외의 지출임에도 불구하고 1/4인 300달러를 부담하기로 결정한 것과 비교해 볼 때 매우 편파적인 결정이었다.[15] 그리고 한길수는 미국 국방공작봉사원이라는 공식 직함을 갖고 있었지만, 연합회 내 일부 인사가 미국 국무부 등 정부기관에 연합회의 정식 임원이 아니라는 편지를 보내 미 국무부로부터 그를 연합회 대표로 인정할 수 없다는 모욕을 받기도 했다.[16]

한길수는 연합회에서 받는 차별대우의 원인을 이승만 때문으로 의심하였다. 이승만은 한길수의 활동이 연합회에서 임명한 미 국방공작봉사원으로서의 활동보다 외교업무에 더 관심과 노력을 기울인다고 판단하고, 그가 월권행위를 한다는 오해를 품고 있었다.[17] 그런데 이것이 단순한 오해로 그치는 것이 아니라 상호 인신공격으로 이어져 상황을 더욱 악화시켰다. 이승만은 한길수가 돌아다니면서 자신을 비방하고 있다고 했으며, 서로 상종하지 못하는 이유는 한 때 공산당원이며 일제의 밀정으로 활동했

기에 파머(James W. Farmer) 재무에 기자출신의 윌리암스(Jay Jerome Williams), 법률고문에 스태거스(John W. Staggers)였다. 이승만과 그의 부인은 이사와 재무의 직임을 맡았고, 1944년부터 순회이사이자 한국인 총무로 의사인 신상근(James S. Shin)이 미 전역을 순회하면서 연설과 지부 설립 등을 담당하였다.("American Citizenship Organizes To Help Liberate Korea," *The New Korea*, Jan., 15, 1942; 『주미외교위원부통신』 제69호, 제72호, 84호, 88호; 『북미시보』, 1945년 6월 1일, 「신상근씨 나성 심방」; 고정휴, 「제2차 세계대전기 재미한인사회의 동향과 주미외교위원부의 활동」, 『국사관논총』 49집, 1993, 239쪽)

15) 『신한민보』, 1941년 9월 4일, 「재미한국연합위원회 집행부결의」.

16) 방선주, 「한길수와 이승만」, 유영익 편, 『이승만연구』, 2000, 348쪽; 『독립』, 1943년 10월 27일, 백일규, 「최근 나의 소감 두 서넛」.

17) 방선주, 앞의 글, 347쪽.

기 때문이라는 사실을 주변 한인들과 미국 정가에 유포하였다.[18] 그리고 그는 한길수의 선동 때문에 미국정부가 임정승인을 지연하는 구실로 삼고 있다고 유포하여 그동안 성과 없이 진행된 자신의 임정승인활동의 책임을 한길수에게 떠넘기고 있었다.[19]

미일전쟁의 발발 이후 연합회는 한인동포의 안녕과 미국 국방후원문제가 현안사업으로 대두하자 보다 적극적인 외교활동이 필요해졌다. 연합회가 이 문제를 두고 외교활동을 추진하기 위해선 우선 이승만과 한길수 사이의 알력을 어떤 모양이든 해결해야만 했다. 두 사람 간의 문제가 공론화 된 것은 비교적 워싱턴 사정을 잘 알고 있던 대한인국민회 뉴욕지방회가 한길수에 대해 떠도는 소문의 진상을 밝혀 줄 것을 제안하고,[20] 북미의 대한인국민회가 한길수의 해임을 연합회 집행부에 정식으로 건의하면다.[21] 이에 따라 집행부는 한시대[22]와 송헌주[23]를 워싱턴에 파견해 이승

18) 「한길수가 장기영(張基永)에게 보낸 편지(1941.9.16)」, 『우남이승만문서(동문편)』 제17권, 1998, 559쪽. 그리고 하와이 주재 미해군 정보부에서도 한길수를 일본과 미국에 대한 이중첩보원으로 일한 경력을 문제 삼아 그를 의심하였다.(Wayne Patterson, *The Ilse*, Center for Korean Studies, University of Hawaii Press, 2000, p.204)

19) 도893, Letter from Syngman Rhee to Charles Ho Kim(1942. 8.14).

20) 『신한민보』, 1942년 1월 8일, 「중상회결」.

21) 『신한민보』, 1942년 1월 1일, 대한인국민회 대표대회 입안」.

22) 한시대(韓始大)는 1889년 9월 18일 황해도 해주에서 출생하였고 1903년 하와이로 건너와 1913년까지 살다가 이후 캘리포니아주로 이거하였다. 그는 하와이 한인중앙학원을 비롯하여 갤피포니아주의 로렐중학교와 태평양학원을 수료하였다. 그는 1920년대에 델라노(Delano)에서 농산물을 취급하는 항카기업회사(Hanka Enterprise Company)를 세워 큰 돈을 벌었고 잉글우드(Inglewood)에서 아파트 건설업을 하기도 하였다. 1917년 9월 흥사단에 입단하였다. 1940년부터 42년까지 북미 국민회 중앙집행위원장을 역임하였고, 연합회 집행부 설립이래 위원으로 참가하여 1944년부터 집행

만과 한길수 간의 사무진행과 권한 획정, 그리고 외교방략의 세부계획 등을 상의하게 하였다.[24)]

집행부는 1942년 1월 29일 한시대·송헌주의 워싱턴 방문보고를 위한 특별회를 개최했다. 이 자리에서 그동안 한길수에 대해 떠돌고 있던 다섯 가지 소문에 대한 내용을 다음과 같이 보고하였다.

1) 하와이 동지회와 국민회가 폐쇄되었다는 소문을 듣고 이를 로스앤젤레스에 있는 조선의용대후원회에 알린 사실이 있음.
2) 로스앤젤레스에 있는 국민회와 연합회 당국을 미국 관헌이 조사한다는 소문을 듣고 이를 전보로 통보한 사실이 있음.
3) 이승만이 미국 관헌에 체포되어 보증금을 걸고 석방되었다는 소문유포는 사실이 아니고, 다만 1931년경 하와이 해군과 어떤 계약위반으로 벌

부 위원장을 맡았다.(Choy Bong-Youn, Koreans In America, Nelson Hall Publishers, Chicago, 1979, pp.130~131; 자5951, 『미주지역 홍사단원이력서』 참조)

23) 송헌주(宋憲澍, 1880.10.22~1965.7.31)는 경기도 고양에서 출생하였고 관립 외국어학교를 졸업한 뒤 1904년 하와이로 건너와 1905년 고할라지역에서 목사이자 한인상조회 회장으로 활동하였다. 버지니아주 로아녹대학에서 수학 중 윤병구와 함께 1907년 8월부터 이듬해 3월까지 헤이그 만국평화회의 특사인 이상설·이위종을 도와 유럽에서 외교활동을 전개했다. 프린스톤대학교에서 석사학위를 취득하고 박사과정을 수료하였다. 1919년 이승만이 설립한 구미위원부에 위원으로 임명되어 하와이에서 독립공채 발매활동을 하였다. 1934년 임정에 의해 L.A.지역 재무위원에 선임되었고 1939년과 1944년에 북미국민회 중앙집행위원장을 역임하였으며, 연합회 집행부에서는 국방과장으로 활동하였다.(국가보훈처, 『독립유공자공훈록』 제12권, 1995)

24) 『신한민보』, 1942년 1월 1일, 「재미한족연합위원회 집행부 중요결의」. 파견대표 인 한시대는 연합회 집행부 위원이자 1942년도 북미 국민회 중앙집행위원장으로 선임되었고 송헌주는 집행부 국방과장이다.

금을 물게 되었다는 사실을 유포한 바 있음.
4) 시애틀 한인 2명이 체포되었다는 사실을 듣고 전보로 알린 적이 있음.
5) 한인의 다수가 친일파라고 한 데 대해서는 그런 사실이 없었다고 하였음.[25)]

이상을 통해 보면 제1항부터 제4항까지 한길수가 어떤 모양으로도 관련 사실이 있었음을 인정하였고 마지막 제5항 부분은 무관하다고 주장하였다. 아울러 이 날 한시대와 송헌주는 한길수가 연합회에서 1개월 밖에 월급을 받지 못해 뉴욕 한인들이 140달러를 거두어 주었는데 나중에 그것이 허위임이 드러났다는 풍설도 사실이었음을 보고하였다.

한길수에 대한 진상조사보고는 그의 입장을 무척 난처하게 만들었을 것으로 보인다. 왜냐하면 그동안 심혈을 기우려온 자신의 외교적 활약상이 이승만과 비교해 볼 때 월등하다는 강한 자부심은 있었지만 이런 개인적인 약점 때문에 제대로 평가받지 못하게 되었다고 생각하였기 때문이다. 물론 이러한 약점을 초래한 것은 전적으로 한길수의 잘못이었다. 아울러 한길수를 지원하는 중한민중동맹단 대표 차신호(車申浩)가 연합회 전체 회의에 잘 참석하지 않는다는 것과 한길수가 연합회의 재정지원을 받으면서 한 번도 보고가 없었다는 것,[26)] 연합회의 월급을 받고 다른 단체의 일을 하며 민족의 해를 끼치고 있다고 판단한 연합회 내부 불만층의 대두 또한 그의 입지를 불리하게 만들었다.[27)]

그런데 한길수가 무척 아쉬워했던 점은 이런 그의 개인적인 잘못 때문만이 아니라 자신을 일본인의 첩자로 취급한 한인사회의 분위기였다. 그

25) 『신한민보』, 1942년 2월 5일, 「재미한족연합위원회 중요회록」.
26) 『신한민보』, 1942년 4월 23일, 「재미한족연합회 의사부보고」; 『국민보—태평양주보』, 1942년 9월 23일, 「의정원 소집후문에 관하여」.
27) 『신한민보』, 1942년 1월 1일, 「대한인국민회 제6차 대표대회입안」.

는 1942년 1월 14일자로 미국 국방공작봉사원직 사퇴를 위해 김호에게 보낸 편지에서, 겉으로는 워싱턴을 떠나야하는 일이 생긴 일로 미주한인의 화합을 위해 사퇴하겠다는 의사를 밝히고 있었지만 자신을 일인으로 분류하는 것에 대해선 강한 분노를 표출하고 있었다.[28] 한길수의 분노 이면에는 그동안 자신을 일제 밀정이니 공산당원이니 하여 근거 없는 허위 사실을 미국 정가를 비롯해 한인사회에 유포했던 이승만의 선전활동에 대한 적개심이 깔려 있었다. 이번 사퇴를 계기로 이승만에 대한 한길수의 적대 감정은 극도로 악화될 수밖에 없었다.

한길수가 연합회 국방공작봉사원직을 사퇴한 이후 그를 지원하고 있던 중한민중동맹단과 조선의용대후원회도 연합회를 탈퇴해 연합회는 결성 이후 처음으로 분열되기 시작하였다. 집행부가 한길수의 사퇴를 받아들이는 대신 이승만의 입장을 적극 수용한 것은 연합회 중심 세력의 하나인 동지회에 대한 배려였다. 이것은 대를 위해 소를 희생시키겠다는 연합회의 의도로 해석된다.

한길수는 연합회 탈퇴 이후 보다 적극적으로 이승만을 공격하기 시작했다. 한길수는 이승만의 지나친 공산주의 공포증은 공정한 사람이라면 누구나 제대로 판단할 것이라 하여 미주한인들에게 애국적인 활동이 어떤 것인지에 대해 분별력을 가져줄 것을 당부하였다. 예컨대 그는 이승만이 몇몇 연합회 간부와 함께 조선의용대 해산설을 유포함으로써 항일투

---

28) "Kilsoo Haan Resigns," *The Korean National Herald-Pacific Weekly*, February 25, 1942.; "Kilsoo Haan to Visit L.A.," *The New Korea*, February 26, 1942. 이 때 그가 집행부 위원장 김호에게 남긴 글을 보면 다음과 같다.

"If I have erred in writing you, please punish me and send me to hell for I would be happier in hell than be forced to be officially classified as a Jap."

쟁을 전개하는 이들의 사기를 꺾어놓았음을 지적하고 허위사실을 유포한 이승만에 대해 강력히 항의하였다.[29] 조선의용대 해산설은 엄항섭이 『신한민보』에 보낸 전보(1942. 5. 19)에서 5월 13일 중국 정부에 의해 의용대가 해산(dissolved) 되었다고 보도하면서 표면화하였다.[30] 조선의용대가 '해산'되었다는 보도에 대해 한길수를 비롯한 조선의용대후원회는 크게 반발하였다. 왜냐하면 『의용보』의 「호외」(1942. 6. 15)에 따르면 조선의용대가 광복군 제1지대로 합류하였지 결코 해산된 것이 아니었다고 보고하고 있었기 때문이다. 아울러 한길수는 조선의용대가 해산되지 않고 계속 그 이름을 유지하고 있다고 주장했다.[31] 이것은 한국광복군에 합류한 의용대원 말고 1941년 3월부터 약 80%의 대원이 중국공산당 지역인 화북으로 진출한 조선의용대(1942년 7월 조선의용군으로 개편됨)를 염두에 둔 것으로 보인다.[32]

조선의용대 해산설에 대한 인식의 차이는 당시 김구 지지측과 김원봉 지지측 사이의 입장이 어떠했는지를 확인할 수 있는 대목이다. 김원봉은 로스앤젤레스 한인에게 보낸 전보(1942. 6.)에서 4월 15일 조선의용대가 광복군에 합류하였다는 사실을 알렸고, 집행부는 그 사실 여부를 확인해 줄 것을 김구에게 전보함으로써 해산설을 둘러싼 오해는 무마된 것으로 보인다.[33]

한길수는 자신은 공산주의자나 반임정주의자가 아니라는 사실을 해명

---

29) 도1229, Open Letter to the Koreans(1942.5.19).

30) Telegram from Umhangsup to *The New Korea* (*The New Korea*, May 21, 1942)

31) 도1243, 「여러분 앞에 드림」(1942.7.10).

32) 김영범, 「조선의용대연구」, 『한국독립운동사연구』 제2집, 1988, 505~506쪽.

33) 도1225, Telegram from UKC to Km Koo(1942.6.18); 도1226, Telegram Kim Yak San to L.A. Box 32 Station(1942.6).

하고 이승만의 외교활동과 정책이 한국의 독립에 전혀 도움이 되지 않는다는 점을 부각시켰다. 한길수는 미 국무부 장관 헐(Cordell Hull)에게 보낸 편지(1942. 4. 20)에서 이승만은 자신을 공산주의자로 선전하고 있지만 소련을 방문한 적도 없었다는 점을 내세워 전혀 사실이 아님을 주지시켰다.[34] 아울러 현 임정을 김구·이승만측과 김원봉·김규식측으로 재구성하되 김원봉에게 그 대표성을 주어 모든 한인들을 포용할 수 있는 독립운동의 중심기관이 되어야 함을 역설했다.[35] 이러한 한길수의 주장에 대해 미 국무부는 주중대사 고스(Clarence E. Gauss)에게 그 가능성을 타진하도록 의뢰했는데, 이 과정에서 한길수의 의도가 와전되어 그를 반임정주의자로 낙인찍기도 하였다.[36] 한길수는 임정승인에 반대하지 않았던 증거로 1942년 5월 25일자 미 국회 의사록을 제시하여 반증의 근거로 삼았다.[37] 그리고 집행부 위원장 김호에게 편지를 보내, 연합회가 이승만을 도울수록 독립운동이 더욱 어려워질 것임을 경고하며 연합회의 각성을 촉구하였다.[38]

한길수는 이승만의 활동을 지원하는 한미협회에 대해서도 신랄하게 비판하였다. 그는 한미협회 회장 크롬웰(James H. R. Cromwell)이 미 국무

34) Letter from Haan to Hull(1942.4.20), *United States Policy Regarding Korea, 1834~1950*, Institute of Asian Culture Studies, Hallym University, 1987, pp.17~19.

35) 위와 같음. 한길수는 워싱턴에 있는 주미중국 외교관들에게도 이와 유사한 제안을 하였다.

36) 『신한민보』, 1942년 5월 14일, 「사설」, '누가 우리의 일을 해롭게 하는가'; 『국민보 — 태평양주보』, 1942년 8월 12일, 「시사문답 몇 가지」, 8월 19일, 「임정승인 방해에 대하여」.

37) 도1235, Congressional Record(May 25, 1942); 도1243, 「동포동지에게 고함」(1942.7.10)

38) 도1136, Letter from Kilsoo Haan to Charles Ho Kim(1942.8.10).

부 장관 헐과 주고받은 편지 내용을 공개하면서 한미협회의 활동이 한국 독립운동에 얼마나 유해한 지를 조목조목 설명하고 비판하였다.[39] 한길수를 지원하는 『민족전선』은 미 국무부의 반감을 초래한 이승만과 한미협회에 대한 올바른 판단을 한인들에게 당부하고, 한길수를 편파적으로 공격하고 있는 『국민보』와 『신한민보』가 이번 기회에 오류를 시정해 줄 것을 강력히 요청하였다.[40] 한길수는 그동안 이승만을 반대했던 내용들을 정리한 「왜 우리는 이승만 박사의 정책을 반대하는가(Why We Oppose

39) 도1231, Letter from Kilsoo Haan to Cordell Hull(1942.7.3). 크롬웰과 헐 간의 서신 내용은 당시 *L.A. Times*지에도 공개되어 한인사회에 큰 파장을 일으켰다.(도119, 집행부 위원장이 이승만에게 보낸 공문(제112호-1, 1942. 8.12).
문제의 글은 다음과 같다.
But the services of the patriots of Korea are not for sale. They are not mercenaries who can be paid for pulling the chestnuts of the United Nations out of the fire. The young Koreans are straining at the leash but Dr. Rhee will not release them. Not until the Sate Department, by recognizing the de facto government of the Republic of Korea, fulfills the pledge of the President of United States and the Prim Minister of Grate Britain that; "they wish to see sovereign rights and self-government restored to those who have been forcibly deprived of them"
즉, 미 국무성이 임정을 승인하기까지 이승만은 한인청년들의 항일투쟁을 위해 풀어주지 않을 것이라 하여 한국의 독립운동을 마치 미국정부의 흥정대상으로 오해하게 만들었다는 것이다. 크롬웰은 미국이 대서양헌장을 대외에 발표해놓고도 한국의 임정승인문제를 선불리 실천하지 못하는 것은 헌장을 지킬 의지가 아예 없는 것이니 거짓 약속을 공포한 셈이라 하여 미 국무성을 공개적으로 비난하였다.(독립기념관 소장자료, 「Why Isn't Korea Recognized?」; 도1244, 「Attention Please」 참조)

40) 도1244, 「반드시 알아야 할 것」.

Dr. Rhee's Policy)」라는 전단지를 미주한인사회에 배포했다. 이 전단지의 내용 중에는 이승만이 친일미국인과 재미일본인들에 대해 지나치게 유화적인 반면 반일활동을 전개하는 한인과 한인단체에 대해서는 배신자나 공산주의자로 매도하였다고 비판했다.[41)]

한길수의 공세적인 반이승만 활동은 역량결집을 통해 효과적인 독립운동을 바라는 미주한인들에게 오히려 반감을 초래했다.[42)] 그리고 중경에서도 그를 지지하는 조선민족혁명당 외에 대체로 부정적으로 바라보았고, 임정 내부에서는 한길수에 대한 불만이 적지 않았다.[43)] 김구는 한길수 1인의 방해가 우리 독립운동에 커다란 장애를 가져왔다는 사실을 지적하였고,[44)] 제34회 임시의정원회의(1942. 10. 31)에선 그를 국제적 제5종대라 비판하였다.[45)] 특히 조소앙이나 엄항섭(嚴恒燮) 등 한국독립당측은 한길수가 한미협회 회장 크롬웰과 헐 간의 편지 내용을 공개한 것을 비롯해, 그의 활동을 임시정부승인활동에 방해되는 행위로 규정하였다.[46)] 또 한길수가 민족전선연맹(The Korean National Front Federation)미주대표로 행세하는 것에 대해 조선민족혁명자연맹과 조선민족해방동맹은 성명서(1942. 10. 25)를 발표하여, 이미 없어진 단체의 명의를 빌어 사용하는 기만행위를 비판했다.[47)] 그런데 김규식이 1943년 2월 조선민족혁명당 주석으로

---

41) 도899, Why We Oppose Dr. Rhee's Policy(1942.10.14)

42) 『신한민보』, 1942년 7월 16일, 「사설」:'지방동포의 분개한 여론'; 「하바나지방회는 미주의 반선물을 보고」; 『국민보 — 태평양주보』, 1942년 6월 10일, 「독립운동과 방해자」.

43) 『국민보 — 태평양주보』, 1942년 9월 23일, 「의정원 소집후문에 관하야」.

44) 도912, Telegram from Umhangsup to *The New Korea*(1943.11.15).

45) 국회도서관 편, 『대한민국임시정부임시의정원문서』, 1974, 285쪽. 이러한 한길수 비판에 대해 왕통(王通)은 취소를 요구하며 반발하기도 했다.

46) 같은 책, 285~287쪽.

47) 『국민보 — 태평양주보』, 1943년 1월 13일, 「조선민족전선연맹에 관한 성명

취임한 직후 민족혁명당북미총지부에 보낸 서신(1943. 8. 5.)에서 한길수의 민족전선연맹미주대표의 자격을 공식 취소한 것을[48] 볼 때 1943년까지 한길수의 미주대표직은 유지되었던 것 같다.

이처럼 중경에서 일고 있은 비판 분위기는 한길수의 입지를 축소시켰다. 하지만 중경의 민족혁명당은 여전히 한길수를 성원했다. 한길수와 조선민족혁명당과의 관계가 단절되는 시기는 민족혁명당북미총지부가 1944년 12월 주미외교위원부 개조 실패 이후 연합회 가입을 둘러싸고 두 파로 분열된 이후로 보인다.[49]

한길수의 활동과 한길수·이승만의 분쟁을 통해 볼 때 한길수에 대한 평가는 지지자와 반대자 사이에 상반된 시각이 존재했다. 때문에 그를 일방적으로 매도한다든지 치켜세우는 일은 다분히 감정적이고 정략적인 요소가 많았다. 대체로 그의 활동을 가까이서 보아온 백일규[50]는 그가 재미

서」. 임정의 특별통신에서도 한길수의 독자 행동을 신랄하게 비판하였다.(『국민보—태평양주보』, 1942년 9월 23일, 「특별통신원의 통신 참조)

48) 『독립』, 1943년 10월 6일, 「조선은 반드시 독립국이 되어야 한다」; 추헌수 편, 『자료한국독립운동』 2, 연세대 출판부, 1971, 215쪽.

49) 『독립』, 1944년 12월 20일, 「민혁미주총지부의 분열진상」, 12월 27일, 「내외정세에 대한 시국성명」.

50) 백일규(白一圭, 1880.3.11~1962.5.31)는 평안남도 증산 출신이며 1905년 5월 도미했다. 1908년 1월 대동보국회 총회장과 「대동공보」 편집인 및 주필을 역임했고 헤스팅스 한인소년병학교에서 박용만과 함께 독립군 간부양성에 나서기도 했다. 1914년 샌프란시스코로 돌아간 이후 『신한민보』 주필을 담당했고 1918년 버클리 소재 캘리포니아주립대학교 경제학과를 졸업했다. 1920년 2월 『한국경제사』를 출간했다. 1919년 대한인국민회 중앙총회 부회장을 비롯해 1935년 2월까지 『신한민보』 주필과 대한인국민회 총회장을 역임했다. 1943년 10월 LA에 『독립』지가 창간될 때 발기인으로 참여한 뒤 1945년 6월까지 사장 겸 주필로 활동했으며 1947년 1월부터 1949년 2월까지 하와이 대한인국민회 기관지 『국민보』의 주필로 활동했다.(홍

한인사회를 빛나게 할 지 그르게 할 지는 별문제이나 미 국회 회의록과 각 신문·잡지 등을 통해 미국 전역에 확대된 그의 배일선전의 기록들을 다 모으자면 몇 권의 책을 출판할 정도이며 이것은 백만 달러의 선전가치가 있다고 평가했다.[51] 또 미일전쟁 발발 이후 한길수 만큼 활동한 경력을 가진 자를 찾을 수 없다고 했다. 백일규가 한길수를 재미독립운동사에 매우 필요한 인물로 평가한 것은 참고할 만하다.

2. 한길수와 연합회

이승만과 한길수 사이 분쟁의 진상이 조금씩 알려지게 된 것은 중경특파임무를 위해 1942년 10월 워싱턴DC에 갔던 전경무[52]에 의해서였다.

선표, 「백일규의 민족운동과 안창호」, 『도산학연구』 제11·12집, 2006 참조)

51) 『독립』, 1943년 10월 27일, 「최근 나의 소감 두 서넛」; 12월 22일, 「재미한인사회의 통일을 파괴하게 한 자는 누구인가」; 1944년 1월 5일, 「새로운 각오로 새해를 맞이하자」.

52) 전경무(田耕武, 1899.10.18~1947.5.29)는 한국 평북 정주에서 출생하였고 1904년 3월 4일 하와이로 이민왔다. 미시간대학교를 졸업하였고 1924~25년도 북미대한인유학생총회 부회장과 회장대리를 역임하였다. 1942년 연합회 의사부 선전부장과 *The Korean National Herald-Pacific Weekly* 주필, 연합회 중경특파원, 워싱턴사무소 선전부장 등으로 활동하였다. 해방 이후 한국에서 제14회 런던올림픽대책위원회 부위원장 겸 주외대표(駐外代表)로 활동하였고 한국의 올림픽 참가를 위해 스톡홀름에서 개최한 IOC총회로 가던 중 1947년 5월 29일 동경 근처에서 비행기 추락사고로 별세하였다. 사후 그는 한국인 최고의 체육훈장인 조선체육장과 조선체육공훈장을 받았다.(도1159-1, J. Kyuang Dunn's Resume; "Official Corps of the Federation, 1924~25," *The Korean Student Bulletin*, September,

전경무는 워싱턴에 도착해서 정황을 살펴 본 후 그동안 이승만의 외교능력이 과대평가 된 사실을 알고, 유능한 사람이 외교활동에 나서야 한다는 점 등을 내세워 주미외교위원부의 사무확장과 외교방법의 개선을 위해 이승만에게 의견을 타진하기 시작했다.[53] 또 전경무는 미국의 국무부·전시정보국·전략사무국·전시경제위원회 등 한국문제와 직접 관련 있는 부서와 밀접한 연락을 갖는 사람은 한길수 뿐이라는 사실을 알고 그에 대해 우호적인 생각을 갖게 되었다.

전경무는 워싱턴에서의 대미외교를 효과 있게 진행하기 위해 우선 한길수와의 협상을 시도했다. 그 결과 1942년 12월 전경무와 한길수는 「임시연합선언(Joint Tentative Memo)」을 발표하였다. 「임시연합선언」의 주요 내용을 정리해 보면 다음과 같다.

1) 중경에 있는 한국임시정부를 옹호할 것.
2) 외교를 통일적으로 진행할 것.
3) 중경에 있는 임시정부와 민족전선연맹이 상호 협동할 것.
4) 미주·하와이·중경의 각 단체가 조직적인 활동을 전개할 것.[54]

이를 실행하기 위한 조건으로 두 사람은 첫째, 앞으로 6개월 동안 불필요한 비난이나 선동 및 인신공격을 삼가할 것, 둘째, 가능한 신속한 단합을 위해 중한민중동맹단이 연합회에 재가입하여 임정을 지원할 것을 합

1924; "Announce of the Korean Student Federation," *The Korean Student Bulletin*, April, 1925; 제14회 올림픽준비위원회·올림픽후원회 편, 『올림픽小冊』, 1947.9, 20쪽)

53) 도904, Letter from J. Kyuang Dunn to UKC in America(1942.11.5).

54) 970036-2, Joint Tentative Memo(1942.12). 이하 '970036'자료는 한국학중앙연구원 소장 미 문서기록보관청 자료를 의미; 『민족전선』 제7호(1943.1.15), 「소식」.

의했다. 전경무는 이같은 내용을 정리해 한길수와 협력하기로 했음을 대외에 발표하였다.[55)]

전경무와 한길수 사이의 원만한 협상은 연합회 의사부를 비롯하여 중경의 조선민족혁명당에서도 큰 환영을 받았다. 의사부는 주미외교위원부 사무확장 문제로 집행부와 이승만 사이의 분쟁발생에 대한 입장을 정리한 '성명서'에서, 상호 공격을 하지 않고 연합회를 강화하려는 「임시연합선언」은 역량결집의 목표로 설립된 연합회의 취지와 맞는 것으로 보았다.[56)] 그리고 중경의 조선민족혁명당도 점차 임정을 중심으로 통일적인 형태로 나아가는 때여서 이번 선언을 환영한다고 하였다.[57)]

그러나 전경무와 한길수의 협력선언에 대해 이승만은 매우 불쾌하게 생각하였다. 그는 의사부에 보낸 12월 30일자 전보에서 전경무가 한길수와의 협력을 통해 김원봉의 조선민족혁명당을 돕는 것으로 선전하였다.[58)] 이것은 그동안 반한길수 입장에서 김구와 한국독립당 중심으로 지원해왔던 연합회 의사부로 하여금 전경무의 이번 행동을 규탄하게 만들려는 의도였다. 다른 한편 이승만의 규탄행위에는 워싱턴에서 김호·전경무와 함께 논의했던 주미외교위원부 사무확대문제가 파국으로 치달으면서 나온 입장이었기 때문에 다분히 감정적인 대응이 섞여 있었다.

중한민중동맹단은 한길수와 전경무의 우호적인 협력 분위기에 대응해 연합회의 활동에 적극 협조하기로 하는 등 이전과 다른 태도를 보이기 시작했다. 중한민중동맹단 단장 민찬호[59)]는 연합회가 추진하고 있는 중경특

---

55) 970036-2, Telegram from J. Kyuang Dunn to Press Korean National Herald(1942.12.9).

56) 『국민보 — 태평양주보』, 1943년 2월 24일, 「성명서」.

57) 『국민보 — 태평양주보』, 1943년 3월 31일, 「조선민족혁명당 활동」.

58) 970036-2, Telegram from Syngman Rhee to Honolulu UKC(1942.12.30).

파계획에 적극 찬성하여 재정후원과 아울러 성공적인 수행을 당부하였고,[60] 이와 아울러 1943년 4월 5일 연합회에 재가입하였다.[61] 이후 중한민중동맹단은 탈퇴와 가입을 반복하였지만 중한민중동맹단과 연합회 사이의 관계는 심각한 불화와 오해를 일으킬 만큼 확대되지 않은 것 같다. 예컨대 1944년 연합회 주도로 개최한 전체대표회(10. 28~11. 5) 때 한길수를 새로 개조한 주미외교위원부의 서기로 임명한 것과,[62] 1945년 샌프란시스코 국제연합창설대회('샌프란시스코회의') 참가를 위해 4월 1일 연합회가 개최한 한족대회에서 한길수를 외교대표원의 한 사람으로 선정한

---

59) 민찬호(閔燦鎬)는 1877년 10월 21일 황해도 평산에서 출생하여 배재학당에서 수학하여 그 곳서 교사로 재직하였다. 1905년에 하와이로 건너온 직후 동년 7월부터 하와이 한인감리교회 제2대 목사로 1911년까지 목회활동을 하였다. 남가주대학교(Univ. of Southern California)에서 공부하였으며 나성 한인교회에서 목사로 활동하였다. 하와이로 건너간 이후(건너간 일자는 불명) 1929년 사임해 이용직에게 인계할 때까지 이승만이 세운 하와이 한인기독교회 목사로 있었다. 1943년도 3월 중한민중동맹단 단장을 역임하였고 동년 7월 민족혁명당하와이총지부가 결성되자 이곳으로 옮겨 초대 단장으로 활동하였다.(자5951, 『미주지역 홍사단원 이력서』, 독립기념관 소장자료; "Rev. Min Heads The Sino-Korean League," *The Korean National Herald-Pacific Weekly*, March 24, 1943; 유동식, 『하와이의 한인과 교회 -그리스도연합감리교회 85년사-』, 그리스도연합감리교회, 1988)

60) 『국민보—태평양주보』, 1943년 3월 24일, 「한마디 설명하는 말」.

61) 『국민보—태평양주보』, 1943년 4월 7일, 「동맹단대표 참예」. 그런데 1943년 7월 중순 민족혁명당하와이총지부의 결성으로 중한민중동맹단 주요 인물 대부분이 새 단체로 옮긴 이후 동맹단의 회세는 크게 위축된 것으로 보인다. 민족혁명당하와이총지부가 한길수를 외교대표로 인정하여 지원했는지 여부는 확실치 않으나 민족혁명당북미총지부와 달리 지원하지 않은 것 같다.

62) 『신한민보』, 1944년 11월 23일, 「전체대표회 회록」.

것[63] 등은 모두 한길수와 연합회 사이의 관계가 대체로 원만하였음을 보여주는 사례이다. 반면 한길수와 연합회 사이의 협력이 증진 될수록 한길수와 이승만간의 분쟁은 이승만과 연합회간의 분쟁으로 확대·전이되어, 1943년 이후 미주한인사회는 걷잡을 수 없는 소용돌이에 휘말려갔다.

63) 『신한민보』, 1945년 4월 5일, 「해외한족대회 경과사항」.

제14장
이승만과 연합회 간의 갈등과 분쟁

1. 이승만과 연합회 간의 협력

해외족대회에서 결의된 연합회의 설립 목적을 보면 조국의 독립과 전선을 통일하여 항전·승리를 획득하며 동포사회의 발전과 향상을 위하여 연락·협조한다고 되어 있다.[1] 이것은 연합회의 활동범위가 어떤 특정 부분에만 집중하는 것이 아니라 독립운동의 전반을 다 포괄하겠다는 의미를 담고 있었다. 외교운동의 방침에 대해선 주미외교위원부라는 별도의 기관을 워싱턴에 설치하되 임시정부의 허가를 얻은 정부의 공식 외교기관으로서 외교사무를 추진하는 것으로 정했다. 한 목소리로 임정봉대를 결의했던 해외한족대회에서 외교운동을 민간 주도가 아닌 한국독립운동의 중심기관인 임시정부의 이름으로 추진하겠다는 것은 당연한 수순이었다.

주미외교위원부의 구성문제는 우선 위원 한 사람이 모든 사무를 담당하되 시국의 전개와 사무의 증가에 따라 인원을 보충하는 것으로 정했다.

1) 『신한민보』, 1941년 5월 15일, 「해외한족대회 결의안」.

이러한 방침은 연합회가 주미외교위원부에 대해 필요한 재정을 지원하겠지만 그 사무에 대해선 요구 또는 권고할 수 있는 여지를 남겨 둔 셈이었다. 이같은 생각은 주미외교위원부에 대한 것뿐만 아니라 2/3의 재정을 지원한 임시정부에 대해서도 같은 입장이었다. 그러나 주미외교위원부 위원장 이승만은 연합회와 같은 생각을 하지 않았고, 단지 재정을 수합해서 지원하는 것만이 연합회 설립의 주된 목적으로 보았다.

이러한 인식차이는 뒤에 연합회와 이승만 간에 주미외교위원부 사무확장 문제를 논의할 때 갈등과 분쟁의 주된 이유가 되었다. 그리고 임정이 연합회의 요구를 번번이 묵살하고 정부의 권위를 내세워 자기 의도대로 이끌어가려 했던 것은 이런 연합회의 입장을 제대로 파악하지 못한 때문이었다.

워싱턴DC에서 이승만과 한길수 사이에 알력과 분쟁이 점차 한인사회의 문제로 확대되기 전까지 이승만과 연합회, 특히 이승만과 집행부 사이의 관계는 매우 원만하였다. 예컨대 이승만이 1941년 8월 말경 한미협회 결성을 위해 연합회 의사부에 6개월분 예산으로 1,200달러의 재정을 지원해 줄 것을 요청하자, 집행부는 한길수의 활동비 증액요구는 거절하면서도 전체 1/4인 300달러를 부담해 주었다.[2)]

연합회는 미일전쟁이 발발하면서 대외활동에 큰 관심을 갖게 되었다. 미일전쟁은 미주한인들이 바라던 최상의 희망사항이었고 한국의 독립을 가장 빨리 앞당길 수 있는 것으로 보았다. 그런데 미일전쟁의 발발과 동시에 전시계엄령이 발포된 하와이에서는 모든 거류민들의 집회와 언론출판, 그리고 제반 활동 등이 크게 제약을 받았다. 때문에 연합회 활동의 중심은 자연 북미의 집행부가 중심이 되어 추진할 수밖에 없었다. 이런 관계로 이후 이승만과 발생된 제반 문제는 대부분 집행부와 관련된 것이

2) 『신한민보』, 1941년 9월 4일, 「재미한족연합위원회 집행부결의」.

었다.

미일전쟁 발발 직후부터 연합회 제1차 전체위원회가 종결된 직후인 1942년 5월까지 집행부와 이승만의 사이는 우호적인 분위기였다. 1941년 12월 7일~9일까지 개최한 전시 긴급 연석회의에서 연합회 집행부는 시급한 현안 사업과 처리 방안을 모색했다. 즉, 한인 신분보장을 위한 한인증명권의 발급, 미국 국방공채의 발매, 재정확대를 위한 전시부담금의 모집, 미주한인의 일치된 행동과 안녕보장, 미국 국방후원문제 등을 현안 사업으로 정했다.[3)]

집행부는 각종 현안 사안들을 처리하기 위해 이승만과 수차에 걸쳐 협의를 시도했다. 먼저 선전과장 김용중은 1941년 12월 29일부터 이듬해 3월말까지 워싱턴에 장기 체류하면서 이승만이 주관한 한인자유대회의 참가를 비롯해 임정 승인과 동포의 안녕과 같은 제반문제를 갖고 이승만과 협의하고 로스앤젤레스로 돌아왔다.[4)] 1941년 12월 28~29일 열린 회의에서 집행부는 주미외교위원부와 국방봉사원의 사무진행과 권한획정, 그리고 외교방략의 세부계획 등을 이승만과 협의할 목적으로 또다시 한시대와 송헌주를 워싱턴에 보내기로 결정했다. 두 사람은 1942년 1월 6일 출발해서 같은 달 20일경 되돌아 올 때까지 워싱턴에 머물며 이승만과 협의했는데 대체로 이승만의 입장을 수용하는 선으로 정리하였다.[5)] 즉,

3) 『신한민보』, 1941년 12월 11일, 「전시에 있어 긴급연석회의 소집」. 이같은 노력은 의사부에서도 비슷하게 추진되었다. 미일전쟁 발발 직후 하와이의 의사부는 미국 의회에 대해 임정승인을 촉구하는데 특별한 관심을 기울였다.(『국민보—태평양주보』, 1942년 1월 21일, 「전시한인의 사명」)

4) 『신한민보』, 1942년 1월 1일, 「잡보」: '김용중씨는 워싱턴으로 전왕'; 4월 23일, 「선전과장 김용중씨의 보고」.

5) 『신한민보』, 1942년 1월 1일, 「재미한족연합위원회 집행부 중요결의」; 『신한민보』, 1942년 1월 8일 「잡보」: '연합회 대표 한시대·송헌주 미경으로 전왕'; 2월 12일, 「한·송 양대표와 간담회」.

집행부는 두 사람의 보고를 기초로 주미외교위원부가 외교선전과 관련해 개인 혹은 단체와 교섭할 때 반드시 연합회를 통해서 할 것이며, 연합회가 외교와 관련해 진행할 사항이 있으면 반드시 주미외교위원부를 경유하는 것으로 의결했다.[6] 이러한 의결은 한인 및 한인사회의 제 단체와 관련된 문제는 연합회가, 외교에 관한 사항은 주미외교위원부가 맡는 것으로 해석할 수 있는데 집행부와 이승만 간의 대외업무조정을 위해 내린 최초의 결정이었다.

집행부와 이승만과의 협력 관계는 이승만이 1942년 2월 27일부터 3월 1일까지 백악관 근처의 라파옛(Lafayette)호텔에서 '한인자유대회(The Korean Liberty Conference)'를 계획하고 집행부의 도움을 요청했을 때도 순조로웠다. 집행부는 시기상 너무 촉박함으로 연기해 줄 것을 요청하였는데 이후 계속해서 대회 일정을 두고 논의를 거듭하다 결국 이승만의 제안을 수용했다. 그리하여 집행부는 한인자유대회를 위한 재정지원은 물론 대회 참가를 위해 김호와 송종익을 집행부 대표로 보냈다.[7]

1942년 연합회 제1차 전체위원회에 참석차 로스앤젤레스에 온 의사부 대표 이원순[8]과 조병요[9]는 전체위원회 회기 도중 4월 8일부터 5월 3일

6) 『신한민보』, 1942년 2월 5일, 「재미한족연합위원회 집행부 중요회록」.

7) 『신한민보』, 1942년 2월 12일, 「재미한족연합위원회 중요회록」; 2월 19일, 「한국 국제지위를 제고하려는 워싱턴 한인대회」. 한인자유대회(1942. 2. 27.~3.1)는 이승만이 한미협회·연합회와 공동으로 일제의 기만행위를 규탄하고, 항일투쟁과 임정승인, 그리고 임정의 연합국 참여 등을 목적으로 개최한 대회였다. 미주 각 지역에서 온 한인 100여 명과 워싱턴의 정객들이 참가했고, 집행부는 공식대표로 김호·송종익 외에 당시 워싱턴에 장기체류 중인 집행부 선전과장 김용중도 이번 대회에 참석했다.

8) 이원순(李元淳, 1890.10.8~1991)은 서울에서 출생하여 배재학당, 관립외국어학교, 보성전문학교를 다닌 후 1914년 하와이로 건너갔다. 박용만을 도와 대조선독립단(大朝鮮獨立團) 단장으로 활동하였고, 1930년부터는 이승만을

까지 워싱턴을 비롯한 각지를 순방한 뒤 이승만의 입장을 전체위원회에 전달했는데 그 반응은 호의적이었다. 즉 이원순은 순행 결과보고에서 현 주미외교위원부의 사무는 임정의 승인을 얻는 일이며, 한미협회의 사무 설비를 위해 약 500달러의 경비지원이 필요하다는 점, 그리고 이승만은 이번 제1차 전체위원회의 재정정책에 대해 이의가 없었다는 점 등을 밝혔다.[10)]

이상과 같은 모습들은 이승만과 연합회 사이가 매우 원만하였음을 보여주는 사례들이다.

2. 이승만과 연합회 간의 갈등

1) 주미외교위원부 인선을 둘러싼 갈등

이승만과 연합회 사이에 갈등이 일기 시작한 것은 연합회가 제1차 전체위원회(1942. 4. 3~7, 5. 4~7)에서 외교 및 선전활동의 방침을 결의한 뒤

도와 동지회에서 활동하였다. 연합회 의사부 위원장과 주미외교위원부 재무를 역임하였다가 1944년 3월 범태평양대회 참석을 둘러싸고 이승만과 결별하였다. 그의 직업으로는 하와이에서는 부동산중개업을 하였고 뉴욕에서는 한미무역회사를 설립, 무역업에 종사하였다. 해방 후 조선체육회와 대한상공회의소에서 활동하였다.(이원순, 『세기를 넘어서』, 신태양사, 1989)

9) 조병요(趙炳堯, 1880.9.16~1961.1.13)는 1907년 하와이서 전흥협회를 조직하였고, 1920년 대조선국민대표 기성회 총무를 역임하였다. 1936년부터 9년간 하와이 국민회 총회장과 연합회 의사부 재무로 활동하였다.(국가보훈처, 『1997년도 독립유공자공적서』)

10) 『신한민보』, 1942년 5월 14일, 「하와이대표의 미주순행보고」. 전체위원회에서 재정책은 연 2만 달러에서 6만 달러로 증액하는 것으로 이렇게 되면 주미외교위원부 예산은 당초 연 4,800달러에서 15,000달러로 증액하게 된다.

대외활동을 직접 담당하려 하면서부터였다. 전체위원회에서 결의된 주요 활동방침은 첫째, 독립운동의 실제 공작을 연구·실행하기 위해 의사부와 집행부 내에 연구과를 신설할 것, 둘째, 주미외교위원부의 사무확장을 위해 위원 2명을 천거할 것, 셋째, 중경특파를 위해 2인의 대표를 선출하여 대내외의 선전활동을 강화할 것 등이었다.[11] 이 가운데 주미외교위원부의 위원을 2명으로 증가하기로 의결한 것은 해외한족대회 결의안에 의거해 시행하는 것으로 이제 필요한 시점에 도달했다고 본 때문이었다. 이리하여 연합회는 집행부 위원장 김호와 3·1운동 발발 직후 이승만과 외교활동을 전개했던 정한경(鄭翰景)을 외교위원으로 추천하였고, 이에 맞추어 주미외교위원부의 재정도 월 800달러에서 1,200달러로 증액하였다.

연합회가 주미외교위원부의 사무를 확대하고 이에 따른 예산을 증가하기로 결정한 이면에는 돕는 사람도 없고 재정적으로도 힘들어 정작 해야 할 일을 못하고 있다는 점을 강조했던 이승만의 불평을 감안한 것이었다. 주미외교위원부는 1942년 4월부터 사무원 1인만을 두고 있었기 때문에 처음부터 어떤 활동을 기대한다는 것은 무리였다.[12] 따라서 외교위원의 증가와 재정의 증액 조치는 이승만을 도와주기 위한 연합회의 배려였다고 볼 수 있다. 그런데 연합회에서 증액한 400달러는 김호와 정한경의 월급여여서 실제로 주미외교위원부의 자체 활동을 위해 쓸 수 있는 돈이 아니었다.[13] 즉, 활동비에 대한 증액이 없는 이번 조치는 외형적으로 보면

11) 『신한민보』, 1942년 5월 14일, 「재미한족연합위원회 제1차 전체위원회 결의안」.

12) 『주미외교외교위원부 통신』 제13호(1942.12.7), 「외교부통신에 대하야」.

13) 참고로 월 1,200달러의 예산지출 내역을 보면 다음과 같다.
위원장 월급: 300달러, 2명의 외교위원 월급: 400달러, 사무실 임대료: 80달러, 전화비: 20달러 언론보도비: 80달러, 전보비: 150달러, 영문서기 월급: 150달러, 우편료: 20달러.
[도1210, The Korean Commission Monthly Budget $1,200(1942.4.21)]

연합회가 이승만의 요구를 받아들인 것으로 보일 수 있다. 그러나 이승만의 입장에서 볼 때 좁은 사무실에 사람만 증가시켜 오히려 일을 성가시게 하는 셈이어서 실익이 없다고 본 그의 불평도 타당했다고 볼 수 있다.[14)]

이승만은 김호에게 보낸 공문(1942. 6. 10)에서 주미외교위원부의 사무 책임을 분담하기 위해 연합회에서 두 사람을 비공식으로 천거한 것에 대해 진심으로 환영한다고 전제하면서 아래의 다섯 가지 양해사항을 들어줄 것을 요구하였다.

1. 이후에 이번 추천하시는 것이 전례가 되지 아니할 것.
2. 본 주미외교위원부에서 일정한 정책을 가지고 진행하는 중이매 이 정책이나 사무 처리에 혹 장애나 모순이 있는 경우에는 부득이 해면(解免)을 시켜도 이를 감수할 것.
3. 외교나 선전 등 사무에 공개치 아니할 사건은 이를 어떤 개인이나 단체에게 알리지 못함.
4. 임시정부와 주미외교위원부의 위신을 높이는 것이 우리 일반의 책임이니 혹 다른 주의나 단체를 대표하여 이 책임과 모순이 되거나 혹 반대분자와 혼잡되어 우리 정책에 손해되는 등 폐단이 없도록 할 것.
5. 양씨의 월봉은 각각 매삭 2백원으로 하되 당지에 도달되어 일을 보는 날로 위시하여 시무하는 동안 계속함.[15)]

이승만은 이상과 같은 내용의 공문을 하와이의 의사부와 정한경에게도 송부하였다.

위에서 제시한 다섯 가지 요구사항을 보면 이승만은 연합회의 결정을 받아들이고 있으나 어디까지나 조건부의 수용태도를 보였다. 즉 연합회

---

14) 『국민보—태평양주보』, 1942년 8월 5일, 「주미외교위원부의 재정보단(1941. 6~1942.5)」.

15) 도888, 이승만이 집행부 위원장 김호에게 보낸 공문(1942.6.10).

의 외교위원 천거에 대해 이번은 그냥 넘어 가겠지만 다음은 안 된다는 의미를 담고 있었고, 업무 추진에 따라 선임된 위원이라도 부득이 해임시킬 수 있다 하여 위원장으로서의 권한을 분명히 행사할 것임을 밝혔다. 앞으로 다른 어떤 단체든 주미외교위원부와 임정의 위신을 저해하는 일을 하지 말아 줄 것을 당부하여 추후 연합회가 주미외교위원부의 일에 더 이상 관여해선 안 된다는 입장을 밝혔다.

이승만이 다섯 가지의 요구 조건을 제시한 배경에는 그동안 연합회에 대해 가졌던 불편한 심기를 잘 반영하고 있었다. 이승만은 연합회의 재정지원 과정에 대해 불만을 갖고 있었다. 즉 집행부가 1942년 4월 15일 이후부터 매월 보내야하는 150달러도 제때 보내지 않아 주미외교위원부의 운영에 어려움이 많았다는 점을 지적하고 집행부의 재정 집행방식을 문제 삼고 있었다. 그는 연합회로 모든 재정을 집중해 임시정부와 주미외교위원부를 받들기로 한 만큼 정해진 예산대로 지불해 줄 것과 지출 내용에 대해서는 간섭하지 말 것을 요구하였다.[16] 이승만은 주미외교위원부 스스로 한인동포를 상대로 직접 재정을 청구해 필요자금을 조달할 수 있으나 연합회와의 합동이라는 큰 목적을 위해 희생했다고 했다. 이것은 이승만이 독자적인 재원조달계획을 갖고 있었음을 의미하는 것이다. 그리고 한미협회에 대한 연합회의 무관심을 지적하기 위해 이승만은 각지의 미주 한인들이 두 사람만 천거한다면 한미협회가 확장되어 몇 배의 효과를 볼 수 있을 것인데 시작한지 몇 달이 지나도 돕는 한인이 없는 현실을 유감으로 여겼다.

또한 이승만은 연합회가 정한경과 김호를 추천한 이번 일에 대해 집행부 위원장 김호에게 보낸 서신(1942. 7. 5)과 의사부 위원장 이원순에게 보낸 서신(1942. 7. 14)에서 외교 책임자로서 새 위원들에 대한 경제

---

16) 위와 같음.

적인 문제를 고려해야 하는 자신의 심정을 밝히고 있었다. 즉, 이승만은 새 위원으로 천거된 위원들을 좀 더 빨리 초대할 수 없는 이유는 재정적인 면에서 그들을 책임을 져야하는 어려움 때문이라 하였다. 예컨대 정한경은 주미외교위원부에 일하는 동안 가족 부양을 할 수 없기 때문에 소유 재산을 처분한 뒤 부임하겠다고 하는데, 만약 주미외교위원부 근무시 함께 할 수 없어 해고할 경우 모든 것을 희생하고 온 그를 해고시킨데 따른 비난을 모두 자신이 덮어쓸 것이라 하였다.[17] 이처럼 새 위원을 선임하기 위해선 서로 완전한 이해 속에 추진되어야 하므로 무척 신중할 수밖에 없는 입장을 헤아려 줄 것을 당부함으로써 이승만의 인간적인 고뇌의 일단을 보이고 있었다. 따라서 이승만이 요구조건을 내건 것은 향후 연합회와의 갈등 여지를 사전에 예방하기 위해 자신의 입장을 분명히 밝히겠다는 의도가 담겨 있었다.

이승만은 이원순에게 보낸 서신(1942. 7. 14)에서 연합회가 주미외교위원부 위원 선임과 관련된 권한을 가질 수 없다는 점을 대외적으로 명확히 선언할 필요가 있다는 점을 강조하였다.[18] 이승만은 정한경에 보낸 서신(1942. 7. 15)에서도 주미외교위원부에서 일할 새로운 위원은 연합회나 기타 단체들의 대표나 파견자가 아닌 주미외교위원부 위원장에 의해 임명되어야 한다는 사실을 연합회에서 성명서로 작성해 줄 것을 요청했다고 했다.[19] 그는 이번 연합회의 새 위원 추천행위를 월권행위로 간주하고 상당히 불쾌하게 생각하였다.[20]

---

17) 도1185, 이승만이 집행부에 보낸 공문(1942.7.5); 도891, Letter from Syngman Rhee to Won Soon Lee(1942.7.14).

18) 도891, Letter from Syngman Rhee to Won Soon Lee(1942.7.14).

19) 도1176-2, Letter from Syngman Rhee to Henry DeYoung(1942.7.15).

20) 그리고 그는 연합회가 제1차 전체위원회에서 2명의 새 위원을 추천했을 때 '비공식 천거'로 의미를 각하하여 불편한 심기를 드러내기도 하였다.[도

이승만의 지적에 대해 집행부는 제1차 전체위원회서 주미외교위원부의 확장을 위해 위원 2명을 증가하기로 결의한 것은 해외한족대회 제4조 나항에 의거한 것임을 밝혔다.[21] 그리고 선임된 2명은 연합회 대표로 주미외교위원부에 파견한 것이 아니라 외교위원으로 단지 천거된 것이니, 천거된 2인을 이승만이 임정에 품청해서 정식 외교위원으로 임명해 줄 것을 요망하였다.[22]

그런데 연합회는 단지 천거한 것뿐이라 했으나 이승만의 입장에서 볼 때 사실상 통보나 다름없었다. 즉, 주미외교위원부 위원장에 의해 추천되는 것이 순리인데 연합회가 일방적으로 추천하고 단지 이를 추인해 달라고 한 이번 인사 조치는 이승만으로 하여금 재정권을 장악한 연합회가 자신의 외교권마저 침해하고 있다는 생각을 갖게 하여 내심 불편한 심기를 품지 않을 수 없었다. 아울러 그는 집행부 선전과장 김용중의 제안으로 한인자유대회 회의록을 1달러에 판매하기로 합의했는데 이제 와서 팔지 않기로 통보한 집행부에 대해서도 섭섭한 감정을 갖고 있었다.[23]

요컨대, 이승만은 연합회가 제1차 전체대회 이후 의욕을 갖고 추진하고 있는 대외활동에 대해 별로 탐탁하게 생각하지 않았던 것이다. 연합회가 중경특파계획을 세운 뒤 특파원으로 선정된 선전부장 전경무의 중경 여행을 도와달라고 그에게 요청했을 때 이승만은 처음에 별 이의 없이 미국무부에 서신을 보내 협조하는 듯 했으나, 전경무가 워싱턴에 도착한 후

888, 이승만이 집행부 위원장 김호에게 보낸 공문(1942.6.10)].

21) 해외한족대회 결의안 제4조는 '외교운동기관과 그 설치에 관한 것'이고, 나항은 '외교 대표는 위원 한 사람을 두어 전무(專務)케 하되 시국의 전개와 사무의 증가를 따라 인원을 더함'이라 되어 있다.(『신한민보』, 1941. 5. 15, 「해외한족대회 결의안」)

22) 도1201 집행부 부위원장이 이승만에게 보낸 공문(제108호, 1942.7.21).

23) 도891, Letter from Syngman Rhee to Won Soon Lee(1942.7.14).

그 임무를 듣고는 여행목적이 불분명하다 하여 비협조적이 되었다. 이러한 이승만의 행동 이면에는 연합회가 권한 밖의 일을 추진해 점차 자신의 영역을 침범하고 있다는 의심을 갖고 있었기 때문이다.

하지만 이승만은 연합회와의 협력관계를 유지하기 위해 처음부터 자신의 생각을 강하게 밀고 나가지 않았다. 연합회로부터 재정 지원을 받는 점이 그를 무척 부담스럽게 만들었다. 그는 할 수만 있으면 재정을 자신이 직접 모집해 보겠다는 생각을 숨기지 않았다. 이것은 3·1운동 당시 구미위원부에서 공채금 모집을 통해 미주한인사회의 재정권을 장악했던 경험이 있었기 때문이다.

2) 이승만의 선전외교활동과 연합회의 반응

이승만은 당면 과제로 설정했던 임시정부의 승인활동이 미 국무부의 냉담한 반응으로 별효과를 보지 못하고 있어 그를 곤혹스럽게 만들었다. 그는 미일전쟁 개전 이전부터 미 국무부를 상대로 임정승인활동을 전개하였다.[24] 그러다가 미일전쟁이 발발한 직후인 12월 9일 그는 미 국무부 극동국장 혼벡(Stanley K. Hornbeck)에게 서신을 보내, 한인은 이번 전쟁에 미국을 위해 모든 노력을 다할 것임을 알린 뒤 비공식적으로 중경 임정의 공한과 함께 자신의 외교대표 신임장을 제출하였다.[25] 며칠 후 이승

---

24) 『태평양주보』, 1941년 11월 22일, 「보고서」 제22항. 임시정부는 해외한족대회에서 선임된 이승만의 주미외교위원부 위원장직을 승인한 직후 1941년 6월 6일자로 미 국무장관 헐(Cordell Hull)에게 서신을 보내 향후 이승만의 외교활동이 한인을 대표한 공식적인 것임을 알려 그를 후원해 주었다.(국가보훈처 편, “Letter from Joe Soang to Cordell Hull(1941.6.6),” 『대한민국임시정부 승인 관련 문서』, 1994, 36쪽)

25) *United States Policy Regarding Korea, 1834~1950*, Institute of Asian Culture Studies, Hallym University, 1987, pp.56~59. 미국은 미일전쟁이 발발하면서 한반도를 비롯한 아시아문제에 관심을 갖고 적극 대처하기

만은 혼벡의 보좌관 히쓰(Alger Hiss)와 면담하면서 혼벡이 주중미대사 고스(Clarence E. Gauss)에게 중국정부로 하여금 임정을 승인해 주도록 제안해 달라고 요청하였다.[26] 이승만은 이것이 이루어지면 임시정부가 미국의 '무기대여(Lend Lease)' 원조를 받을 수 있다고 생각했다.

그런데 미국은 한국임정을 승인하지 않을 의도로 1942년 2월 4일 이승만이 미 국무부를 방문했을 때 혼벡을 통해 신임장과 임정 서한을 다시 돌려주었다.[27] 동년 2월 7일 이승만은 미 국무장관 헐을 상대로 직접 교섭하였지만 국무부는 2월 9일자 답변에서 단지 해방을 위한 모든 민족의 열망은 동정하지만 독립운동단체 대한 어떠한 승인도 고려하지 않는다는 원칙을 발표했던 보도자료 사본(1941년 12월 10일자)을 보여주면서 한국임정의 승인문제도 이 원칙에 따를 것임을 밝혔다. 이승만은 3월 24일 헐 장관에게 서신을 보내 모든 한인의 유일한 정부인 한국 임정을 한낱 독립운동의 일개 단체로 취급한 것에 대해 강력히 항의했다. 그러나 이후부터 미 국무부는 철저하게 한국문제를 외면하였다.[28] 즉, 1942년 4월 경 미국

시작하였다.(제임스 매트레이, 구대열 역, 『한반도의 분단과 미국』, 을유문화사, 1989, 20쪽) 그렇지만 한국 및 아시아문제에 대한 미국의 외교정책의 주요 관심은 식민지 민족의 독립이라는 문제보다 전쟁 승리를 위한 군사적 측면에 더 관심을 갖고 있었다.(조순승, 『한국분단사』, 형성사, 1982, 22~24쪽)

26) 고스는 미국이 중경의 임정과 한국독립운동단체에 대해 호의적인 태도를 보이는 것은 바람직하지 않다는 것과 중국 국민당정부가 임정을 승인할 준비가 되어있지 않다는 등 대체로 부정적으로 회신하였다.(국가보훈처 편, 『대한민국임시정부 승인 관련 문서』, 1994, 297쪽; "The Ambassador in China(Gauss) to the Secretary of State," *Foreign Relation of the United States*(『미국외교문서』) 1942~1948, I, 원주문화사, 1992, pp.18~22, 24~25.)

27) 한편 혼벡은 이승만을 한국의 대표로 인정하지 않으려 하였다고 한다.(한승인, 『독재자 이승만』, 일월서각, 1984, 120쪽)

국무부 극동국은 영국과 중국의 대한정책을 조사한 후, 한국문제를 아시아 식민지문제의 하나로 언급할 시기가 오거나, 아니면 한인들의 독립운동이 상당히 구체적인 발전을 보일 때까지 한국의 독립에 대해 더 이상 언급하지 않는다는 것과, 임정 승인과 같은 문제에 대해선 유보하는 것으로 정리하였다.[29]

미국정부는 해방 때까지 한국문제에 대해 공식적인 의견이 있긴 했지만 구체적인 대한정책까지 수립하지 않고 있었다.[30] 또한 미국정부는 철저하게 임정불승인정책으로 일관했고[31] 오히려 이승만·한길수 보다 연

---

28) 위와 같음. Hong Kyu Park, "From Pear Harbor to Cairo: America's Korean Diplomacy 1941~43," *Diplomatic History* 13-3, Summer, 1989. pp. 345-346.

29) 구대열, 『한국국제관계사연구』 2, 역사비평사, 1995, 38~39쪽.

30) 홍순호, 「해방직전의 한미관계(1942~1945) －미국의 중경 대한민국임시정부에 대한 불승인정책을 중심으로－」, 『이화여대사회과학논집』 12, 1992, 301쪽; 해방도널드 스턴 맥도날드(Donald Stone MacDonald), 한국역사연구회 1950년대반 역, 『한미관계20년사(1945~1965) －해방에서 자립까지－』, 한울아카데미, 2001, 23쪽. 그런데 해방 전까지 미국의 대한정책에 대해 정용욱은 한반도에 대한 신탁통치 구상 자체만으로 이미 구체화되어 완숙단계에 도달한 것으로 보았지만,(정용욱, 앞의 책, 116쪽) 신탁통치안의 세부 사항에 대해선 강대국 간에 완전한 합의를 끌어내지 못한 채 종전을 맞이했다고 했다.(정용욱, 『해방 전후 미국의 대한정책』, 서울대학교출판부, 2003, 120쪽) 그 외 신탁통치에 대한 미국의 구체적인 대한정책수립에 대해서는 차상철, 『해방 전후 미국의 한반도정책』(지식산업사, 1991) 참조.

31) 미국 정부가 해방 전까지 한국 임시정부의 승인을 꺼려했던 이유에 대해 柳永益 교수는 대체로 다섯 가지로 정리하였다. 첫째, 중경에 있는 임정이 한국민 전체를 대표한다고 보기 어렵다는 점. 둘째, 임정이 일본군을 대항할 실력이 있는지에 대한 의심. 셋째, 임정을 둘러싼 김구·조소앙·이승만 등 보수세력과 김원봉·한길수 등 급진파로 분열되어 있다는 점, 넷째, 한

합회의 김호와 전경무 같은 인물이 등장할 수 있기를 바라는 심정이었다.[32] 예컨대 미국 전략첩보국(OSS) 내의 일본정보 전문가는 미국이 이승만에 의존할 것이 아니라 더 많은 한국인들을 활용할 계획을 세워야 한다고 제시하는 등 이승만의 활용가치에 대해 매우 부정적이었다.[33] 따라서 이승만이 미국정부를 상대로 효과적인 대미외교를 전개하기란 쉽지 않은 상황이었다.

이승만은 미국정부와의 우호적인 관계가 단절되어 임정승인활동이 부진해지자 1942년 5월부터 6월까지 한미협회 회장 크롬웰을 통해 미 국무장관 헐과의 교섭을 시도했다.[34] 그러나 미 국무부의 반응은 여전히 냉담하였고 한길수는 크롬웰의 고압적인 태도를 문제 삼아 이승만을 공격하는 재료로 삼음으로써 한미협회를 통한 임정승인활동은 미주한인들로부터 역효과를 자아냈다. 즉, 한길수는 크롬웰과 헐간의 서신 내용을 공개하면서 한미협회의 활동이 오히려 한인사회에 공개적인 비난을 불러일으켰다. 그리고 연합회와 반이승만측은 크롬웰의 미 국무부에 대한 고압적

인 독립운동단체를 임시정부로 승인할 경우 미국내 다른 여러 피압박민족의 해방운동 단체에 대한 미국정부의 입장이 난처해진다는 점. 다섯째, 임정승인문제는 한반도에 대해 예민한 이해관계를 가진 소련·중국·영국 등 연합국과 미리 협의하지 않고 처리할 수 없다는 점 등을 주된 이유로 보았다.(『조선일보』, 1991년 8월 6일, 「미의 임정홀대」) 이외에도 정용욱은 임정이 국내 기반이 없다는 것과 임정의 민족주의적 성격을 가진 것을 미국의 임정불승인의 근거로 내세웠다.(정용욱, 「해방이전 미국의 대한구상과 대한정책」, 『한국사연구』 83호, 1993, 108~110쪽)

32) 구대열, 『한국국제관계사연구』 2, 역사비평사, 1995, 81쪽.

33) C.L. 호그, 신복룡·김원덕 옮김, 『한국분단보고서』 상, 풀빛, 1992, 33~34쪽.

34) 여기에 대해서는 *Why Isn't Korea Recognized?*, The Korean-American Council, Washington D.C., 1943 및 제임스 매트레이, 구대열 역, 『한반도의 분단과 미국』, 을유문화사, 1989, 24~25쪽 참조.

인 태도가 한국의 독립운동에 도움이 되지 않는다는 점과 한국의 독립문제를 상품처럼 흥정거리로 만든 점에 대해 우려했다.[35] 예컨대 이원순은 한길수를 통해 크롬웰과 헐 사이의 서신을 안 뒤 이러한 활동은 임정승인에 전혀 도움이 되지 않는다는 것과 현 상태에서 이승만의 공격적인 전략은 우리의 과업을 손상시킬 수 있음을 지적하였다.

이처럼 이승만은 임정승인활동을 전개하였으나 자신의 활동을 뒷받침할 만한 충분한 역량을 갖추지 못한데다, 자신의 조직기반과 활동력을 과장 선전함으로써 미국정부측의 불신과[36] 연합회와 반이승만측의 반발을 초래했다.

이승만이 주미외교위원부 위원장으로서 비교적 성공적으로 추진한 일은 1941년 9월부터 미국 군부를 상대로 추진한 군사훈련계획이었다.[37] 이승만은 1941년 9월부터 미 정보조정국(COI, Coordinator of Information)과 관계를 맺기 시작했고 1942년 초에는 COI 최초의 특수작전부대인 101지대(Special Unit Detachment 101: SU DET 101)를 창설할 때 장석윤(張錫潤)을 제1기생으로 추천했다.[38] 그는 1942년 6월 미국 전략첩보국

---

35) 970036-2, Letter from Won Soon Lee to Syngman Rhee(1942.8.12). 정덕근(鄭德根)이 김종림에게 보낸 서신(도1220, 1942.8.18)에서도 이원순과 같은 생각을 표명하고 있었다.

36) 정용욱, 『해방 전후 미국의 대한정책』, 서울대학교출판부, 2003, 77~78쪽. 이승만 스스로도 생각하기를 미국정부의 관리들이 한국문제에 대해 절실한 느낌을 가지고 있지 않다고 본 것으로 보아 미국정부의 임정에 대한 부정적인 인식은 물론 전반적인 대한입장도 상당히 미온적이었다.(리차드 알렌 저, 윤대균 역, 『한국과 이승만』 합동통신사, 1961, 64~65쪽)

37) 여기에 대해서는 정병준의 『우남 이승만 연구』, 역사비평사, 2005, 241~257쪽 참조.

38) 101지대의 한인요원은 이승만의 추천으로 장석윤을 포함해 약 10여 명이 있었다. 이들 가운데 해방 후 이승만 정권에서 주요 요직을 담당한 인물은

(OSS, The Office of Strategic Services)[39]으로부터 50명의 한인을 추천을 받아 연합회에 20~44세 연령의 애국적 한인 50명을 추천해 줄 것을 요청하였다.[40] 이승만은 50명을 추천하였는데 이 가운데 12명이 워싱턴에 가서 그 중 9명이 1942년 12월 4일부터 첫 번째 군사훈련을 받았다.[41]

장석윤(제1공화국 내무장관)・장기영(체신장관)・이순용(내무장관)・김길준(미군정장관공보고문)・김세선(뉴욕영사)・한표욱(주미공사)・이문상・한승엽・황득일 등이다.(정병준, 앞의 책, 245, 251쪽)

그런데 윔스(Clarence N. Weems)에 따르면 1942년부터 1943년까지 굿펠로우(Preston Millard Goodfellow)가 이승만의 추천을 받아 L.A. 해안가에 있는 산타 카타리나섬에서 1차로 1942년 3월에 22명, 2차로 1943년 봄에 16명 등 총 38명의 한인 청년들을 군사훈련시킨 것으로 기록하고 있다.(Clarence N. Weems, "Washington's First Steps Toward Korean-American Joint Action," 『한국독립운동과 윤봉길의사』, 매헌윤봉길의사의거 제60주년기념 국제학술회의, 1992. pp.337~338). 현재 확인되는 바는 1942년 3월 26일 한미협회가 미 육군 입대를 희망한 김세선・정운수・이순용을 포함해 11명이다.(「한미협회가 작성한 입대지원자 명단(1942.3.26), 국사편찬위원회 편, 『한국독립운동사자료: 임정편』, 25집, 104~105쪽)

39) 1941년 7월 창설된 미 정보조정국(COI)은 1942년 6월 합동참모본부 산하로 재편되면서 OSS로 바뀌었다.

40) Letter from Syngman Rhee to Karl T. Gould, Headquarters, Military Intelligence Service (1943.6.11), 국사편찬위원회 편, 『한국독립운동사자료: 임정편』 25집, 331~332쪽; 도1148, 기밀서신(1942.7.17); 도1186, 주미외교위원부 서기 정운수가 집행부 부위원장 김병연에게 보낸 공문(1942.7.28).

41) 도1182-1, Confidential letter from Syngman Rhee to Choon Har Kim (1942.12.2.); 정병준의 앞의 책 249쪽. 그런데 Letter from Syngman Rhee to Karl T. Gould, Headquarters, Military Intelligence Service (1943.6.11.)(국사편찬위원회편, 『한국독립운동사자료: 임정편』 25, 332쪽)에는 12명이 1942년 11월 27일 워싱턴에 가서 그 중 9명이 훈련을 받았다 하였고, Letter from Syngman Rhee to Charles Ho Kim(도907-2, 1942.12.7.)에

이러한 군사훈련계획에 대해 이승만은 수시로 한인들에게 군사상 비밀이므로 함구할 것을 주지시켰다. 예컨대 12명의 한인이 선발된 것에 대해 이승만은 「주의할 사실」이라는 공문에서 이 내용이 소문나지 않도록 각별히 주의해 줄 것을 당부하였다.[42] 이런 모습은 오히려 자신의 군사활동계획을 대외에 선전 홍보하는 셈이 되어 미국 전략첩보국(OSS)은 자기부서와의 관계를 대외선전용으로 이용하고 있는 이승만을 의심하기 시작했다. 전략첩보국이 1943년 초 이승만과의 관계를 단절한 것은 바로 이런 연유에서 비롯한 때문이 아닌가 판단된다.[43] 그렇지만 비밀리 추진했던 미 군부의 군사계획을 자신을 위한 대대적인 홍보수단으로 삼기 어려웠을 것이므로 이승만이 이번 일을 갖고 자신의 입지를 강화하는 방편으로 이용했다고 보는 것은 무리가 있었다.[44]

이후로도 이승만은 군사활동의 추진을 위한 노력을 계속했다. 즉, 미군의 군사적 지원을 담당할 한인자유부대(Free Korean Legation)의 창설제안(1942. 10. 10)과 이를 중개할 한인군사사절단(Korean Military Mission)의 조직 등을 제안했고, 그 외 50만 달러의 무기대여 요청(1943. 9. 29)과 태평양섬 노무자들을 이용한 특수작전을 제안(1944. 7. 19)했다. 그러나 OSS나 미 군부는 이런 그의 제안들을 모두 외면하였고, 대신 OSS는

따르면 일본의 진주만 공습기념일인 12월 7일 입대할 것으로 되어 있다. 본고는 12월 2일자로 이승만이 김춘하에게 보냈던 서신이 사실과 가장 근접하다고 보아 12월 4일로 보았다. 한편 훈련을 받은 9명은 1943년 4월 15일 해외로 파견되지 못하고 미 육군으로 배속되었다.

42) 도1182-2, 「주의할 사실」(1942. 12. 10.)

43) 정병준, 앞의 책 253쪽.

44) 이승만은 굿펠로우에게 보낸 서신에서 자신이 OSS의 이름을 도용하거나 군사계획을 누설하지 않았다고 해명하였다.(“Letter from Syngman Rhee to Preston M. Goodfellow, OSS(1943.2.9),” *Napko Project of Oss*, 2001, 72쪽.

1944년 말부터 1945년 초까지 한반도 침투작전인 납코작전(NAPKO PROJECT)를 수립, 개별적으로 한인들을 포섭해 군사훈련을 추진했다.[45)]

이승만이 무엇보다 역점을 두고 추진하였던 것은 임정승인을 위한 외교활동이었다. 그러나 이러한 노력이 미 국무부로부터 냉대를 받고 미 국무부에 대한 한미협회의 고압적인 행동이 미주한인사회에 논란을 불러일으킨 것은 대외적으로 볼 때 그의 외교능력을 평가받는 것이기에 이승만에게는 적지 않은 부담이었다. 이승만은 이런 난관을 타개할 목적으로 1942년 8월 13일, 14일, 16일자로 의사부 위원장인 이원순과 동지회 기관지 『태평양주보(*Korean Pacific Weekly*)』의 주필이자 의사부 재정검사로 활동 중인 김영기, 그리고 집행부 위원장 김호에게 각각 서신을 보내 외교활동에 대한 자신의 새로운 구상을 밝히고 재정지원을 요청하였다.[46)] 먼저 그는 1942년 3월 15일 미 국무부와 주미외교위원부와의 우호관계가 끝나 한국문제에 관한 정부차원의 외교교섭은 더 이상 진척될 수 없는 상태라 하였다.[47)] 그렇지만 지금까지 한미협회가 우리를 대신해서 잘 교섭해 왔음을 전제하면서, 현재 한미협회와 함께 미국 국민을 상대로 전국적인 선전운동을 계획 중인데 이를 위해 필요한 5,000달러를 빌려 줄 것을 요청하였다. 대신 빌린 돈은 한미협회에서 상환해 주겠다고

45) 여기에 대해서는 방선주, 「미주지역에서 한국독립운동의 특성」, 『한국독립운동사연구』 제7집, 1993 참조.

46) 930036-2, Letter from Syngman Rhee to Young K. Kim(1942.8.13.); Letter from Syngman Rhee to Won Soon Lee(1942.8.14.); Telegram from Syngman Rhee to Honolulu UKC(1942.8.16.); 도893-1, Letter from Syngman Rhee to Charles Ho Kim(1942.8.14.); 도1184, Telegram from Syngman Rhee to Honolulu UKC(1942.8.13.).

47) 이와 같은 미 국무부와의 외교단절 선언은 이후 연합회내에서 이승만의 외교실패에 대한 논거로 이용되었다.(『국민보—태평양주보』, 1943년 12월 29, 「이박사와 그의 외교실책」)

약속하였다.[48] 그는 이것을 집행부와 의사부가 절반씩 부담하면 될 것으로 보았다.

이승만의 계획은 앞으로 정부 차원의 외교활동이 아닌 미국민을 상대로 한 선전활동을 추진하겠다는 것이며, 이를 한미협회와 공동으로 해 보겠다는 것이었다. 그동안 미주한인사회는 한미협회의 활동에 대해 부정적인 시각이 적지 않았다. 하지만 이승만은 이런 부정적인 여론을 반박하면서 구체적인 활동계획을 명시하지 않은 채 한미협회와 공동으로 일을 계획하였다. 또 막대한 비용이 소요되는 재정문제도 단지 빌려준다면 나중에 갚겠다고 함으로써 연합회 내부에서 많은 의혹을 불러일으켰다.

의사부는 이승만의 선전활동계획에 대해 향후 재미한인의 반감을 초래할 지 모르니 단념해 줄 것을 요청하였다.[49] 이승만은 전경무에게 보낸 전보에서 일이 이미 시작되었기 때문에 연기할 수 없고 반감을 초래할 사안이 아니므로 자기를 신뢰해 줄 것을 요청하였다.[50] 또 의사부는 이번 일을 집행부와 협의해서 추진하기를 원한다고 했다. 그러나 이승만은 주미외교위원부가 민간단체의 간섭을 받지 않을 것이며 집행부 때문에 정부의 일을 지체할 수 없으니 곧 송금해 줄 것을 요구하였다.[51] 이승만의 계속된 요청에 대해 의사부는 일단 2,500달러를 송금해 주는 것으로 결정하였다. 그리고 나서 의사부는 선전활동도 중요하지만 이승만이 집행부와 원만한 협의를 거치는 것은 장차 통일된 행동을 위해 필요한 일임을 일깨워 주었다.[52]

48) 도893-2, Letter from Syngman Rhee to Charles Ho Kim(1942.8.14)

49) 970036-2, Telegram from UKC to Syngman Rhee(1942.8.14).

50) 970036-2, Telegram from Syngman Rhee to J. Kyuang Dunn(1942.8.30).

51) 970036-2, Telegram from Syngman Rhee to Won Soon Lee(1942.9.12).

집행부는 그만한 거액을 충당할 수 없다는 이유를 내세워 이승만의 계획을 일단 거부하였다.[53] 그 후 집행부는 당시 워싱턴에서 중경특파를 준비하기 위해 일시 로스앤젤레스에 체류하고 있던 전경무에게 주미외교위원부의 재정 및 활동사항을 파악해 줄 것을 요청하였고, 조사 후 이승만의 요구를 재검토할 것임을 의사부에 통보하였다.[54] 이러한 집행부의 처사는 이승만이 집행부에 대해 좋지 않은 감정과 불신을 갖게 했을 가능성이 높다. 그렇지만 집행부는 이번 일을 계기로 김호를 워싱턴에 파견하였고[55] 전경무와 함께 이승만의 선전활동과 주미외교위원부의 사정을 파악할 수 있는 계기를 마련하였다.

이승만의 지지자로서 지금까지 거액의 송금요청 과정을 살펴온 김영기는 이번 이승만의 선전활동계획이 매우 우려할 상황임을 인식하였다. 우선 그는 거액의 특별금 지원으로 정기적인 송금이 크게 지장받을 것이라는 점, 연합회가 갑자기 거액을 송금할 만큼 넉넉한 재정을 갖지 못하고 있다는 점, 연합회는 주미외교위원부의 일을 권고 또는 제안할 수 있는 자문위원들이지만 어떤 방식으로도 주미외교위원부의 일을 방해하지 않을 것이라는 점, 집행부와 아무 상의 없이 모든 일을 처리할 수 없다는 점, 그렇게 되면 임정과 주미외교위원부를 돕는 연합회의 통일된 노력이 파기돼 연합회의 조직을 깨뜨리게 된다는 점, 집행부의 비협조에 대한 불만보다 이승만이 자신의 선전계획을 신뢰할 수 있도록 구체적인 계획서를 제출하는 것이 마땅하다는 점 등을 지적한 후 연합회와 주미외교위원부 간의 신뢰증진을 당부하였다.[56]

---

52) 970036-2, Telegram from UKC to Syngman Rhee(1942.9.15).

53) 970036-2, Letter from Young K. Kim to Syngman Rhee(1942.9.16).

54) 970036-2, Telegram from L.A. UKC to Honolulu UKC(1942.9.23).

55) 970036-2, Telegram from L.A. UKC to Honolulu UKC(1942.9.29).

56) 도970036-2, Letter from Young K. Kim to Syngman Rhee(1942.9.16).

이러한 김영기의 지적은 이승만의 선전활동계획을 연합회 내부에서도 상당히 불만스러워 한다는 점을 시사하는 것이었다. 또 이것은 앞으로 워싱턴에서 김호·전경무와 이승만 사이에 발생하게 될 갈등의 불씨를 사전에 방지하려는 의도도 담겨 있었다. 그렇지만 이후의 결과는 김영기의 우려대로 걷잡을 수 없는 파국으로 치달았다.

이런 가운데 이승만은 1942년 9월 10일부터 『주미외교위원부통신』(이하 『위원부통신』으로 약함)을 발행하여 대외적으로 주미외교위원부의 소식을 알리는 일을 시작하였다. 이 『위원부통신』은 이승만이 1919년 8월 구미위원부 설립 직후 『구미위원부통신』을 발행했던 경험에서 나온 것으로, 발행에 관계한 인물은 정운수[57], 김현철[58] 등이다. 『위원부통신』 제1호에 나타난 발행 의도를 보면 주미외교위원부가 민중을 '지도'하려는 의도로 시작했다는 점을 밝히고 있다.[59] 그리고 영문으로 하지 않고 국문으로 쓴 것은 영문을 모르는 한인들을 배려한 것과 우리의 일을 외국인에게 드러낼 필요가 없기 때문이라 하여 이번 『위원부통신』의 발간이 주로 한인 '내정문제'와 관련된 것이라 하였다.

---

57) 정운수(鄭雲樹)는 1935년 9월 신학을 공부할 목적으로 미국 유학을 간 후 주미외교위원부에서 이승만의 비서로 활동하였고, 해방 후 이승만 정권하에서 대한정치공작대를 담당하였다.

58) 김현철(金顯哲, 1901.11.3~1989.1.27)은 서울에서 출생하여 양정고보와 경성공업전문학교를 졸업하고 원산 루씨여고보에서 교편생활을 하였다. 1926년 미국유학을 떠난 후 1928년 6월에 창간된 『三一申報』의 통신원으로 활동하였고, 1929년 린치버그대학 수학 후 1932년 콜롬비아대학교에서 석·박사과정을 수료하였다. 1933년 아메리칸대학교에서 경제학 박사학위를 취득하였다. 1941년부터 미국 정부의 해외경제부에서 해방 때까지 근무하였고, 해방 후에는 주요 장관을 비롯해 경제기획원 장관과 내각 수반을 역임하였다.(김시우·박학주, 『영원히 살아있는 사람 춘암 김현철』, 춘암문화재단, 2000)

59) 『주미외교위원부통신』 제1호(1942.9.10).

이러한 발행 의도는 주미외교위원부의 활동상을 널리 홍보하려는 차원보다 주미외교위원부가 의도하는 바에 따라 미주한인사회를 '지도'하여 '교정'하는 수단으로 삼겠다는 것으로 해석할 수 있다. 그리하여 첫 발행 이후 『위원부통신』은 주로 임시정부 및 주미외교위원부의 반대자들과 소위 불량분자들에 대한 규탄과 비난의 내용으로 가득했고 임정과 주미외교위원부에 대한 충성이 진정한 애국임을 내내 강조하였다. 정작 알리고 홍보해야 할 주미외교위원부의 외교활동의 내용은 외교적으로 공개할 사안이 아니라는 이유로 회피하는 대신 재정지원에 대해서는 『위원부통신』을 통해 적극 호소하는 수단으로 이용하였다.[60] 이로 볼 때 이승만은 『위원부통신』의 발행을 통해 자신의 반대파를 억압하고 길들이거나 자신의 지지기반을 확대하는 수단으로 이용하려했음을 알 수 있다.[61]

연합회 집행부는 『위원부통신』을 발행하기 이전부터 주미외교위원부와 한미협회의 활동상을 널리 선전할 계획을 갖고 있었다. 즉, 주미외교위원부의 각종 활동 내용과 소식, 기고문 등을 보내주면 『신한민보』의 영문란과 국문란에 모두 게재하겠음을 알리고 이승만의 협조를 구했다.[62] 또 집행부는 이를 통해 이승만이 희망하는 한미협회 회원 모집을 위한 방편으로 삼겠다고 제의하였다. 이런 제의 이후 『신한민보』에서 이승만과 관련된 내용을 찾아보면 그의 단파방송활동 외에 주미외교위원부와 한미협회

60) 예컨대 『주미외교위원부통신』 제22호(193.2.8)의 「통신소식」 중에 외교와 군사와 관련한 내용은 현재 전시상태이기 때문에 미공개로 해야 한다하여 주미외교위원부의 외교활동에 대한 홍보 의도를 갖고 있지 않았다.

61) 『주미외교위원부통신』 제13호(1942.12.7), 「외교부통신에 대하야」; 제51호(1943.11.26), 「주미외교위원부 통신의 필요」. 특히 후자의 것에는 처음 『위원부통신』 발행의 목적이 집행부 몇몇이 해외한족대회의 공결을 위반하여 주미외교위원부를 관할하려는 계획을 먼저 알고 이를 저지하기 위해 민중들에게 사실을 알림으로써 공론을 조성하기 위해서였다고 하였다.

62) 도1203, 집행부 부위원장이 이승만에게 보낸 「公文」 제92호(1942.6.25)

와 관련한 기사를 거의 찾을 수 없는 점을 미루어 볼 때 이승만은 집행부 요청에 적극 협조하지 않았던 것 같다. 그런데 이승만이 『위원부통신』을 발행한 후 『국민보－태평양주보(*The Korean National Herald-Pacific Weekly*)』는 「워싱턴통신」이나 「주미외교위원부통신」이라는 제목으로 『위원부통신』의 기사를 게재하고 있어,[63] 『신한민보』의 경우와 대조를 이룬다.

이로 볼 때 집행부는 처음 좋은 의도를 갖고 이승만에게 제의했으나 이승만이 별도의 『위원부통신』을 발행하면서 내심 섭섭한 감정을 갖게 된 것으로 보인다. 더구나 집행부 입장에서 볼 때 주미외교위원부의 『위원부통신』의 기사 내용이 그동안 연합회 중심으로 결속된 미주한인사회의 질서와 여론을 혼잡스럽게 만들지 모른다는 우려도 적지 않게 가졌을 것이다.

이상을 통해 볼 때 제1차 전체위원회 이후 이승만과 연합회 간에는 긴장관계가 형성되고 있었음을 알 수 있다. 즉, 연합회가 제1차 전체위원회의 결의에 따라 주미외교위원부 새 위원 2명을 천거한 것에 대해 이승만은 월권행위로 보고 반발한 점과 이승만이 새로운 선전활동 계획을 위해 5,000달러의 거액을 연합회에 요구했을 때 집행부가 반발하고 있는 점, 그리고 자신의 반대자들을 소위 '지도'하여 '교정'하겠다는 의도로 『위원부통신』을 발행한 점 등은 이승만과 연합회 간의 갈등을 불러일으킬 요인으로 작용하였다. 양측의 이런 긴장관계를 해소하기 위해 김호와 전경무가 워싱턴의 방문을 추진하였지만 그 결과는 오히려 분쟁의 확대로 이어졌다.

---

63) 이승만에 대한 기사는 『국민보—태평양주보』 가운데 모두 『태평양주보』 란에 실고 있었다.

3. 이승만과 연합회 간의 분쟁

1) 김호 · 전경무의 워싱턴행과 조사보고

연합회 대표 김호와 전경무는 중경 특파를 위한 여행 수속과 주미외교위원부의 사무를 논의하기 위해 1942년 9월 말과 10월 17일 각각 워싱턴에 도착하였다.[64] 의사부의 선전부장이자 중경특파원으로 선정된 전경무의 워싱턴 방문목적은 중경여행을 준비하기 위한 것이었다. 김호는 정한경과 함께 주미외교위원부의 새 위원으로 선정되었으나 개인사정으로 부임을 미루어 오고 있었다. 그러던 중 5,000달러라는 거액을 요청한 이승만의 선전계획으로 연합회와 이승만 사이가 점차 불편해지자 집행부는 1942년 9월 21일 김호를 주미외교위원부에 파견하기로 결정했다.[65] 이에 따라 김호는 전경무의 뒤를 이어 워싱턴으로 향했다. 이를 볼 때 김호의 워싱턴행은 주미외교위원부의 새 위원으로 부임하기 위해서라기보다 이승만과 주미외교위원부에 대한 사무진행을 협의하는 것이 주된 목적이었다. 이와 병행해 그는 전경무와 함께 중경특파계획도 추진해 나가고자 하였다.[66]

---

64) 전경무는 호놀룰루를 떠나 잠시 L.A.에 머문 뒤 1942년 9월 23일 L.A.를 떠나 9월 말부터 1943년 1월초까지 워싱턴에 체류하였다. 김호는 10월 13일 L.A를 떠나 10월 17일부터 11월 28일까지 워싱턴에 체류한 후 12월 3일 L.A.로 돌아왔다.(『신한민보』, 1942년 10월 1일, 10월 15일, 12월 10일, 「잡보」; 『주미외교외교위원부통신』 제4호(1942.10.5), 제7호(1942.10.26), 제12호(1942.11.30); 『국민보 — 태평양주보』, 1943년 1월 13일, 「전경무씨 회정」 등 참조)

65) 『신한민보』, 1942년 10월 15일, 「재미한족연합회 집행부결의」.

66) 김호가 언제 중경특파원으로 선정되었는지는 확실하지 않다. 다만 워싱턴 도착이후 이승만과 협의하는 과정에서 김호가 전경무와 함께 중경특파원인 것으로 발표하는 것을 보면 김호가 워싱턴으로 출발하기 바로 직전이

전경무는 김호가 도착하기 전까지 워싱턴에 체류하면서 그동안 파악한 사항을 하와이 의사부의 김원용에게 알렸다. 이것은 당시 주미외교위원부의 분위기를 이해하는데 도움을 주는 내용이다. 전경무의 보고 내용을 보면, 이승만은 매너리즘(mannerism)에 빠진 '노인(old man)'으로 규정하였고, 정한경은 이러한 이승만의 성향에 익숙해져 잘 인내하고 있는 사람으로 평가했다.[67] 전경무는 이승만이 자신을 연합회 사람으로 간주하고 있어 무척 조심하고 있다고 했으며, 현재 정한경을 비롯한 한미협회 관계자들과의 협의를 통해 앞으로의 일을 낙관하고 있다고 했다. 그리고 한미협회의 크롬웰 · 스태거스 · 윌리암스 같은 미국인 인사들이 한국을 위해 무척 희생적으로 돕고 있는 것에 대해 고마워한다고 하면서, 어떻게 이승만이 이런 사람들과 함께 협력관계를 가질 수 있었는지 의문이라 했다. 전경무는 의사부에서 제공한 2,500달러에 대해 이승만은 매우 기뻐하고 있으며, 이를 계기로 그가 의사부를 신뢰하게 된 것은 다행스러우나 이 돈이 특정인의 반감을 사는데 사용되어서는 안 된다는 점을 주지시켰다.

특별히 전경무가 그동안 논란을 빚었던 크롬웰과 헐 사이의 서신[68]을 기초로 조사한 한미협회에 대한 평가는 매우 호의적이었다. 즉, 그는 미 국무부에 대한 크롬웰의 한국임정 승인요청은 미 국무부에서 협상의 여지를 남기고 있었다는 점과, 한미협회와 국무부 사이에 현재 바람직한 상호이해가 되어 있다는 점 등을 들어 한미협회의 중요성을 인정하였다.[69] 그러나 이승만이 한미협회를 통해 임정승인문제와 같은 외교활동을 추진

나 아니면 도착 직후 집행부에서 그를 특파원으로 선정하였던 것 같다.

67) 970036-3, Letter from J. Kyuang Dunn to Warren Y. Kim(1942.10.16).

68) 여기에 대해서는 한미협회가 서신 내용을 책으로 엮은 *Why Isn't Korea Recognized?* 참조.

69) 도900, Letter from J. Kyuang Dunn to Won Soon Lee(1942.10.15).

한 일과 한미협회가 독립운동을 하나의 상품처럼 흥정거리로 다룬 것에 대해선 비판적이었다.[70]

이승만이 연합회와 자신에 대해 어떻게 생각하는지에 대해 전경무는 비밀보고서를 통해 의사부에 보고하였다.[71] 전경무의 보고 내용을 살펴보면, 먼저 이승만은 연합회가 임시정부에 대한 신뢰가 부족하며 따라서 임정의 대리자인 자신의 리더쉽에 대한 연합회의 신뢰도 부족한 편으로 생각한다고 했다. 또 이승만은 연합회는 돈주머니를 가지고 자신을 통제(control)하려 하지만 그렇게 되지 않을 것이며, 주미외교위원부 내 모든 사람은 하나같이 자신에 대해 '예스맨(yes-sir men)'이 되어야 한다는 태도를 갖고 있다고 했다. 마지막으로 전경무는 이승만은 연합회와의 통일된 과업수행이라는 부담만 없다면 연합회가 자신에게 제공했던 것보다 더 많은 재정을 다양한 방법과 재료를 사용해 확보할 수 있을 것이라고 하여 연합회의 재정지원 방식에 대한 이승만의 불만사항을 밝혔다. 이것은 이승만이 연합회를 통하지 않고서라도 언제라도 독자적인 재정모집 능력과 태세를 갖추고 있다는 의미였다.

다음으로 전경무는 이승만은 자신을 신뢰하기 원하지만 이것은 자신이 이승만에게 충성을 증명해 보여야 가능하다고 했다. 즉, 이승만이 신뢰하는 사람은 그의 사람이 되어야 한다는 것이었다. 전경무는 이승만이 선택하지 않는 인물은 중경여행을 위해 준비 중인 자신을 비롯해 그 어느 누구도 인정하지 않을 것이며, 하와이에는 그의 요구를 거부할 어떤 일도 발생하지 않을 것으로 확신하는 것처럼 보였다고 하였다.

이러한 기밀보고는 전경무가 이승만을 어떻게 보고 있으며 이승만이 연합회에 어떤 생각을 갖고 있었는지를 잘 전해주고 있다. 이것은 앞으로

70) 도1274, Korean Problem and Observations; "Editorial: State Department's Stand on Recognition," *The New Korea*, Jan. 21, 1943.

71) 970036-3, 'Confidential Note,'(1942.10.24).

연합회 두 대표인 김호와 전경무가 이승만과 협의할 때 참고해야 할 사항이었다.

2) 김호 · 전경무와 이승만 간의 주미외교위원부 개조 협의

김호와 전경무는 1942년 10월 19일부터 주미외교위원부의 문제를 갖고 이승만과 회의를 시작하였다. 이런 가운데 전경무는 1942년 11월 5일자로 연합회 앞으로 보낸 보고서에서, 이승만에게 제출할 4개 조건에 대한 사전 검토와 함께 그동안 조사해 왔던 주미외교위원부 전반에 대한 문제점들을 조목조목 지적하고 향후 외교활동 방략의 변화를 다음과 같이 제안하였다.[72]

첫째, 미국정부 내의 다양한 사람들을 접촉하기 위해 주미외교위원부 내에 유능한 인재들을 집결시켜야 할 것이라 하였다. 전경무는 그동안 이승만이 빈틈없이 빠른 사고로 기민하게 움직이는 미국정부의 관리들을 상대할 충분한 능력을 갖추지 못했음을 지적했다. 미국정부의 주요 부서와 접촉한 결과 한길수만이 현재 밀접한 관계를 맺고 있었다고 보았다. 따라서 지금까지 워싱턴의 모든 활동이 전적으로 이승만에 의해 이루어지고 있는 것은 대미외교의 취약점이라 하였다.

둘째, 이승만은 자신을 돕는 연합회를 보다 더 신뢰해야 한다고 주장했다. 연합회의 두 대표가 워싱턴에 체류한 후 이승만은 한국문제를 두 대표와 함께 논의하는데 한 번도 부르지 않았으며 요청을 받았을 때는 단지 돈 문제에 관련된 것뿐이라 하였다. 이것은 이미 위원으로 선정된 정한경도 마찬가지였으며, 오히려 연합회 두 대표가 워싱턴 내 중요 인물을 만나는 것에 대해 이승만은 분개하였다고 전했다.

셋째, 한국문제의 협상에 제삼자가 나서지 말고 한인 대표가 직접 한국

---

72) 도904, Report from J. Kyuang Dunn to UKC in America(1942.11.5).

문제를 처리해야 할 것이라 하였다. 미국정부의 관리들은 한국독립 문제에 왜 외국인 대리인(한미협회의 크롬웰, 스태거스, 윌리암스 등)이 나서는지에 대해 의아스럽게 생각하고 있다고 전했다.

넷째, 적어도 당분간은 임정승인이 강조되어서는 안 된다고 주장했다. 이것은 미국과 임정승인을 위한 첫 협상에서 이승만이 현 임정을 전쟁 후 한국민의 최종 정부로 승인하는 것처럼 오해를 사게 해 승인문제를 어렵게 만들었다고 전했다.

다섯째, 앞으로 임정승인문제는 한인들의 전쟁 참가 노력과 임정이 자격있고 중요한 지위를 인정받는 것을 통해 이루어져야 할 것이라고 역설했다. 이에 따라 전경무는 어떤 주장이나 가정에 의해서가 아니라 승인에 필요한 실질적인 준비를 통해 시도해야 할 것임을 주장하였다.

그리고 전경무는 자신이 느끼기에 미국정부는 군사적 관점에서 한국문제에 관심을 갖고 있으니 한인 중 군사요원을 선발해 체계적인 훈련을 통해 실전에 배치하는 것이 더욱 필요하다고 했다. 따라서 한국독립을 위해 중요한 조치는 연합회가 군사적 참가를 위한 방안을 연구해서 미국으로부터 군사원조를 받는 것이라 하였다.

연합회는 전경무의 보고서를 검토한 후 이승만에게 제시할 4개항의 조건에 대해 대체로 만족하였다. 김원용이 전경무에 보낸 서신을 보면, 4개 조건은 원칙상 온당하지만 이승만이 수용하지 않으면 무용한 것이니 너무 고압적으로 주장하지 말 것을 주문하였다. 그리고 무엇보다 전경무가 중경여행을 추진하는데 전력하여 4개 조건의 문제로 이승만과 마찰을 빚지 말 것을 주문하였다.[73] 그렇지만 4개 조건을 제시받은 이승만과 김호·전경무 사이의 워싱턴 내정은 복잡하게 얽히고 있었다.

---

73) 970036-4, Letter from Warren Y. Kim to J. Kyuang Dunn(1942.11.15, 11.17).

연합회와 사전 검토를 마친 김호와 전경무는 1942년 11월 20일 이승만에게 4개의 조건을 제출하였다. 4개 조건을 정리하면 다음과 같다.

첫째, 주미외교위원부는 연합회 제1차 전체위원회에서 의결된 대로 위원장, 대변인, 서기, 재무의 직책을 신속히 조직한다. 현재 위원으로 선임된 정한경에 대해 이승만은 먼저 임정의 승인을 받도록 하고 선임 중인 재무는 연합회의 추천으로 이승만이 임명해 임정의 승인을 받도록 한다.

둘째, 주미외교위원부는 임정과 한국을 위해 수행했던 각종 공식 업무에 대한 내용과 공무상의 제반 지식을 연합회에 바로 알릴 것이며 임무 달성을 위해 필요한 조처에 대해 연합회에 통보한다. 이에 따라 한인 통일을 위해 주미외교위원부에서 발행하고 있는 『위원부통신』이나 각종 선전문을 없애고 공식 발표는 『신한민보』와 『국민보-태평양주보』를 이용한다.

셋째, 연합회는 기금확보운동을 통해 회원을 모집하여 한미협회를 강화시킨다. 그리고 한미협회는 주미외교위원부와 분리시키되 외국기관으로서 미국의 국내 정치문제나 협상에 관여하도록 하며 이승만은 한미협회에 대한 공식적인 관계를 단절한다는 사실을 대외에 선포한다.

넷째, 연합회가 추진하는 중경특파계획에 협력할 것이며 특파원은 김호와 전경무로 한다.[74)]

이상에 제기된 4개 조건의 핵심 내용은 이승만 단독으로는 대미외교를 효과적으로 추진할 수 없으니 여러 인재들이 힘을 합쳐 외교활동을 전개

74) 도1166, UKC in America: A Memorandum. 그런데 이 비망록은 10월 22일 이승만에게 제출했던 것을 수정 보완한 것이다. 10월 22일자 비망록에는 제1항과 제2항의 순서가 바뀌어져 있고 주미외교위원 부서 발행하는 『주미외교위원부통신』이나 각종 선전물에 대한 발행중단 요구가 빠져 있다.(970036-2, Letter from C. Ho Kim-J. Kyuang Dunn to Syngman Rhee(1942.10.22), Appendix; UKC in America: A Memorandum)

해 나가자는 것과, 주미외교위원부와 연합회는 업무 전반에 관해 서로 충분히 협의를 해야 한다는 것이었다. 즉, 연합회는 주미외교위원부를 연합회와 분리된 독자적인 기관으로 보지 않는다는 의미였다.

이러한 제안에 대해 이승만은 1942년 11월 27일과 28일 두 차례에 걸쳐 회신을 보냈다. 그는 4개 조건을 수락한다는 언급을 처음부터 분명히 하지 않았으나 주미외교위원부와 연합회 사이에 책임의 한계를 인정한다면 수락할 것이라는 의사를 밝혔다.[75] 즉, 주미외교위원부는 임정의 외교 대표이자 공식적인 대리기관이며, 연합회는 미주한인단체의 대표로서 임정과 주미외교위원부를 후원하는 민간기관이므로 정부의 권위를 민간에서 침해할 수 없다라는 사실을 김호와 전경무가 대외에 공포하라는 것이었다.[76] 이어서 그는 연합회가 임정과 주미외교위원부에 대한 재정후원을 계속한다면 주미외교위원부는 외교업무 수행에 필요한 지원과 협력을 아끼지 않을 것이며 『위원부통신』의 발행도 필요 없을 것이라 하였다.[77] 이승만은 이렇게 책임 한계를 명확히 한다면 연합회 대표가 제시한 4개 조건을 무난히 수용할 수 있을 것으로 보았다.

그러나 김호와 전경무는 이승만이 사실상 4개 조건을 거부한 것으로 간주하고 더 이상 협상을 진전시키지 않았다.

그런데 협상의 결렬에 대해 당황한 쪽은 이승만인 것 같다. 이승만은

75) 도1166, Letter from Syngman Rhee to C. Ho Kim-J. Kyuang Dunn (1942.11.27, 11.28)

76) 한편 이승만은 연합회 대표들과 협의하던 11월 20일 전후에 주미외교위원부를 공사관으로 승격시키는데 주력하여 그들의 동의와 함께 임정의 승낙을 받아내었다. 이를 통해 그는 앞으로 자신을 전권공사 또는 대사의 지위를 가졌다는 사실을 대외에 알려 외교위원부의 정부적 권위를 격상시키려 하였다.(『주미외교위원부통신』 제11호(1942.11.23), 「대한공사관의 성립」)

77) 도1166, Letter from Syngman Rhee to C. Ho Kim-J. Kyuang Dunn (1942.11.28)

협상이 결렬되어 나성으로 돌아간 김호에게 다시 서신을 보내 정부기관과 민간단체가 혼동되어 질서가 없다면 오해와 혼란이 올 것이라 하여 이전과 똑같은 주장으로 그를 설득시키려 했다.[78]

또한 이승만은 「연합회 대표와 그 사실 전말」이라는 글을 작성해 그동안 연합회 대표가 제시한 4개 조건 중 이의가 없는 부분은 즉각 조치를 취해 대외적으로 4개 조건을 다 수락한 것처럼 선전하였다.[79] 먼저 정한경과 김호의 새 위원 추천에 대해 이승만은 이미 수용의사를 밝혔고 다만 김호가 위원직을 수행할 수 없다하여 송종익을 추천하자 즉시 허락하고 그에게 서신을 보내 부임을 요청하였다고 했다. 한미협회와의 관계는 이승만과 그의 부인 프란체스카가 각각 이사직과 재무직을 즉각 사면하였으므로 공식적으로 단절되었다고 했다. 제4항의 『위원부통신』의 발행문제는 주미외교위원부와 연합회 사이의 한계를 분명히 한다는 공동성명을 낸다면 곧 『위원부통신』을 폐지할 것이라 했다. 그런데 연합회의 중경특파계획에 대해 이승만은 처음엔 미 국무부에 서신을 보내 협조하였으나 중경여행의 목적에 의문을 가지면서 태도를 바꾸어 결국 이 계획을 반대하였다.

이승만이 외형상 4개 조건을 수용한 것처럼 선전한 것은 연합회를 반대한다는 인상을 주지 않기 위함이었다. 이것은 이승만이 연합회와 분리해 독자적인 활동을 추진할 만큼 충분한 여력이 준비되어 있지 않다고 판단한 때문으로 보인다.

이상을 통해 볼 때 김호와 전경무는 향후 대미외교의 문제를 어떻게 풀어나가야 할 것인가를 당면과제로 보고 이를 위해 4개 조건을 제시하였다. 이승만은 4개 조건의 수용여부보다 임정으로부터 위임받은 외교권

78) 도907-2, 이승만이 김호에게 보낸 편지(1942.12.7).

79) 『주미외교위원부통신』 제17호(1943.1.4), 「연합회 대표와 그 사실 전말」.

을 연합회가 인정하는지에 대한 여부에 더 많은 관심을 갖고 있었다. 이것은 대미외교의 활성화를 위해 주미외교위원부의 문호를 과감히 개방해야 한다는 것과 주미외교위원부의 문호를 개방하기 전에 먼저 위임된 정부적 권위를 존중하라는 주장으로 정리된다. 그러나 연합회 두 대표와 이승만은 이러한 인식차이를 좁히지 못했다. 따라서 이승만과 연합회 간의 불신은 더욱 증폭되었다.

해외한족대회 때부터 줄곧 임정봉대를 외쳐온 연합회가 임정의 대리기관인 주미외교위원부에 대해 이승만의 요구를 수용하지 못한 것은 무엇 때문인가. 첫째, 주미외교위원부의 설치나 이승만을 외교원으로 선임한 것 모두가 임정에 의해서가 아니라 해외한족대회의 독자적인 결정에 의거 이루어졌다는 생각 때문으로 볼 수 있다. 비록 임정으로부터 정부의 외교기관으로 사후 승인을 받았지만 임정이나 이승만에 의해 주미외교위원부가 설립된 것이 아니므로 당연히 연합회가 주미외교위원부에 대해 관여할 수 있다고 보았다. 둘째, 주미외교위원부에 필요한 재정을 임정이 지원하는 것이 아니라 연합회에서 함으로 이승만이 연합회의 의견을 당연히 수용해야 한다는 태도였다. 이런 연유로 연합회는 이승만과의 분쟁이 더욱 확대될 때 이승만의 소환을 요청하고 심지어 그의 위원장 직위를 면직시키려 하였다.

이로 볼 때 연합회는 임정과 주미외교위원부를 철저하게 분리해서 보았음을 알 수 있다. 더구나 미주한인사회가 연합회로 결집되어 그 권한이 막강한 마당에 임정의 대리기관에 불과한 주미외교위원부에 의해 연합회의 권위가 손상되는 것은 묵인할 수 없는 일이었다. 반면 이승만은 임정이라는 거대한 방패를 이용해 미주한인사회 내 유일한 공식 외교대표인 자신의 위상이 하나의 민간단체에 불과한 연합회에 의해 좌우되는 것을 좌시할 수 없었다. 따라서 연합회 대표와 이승만 사이에 제기된 주미외교위원부 사무확대문제는 외교의 노선이나 방략, 주의에 의한 차이 때문이 아니라 미주한인사회의 주도권 문제와 결부되어 있었다. 이것은 어느 한 쪽에서 양보하거나 굴복하지 않는 한 해결하기 어려운 과제였다.

3) 집행부의 이승만 공개비판과 의사부의 반응

주미외교위원부 사무확대를 위한 이승만과 연합회 대표 간의 노력이 무산되자 실패에 대한 책임공방과 함께 인신공격으로 이어져 연합회와 주미외교위원부 간의 분쟁은 걷잡을 수 없는 상태로 발전하였다. 연합회는 내부사정에 따라 이번 분쟁에 대한 대처방법이 달랐다. 먼저 집행부는 이승만과의 분쟁이 연합회의 위상과 관련되어 있다고 보고 단호하게 대처하려 하였다. 이러한 배경에는 집행부가 북미 국민회에 의해 장악되고 있었기 때문이다. 전통적으로 안창호를 지지하는 흥사단계열이 주축을 이룬 북미의 대한인국민회는 3·1운동 당시 이승만 때문에 대한인국민회의 위신이 추락하고 결국 분열되었음을 보아왔기 때문에 이승만에 대해 좋은 감정을 갖고 있지 않았다.[80] 비록 미주한인사회의 역량결집이라는 대의(大義)를 위해 김호가 신설될 주미외교위원부의 외교원으로 이승만을 강력히 추천하여 마침내 계획한 연합회의 결성을 이루었으나,[81] 이

---

80) 3・1운동 당시 이승만과 대한인국민회 사이의 갈등은 애국금과 공채금이라는 재정권 장악을 둘러싸고 발생하였다. 이후 1922년 하와이 대한인국민회가 대한인교민단으로 전환함으로써 사실상 대한인국민회는 북미지역으로 축소되고 말았다. 북미의 국민회는 그러한 원인을 당시 하와이 국민회를 장악하고 있던 이승만 때문으로 생각했다.

81) 해외한족대회가 개최될 때 신설될 주미외교위원부의 외교원 선정문제를 두고 논란이 일 때 김호는 첫째, 자격・신용・배경 등을 살펴볼 때 이승만은 40여 년 간 애국심을 보인 인물이며, 둘째, 동지회에서 수십년간 추대해 온 그를 배제하는 것은 곧 동지회를 배제하는 것이며, 셋째, 이승만에 대해 반대하는 소수의 식자계급이 있는 반면 다수의 민중들이 그의 임명을 찬성한다는 것 등을 이유로 이승만을 강력히 추천하였다.(『태평양주보』, 1941년 5

승만의 행동여하에 따라 북미 국민회의 반응은 언제라도 도전적일 수밖에 없었다.

집행부는 주미외교위원부에 대한 사무확대 노력이 실패로 끝난 책임이 전적으로 이승만에게 있다고 생각했다. 집행부가 의사부에 보낸 1942년 11월 24일자 전보를 보면 이승만이 연합회 대표와 협조하지 않아 또다시 공돈이 낭비되고 있다 하였고,[82] 그 후 의사부에 보낸 서신에서도 어떤 특정인의 좋고 싫음을 떠나 이승만의 비협조에 대해 앞으로 더 이상 그를 지원할 수 없을 것임을 통보하였다.[83] 아울러 집행부는 이승만이 있는 한 연합회의 단합이나 평화는 없을 것이며, 그는 단지 단결을 방해하는 것뿐만 아니라 집행부와 의사부의 관계를 분리·지배할 것이라 하여 향후 주미외교위원부를 재조직할 의향을 표명하였다. 이를 협의하기 위해 집행부는 의사부에 대표 5명을 긴급히 보내줄 것을 제안하였다. 그리고 집행부는 당초 주미외교위원부에 보내기로 한 400달러 중 1/3만 지급할 것임을 의사부에 알렸는데, 전체대표회 때까지 연기해 달라는 의사부의 요청에도 불구하고,[84] 1943년 1월 22일을 마지막으로 403.63달러를 주미외교위원부에 보낸 뒤 재정지원을 완전히 중단하였다.[85]

사태를 지켜봐 온 북미의 대한인국민회는 1943년 1월 2일 대의원회에서 외교실패, 권리남용, 인심소란의 이유로 이승만의 주미외교위원부 위원장 직임에 대한 소환을 임시정부에 품청해 줄 것을 연합회에 제안하였다.[86] 그리고 국민회의 중가주지방회에서는 재미지역 정치단체들을 통일

월 10일, 「한족대회의 3대운동」)

82) 970036-2, Telegram from L.A. UKC to Honolulu UKC(1942.1.24).

83) 970036-2, Telegram from L.A. UKC to Honolulu UKC(1942.12.15).

84) 970036-2, Telegram from L.A. UKC to Honolulu UKC(1942.12.21); Telegram from Honolulu UKC to L.A. UKC(1942.12.22).

85) 『주미외교위원부통신』 제22호(1943.2.8), 「통신소식」.

하여 이번 기회에 새로운 단일당을 조직할 것을 제안하였다. 이런 국민회 내부의 움직임은 연합회 집행부에 그대로 반영되어 이승만에 대한 집행부의 태도를 더욱 강경하게 만들었다.

이승만에 대한 김호 및 집행부의 공개적인 비판에 대해 하와이 의사부는 별 반응을 보이지 않았다. 예컨대 집행부가 이승만이 연합회 대표와 협력하기를 거부하고 공돈을 허비하고 있다고 비난하자, 의사부는 연합회 두 대표가 워싱턴에 간 것은 주미외교위원부를 통제(control)하기 위해 보낸 것이 아니라 지원(assist)하기 위해 보냈음을 상기시키고 누구에 의해 무엇인가 잘못되어 가고 있으나, 인내를 가지고 조정한다면 해결될 것이라 회신하였다.[87] 이같은 의사부의 태도는 하와이의 국민회와 동지회의 세력이 거의 반반을 이루고 있은 데다 상호 단결이 잘 되어 있던 의사부 내부의 우호적인 분위기 때문이었다.

다만 김영기[88]가 이승만에게 보낸 서신(1942. 12. 12)은 비록 개인적인 견해가 많이 담겨 있었지만 당시 의사부의 입장이 어떠했는지를 잘 대변해 주고 있었다.[89] 그는 이 서신에서 이승만은 능력있고 개성이 강한 사람보다 자신에게 충성하는 예스맨을 더 가까이 하려는 것처럼 보인다고 지적하고, 이승만을 돕고 조언할 수 있는 그런 능력있는 사람과 협력할 것과 아무리 부하라 할 지라도 동역자에 대해 보다 타협적이고 합리적으

86) 『신한민보』, 1943년 1월 14일, 「대한인국민회 제7차 대표대회 입안」.

87) Telegram from Honolulu UKC to L.A. UKC(1942.11.26).

88) 김영기(金永琦)는 3·1운동 당시 이승만의 구미외교위원부에서 일했고, 1920년대에는 그의 지도하에 하와이 교민단의 단장을 역임하였으며 동지회에서도 크게 활동한 인물이다. 한동안 이승만과 사이가 나빠졌다가 미일전쟁이 발발 때부터 이승만을 적극 후원하였다. 그는 동지회 임원 가운데 대표적인 합동파이고 동지회 대표로 의사부에 참가해 재정검사로 있으면서 『태평양주보』의 주필로 활동하였다.

89) 970036-2, Letter from Young K. Kim to Syngman Rhee(1942.12.12).

로 대해 줄 것을 요구하였다. 이번 분쟁에 대해 의사부는 집행부와 공동 결정할 것이며 어떠한 희생을 감수하더라도 연합회의 단결을 지켜내는데 최선을 다할 것이니 비밀소식 등을 유포해서 한인들의 단합을 해친다면 이승만을 지지하지 않을 것이라 하였다. 임정과 주미외교위원부에 대한 재정지원이 한인 민중들에게 나오는 이상 임정이건 주미외교위원부이건 이런 한인들에 대해 맹목적인 충성을 기대하면서 거만한 자세를 취해서는 안 된다는 사실과, 이승만은 임정의 대리자이자인 동시에 연합회에 의해 정식으로 임명된 연합회 대표의 자격이므로 원칙상 연합회와 협력해야 할 것이라는 점을 주지시켰다. 이승만이 임정에 의해 한국을 대표하는 외교대표로 공식 임명되었다 하여 "나의 명령에 복종해야 한다(You must obey the order from me.)"라는 언사는 단지 잘못된 인상과 독재적인 인상만 불러일으킬 것이며, 임정의 이름으로 민중을 강제로 복종시킬 수 없다는 사실도 알아야 함을 상기시켰다. 한편으로 전경무와 김호가 제시한 4개 조건의 요구는 주미외교위원부의 변화를 요구한다는 점에서 긍정적으로 평가한다고 하였다.

이승만의 오랜 지지자로 동지회를 대표해 충언한 김영기의 이번 서신은 당시 의사부의 입장을 잘 대변해 주는 것이었으며 이승만에 대해 솔직하게 고언했다고 볼 수 있다.

4) 이승만과 그 지지세력의 대응

(1) 이승만의 반박과 대응

연합회 집행부의 반이승만의 행동에 대해 이승만과 그의 지지자들의 반박도 거세져 분쟁은 더욱 확산되었다. 먼저 이승만은 김호를 비롯한 연합회 집행부를 집중적으로 비난하였다. 그는 김호가 공개적으로 주미외교위원부를 공격하여 이번 문제를 촉발시켰다는 점을 부각시켰다.[90] 그리고 그는 한길수가 과거 미주한인사회의 단합을 대부분 파괴시켰다면 이제 와서는 김호가 그 나머지를 파괴 중이라 하여 이번 분쟁의 책임을 김호에게 있다고 주장했다.[91] 아울러 이승만은 집행부가 주미외교위원부에 대해 자금을 보내지 않으려는 점과 제3당을 구상하고 있다는 점, 그리고 빌려간 1,000달러를 갚지 않는다는 점 등을 들어 강도 높게 비난하였다.[92] 이러한 이승만의 태도는 자신을 공격하는 집행부의 행위에 대한 자위수단이었지만 민중 선동의 방편으로 작용함으로써 집행부와의 분쟁을 더욱 확산시켰다.

사실 이승만에 대한 공개적인 비판은 김호를 비롯한 집행부라기보다 전경무가 더욱 적극적이었다. 전경무는 이론적으로 잘 완비된 인물이었다. 그는 1942년 말 또는 1월 초경에 워싱턴에서 하와이로 돌아왔는데, 오자마자 *The Korean National-Herald-Pacific Weekly*에 그동안 이승만과 교섭했던 내용을 상세히 보고하여 이승만의 무능과 독단을 규탄하였다.[93] 이승만과의 분쟁이 깊어지자 전경무는 외교실패의 진상을 밝히며 이승만에 대한 비판을 강화했다.[94]

---

90) 970036-2, Telegram from Syngman Rhee to Honolulu UKC(1942.12.30).

91) 970036-4, Telegram from Syngman Rhee to Honolulu UKC(1943.1.21). 이승만은 김호가 연합회의 성립에 가장 공이 있는 인물인데 지금에 와서 주미외교위원부를 공박하고 분쟁을 일으키는 이유를 알 수 없다고 했다. 이것은 해외한족대회 개최 때 김호가 이승만을 주미외교위원부의 책임을 맡도록 추천하여 대회를 성공적으로 마칠 수 있게 한 사실을 두고 말한다.

92) 970036-4, Telegram from Syngman Rhee to Honolulu UKC(1942.12.23).

93) "J. K. Dunn Returns from Washington" *The Korean National Herald-Pacific Weekly*, 1943, January 20.

94) "Statement of Fact Re: UKC-Rhee Dispute", *The Korean National*

이승만은 이런 전경무를 상대하지 않았다. 이전에 전경무가 한길수와 협력하여 「임시연합선언」을 발표한 사실을 두고 이승만이 공개적으로 전경무를 비난한 바 있었지만,[95] 김호와 집행부의 경우와 비교해 볼 때 비난의 수준은 매우 약했다. 이승만은 분쟁 발단의 원인이 김호와 집행부에 있는 것으로 보고 여기에 초점을 맞추었다. 즉, 주미외교위원부에 대한 집행부의 약속된 송금이 독촉을 해야 겨우 보내주고 있었다는 점, 자신의 선전활동계획을 위해 5,000달러를 요구했을 때 집행부가 거부해 온 점, 집행부가 사무확대 문제를 시도하면서 주미외교위원부의 권위를 침해하려 했다는 점 등이 복합되면서 이승만은 그 책임을 김호와 집행부에게 돌리고 있었다.

이승만은 집행부를 규탄하는 메시지를 의사부에게도 전달하였다. 즉, 이승만은 김호와 집행부 내 여타 인물들이 위원장인 자신을 몰아내 새로 통합된 정치단체를 결성하려 한다고 주장하였고, 한길수의 중한민중동맹단과 합세할 것인데 그 대변인은 김용중이 될 것이라고 선동했다.[96] 이승만은 의사부의 입장이 흔들리지 않자 북미지역의 한인들로 방향을 바꾸었다.

(2) 북미민중대회의 결성과 대응

이승만의 지시를 받은 중가주의 한인들은 1942년 12월 30일 다뉴바(Dinuba)에서 민중대회를 열어 아래의 민중위원회를 조직하고 김호를 비

Herald-Pacific Weekly, 1943, December 22.

95) 970036-2, Telegram from Syngman Rhee to Honolulu UKC(1942.12.30).

96) 970036-3, Letter from Syngman Rhee to Won Soon Lee(1943.1.5). 이러한 선동에도 의사부가 전혀 동요하지 않자 이승만은 한편으로 단합을 위한 의사부의 노력을 높이 평가하기도 했다.[970036-4, Telegram from Syngman Rhee to Honolulu UKC(1943.1.22)].

릇한 집행부에 대해 조직적인 규탄을 시작하였다.

위원장: 박호근
서 기: 조종문
재 무: 김형식
감 사: 이살음
위 원: 송태은 · 신종호 · 송천희 · 장기영 · 정홍선 · 강화중 · 김성대
고응도[97]

그리고 이승만의 비서로 활동한 임병직[98]은 민중위원회를 조직한 다뉴바지역 한인들의 활동상을 담은 장문의 보고서(1943. 1. 4)를 동지회 회원들에게 보내 김호와 집행부에 대한 규탄에 가담했다.[99] 총 14개항의 보고서에서 임병직은 그동안 추진해 온 이승만의 활동상을 부각시키는 한편 김호 · 전경무가 제시한 4개 조건은 의사부의 동의를 받지 않고 행한 독단적인 것이며 집행부의 주미외교위원부 송금이 결코 정기적으로 온 적이 없다고 주장했다. 김호를 비롯해 연합회 집행부의 간부들은 워싱턴 여행에 1만 달러 이상을 쓰는 등 공금을 유용하였고 전경무와 한길수의 비밀협력설은 사실이라고 주장했다. 이런 비밀협력설은 장차 주미외교위원

97) 970036-3, The Korean People's Convention of Central California: A Proclamation.

98) 임병직(林炳稷, 1893.10.26~1976.9.21)은 충남 부여에서 출생하였고 1913년 이승만의 주선으로 도미하여 오하이오 대학 재학 중 이승만의 구미위원부를 도와 그의 밑에서 비서로 활동하였다. 연합회 집행부 위원으로 활동하였고 샌프란시스코 한인경위대의 설립을 주도하였다. 1943년 이승만에 의해 주미외교위원부 무관(대령)으로 임명되어 외교활동을 전개하였다. 광복이후 외무부장관, 유엔대사를 역임하였다.(국가보훈처, 『독립유공자공훈록』 제5권, 1976)

99) 도1131, Ben. C. Limb's Letter: Dear Compatriot(1943.1.4).

부의 정책을 반대하는데 이용될 것이라는 점을 주지시켰고 김호와 전경무의 중경특파활동이 임정과 이승만을 고립시키는 것이었으므로 임정의 요청에 의해 반대했다고 설명했다.

이승만은 진상을 설명하기 위해 임병직을 캘리포니아로 가도록 지시했다.[100] 그리고 이승만은 현재 주미외교위원부의 재정이 어려워져 정부기관인 주미외교위원부의 체면이 손상하게 되었다는 것과 이러한 원인은 집행부의 송금 중단 때문이며, 아울러 집행부의 간부들이 워싱턴을 비롯해 미국 각지를 순방하면서 그동안 1만여 달러의 공돈을 허비하였다는 주장을 계속했다.[101]

로스앤젤레스와 다뉴바에 있는 한인들은 이승만측의 계속된 선동 행위에 즉각 반응했다. 1943년 1월 16일 로스앤젤레스에 90여 명, 다뉴바에 50여 명이 모인 가운데 각각 나성민중대회와 중가주민중대회를 개최하고 공동결의문을 작성했다. 아래의 공동결의문의 내용을 보면 이번 민중대회의 취지가 무엇이었는지 잘 설명하고 있다.

1. 우리 민중은 대한 독립과 연합국의 승리를 위해 성충으로 대한임시정부와 외교부를 후원함.
2. 우리 민중은 불법행동을 감행하는 연합회 집행부를 불신임함으로 문제가 해결될 동안 민중의 독립금을 민중대회에서 수봉하여 임시정부와 외교부에 직접 상납함으로 독립운동의 계속 행함을 주장함.
3. 우리 민중은 현임 외교위원장을 신임하여 절대 옹호함.

---

100) 『주미외교위원부통신』 제12호(1942.11.30), 「소식통신」.

101) 『주미외교위원부통신』 제18호(1943.1.11), 「재정상 급한 문제」. 1만여 달러의 돈을 썼다는 주장은 전혀 사실과 맞지 않는 유언비어였다. 참고로 연합회 결성이후 1942년 12월 말까지 집행부가 지출한 여행경비는 2,177.26달러에 불과하였다.(『신한민보』, 1943년 2월 11일, 「재미한족연합위원회 총결산」)

4. 우리 민중은 하와이 연합회 의사부의 정당한 태도를 후원하며, 재미연합회 집행부의 불법행동을 성토함. [이유: 재미연합회 집행부가 잘못한 것 중에 가령 연합회 명의를 빙자하여 동포에 금전으로 모집하여 가지고 임시정부와 외교부를 받드는데는 성의를 다하지 않고 다수한 공금을 낭비한 까닭]
5. 하와이서 왔던 전경무와 연합회 집행위원장이란 지위를 달고 민중에 독립금을 낭비하면서 불법한 행동을 강행하는 소위 집행위원장 김호를 성토함. [이유: 김호씨가 외교부 책임자를 위협 공박한 까닭]
6. 정부에 동의도 없고 민중에 공의도 없이 민중에 대표라 칭하고 중경 민중을 찾아간다는 김호·전경무 양인의 중경여행을 반대함.[102)]

이러한 결의와 함께 나성민중대회는 향후 시정방안으로 다음을 제시하였다.

1. 김호와 집행부 간부 15명을 그 직에서 해임할 것.
2. 집행부를 재조직하되 동지회·국민회·북미민중대회 등 3단체에서 각기 3명을 선임하여 이들 9명이 1년 동안 집행부 간부로 활동할 것.
3. 집행부에 모집된 독립금은 2/3는 임시정부에 1/3은 주미외교위원부에 각각 송부할 것.
4. 집행부의 유일한 설립 목적은 독립금을 모아 임정과 주미외교위원부에 송금하는 것임.
5. 각 지방의 선전활동은 주미외교위원부의 지시를 받되 동지회·국민회·북미민중대회에서 임명된 공동 위원회에서 시행할 것.
6. 집행부의 사무예산은 동지회·국민회·북미민중대회가 부담한 특별금으

102) 『북미시보』, 1943년 2월, 「중가주·나성민중대회 결의안」; 970036-3, Joint Resolutions unanimously adopted by The Korean People's Convention of Central California and The Korean People's Convention of Los Angeles.

로 충당할 것.[103)]

요컨대 나성과 다뉴바에서 개최한 민중대회는 이승만을 적극 지지하는 대신 현 집행부를 철저하게 불신한다는 점과 이에 따라 새 집행부를 구성할 것을 주장했다. 새로운 집행부의 진용이 구성될 때까지 임정과 주미외교위원부에 보낼 재정을 연합회를 거치지 않고 직접 지원할 것이며, 독립금의 사용처를 임정과 주미외교위원부로 한정하겠다고 했다. 또 북미지역의 대외선전활동은 주미외교위원부의 지시를 받아 시행할 것을 제시해 주미외교위원부의 위상을 기존 단체들 보다 우위에 두었다.

나성민중대회는 임정과 주미외교위원부에 대한 재정지원을 위해 당일 행사에서 3,000달러라는 거액의 독립금을 모금하였다.[104)] 그런데 모금된 독립금을 집행부로 통하지 않고 직접 주미외교위원부에 송금함으로써 이후 집행부의 역할과 위상은 크게 약화될 수밖에 없었다.[105)]

---

103) 970036-3, Resolutions Adopted by the Mass Meeting of the Korean People in North America in Los Angeles.

104) 『북미시보』, 1943. 2월호, 「나성에서 민중대회를 개최하고 3천원의 독립금을 당석에서 거쳐」. 한편 민중대회 개최도중 이순기(李舜基, 런던올림픽(1948)과 헬싱키올림픽(1952)에서 다이빙 부분 금메달을 획득한 미국 국가대표 새미 리의 부친이다: 이상수, 『송철회고록』, 키스프린팅, 1985, 247쪽)가 갑자기 쓰러져 다음날 급사하는 사고가 일어났다. 이를 두고 현 집행부에 대한 분을 못 이겨 죽은 것으로 해석해 민중대회의 분위기를 더욱 격앙시켰다.(『북미시보』, 1943년 2월호, 「이순기씨 순사」)

105) 참고로 1943년도 주미외교위원부 재정보고를 보면 집행부는 403.63달러를 지원한 데 그치지만 의사부 6,738달러, 민중대회 2,368달러(주미외교위원부: 2,146달러, 임정: 222달러), 동지회 3,742달러(주미외교위원부: 1,592달러, 임정: 2,150달러)이다. 이는 동지회와 민중대회 그리고 의사부의 지원 속에 주미외교위원부가 운영되었음을 알 수 있다.(「The Korean Commission Financial Report 1943」, LA. 대한인국민회 소장자료)

민중대회 이후 북미한인사회에서 집행부의 통제력은 급격히 약화되었고 반집행부의 세력은 반국민회의 정서와 함께 크게 확장되었다. 김호를 비롯해 집행부를 장악하고 있던 핵심 인물들이 주로 국민회의 인물이었기 때문에 반집행부의 정서는 자연 반국민회의 방향으로 이어졌다. 중가주의 한인들은 1942년 12월 30일 민중위원회를 조직할 때 상설조직으로 계획했는데 이런 계획에 따라 중가주민중대회와 나성민중대회를 연합한 북미민중대회(The Korean People's Convention of North America)를 설립하였다.[106] 북미민중대회의 조직은 대부분 중가주에서 결성된 민중위원회의 인사들로 구성된 것으로 보인다. 북미민중대회는 별도로 독립금을 거두어 주미외교위원부에 송금하였고, 『민중시보』를 발행하여 자체 활동을 홍보하였다.[107] 이러한 북미민중대회의 활동에 대해 연합회는 제2차 전체위원회(1943. 4. 28~5. 8)에서 일시적인 집합체에 불과한 단체가 한 개의 상설단체와 같은 불법행동을 취하고 있다 하여 해산을 요구하기도 하였다.[108]

북미민중대회는 자체의 조직을 발전시키는 것보다 기존의 북미지방 동지회로 합류하거나 새로운 동지회지방회를 설립하는 쪽을 택했다. 동지회의 설립 목적과 활동 방향이 북미민중대회의 것과 별 차이가 없었다는 것도 한 요인이었겠지만 반집행부의 정서가 반국민회의 분위기로 이어진 것을 감안할 때 자연스런 변화였다. 예컨대 1943년 5월 20일자 동지회

---

106) 『주미외교위원부통신』 제18호(1943.1.11), 「통신소식」; 『북미시보』, 1943년 2월호, 「치카고동지회 결의안 민중대회에 제출」.

107) 『주미외교위원부통신』 제45호(1943. 10)를 보면 동지회북미총회가 『민중시보』의 구독과 배포 문제에 관여하고 있는 것으로 나타난다. 이로 볼 때 『민중시보』는 1943년도 말까지 발간되다 『북미시보』로 통합된 것으로 보인다.

108) 『신한민보』, 1943년 5월 13일, 「재미한족연합위원회 제2차 전체위원회 결의안」).

「보고서」를 보면 중가주민중대회에 참여한 주요 인물들이 5월 15일 다뉴바 한인교회에 모여 동지회 중가주지방회를 설립하고 있었다.[109] 반집행부와 반국민회의 정서가 이승만의 외교활동에 대한 적극적인 지원과 함께 친동지회의 정서로 급격히 전이되었다. 이처럼 북미지역 민중대회의 영향은 현 연합회 집행부를 장악하고 있던 국민회에 대한 반감으로 확산돼 북미지역 동지회의 세력을 크게 확장시키는데 기여했다.

(3) 북미 동지회의 세력확장

그동안 연합회 집행부 내 국민회와 함께 중심 세력으로 활동하던 동지회는 미일전쟁 발발 이후 하와이 동지회가 전시계엄령에 묶여 대외활동이 여의치 않자 자체 조직을 강화하였다. 비교적 활동이 자유로운 미국 본토의 동지회는 그동안 각 지부로 분산돼 효율적인 대외활동을 전개할 수 없는 구조였다. 이런 취약점을 해결하고자 북미지역의 동지회 는 1942년 6월 18~20일까지 시카고에서 뉴욕·몬타나·나성·시카고 등 4개 지역 동지회 대표들이 모인 가운데 북미동지대표회를 개최했다.[110] 4차에 걸친 회의에서 북미지방 동지회 대표들은 10개항의 의제를 갖고 토의를 실시하였다.[111] 결의된 주요 내용을 보면 '북미동지회총지부'라는 통합 조직체를 설립하여 그 밑에 의사부와 행정부를 두기로 했다. 의사부는 각

---

109) 『국민보—태평양주보』, 1943년 6월 16일, 「보고서」. 이 때 회장은 김형식 목사, 부회장 송태은, 총무 정홍봉, 서기 김진목, 재무 김성대 등으로 선임되었다.

110) 『국민보—태평양주보』, 1943년 8월 2일, 「북미지방 동지대표회록」.

111) 『국민보—태평양주보』, 1942년 8월 26일; 9월 2일, 「북미동지대표회록」. 대표회에서 논의된 10개항의 의제는 1) 조직에 관한 것, 2) 외교위원부에 관한 건, 3) 중앙부에 관한 건, 4) 연합회에 관한 건, 5) 인구세에 관한 건, 6) 나성동지회관에 관한 건, 7) 동지회 강령에 관한 건, 8) 불량한 한인대책에 관한 건, 9) 미국 국방공채에 관한 건, 10) 국방공채의 임무 등이다.

지방에서 선정한 대표 1인으로 구성하였고 행정부는 북미동지회총지부장 남궁염, 서기 김세선, 회계 최용진, 편집부원 안어진으로 선임했다. 임원의 임기는 1년으로 했고 총지부의 위치는 임시로 뉴욕에 두기로 했다. 동지회 기관지의 발간도 계획했는데, 처음 『북미월보』라는 이름으로 추진했다가 1942년 9월 15일부터 『북미시보』라는 이름으로 발행되었다.

북미지역의 동지회는 북미동지회총지부라는 통합체를 설립하게 된 이유와 목적을 다음과 같이 설명했다.

> 첫째, 미주 안의 각 지방회 사이에 긴밀한 연락을 취하고자 함.
> 둘째, 하와이 중앙부의 양해 하에 긴급한 문제는 지방회끼리 분담해 중요 문제를 신속히 처결할 수 있으므로 중앙부와의 시간상 및 거리상의 관계로 능률있게 처리 하지 못하는 불편을 해소할 수 있을 것임.
> 셋째, 지리적으로 거리가 먼 미국과 하와이 사이의 통신왕래나 여행상의 불편을 어느 정도 덜 수 있을 것임.
> 넷째, 동지회의 발전을 위해서 필요함.
> 다섯째, 동지회가 연합회에 대해 책임을 다함으로써 광복사업에 일조를 할 수 있을 것임.[112)]

요컨대 동지회의 발전을 위해 하와이만을 고집할 수 없다고 판단한 북미지역의 동지회가 동지회의 발전을 위한 방편에서 북미동지회총지부를 설립하였다. 북미 동지회는 북미동지회총지부의 설립이 혹시 있을 기존 단체와의 대결이나 분열을 조성하기 위한 것이 아님을 보이기 위해 기존의 연합회에 책임을 다해 광복운동에 일조할 것이라 강조하여 오해를 불식시키려했다.

민중대회 이후 동지회 내부를 비롯해 북미지역 한인사회에 반집행부와

112) 『국민보—태평양주보』, 1942년 7월 1일, 「미주 동지보 논설」.

반국민회의 정서가 확대되자 동지회의 입지는 오히려 강화되었다. 북미의 동지회는 기존 북미동지회총지부를 '대한인동지회북미총회'(이하 '동지회북미총회')로 개명하고 「대한인동지회북미총회장정」을 만드는 등 조직을 확충했다. 그 시기는 자료 미비로 확실하지 않으나 1943년 9월 뉴욕에서 발행하던 『북미시보』를 로스앤젤레스로 옮기고 이범녕을 새 주필로 임명하여 동지회북미총회의 기관지로 발전시킨 것을 볼 때 1943년 7, 8월경으로 짐작된다.[113] 또한 1943년 4월 11일 나성지방회가 있는 로스앤젤레스에 동지회 회관을 매입함으로써 북미 동지회의 회세와 입지는 더욱 강화되었다.

이렇게 강화된 북미의 동지회는 민중대회 이후 동지회 중앙부가 1943년 12월 23일 연합회 탈퇴를 공식 선언할 때까지 명목상 집행부에 참여했지만 재정의 수합과 지원 등에서 집행부와 분리함으로써 사실상 단독활동을 전개했다.

5) 분쟁 해결을 위한 연합회의 조정노력

북미 한인사회에 반집행부와 반국민회의 정서가 팽배하고 여기에 편승해 입지가 강화된 동지회가 집행부와 별도로 독자활동을 강행하자 집행부와 국민회의 반응도 격앙되었다. 집행부는 이번 사태의 근본 원인을 주미외교위원부를 맡고 있는 이승만으로 간주하고 강력히 대응했다. 먼저 집행부는 1943년 1월 22일 403.63달러의 송금을 끝으로 주미외교위원부에 대한 재정지원을 중단한 후 본격적인 이승만 성토활동에 들어갔다. 이는 주미외교위원부와의 결별을 각오하겠다는 의미였다. 그리고 북미의 국민회는 민중대회에 참가한 국민회 중가주지방회 임원인 이살음·송태

113) 홍선표, 「해방 이전 대한인동지회의 조직과 활동」, 『한국독립운동사연구』 제33집, 2009. 449~450쪽.

은·조종문·신종호·유도보 등에 대해 민중을 선동해 국민회에 반항한 것과 국민회 대표대회의 결의안을 실행하지 못하게 만든 것, 그리고 독립금과 3·1성금 등 공금을 거두어 국민회로 보내지 않고 주미외교위원부로 직접 보낸 것을 문제 삼아 면직처리 하였다.[114] 이로서 민중대회 이후 북미한인사회는 국민회 중심의 집행부와 동지회의 세력으로 사실상 분열되었고, 통합의 상징으로 활동하던 연합회의 위상은 급격히 추락했다.

한편 연합회 의사부는 이승만과 북미 동지회로부터 집행부와의 결별을 강요받고 있었다. 그러나 단합을 위해 집행부와 협력해야 한다는 입장에는 변함이 없었다. 먼저 이승만은 정부 반대자와는 어떠한 단합도 불가능하다는 사실을 알리고 의사부의 입장을 분명히 해 줄 것을 언급해 현 집행부와의 결별을 은근히 강조하였다.[115] 시카고 동지회는 집행부와 분리하는 것 외에는 다른 해결책이 없음을 계속 주장하였고,[116] 여타 많은 동지회 회원들도 이와 동일한 내용으로 의사부에 요구하였다.[117] 의사부는 임정과 주미외교위원부를 섬기는 최선의 길은 오직 단합을 유지하는 것이라 하여 이승만에게 북미 한인들의 선동적인 행동을 자제시켜 줄 것을 당

114) 『신한민보』, 1943년 4월 1일, 「중가주지방 공결안」. 면직된 이들은 1943년도 국민회중가주지방 임원들인데, 조종문은 총무 겸 서기이고 이살음은 교육위원, 송태은은 실업위원, 유도보는 수전위원이다. 신종호에 대해선 기록이 없어 알 수 없다.

115) 970036-4, Telegram from Syngman Rhee to Honolulu UKC(1943. 1.22.); Telegram from Koran Commission to Honolulu UKC(1943.1. 22.).

116) 970036-4, Telegram from Chicago Dongji Hoi to Honolulu UKC (1943. 1.18, 1.21).

117) 970036-4, Telegram from Nam Koong to Honolulu UKC(1943.1.19); Telegram from Mr. & Mrs. Young Han Cho to Honolulu UKC(1943. 1.16); Telegram from Mr. & Mrs. Hong to Honolulu UKC(1943.1.).

부했다.[118] 아울러 각지의 동지회 회원들에게도 이승만을 민족지도자로 지지할 것이며 앞으로 열릴 연합회 전체위원회에서 의견 차이를 조정해 나갈 것임을 약속하며 사태를 무마시키려 하였다.[119] 집행부에 대해서 의사부는 루머와 선동에 동요하지 말 것을 당부하고 집행부가 요청한 전체위원회에 곧 대표를 보낼 것이라 회신하여 이번 문제를 집행부와의 협의를 통해 해결하려 하였다.[120]

의사부는 1943년 2월 15일자로 하와이 4개 단체가 연명한 「성명서」를 발표하고 이번 분쟁에 대한 의사부의 입장을 밝혔다.[121] 즉, 의사부는 우리 독립운동의 급선무가 민족적 단합인데 이 목표를 위해 겨우 연합회를 설립한 지금 우리가 이를 지키지 못한다면 사람들 앞에 머리를 들 수 없을 것이니 독립을 위해 무엇보다 단합하여 연합회를 유지시키는 것이 중요하다는 점을 역설했다. 또 김호와 전경무가 제시한 4개 조건은 다만 외교의 발전을 위해 이승만에게 제시한 것이며, 한길수와 협정한 것 또한 우리끼리 서로 싸우지 말자는 의도에서 나온 것이므로 의사부는 원칙상 이를 지지한다고 했다. 이것은 민중대회에서 집행부가 모든 일을 불법적으로 독단 처리했다는 주장을 부인하는 성명이었다.

118) 970036-4, Telegram from Honolulu UKC to Syngman Rhee(1943.1.19.).

119) 970036-4, Telegram from Honolulu UKC to New York Dongji Hoi (1943.1.19.); 970036-4, Telegram from Honolulu UKC to Pyung Koo Yoon(1943.1.19.); 970036-4, Telegram from Honolulu UKC to Chicago Dongji Hoi(1943.1.19.); 970036-4, Telegram from Honolulu UKC to Young Han Choo(1943.1.19.).

120) 970036-4, Telegram from Honolulu UKC to L.A. UKC(1943.1.19.).

121) 『국민보 — 태평양주보』, 1943년 2월 24일, 「성명서」. 이 「성명서」에 연명한 단체는 동지회 · 국민회 · 한국독립당 하와이총지부, 대한부인구제회 등 4개 단체였다.

의사부가 「성명서」로 발표한 것은 하와이 한인사회만이라도 분쟁에 휘말리지 말자는 의지의 표명이었다. 그 배경에는 이승만측의 기대와 달리 하와이 동지회 내부에서 적극적으로 합동을 주장하는 세력이 있었기 때문에 가능했다.[122]

의사부는 집행부의 전체위원회 개최 요구에 응해 로스앤젤레스에 이원순과 김원용을 보내 주미외교위원부의 문제를 우선적으로 해결하려 했다. 대표로 선정된 이원순과 김원용은 1943년 3월 17일 발표한 「성명서」에서, 주미외교위원부와 연합회, 민중과 정부 간의 의견일치를 도모해 주미외교위원부와 임정으로 하여금 광복대업을 촉성시키는 것이 이번 전체회의에 참석하는 자신들의 사명이라고 천명했다.[123]

연합회 제2차 전체위원회는 산적한 과제를 안고 있었다. 우선 3월 17일부터 20일까지 개최한 준비회는 제2차 전체위원회에서 논의할 안건으로 첫째, 연합회의 발전책, 둘째, 주미외교위원부 조정문제, 셋째, 중경특파계획 추진문제, 넷째, 전시공작문제, 다섯째, 전쟁 종결 이후의 문제 등으로 결정했다.[124] 이 가운데 주미외교위원부의 문제는 최우선의 과제였다. 그래서 준비작업의 일환으로 이승만과의 사전 협의가 필요하다는 판단 하에 3월 22일 이원순과 김원용을 워싱턴에 보냈다.[125]

연합회 제2차 전체위원회는 워싱턴에 갔던 이원순과 김원용이 LA에 도착한 직후 개최되었다. 전체위원회에서 집행부 내 국민회측 대표는 이

---

122) 『국민보—태평양주보』, 1943년 3월 3일, 「이번 성명서의 입력」.

123) 『신한민보』, 1943년 3월 25일, 「성명서」.

124) 『신한민보』, 1943년 3월 25일, 「재미한족연합위원회 제2차 전체위원회 준비회」)

125) 이 때 워싱턴에 갔던 두 사람은 이승만으로부터 주미외교위원부 위원이 되어줄 것을 요청 받은 것으로 보인다.(『주미외교위원부통신』 제92호(1944. 10.25), 「외교위원부 개조에 대하야」)

승만의 소환을 정식으로 제기했다. 이 문제를 갖고 3일 동안 의논했으나 의견 일치를 보지 못해 한 때 연합회가 갈라설 지경에까지 이르기도 했다. 다행히 주미외교위원부의 문제를 의사부에 일임하기 함으로써 이승만의 소환건은 일단 유보되었다.[126] 대신 의사부는 외교와 인선의 문제를 시행하기 전에 집행부와 미리 협의해 동의를 얻는 것으로 양해하였다.[127] 의사부가 주미외교위원부의 문제를 떠안은 것은 그동안 집행부와 이승만 사이의 분쟁에 개입하지 않아 중개자적 입장에서 일을 원만히 해결할 수 있다고 본 때문이었다.

하지만 이번 전체위원회의에서 집행부는 자체의 경제력을 충분히 축적할 때까지 주미외교위원부에 대한 송금을 하지 않기로 결정했다. 이러한 결정은 집행부와 이승만 사이의 화해를 어렵게 만들었다. 또 집행부는 독립금의 수입 중 사무비 지출을 제한 후 2/3는 임정에, 1/3은 주미외교위원부에 보내기로 결의하여 무엇보다 연합회 유지를 우선시하는 모습을 보였다.

이밖에도 그동안 문제가 된 이승만과 집행부 사이의 차용금 문제도 정리했다. 즉, 의사부가 이승만에게 빌려준 2,500달러 중 쓰고 남은 1,500달러는 다시 반환하는 것으로 결정하였다. 이승만은 과거 한미협회와 선전활동계획을 수립하고 의사부로부터 2,500달러를 받았다. 그런데 받은 2,500달러를 계획대로 쓰지 못하고 있다가 워싱턴에 온 김호와 전경무의 양해 하에 주미외교위원부의 사무경비로 1,000달러를 지출했다. 이것을 두고 이승만은 갚기로 약속한 1,000달러를 보내 줄 것을 김호와 전경무에게 무리하게 요구했는데 이것이 나중에 이승만과 집행부와의 분쟁을 확대시키는 한 요인이 되었다. 제2차 전체위원회는 이미 사용한 1,000달러

126) 『신한민보』, 1943년 5월 13일, 「제2차 전체위원회 경과보고」.

127) 『신한민보』, 1943년 5월 23일, 「재미한족연합위원회 제2차 전체위원회 결의안」.

는 주미외교위원부의 경비지출로 정리하는 대신 남은 1,500달러는 이승만이 의사부에 반환 조치하는 것으로 정리했다. 이러한 환급 결정은 이후 의사부와 이승만 사이에 또 다른 불화의 원인으로 작용하였다.

주미외교위원부의 조정문제는 제2차 전체위원회에서도 명확한 결론을 내지 못했다. 이승만이 없는 상태에서 쉽게 결론을 내리기 어려웠을 것으로 짐작된다. 그래서 전체위원회는 하와이 동지회의 대표로 이승만의 최측근이자 의사부 위원장인 이원순을 워싱턴에 다시 보내기로 결정했다.

이원순은 전체위원회의 결정에 의거 1943년 5월말 워싱턴에 간 후 3개월 만에 로스앤젤레스로 돌아와 8월 31일 그 결과를 집행부에 보고하였다.[128] 그는 보고 첫마디에 주미외교위원부의 사무 확대와 정리를 위한 자신의 사명은 실패했다고 고백하였다.[129] 더구나 이원순은 이승만으로부터 주미외교위원부의 새 위원으로 임명이 되어 돌아왔다. 당시 이승만은 자신을 만나러 워싱턴에 온 이원순을 1943년 7월 19일자로 임정 주석 김구와 외무부장 조소앙의 명의로 주미외교위원부 새 위원으로 임명하였다.[130] 그런 다음 이승만은 임정을 향해 이원순과 정한경의 승인을 요청하였고, 임정은 8월 30일자 전보로 두 사람의 위원직을 승인해 주었다.[131]

또한 이승만은 주미외교위원부의 지방조직을 만들기 위해 북미 각지의 대표들과 교섭 중에 있었고 하와이에는 연합회 의사부에게 지방조직의 책임을 맡길 계획을 준비하고 있는 사실이 드러났다.[132] 이것은 연합회 입

128) 이원순은 8월 30일 나성에 도착하였다.

129) 『신한민보』 1943년 9월 9일, 「연합회를 대표하여 워싱턴에 갔던 이원순씨의 보고」.

130) 독립기념관 자료 1794, 1795, 「주미외교위원 임명장」; 『주미외교위원부통신』 제36호(1943.8.3).

131) 『신한민보』 1943년 9월 2일, 「임정소식」.

132) 『주미외교위원부통신』 제36호(1943.8,3), 「외교위원부 새 위원 서임」, 「지

장에서 볼 때 주미외교위원부가 연합회에 맞서는 거대한 조직망을 갖추어 장차 미주한인사회를 장악하겠다는 의도로 비추어졌다.

이원순은 이승만이 계획한 지방조직의 설립에 대해선 반대했으나 위원으로 임명된 것은 자신이 워싱턴을 떠난 이후 일어난 것이라 알지 못한다고 했다.[133] 그러면서 그는 주미외교위원부의 위원이 되겠다고 허락하지 않았으나 받을 의향은 있다고 하는 등 모호하게 언급하였다.

집행부는 의사부 대표이자 연합회의 대표로 워싱턴에 갔던 이원순의 결과 보고와 이승만의 일련의 행동에 대해 큰 실망과 함께 분노하였다. 이번 일의 당사자인 이원순의 불분명한 태도에 대해 실망하였고, 당사자의 동의 없이 이승만이 외교의 중직을 임명한 사실에 분노하였다. 자신의 사명에 실패했다고 고백하면서 주미외교위원부 위원직을 수락한 이원순이 워싱턴에서 과연 연합회를 위해 일했는지 아니면 주미외교위원부를 위해 일했는지 의심하였다. 또 그가 정부의 직임을 받는 것을 갖고 사전에 의사부나 집행부에 대해 어떤 양해나 동의를 받았는지에 대해서도 강한 의문을 가졌다.[134]

방위원설치」.

133) 이원순은 이 당시를 회고하기를, 내가 주미외교위원부 위원에 임명된 것은 나성에 돌아온 뒤에 처음 알았다 하였고, 지금도 그 때의 발령이 수수께끼이지만, 내 생각엔 이승만이 동지회를 떠나지 못하게 할 유일한 방법으로 나를 붙잡은 것 같다라고 회고하였다.(이원순, 『세기를 넘어서』, 신태양사, 1989, 254~256쪽) 그런데 이원순이 이승만으로부터 위원직을 제의 받은 때는 1943년 연합회 제2차 전체위원회를 앞두고 김원용과 함께 3월 26일 워싱턴에 도착한 직후였다. (『주미외교위원부통신』 제92호(1944.10. 25)) 이 때 이승만은 김원용과 이원순에 대해 둘 다 아니면 둘 중 한 명이라도 주미외교위원부의 위원이 되어 줄 것을 요청하였다.

134) 『신한민보』 1943년 9월 9일, 「연합회를 대표하여 워싱턴에 갔던 이원순씨의 보고」.

이원순의 워싱턴 방문 결과보고는 연합회와 이승만 사이가 더 이상 화합할 수 없다는 사실을 증명하였다. 하지만 이미 그 이전부터 이승만과 연합회 사이에는 그러한 징조가 드러나고 있었다. 먼저 이원순이 워싱턴에 가 있는 동안 의사부 위원장을 대리하고 있던 부위원장 안원규[135]는 1943년 7월 27일 이승만에게 편지를 보내 3~4개월 동안 독립금이 크게 감소하여 임정에 보낼 7월 경비가 부족하니 주미외교위원부에 임치한 1,500달러를 송부해 줄 것을 요청하였다.[136] 그러면서 그는 이렇게 독립금이 영성하게 된 이유를 첫째, 외교부와 집행부 사이의 마찰, 둘째, 주미외교위원부가 연합회를 거치지 않고 소위 민중대회 이후부터 독립금을 직접 받으면서 『북미시보』와 『민중시보』를 통해 통일 반대를 선전하는 것, 셋째, 동지회에서 한미협회를 비롯해 기타의 명목으로 특별단원을 모집하며 가외의 송금공작을 진행하는 것 등 때문이라 하였다. 그리고 앞으로도 계속 인심을 현혹시켜 독립금 수봉의 도리를 파괴해 독립전선을 혼란시킨다면 이를 교정하기 위해 임정에 보고, 직접 결정·지도하기를 청원할 것이니 이승만 스스로 교정해 줄 것을 요청하였다.

6) 이승만의 반박과 독자노선의 모색

이승만은 의사부 위원장대리 안원규가 보낸 서신(1943. 7. 27)에 조목조

135) 안원규(安元奎)는 1877년 8월 29일 서울에서 출생하였다. 1903년 3월 3일 하와이로 이민왔고, 1907년 결성된 합성협회에 부회장으로 활동하였다. 1913년 9월 1일 이승만이 창간한 『태평양잡지』 발행 때 간사원으로 활동한 이래 1921년 3월 하와이 대한인교민단이 설립될 때 초대 부단장을 역임했다. 이후 하와이 대한인국민회 부회장과 총회장을 역임하였고, 연합회 의사부의 부위원장 과 위원장, 한국독립당하와이총지부 단장 등을 역임했다.(국가보훈처, 『1997년도 독립유공자공적서』; 「안원규 외국인등록서」, L.A. 대한인국민회 소장자료)

136) 『주미외교위원부통신』 제43호(1943.9), 「외교위원부와 연합회의 관계」.

목 반박했다. 그는 1943년 8월 3일자 답신에서 임치금 1,500달러는 그대로 둘 것과 김호와 전경무가 차용한 돈을 보내줄 것을 재차 요구했다. 독립금이 엉성한 이유를 설명한 안원규의 주장에 대해 그는 제1항은 동의하나 제2~3항은 근본 이유가 아니라고 주장했다.[137] 즉, 임정과 주미외교위원부로 인심이 통일되어야 광복이 속성될 것이므로 이 뜻에 따른다면 순조롭게 진행될 것으로 설명하였다. 그는 이번 집행부와의 분쟁은 집행부가 주미외교위원부를 공박한 것과 의사부가 태도를 불분명하게 처신했기 때문이라 했다. 앞으로 의사부가 집행부의 행위에 대해 해외한족대회의 결의를 위반한 것으로 인정하고 절대로 주미외교위원부에 복종한다고 선언한다면 그 효과를 볼 것이라고 충고하였다.

이승만은 현 난국을 정돈하기 위한 다음의 4개 조건을 제시하고 이의 수락을 요구하였다.

1. 해내외 한족통일을 임시정부 명의로 성취함.
2. 태평양 이편은 정부 대표기관인 위원부로 중심을 행하고 권위를 집중케 함.
3. 정부의 모든 공납은 다 주미외교위원부서 주장케 하되 사사단체(私事團體)나 개인의 간섭을 불허함.
4. 의사부가 이 정책을 성심 준행하기로 결정하면 하와이에 지방위원으로 공전수봉(公錢收捧)하는 책임을 겸대(兼帶)하여 집행케 함.[138]

요컨대 이승만은 의사부를 주미외교위원부의 종속기관으로 만들고 주미외교위원부를 미주지역의 핵심기관으로 만들려고 했다. 따라서 위의 4개 조건들은 이제 이승만이 어떠한 생각을 갖고 있었는지를 대외에 분명

137) 위와 같음.

138) 위와 같음.

히 밝힌 것으로 볼 수 있다.

이승만은 민간단체를 정부기관 위에 두는 것은 혼돈과 무정부 상태를 야기하는 것이니 있을 수 없는 일로 보았다. 그는 「합동인가 분열인가」라는 글에서, 민간단체에 불과한 연합회가 재정권을 장악한 후 해외한족대회의 본의를 스스로 변질하여 주미외교위원부의 인선출척(人選黜陟)과 외교선전 등의 업무에 개입하겠다는 생각을 갖고 사람을 파송해 공전을 낭비하였으며, 정부기관인 주미외교위원부를 장악하려 했다고 주장했다.[139] 그리고 연합회는 각종 글로써 악평을 가해 합동의 명의로 파괴공작을 전개해 왔다고 역설했다. 이런 상태를 해결하기 위한 최상의 길은 임정의 기관인 주미외교위원부로 인심과 재정을 집중하는 것이라고 주장했다. 실제로 이승만은 이 계획을 직접 실행하기 위해 임정에 보낸 1943년 9월 8일자 전보에서 모든 공전(公錢)을 주미외교위원부로 집중하는 명령을 내려 줄 것을 요청하였다.[140]

이승만은 주미외교위원부의 위원 인선문제에 있어서도 재능보다 애국심이 우선되어야 한다고 주장했다. 즉, 재능을 앞세워 들어온 자는 정부의 명령에 복종하거나 나라에 충성하는 것이 아니라 도리어 최고의 지위를 점령하는데 주력할 자라고 했다. 또 이런 자들이 주미외교위원부에 들어와서 충성을 다해 공적을 쌓는다 할 지라도 정부를 위협해 지위를 얻는 길을 열어 놓으면 장차 그 정부의 체통과 위신을 보존하기 어렵게 만들 것이라 하였다.[141] 즉, 이승만이 주장하는 애국심이란 정부 대표인 자신에게 충성하고 복종하는 것을 의미하며, 이런 애국심을 가진 자가 주미외교위원부의 위원이 되어야 한다는 것이다. 따라서 이를 수용한다면 미주한인사회는 평화가 올 것이나 그렇지 않으면 분쟁과 분열은 계속될 수밖에

139) 『주미외교위원부통신』 제39호(1943.8.24), 「합동인가 분열인가」.
140) 『주미외교위원부통신』 제41호(1943.9.14), 「화부소식」.
141) 『주미외교위원부통신』 제40호(1943.9.3), 「외교위원부 인선문제」.

없다는 것이 그의 논리였다.

이승만의 이런 태도는 연합회 집행부와의 분쟁이 확대되던 1942년 말 경부터 갖고 있었던 것 같다. 이원순의 회고에 따르면 자신이 1943년 5월말 워싱턴에 도착했을 때 이미 이승만은 연합회와 결별하고 동지회 하나만으로 주미외교위원부와 임정에 대한 재정지원을 하겠다는 결심을 간파할 수 있었다고 한다.[142] 이런 이승만의 생각은 곧 주미외교위원부 지방조직의 결성과 일방적인 이원순의 위원직 임명으로 나타났다. 즉, 이승만은 더 이상 연합회와 화합할 수 없다는 것을 알고 결별을 준비하였고 그 대안으로 주미외교위원부를 중심으로 자신의 지지자들로만 세를 규합하겠다는 의도였다. 이런 그의 의도는 이후 하와이 동지회에 반영되어 결국 동지회의 의사부 탈퇴로 이어졌다.

7) 연합회의 강경대응과 반이승만활동

(1) 의사부의 강경대응

이승만의 4개 조건에 대해 의사부는 물론 하와이 동지회 내부에서도 매우 불쾌하게 생각하였다. 의사부는 이승만에게 보낸 1943년 9월 7일자 답신에서 4개항 중 2~4항까지는 실행 가능성이 없으니 취소해 줄 것을 요구하였다. 연합회가 해외한족대회의 결의안을 위반한 사실이 없으며 앞으로도 재정과 민심을 더욱더 연합회로 집중할 것임을 밝혔다. 그리고 이승만에게 빌려준 특별금 1,500달러는 당분간 임치하되 독립금이 엉성할 때 그 돈을 쓸 것이라 하여 차용금 받기를 포기하였다.[143]

---

142) 이원순, 『세기를 넘어서』, 신태양사, 1989, 254쪽.

143) 970036-2, 의사부 위원장대리 안원규가 이승만에게 보낸 「공함」 제120호(1943.9.7); 『주미외교위원부통신』 제43호(1943.9), 「외교위원부와 연합회의 관계」. 연합회와 이승만 사이 2,500달러의 돈문제에 대해선 김영기가 쓴 「임치금 2,000달러에 대한 설명」(『국민보—태평양주보』, 1943.11.3)

하와이 동지회는 9월 12일 80여 명의 회원들이 모인 가운데 이승만이 제안한 4개 조건을 검토한 뒤 만장일치로 독립금 수봉업무를 의사부로 계속 담임하는 것으로 결의하였다.[144] 9월 19일 동지회 중앙부는 회원들에 의해 결의된 이번 의견을 지지함으로써 이승만이 기대했던 동지회 중앙부의 주미외교위원부의 지지 움직임은 일어나지 않았다.[145] 이러한 모습은 임정의 권위를 지나치게 강조해 주미외교위원부로 모든 재정과 실권을 장악하고자 했던 이승만의 계획이 비현실적이었음을 말해주었다.

의사부는 이승만에게 보낸 1943년 9월 25일자 공문에서 보다 단호한 입장을 전달하였다.[146] 지금까지 이승만의 행동은 한인의 합동과 민족의 대업을 위태롭게 하여 모든 사람의 후원을 상실하게 만들었다고 비판했다. 앞으로 사용되는 모든 경비는 정한 예산대로 쓰되 자의로 가외의 요구를 하지 말 것이며 연합회의 예산지원이 없으면 다른 방면의 후원도 없을 것이라고 했다. 이에 따라 이승만이 재정 지원을 받지 않을 것인지 아니면 연합회와 협동할 것인지에 대해 양단간에 결정해 줄 것을 통보하였다. 이제 의사부는 재정 지원을 무기로 이승만에 대한 압박을 가하기 시작한 것이다.

주미외교위원부의 문제를 더 이상 방치할 수 없었던 의사부는 집행부의 강력한 이승만 소환요구에 응해 1943년 10월 4일 의사부 위원 15명 중 14명이 참석한 가운데 만장일치로 두 가지 사항을 결정하였다.[147] 이

참조.

144) 『국민보 — 태평양주보』 1943년 10월 20일, 「외교부에 대한 제의안」.

145) 위와 같음.

146) 도1411, Letter from Won Kiu Ahn to Syngman Rhee(1943.9.25); 『주미외교위원부통신』 제45호(1943.10), 「연합회공함 번역」.

147) 『국민보 — 태평양주보』, 1943년 10월 13일, 「연합위원회의 결의」; 『신한민보』, 1943년 10월 14일, 「재미한족연합위원회 의사부 건의」; "Local UKC

승만을 임정의 외교고문으로 승차시킬 것과 주미외교위원부를 재조직하는 것으로 결정하고 이것을 임정에 요청하기로 한 것이다. 이승만의 소환 문제는 그의 독립운동 경력이나 권위를 존중하려는 하와이 동지회의 입장에서 볼 때 수용하기 힘든 것이었다.[148] 이는 북미 국민회가 주장한 이승만의 외교실패, 권리남용, 인심소란의 주장을 의사부가 수용하지 않겠다는 것으로 해석할 수 있다. 이로 볼 때 의사부의 이번 결정은 동지회중앙부의 입장을 상당히 배려하고 있었음을 알 수 있다. 그리하여 이승만을 소환하는 대신 외교고문으로 승격시켜 원로정치가로 대우함으로써 그를 시비의 중심에서 벗어나게 할 수 있다는 점과, 이를 계기로 주미외교위원부의 지도부를 젊고 유능한 사람으로 바꾸어 보다 활기찬 외교활동을 추진할 수 있다고 보았다.[149]

의사부는 이러한 결정을 곧 집행부에 알리는 한편 1943년 10월 6일자로 임정에 통보하였고, 집행부는 그 다음날 임정에 전보하였다.[150] 이제 주미외교위원부의 문제는 임정의 손으로 넘어갔다.

그런데 미주의 상황이 긴박하게 전개되는 것과 달리 임정은 김구의 한국독립당과 김원봉의 조선민족혁명당 세력 사이의 내홍으로 미주의 상황을 제대로 파악할 수 없었다. 1942년 10월 25일 한국독립당과 조선민족

Recommends Commission Re-Organization: Urge Dr. Rhee for Elder Statesman," *The Korean National Herald-Pacific Weekly*, Oct. 6, 1943.

148) 이 때문에 김영기는 이승만의 소환은 만부당하며 민중이 불원하는 것이라 하였다.(『국민보—태평양주보』 1943년 10월 20일, 「외교부에 대한 제의안」) 그러나 집행부는 의사부의 결정을 이승만을 '소환'하는 것처럼 보도했다. 이는 북미지역 동지회가 분개할 수 있는 요인이었다.(『신한민보』 1943년 10월 6일, 「재미한족연합위원회 소환전청」)

149) 『국민보—태평양주보』 1943년 10월 20일, 「외교부에 대한 제의안」.

150) 『신한민보』, 1943녀 10월 14일, 「재미한족연합위원회의 소환전청」.

혁명당이 참여한 통일회의 이후 임정은 개헌을 둘러싸고 두 당의 자파세력 확대문제로 충돌하고 있었다. 민혁당측은 임정의 대중외교의 실패와 재정의 곤란을 두고 한독당의 당파 외교의 소치라고 공박하여 김구측을 궁지에 몰고 있었다. 그리고 1943년 4월 암살단사건, 6월의 공금횡령사건 등이 일어나 김구를 비롯한 국무위원들이 1943년 8월 31일 총 사직했다가 9월 21일 다시 복직하는 등 갈등이 끊이지 않았다.[151] 따라서 임정은 1944년 4월 정돈된 모습을 보일 때까지 연합회의 요청을 충분히 검토해 결정할 처지가 못 되었다. 때문에 김구는 연합회에 보낸 1944년 11월 15일자 전보에서, 현재 임정 내부의 어려움과 주미외교위원부 문제의 심각성으로 선불리 결정할 수 없으니 새 내각이 구성될 때까지 기다려 달라는 것과, 집행부와 의사부에서 대표 1인씩을 추천해서 주미외교위원부를 강화하는 원칙만을 통보하였다.[152] 대신 재정모집권에 대해서는 연합회 이외에는 허락할 수 없다하여 연합회의 입장을 수용하였다.

임시정부로부터 어떤 결정을 기대했던 연합회는 실망하지 않을 수 없었다. 의사부 위원장 안원규는 「이박사와 그의 외교실책」이라는 글에서 '혈기'로 세계정세와 민족운동을 보고 있는 김구에 대해 강한 유감을 표현하였다.[153] 이는 임정이 연합회가 제기한 주미외교위원부의 문제를 이성적으로 냉철하게 보지 못하고 있다고 판단한 때문이었다.

의사부는 재정중단이라는 방법을 통해 이승만의 활동을 제한하면서 연

151) 호춘혜(胡春惠), 『중국안의 독립운동』, 단국대출판부, 1978, 124~127쪽; 홍선표, 「대한민국임시정부의 주석제」, 『대한민국임시정부수립 80주년기념논문집』, 국가보훈처, 1999, 200~204쪽. 한편 미주에서는 이러한 복잡한 임정 내분을 민혁당의 소책자사건으로 알려지고 있었다.(『국민보 — 태평양주보』, 1943년 9월 15일, 「임시정부특전」, 「임시정부소식의 해석」; 9월 29일, 「임시정부특전」; 12월 1일, 「알다가도 모를 저편 소식」)

152) 도912, Telegram from Umhangsup to Press New Korea(1943.11.15).

153) 『국민보 — 태평양주보』, 1943년 12월 29일.

합회 자체의 독자활동을 모색하기 시작하였다. 1943년 11월 9일 의사부는 이승만이 파쟁을 중단하고 대중의 신뢰를 얻을 때까지 주미외교위원부에 대한 재정지원을 유보할 것을 결의하였고,[154] 동지회의 탈퇴가 기정사실화되는 12월 20일에는 지원을 완전히 중단하기로 의결했다.[155] 아울러 의사부는 지난 6월부터 전경무가 제시했고 이후 집행부가 또 제의했던 워싱턴사무소 개소안에 대해 11월 15일 집행부와 공동 합의를 한 후 독자활동을 추진하였다.[156]

(2) 집행부의 강경대응

로스앤젤레스의 집행부는 1943년 8월 김원용에게 보낸 전보(1943. 8. 9)에서 이승만의 소환문제에 대해 앞으로 의사부와 공동으로 행동할 것을 제의하였다.[157] 그런 다음 집행부는 첫째, 이승만의 외교실패, 둘째, 연합회 워싱턴사무소의 설립 추진, 셋째, 주미외교위원부 위원장 이승만의 소환 등 세 가지 의결 내용을 8월 31일자 서신으로 의사부의 안원규에게 보냈다.[158] 1943년 9월 집행부 위원장 김호는 중경의 임정과 김원용에게 다시 전보(1943. 9. 2)를 보내 이해와 협조를 구했다. 즉, 이승만이 새 위

154) "UKC Withholds Rhee Support," *The Korean National Herald-Pacific Weekly*, Dec. 15, 1943. 그러나 실제 재정중단은 동지회 탈퇴 이후인 1944년 1월부터 시행하였다.

155) 도1422, Letter from Won Kiu Ahn to Syngman Rhee(1943.110). 의사부는 1943년 12월까지 거둔 355달러의 잔금을 그 다음해 1월 마지막으로 주미외교위원부에 송금하였다.

156) "UKC To Open Its Open Office in Washington", *The Korean National Herald-Pacific Weekly*, Dec. 1, 1943.

157) 도1132, Telegram from L.A. UKC to Warren Y, Kim(1943.8.9).

158) 도1423, Letter from Pyung Y. Kim to Honolulu UKC, Won Kiu Ahn (1943. 8. 13).

원을 임명한 사실에 사전에 어떤 조언이나 요청을 받은 점이 없었다는 것과 주미외교위원부의 지방조직계획이 그의 개인적 정치권력을 위한 것임을 비판하였다.[159] 또 김호는 새 위원의 임명을 승인한 임시정부에 대해 앞으로 재정지원에 유해(有害)할 수 있을 것임을 시사하여 임정의 태도에도 강한 불만을 표출하였다.

집행부는 이승만에 대한 공세를 강화하기 위해 「실패자 이승만(Memo: Syngman Rhee, A Failure)」라는 비망록을 작성해 연합회 의사부와 중경 임정에게 보냈다.[160] 우선 그 내용을 분석해서 집행부와 이승만의 의도를 파악해 보고자 한다. 비망록에서 집행부는 이승만을 외교위원부의 위원장과 임정의 외교대표라는 직임에서 가능한 빨리 소환해야 하는 이유를 12가지로 정리하였다. 주요 내용을 보면, 이승만은 미국무부에 대해 임정의 승인을 정중하게 요청한 것이 아니라 고압적인 자세로 요구하였고 한미협회를 통해서는 일종의 물건 거래의 방식으로 임정승인을 요구했다고 지적했다. 또 이승만은 자신의 외교적 실패를 몇몇 한인들의 방해와 파괴공작의 탓으로 돌림으로써 여타의 한인들에게 실패의 책임을 전가시켰고, 연합회 임원들이 임정을 전복하려는 계획을 세웠다는 잘못된 정보를 유포시켜 중경 임정이 연합회 설립의 본의를 혼동하게 만들었다고 하였다. 이승만은 끊임없이 한인들을 분열시켜 왔으며 독립의 수단으로 한인들의 전쟁 참가를 위한 노력에 대해 어떠한 계획이나 생각을 갖지 않았다고 하였다. 연합회에서 송금한 공돈을 이승만 개인을 위한 선전활동에 소비했으며 그의 주변은 무능한 인사들로 둘러싸여 있다 하여 그를

159) 도1133, Telegram from Kim Ho to Warren Y. Kim(1943.9.2); 도1070, Telegram from L.A. UKC to Korean Provisional Government (1943. 9.2).

160) 도1323-1, Memo: Syngman Rhee, A Failure; 도1323-2, Resolution of Recall of Syngman Rhee as Chairman of The Korean Commission.

외교가로 볼 수 없다고 비판했다.

집행부가 작성한 비망록의 내용은 완전히 근거 없는 주장은 아니었지만 외교활동에 관해서라기보다 대부분 이승만의 독선적인 성격과 행동에 기인한 비판이 주를 이루고 있었다. 그러다 보니 집행부는 이승만의 외교활동마저 일방적으로 매도하였는데 실상은 제대로 평가해야 할 부분도 적지 않았다. 예컨대 이승만의 외교활동 중 군사활동의 계획은 미국의 정보조정국(COI)과 전략첩보국(OSS)을 상대로 나름의 성과를 거두고 있었다. 특히 COI의 특수작전부대인 101지대의 장석윤과 1942년 중반에 미군에 입대해 제14공군에서 활동한 정운수를 통해 이승만은 중경의 임정과 소통하고 있었다. 다만 이승만은 이러한 군사활동의 추진과 임정과의 지속적인 정보 교류의 사실을 연합회에 알리지 않았을 뿐이었다.

이승만이 미국정부를 상대로 심혈을 기울인 임정승인을 위한 외교활동은 성과의 여부로 단정지을 수 없는 부분이었다. 미국은 미일전쟁 발발 직후 중경에 있는 한국 임정의 실태를 조사했으나 어디까지 정보수집 차원의 조사였을 뿐 임정 승인을 위한 관심은 예초부터 없었다.

제2차 세계대전 발발 직후 유럽지역에만 8개국의 망명정부인 '임시정부'가 있었다. 미국정부는 이들 망명정부와 '외교관계'를 유지하였지만 '임시정부' 불승인이라는 원칙으로 일관했다. 루즈벨트 대통령은 망명정부가 자국민으로부터 아무리 많은 지지를 받고 있더라도 국민투표가 있기 전에는 연합국이 승인해서는 안 된다는 입장이었다. 그는 1941년 7월 14일자로 영국 수상 처칠에게 보낸 서신에서도 "영토나 인구나 경제에 대한 어떠한 약속"도 평화회의가 있기 전에는 하지 말라고 지시하며 '임시정부'에 대한 승인의 원칙을 확고히 했다.[161)]

루즈벨트 대통령은 이러한 원칙을 프랑스 망명정부[162)]에 적용했다. 그

161) 이정식, 『대한민국의 기원』, 일조각, 2006, 88~89쪽.

는 1942년 12월 24일자 메모에서 해외에서 세워진 '임시정부'는 그 나라의 국민이 자유로운 주권을 행사하기 전에는 결코 정부로서의 정통성을 인정할 수 없다 하고 프랑스 망명정부를 승인하지 않았다. 그 외 연합군에 참전해 혁혁한 공을 세우는 등 모든 면에서 인정할 만한 조직을 갖춘 폴란드 망명정부[163]의 승인문제에도 마찬가지였다. 1942년 12월 9일자로 미 국무부의 유럽국장 애서턴(Ray Atherton)이 국무장관에게 제출한 메모를 보면, 폴란드 망명정부의 승인에 대한 어떠한 인상이나 약속조차도 금지하였다.[164]

이상을 통해 임정승인을 위한 이승만의 외교활동은 그의 무능 때문에 성과를 거두지 못한 것이 아니라 미국정부의 확고한 원칙 때문이었음을 알 수 있다. 중경의 대한민국임시정부가 미국정부의 승인을 받을 가능성은 처음부터 없었다.

그렇다면 이승만이 처음부터 달성 불가능한 임정승인의 문제를 갖고 지속적으로 대미외교를 추진한 것은 어떤 의도였을까. 이것은 임정 승인의 가능성 때문이 아니라 임정의 간판을 끝까지 앞세움으로써 자신의 입지를 구축하려는 전략적 차원 때문으로 해석된다. 다만 이승만의 의도를 파악하지 못한 연합회의 입장에서 보면 외견상 나타난 이승만의 임정승인 외교활동을 단순하면서도 무모한 행위로 판단할 수 있었고, 이것을 결국 실패한 것으로 평가할 수밖에 없었다.

그동안 집행부 내에서 이승만에 대한 강경 대응방침을 주도한 측은 국민회의 인사들이었다. 1943년 8월 이승만의 실패와 그의 소환 문제를 의

---

162) 프랑스 망명정부는 1941년 10월 드골 장군에 의해 영국 런던에서 조직되었다.

163) 폴란드 망명정부는 1939년 9월 독일과 소련의 침공으로 폴란드가 점령당하자 시코르스키 장군에 의해 영국 런던에서 조직되었다.

164) 이정식, 앞의 책, 90~92쪽.

결했던 김호·김병연·김용중·한시대·송종익·유일한·김성락·박원걸·김용성·전경무 등 10명은 모두 국민회측 인물들이었다.[165] 지금까지 연합회의 결정에 따라 움직여 온 북미 국민회는 1943년 9월 4일 특별회의를 개최하고 과거 집행부에 제안했던 이승만의 소환문제를 재론하여 앞으로 직접 임정에 품청하기로 결의하였다.[166] 북미 국민회의 입장은 이승만이 외교가의 직책에 충실하지 않고 재미한인이 인정하지 않는 민중의 지도자 역할에 전력한 것과, 외교활동의 사실을 과장 보고하여 현혹시킨 사실, 그리고 주미외교위원부의 일을 수행함에 있어 진실과 성의가 부족했다고 평가했다.[167] 나아가 북미 국민회는 1943년 12월 중앙집행위원장 한시대의 이름으로 하와이 국민회총회장 조병요에게 전보를 보내, 이승만에 의해 연합회가 분열되기 시작한 사실과 동지회북미총회가 연합회와 별도로 독자활동을 펼치고 있음을 알리고 이번 일에 두 국민회가 특별히 단결해서 대처할 것을 요청했다.[168]

하와이의 경우도 이승만에 대한 강경 대응은 국민회가 중심이 돼 주도하였다. 예컨대 연합회 의사부와 별도로 하와이의 국민회는 한국독립당하와이총지부·대한부인구제회 등과 공동 명의로 중경 임정에 서신(1943. 9. 30)을 보내, 이승만과 연합회 간의 관계가 공식 단절된 것과 재정권 장악을 위한 이승만의 선동행위 등을 알리고 이승만의 위원장직임의 철회와 주미외교위원부의 재조직을 건의하였다.[169]

북미나 하와이 모두 두 국민회가 이승만에 대해 강경 입장과 공조를

---

165) 도1423, Letter from Pyung Y. Kim to Honolulu UKC, Won Kiu Ahn (1943.8.13). 이들 가운데 전경무는 하와이 국민회의 인물이다.

166) 『신한민보』, 1943년 9월 9일, 「대한인국민회 특별중앙집행위원회 결의안」.

167) 『신한민보』 1943년 9월 23일, 「주미외교위원부 확장과 해외한족의 희망」.

168) 도1129, Telegram from Sidai Hahn to Pyungyo Cho(1943.12).

169) 도1437, Letter from Warren Y. Kim to L.A. UKC(1943.10.6).

시도하려 한 것은 이미 동지회북미총회가 집행부에서 이탈해 독자활동을 추진하는 상황에서 결국 동지회가 연합회를 탈퇴할 것을 염두에 둔 조처로 보인다. 미주한인사회에 '통일'의 정신으로 탄생한 연합회가 이제 더 이상 '통일'의 명분에 집착하지 않겠다는 의도를 보인 것이다.

8) 하와이 동지회의 대응과 연합회 탈퇴

주미외교위원부는 이승만을 외교고문으로 승차하고 자체를 재조직하려 한 연합회의 결정에 대해 민간단체에서 결정한 사담(私談)일 뿐 임정이나 우리 쪽에서 생각하는 것이 아니라 하여 철저히 무시하였다.[170] 주미외교위원부는 연합회가 위원장을 교체해 재정권과 함께 외교권마저 장악하려는 의도로 판단하고,[171] 이번 분쟁을 계기로 동지회를 연합회에서 완전히 분리시키기로 하였다.[172] 더구나 연합회의 요구에 대한 임정의 모호한 처신은 이승만을 비롯한 동지회북미총회로 하여금 동지회 중앙부의 연합회 탈퇴를 가속시켰다.

그렇지만 하와이 동지회의 연합회 탈퇴는 그리 쉽게 이루어지지 않았다. 동지회 중앙부장 송승운이 1943년 9월 27일 의사부 재무직에 대한 사임서를 제출했으나 10월 3일 동지회 모임에서 유임을 권고해 이루어지지 못하였다. 10월 17일 그는 다시 사임청원서를 제출하는 등 동지회 내부에서 그의 사퇴를 받아들이지 않았다. 이는 하와이 동지회 내 합동파의

---

170) 『주미외교위원부통신』 제50호(1943.11.18), 「본보 주필의 설명」.

171) 『주미외교위원부통신』 제48호(1943.11.4), 「연합회와 외교위원부의 관계」.

172) 예컨대 『주미외교위원부통신』 제48호(1943.11.4)에는 하와이내 동지회 인도자들이 중앙부장 손승운 외 모두 방향을 못 잡고 있지만 곧 북미처럼 될 것이라 한 사실과, 동지회 탈퇴를 위해 12월 12일 호놀룰루서 동지대표대회를 개최하기로 하였다 하여 연합회와의 결별을 준비하고 있었다.(『주미외교위원부통신』 제49호(1943.11.12), 「동지회와 연합회」)

적극적인 연합회 탈퇴반대운동 때문이었다.[173] 그리고 그동안 하와이가 연합회를 중심으로 잘 단합되어 있어 어느 누구도 이를 깨뜨리기를 원하지 않았던 것도 주요 요인이었다. 예컨대 이승만과 연합회 간의 관계가 극도로 악화되는 1943년 9월부터 동지회가 탈퇴하는 12월까지 하와이 지역은 한인사회의 합동과 단합에 대한 많은 의견이 제기되고 있었다.[174] 이것은 동지회 탈퇴를 염두에 둔 것으로 주미외교위원부의 탈퇴공작이 있을 지라도 하와이만이라도 단합을 이루자라는 하와이 한인들의 간절한 염원 때문이었다.[175]

그러나 이런 희망에도 불구하고 동지회는 12월 5일부터 시작한 동지대표회에서 1943년 12월 23일 연합회 탈퇴를 결정하였다. 아울러 그동안 공동 발행하였던 『태평양주보』도 『국민보』와 분리 · 발행하기로 하였다.[176] 이러한 결정에 대해 동지회 대표로서 의사부에 참여해 온 김영기 · 안현경 · 도진호 · 민함나 · 정영옥 등 5명은 반이승만 성향으로 돌아섰고,[177]

---

173) 『국민보 — 태평양주보』, 1944년 1월 22일, 「재미한족과 정치적 훈련」.

174) 합동에 관한 기사는 1943년 9월 이후부터 12월 말까지 『국민보 — 태평양주보』에 본격적으로 게재되고 있는데 이를 보면, 「투필」(9/15), 「합동」(9/22), 「전환시기」(9/22), 「합동의 종종 제의」(9/22), 「사회합동의 신제의」(9/15), 「합동이 첫 길이다」(9/29), 「단합은 일의 첫 걸음」(9/29), 「한인의 인심」(9/29), 「합동할 이유」(10/20), 「분열의 큰 영향」(12/1), 「우리일의 조처책」(12/8), 「우리의 주의건」(12/8), 「합동유지를 권고」(12/8), 「통일에 더 희생합시다」(12/15) 등이다.

175) 『국민보 — 태평양주보』 1943년 12월 15일, 「통일에 더 희생합시다」.

176) "Dong Ji Hoi Withdraws from UKC and Recalls Pacific Weekly Publication," *The Korean National Herald-Pacific Weekly*, Dec. 29, 1943. 1942년 1월 19일부터 『국민보』와 합동 발행한 『태평양주보』는 동지회 탈퇴로 바로 분리되지 않고 1944년 2월 2일까지 계속 공동 발행되었다.

177) Kingsley K. Lyu, Korean Nationalist Activities in Hawaii and Continental United States, 1900~1945, PartⅡ: 1919~1945, *Amerasia*

도진호는 12월 12일 동지회 탈퇴를 선언해 이후 국민회에 가입하였다.[178] 이는 당시 하와이 동지회 내부의 정서를 잘 반영해 주는 것이었다.[179]

동지회의 탈퇴 선언은 1943년 12월 1일 발표된 카이로선언 직후 나온 것이라는 점에서 시기적으로 부적절한 결정이었다. 카이로선언은 한국의 독립문제가 처음으로 국제적으로 공인받았다는 것과 앞으로 국제정세의 분위기가 전후 한국의 문제를 유리하게 만들어질 것임을 의미한다.[180] 이런 국제정세의 변화에 결집된 힘으로 더욱 독립운동에 전념해야 할 시기에 동지회가 연합회를 탈퇴한 것은 독립운동의 대의에 따른 모습으로 보기 어렵다. 물론 연합회가 이승만에 대한 압박으로 동지회의 탈퇴 외에 다른 방안이 없었다는 처지를 고려해야 하겠지만, 그동안 생애를 바쳐 독립운동에 헌신해 온 이승만이 미주한인사회 통일의 산물인 연합회를 탈퇴해 독자활동을 강행한 것은 국제정세의 변화를 모를리 없는 노련한 외교가로서 명분상 합당한 조치가 아니었다.

9) 연합회 · 이승만 분쟁의 의미

이승만과 연합회간의 분쟁을 정리해 볼 때 이승만은 미주한인사회의 변화를 받아들이지 않고 있다는 인상을 보여준다. 3·1운동 당시 이승만은

Journal 4:2, 1977, pp.85~87.

178) 『국민보 — 태평양주보』, 1943년 12월 15일, 「탈퇴선언」. 이에 따라 한동안 동지회 중앙부에 일한 인물이 없어 어려움에 빠지기도 하였다.

179) 하와이의 동지회중앙부는 연합회 탈퇴이후 이승만 지지파와 국민회 지지파로 분열해 그 세력이 많이 약화되었다. 유경상의 회고에 따르면 『태평양주보』를 편집해 발간할 인물이 없어 이승만의 요청으로 1944년 여름부터 자신이 신문발행을 담당했다고 할 정도였다.(Kingsley K. Lyu, op. cit., pp.87~88)

180) 신용하, 「대한민국임시정부와 카이로선언」, 한국근현대사학회 편, 『대한민국임시정부수립 80주년기념논문집』, 국가보훈처, 337~339쪽.

한성임시정부 집정관총재의 자격으로, 더 나아가 상해 임정의 초대 대통령의 자격으로 미주한인사회를 구미위원부 중심으로 주도해 갔다. 그러나 그 때의 이승만과 해외한족대회 이후 단지 주미외교위원부 위원장 자격으로 활동하던 때의 이승만과 비교해 볼 때 위상면에서 큰 차이가 있다. 3·1운동 당시 미주한인사회에서 임정 대통령인 이승만의 권위에 도전한다는 것은 명분상 어려운 일이었다. 뿐만 아니라 박용만과 안창호와 같은 주요 인물이 중국으로 떠난 상황에서 이승만에 도전하거나 필적할 만한 뚜렷한 인물이 없었다.

그렇지만 1925년 이승만이 임정 대통령에서 면직된 이후 연합회가 결성되는 1930~40년대의 미주한인사회는 이승만을 노인으로 취급할 만큼 김호 · 한시대 · 전경무 · 한길수 같은 보다 젊고 경제력과 합리적 사고를 갖춘 새로운 인물들이 등장하고 있었다. 또 이들을 중심으로 독립운동 전반에 대한 변화의 욕구가 일고 있었다. 동지회를 제외한 미주한인들은 이승만을 단지 풍부한 외교활동의 경력을 가진 인물로만 대할 뿐 한인사회의 지도자로 추대하거나 인정하는 그런 입장이 아니었다.

그런데 이승만은 미주한인사회의 내부 변화를 인정하기보다 임정이라는 거대한 방패를 동원해 주미외교위원부 위원장이라는 직책으로 연합회의 제 요구를 무시함과 동시에 미주한인사회를 자기 뜻대로 주도하려 하였다. 연합회가 이승만의 이런 행동에 대해 타협보다 정면으로 대처한 것은 미주한인사회 내부의 변화로 볼 때 일면 자연스런 현상이었으나 이승만은 이런 연합회의 행위를 임정의 권위에 도전하는 것으로 간주하였다. 이승만은 주미외교위원부 위원장의 권위를 임정의 권위와 동일시하여 연합회를 반박하였다. 그러나 연합회가 존중한 것은 임정 그 자체였지 연합회에 의해 임명되고 임정에 의해 승인된 이승만이 아니었다.

연합회는 이승만이 임정의 권위를 내세워 연합회에 도전하는 것을 양측간의 단순한 주도권 싸움으로 폄하할 수 없었다. 미주한인들의 총의로 결성된 연합회가 미주한인사회를 자신의 의도대로 이끌어 가겠다는 것은 단지 연합회가 가진 고유권한을 행사하는 것에 불과했기 때문이다.

이승만이 끝까지 주미외교위원부의 위원장직을 고수하려 했던 것은 미주한인사회의 이런 내부 변화와 연합회 설립의 본 뜻을 인정하지 않겠다는 의도로 볼 수 있다. 그리고 이것은 그가 미주한인사회 내 다수의 여론보다 동지회를 비롯한 자기 지지자들을 중심으로 세력기반을 강화해 가겠다는 정치적 야심을 보여주는 것이었다. 따라서 이승만과 연합회 간의 갈등과 분쟁은 피할 수 없었고 결국 분열해 각기 독자노선을 선택할 수밖에 없었다.

第15장
재미한족연합위원회와 임시정부 간의 갈등

1. 연합회의 주미외교위원부 개조 시도

1) 연합회의 대외입지 강화

동지회 탈퇴 이후 연합회는 자체 조직을 강화하고 그동안 계획해 왔던 워싱턴사무소의 설립과 중경특파 추진에 주력하였다. 연합회 조직을 강화하는 것은 동지회를 제외한 제 단체를 연합회로 결집시켜 세력을 확대하는 문제이고, 워싱턴사무소의 설립과 중경특파 추진 건은 연합회가 독자 활동을 모색하기 위한 노력이었다. 이 가운데 중경특파 추진 건은 연합회 내부에서 시비를 일으킬 만한 사안이 아니어서 별문제가 되지 못하였다. 그러나 연합회 조직을 강화하기 위한 노력은 워싱턴사무소의 설립문제로 내부 반발이 발생해 잘 추진되지 않았고 오히려 어려움에 직면하였다. 이런 어려움을 타개해서 연합회가 위상을 제고할 수 있는 길은 이승만의 외교실책을 알려 임정으로부터 미주한인사회 내 연합회의 주도권을 인정받고, 그동안 추진해 온 주미외교위원부의 재조직 건을 연합회의 의도대로 처리하는 것이었다. 이 일은 이승만과 직접적인 분쟁 당사자였던 연합회 집행부가 주도해 나갔다.

1943년 12월 1일 카이로선언은 그동안 내분에 빠져있던 미주한인사회에 독립운동의 활기를 불러일으켰다. 12월 12일 북가주의 한인들은 샌프란시스코에서 북가주 대한인시국대회를 개최하여 미주한인들의 각성을 촉구하고 카이로선언 이후 활동방향을 제시하였다.[1] 대한인시국대회는 집행부가 이승만과의 분쟁에 빠져 제반 활동을 전개하지 못하자 샌프란시스코 인근 6개의 단체, 즉, 상항지방국민회 · 옥글랜드지방국민회 · 새크라맨토지방국민회 · 상항지방여자애국단 · 오글랜드지방여자애국단 · 상항지방학생회가 자발적으로 추진한 대회였다.

대한인시국대회는 5건의 결의문을 작성하였고 군사비 명목으로 2,000여 달러를 거두었다. 결의된 내용은 다음과 같다.

제1건: 조선 독립을 위하여 미 · 포 · 묵 · 큐에 재한 조선 민족 각 단체의 통일을 촉진함.

제1항: 통일을 하되 신 조직을 부인하고 기존한 민족연합회를 통하여 할 것.

제2항: 한인사회단체는 어떤 단체를 물론하고 동등 의무와 동등 권리하에 연합회에 가입할 권리가 유할 것. 단 연합회 회원권은 2중됨을 불허함.

제3항: 통일을 위하여 각 단체 대표회를 소집할 것.

제2건: 조선 독립운동을 위하여 적극적으로 군사운동을 후원함.

제1항: 해외 한인으로 군사운동후원의 최유효한 방도는 원동 임시정부의 군대조직에 대하여 경제적 후원을 할 것.

제2항: 최소 한도의 군사비는 1백만불을 제1차 목표로 할 것.

제3항: 군사비는 재래 수납하여 오던 독립금과 격별 입납키로 할 것. 단 군사비는 군사행동 일절에만 사용함.

제4항: 군사금 모집내용은 여좌함.

---

1) 『신한민보』, 1943년 12월 23일, 「북가주시국대회」.

가. 의무금: 개인 단위로 함. 나. 특연금: 유지 인사로 함.

제5항: 수금 급 송금방법

가. 연합회 내에 '군사금수집위원부'를 조직하고 각 지방에는 해부 지부를 설치하여 수금케 할 것.

나. 군사금은 수집 안치하였다가 적당한 시기에 적합한 조건하에 요구가 유할 시는 해 위원부에서 결의하여 송금하되, 미국정부 혹은 중국정부 등 절대 위신있는 권위기관을 통하여 송금할 것.

제3건: 외교활동에 통일을 촉진함.

제1항: 각 외교활동 단체 혹은 외교활동 개인은 임시정부에서 임명한 정식기관으로 일원화할 것.

제2항: 정식외교기관은 해외 조선민족연합회의 총의사와 임시정부간에 연합 일치된 규정에 의하여 활동기능을 발휘할 것.

제4건: 전시 조선에 관한 사정과 전후 국가계획에 대한 연구를 촉진함.

제1항: 기존한 연합회 연구부에 인재를 총망라하여 선전과 연구 기능을 확장함.

제2항: 연구기관은 특별 단체 혹은 개인의 전속 전용을 거절하고 독립운동을 중심으로 상호 융통 활용할 것.

제5건: 이 네 건은 연합회에 공식으로 진언하고 조선민족 각 단체와 각 신문에 성명서를 보내기로 함.[2)]

요컨대 기존 연합회를 중심으로 미주한인사회를 통일할 것과 향후 독립운동의 방향을 군사운동에 초점을 맞추고 이를 위해 군사비를 모집할 것, 연합회와 임정이 협력해 외교를 통일적으로 수행할 것, 연합회의 연구부를 강화해 전쟁 후 국가건설을 대비할 것 등이었다. 기존의 연합회로 모든 역량을 결집시켜 군사운동과 외교활동을 강화해 나가자는 것이었다.

---

2) 참가한 6개 단체는 상항지방국민회, 옥글랜드지방국민회, 새크라맨토지방국민회, 상항지방여자애국단, 오글랜드지방여자애국단, 상항지방학생회이다.

북가주 대한인시국대회는 비록 학생회측이 참가하고 있었지만 국민회 회원과 국민회의 자매단체인 대한여자애국단 단원들이 중심이 돼 치러진 대회라는 점에서 결의문에 획기적인 방안을 담고 있은 것은 아니었다. 그렇지만 카이로선언 이후 북미 한인들의 시국정서와 동지회 탈퇴를 눈앞에 둔 시점에서 다시 한번 연합회를 강화해 나가야한다는 열망을 보여준 의미있는 대회였다.

집행부는 카이로선언으로 국제정세가 한국의 독립문제가 유리해졌다는 판단 하에 1943년 12월 4일 긴급회의를 개최하고 시국문제 토의회를 의결했다. 그리하여 1943년 12월 12월 그동안 소원했던 동지회북미총회 대표를 비롯하여 국민회 · 민족혁명당북미총지부 · 대한여자애국단 대표들과 함께 비공식 시국문제 토의회를 국민회 총회관에서 개최하였다.[3] 이 회의에서 집행부는 군사운동의 중요성과 연합회 중심의 통일된 행동을 강조하였다. 특히 이번 회의를 주재한 집행부 위원장 김호는 연합회가 주미외교위원부를 반대한다느니, 정부를 반대한다느니 하는 말은 사실이 아니고 다만 그 책임자에 국한한 것으로 해명하고 연합회 중심의 활동방향을 주장하였다.[4] 이후 시국문제 토의회는 3차에 걸쳐 개최되었고 이를 바탕으로 집행부 강화를 위한 임시회의(1944. 1. 30~31)와 각 단체 대표회(1944. 2. 6)가 차례로 열렸다.

군사운동의 중요성은 카이로선언 이후 실질적인 독립운동을 위한 대안으로써 미주한인의 공통된 생각이었다. 동지회를 제외한 참석자들은 이후 집행부의 의도대로 현 집행부를 강화하는데 의견일치를 보았다. 이 과정에서 유학생총회의 연합회 참가자격과 동지회의 재가입 문제를 둘러싸고

3) 홍선표 편, 『재미한족연합위원회 회의록』, 157~163쪽 참조. 그런데 이 날 참석한 동지회 대표 이범녕(李範寧)은 자신은 동지회북미총회의 대표로 온 것이 아니라 『북미시보』의 대표로 참석한 것이라 하였다.

4) 같은 책, 162쪽.

한 때 민족혁명당북미총지부측과 집행부측 사이에 의견 충돌도 없지 않았으나 연합회 집행부로 모두 결집되어야 한다는 데는 이의가 없었다.

하와이의 의사부는 동지회의 탈퇴로 위축당하지 않고 카이로선언 후 나타난 국제정세의 변화에 발맞춰 오히려 조직을 강화해 나갔다.[5] 1944년 1월 새로 대한애국부인회를 받아들이고 위원 7명을 추가 영입하는 등 외형적인 조직을 강화하였다. 그리고 의사부는 카이로선언 이후 연합회의 새로운 활동계획을 워싱턴사무소의 설립에 두고,[6] 12월 27일 의사부 위원장 안원규의 명의로 사무소 설립을 공식 발표하였다.[7] 아울러 안원규는 미 국무부와의 외교관계 단절, 한길수와의 분쟁과 각종 선동공작, 연합회의 중경특파계획의 방해, 주미외교위원부 확장을 위한 4개 조건의 거부, 재정권 지배욕과 주미외교위원부 각 지부의 설치계획 등 이승만의 실책을 일일이 열거하고 이제 임정은 그를 당연히 소환해야 한다고 강력히 주장하였다.[8] 안원규의 발표는 연합회가 워싱턴사무소의 설립을 통해 기존의 주미외교위원부와 별도로 독자적인 대외활동을 추진하겠다는 것을 알리는 것이었고,[9] 이승만 문제에 대해서도 정면으로 대처하겠다는 의도였다.

이런 분위기 속에 이승만은 카이로선언 이후 고조된 독립운동을 단결된 힘으로 추진하기 위해 해외한족대회를 소집할 것을 계획하였다. 이승

---

5) 하와이의 경우 동지회의 연합회 탈퇴로 위축되었던 쪽은 연합회 의사부가 아니라 국민회 지지파와 이승만 지지파로 분열되었던 동지회중앙부였다.

6) 『국민보 — 태평양주보』, 1943년 12월 22일, 「카이로선언과 위원회의 새공작」.

7) 『국민보 — 태평양주보』, 1943년 12월 29일, 「이박사와 그의 외교실책」.

8) 위와 같음.

9) 이런 단호한 입장은 1944년 1월 15일 의사부가 발표한 「위원회와 위원부」에서 분명하게 밝히고 있었다.(『국민보 — 태평양주보』, 1944년 1월 19일)

만은 이번 계획은 별 다른 의도 없이 오직 임정 아래 모두 합동하여 절대 독립을 촉성할 것을 대외에 선언하자는 취지로 준비된 것이라 설명하고 1944년 3월 31일 워싱턴 DC에서 대회를 개최할 것을 제안하였다.[10] 그리고 이를 위한 공함을 발송하였고 이원순은 북미 각 지역을 순방해 대회 참가를 독려하였다.[11]

그러나 연합회측의 반응은 냉담하였다. 이승만의 제의에 대해 『신한민보』는 「주미외교위원부의 한족대회 소집의 목적을 묻노라」라는 「사설」에서 재미한인이 임정아래 있지 않다는 오해를 촉발시키는 발표로 간주하고 이승만의 대회소집 의도를 불순하게 평가하였다.[12] 그리고 동지회가 연합회를 탈퇴한 마당에 지금 와서 한족대회를 개최해 합동 운운하는 것은 합동 파괴의 책임을 다른 데로 전가시키려는 기만적인 행동이라고 몰아부쳤다. 연합회의 정서를 반영한 이런 지적에 대해 이승만은 대회를 연기한다고 발표하였다.[13]

연합회는 1944년 제3차 전체위원회(4. 2~8)에서 워싱턴사무소의 설립을 확정짓고 연합회의 위상을 새로 정립하려 했으나 뜻대로 되지 못하였다. 제3차 전체위원회에서는 현안 사안이 되어온 군사운동금의 모집, 미국 국방에 대한 협조, 절대 독립의 선언, 그리고 워싱턴사무소의 설립문제 등을 확정하였다. 그런데 워싱턴사무소의 설립문제가 민족혁명당북미총지부와 유학생총회의 반대에도 불구하고 다수결로 통과되는 바람에 두 단체가 즉각 연합회를 탈퇴하는 일이 발생했다.[14] 뒤이어 국민회 내부에

10) 『주미외교위원부통신』 제58호(1944.1.7), 「한인대회 소집에 대하야」.

11) 『주미외교위원부통신』 제59호(1944.2.15), 「공함」, 「이원순씨 각지방 순방」.

12) 『신한민보』, 1944년 3월 9일자.

13) 『주미외교위원부통신』 제60호(1944. 3), 「한족대회 연기」.

14) 『신한민보』, 1944년 4월 13일, 「재미한족연합위원회 제3차 전체위원회 결의안」.

서도 워싱턴사무소 설립안의 통과에 반발하여 국민회 집행위원장 송헌주를 비롯하여 신두식 · 장세운 · 황사선 · 백일규 · 이옥형 등 6명의 집행위원들이 사임하였고,[15] 하와이의 가와도 한인단합회도 연합회를 탈퇴하겠다 하여 연합회의 입장을 관란하게 만들었다.[16]

민족혁명당북미총지부의 반대 이유는 민족해방운동의 제일 급선무는 군사운동이며, 외교는 반드시 정부기관을 통하여 한다는 것이었다.[17] 국민회를 사임한 6명은 대체로 두 번째 이유 때문이었다.[18] 즉, 연합회는 민간단체이니 외교를 담임할 수 없으며 임정과 주미외교위원부와 대립할 수 없다는 생각이었다. 여기에 대해 『신한민보』는 「사설」에서 주미외교위원부는 임정의 대리기관이지만 워싱턴사무소는 외교기관이 아닌 연합회의 사무기관이며 원칙상 임정을 지원하는 보조기관이라는 사실을 들어 이번 사무소의 설치가 임시정부와 대립하는 것이 아니라고 해명하였다.[19] 그러나 이런 해명은 이미 독자활동을 추진하겠다고 나선 연합회의 본의를 회피한 궁색한 답변에 불과하였다.

2) 연합회의 주미외교위원부 개조 시도

이런 내부의 어려움에도 불구하고 연합회는 1944년 6월 10일 마침내 워싱턴사무소를 개소하였다. 그러나 개소의 정당성을 인정받고 연합회의

15) 『신한민보』, 1944년 5월 4일, 「제1계 중앙집행위원회 결의안」. 그러나 이 가운데 이옥형은 사퇴서가 반려되어 다시 복직하였다.

16) 『독립』, 1944년 8월 23일, 「가와이동포 군사후원회 조직」.

17) 『신한민보』, 1944년 4월 13일, 「조선민족혁명당의 연합위원회 탈퇴의 공문」.

18) 『신한민보』, 1944년 5월 4일, 「제1계 중앙집행위원회 결의안」.

19) 『신한민보』, 1944년 4월 13일, 「사설」: “재미한족연합위원회 제3차 전체위원회에서 조선민족혁명당미주총지부와 북미한인학생의 진퇴”

위상을 제고하기 위해선 중경 임정의 지원이 필요하였다. 이를 위해 연합회는 이승만을 외교가로서 자질과 능력이 부족하다는 점을 부각시켜 워싱턴사무소 개소의 필요성을 제기하고 연합회의 권위를 확보하려 하였다. 더구나 사무소 개소를 전후해서 이승만이 주미외교위원부 내에 별도로 협찬부(協贊部)를 조직했는데 연합회는 이것을 임정과 이승만 사이를 분리시켜 연합회의 의도대로 주미외교위원부를 재조직하려는 기회로 이용하였다.

이승만이 협찬부 조직 사실을 처음 공개한 것은 『위원부통신』 제73호(1942. 5. 25)였다. 그러나 이 때는 단지 주미외교위원부에서 협찬부를 조직한 사실만 알렸을 뿐 본격적인 내용은 『위원부통신』 제75호(1944. 6. 8)과 제76호(1944. 6. 15)를 통해서였다. 하지만 이승만은 이러한 공개가 있기 전 1944년 5월 24일자 서신을 각 한인들에게 보냈는데, 이 때의 서신은 그동안 협찬부 조직에 참가할 자를 미리 선정한 것에 대한 당사자의 사후승인을 받기 위한 조치였다.[20)]

협찬부는 1944년 6월 4일 이원순의 집에서 22명이 모인 가운데 조직되었다.[21)] 조직의 목적은 첫째, 일반 한인들의 사상과 운동을 통일·발전시켜서 임정 및 주미외교위원부에 성충을 다하며 전쟁 후 신생 한국정부에 봉사할 지도인격을 양성하며, 둘째, 전후 한국의 상공업 발전과 노동·신용 등에 대한 연구와 순서를 준비하며, 셋째, 연합국에 한국의 지위와 목표를 널리 홍보하며, 넷째, 항일전쟁에 한인의 조직적인 참전을 도모하며, 다섯째, 한국임시정부의 승인을 얻도록 하기 위함 등이라 하였다.[22)]

---

20) 도1461, Syngman Rhee's Letter(1944.5.24).

21) 『주미외교위원부통신』 제75호(1944.6.8), 「외교위원부 위원회 소집」.

22) 『주미외교위원부통신』 제76호(1944.6.15), 「협찬부 사업」; "Organization of Various Committees Under The Korean Commission," *The Korean American Times*, June 15, 1944; 그런데 전자의 『위원부통신』에는 첫 번

조직된 부서는 내무부 · 교육부 · 경제부 · 정치부 · 전무부 등 5부에 27명이었다.[23] 이후 재원방법부(財源方法部)가 추가되어 총 6부로 확대했으나 이에 대한 인원은 발표되지 않았다.[24]

이승만의 협찬부 조직에 대해 『신한민보』는 이승만이 주미외교위원부 산하에 새로운 정치기관을 설립하여, 주미외교위원부를 임시정부와 같은 지위에 올려놓고 스스로 그 영유가 되려한 것으로 비판하였다.[25] 이에 『신한민보』는 과연 이번 이승만의 행동이 중경 임정의 승낙을 받아 이루어진 것인지, 아니면 임정과의 관계를 끊고 주미외교위원부를 새로운

째 부분에 '임정'에 대한 성충만 강조하고 있지만, 5월 24일자 이승만의 서신이나, *The Korean American Times*에는 '임정과 주미외교위원부'에 대해 충성하는 것으로 되어 있어 약간 차이를 보인다.

23) 이를 자세히 살펴보면 다음과 같다.
내무부: 황창하(부장), 황사용(서기), 김홍기 · 장인명 · 조대홍 · 한영교 · 정기원(7명)
교육부: 임창영(부장), 김현철(서기), 배민수 · 김진억 · 김계봉(5명)
경제부: 김세선(부장), 김준성(서기), 유일한 · 최용진 · 남궁염 · 전처선(6명)
정치부: 임병직(부장), 이메리(서기), 강택모 · 한필립 · 김진홍(5명)
전무부(戰務部): 신상근(부장), 손이도(서기), 박데시 · 최정집(4명)
(『주미외교위원부통신』 제76호(1944.6.15), 「협찬부 조직」) 그런데 "Organization of Various Committees Under The Korean Commission," *The Korean American Times*(June 15, 1944)과 5월 24일자 이승만 서신은 4부 25명으로 되어 있는데, 본고는 『주미외교위원부통신』의 발표가 가장 최신의 것으로 간주해 이를 따랐다. 그리고 『신한민보』 6월 15일자 「한국 주미외교위원부는 소속 정치기관을 조직」에는 전무부를 제외한 4부만 소개되어 있는데, 이는 5월 24일자 이승만 서신을 그대로 원용했기 때문으로 보인다.

24) 『주미외교위원부통신』 제77호(1944.6.22), 「주미외교위원부 협찬부의 목적과 직무」.

25) 『신한민보』, 1944년 6월 15일, 「한국외교위원부는 소속 정치기관을 조직」.

독립기관으로 만들려는 지에 대해 강한 의문을 갖는다고 하였다. 또 그 근본동기가 이승만이 주미외교위원부를 '임시정부'로 몽상하거나 아니면 해방 후 신생 한국의 '합법적 정부'로 몽상하며 설립한 것이 아닌지 의심스럽다하여 현 중경 임정과 배치되는 기구로 보았다.[26)]

이런 소문에 대해 이승만은 주미외교위원부 내에 새로운 정부를 조직한다는 풍문은 근거 없는 것이며 전후 계획을 준비하고자 오직 임정과 주미외교위원부를 돕기 위해 만든 것임을 해명하였다.[27)] 그리고 더 이상의 오해를 막기 위해 그는 1944년 9월 경 협찬부 조직을 스스로 해소시킨 것으로 보인다.[28)]

집행부는 1944년 6월 11일 회의에서 협찬부의 조직이 정부제도와 유사하고 이승만이 동부지역 유학생들의 사환용(仕宦慾)을 자극하여 자파세력을 확장하고 장차 정부의 위신을 유린하여 재미한인사회를 소란하게 하는 것으로 판단하였다.[29)] 그리고 주미외교위원부를 개조할 필요성과 재정의 통일을 연합회에 일임할 것, 미주한인의 대표권을 연합회에 부여해줄 것 등을 중경 임정에 품청하기로 의결하였다. 1944년도 집행부 새 위원장으로 선출된 한시대는 이러한 내용을 임정의 김구에게 전보(1944년 6월 13일자, 14일 자, 16일자, 19일자)를 보내 임정이 주미외교위원부 문제에 결단을 내려줄 것을 요청하였다.[30)] 아울러 이승만의 외교실패의 진상을

26) 『신한민보』, 1944년 「한국 주미외교위원부의 정치기관 조직 동기는 무엇」.

27) 『주미외교위원부통신』 제78호(1944.6.29), 「협찬부 조직에 관하야」.

28) 이승만은 1944년 9월 24일 협찬부 모임을 가졌는데 그 후 협찬부의 활동이 『위원부통신』에 기록되지 않은 것으로 보아 이 때 해소를 결정한 것으로 보인다.(『주미외교위원부통신』 89호(1944.9.28), 「위원부 협찬회 소집」)

29) 홍선표 편, 『재미한족연합위원회 회의록』, 274~275쪽.

30) 도914, Telegram from Sidai Hahn to Kim Koo(1944.6.13); 도915, Letter from Sidai Hahn to Kim Koo(1944.6.14); 도916, Letter from Sidai Hahn to Kim Koo(1944.6.16), 도917, Letter from Sidai Hahn to

정리한 문건과 주미외교위원부 산하에 새로운 내각을 구성한 문건 등을 송부하였다.[31] 이러한 요청의 핵심은 이승만을 주미외교위원부의 위원장 직위에서 물러나야 한다는 점과 연합회가 그 임무를 대신 수행해야 한다는 것이었다. 그러나 임정은 정보를 수집해 신중히 검토한 다음 결정하겠다고 회신해 연합회의 요구를 충족시켜 주지 않았다.[32]

임정의 소극적인 태도에 실망한 한시대는 1944년 7월 21일자로 김구에 보낸 전보에서 이전보다 단호한 입장을 통보하였다.[33] 곧이어 한시대는 연합회 소속 10개 단체의 명의로 김구뿐만 아니라 조선민족혁명당의 김규식과 김약산, 그리고 한국독립당에게까지 재차 전보(7월 24일자)를 보내고 다시 한번 임정의 결단을 촉구하였다. 주요 내용은 주미외교위원부의 위원장직임에 실패한 이승만을 제거하고 주미외교위원부의 새 위원을 선정할 권리를 연합회에 줄 것, 앞으로 임정은 이승만과 연합회 중 하나를 선택해 줄 것 등을 촉구한 것이었다.[34]

3) 주미외교위원부 개조를 위한 중경 임정의 조치

연합회의 끈질긴 요구에 임정은 1944년 4월 연립내각을 구성한 후 5월 15일 국무회의에서 미주문제선후해결방침위원회를 조직, 주미외교위원부 문제에 대한 연구에 착수하였다.[35] 그러나 여기에서도 임정은 뚜렷한 결

Kim Koo (1944. 6.19).

31) 도913, Exhibit A: Statement of Facts Re: UKC-Rhee Dispute; 970036-3, Exhibit B; Organization of Various under The Korean Commission.

32) 도919, Telegram from Umhangsup to Press New Korea(1944.6.24); 도920, Telegram from Umhangsup to Press New Korea(1944.7.18).

33) 970036-3, Telegram from Sidai Hahn to Kim Koo(1944.7.21).

34) 도921, Telegram from UKC to Kim Koo(1944.7.24); 도922, Telegram from UKC to Kim Kiusic・Kim Yaksan(1944.7.24); Telegram from UKC to Korean Independence Party(1944.7.24).

정을 내리지 못하였다. 그러다가 연합회의 요구가 거세지자 임정은 미주문제선후해결방침위원회에서 미주문제 해결방안을 작성하고 주미외교위원부를 주미외무위원회(駐美外務委員會)로 바꾼 뒤 아래의 「주미외무위원회규정」을 새로 만들었다.

1. 본회는 임시정부에 직속한 기구로서 정부의 정식승인 전에 한하야 대미외교 사의(事宜)를 전관(專管)함.
2. 본회는 7인에서 15인의 위원으로 조직하되 위원장, 부위원장, 비서주임격 1인과 비서 약간 인을 치(置)함.
3. 위원장, 부위원장 급 위원은 정부 주석의 천보(薦報)로 국무위원회에서 임면하고 기타 직원은 위원장의 천보로 외무위원회의 통과를 경한 후 국무위원회에서 임면함.
4. 위원회는 필요에 의하여 회내에 각 부분 조직을 설치함을 득하되 외교부의 인준을 요함.
5. 일절 중요사항은 위원회의 결의에 의하여 집행함.
6. 위원장은 위원회를 대표하고 부위원장은 위원장을 보좌하며 위원장이 유고할 시에 그 직권을 대리함.
7. 본회 경비는 예산서를 외무부에 제출하여 인준을 득함을 요함.
8. 본 규정은 공포일로부터 시행하고 전 주미외교위원부규정은 폐지함.[36]

그리고 임시정부는 주미외교위원부 개조를 위한 네 가지 원칙을 다음과 같이 제시하였다.

35) 국회도서관 편, 『대한민국임시정부임시의정원문서』, 850쪽.

36) 『대한민국임시정부임시의정원문서』, 844쪽. 『신한민보』의 1944년 8월 17일자 「임정의 주미외교위원부 개조책」에서는 '한국 대미외교사절 관리규정'으로 번역되어 문구에서 약간 차이를 보인다.

제1. 재미한족연합위원회와 동지회는 합력하여 조직위원회를 형성하며 합력하여 대미 외교사절의 새로운 관리 규정에 의지하여 한국외교위원부를 개조하기 위하여 미국·하와이·멕시코·쿠바 등지의 대표대회를 소집할 것.

제2. 정식 사절의 선거와 임명에 관한 규정 제3조에 의지하여 이상에서 말한 전체대표대회는 직접으로 7인으로 14인의 사절을 선거하여 제1차 선거를 형성하고 이를 임시정부에 통달하여 시인을 받을 것.

제3. 이상에 말한 대표 대회는 현재 존재 조직체와 그 외의 전체 정치단체 즉 동지회·조선민족혁명당 지부·학생연합회 등과 다른 한인 조직체 혹은 집단을 포함할 것. 대회는 반드시 최소한도로 전체 단위 단체의 10분의 7을 포함할 것.

제4. 현재 워싱턴에 있는 한국외교위원부와 재미한족연합위원회 대표는 현재의 공작을 중지하고 또 대회에서 개조를 완성할 때에는 폐지할 것.[37)]

위 조항 가운데 제4항의 기존 주미외교위원부 폐지건에 대해 임정은 9월 초경 취소하는 명령을 내리고 외교활동을 계속해 줄 것을 당부하였다.[38)] 이러한 수정 방침은 혹시 모를 대미 외교업무의 중단을 우려한 때문으로 보인다.

이상의 내용을 갖고 임정은 신설될 주미외무위원회의 새 위원 선발문제를 처음 1차에 한에 연합회에 맡기기로 하고 미주 각 단체의 대표들과 협상해서 추진하도록 지시했다.[39)] 임정은 이러한 사실을 8월 12일자 전

---

37) 홍선표 편, 『재미한족연합위원회 회의록』, 287~288쪽; 『신한민보』, 1944년 8월 17일, 「임정의 주미외교위원부 개조책」. 위의 네 가지 원칙의 내용은 임정이 보낸 영문전보를 집행부가 번역한 것이다.

38) 『주미외교위원부통신』 제90호(1944.10.5), 「김구씨의 전보」.

39) 위와 같음. 그런데 임정은 8월 12일자 전보에서는 전체대표회 소집의 권한을 연합회에 부여한다는 것을 명시하지 않았다. 때문에 집행부 위원장 한시대는 8월 14일자 전보에서 이번 대회의 소집권한을 연합회에 위임할 것

보로 『신한민보』에 통보하였고,[40] 아울러 이승만에게도 알렸다.[41] 이로서 연합회는 그동안 추진해 왔던 주미외교위원부 개조문제를 의도한 바대로 처리한 셈이 되었다.

2. 전체대표회의 개최와 동지회 참가교섭

1) 전체대표회의 개최

임정의 지시에 따라 연합회는 1944년 10월 28일부터 11월 5일까지 9일간 로스앤젤레스에서 재미한인 전체대표회를 개최했다. 재미한인 전체대표회에는 북미 4개, 하와이 9개, 총 13개 단체가 참석했다. 참가한 13개의 단체를 보면 다음과 같다.

을 요청하였다.(「집행부(한시대)에서 대한민국임시정부에 보낸 전보(1944.8.14), 홍선표 편, 『재미한족연합위원회 회의록』, 289~290쪽) 여기에 대해 임정의 답신 자료는 발견되지 않고 있으나 전체대표회가 원만하게 진행된 것으로 보면 이후 집행부의 요청을 수용했던 것으로 보인다.

40) 「엄항섭이 집행부에 보낸 전보(1944.8.12), 홍선표 편, 『재미한족연합위원회 회의록』, 284~287쪽. 『신한민보』의 1944년 8월 17일자 「임정의 주미외교위원부 개조책」은 엄항섭이 보낸 영문전보를 번역해서 실은 것이다. 그런데 주미외교위원부 개조사실에 대해서는 이미 중경 민혁당 통신원 신기언이 8월 4일자로 『독립』에 알리고 있었다.(“Korean Commission in Washington D.C. To Be Reorganized,” *Korean Independence*, Aug. 9, 1944). 또 임정보다 하루 빠른 8월 11일자 전보에서 김규식과 김약산이 민혁당북미총지부에 그러한 내용을 통보하였고, 8월 13일 중경의 라디오방송을 통해서도 이 사실을 공포하였다.(970036-3, Telegram from Kiusic Kim & Yaksan Kim to Korean National Revolutionary Party(1944.8.11).

41) 『주미외교위원부통신』 제84호(1944.8.18), 「중경특전」.

〔북미〕 대한인국민회 · 민족혁명당북미총지부
대한여자애국단 · 북미대한인유학생총회(4개)
〔하와이〕 대한인국민회 · 한국독립당하와이총지부 · 민족혁명당하와이총지부
중한민중동맹당 · 대조선독립단 · 한인구락부 · 대한애국부인회
대한부인구제회 · 영남부인실업동맹회(9개)

연합회는 대표를 보내지 않았는데 그것은 이번 대회를 주관하는 입장이었기 때문이다.[42] 그런데 하와이 대표는 9개 단체를 대표하여 김원용 1명만 왔고, 북미는 4개 단체에서 각 5명씩 총 20명이 참석했으나 투표권은 하와이 대표 1명이 45표, 북미가 20표가 되는 기형적인 형태였다.[43] 이것은 각 단체의 대표권을 단체의 대소를 불문하고 각 5명으로 정한 관계로 하와이는 김원용 1명만 출석했지만 9개 단체를 대표했기 때문에 45표의 위력을 갖고 있었다. 전체대표회는 그 동안 미주한인사회가 안고 있던 갈등과 분열을 치유해서 독립운동의 대미를 장식할 수 있는 마지막 기회였다. 따라서 회의를 주도하는 연합회의 입장에서 볼 때 이번 대회는 매우 의미있는 행사였다.

연합회는 주미외교위원부 개조문제에 대해 두 가지 의도를 갖고 있었다. 첫째는 워싱턴사무소 설립을 반대했던 단체들을 이번 기회에 연합회로 집중시켜 그동안 워싱턴사무소 개소문제로 주춤했던 연합회의 조직을 강화하려 하였다. 둘째는 이러한 조직강화를 통해 연합회의 뜻대로 주미외교위원부를 개조해서 연합회가 미주한인사회의 진정한 대표기구로서

42) 이번 대회는 집행부 위원장 한시대가 대회 의장이 되어 회를 주재하였다.
43) 북미지역 단체들의 대표들을 보면 다음과 같다.
국민회: 김호 · 김병연 · 송종익 · 윤혁 · 김용성
민족혁명당북미총지부: 김강 · 황성택 · 현철 · 곽림대 · 최능익
대한여자애국단: 김덕세 · 한영숙 · 이초실 · 이성례 · 임인재
북미대한인유학생총회: 정기원 · 김광원 · 김준성 · 김재훈 · 강택모

실질적인 통할기관으로 부상시키려 하였다.

전체대표회는 주미외교위원부 개조문제를 해결하기 위해 소집했으나 대회의 안건은 이것만이 아니었다. 이 대회의 결의안에 나타난 사항을 토대로 정리해 보면, 먼저 주미외교위원부 개조를 위한 인선과 예산이고, 그 다음 군사운동의 지원, 재정문제, 재미한족의 통일 등의 문제였다.[44] 그런데 개조문제 외의 것들은 미주지역 제 단체가 연합회로 통일되면 쉽게 해결될 수 있는 과제였다.

연합회는 전체대표회를 소집하면서 일차적으로 자체 조직의 강화에 나섰고 대회 준비도 단순히 주미외교위원부의 개조뿐만 아니라 재미한인사회의 통일문제로까지 확대시켰다. 집행부는 9월 10일 전체대표회 준비 모임에서 대표원의 수를 참가 단체의 실제 회원 100명을 기준으로 그 이상은 5명, 이하는 3명으로 정했으나, 10월 1일 모임에서 단체의 대소를 불문하고 5명으로 수정하여 군소단체를 배려했다.[45] 이것은 대회의 성공방향을 연합회의 강화에 두려했기 때문이었다.

의사부는 9월 18일 전체대표회 준비위원회 모임에서 이번 대회의 안건을 통일책, 군사책, 외교책으로 정하고 이 중 통일책에 대해서는 의사부 중심으로 모든 참가 단체가 동등하게 참여해 강화·확대하는 것으로 정리하였다.[46] 그 결과 나성에서 전체대표회가 개최될 때 의사부는 이번 대회에 참가한 하와이의 9개 단체 모두가 연합회에 가입하여 자체 조직을 강화한 상태에서 대표를 보낼 수 있었다. 이에 재미한족의 통일이라는 과제는 집행부 조직만 강화하면 될 정도였다.[47]

---

44) 『신한민보』, 1944년 11월 19일, 「전체대표대회 결의안」.

45) 『신한민보』, 1944년 9월 14일, 「전체대표대회 소집준비회 회록초략」; 10월 5일, 「전체대표대회 준비회록초략」; 11월 16일, 「전체대표대회회록」.

46) 『국민보』, 1944년 9월 27일, 「각 단체 대표대회 준비위원회 심의안보고서」; 9월 27일, 「각 단체 대표대회 제2차 속회」.

2) 동지회북미총회 참가교섭

전체대표회가 연합회의 의도대로 성공적으로 치러지기 위해선 두 가지의 과제가 해결되어야 하였다. 즉, 주미외교위원부 개조문제의 이해 당사자인 이승만이 이번 대회에 협조할 것인지와 동지회가 이번 대회에 참석하는지의 여부였다. 그런데 이 두 사안은 서로 밀접하게 연결되어 있었다. 이승만은 이미 중경의 임정으로부터 주미외교위원부 개조 계획을 통보 받았고 집행부로부터도 이번 대회의 참가를 권유받았다.[48] 그러나 그는 협찬부 모임에서, 이번 대회가 속히 개회해 원만한 성공과 대한독립에 큰 도움이 있기를 바란다는 입장을 표명한 것 외에는[49] 침묵으로 일관하였다.[50] 다만 『위원부통신』 제92호(1944.10.25)의 반응을 보면, 주미외교위원부는 전부터 협조를 위해 연합회가 추천한 인물은 누구를 물론하고 임명한 사실에 비추어 볼 때 개조문제는 주미외교위원부가 기왕에 바라던 것과 동일한 것인 만큼 대회 결과가 충분히 인심을 통합할 수 있게 되기를 바란다고 하였다. 이러한 발표는 이번 대회소집이 임정의 훈전에 의한 것이므로 대회 자체를 반대할 명분이 없었기 때문에 나온 것으로 볼 수 있다.

동지회는 무엇보다도 이승만의 의중을 헤아려 참가하려 했기 때문에 이승만의 협조 및 동조 여부가 관건이었다. 하지만 이승만은 자신의 침묵

---

47) 대회 이후 집행부는 이번 대회에 참가한 북미대한인유학생총회 외에 모두 가입해 자체 강화에 성공함으로써 전체대표대회에서 목표했던 바를 상당히 달성했다고 평가하였다.

48) 『신한민보』, 1944년 11월 2일, 「주미외교위원부 개조를 위한 전체대표회 개막」.

49) 『주미외교위원부통신』 제88호(1944.9.21), 「오는 연합대회의 성공을 바람」. 이러한 이승만의 기사는 『북미시보』 1944년 10월 1일자에도 소개되었다.

50) 『주미외교위원부통신』 제92호(194410.25), 「외교위원부 개조에 대하야」.

을 통해 동지회의 대회 참가를 가로막았다. 동지회북미총회는 1943년 9월 10일과 10월 1일의 준비모임에 참여하였지만 10월 27일 탈퇴성명서를 내고 그 이후부터 참가를 거부하였다.[51] 하와이의 동지회중앙부는 8월 23일부터 있은 하와이 한인단체들의 비공식모임에서 조차 불참하였고 이후 재차 준비위원회 모임에 참가할 것을 독려 받았지만 끝내 참가하지 않았다.[52] 동지회북미동지회는 불참 공문을 보내면서 그 사유를 임정의 훈전이 모호하니 김구의 친필이 있어야 하겠다는 것과 만약 그 전보가 임정의 훈전이라 할지라도 준비위원회의 결의 내용이 임정의 훈전과 위반되기 때문이라 하였다.[53] 동지회의 불참으로 동지회의 자매단체들도 이번 전체대표회에 모두 불참하였다.[54]

연합회의 입장에서 볼 때 동지회의 불참은 부담스런 상황이었다. 임시정부는 훈전에서, 연합회가 동지회와 합력해서 이번 대회를 개최할 것을 지시하고 있었다. 동지회는 주미외교위원부 개조문제에 직접 관련 있는 당사자였고 때문에 원만한 대회 진행을 위해서라도 동지회의 참석은 매

---

51) 『신한민보』, 1944년 9월 14일, 「전체대표대회 소집준비회 회록초략」; 10월 5일, 「전체대표대회 준비회록초략」.

52) 『국민보』, 1944년 9월 13일, 「비공식회의 대강」; 9월 20일, 「각 단체 대표대회 거행」.

53) 『신한민보』, 1944년 11월 5일, 「전체대표회 결의안」; 16일, 「전체대표회 회록」. 집행부가 주관한 준비회의 결의 내용은 단체 대소의 차별 없이 5명의 대표를 선임할 것, 전체 민중에서 주미외교위원부 위원 15명을 뽑는 것이었다. 임정의 훈전과 맞지 않다고 동지회가 주장하는 것은 타당한 이유가 아니었다.(『신한민보』, 1944년 10월 5일, 「전체대표대회 준비회록 초략」)

54) 참고로 이승만을 지원하는 동지회계 단체는 하와이는 동지회 중앙부, 대한부인구제회(동지회측)과 1944년 7월 호놀룰루에 설립된 대한인부인회가 있으며, 북미는 동지회북미총회와 1944년 4월에 설립된 대한인부인회(뒤에 대한인부인회총회가 됨) 등 5개 단체이다.

우 중요했다. 동지회 참석을 둘러싼 당시 대회 분위기를 보면, 하와이의 동지회 중앙부는 이미 처음부터 거부한 상태여서 참가 가능성이 없는 것으로 간주하였지만 동지회북미총회와 동지회의 자매단체인 대한인부인회에 대해서는 가능할 것으로 전망했다. 왜냐하면 동지회북미총회는 대회 준비모임 때부터 참여해 오다가 돌연 불참을 선언하였기 때문에 잘 설득하면 될 것으로 보았고, 그렇게 된다면 자연 그 자매단체인 대한인부인회도 참석할 것으로 생각하였다.

동지회북미총회의 참가교섭은 유학생총회가 맡아 추진했으나 유학생총회는 1943년 11월 2일 그간의 교섭이 실패했다고 보고했다. 그런데 실패 사실을 보고하던 당일 오후 동지회북미총회는 대표 5명을 보냈다.[55] 전체대표회 참가자들은 이러한 동지회의 참가 태도에 대해 지난번 동지회북미총회가 제출한 불참 공문을 먼저 취소해 줄 것을 요구했다. 이에 동지회북미총회는 주미외교위원부 개조를 지시한 임정의 훈전은 지금도 믿지 못하겠다는 것과, 오늘 대회에 참가한 것은 임정의 권위와 유학생총회의 성의 때문이며, 만약 이전의 불참 공문을 취소하라고 강요한다면 되돌아갈 것이라 반발하여 결국 퇴장하고 말았다.[56]

임정의 권위를 인정한다고 하면서 임정의 훈전을 못 믿는다고 하는 동지회의 태도는 매우 이중적이었다. 이것은 동지회의 대회 참가의도가 원만한 대회 진행을 위해서가 아니었던 때문으로 생각된다. 동지회북미총회는 이번 대회에 다시 참가할 때 4개의 조건을 제시했는데, 그 가운데 하나가 "임시정부의 주미외교위원부 개조 훈전을 임시정부에 품청하여 이

55) 『독립』, 1944년 11월 22일, 「주미외교위원부 재조직을 위한 연합대표대회의 전말」. 동지회북미총회 대표 5명은 이살음 · 김종림 · 송헌영 · 송태은 · 김진묵이다.

56) 『신한민보』, 1944년 11월 23일, 「전체대표회 회록」; 『독립』, 1944년 11월 22일, 「주미외교위원부 재조직을 위한 연합대표대회의 전말」.

를 작소"하는 것이었다.[57] 이로 볼 때 동지회가 대회에 참가하는 의도는 주미외교위원부의 개조 논의를 사전에 차단하는데 있었다.

동지회의 불참이 기정사실화 되자 대회 참가자들은 동지회와 합력하라는 임정 훈전의 문구 해석을 두고 논쟁하였다. 그렇지만 참가자들은 동지회와 반드시 합력해야 한다는 뜻이 아니라고 해석하고 7/10 이상의 단체가 모였으므로 임정 훈전을 이행한 것으로 의견 일치를 보았다. 대회 의장인 한시대는 동지회의 문제를 정리해 1944년 11월 3일자로 임정에 통보하였다. 이 전보에서 한시대는 비록 동지회가 빠지더라도 임정이 지시한 7/10 이상의 단체 대표가 참석하여 대회 요건을 갖추었으며, 동지회의 불참 사유와 그동안 동지회의 참석을 위해 최선을 다한 사실 등을 알렸다.[58]

주미외교위원부 개조문제에 가장 관심을 갖고 있을 이승만과 동지회계 단체들이 모두 전체대표회에 대표 참석을 거부한 것에 대해 『신한민보』는 강하게 비판했다. 임정 훈전으로 치러지는 이번 대회에 임정봉대를 최우선으로 주장해 온 이승만이 전혀 관심을 보이지 않는 것이 과연 애국자의 태도인지 반문했다. 그리고 혹 이승만이 이번 대회에 자기의 요구조건을 들어주면 협조하겠다는 소문이 과연 진실인지도 알고 싶다 하여 이승만의 본의에 대해 강한 의문을 던졌다.[59]

이승만은 이번 전체대표회에 대해 이중적인 입장을 취했던 것으로 보인다. 이승만은 대회의 참석과 연설을 부탁한 김원용에게, 이번 대회에 어떤 방식으로도 충고하지 않을 것이며 이번 대회를 통해 모든 단체가 완

57) 『신한민보』, 1944년 11월 23일, 「전체대표대회 회록」.

58) 『신한민보』, 1944년 11월 9일, 「전체대표대회 결의안」; 『독립』, 1944년 11월 22일, 「주미외교위원부 재조직을 위한 연합대표대회의 전말」.

59) 『신한민보』, 1944년 11월 2일, 「주미외교위원부 개조를 위한 전체대표회 개막」.

전히 통일되어 대회가 성공하기를 기원한다고 답신하였다.[60] 그러나 겉으로는 대동 단결과 대회 성공을 기원하고 동지회의 대회 참가를 권유한 것으로 보이지만, 북미대한인유학생총회에게 보낸 이승만의 전보에 따르면 이번 주미외교위원부의 인선이 '민중투표'로 결정된다면 대회 결정에 따르겠다고 밝히고 있었다.[61] '민중투표'란 미주한인 전체를 대상으로 한 투표를 의미한다. 이승만의 이런 제안은 임정 훈전에도 위반이고 또 현실적으로 실현 불가능한 것이었으므로 대회 참석자들은 무시하고 넘어갔다. 그런데 이승만이 이렇게 제안했던 배경은 현실을 감안하지 않았다기보다 주미외교위원부의 개조문제가 자신의 의도대로 되지 않을 것을 충분히 예상한 때문으로 해석된다.

이로 볼 때 동지회의 불참 이유는 이승만이 이번 전체대표회를 반대하고 있다는 의중을 간파했기 때문으로 보인다. 그리고 동지회의 단체들이 참가하더라도 이승만의 입장을 대변해 줄 수 있을 만큼 자체의 능력을 갖고 있거나 대회 분위기가 형성되어 있지 않은 점도 불참의 주요 요인으로 생각된다. 특히 단체의 대소를 불문하고 동등하게 참여하게 한 방식은 1941년 4월 해외한족대회 때 두 국민회와 동지회 중심으로 대회를 이끌어갔던 것과 비교해 볼 때 전혀 다른 민주적인 방식이었다. 이런 상황에서 동지회의 입장을 강하게 반영한다는 것은 어려운 일이었다. 또 연합회

---

60) 970036-3 Telegram from Syngman Rhee to Warren Y. Kim(1944.10.26).

61) 『신한민보』, 1944년 11월 23일, 「전체대표대회회록」. 그런데 『독립』 1944년 11월 15일, 「주미외교위원부 재조직을 위한 연합회대표대회의 전말」에는 '이승만이 뽑히든 아니든 민중투표로 한다면 동지회가 참가하겠다'고 한 기록이 있다. 이로 볼 때 '민중투표'의 말이 동지회에서 나온 것인지 이승만이 직접 말한 것인지에 대해 차이를 보이고 있는데, 본고는 이 말이 이승만에게서 나온 것으로 보았다. 왜냐하면 동지회는 이승만의 지시에 따라 움직이는 단체였기 때문이다.

를 지지하는 단체의 수가 압도적인 현실에서 그동안 연합회를 반대해 온 동지회의 처지에서 볼 때 불리할 수밖에 없었다. 따라서 동지회의 의견이 반영이 되지 않을 상황에서 굳이 참석한다는 것은 이번 대회의 정당성만 인정해주는 셈이 될 것이므로 불참으로 돌아선 것으로 보인다.

3) 전체대표회의 결과

동지회의 불참으로 대회 본래의 의미가 퇴색되었지만 전체대표회는 대체로 별 마찰 없이 치러졌다.[62] 그 결과 주요 의제인 주미외교위원부 개조를 위한 인선은 하와이와 북미의 대표에서 1차로 선정한 각 15명의 후보 가운데 투표로 15명을 선발하여 다음과 같이 주미외교위원부를 조직하였고, 이에 대한 예산은 연 3만 달러로 정하였다.

위원장: 김원용
부위원장: 한시대
총서기: 전경무
서 기: 한길수 · 배의환
위 원: 김용성 · 정기원 · 김 호 · 송종익 · 김병연 · 강택모 · 김용중 · 장기형 유진석 · 김현구[63]

이번 주미외교위원부 인선의 특징은 북미 국민회와 유학생총회측 인사들이 대거 참여한 점과 동지회계 인물은 기존 위원장인 이승만까지 완전

62) 대회 과정에서 하와이 9개 대표를 대표한 김원용 한 사람의 표가 너무 과중하고 불합리하다는 것 때문에 논란이 있었지만 김원용의 양보로 원만하게 진행되었다.

63) 『신한민보』, 1944년 11월 9일, 「전체대표대회 결의안」. 그런데 이번 인선 과정에서 주미외교위원부 인원을 7인, 10인, 15인 등의 의견이 제시되었는데 민혁당북미총지부 변준호의 강력한 요구로 15인안이 채택되었다.

히 배제한 점이다. 주미외교위원부의 인선 내용을 단체별로 구분해 보면 북미의 국민회 6명(한시대 · 김용성 · 김호 · 송종익 · 김병연 · 김용중), 북미대한인유학생총회 3명(배의환 · 정기원 · 강택모), 하와이의 국민회 2명(김원용 · 전경무), 한국독립당하와이총지부 2명(김현구 · 유진석), 민족혁명당북미총지부 1명(장기형), 중한민중동맹당 1명(한길수)이었다. 이로 볼 때 북미의 국민회와 유학생총회가 전체의 절반 이상을 차지하고 있다. 선임된 북미 국민회의 인사들이 모두 연합회의 집행부 임원들인 것으로 보아 이번 인사는 그동안 집행부의 활발한 활약상을 높이 평가하고 인정한 결과로 보인다. 타 단체에 비해 비교적 다수로 선임된 유학생총회의 경우는 그들의 젊고 학식이 높은 점이 크게 기대되었기 때문인 것 같다.

반면 동지회 쪽에서는 정한경 · 황창하 · 윤병구가 1차 후보위원으로 추천되었으나 전체 투표에서 정한경 · 황창하가 4표, 윤병구가 2표로 나와 위원 선출에서 탈락했다.[64] 그런데 이승만의 경우는 이미 전체대표회 개회 이전부터 후보위원의 명단에서조차 배제되고 있었기 때문에 처음부터 주미외교위원부의 조직안에서 빠져있었다. 이것은 이승만을 축출해서 새로운 주미외교위원부를 구성하고자 계획했던 연합회의 의도가 그대로 관철되었다는 것과, 동지회를 제외한 당시 미주한인들의 정서가 혁신적인 변화를 원하고 있었다는 점 등을 잘 보여준 것이라 할 수 다. 하지만 아래에서 밝히는 대로 동지회의 인물이 완전히 빠진 이번 인선의 결과는 오히려 연합회에게 큰 부담으로 작용하였다.[65]

---

64) 『신한민보』, 1944년 11월 23일, 「전체대표대회 회록」.

65) 예컨대 집행부 위원장 한시대가 11월 20일 발표한 「공포서」를 보면, 이번 대회에 동지회계 인물이 하나도 위원으로 선택되지 않아 결과적으로 재미한족의 통일에 결함을 초래한 점에 대해 유감으로 간주하였다.

3. 연합회와 임시정부 간의 불화

1) 중경 임시정부의 개입과 연합회의 반발

연합회의 부푼 기대는 전체대표회의 결과가 임정으로부터 거부당하면서 완전히 무산되었다. 오히려 이번 일로 임정과 연합회와의 관계는 본격적으로 악화되기 시작하였다. 연합회는 참가한 13개 단체의 연명으로 1944년 11월 7일 임정에 대회 결과를 통보하고 이에 대한 승인을 요청하였으나, 임정은 11월 11일자 답신에서 동지회 대표가 선출되지 않은 이번 인선 결과를 인정할 수 없다고 통보하였다.[66] 이유는 임정이 기대한 절대합동이 되지 않았기 때문이라 하였다. 임정은 처음 연합회에 지시할 때 동지회를 반드시 포함시켜야 한다는 것이 아니라 '동지회를 비롯해 다른 한인 조직체 혹은 집단을 포함'시키되 대회는 반드시 7/10 이상의 단체 대표가 모여야 할 것이라 했다.[67] 그런데 이제 와서 동지회의 불참과 절대합동이 안 된 것을 이유로 대회의 결과를 전면 거부한 것은 임정 스스로 모순을 범하는 셈이었다.

연합회는 이런 임정의 조치가 특정 단체에 편중되어 다수의 의견을 무시하는 행위로 간주하고 크게 반발했다. 전체대표회 의장 한시대는 11월 15일자로 보낸 전보에서 임정 훈전에 의거 7/10이상의 단체 대표들이 모여 진행한 사실과 최선의 노력에도 불구하고 동지회가 끝까지 불참한 것에 대해 우리가 책임질 수 없다고 하였다.[68] 그런데 지금에 와서 동지회 불참과 절대합동이 되지 않았다는 이유로 대회 결정을 인준할 수 없다고

66) 『신한민보』, 1944년 11월 23일, 「전체대표대회 회록」; 『독립』, 1944년 11월 29일, 「주미외교위원부 재조직을 위한 연합대표대회의 전말」.

67) 홍선표 편, 『재미한족연합위원회 회의록』, 287~288쪽.

68) 위와 같음; 970036-3, Telegram from Korean National Association to Korean Provisional Government(1944.11.15).

하는 것은 임정이 특정 한 단체에 동정을 주기 위한 것으로 다수 민중의 기대를 저버리는 것이라 하였다. 그리고 이러한 민중의 뜻을 위배한 것이 벌써 두 번째라는 사실을 지적하고 앞으로 임정의 지시에 더 이상 따르지 않을 것임을 시사하였다.[69] 이어서 한시대는 11월 20일자로 「공포서」를 발표했다. 여기서 그는 동지회계 인물이 인선되지 않아 결과적으로 재미한족의 통일에 결함을 발생시킨 것에 대해 유감의 뜻을 표하고, 그렇지만 이번 대회를 위해 미주한인들이 최선을 다했다는 것과 금후 실시 여부는 임정에게 달려 있음을 알려 임정책임론을 부각시켰다.[70]

여기에 대해 중경의 임정은 1944년 11월 21일자 전보에서 직접 임명한 주미외교위원부 위원을 통보하면서 이것을 최후 '지령'이라 하였다. 즉, 위원장 이승만, 부위원장 김원용, 총서기 정한경으로 하고 위원은 한시대·김호·이살음·변준호·안원규·송헌주 등 총 9명을 선임하였다.[71] 이를 단체별로 보면 동지회 3명(이승만·정한경·이살음), 북미 국민회 2명(한시대·김호), 하와이 국민회 2명(안원규·김원용), 민족혁명당북미총지부 1명(변준호), 무소속 1명(송헌주)로 구분된다.[72]

---

69) 한시대가 언급한 '두 번째'라고 하는 것은 1943년 10월 4일 이승만을 고문으로 승차하고 주미외교위원부를 새로 개조하기로 한 연합회의 결정에 대해 임정이 분명한 입장을 밝히지 않고 시간만 끌어온 것을 사실을 가리키는 것 같다.

70) 『신한민보』, 1944년 11월 23일, 「전체대표대회 회록」.

71) 『독립』, 1944년 11월 29일, 「주미외교위원부 재조직을 위한 연합대표대회의 전말」; 『신한민보』, 1944년 11월 23일, 「전체대표대회 회록」.

72) 송헌주는 국민회 집행위원장 수행 중 1944년 4월 신두식과 장세운을 2중회원으로 소환한 것과 워싱턴사무소 설치를 강행한 것에 불만을 품고 국민회를 탈퇴하여(『독립』, 1944년 5월 3일, 「성명서」, 「국민회 중앙집행위원 6씨 총사직」) 당시 잠시 무소속으로 있었다. 그러나 전체대표회 이후 그는 이승만 지지자로 돌아선 것으로 보인다.

임정의 인선은 비교적 각 단체별로 고루 안배한 것이었다. 그러나 이승만을 다시 위원장으로 재임한 것을 비롯해 유학생총회의 인물과 중한민중동맹단의 한길수를 배제한 것 등은 전체대표회의 인선 내용과 큰 차이를 보였다. 더구나 이미 전체대표회에서도 나타났듯이 미주한인의 반이승만 정서를 무시하고 이승만을 위원장으로 재임시킨 것은 임정이 향후 미주문제에 있어서 연합회를 선택하지 않고 이승만의 주미외교위원부 중심으로 운영하겠다는 것을 의미했다. 이에 따라 반이승만활동에 앞장섰던 연합회와 임정 간의 갈등과 충돌은 본격화될 수밖에 없었다.

2) 연합회의 대임정 관계의 변화

전체대표회의 결정을 거부하고 임정이 직접 주미외교위원부의 인선을 하달한 직후 연합회는 임정의 조치에 정면으로 반발하고 임정과 거리를 둘 것임을 분명히 하였다. 집행부 위원장 한시대는 임정에 보낸 1944년 11월 28일자 전보에서 임정의 인선 내용을 수용할 수 없다고 통보했다. 그 이유는 첫째, 주미외교위원부의 재조직을 위해 임정의 요구로 모인 미주한인 대표들의 희망을 무시할 수 없다는 점, 둘째, 이승만이 과거 30년 동안 한인들 사이에 분파주의와 분열의 원인이 되어왔다는 점, 셋째, 이승만은 미국과의 외교 임무에 실패했다는 점 등을 들었다.[73] 그는 임정에 의한 주미외교위원부 위원 임명은 정부의 고유 권한이겠지만 재조직을 위해 최소한 전체 한인의 7/10로 대회 개최를 지시해놓고 지금 와서 직접 인선을 단행한 것은 대회를 위해 모였던 미주한인들의 소망을 무시한 것으로 문제를 더욱 악화시켰다고 지적하였다. 이러한 임정의 행동에 대해 그는 앞으로 임정이 이승만과 동지회만 가지고 일하겠다는 의도가 분

---

73) 970036-3, Telegram from Sidai Hahn to Korean Provisional Government(1944.11.28).

명하며, 만약 그렇다면 임정이 바라는 대로 하라(If so, do as you wish.)고 하여 임정과 결별할 것임을 시사하였다.

왜 임정은 전체대표회의 결정을 무시하고 이승만의 손을 들어주었는가. 임정이 이 문제를 다시 거론한 때는 1945년 4월 11일 개회한 제38차 임시의정원 회의에서였다. 이 때는 샌프란시스코에서 국제연합창설대회('샌프란시스코회의')를 앞두고 연합회가 민중대표를 선임하여 임정과 완전히 결별하는 행동을 취하는 시기였다. 임정이 늦게나마 문제의 심각성을 깨달았으나 이미 때는 늦은 상황이었다. 이 날 회의는 박건웅(朴建雄)·손두환(孫斗煥)·유진동(劉振東) 등이 김구와 조소앙 등 정부측의 실정에 대해 추궁하는 것으로 진행되었다. 정부측의 답변은 주미외교위원부의 인선 문제를 연합회에 위탁한 것은 미주한인사회의 통일을 위해 인선을 단합해서 처리하기 위함이었고, 전체대표회의 결정을 취소한 것은 미주의 9개 단체에서 이러한 결정을 반대한다는 전보를 보내줬기 때문이라 했다[74]. 이를 근거로 14명의 각원들이 모여 결정한 것인 만큼 편협된 결정이 아니라고 해명하였다.[75] 박건웅·손두환·유진동 등은 임정이 연합회에 보낸 훈전에 동지회와 반드시 합작하라는 사항이 없었다는 점과 7/10이 되면 합법적인 대회인데 정부가 이를 무시하고 이승만과 동지회 입장만 두둔함으로써 결국 정부에 대한 일반의 인심이 이반되었다고 지적했다.[76] 여기에 대해 정부측은 답변을 회피함으로써 전체대표회가 합법적인 대회임을 부정하지 않았다. 그리고 주미외교위원부를 개조함에 있어 이승만을

---

74) 임시정부의 김구측 답변에서 나온 '미주의 9개 단체'는 동지회를 비롯해 이승만을 지지 단체를 말한다. 앞에서 언급했듯이 미주한인사회에 이승만 지지단체는 5개에 불과했다. 9개라는 것은 이승만 지지자들이 주장한 것으로 김구측은 이를 아무 검토없이 그대로 받아들인 결과이다.

75) 국회도서관 편, 『대한민국임시정부임시의정원』, 1974, 436~443쪽.

76) 위와 같음.

재임시킨 점에 대해 정부측은 이승만이라는 한 개인을 두둔하려 한 것은 아니었고 그를 비판하는 증거를 보내달라고 했는데 지금까지 보내지 않았기 때문이라 하여 오히려 책임을 연합회 쪽으로 떠넘겼다.[77]

이로 볼 때 당시 중경의 임시정부는 연합회가 제기한 주미외교위원부 개조문제의 심각성을 잘 헤아리지 못한 것 같다. 박건웅이 지적한 것처럼 임정은 미주문제에 대한 뚜렷한 방침이 없었기 때문에,[78] 단지 주미외교위원부의 자리를 두고 연합회와 이승만측이 서로 싸우는 것으로만 보았다. 이것은 미주한인사회의 문제에 대해 구체적 실상을 조사하거나 파악할 여력이 없었던 임정 능력의 한계로 인식되지만, 정부 내 판도 변화를 두려워한 한국독립당 중심의 임정 보수세력, 즉 여당측의 입김 또한 크게 작용했던 것으로 보인다.

중경의 임정이 이승만의 외교실패를 거론하며 주미외교위원부의 개조를 끈질기게 요구한 연합회를 무시하고 끝까지 이승만을 재임시킨 것은 당시 김구를 비롯한 임정 내 여당측이 이승만 외 다른 대안을 찾기 어려웠기 때문으로 보인다. 이승만은 김구를 비롯한 한국독립당의 열렬한 지지자였고,[79] 그 자신도 스스로 입당을 요청해 한국독립당의 정식 당원이 되었다.[80] 그리고 이승만은 임정의 야당으로서 김원봉과 김규식이 주도하

---

77) 같은 책, 439쪽. 이 답변은 조소앙이 한 것인데, 연합회가 그동안 외교가로서 이승만의 자질과 문제점에 대해 일일이 지적해 임정에 송부했던 사실을 감안할 때 올바르다고 할 수 없다.

78) 같은 책, 443쪽.

79) 이 때문에 올리버(Robert T. Oliver)가 1944년 7월 30일자 *The Washington Post*지에 이승만을 한국독립당의 지도자로 기술한 칼럼에 대해 전경무는 이승만이 자신의 지위를 속이고 있다고 보고 이 사실을 연합회에 알리는 동시에 김원용은 그 다음날 올리버에게 서신을 보내 그 기사가 잘못되었음 지적하였다.(도990, Letter from J. Kyuang Dunn to UKC(1944.7.31); 도1456, Letter from Warren Y. Kim to Robert T. Oliver(1944.7.31)).

는 조선민족혁명당에 대해 처음부터 강한 거부감을 갖고 있었고, 그러한 사실은 한길수와의 분쟁 때 잘 드러나고 있었다. 개인적으로도 이승만은 김구에 대해 평소 무척 좋게 생각하고 있었다.[81] 특히 1942~43년 동안 미국 정보조정국(COI)·전략첩보국(OSS) 등과 군사운동을 추진하면서 형성된 이승만과 김구와의 협력관계는 임정의 여당측에게 적지 않은 영향을 준 것으로 생각된다. 예컨대 이승만의 추천으로 미군에 입대한 정운수·이순용·장기영·헨리리 등은 중경 임정의 김구와 이승만 사이의 연락을 담당하면서 주요 정보를 제공해 주는 역할을 담당하였다. 그리고 이승만은 COI와 OSS의 연계를 통해 중경 임정과 직접 연락망을 구축함으로써 개인적으로 김구와 매우 밀접한 관계에 있었다.[82] 때문에 임정과 김구는 이승만의 실력을 과대평가할 수 있는 여지가 충분했다.

반면 연합회는 비록 임시정부를 봉대한다는 명분으로 김구를 중심으로 한 한국독립당을 지지하였으나 김구 쪽에서 보면 문제의 인물인 한길수와 손잡고 있었고, 민족혁명당미주[하와이·북미]총지부가 연합회에 가입하는 등[83] 그 성향이 중립적이었다. 김구를 비롯한 한국독립당의 입장에서 볼 때 연합회의 태도는 미덥게 보이지 않았을 것이다. 따라서 김구와 임정의 여당인 한국독립당은 정부 내 조선민족혁명당의 세력 확대를 견제하고 미국 내 외교문제를 자신들의 뜻대로 장악할 수 있는 인물로 이승

---

80) 『국민보』, 1944년 12월 20일, 「한국독립당원으로 이승만씨를 허가」; 12월 27일, 「이승만씨는 독립당에 입당」.

81) 예컨대 이승만이 정한경에 보낸 서신(1942. 3. 17)을 보면 김구를 개인적으로 사심이 없는 진정한 애국자로 평가하였고, 그가 진심으로 나를 지원하고 있다고 설명하였다.(도1176, Letter from Syngman Rhee to Henry DeYoung)

82) 정병준, 『우남 이승만 연구』, 254~257쪽.

83) 1944년 9월에는 민족혁명당하와이총지부도 의사부에 가입하여 그 대표인 박상하가 의사부의 위원장에 피선되었다.

만 외 다른 인물을 찾기 힘들다고 판단했을 것이다.[84)]

이처럼 전체대표회를 통해 미주한인사회가 임시정부 중심으로 다시 화합하여 통합될 수 있는 좋은 기회가 오히려 임정과 연합회 간의 관계를 더욱 악화시키고 말았다. 그리고 이런 과정에서 연합회는 임정관을 변화하게 되었고 이미 추진해 온 독자활동을 더욱 강화하였다. 외형적으로 연합회는 임정에 대한 연합회의 재정지원을 계속하는 것으로 천명하며 임정을 지원하겠다고 했으나 사실상 재정을 대폭 줄이거나 중단하였다.[85)] 이보다 더 근본적인 연합회의 변화는 더 이상 임정에 매달리지 않겠다는 독자노선의 태도였다.

이로써 미주한인사회는 연합회와 이승만·동지회측과의 분열뿐만 아니라 임시정부와의 관계도 거의 단절하는 상태가 되고 말았다. 대표적인 예는 1945년 4월에 개최될 샌프란시스코회의 준비 때 나타났다. 중경의 4개 단체는 동년 3월 15일자 전보에서 이번 대회를 위해 임정대표를 중심으로 단합해 줄 것을 미주 각 단체에 당부하였다.[86)] 그러나 연합회는 1945년 4월 1일 해외한족대회를 개최해 별도로 민중대표를 선정하였고

---

84) 더구나 임시정부에서 연합회가 요구한 이승만의 문제를 정식으로 제기한 쪽은 조선민족혁명당이었다. 이러한 사실은 1943년 11월 27일자로 민혁당 하와이총지부에 보낸 김규식과 김원봉의 전보에서 잘 나타나고 있다.(『국민보—태평양주보』, 1943년 12월 1일, 「알다가다 모를 저편 소식」)

85) 예컨대 집행부의 1943년도 임정지원금은 4561달러인데 1944년이 되면 2988달러로 감소하고 이것도 1944년 6월 이후부터는 전혀 지원하지 않고 있었다. 의사부의 경우는 1943년 16,410달러였으나 1944년 2,925달러, 1945년 1,220으로 크게 줄고 있었다. 물론 연합회기 그동안 임정에 지원한 금액은 총 58,201달러가 되어 결코 적지 않은 금액이다. 그렇지만 1944년을 고비로 크게 줄고 있는 것은 내부적으로 주미외교위원부 개조를 둘러싸고 재정모금이 어려워진 것이 주요 요인이겠지만 임정이 연합회의 의도에 동의하지 않는데 대한 불만이 그대로 표출된 것으로 볼 수 있다.

86) 『주미외교위원부통신』 제110호(1945.3.19), 「중경 각 단체의 전보」.

이승만을 단장으로 한 정부대표와 분리해 독자활동을 추진하였다.[87] 비록 두 대표는 일치된 행동을 위해 5월 9일 공동성명서를 발표하는 등 잠시 합작을 시도하였으나 5월 20일 이승만의 얄타밀약설 유포로 두 대표간의 합작노력은 무산되었다.[88] 임정은 이런 단절관계를 회복하기 위해 1945년 5월 독립운동자대표대회를 계획하였지만,[89] 곧 해방이 되면서 이마저도 무산되었다.

주미외교위원부 개조문제를 둘러싸고 연합회와 이승만 사이에 전개된 갈등과 충돌은 해방을 눈앞에 둔 상황에 임시정부로까지 확산됨으로써 임정의 전폭적인 신임 속에 독립운동을 전개하려 했던 연합회의 계획과 노력은 상당부분 그 빛을 잃게 되었다. 아울러 미주한인 독립운동계의 분열은 해방 공간에 임정 중심으로 역량을 결집해 통일된 민족 자주의 주권국가 수립이라는 우리 민족의 과제를 매우 어렵게 만들었다.

3) 연합회의 대임정 인식의 변화

카이로선언 전후부터 북미 한인사회를 중심으로 임정에 대한 비판은 끊이지 않았다. 전체대표회의 결정을 무시한 임정에 반발한 연합회의 행동은 그동안 누적되어온 임정에 대한 불만이 마침내 폭발했을 뿐이었다. 임정에 대한 연합회의 불만이 터져 나오기 시작한 때는 임정이 연합회에 보낸 1943년 11월 15일자 전보와 카이로선언 이후 미주한인들의 독립운동에 대한 관점이 바뀌면서다. 전자의 임정 전보는 연합회가 이승만을 외

---

87) 『신한민보』, 1945년 4월 5일, 「해외한족대회 경과사항」.

88) 『신한민보』, 1945년 5월 31일, 「공동성명서 발표이후 소식」; 『독립』, 1945년 7월 18일, 「재미한족연합회 대표단의 보고」.

89) 국회도서관 편, 『대한민국임시정부임시의정원문서』, 1974, 546쪽. 임정은 이 대회를 통해 미주한인들 뿐만 아니라 모든 해외한인들을 임정으로 결집시켜 해방을 준비하려 하였다.

교고문으로 승차하고 주미외교위원부를 새로 조직할 것을 요청한 것을 사실상 거부한 것으로 이 때부터 연합회는 임정에 대해 실망하고 경계하였다.

미주한인사회는 카이로선언으로 인해 우리 민족의 존재와 독립의 열망이 마침내 외부로부터 인정받았다고 보고 이제부터 한민족의 잠재능력과 활동능력의 가치를 외부에 알리는 실제적인 운동, 그 중에서도 특별히 군사운동에 매진해야 한다고 생각하였다.[90] 이것은 샌프란시스코 북가주 대한인시국대회에서 향후 독립운동의 방향을 군사운동으로 결정한 것이라든지, 1944년도 연합회 제3차 전체위원회에서도 이와 동일한 결정을 한 뒤 군사운동금 모집에 주력한 것 등을 미루어 알 수 있다. 이것은 곧 임정의 한국광복군이 이제부터 군사활동에 전념해야 한다는 것을 의미하는 것으로 결국 임정이 풀어야 할 문제였다. 그러나 임정의 한국광복군은 1944년 8월 23일 중국 정부가 한국광복군행동9개준승(韓國光復軍行動9個準繩)을 폐기할 때까지[91] 이러한 시대변화에 대처해 자율적이고 적극적인 대응을 기대하기 어려운 처지였다. 때문에 미주한인들은 1943년 12월부터 각지에서 개별적으로 모금한 군사운동금을 임정이 실제 군사활동에 들어갈 때까지 은행에 보관하겠다 하며 송금하지 않았다.[92] 연합회도 군사운동금을 모집하여 임정의 재무부를 경유해서 보내되 오직 군사에만 쓰는 조건을 달겠다고 했으나 결국 한 푼도 보내지 않았다.[93]

---

90) 여기에 대해서는 『신한민보』 1943년 11월 11일부터 12월 23일까지 8회에 걸쳐 게재한 「독립운동의 제2계단」에서 잘 표현하고 있다.

91) 여기에 대해서는 한시준, 『한국광복군연구』, 일조각, 1993, 109쪽~138쪽 참조.

92) 『신한민보』, 1944년 1월 20일, 「사설」: '독립운동의 실제적 활동과 군자금 모집문제'.

93) 『신한민보』, 1945년 2월 22일, 「연합회 집행부 회록초략」. 연합회의 송금중

중경의 임정이 카이로선언 이후 제 구실을 다하지 못하고 있다는 것과 아울러 연합회가 임정에 더 이상 수동적인 태도를 보여서는 안 된다는 여론은 이후 보다 구체적으로 일어났다. 이를 『신한민보』를 중심으로 살펴보기로 하자.[94] 먼저 김구가 미주한인들에게 보낸 1944년 3·1절 기념 메시지를 비평한 『신한민보』 「사설」에 따르면 임정은 구구한 현상유지책으로 인해 좌우 어느 한 쪽에 선 과단성 있는 정부를 만들지 못하고 있다고 비판했다. [95]그동안 재미동포가 임정을 후원해 왔으나 앞으로 무조건 후원하는 것이 아니라 이론과 주장이 인정되는 바에 따라 지원의 역량을 증감할 것이라 하였다. 앞으로 임정은 어떤 내각을 구성하든지 긴급한 시기에 실제적인 운동, 즉 군사운동에 착수해서 광복을 속성해 줄 것을 촉구하였다.

또 『신한민보』는 그동안 연합회가 임정을 후원하여 왔으나 효과가 없었다고 비판했다. 그래서 만약 연합회가 정치운동을 계속하기를 원한다면 재래와 같은 종속적인 위치나 타협주의에서 탈피할 것을 연합회에 제기하였다.[96] 이것은 연합회를 비롯한 재미한인들은 더 이상 임정에 대한 수동적인 태도를 버리고 독자활동을 전개해야 한다는 것을 말한다.

1944년 4월 임정이 통일 내각을 구성하자 이에 대한 미주한인사회의 반응은 축하하는 분위기였다. 연합회는 즉각 축하 전보와 함께 임정을 성

단 배경에는 임정의 군사활동 여부라기보다는 전체대표회 이후 임정과 결별하기로 하면서 나타난 현상이다.

94) 『신한민보』의 논조가 연합회의 입장을 반드시 대변한 것으로 볼 수 없지만, 집행부의 핵심단체인 국민회의 정서가 곧 『신한민보』에 그대로 반영되고 있음을 감안할 때 무리가 없을 것으로 보인다.

95) 『신한민보』, 1944년 3월 2일, 「사설」: '임정 대통령 김구씨의 3·1절 메시지와 재미한인의 희망」.

96) 『신한민보』, 1944년 3월 30일, 「사설」: 「재미한족연합위원회 제3차 전체위원회를 앞두고」.

의있게 후원할 것임을 알렸다.[97)]

그러나 통일 내각이 결성된 이후 연합회가 요구한 주미외교위원부의 문제가 해결될 기미가 보이지 않자 곧 태도를 바꾸었다. 『신한민보』에 게재된 「일금 우리 운동의 실정」을 보면, 임정의 통일 내각이 한인 전체를 대표한다는 것은 형식상의 말뿐이고 사실 원동 한인의 각 정당을 연립시킨 것에 불과한 것이므로 이들 각 정당이 전체 한인을 대표한다는 말이 아니라 하면서 임정의 통일내각 의의를 격하시켰다.[98)] 그리고 제36차 임시의정원에서 4당 통일로 임정의 조직이 완전하게 되었음을 선언한 임정의 공포서에 대해서도 『신한민보』는 중경에 재류한 한인 남녀 300여 명이 13도 대표를 선출한 방식은 극히 형식적인 것이며, 4개 단체의 공동참가로 전 민족적 통일정부가 수립되었다는 것도 원동지역에만 통일된 것을 과장한 것일 뿐이라 하여 그 의의를 평가절하 하였다.[99)] 인구세를 1달러에서 10달러로 증액한 임정의 조치에 대해서도 임정이 인구세의 의미를 잘 모른 채 그 돈을 받으려 하고 있다 하고 해외에 산재한 한인들에게 조세로 받으려는 생각은 타당하지 않다고 비판하였다.

연합회의 주미외교위원부 개조 요구 이후 임정이 침묵한 상황을 비평한 「우리 운동의 어제와 오늘」이라는 글에서 『신한민보』는 오늘 미주한인사회가 혼돈에 빠진 것은 임정이 미주한인사회를 강 건너 불구경 하듯 보고 있기 때문이라면서 임정의 소극적인 행동에 강한 불만을 표시하였다.[100)]

---

97) 「대한민국임시정부와 국민당 중앙집행위원회에 보낸 전문(1944.5.14)」, 홍선표 편, 『재미한족연합위원회 회의록』, 268~269쪽; 『국민보』, 1944년 5월 3일, 「임시정부의 통일과 조선 민족의 갱생」, 「임시정부에 축전」; 1944년 5월 17일, 「임정의 새 진영」, 「축하대회」.

98) 『신한민보』, 1944년 7월 6일.

99) 『신한민보』, 1944년 8월 24일, 「임정포고문과 공보를 읽고」.

연합회의 강력한 요구로 주미외교위원부 개조를 위한 전체대표회를 개최할 것을 지시한 임정의 조치 대해서도 『신한민보』의 기사는 매우 비판적이었다. 임정이 정부 대표를 직접 인선하지 않고 제3자에게 위임하는 진의를 잘 모르겠다고 전제한 뒤, 임정이 주미외교위원부와 워싱턴사무소의 문제를 단순히 미주한인의 사회문제로 인식하는 것은 재미한인사회를 전혀 이해하지 못한 소치라고 지적하였다.[101] 임정의 행동은 미주한인사회가 분열되었으며 연합회와 이승만이 주미외교위원부의 자리를 갖고 서로 싸우는 것으로 본 때문인데, 우리는 이러한 임정의 인식에 동의할 수 없다고 하였다.[102] 왜냐하면 재미한인사회의 문제는 통일이 안 되었기 때문에 나온 것이 아니라 일을 성취시킬 만한 능력 있는 사람이 없었기 때문에 파생한 것이라 하였다.

『신한민보』는 주미외교위원부의 개조문제를 인물 중심이 아니라 사업 중심으로 인물을 선택해서 풀어나가야 한다고 보았다.[103] 『신한민보』는 임정이 주미외교위원부의 개조문제를 연합회에 위탁한 것은 광복운동에 대한 실제적인 역할을 연합회가 책임을 맡아 수행해 달라는 의미로 해석하였다. 그러므로 연합회는 금전을 수납해서 임정을 원조해 온 재래의 소극적인 독립운동의 방식에서 탈피해 직접 광복운동을 시도해야 할 것이라고 주장했다. 이것은 연합회가 앞으로 독자활동을 전개해도 무방하다는 것을 강조하기 위함이었다.

이처럼 전체대표회의 결정이 임정에 의해 거부된 후 『신한민보』의 논조는 임정과 완전히 결별하는 것으로 일관하였다. 즉, 임정은 지난 20여

---

100) 『신한민보』, 1944년 7월 13일.

101) 『신한민보』, 1944년 8월 17일, 「임정의 외교위원부 개조책」.

102) 『신한민보』, 1944년 10월 5일, 「외교위원부 개조에 인선은 사업을 중심하라」.

103) 위와 같음.

년간 고락을 같이 하며 지원해 온 국민회와 연합회에 대한 신의를 저버리고 그 정체를 드러내었다고 보았다. 따라서 이제부터 미주한인은 임정후원이라는 간접 방식의 독립운동 형태에서 벗어나 직접 독립운동을 전개하는 방향으로 새 출발할 것을 촉구하고 임정과의 결별을 강력히 주장하였다.[104] 카이로선언 이후 나타난 독립운동 방식의 변화 욕구와 임정에 대한 인식 변화는 동지회와 이승만 지지 세력을 제외한 미주한인사회로 하여금 결국 연합회 중심의 강력한 독자 활동을 추진하도록 만들었다.

104) 『신한민보』, 1944년 11월 23일, 「주미외교위원부 개조와 중경 임시정부의 실태」; 11월 30일, 「임정의 불철저한 주미외교위원부 개조책－재미한인사회에 미친 파동」, 12월 7일, 「이 시기에 우리 운동」; 12월 14일, 「재미한인의 새로운 출발과 국민회」; 12월 21일, 「타개할 수 있는 금일문제」; 1945년 1월 4일, 「자기를 성찰하고 개혁의 완성을 도모할 것」.

제 5 부

샌프란시스코회의와 미주한인의 대응

제16장
미주한인사회의 동향과 샌프란시스코회의

1. 1945년 전후 미주한인사회의 동향

미주에서 한국의 독립문제가 새로 조직될 국제적인 기관을 통해 거론될 것이라고 예상한 사람은 백일규였다. 그는 1944년 12월에 『독립』에 기고한 「재미한인사회와 외교의 모순」이라는 글에서, 새롭게 대두할 국제평화회의에서 한국문제를 거론하게 될 것이니 지금부터 대비해야 할 것이나 현실이 그렇지 못하여 안타깝다라고 했다.[1)]

1945년이 되면서 연합회 워싱턴사무소의 위원장 김원용은 급변하고 있는 현 국제정세에 대해 임시정부와 연합회가 적극적으로 대비해야 할 것임을 주장하였다. 즉, 임정에 대해선 당파적 태도를 버리고 적어도 해외한족의 통일을 영도할 것이며 무장운동과 기밀운동을 확대해 줄 것을 당부하였고, 연합회에 대해선 민중의 단결을 영도하며 세계정세를 살펴 한인의 계획을 제출하여 국제적 교류를 증진하는 외교사업과 참전사업, 전후공작사업 등을 준비하고 연구하는데 주력할 것을 당부하였다.[2)]

---

1) 『독립』, 1944년 12월 20일, 「재미한인사회와 외교의 모순」.

1945년 전후로 국제정세의 변화에 철저히 대비해야 할 것을 촉구하는 이면을 보면 미주한인사회는 그동안 내부 문제로 상당한 진통을 겪고 있었다. 1941년 4월 호놀룰루에서 미주한인사회의 9개의 주요 단체 대표들이 해외한족대회를 개최하고 그 결과 독립운동을 주도할 최대의 연합기관으로 재미한족연합위원회를 조직하였으나 활동의 과정은 그리 순탄하지 못하였다. 연합회는 미주한인사회의 모든 수납금을 독립금으로 통일하여 대한민국임시정부와 주미외교위원부를 재정적으로 후원하였고, 미국방공작활동의 지원과 한인들의 생명·재산의 보호에 주력하였다. 그런데 해외한족대회에서 주미외교위원부 위원장으로 선임된 이승만과 미 국방공작봉사원으로 선임된 한길수 사이의 갈등을 시작으로 연합회는 이승만과 주미외교위원부 개조문제를 둘러싸고 심각한 갈등 관계에 있었고, 그 결과 연합회 구성의 핵심단체인 동지회가 1943년 12월 연합회를 탈퇴하였다. 그런데 주미외교위위원부의 개조문제를 해결하기 위해 1944년 11월 임시정부의 요청에 따라 미주한인 전체대표회를 개최하였으나 동지회측 대표가 불참했다는 명분으로 임정이 이 대회의 결과를 불승인하였다. 그러자 연합회는 임정의 처사에 불복하고 임정에 대한 재정지원을 중단하는 것으로 대응했다.

이처럼 1945년 이전 미주한인사회는 최대의 독립운동기관이었던 연합회가 한길수와 이승만, 연합회와 이승만회 간의 알력 등으로 그 지도력을 충분히 발휘하지 못하고 있었고, 임시정부와의 관계도 이승만을 지지하는 동지회측을 제외하면 거의 단절 상태에 있었다.

이에 따라 외교활동의 중심무대인 워싱턴DC에서의 외교활동도 개별적으로 진행되었다. 먼저 이승만이 위원장으로 있는 주미외교위원부는 임정의 공식 외교기관이라는 점을 내세워 독자활동을 전개하였고, 연합회는

---

2) 『신한민보』, 1945년 2월 1일, 「깨어진 다이야몬드」.

독자적인 외교사무를 위해 1944년 6월 워싱턴사무소를 개소하고 외교활동을 시작하였다. 한편 한길수는 1938년부터 중한민중동맹단의 외교대표이자 민족혁명당북미총지부의 외교대표로서 활발한 외교활동을 전개하였다. 그런데 한길수의 외교활동을 후원하던 중한민중동맹단이나 민족혁명당북미총지부는 연합회와 잠시 불화를 빚기도 하였지만, 1944년이 되면 연합회와 대립적이라기보다 상호 협조관계에 있었다.

그 외 연합회 집행부에서 선전과장으로 활동하던 김용중이 1944년 11월 자비로 한국사정사를 개설했다. 이는 세계대전 종결을 앞두고 한국의 독립문제를 미국을 비롯한 전 세계에 선전·홍보하기 위함이었지 정치활동을 위한 조직은 아니었다. 따라서 한국사정사는 독자적인 외교기관으로 볼 수 없었다.

1943년 12월 연합회 집행부에서 전후계획부장으로 활동하던 유일한이 고려경제회를 설립했다. 고려경제회는 전쟁 후 독립된 한국의 근대적인 산업과 경제 건설을 준비하기 위한 비정치적인 단체였다. 이 단체는 뉴욕에서 설립되었으나 워싱턴DC에서도 활동하였다.

이로 볼 때 1945년 전후 미주한인의 외교활동 상황은 주미외교위원부와 연합회 워싱턴사무소 간의 경쟁적인 관계로 양분되어 있었고, 여기에 한길수의 개별 활동이 있었으나 어디까지나 그의 활동은 연합회와 협력적인 관계에 있었다. 이런 구도 하에서 미주한인사회가 대전 종결을 앞두고 전개될 국제관계의 변화를 효율적으로 대비하기란 어려운 현실이었다.

2. 미국의 대한정책과 샌프란시스코회의

태평양전쟁 발발 이후 미국의 대한정책은 구체적인 계획수립 보다 일본으로부터 분리, 독립시키되 일정기간 국제적 보호와 감독 하에 둔다는 신탁통치의 원칙만 되풀이하였다. 전후 한국문제에 대한 미국의 신탁통치 구상은 미국 국무부 극동국에 근무하던 랭던(William R. Langdon)이 태평양전쟁 발발한지 3개월 뒤인 1942년 2월 20일에 작성한 내부 보고서에서 나왔고, 이후 이것은 미국 대한정책의 기본 골격이 되었다.[3] 그가 밝힌 '한국문제에 관한 주요 메모'는 먼저 한국인의 절대 다수가 문맹 상태이며 가난할 뿐 아니라 정치적 경험도 없고 경제적으로 후진국이며 미개하다고 보았다.[4] 40여 년간의 일본 지배를 겪으면서 단지 노년층만이 자유가 무엇인지 기억할 것이라고 간주했다. 랭던은 이같은 상황을 고려하여 "한국이 근대 국가로 발전하기 위해서는 강대국들에 의한 보호, 지도, 원조를 받아야 할 것"이라고 평가했다. 계속해서 그는 미국은 증명된 해외 독립운동단체에 대해서는 지원해야 하지만 '명목상의 조직체'에 대해서는 '성급한' 승인을 피해야 할 것이라 제안해 중경 임시정부의 승인을 반대했다. 랭던은 전쟁이 끝난 후 미국이 한국의 독립을 보장한다는 식의 약속조차 "한국인들의 독립 주장에 해가 될 뿐"이라 하여 반대했다. 결론적으로 그는 미국 행정부가 중국과 소련과의 협의를 거친 다음 한국에 대한 명백한 정책을 구상할 것을 건의했다.

랭던의 보고를 토대로 다양한 내부검토를 거친 미국은 1943년 3월 루즈벨트는 영국 외상 이든(Anthony Eden)에게 공식적으로는 처음으로 한국의 국제신탁통치안을 제기하였다.[5] 그 결과 카이로회의에서 한국의 독립문제가 처음으로 국제회의에서 거론되었으나 어디까지나 'in due course'를 거쳐야 하는 독립이었다. 루즈벨트는 1944년 1월 12일 태평양전쟁이사회에서 카이로회의와 테헤란회의의 경과를 설명하면서 전후 한국을 40년간 후견(tutelage)에 둘 것이라고 언급하였다. 그러다가 얄타회

3) 정용욱, 『해방 전후 미국의 대한정책』, 서울대출판부, 2003, 40~41쪽.

4) 제임스 I. 매트레이, 『한반도의 분단과 미국』, 을유문화사, 1989, 20~21쪽.

5) 같은 책, 40쪽.

의(1945. 2. 4~11)에서 루즈벨트는 소련의 대일전 참가를 위한 정치적 조건을 토의하면서 한국을 미 · 중 · 소의 신탁통치하에 두되 그 시기를 20~30년이면 될 것이라 하였고, 스탈린은 그 기간은 짧을수록 좋다고 응답하였다.[6)]

얄타회의에서 미국정부는 전쟁 후 한국문제로 두 가지 의제를 제시했다. 첫째, 한국에 대한 군사 점령에 어느 나라가 참여할 것인가, 둘째, 만약 한국에 과도적 국제관리행정부나 신탁통치체제를 설치하기로 결정되면 어느 나라가 관여해야 할 것인가였다[7)]. 전자의 군사적 점령에 대해선 어느 일개 국가가 한국에 군사작전을 전개하여 점령을 하게 되면 정치적으로 곤란한 결과를 초래할지 모른다고 보았다. 이에 따라 미 국무부는 한국에 대한 군사점령이나 군정은 가급적 연합국 내 미 · 영 · 중 · 소의 대표들로 구성할 것이나 이것이 미국의 실권을 약화시키지 않는 범위 내에서 이루어져야 한다는 견해를 가졌다. 미국정부는 소련이 대일전에 참가하게 되면 한국에 소련군의 진출을 초래하게 될 것이기 때문에 점령군의 구성에 포함될 것이고, 한국에 대한 소련의 전통적인 관심을 볼 때도 설혹 소련이 태평양전쟁에 참여하지 않더라도 한국의 군사점령에 참여할 가능성이 있다고 보았다. 이처럼 미국정부는 소련을 배제할 수 없다는 생각을 기본적으로 갖고 있어서 한국의 군사점령을 일개 국가의 주도가 아닌 미 · 영 · 중 · 소에 의해 이루어지도록 하였다.

두 번째 문제에 대한 미국무부의 견해는 한국에 설치될 과도적 국제관리행정기구나 신탁통치체제는 국제기구와 독립적으로 설치되어야 할 것이며, 거기에는 반드시 미 · 영 · 중 · 소의 나라가 포함되어야 한다고 했다. 그런데 얄타회의 내용과 결과에 대한 발표는 일부만 발표되었고 한국

6) 김경창, 『동양외교사』, 집문당, 1987, 859~862쪽.

7) 합동통신사조사부 역편, 『얄타비밀협정 -미국무성발표전문-』, 합동통신사, 1955, 564~57쪽.

문제를 비롯해 소련의 대일전참가를 위한 「정치적 조건에 관한 협정」과 「독일의 보상에 관한 협정서」 등의 주요 내용들은 일정기간 비밀에 부쳐졌다.

이로 볼 때 전후 한국문제에 관한 미국정부의 구상은 독립시키되 일정기간 국제관리나 신탁통치를 실시한다는 것이었고 그것 또한 구체적인 실천 계획도 없이 국제회의에서 단지 논의되는 수준이었다. 때문에 카이로회의 등 일련의 국제회의를 통해 미주한인사회에 널리 알려진 것도 한국이 전쟁 후에 반드시 독립이 될 것이란 점과 확실하지는 않지만 위임통치의 가능성이 있다는 점 등이었다.

한편 미국 정부는 제2차 세계대전 발발을 계기로 일찍부터 전쟁의 승리와 전쟁 종결 후 세계평화를 유지할 계획을 모색하고 있었다. 그리하여 미국의 루즈벨트 대통령은 영국과 함께 대서양헌장을 선언(1941. 8. 14)하여 반파시즘과 반군국주의, 민족자결의 원칙 등을 천명하였다. 1942년 1월 1일 영미를 중심으로 한 26개국 대표는 미국 백악관에 모여 연합국공동성명(Declaration of the United Nations)을 발표하여 대서양헌장의 정신을 더욱 발전시켰다.[8] 이후 카이로회의(1943. 11. 22~26)와 테헤란회의(1943. 11. 28~12. 1)에서 세계평화기구에 관한 루즈벨트의 전후 세계구상이 제기되었다.[9] 그러다가 1944년 8월 21일 개회한 워싱턴DC 인근의 덤바톤 옥스회의에서 미·영·중·소 대표는 침략 방지와 전후평화유지를 위한 문제를 갖고 토의하여 국제기구 창설이라는 구체안을 만들기 시작하였다.[10] 이러한 일련의 노력에 대해 미국 국무장관 스테티니우스(Edward R. Stettinius)는 향후 미국의 외교정책의 방향을 민족 자결권의 보장, 국제평화기관의 설치, 세계의 기근·빈곤·문맹·질병의 퇴치를 위

8) 김경창, 앞의 책, 1987, 850쪽.

9) 같은 책, 855~859쪽.

10) 『독립』, 1944년 8월 26일, 「삼국회의와 우리의 기대」.

한 노력 등으로 제시하였다. 이것은 미국이 그동안 완전히 떨쳐버리지 못하고 있던 고립주의와 중립주의를 완전히 포기하겠다는 의미를 담고 있었다.[11)]

샌프란시스코회의(San Francisco Conference: '상항회의', 일명 '국제연합 창설대회'; 1945. 4. 25~6. 26)는 얄타회의가 진행 중인 1945년 2월 11일 영국과 미국의 정부가 오는 4월 25일 샌프란시스코에서 국제연합기구 창설문제를 협의하겠다고 대내외에 발표하면서 드러났다.[12)] 얄타회의에서 미국과 영국은 덤바톤 옥스회의(Dumbarton Oaks Conference : 1944. 8. 21 ~10.7)에서 제안된 국제연합 창설에 필요한 기본 헌장을 샌프란시스코회의를 통해 확정하려 했다.[13)] 즉, 국제회의를 개최해 제2차 세계대전 종전 후 새로운 국제질서를 모색하기 위한 일반적인 국제기구 즉, 국제연합을 창설하려 했던 것이다. 특별히 4월 25일은 일소(日蘇)간의 불가침조약이 만료되는 날이었는데 이 날을 개최 일자로 잡은 것은 소련의 대일참전 의지를 보이려는 의도도 있었다.

샌프란시스코회의의 참가 자격은 1945년 2월 8일 현재 연합국인 나라와 1945년 3월 1일까지 연합국 공동의 적에 대해 선전포고를 한 국가로 정했다.[14)] 이에 따라 미국 · 영국 · 소련 · 중국 · 프랑스를 중심으로

---

11) 『독립』, 1945년 2월 21일, 「국무경 스테티니어스와 미국의 외교정책」.

12) 얄타회의 결과에 대한 공식발표는 2월 11일이었는데 『신한민보』, 1945년 2월 22일, 「연합국대회를 상항에 소집」의 기사를 보면 2월 10일에 상항회의 개최소식이 발표된 것으로 나타나 있다.

13) "San Francisco Conference to discuss Dumbarton Oaks Proposals to draft final Charter of International Organization", *Korean Independence*, April 26, 1945; 『신한민보』, 1945년 5월 10일, 「상항에 열린 국제조직회의」. 덤바턴 옥스에서의 회의는 미 · 영 · 중 · 소 대표들이 戰後 세계평화문제에 대한 구체안을 갖고 침략방지와 영구적인 평화유지를 위한 국제기구의 창설을 논의하였다.

한 50개국이 상항회의에 참가하였다. 중경의 임시정부는 이러한 사실을 이승만으로부터 통보받고 급히 2월 28일 대독선전포고를 했으나 임정이 불승인되고 있은 데다 연합국의 회원이 아닌 것으로 인해 초청받지 못했다.

샌프란시스코회의를 통해 국제연합을 창설하게 된 역사적 요인은 제1차 세계대전 종결 직후 창설된 국제연맹 체제의 실패를 교훈 삼아 보다 현실화된 집단안보체제를 구축해 보려는 의지와 노력에서 비롯하였다. 이를 가능하게 만든 데는 이상주의의 재등장과 미국의 주도력, 그리고 강대국들 간의 의견일치 등을 들 수 있다.

이상주의가 재등장하게 된 것은 제2차 세계대전이 제1차 세계대전 때와 마찬가지로 인류에게 막대한 재난과 손실을 가져다주었기 때문이다. 제1차 세계대전 직후 연합국은 세력균형과 비밀외교로 상징되는 정치권력에 대한 반발과 국제주의를 통해 전쟁방지를 꾀하려는 이상을 갖고 국제연맹을 창설하였다. 그렇지만 도덕적 의무의 보편성에 대한 지나친 기대와 믿음[15], 제도적 약점[16], 그리고 미국의 불참 등이 국제연맹을 정상적으로 운영하지 못하도록 만들었다. 이런 과거의 실패를 반성하면서 현실적이고 효율적인 집단안보체제를 설립하여 전쟁을 방지하고 세계평화와 안전을 유지하려는 이상주의의 기대가 제2차 세계대전을 계기로 또다시 등장하면서 국제연합 창설의 주요한 배경이 되었다.

---

14) 합동통신사조사부 역편, 『얄타비밀협정 -미국무성발표전문-』, 합동통신사, 1955, 502쪽. 연합국이란 1942년 1월 1일 연합국 공동성명에 참가한 국가들을 말한다.

15) 이것은 국제연맹의 기본개념으로 설정될 만큼 중요한 요소의 하나였다.

16) 김종수, 『국제기구론』, 법문사, 1970, 87쪽. 국제연맹의 제도적 약점으로는 만장일치의 표결방식, 전쟁금지의 예외인정, 군사적 제재능력의 결핍, 집단안보유지수단인 군사력 동원의 비의무적 권고기능 등을 들 수 있다.

제2차 세계대전 발발이후 샌프란시스코회의를 열기까지 국제사회에 대한 미국의 주도력은 더욱 공고화 되었다. 국제연맹이 명목상의 기구로 남아 또 다시 세계대전이 발생하게 된 주요 요인 중 하는 그 산파역인 미국의 가입 거부였다. 윌슨 미대통령이 국제연맹 창설의 주도적인 역할을 했고 미국 상원의 대다수 의원들이 국제연맹 가입에 호의적이었지만 로지(Lodge) 상원의원이 이끄는 반대파의 주도로 국제연맹의 회원국이 될 수 없었다. 그러나 제2차 세계대전 발발 후 미국의 루즈벨트 대통령과 헐(Cordell Hull) 국무장관은 과거 미국의 불참이 가져온 환멸적인 경험에서 벗어나 보편적인 국제기구의 설립을 주도하였다. 여기에 민주당과 공화당의 의회 지도자들이 지지해 줌으로써 미국은 샌프란시스코회의를 주재하고 국제연합을 창설하는데 헌신적이고 주도적인 역할을 하게 되었다.[17)]

국제사회에서 미국이 주도력을 공고히 하였지만 샌프란시스코회의가 성공적인 결실로 맺어질 수 있었던 것은 주요 강대국들 간의 의견일치가 있었기 때문에 가능하였다. 샌프란시스코회의에서 조인된 국제연합 창설을 위한 헌장은 이 회의에 참가한 50개국의 노력과 헌신에 의한 것이었지만 실제로는 미국, 영국, 소련, 중국, 프랑스 등 5개 열강의 합의에 기초한 것이었다. 특히 미국과 소련의 영향력은 결정적이었다. 이런 현실은 샌프란시스코회의에서 제정된 헌장에 명시되어 평화와 안전 유지를 위한

---

17) 미시간주 밴던버그(Arthur Vandenberg) 상원의원은 1943년 9월 맥켄지 아일랜드에서 개최된 공화당 지도자회의에서 미국의 국제기구 참여에 대한 지지를 확보하는데 중요한 역할을 하였다. 그 후 미국 하원은 전후의 세계평화유지기구의 창설과 이 기구의 참여를 승인하는 풀브라이트(Fulbright) 결의를 통과시켰고, 코넬리(Connally) 상원의원의 발의와 그 결의안이 동년 11월 상원에서 채택되어 미국은 적극적으로 국제연합 창설을 주도하게 되었다.

1차적인 책임을 안전보장이사회에 부여하였고, 집단안보를 비롯한 실질문제를 결정하는데 모든 안보리 상임이사국의 찬성이 필요하도록 만들었다.[18] 즉, 상임이사국들의 '거부권(Veto)'을 인정함으로써 향후 국제사회에서 5개 열강의 입지를 더욱 확고하게 만들어 주었다.

18) 국제연합 헌장 제24조 1항과27조 3항 참조.

제 17 장

샌프란시스코회의를 둘러싼 미주한인의 대응

1. 참가권 공동청원활동

자주독립국가를 건설하기 위해 종전 후를 대비해야 한다는 것은 미주한인들에게 피할 수 없는 민족적 과제였다. 이런 중에 얄타회의를 통해 샌프란시스코에서 대규모 국제회의를 개최한다는 소식은 미주한인사회를 흥분시킬 정도로 폭넓은 관심을 불러일으켰다. 샌프란시스코회의는 제2차 세계대전의 종결을 처리하기 위한 평화회의가 아니라 또 다른 전쟁을 예방하기 위해 국제연맹과 같은 국제적인인 조직체를 만들기 위한 것이었다. 그럼에도 이번 회의는 한국독립운동을 위해 한족대표가 반드시 참가해야 할 대회로 인식하고 미주한인들은 모든 참가 노력을 다하려 하였다.

상항회의를 대비하기 위한 첫 번째 관심사항은 한인대표가 과연 이 대회에 참가할 수 있는가의 문제였다. 이 문제를 두고 가장 발 빠른 행보를 보인 인물은 중한민중동맹단과 민족혁명당북미총지부의 워싱턴 외교대표인 한길수였다. 한길수는 1945년 2월 중순경 평소 친분이 있던 미정부의 모 관리와 접촉하여 상항회의에 한인 대표가 방청인으로도 참가할 수 있는지에 대해 문의하자, 워싱턴DC 내 한인 단체들이 단합하여 연명(連名)

청원하면 가능한데 단, 주미외교위원부와의 협력이 전제가 되어야 할 것이라는 관리의 말에 크게 고무되었다.[1] 이에 한길수는 연합회 워싱턴사무소의 선전부장이던 전경무와 상의한 뒤 2월 22일 연합회 워싱턴사무소에서 연합회의 김원용·전경무와 중한민중동맹단의 한길수·정덕근이 모여 상항회의를 대비하기 위해 워싱턴DC 소재 한인단체 대표들과 공식회합을 갖기로 합의하였다.[2]

전경무와 한길수는 두 사람의 명의로 연합회·주미외교위원부·중한민중동맹단·한국사정사·고려경제회에 대해 2월 27일 공식회합을 가질 것을 제안하는 서한을 2월 23일자로 발송하고 특별히 이승만에게는 그의 참석과 자문을 구하였다.[3] 또한 전경무는 같은 날짜로 미 국무부 극동국 일본과장인 딕오버(Erle Dickover)에게 이번 상항회의 참가를 위해 5개의 한인단체 대표가 모이는데 이번에는 한인들이 단합된 힘을 보여줄 것이라고 알렸다.[4]

---

1) 『독립』, 1945년 5월 2일, 「신문기자가 본 상항대회 종횡관」. 이 때 한길수가 만났던 미정부의 모 관리는 미국무성 극동국의 일본과장 딕 오버(Erle Dickover)였을 것으로 보인다.

2) 모임 날짜는 문건에 따라 조금씩 틀리게 나타난다. 전경무·한길수가 워싱턴 소재 한인 5개 단체에 보낸 2월 23일자 문건(도1044)에는 첫 모임을 2월 22일로, 이후 공식적인 모임은 2월 27일로 하는 것으로 기록하고 있고, 『독립』의 1945년 5월 2일자 기사에는 공식모임이 2월 27일에 있은 것으로 기록하고 있다. 한편 전경무가 연합회에 보낸 3월 2일자 문건(도978)에는 2월 23일의 모임과 2월 26일의 모임으로 각각 기록하고 있다. 필자의 생각에는 2월 23일에 작성된 도1044의 문건을 기준으로 삼는 것이 보다 정확한 기록으로 보아진다.

3) 도1044, Letter from J. Kyuang Dunn and Kilsoo Haan to Korean Commission, United Korean Committee in America, Korean Affaires Institute, Korea Economy Society (1945.2.23). 이하 '도' 표시는 독립기념관 소장자료를 의미.

2월 27일 연합회 워싱턴사무소에서 연합회의 김원용·전경무를 비롯해 주미외교위원부의 정한경, 중한민중동맹단의 한길수와 정덕근, 고려경제회의 안승화가 참석하여 첫 번째 공식모임을 가졌다. 김용중은 한국사정사가 비정치적인 단체라는 이유로 참가하지 않았다. 회의 결과 상항회의 참가를 위해 한인단체들이 연명으로 미 국무부에 공동 청원하기로 결정하고 그 청원서의 기초와 국무부의 접촉은 전경무가 맡는 것으로 결정하였다.[5] 그리고 구체적인 모임은 그 다음날 다시 논의하기로 하였다.

그런데 이승만은 김원용·전경무에게 정한경의 참석을 취소하고 주미외교위원부가 앞으로 더 이상 참석하지 않을 것임을 통보하였다.[6] 이승만은 임시정부의 공식 외교기관인 주미외교위원부가 정식대표로 상항회의의 참가운동을 전개할 것이지 민간단체의 대표들과 이 문제로 논의하는 것은 불필요한 일이라 설명하였다. 이같은 이승만의 태도변경은 상항회의에 대한 중경 임시정부의 훈령이 있었기 때문이었다. 주미외교위원부측의 불참과 함께 고려경제회도 정치단체가 아니라는 이유로 참석하지 않았다.

이에 따라 2월 28일의 모임은 연합회와 중한민중동맹단 대표들만의 회의로 전락하였다. 전경무가 미 국무부 극동국 일본과장에게 약속한 한인단체들의 통일된 행동은 더 이상 기대할 수 없는 처지가 되었다.[7]

전경무와 한길수는 연합회와 중한민중동맹단을 대표하여 3월 9일 미

---

4) 도1047, Letter from J. K. Dunn to Erle Dickover (1945.2.23).

5) 도978, Letter from J. K. Dunn to United Korean Committee in America (1945.3.2).

6) 『독립』, 1945년 5월 2일, 「신문기자가 본 상항대회 종횡관」.

7) 전경무는 미국무성 극동국의 딕오버에게 보낸 3월 14일자 서신에서, 지난 2월 23일자 서한에 상항회의 참가를 위해 한인 5개 단체가 합동하는 모습을 보여줄 것이라고 한 약속을 지키지 못한 데 대해 개인적으로 유감스럽게 생각한다는 내용을 전하였다.(도1049, Letter from J. K. Dunn to Erle Dickover (1945. 3.12))

국무부 장관 스테티니우스에게 한인 참가를 청원하는 공식서한을 발송하였다.[8] 이 서한에서 두 사람은 상항회의가 식민지 한국 민족에게 중요한 의미를 담긴 회의로 간주하고 과거 미국정부가 한국민족을 위해 베풀어 준 호의의 선례에 따라 이번 상항회의에서도 미국정부의 지원으로 어떠한 형태로든지 한인대표들이 참가할 수 있도록 청원하였다.[9] 그러나 미 국무부는 3월 30일자 회신에서 1942년 1월 1일 연합국 공동성명에 참가했던 연합국 회원국들만 상항회의의 참가자격이 있다는 원칙만 되풀이하고 거절하였다.[10] 이런 실상을 연합회에 보고한 전경무는 미 국무부의 거부방침에도 불구하고 상항회의의 참가권을 획득하는데 앞으로도 계속 노력할 것이라 하였다.[11]

전경무는 처음부터 한인대표들의 참가가 매우 어려울 것으로 전망하였다. 그는 현재로서는 참가하기 위한 모든 노력을 다할 것이지만 주권국가이거나 정부로 인정받은 연합국의 회원국이 아니기 때문에 한인대표가 참가할 가능성은 거의 없는 것으로 보았다. 다만 미주의 한인단체들이 이번 일을 개별행동이 아닌 단합된 모습으로 행동하는 것에 보다 큰 의미를 두려 하였다.[12]

---

8) 도1045, Letter from J. K. Dunn & Kilsoo Haan to Edward R. Stettinius Jr.(1945. 3. 9).

9) 과거 미국정부가 한인들에게 베풀어준 호의란 1944년 9월 15일 캐나다 몬트리올에서 개최한 국제연합구제부흥기구회의에 한인대표를 초청해 준일과 1944년 11월 2일 식민지 한국의 해방을 염원한 기념우표를 발행해 준 일, 그리고 1945년 1월 6일 태평양문제연구소에서 개최한 국제회의에 한인대표가 참석할 수 있도록 배려해 준 일 등이다.

10) 도1046, Letter from Erle Dickover to J. K. Dunn(1945.3.30)

11) 도971, Letter from J. Kyuang Dunn to United Korean Committee in America(1945.3.31).

12) 도978, Letter from J.K. Dunn to United Korean Committee in

그런데 이런 전경무와 한길수의 참가권 신청은 이승만이 임정대표단의 참가권을 신청한 직후에 일어난 것이어서 오해의 소지가 일 수 있었다. 즉, 이승만이 3월 8일 임정대표단의 참가신청을 요구한 시점에 두 사람이 자신이 소속한 두 단체를 위해 또 다시 참가신청을 했다는 것이었다. 논란일 일자 3월 10일 워싱턴 소재 한인들은 모임을 갖고 두 사람의 활동이 임정대표나 민중대표를 불문하고 한인 대표의 참가권을 요구했던 점을 밝혀주어 오해를 불식시켰다.[13)]

2. 주미외교위원부의 대응

이승만은 전경무와 한길수가 1945년 2월 23일자로 제의한 상항회의 참가를 위한 5개 한인단체의 공동청원 노력에 대해 처음에는 호응하는 입장이었다. 그리하여 정한경을 주미외교위원부의 대표로 보내 한인단체 대표회의에 참석시켰다. 그런데 2월 27일 첫 회의를 개최하던 바로 그 날 오후 이승만은 김원용과 전경무에게 긴급 서한을 보내 회의 불참을 통보하고 정한경을 소환시켰다. 표면상의 이유는 임정의 공식 외교기관인 주미외교위원부가 민간단체의 대표들과 함께 참가운동을 전개할 수 없다는 것이었다.

이승만은 연합회가 주미외교위원부 개조를 시도할 때 가장 반대했던 사유 중의 하나가 민간단체인 연합회가 임정의 공식 외교기관인 주미외교위원부의 문제를 간섭할 수 없다는 것이었다. 이같은 논리로 이승만은 연합회의 개조 요구를 거부하였다. 그로 인해 이승만과 연합회 사이는 심

America (1945.3.2).

13) 『신한민보』, 1945년 4월 12일, 「워싱턴논단」.

각한 분쟁이 발생하였고 나아가 이승만의 입장을 지지한 임정과 연합회 간의 알력으로 비화되었다.

이런 이승만의 모습은 태평양회의 참가를 준비할 때 모순되게 나타났다. 이승만은 태평양문제연구소가 1945년 1월 6일부터 17일까지 버지니아 핫 스프링에서 태평양회의를 개최할 때 참가를 위해 소위 민간단체인 연합회와 공동 참가를 추진하였다. 그리하여 1944년 10월 10일 워싱턴 소재 5개의 한인단체 대표들이 모인 가운데 정한경·유일한·전경무를 한인대표로 선정하였고 이후 주최측과 교섭을 추진한 결과 방청권을 획득하였다. 이러한 성과는 비록 방청권에 불과한 것이었지만 값진 결과였다. 그렇지만 이승만은 소위 민간단체의 대표들과 공동노력을 추진해 왔음에도 불구하고 정작 태평양회의가 개최될 때는 주미외교위원부의 대표로 선정된 정한경을 보내지 않았다. 물론 이 때도 정부의 공식 외교대표기관인 주미외교위원부가 민간단체들과 함께 행동할 수 없다는 논리를 내세웠다.

이런 이승만의 태도는 태평양회의에 참석한 중국측 대표가 이승만의 무관심을 지적하고 동시에 중경의 임정이 태평양회의에 대표단을 구성하여 참가할 것을 지시하자 돌변하여 정한경과 이원순을 정부 대표로 선정하였다. 이원순이 참가를 고사하여 정한경만 보냈는데,[14] 이 때는 태평양회의가 개최한 지 4, 5일이 지난 뒤였다. 이승만은 정한경을 보내기 하면서 이미 참가하고 있던 한인들을 대표할 단장으로 선전하였는데 이 일로 미주한인들의 반발을 초래하기도 하였다.[15]

14) 이 때 이원순이 참가를 고사한 일로 인해 이후 이승만과 완전히 결별하고 말았다. (이원순, 『세기를 넘어서』, 신태양사, 1989, 280~283쪽).

15) 태평양회의에 참가했던 중한민중동맹단의 정덕근은 한인대표들의 활동과 이승만측의 행동을 「이번 태평양회의 종횡관」이라는 제목으로 『독립』(1945.1.24) 신문에 게재하였다.

이처럼 한인 공통의 중요한 사안에 대해 이승만은 연합회와의 협력을 강구하는 것처럼 보이다가 결말에 가서는 정부기관과 민간기관이라는 논리로 구별을 시도하여 양측간의 분열을 초래하곤 하였다. 상항회의를 대비하고자 마련한 미주한인들의 공동 노력에 대해 이승만이 주미외교위원부 대표로 정한경을 보낸 것도 과거에 보인 형태와 크게 다를 바 없었다. 그런데 중경 임정에서 상항회의와 관련해 직접 훈령을 내리자 그간의 공동 협력의 태도를 바꾸고 독자적인 행동을 취하였다.

중경 대한민국임시정부는 1945년 2월 25일자로 주미외교위원부에 전보를 보내 상항회의를 대비할 것을 지시하였다. 이 전보에서 임정은 상항회의에 참가할 대표자 선임과 대회에 제출할 안건을 작성하여 보내줄 것을 요청하였다.[16] 이에 따라 이승만은 자신을 단장을 하고 김호·한시대·이살음·송헌주·변준호·전경무·김원용·황사용·윤병구 등 9명을 임정대표로 선정하여 각 개인에게 통보하였다. 이승만이 선정한 인물을 보면 동지회측 인물은 이살음·윤병구이고 황사용은 친이승만계로 분류된다. 나머지는 국민회측 인물이 4명(김호, 한시대, 전경무, 김원용), 민족혁명당북미총지부 1명(변준호), 무소속의 중립측 1명(송헌주)인데 모두 비동지회계 인물인 것을 보면 이승만이 임정대표단의 활동을 성공적으로 추진하려고 연합회의 입장과 미주한인사회의 정서를 무척 고심하면서 선정하였음을 알 수 있다.[17]

16) 『주미외교위원부통신』 108호(1945.2.26)

17) 위와 같음. 이승만이 선정한 인물들의 면면을 보면 김호·한시대·김원용·전경무는 연합회와 대한인국민회의 핵심 인사들이고, 변준호는 조선민족혁명당미주총지부에서 위원장을 지낸 인물이다. 윤병구는 이승만계 인물이고, 황사용은 원래 국민회측 인사였지만 1944년 6월 이승만의 협찬부 조직에 참여한 뒤 친이승만계로 활동하였고, 이살음은 1919년 12월 대한인노동사회개진당을 설립하여 독자활동을 전개하다 동지회로 옮겨 1944년에는 동지회북미총회장을 역임하였다. 송헌주는 1919년 구미위원부 위원으로 활

그런데 이승만에 의해 선임된 9명의 상항회의 정부대표들은 임정이 1944년 11월 21일자 전보에서 주미외교위원부 개조를 위해 선임했던 9명의 명단과 거의 유사하였다. 당시 임정이 직접 선임했던 주미외교위원부의 새 위원들은 위원장 이승만, 부위원장 김원용, 총서기 정한경으로 정하였고, 위원은 한시대·김호·이살음·변준호·안원규·송헌주 등 9명이었다.[18] 이를 상항회의의 것과 비교해 볼 때 정한경과 안원규 대신에 황사용·전경무·윤병구가 새로 추가되었을 뿐이었다. 다만 이승만의 정적(政敵)으로 당시 매우 활발하게 외교활동을 전개하던 한길수를 끝까지 제외함으로써 이승만의 한길수에 대한 반감을 그대로 노출하고 있었다. 중경의 임시정부는 이승만의 대표 인선에 대해 3월 8일 국무회의에서 신속하게 승인하였다.[19]

이승만은 임정의 공식 훈령을 근거로 정부대표단을 구성하여 본격적인 활동에 들어가려 했으나 연합회의 도움을 받지 못하는 상황에서 겉돌 수 밖에 없었다. 임정대표단의 일원으로 선정된 김원용은 하와이로 돌아갈 것이라는 이유로 대표단 참가를 고사하였고 전경무는 시세의 형편이 허락하지 않는다는 이유로, 변준호는 군사상의 이유로 각각 불참을 통보했으며, 한시대는 무응답으로 대했다.[20] 김호·송헌주·이살음·황사용·윤병구는 참가 의사를 통보하였다. 그런데 참가의사를 밝힌 김호를 비롯하여 한시대·전경무 등 연합회측 인물들이 끝까지 참가하지 않음으로써

동하다 반이승만으로 돌아섰다가 1944년 4월 북미대한인국민회 집행위원장 역임 중 연합회의 워싱턴사무소 개소 결정에 반대하여 국민회를 탈퇴함으로써 무소속의 중립적 입장에 서 있었다.

18) 『독립』, 1944년 11월 29일, 「구미외교위원부 재조직을 위한 연합대표대회의 전말」.

19) 국회도서관 편, 『대한민국임시정부의정원문서』, 1974, 855쪽.

20) 『주미외교위원부통신』 111호(1945.4.28)

이승만은 다음과 같이 임정대표단을 새로 구성하였다.

단 장 : 이승만
교제부 : 윤병구
선전부 : 정한경
재 무 : 유경상 · 송헌주
서 무 : 이살음
재정검사원 : 윤병구 · 정한경[21)]

이승만은 3월 8일자로 미국무부에 서한을 보내 대한민국임시정부 대표단의 상항회의 참가권을 정식으로 요청하였다.[22)] 그렇지만 미 국무부는 1945년 3월 이전에 연합국에 가입된 국가들만 참가할 자격이 있다는 원칙만 되풀이 한 채 그의 요청을 거부하였다.

이승만은 미 국무부의 거부의사에도 불구하고 상항회의 직후 중국대표단과의 교섭을 시도하였다. 그러나 중국대표단의 대표인 송자문은 시종일관 침묵으로 일관하여 성과를 거두지 못하였다.[23)] 오히려 송자문은 귀국한 뒤 중국이 장차 위임통치를 통해 한국을 관할하겠다는 의도를 드러내 미주한인들의 반감을 불러 일으켰다.

중경 임시정부는 이번 상항회의에 처음부터 많은 기대를 걸고 준비하였다. 먼저 임정에 대한 불신이 고조하던 미주한인사회를 정돈하고자 김구 주석은 3·1독립운동 기념 특전을 연합회에 보내, 앞으로 미주한인들

---

21) 『독립』, 1945년 7월 25일, 「상항대회에 관한 임정대표단의 보고」; 『북미시보』, 1945년 6월 1일, 「정부대표단 재정보고」, 6월 15일, 「임정대표단 각인의 보고」.

22) 한철호 역, 『미국의 대한정책 1834~1950』, 한림대학교 아시아문화연구소, 1998, 81~82쪽.

23) 『독립』, 1945년 7월 25일, 「상항대회에 대한 임정대표단의 보고」.

이 임정 중심으로 민족적 합동을 이룰 것을 촉구하였다.[24] 상항회의를 대비하기 위해 임정은 시급히 정부대표단의 구성을 이승만에게 지시하였고, 이승만의 요청에 따라 2월 28일자로 대독선전포고를 하였다.[25] 3월 5일 외무부장 조소앙의 주관 하에 대연합국회의준비위원회(對聯合國會議準備委員會)를 설치하기로 하고 주요 열강에게 한인대표단의 참가를 요구하는 공한을 발표하기로 하였다.[26] 3월 23일에는 임정에서 보낼 대표로 김규식과 조소앙을 선임하여 직접 상항에 파견하기로 의결하였다.[27]

조소앙은 임정대표단의 상항회의 참가권을 위해 중국 국민당정부와 교섭하면서 미국행을 위해 중국 국민당정부의 재정지원까지 받았다. 그러나 중경의 미 대사관에서 비자발급을 지연시킴으로써 두 사람의 대회 참석은 성사되지 못하였다.[28] 그렇지만 조소앙은 대한민국임시정부의 명의로 상항회의에 참가하는 연합국에 외교각서를 송부하여 자주독립국가를 건설하려는 한인들의 강렬한 독립의지와 중경 임시정부의 승인을 강력히 요청하였다.[29]

중경의 임정은 미일전쟁 발발 전후부터 실질적으로 미주한인사회를 주도해 오면서 주미외교위원부와 임정에 대해 갈등관계에 서 있었던 연합회를 이번 상항회의를 계기로 화해하고 포용하려 하였다. 임정은 3월 14

---

24) 『국민보』, 1945년 2월 28일, 「임시정부 특전」.

25) 『대한민국임시정부의정원문서』, 818쪽. 상항회의에 참가하기 위한 한 조건으로 1945년 3월 1일 이전에 독일과 일본에 선전포고를 해야 한다는 것 때문에 시급히 임정에서 대독선전포고를 실시하였다.

26) 『대한민국임시정부의정원문서』, 854쪽.

27) 『대한민국임시정부의정원문서』, 855쪽.

28) 『한국독립운동사』 자료22, 국사편찬위원회, 1993, 236~237쪽.

29) 『북미시보』, 1945년 6월 1일, "Korean Memorial to the United Nations Conference on International Organization at San Francisco, California, April 25, 1945".

일자로 주미외교위원부에 보낸 전보에서 연합회의 워싱턴사무소에서 외교활동을 담당하는 김원용과 전경무를 반드시 정부대표단에 참가시킬 것을 특별히 지시하였다. 이러한 조치는 임정이 주미외교위원부 개조문제를 둘러싸고 연합회와 불편한 관계를 야기 시켜왔던 그간의 일을 이번 상항회의를 계기로 불식시켜 연합회를 임정 쪽으로 돌아서게 하겠다는 의도였다.[30] 이와 함께 중경에 있던 한국독립당·조선민족혁명당·조선민족해방투쟁동맹·조선무정부주의자연맹 등 4개 단체는 연명으로 임정 대표단의 상항회의 참가를 연합국에 청원하기로 결의하는 한편, 새로 구성된 정부대표단이 성공적인 활동을 이루기 위해 특별히 미주한인들이 임정 중심으로 합동해 줄 것을 당부하였다.[31] 이승만은 이런 임정의 입장을 대변하여 전체 미주한인들이 정부대표단으로 합동해 줄 것과 대표단의 활동여비 1만 달러를 미주한인들에게 요청하였다.[32]

3. 연합회의 대응

임정의 화해시도와 이승만의 지원 요청에도 불구하고 연합회를 중심으로 한 미주한인들의 반응은 냉담하였다. 상항회의를 대비한 정부대표단의 구성이 비록 임정의 승인이 있었다 하더라도 이승만에 의해 주도되는 한 연합회는 호응하지 않고 독자활동을 모색하였다. 연합회는 1944년 11월 주미외교위원부 개조문제를 둘러싼 임정의 독단적인 조치에 크게 반발해 왔지만 임정이 한국독립운동을 대표하는 중추기관이라는 점까지 부인하

30) 『주미외교위원부통신』 110호(1945.3.19)

31) 『주미외교위원부통신』 110호(1945.3.19); 『국민보』, 1945년 3월 21일, 「중경 4단체가 하와이에 요구한 전보」.

32) 『국민보』, 1945년 3월 21일, 「이승만박사의 전보」.

지 않았다. 연합회가 임정에 대해 반발한 것은 당시 이승만을 적극 비호하고 있던 한국독립당의 일부 세력이었지 임정 전체의 권위까지 부정하지 않았다. 이같은 연합회의 태도는 상항회의 기간동안 정부대표단과 민중대표단이 공동 활동을 논의할 때 임정에 대한 절대 지지를 전제로 협의했던 사실에서도 잘 드러난다. 하지만 연합회는 임정에 대한 지원을 무조건적으로 하는 것이 아니라 내각개조와 같은 연합회의 요구조건을 수용할 경우처럼 선별적으로 후원하겠다는 태도여서 임정에 대한 연합회의 지지는 비교적으로 많이 약화되어 있었다고 볼 수 있다.[33)]

1945년 2월 11일 미영(美英)의 정부에 의해 발표된 상항회의 개최 소식을 접한 연합회 집행부는 2월 18일 집행부 특별회의를 열고 향후 한인대표회를 소집할 계획을 마련하였다. 3월 3일 집행부는 상항회의를 대비하기 위한 미주한인 전체 대표자 모임으로 해외한족대회를 4월 1일 로스앤젤레스의 대한인국민회총회관에서 여는 것으로 결정하고 준비에 착수하였다.[34)] 하와이의 연합회 의사부는 연합회 주최로 3월 25일 '민중대회'를 개최하여 유진석을 상항회의 파견 하와이대표로 선정하였다.[35)]

그러자 정부의 공식 외교기관인 주미외교위원부가 있는데 연합회에서

---

33) 『신한민보』, 1945년 2월 22일, 「연합회 집행부 회록 초략」; 홍선표 편, 『재미한족연합위원회 회의록』, 연세대학교 출판부, 2005, 202쪽, 204쪽. 연합회는 1945년 1월 6일 집행부 회의에서 1944년 말까지 수금했던 군자금 5,000원을 가장 먼저 임정의 군무부로 송금하기로 하되 대신 군무부의 군사공작에 대한 교시를 받은 후 시기와 형편을 검토해서 송금하겠다고 했으나, 이러한 결정도 동년 2월 18일 회의에서 군자금은 계속 수합하지만 송금은 이전의 방식을 폐지하고 계속 저축하는 것으로 방침을 바꾸었다. 이러한 연합회의 입장은 1945년 6월 14일 열린 집행부 회의에서도 이전과 같은 대임정의 태도를 확인할 수 있다.

34) 홍선표 편, 『재미한족연합위원회 회의록』, 202~203쪽.

35) 『국민보』, 1945년 4월 4일, 「세계안전대회 참석준비」.

상항회의를 대비하기 위해 대규모 대회를 개최한다는 비판이 일어났다. 이에 연합회는 중경의 임시정부가 미국을 비롯한 연합국의 승인을 받지 못해 국제적인 교섭 자격이 없으므로 미주한인사회의 각종 단체들이 합동하여 교섭할 필요가 있다고 주장했다. 또 연합회는 상항대회를 개최한다는 소식을 받은 지가 여러 날이 지났으나 임정이나 주미외교위원부에서 어떻게 하겠다는 방도가 없는 관계로 각 지방대표대회를 소집하여 어느 방향으로 교섭할 것인지, 그리고 어디서 대표를 파송할 것인지를 전체 한족대표가 모인 가운데 일치된 행동을 취하자는 것이 본의라고 하였다. 현재 임정에서 김규식과 조소앙을 대표로 선정하였고 또 주미외교위원부에서 9인의 대표단을 구성했다는 소식이 있는데 만일 임정대표가 참석하게 된다면 민간대표가 참석하는 것보다 나을 것이며 전체 한족은 정부대표를 후원할 것이므로 민간대표의 파송은 불필요하다고 하였다. 그러나 국제적인 문제로 임정대표의 참석 가능성이 없을 경우 민간대표라도 파송할 필요가 있을 것이라고 해명하였다.[36)]

이러한 연합회의 태도에서 볼 때 비록 외견상 임정의 입장을 존중하는 것처럼 보이지만 연합회의 논리는 처음부터 이승만을 비롯한 임정의 추진의도와 분리하겠다는 태도였다. 따라서 연합회의 해명 발표는 오히려 연합회가 독자적인 활동을 전개하기 위한 궁색한 변명에 불과한 것이었다.

오해의 소지가 많은 연합회의 해명 발표에도 불구하고 미주한인사회는 연합회 집행부가 제의한 해외한족대회를 추진하였다. 연합회는 이번 대회가 각 지방별 대표들이 모이는 것이므로 어떤 단체에 소속되어 있든지 각 지방별 대표 1인 이상이 참석하도록 주문하였다. 이에 따라 하와이

36) 『독립』, 1945년 3월 14일, 「미포묵큐 동포들에게」, 3월 28일, 「지방대표대회에 관하야」; 『신한민보』 1945년 3월 8일, 「통고서」; 3월 29일, 「지방대표대회에 대한 설명」.

한인 전권대표로 유진석[37]이 참석한 것을 비롯해 총 14개 지역에서 선발된 21명의 지방대표 중 19명이 참석하여 성공적으로 치러졌다.[38]

참가한 각 지역과 대표들을 보면 다음과 같다.

하와이 한인전권대표: 유진석
상항 지방대표: 염만석
다뉴바 지방대표: 박영하, 서영환, 허학
리들리 지방대표: 심상목, 장병훈, 이영수
딜네노 지방대표: (조울림 대리) 곽림대, (김종학 대리) 김성락
삭도 지방대표: (이옥형 대리) 최능익
오클랜드 지방대표: (노신태 대리) 김호
로다이 지방대표: (이태지 대리) 임일
디트로이트 지방대표: (대리) 백일규(불참)
시카고 지방대표: (대리) 이옥성
미경대표: 강택모, 정기원, 한영교(불참)
오래곤 포틀랜드 지방대표: (대리) 최진하
몬테나 비웃 지방대표: (대리) 박재형
코앗코알코스 지방대표: (대리) 홍언

해외한족대회에서 결정한 사항은 먼저 본회의 명칭을 해외한족대회로 공식 명명하였고 대회의 목적은 상항에서 열리는 연합국 국제연합창설대회에 한족대표가 참가할 수 있도록 주선하고 후원하는데 두었다. 만일

37) 유진석은 1945년 당시 하와이 대한인국민회의 기관지인 『국민보』 주필이자 연합회 의사부의 선전부에서 활동하고 있었다.

38) 『신한민보』, 1945년 4월 5일, 「해외한족대회 경과사항」; 『독립』, 1945년 4월 4일, 「해외한족대회」. 대회 진행은 한시대(주석)와 곽림대(서기)가 주도하였다.

임정대표가 공식으로 참가할 경우 그 대표를 후원하고 그렇지 못할 경우 민중대표의 참가를 주선하며, 그것도 안 되면 서류와 기타의 선전방식을 취하는 것으로 하였다. 그리고 이날 대회에서 14명을 추천 받아 7명을 선임한 뒤 하와이 대표로 선출된 유진석을 포함하여 다음과 같이 해외한족대표단을 구성하였다.

단장 : 한시대
재무 : 유진석
단원 : 김호 · 전경무 · 한길수 · 김용성 · 김병연 · 박상엽[39)]

대표단의 경비를 조달하기 위한 수전위원으로는 임인재, 최능익, 송오균을 선임하였다.

해외한족대표단의 인적 구성을 보면 연합회의 활동에 참여했거나 지지하는 단체와 인물들로 이루어졌다. 연합회의 핵심 단체인 북미와 하와이의 대한인국민회(한시대, 김 호, 유진석, 전경무, 김병연, 김용성)를 비롯해 민족혁명당북미총지부(박상엽), 중한민중동맹단(한길수)의 인물들이 참가하였다. 비록 대표단에 합류하지 못했으나 민족혁명당북미총지부 위원장이던 곽림대가 이번 해외한족대회의 서기로 활동하며 대회를 주관하였다. 이로 볼 때 해외한족대회는 연합회에 반감을 가지고 있던 이승만 지지측의 단체와 기관이 불참한 것을 제외하면 미주 내 주요 한인단체들이 대부분 참가한 대회였다.

해외한족대회는 개최 목적이나 각 지역 대표들의 참석 비율면에서 볼 때 성공적인 대회로 평가되었고, 무엇보다 대회를 주최한 연합회의 진보

39) 『독립』, 1945년 4월 4일, 「해외한족대회 경과사항」. 유진석은 3월 25일 호놀룰루에서 열린 '민중대회'에서 하와이 대표로 선임되어 이후 해외한족대표단의 재무로 활동하였다.

적이고 민주적인 정신을 높이 샀다.[40] 즉, 해외한족대회에서 결정된 내용보다 이 대회를 주관한 연합회가 처음부터 끝까지 전체 미주한인들의 열망과 의사를 하나로 결집시키려고 노력했던 동기와 태도에 매우 만족하게 생각하였다.[41] 따라서 연합회는 이번 해외한족대회를 통해 대외적 위상을 드높이고 미주한인사회의 지도력을 확인해 주는 계기를 마련하였다.

40) 『독립』 1945년 4월 4일, 「재미조선사회의 진보적 경향」, 「해외한족대회」.

41) "San Francisco Conference and Korea", *Korean Independence*, March 28, 1945; "Overseas Korean Conference and Its Significance", *Korean Independence*, April 4, 1945.

제18장
한인대표단의 합동운동과 독자활동

1. 합동운동

상항회의를 앞두고 임정대표단과 해외한족대표단으로 양분되고 동시에 두 대표단 모두 대회 참가권을 얻지 못하는 상황에서 두 대표단의 활동 전망은 매우 어두웠다. 이런 실망스런 처지에 한 줄기 희망을 준 것은 미국정부에서 각국 신문기자단에 취재를 목적으로 방청권을 허용해 준 것이었다. 한인방청권을 획득하게 된 데는 한길수의 역할이 컸던 것으로 보인다. 한길수는 상항회의의 참가를 위한 청원활동을 전개하던 3월 9일 연합통신사(UP)로부터 상항회의를 취재하려는 신문사 특파원은 3월 15일까지 신청서를 제출하라는 것을 듣고 『독립』 신문사의 명의로 박상엽과 함께 참가신청서를 제출했다. 그런데 여기에 대한 회답이 없자 한길수는 4월 9일 미 국무성 일본과장 딕오버에게 찾아가 담판을 벌인 끝에 두 사람의 참가자격을 획득할 수 있었다.[1)]

이러한 한길수의 활동 영향으로 미주한인사회는 신문 기자로 상항회의

1) 『독립』, 1945년 5월 2일, 「신문기자가 본 상항대회 종횡관」.

를 취재할 수 있는 길이 열어졌다. 즉, 『신한민보』의 기자 대표로 김병연이, 하와이 『국민보』의 대표로 유진석이 각각 대회 방청권을 얻었고,[2] 전경무는 『신한민보』와 호놀룰루에 있는 중국인 헌정당에서 발행하는 『신중국보(新中國報)』의 통신원 자격으로 각각 방청권을 얻었다.[3] 임정대표단이나 민중대표단이 참가할 수 없는 상황에서 한인 신문사의 대표로 대회 참관자격을 획득한 것은 매우 의미있는 일로 평가되었다.[4] 그런데 이승만을 지지하는 동지회 신문인 『북미시보』나 『태평양주보』 측에서 한 명의 신문 기자도 없는 것은 참가를 원하지 않았기 때문이라기보다 참가 신청 소식을 접하지 못해서 그랬을 소지가 다분히 높다.[5]

상항회의가 점점 가까이 다가오자 임정대표단과 해외한족대표단은 적지 않은 부담을 갖게 되었다. 미주한인사회의 여론은 국제적인 대회에 어떻게든 합동해서 활동해 줄 것을 희망했기 때문이다. 이런 정서를 잘 알고 있던 이승만은 4월 7일 워싱턴DC에서 전경무를 만난 자리에서 상항회의 참석을 위해 앞으로 상호 협력할 것을 당부하였다.[6] 합동문제는 두 대표단이 상항에 도착하면서 본격적으로 논의되기 시작했다.[7]

상항회의는 4월 25일 오후 4시 30분 샌프란시스코에 있는 재향군인기

---

2) 『독립』, 1945년 5월 23일, 「상항소식」.

3) 『신한민보』, 1945년 5월 24일, 「본보 통신원 전경무씨에게 대한 요언을 교정」.

4) 『신한민보』, 1945년 5월 10일, 「소식 중 소식」.

5) 한인 신문기자들의 참석이 한길수의 주도로 이루어진 관계로 한길수 및 연합회와 대립관계에 있던 이승만측 신문사에 그 소식이 안 알려졌을 가능성이 매우 높다.

6) 도970, Letter from J. K. Dunn to Sang Ha Park(1945.4.7)

7) 이승만은 4월 22일 임병직을 대동하고 상항에 도착하여 5월 25일 워싱턴DC로 떠났다. 해외한족대표단의 경우 전경무·유진석·김병연은 4월 22일, 한시대와 김호는 4월 24일 각각 상항에 도착했고 6월 14일 나성으로 귀환하였다.

념관에서 46개국의 대표와 1,500여명의 신문기자, 35,000여명의 방청객들이 참가한 가운데 미 국무장관 스테티니우스의 사회로 역사적인 개막식을 거행하였다. 개막식 날까지 아무 일도 할 수 없었던 두 대표단은 그저 구경할 수밖에 없는 답답한 처지였다. 국제적인 대회에 두 대표단의 한인들이 분리해서 활동하는 것 자체가 그동안 임정 승인을 위해 온 힘을 쏟아 왔던 이승만과 임정에게 대내외적인 위신 추락은 물론 임정의 외교활동마저 크게 위축시키는 일이었고, 미주한인들에게도 결코 바람직한 현상이 아니었다. 이런 상황에서 한인들이 상항회의 참가를 위해 두 대표단이 상항에 왔다는 미국 내의 언론보도는 한인들로선 부끄러운 일이었다.[8] 그래서 이승만은 참가권의 희망이 보이지 않는 현실에서 적어도 외국인들에게 한국문제를 위한 선전활동만이라도 한인들 끼리 합작해서 활동한다는 것을 보여주고 싶어 하였다.

이런 심정은 해외한족대표단도 같은 마음이었다. 해외한족대표단은 합작운동과 대외활동을 효과적으로 추진하기 위한 체제로 다음과 같이 조직을 재편하였다.

단장 : 한시대
이승만과의 합동교섭 : 김호・김용성
대외교섭 : 전경무
대외선전 : 한길수
재무 : 유진석
기록 : 이정근[9]

이승만은 해외한족대표단 단장 한시대와 재무 유진석과의 개별 만남에

8) 『북미시보』, 1945년 7월 15일, 「나성한인시국대회」.
9) 『신한민보』, 1945년 6월 28일, 「재미한족연합회대표단의 보고」.

서 비공식적으로 합동문제를 제의한 뒤 이번 행사에만 합작하되 정부 쪽의 방향으로 따라야 할 것을 제안하였다.[10] 그리하여 4월 25일 상항회의 개막식 당일 오후 2시 두 대표단은 비공식 회의를 상항감리교회에서 열게 되었다. 이승만이 합석회의를 제의했던 것은 두 대표단이 합석회의를 통해 선전만이라도 합동해서 대내외에 한인이 독립할 자격이 있음을 보여주기 위함이었다. 그런데 비공식적인 모임이었으나 방청객으로 40여명의 한인들이 참석하였다. 그들 가운데 황사선의 부인 황옥석이 이승만에게 국제적으로 승인받지 못한 임정 명의로는 아무것도 못하니 민중명의로 대회 참가를 주선해 보는 것이 어떠냐고 질문한 것이 발단이 되어 이승만이 반박하고 퇴석하는 등 회의자체가 흐지부지 되어 버렸다. 4월 26일 오전 이승만은 한시대·김호·유진석을 청하여 합동 선전을 상의하자고 제의했다가 오후에는 이들 세 사람만으로 임정대표단과 함께 공동 추진할 부서를 정하자고 변경하는 등 일관성이 없자 해외한족대표단측에서 반발하여 회합은 무산되었다. 그날 밤 이승만은 임정대표들과의 회의를 통해 같은 목적으로 같은 행동을 취하기 위해 해외한족대표단과 합석해서 논의하는 것이 좋겠다는 방안을 받아들여 또다시 해외한족대표단에게 합석회의를 제의하였다. 그리하여 4월 27일 밤 7시 두 대표단은 비로소 처음으로 공식회합을 열게 되었다.

이승만이 처음부터 해외한족대표단과의 합석회의를 공식적으로 추진하지 못한 것은 정부대표단이 민간대표단과 합석해서 논의한다는 것이 명분상 옳지 않다는 해묵은 생각 때문이었다. 그렇지만 임정대표단이 상항회의에서 참가권을 얻을 수 있거나 정부차원의 공식활동을 기대할 수 없는 상황에서 여론의 악화를 무릅쓰고 독자적으로 활동하기 어려웠다. 이러한 연유로 이승만은 해외한족대표단과의 공식회합을 제의하게 되었다.

---

10) 『국민보』, 1945년 5월 16일, 「상항에 열린 연합회의」.

이승만의 명분은 이번 대회에 선전만이라도 한인들이 통일되었다는 소문을 외부에 알리기 위함이라고 하였다.[11] 이런 그의 생각의 기저에는 철저히 임정대표단을 중심으로 통일되어야 한다는 의도가 깔려 있었다.

4월 27일 두 대표단은 합동 선전의 문제와 선전 주체를 임정 명의로 할 것인지 아니면 한인 전체의 이름으로 할 것인지를 두고 열띤 논의를 하였다. 합동선전에 대해서는 두 대표단 모두 이의가 없었는데 선전 주체를 둘러싸고 양측의 입장이 갈라졌다. 임정대표의 이승만과 황사용은 임정 이름으로 사용할 것을 강력히 주장한 반면 해외한족대표인 김호는 한인 전체의 이름으로 추진할 것을 제의하였다.[12] 황사용은 전날 밤 임정대표단 자체회의에서 결정한 대로 연합국들에게 한인 통일을 주장하기 위해선 임정의 이름을 공식적으로 내세우는 것이 제일 합당하다 하였다. 이승만은 민중대표가 하면 일이 좀 쉬우리라고 추측하는 사람이 있으나 속지 말라 하고 정부대표라면 무엇이든 할 수 있으므로 임정으로의 통일된 행동을 주장하였다. 여기에 대해 김호는 합동하여 대외활동을 임정 명의로 쓰자는 임정대표단의 생각은 정당한 주장이지만 100% 이득을 위해선 임정 명의보다 더 나은 방법이 있다고 하였다. 그는 임정대표의 참가가 거절당한 마당에 선전활동을 위해 또 다시 임정 명의를 사용하는 것은 거절한 측에서 볼 때 좋지 않은 영향을 줄 것이며 그런 악영향은 결국 우리 임정에게 미칠지 모르므로 '한인대표단(Korean Delegation)'[13]이라는 새

11) 『신한민보』, 1945년 5월 10일, 「상항에 열린 국제조직회의」.

12) 위와 같음.

13) 당시 두 대표단의 합석회의를 기록한 이정근은 '한인대표'로 쓰고 있으나 그 이후의 회의에서 작성된 공동성명서를 보면 공식 명칭으로 '한인대표단'으로 기록되어 있다. 그런데 미주한인들이 'Korean'에 대한 공식 명칭을 쓸 때 '한인' 보다 '대한인'을 주로 사용해 온 것으로 보아 이정근이 기록한 '한인'은 '대한인'의 오기가 아닌가 생각된다.

이름을 쓰서 열강으로 하여금 거절할 핑계거리를 주지 말자고 제안하였다. 임정이나 어떤 단체의 이름이 아닌 '한인대표단'의 이름을 사용하자는 김호의 주장에 대해 임정대표단의 일원인 윤병구가 합작운동에 어울리는 제안이라고 동의하자 이승만은 병을 핑계로 퇴석하고 말았다.

이번 회의에서 김호의 주장이 받아들여진 것은 그만큼 해외한족대표단의 영향력이 보다 강화되는 셈이어서 임정을 통해 자신의 입지를 강화하려 했던 이승만에게는 불편한 결과가 아닐 수 없었다.[14] 그렇지만 토론을 통해 합의를 이끈 만큼 이승만도 그 결과를 무시할 수 없었다.

5월 1일 두 대표단이 구체적인 실천방안을 토의하기 위해 모인 가운데 해외한족대표단이 외교와 선전 활동을 위해 공동실행위원회를 조직할 것을 제안하였다. 처음에는 5인씩으로 했다가 이승만의 참석여부 문제로 김병연과 이승만을 추가하면서 다음과 같이 각 6인씩 총 12명으로 결정했다.

임시정부대표단 : 이승만 · 이살음 · 유경상 · 송헌주 · 정한경 · 윤병구
해외한족대표단 : 한시대 · 김 호 · 전경무 · 유진석 · 한길수 · 김병연[15]

이들을 중심으로 다음의 공동실행위원회를 조직하였다.[16]

---

14) 김호 제안에 대한 가부투표가 다음 회에 하는 것으로 기록되어 있으나 회의 결과를 보면 김호가 주장한 '한인전체 명의로 선전하는 것을 찬성'한 것으로 보아 그 날 회의에서 통과된 것으로 보인다.

15) 『신한민보』, 1945년 5월 17일, 「한인대표단의 합동공작운동」.

16) 1945년 5월 8일 두 대표단의 합석회의에서 유경상이 공동 「성명서」의 발표를 대한대표단정보부를 통해 한다고 했는데, 이 때의 대한대표단정보부(Korean Delegation Information Bureau)는 별도의 새로운 조직체가 아니라 공동실행위원회에서 조직한 교섭부와 선전부를 의미하는 것으로 보인다.

회 장 : 이승만

부회장 : 한시대

교섭부 부장 : 전경무

위원 : 김용성 · 유경상 · 송헌주 · 김호 · 황사용

선전부 부장 : 정한경

위원 : 유진석 · 박상엽 · 한길수 · 윤병구 · 김병연[17)]

공동실행위원회는 효과적인 선전활동을 위한 방안으로 공동 성명서 작성문제를 논의하였다. 공동 성명서의 발표에는 두 대표단간의 이견이 없지 않았으나 그 필요성으로 첫째, 두 대표단이 합작한 결과를 얻게 되는 것이고, 둘째, 합동하여 활동함으로써 대외적으로 한인들이 분열되어 있다는 비난을 잠재울 수 있고, 셋째, 개인적으로 활동하면서 전체를 대표하였다는 것을 막을 수 있으며, 넷째, 이렇게 합작운동을 함으로써 한국독립운동의 지위가 국제적으로 인정받을 수 있다는 점등 때문에 전반적으로 동의하였다.[18)] 공동성명서 작성을 위한 기초위원으로 전경무 · 정한경 · 한길수 · 송헌주를 선임하였고 성명서 작성을 위해 일주일 간 회의를 연기하기로 하였다. 그런데 공동 성명서의 서명자로 이승만과 한시대로 결정했으나 직명(職名) 기입의 문제에 이견이 있어 이 또한 일주일 뒤 재개할 회의에서 다시 논의하기로 하였다.

5월 8일 두 대표단은 4인 위원들이 작성한 공동 성명서의 초안을 두고

17) 『신한민보』, 1945년 5월 17일, 「공동성명서 작성회의 기사」. 해외한족대표단에서 기록요원으로 참가한 이정근은 처음 결정된 12명의 실행위원회에 임정대표단의 황사용과 해외한족대표단의 김용성과 박상엽이 빠져 있은 것으로 기록하였다. 그런 그가 곧 이어 이승만과 한시대가 각각 회장과 부회장으로, 황사용 · 김용성 · 박상엽은 모두 실행위원으로 포함하여 기록한 것으로 보아 당초의 결정과 변화가 있었음을 보여준다.

18) 『신한민보』, 1945년 5월 17일, 「한인대표단의 합동공작운동」.

수정한 뒤 이승만과 한시대가 공동 대표로 서명하기로 하였다. 합석회의가 있기 전에 있은 임정대표단 자체회의에서 합석회의에 제출할 안건으로 이승만이 제출한 두 가지 안, 즉, 공동 성명서에 서명하는 문제와 활동의 방향을 공화파(민주파)와 공산파로 나눌 필요의 여부에 대해 전자의 제안만 가결[19]함에 따라 두 대표단과의 합석회의 때에 공동 성명서의 서명 문제는 쉽게 해결이 되었다. 그리고 임정대표단 이살음의 제안에 따라 공동 성명서의 내용에 해외한인 전체가 임정을 후원하며 대한인 전체가 임정으로 합동일치 되었음을 포함시켰다. 이것은 임정 중심으로 일치단결해야 한다는 임정대표단의 일관된 주장이었으며 해외한족대표단 또한 임정을 한국독립운동의 최고기관으로 인정하고 있었기 때문에 아무 이의없이 무난히 넘어 갈 수 있었다.[20]

5월 8일 회의에서 이승만은 앞으로의 활동방향을 공화파와 공산파와 나누어 활동하되 자신은 공화편에 서서 공산파를 반대하는 길로 가겠다고 주장하고 참석자들의 선택을 요구하였다.[21] 이것은 한길수가 5월 8일자 상항지역 신문기사에 이승만이 상항회의를 반소적인 집회라고 발언을 한 것을 문제 삼자 나온 대응이었다. 이러한 이승만의 주장은 미주한인들 사이에 생길지 모를 친소적 행동을 사전에 견제하고 곧이어 주장하게 될 그의 얄타밀약설을 염두에 둔 발언으로 보인다. 윤병구가 임정대표단에서 그런 반소적인 행동을 하지 않았다고 해명하여 넘어 갔지만 해외한족대표단은 이승만의 독단적인 행동이 앞으로 추진될 합작운동에 큰 걸림돌로 작용할 것을 우려하였다. 때문에 한시대는 합석회의 이후에도 이승만이 단독으로 행동할 것 같으면 공동 성명서에 서명하지 못하겠다고 하고 보다 근본적인 통일을 제시하였다.[22] 김호 또한 이승만의 단독행동을 우

---

19) 『북미시보』, 1945년 6월 15일, 「임정대표단회의」.

20) 『북미시보』, 1945년 6월 15일, 「합동회의」.

21) 위와 같음.

려해 성명서 발표 문제보다 이승만의 활동방침을 논의하는 것이 더 좋겠다고 제안했다. 그런데 임정대표단은 근본적인 통일문제는 시간이 더 걸리니 만큼 먼저 성명서의 내용만이라도 합의해서 진행하기를 바랬다.[23]

5월 9일 두 대표단은 마침내 합의를 이루고 공동 「성명서」를 대외에 발표하였다.[24] 「성명서」에는 상항회의가 침략을 당한 식민지 민족에게 자유와 국권 평등을 실현하는 국제조직을 완성하기를 바라며 이를 위해 한민족은 상항회의를 일치 후원한다고 명시하였다.[25] 합동한 대표단의 명칭은 '한인대표단'으로 정하였다. 서명자는 두 대표단의 단장인 이승만과 한시대가 직명 기입 없이 이름만 성명서에 넣었는데 이승만의 대폭적인 양보로 생각된다. 이승만이 이 부분에 양보할 수 있었던 것은 「성명서」 안에 해외 각처 한인대표들이 대한민국임시정부를 공식 후원한다는 내용을 밝혀 임정의 대내외적 권위와 위상을 확고히 한 점 때문으로 볼 수 있다.[26]

5월 10일 이승만은 돌연 공동실행위원회 회장직을 사면하였다.[27] 임시정부의 주미외교위원부 위원장의 자격으로 민간대표와 공동 합작해서 그 대표가 될 수 없다는 논리 때문이었다. 이러한 주장을 갑자기 하게 된 이면에는 이승만이 공동 「성명서」를 발표할 당시 모임에서 '알타밀약설'을

---

22) 이승만은 합석회의를 진행 중이던 5월 8일에도 임정대표단의 상항회의 참가를 요청하는 서한을 미국무부에 송부하였다.

23) 이러한 입장은 당일 회의에서 이승만, 유경상, 황상용이 발언한 내용이다.

24) 『신한민보』, 1945년 5월 31일, 「공동성명서 발표 이후 소식」.

25) 한인대표단의 성명서 내용은 『국민보』 1945년 5월 9일, 「한국대표단의 성명서」 참조.

26) 이러한 조치는 평소 임정 중심으로 일치단결해야 한다는 이승만의 주장이 반영된 결과로 볼 수 있다. 이승만이 임정의 권위를 중요시 한 명분은 임정 그 자체에 있었다기보다는 임정의 대내외적 권위를 곧 자신의 위상과 연결시키고 있었기 때문이었다.

27) 『신한민보』, 1945년 5월 31일, 「공동성명서 발표이후 소식」.

처음으로 제기하고 이에 대한 선전방식을 두고 찬반 논란이 일어났는데 결국 이승만의 요구를 수용하지 않았기 때문이었다. 이승만은 시카고 트리뷴지에 나온 5월 8일자 기사를 근거로 미국이 카이로선언을 위반하고 임정의 승인을 끝까지 해 주지 않는 것은 얄타밀약설이 있었기 때문이므로 미국정부에 대항할 선전방책을 강구해야 한다고 제안했다. 그는 얄타밀약설을 제기했을 뿐만 아니라 이미 선전활동도 시작했음을 알리고 한인대표단의 협조를 구했다. 그러나 반대측의 논리는 소위 얄타에서의 비밀조약 사실을 알지 못한다는 것과, 그에 대한 증거도 없고 관계 당국 또한 인정하지 않고 있으며, 지금 한인들이 해야 할 것은 미·영·소·중의 동정을 얻어야 할 때인데 증거도 없이 나서면 지금까지 갖고 있는 해당국들과의 우의까지 해칠 위험이 있으므로 미국정부를 공격하는 행위는 불가하며 이미 시작한 선전활동도 중지하는 것이 좋겠다고 주장하였다. 그리고 만약 얄타밀약설이 있다 하더라도 국제관계의 중대사안인 만큼 신중을 기해 먼저 적당한 외교순서를 밟아서 대외에 알리되, 일개 지방신문에만 발표할 것이 아니라 전 세계 신문기자들을 모아놓고 떳떳하게 호소할 것이라 하였다. 아울러 비밀조약의 진부를 직접 관계 당국이 밝히기 전에 먼저 움직이는 것은 상식적으로 용납할 수 없는 일이라 하여 이승만의 선전방식을 반대하였다.

두 대표단은 합석회의를 통해 공동「성명서」를 발표하는 성과를 거두었으나 얄타밀약설에 대한 선전방식을 둘러싸고 이승만이 한인대표단의 대표직에서 사임함으로써 본격적인 활동도 하기도 전에 공동활동은 무산되었다.

이번 두 대표단의 합석회의를 통해 나타난 특징을 살펴보면, 첫째, 외견상 임정대표단이 합석회의를 솔선 주도했고 합석회의를 무산시킨 것 또한 임정대표단이었다는 점이다. 해외한족대표단은 임정대표단의 부름에 응하는 형식으로 합석회의에 참여했고 나아가 공동실행위원회의 조직을 제안하기도 했지만 전체 회의를 주관한 것은 임정대표단이었다. 둘째, 두 대표단의 합석회의는 미주한인사회에 합동의 정신을 널리 알리는데 기여했다. 11차례에 걸친 합석회의는 두 대표단의 합동공작을 바라는 미주한인들의 강렬한 열망과 여론을 적어도 충실하게 따르는 모습을 보여주었다. 셋째, 합석회의를 통해 공동 「성명서」를 발표한 것은 비록 상항회의를 위한 한시적인 노력의 결과였으나 이러한 노력을 통해 작은 성과를 거두었다는 점에 대해선 높이 평가할 수 있다. 즉, 일시적인 합동공작이라도 이 일을 추진하면 할수록 그만큼 힘을 뭉치게 되고 영구적인 합동공작을 위한 첫 걸음이 되었기 때문에 그만큼 의의가 있었다.[28]

2. 이승만의 얄타밀약설

두 대표단의 합석회의를 주도하고 있던 이승만은 자신이 준비한 얄타밀약설에 대한 선전방략이 합석회의에서 받아들여지지 않자 회의를 무산시키고 단독 행동에 들어갔다. 그렇다면 이승만이 제기한 얄타밀약설이란 무엇인가. 그가 공식적으로 제기한 얄타밀약설의 주요 내용은 다음과 같다.

1. 영국과 북미합중국은 일본과의 전쟁이 끝난 뒤까지 조선을 러시아의 세력범위 안에 머물러 있을 것을 러시아와 동의하였다.
2. 더 나아가서 일본과의 전쟁이 끝날 때까지 북미합중국과 영국은 조선에게 어떠한 세약이든지 하지 않을 것에 대해 의견이 일치되었다.[29]

---

28) 『신한민보』, 1945년 5월 31일, 「공동성명서 발표이후 소식」.

29) 『독립』, 1945년 5월 23일, 「사설」: "조선은 과연 또 팔리웠는가". 여기에 대한 원문은 다음과 같다.

이승만의 얄타밀약설에 대해 기존 연구는 이승만이 주미외교위원부에 보낸 1945년 5월 11일자 서신에서 소련측 정보를 획득하기 위해 채용한 에밀 구베로우(Emile Gouvereau)라는 러시아인이 미국의 루즈벨트 대통령이 얄타회의에서 한반도를 소련에 넘겨주었다는 정보를 입수하여 얄타밀약설을 널리 유포하게 된 것으로 되어 있다.[30] 구베로우는 한미협회 대표라는 직함으로 5월 14일자와 15일자로 2통의 전보를 미국 상원의원 조지(Walter F. George)에게 보내 얄타밀약설을 정식으로 제기하였고, 조지는 구베로우로부터 받은 2통의 전보를 바로 트루만 대통령에게 보내 대통령의 주의를 촉구하였다 한다. 그런데 5월 14일자 전보가 한미협회의 간부인 윌리암스가 기초했음을 들어 구베로우가 가공의 인물일 가능성을 언급하였다.[31] 만약 구베로우가 가공의 인물이라면 얄타밀약설은 누가 만

"Grate Britain and the United States agree with Russia that Korea shall remain in orbit of influence of the Union of Socialist Republic until after the end of the Japanese war.

It is further agrees that no commitments whatever shall be made to Korea by the United States and Grate Britain until after the end of the Japanese war." ("Syngman Rhee Charges 'Big 3' OK'd Korean Deal", *Korean Independence*, May 23, 1945)

그런데 이승만이 발표한 위의 문장과 구베로우가 미국 상워의원 조지에게 보낸 5월 14일자 전보에서 보인 얄타밀약설의 문장과는 약간 차이가 있다. 그 중에서 구베로우가 보낸 것 중에는 "All this was sign at Stalin's request in Yalta"라는 문장이 포함되어 있었다.

30) 여기에 대해선의 다음의 연구가 있다.
이정식, 「해방 전후의 이승만과 미국」, 『이승만연구』, 연세대학교출판부, 2000.
고정휴, 「샌프란시스코회의(1945)와 얄타밀약설」, 연세대학교 국학연구원 편, 『미주한인의 민족운동』, 2003.

31) 고정휴, 『이승만과 한국독립운동』, 연세대학교출판부, 2004, 458쪽 각주 119번 참조.

들었는가.

얄타밀약설은 구베로우라는 가공의 인물이 준 정보에 의해 드러난 것이 아니라 얄타회담 이후 암암리에 널리 유포되고 있었던 소문을 이승만이 하나의 선전용 작품으로 만든 것으로 볼 수 있다. 미국·영국·소련에 의해 이루어진 얄타회의(1945. 2. 4~11)는 전쟁 후 세력균형을 구축한 획기적인 회의였다. 이를 통해 국제연합 창설을 위한 상항회의의 개최가 결정되었고 신탁통치문제에 대한 기본 원칙이 확정되었다. 또 해방된 유럽제국 국민들에게 보낼 선언서가 제정되었고 논란이 되고 있던 폴란드의 통일된 신정부수립문제, 패전 독일에 대한 배상문제와 독일 해체문제, 주요 전범에 대한 처리문제, 이탈리아와 오스트리아 간의 국경문제, 유고와 불가리아문제, 이란문제 등이 결정되었다.[32] 그러나 중요한 내용들은 비밀로 남긴 채 2월 11일 그 결과가 발표되었다. 즉, 독일의 현물보상문제에 대한 의정서와 소련의 대일참전에 관한 협정은 곧장 발표되지 않았고 1947년 3월 24일 미 국무부에 의해 발표되기까지 비밀로 부쳐졌다.[33] 특히 소련의 대일참전협정에 대한 비밀은 소문에 소문을 나아 미국을 비롯한 유럽의 정가와 언론에 얄타밀약설이라는 소문으로 유포되었고, 이승만은 이 소문을 점차 사실로 받아들이면서 한국의 독립과 대미비판의 선전용 재료로 삼았다.

소문으로 떠돌고 있던 얄타밀약설에 대해 이승만은 관심을 갖고 주목하였다. 이런 그의 모습은 이승만이 상항회의에 임정대표단의 참가문제로 중경 임시정부와 서신 교환을 하면서 소련의 음모소식을 임정에게도 알림으로써 가시화 되었다[34]. 즉, 소련이 한국과 대련을 자국의 것으로 하려

---

32) 합동통신사조사부 편역, 『얄타비밀협정 –미국무성발표전문– 』, 합동통신사, 1955, 493~500쪽.

33) 같은 책, 538~540쪽.

34) 국회도서관 편, 『대한민국임시정부임시의정원문서』, 855쪽.

한다는 기사가 소련 관방 신문에 보도되었고, 얄타회의에서 소련이 만몽(滿蒙)과 한국을 취득하는데 동의했다는 보도가 서양신문에 알려지고 있다는 사실을 전한 것이다. 이러한 소식을 접한 임정은 1945년 4월 5일 국무회의에서 각 신문에 유포된 그러한 내용을 적극 조사하고 아울러 대외에 성명서를 발표하기로 결의하였다. 또한 이승만은 4월 4일자로 올리버에게 보낸 서신에서도 최근 언론에서 장차 소련이 한국을 지배할 것이라 소식이 있다는 사실을 알리고 있었다.[35)]

이승만이 소련 관방 신문과 서양 신문에 얄타밀약설을 보도했다고 주장한 이들 신문의 실체는 알 수 없어 구체적인 내용을 파악하기 어렵지만 얄타밀약설이 널리 회자되고 있었던 것만은 사실인 것으로 생각된다. 예컨대 이승만의 얄타밀약설 주장에 대해 미국정부가 해명 성명을 발표한 직후였던 6월 22일 미시간주 하원의원 쉐퍼(Paul W. Shafer)가 의회에서 질문한 내용 중에 담겨 있었다. 그는 자신의 친구가 얄타밀약설에 대한 진위여부를 3월 23일자 서신으로 미 국무장관 스테티니우스에게 물었으나 60일 만에 답장을 보냈다고 말했다.[36)] 이를 보아 미국 정가에서도 얄타밀약설에 대한 소문이 널리 유포되고 있었던 것으로 보인다. 그러한 사실은 임정대표단의 일원인 윤병구가 7월 15일 나성에서 가진 상항회의 참가보고회에서도 나타난다. 그는 루즈벨트 대통령이 얄타에서 미국으로 귀국한지 1주일 후에 이미 국제통신사(UP, AP, INS)에서 얄타밀약문제를 보도하기 시작했다고 하였고, 4월 3일에는 미국 상원의원이 이 문제를 갖고 편지한 사실 등을 지적하면서 이승만의 얄타밀약설이 근거없이 나온 것이 아니라고 옹호하였다.[37)] 또 한국사정사를 운영하던 김용중은 풍문으

---

35) "Letter from Syngman Rhee to Robert T. Oliver(1945. 4. 4)", 국사편찬위원회 편, 『대한민국사자료집』 28, 1996, 12쪽.

36) 『북미시보』, 1945년 6월 15일, 「한국문제로 국무성에 질문」.

37) 『북미시보』, 1945년 7월 15일, 「나성한인시국대회」; 『독립』, 1945년 7월 25

로 떠돌고 있던 얄타밀약설에 대한 정보를 갖고 4월 25일 상항회의가 열리는 시점에 해방된 한국에 자유와 독립을 해치는 어떠한 일도 일어나서는 안 된다는 자신의 입장을 적어 뉴욕타임지 편집장에게 보냈는데 5월 2일자 뉴욕타임지에 그의 글이 발표되었다.[38] 이런 상황에서 이승만은 본격적인 선전활동을 전개하면서 얄타밀약설에 대한 자신의 주장을 5월 7일 월라드 에드워즈 기자에게 밝혔고 그 내용은 5월 8일자 *Chicago Daily Tribune*에 발표되었다.[39] 이로 볼 때 얄타밀약설은 미국 내에서 이미 공공연히 회자되고 있었던 내용이었고, 이승만은 이를 선전용 재료로 이용하여 국제적으로 여론화 시키는데 앞장섰다고 할 수 있다.

이승만이 얄타밀약설을 주장하는 근거로 구베로우라는 비밀정탐원에 의해 얄타밀약설을 입수했다고 하는 것은 사실로 보기 어렵다. 해외한족대표단에서 기록을 담당하던 이정근이 조사한 바에 따르면 전직 신문기자인 어떤 미국인이 최근 러시아 대표 중에서 비밀문서를 발견하고 팔고자 하다 못 팔다가 이승만을 찾아와 문서를 제공하였고 시카고 데일리 트리뷴지가 이를 갖고 얄타밀약설을 기사화했다는 것이다.[40] 그런데 이 문서에는 루즈벨트나 스탈린의 서명이 없었다고 한다. 이정근이 조사한 것과 이승만이 주미외교위원부에 보낸 5월 11일자 서신에 소련측 정보를 얻기 위해 러시아인인 구베로우를 고용했다는 설명과는 매우 다른 내용이다. 이정근의 조사 내용보다 얄타밀약설 선전의 당사자였던 이승만의 주장을 그대로 받아들인다고 하더라도 논리적으로 앞뒤가 안 맞는다. 즉, 앞에서도 언급했듯이 이승만은 소련과 서양의 모 언론에서 얄타밀약설이

일, 「상항대회에 관한 임정대표단의 보고」.

38) "Korea is not for sale", *The Vice of Korea*, May 12, 1945.

39) 『신한민보』, 1945년 5월 31일, 「얄타비밀조약은 무엇」; 『독립』 1945년 7월 18일, 「상항대회에 관한 한길수씨의 보고」.

40) 『신한민보』, 1945년 5월 31일, 「얄타비밀조약은 무엇」.

회자되고 있었다는 사실을 일찍이 중경 임정에게 알리고 있었고, 미국 정가에서도 그러한 사실을 알고 미국무성에 질문했던 사실, 김용중의 뉴욕타임즈 기사 등을 비추어 볼 때 얄타밀약설이 구베로우라는 인물에 의해 얻어진 새로운 정보였다고 볼 수 없다. 만약 구베로우라는 인물이 존재했다면 이승만은 그를 통해 그간 소문으로만 떠돌던 얄타밀약설의 실체를 보다 정확히 알게 되었을지 모른다. 그런데 이승만이 구베로우를 앞세운 것은 한국독립문제와 미국을 비판하기 위한 선전용 재료로 얄타밀약설을 이용하기로 준비해 온 마당에 자기 주장을 내세울 근거로 삼았기 때문이다. 이를 위해 그는 구베로우라는 가공의 인물을 만들었을 가능성도 배제할 수 없다.

이렇게 보면 얄타밀약설에 대한 이승만의 선전활동은 사전에 치밀하게 계획하고 준비되었던 것으로 볼 수 있다.[41] 이승만이 해외한족대표단과의 합석회의로 마침내 '한인대표단'을 결성하고 공동 「성명서」를 발표하기로 결정한 바로 직후 얄타밀약설을 '한인대표단'의 이름으로 선전해 줄 것을 요구했던 것은 사전에 치밀한 준비와 계획 없이는 제안하기 힘든 주장이었다. 이런 그의 제안이 받아들이지 않자 이승만은 즉각 독자활동에 나섰다. 이승만은 합석회의를 주도할 때 선전활동만이라도 두 대표단이 합동해서 일한다는 모습을 보이고 싶다는 것이나, 상항지역 신문에 반소적(反蘇的)인 언급을 하고 자신은 공화편에 서서 공산파에 대해 반대하는 길로 가겠다는 것 등은 얄타밀약설에 대한 선전활동을 염두에 두고 나온 계획된 행동으로 보인다.

이승만이 얄타밀약설을 이용해 얻고자 했던 것은 무엇이었든가. 그는 얄타밀약설에서 나타난 바대로 장차 전쟁 종결 후 한국문제에 소련의 개

41) 고정휴의 『이승만과 한국독립운동』의 글에서도 이렇게 제시하고 있었지만 구체적인 내용은 밝히고 있지 않았다.

입 가능성이 높아진 책임이 전적으로 미국에 있다고 보았다. 그는 한국의 독립문제가 미국 주도에 의해서만 해결되기를 원했지 결코 공산주의 국가인 소련이나 여타의 공산주의자들이 개입하는 것을 원치 않았다. 이에 따라 이승만은 얄타밀약설이 떠돌자 이것을 미국을 불신하고 미국의 대한정책을 신랄하게 비판하고 공격하는 선전용 재료로 활용했다. 이승만이 얄타밀약설을 대미비판의 선전재료로 활용한 것은 구한말시기부터 몸에 베인 반로(反露)·반소의식(反蘇意識)과 극단적인 반공산주의사상, 그리고 임정승인을 줄 곳 반대해 온 미국에 대한 강한 불신 등에서 나온 것으로 보아진다. 이승만의 반로의식(反露意識)은 1898년 3월 10일 종로에서 개최한 제1차 만민공동회 연설에서 러시아의 이권침탈을 규탄한 것을 시작으로 그가 쓴 『독립정신』에서도 러시아를 세계에서 가장 음험한 나라고 규정한 데서 잘 보여 주었다.[42] 러시아에 대한 그의 반감은 구한말 당시 영국과 미국의 악의적인 선전과 여기에 호응한 청나라와 일본의 대소 견제의식 등이 영향을 미쳤다. 1917년 러시아혁명으로 공산주의 국가인 소련이 탄생하자 이승만의 오랜 반로의식은 반소의식으로 자연스럽게 전환되었고, 여기에 공산주의에 대한 극단적인 혐오감이 가중되었다. 이러한 반소의식과 극단적인 반공사상은 첫째, 소련의 목표는 전 세계의 공산화이며, 전 세계 공산당은 주체성이 없는 소련의 도구라는 점, 둘째, 공산당의 목표는 수단과 방법을 가리지 않고 정권을 장악하거나 혁명을 일으키는데 있으며 그들과 타협하는 것은 불가능 하다는 점 등을 이유로 삼았다.[43] 따라서 그에게 공산당과 용공분자에 대한 타협은 추호도 있을 수 없었다. 이런 극단적인 반공주의사상 때문에 그는 한국의 독립을 위해 어

42) 여기에 대해서는 고정휴, 「독립운동기 이승만의 외교노선과 제국주의」, 『역사비평』, 1995년 겨울호, 참조.

43) 이정식, 「해방 전후의 이승만과 미국」, 유영익 편, 『이승만연구』, 연세대학교출판부, 2000, 421쪽.

떠한 공산국가나 공산주의자들과도 협력관계를 맺는 일을 절대 반대했고, 자신의 정적에 대해 공산주의자나 용공주의자로 몰아 배척하거나 제거하는데 주저하지 않았다.[44)]

미국에 대한 이승만의 생각은 기본적으로 우호적이었으나 미국을 자신의 목적과 야망을 실현하기 위한 하나의 방편으로 생각하였지 결코 친미사대주의에 매몰된 사람은 아니었다.[45)] 올리버에게 보낸 1945년 4월 4일자 서신에서 그가 미국을 어떻게 생각하고 있었는지를 보면, 역사적으로 미국은 1905년 7월 태프트-가쯔라밀약을 통해 한국을 일본의 식민지로 만드는데 일조했고, 미일전쟁 발발이후 계속된 한국임정에 대한 승인요구를 외면해 왔으며, 한인들의 통합을 위해 임정으로 하여금 소수 공산주의자들과 타협할 것을 요구해 왔다고 하였다.[46)] 이것은 이승만이 미국에 대한 강한 불신과 불만을 표출한 것이었으나 결코 반미감정에서 나온 것은 아니었다. 그의 주된 관심사는 미국의 국민과 정부에게 과거 한국문제에 대한 미국정부의 잘잘못을 알려 향후 한국의 독립문제가 공산주의자들이나 소련의 개입 없이 해결되도록 하는 것이었다. 이승만이 얄타밀약설을 통해 미국을 신랄하게 비판하는 선전용 재료로 삼았던 것은 바로 이런 그의 태도에서 비롯되었다고 볼 수 있다.

이승만이 얄타밀약설의 선전활동을 통해 얻고자 했던 것은 한국문제를 국제여론화 시키는 것과 자신에 대한 정치적 입지를 강화는 데 있었다. 얄타밀약설에 대한 이승만의 주장은 *San Francisco Examiner* 5월 12일자에 기사화되면서 본격적으로 거론되었다. 또 이승만은 신문사주인 윌

44) 이승만은 미주에서 독립운동을 할 때 그와 대립관계에 있었던 박용만, 안창호, 한길수에 대해 모두 공산주의자이거나 용공분자로 매도하였다.

45) 이러한 이승만의 대미인식에 대해서는 이정식의 앞의 글 참조.

46) “Letter from Syngman Rhee to Robert T. Oliver(1945.4.4)”, 국사편찬위원회 편, 『대한민국사자료집』 28, 1996, 9~13쪽.

리암 란돌프 허스트에게 보낸 5월 13일자 편지에서도 얄타밀약설을 알려 5월 21일자 *Los Angeles Examiner*에 기사화 되도록 하였다. *Los Angeles Examiner*는 이승만의 얄타밀약설이 상항에서 열리는 연합국회의에 외교적 폭발물이 될 만큼 높은 위력을 보이고 있다고 평가하고 트루만 대통령에게 그 진위여부를 문의하였다. 아울러 이승만도 직접 트루만 대통령에게 전보를 보내 상항회의 중에 발견된 얄타비밀조약을 미국정부가 공식 부인하는 성명을 발표해 줄 것을 요청하였다.[47] 이미 얄타밀약설에 대한 자신의 입장을 뉴욕타임지에 발표했던 한국사정사의 김용중은 5월 8일자로 미 국무장관 스테티니우스와 상항회의 영국대표단에게 각각 편지를 보내 한국독립에 영향을 미칠 얄타밀약설의 진위여부를 질문하였고,[48] 해외한족대표단의 일원이자 『독립』 신문사를 대표하여 상항회의에 참석한 한길수도 5월 14일자로 미 국무부에 서신을 보내 그 진위를 문의하였다.[49] 이처럼 이승만에 의해 얄타밀약설의 문제가 크게 확산되자 미국정부는 국무부 극동국장 발렌타인(Joseph. W. Ballantine)의 5월 17일자와 5월 22일자 회신을 비롯해 6월 4일자 미 국무장관 대리 그루(Joseph C. Grew)의 공식 문건을 통해 얄타밀약설은 사실무근이며 한국은 카이로선언에 의거 한국독립의 약속을 지킬 것이라고 발표하지 않을 수 없었다.[50] 또한 상항회의 영국대표단은 얄타밀약설이 사실이 아님을

47) 『신한민보』, 1945년 5월 31일, 「얄타비밀조약은 무엇」; 「이박사의 전보」.

48) "Letter from Yongjeung Kim to Edward R. Settinus Jr.", *The Voice of Korea*, May 29, 1945.

49) "Syngman Rhee Charges 'Big 3' OK'd Korean Deal", *Korean Independence*, May 23, 1945.

50) "Letter from Yongjeung Kim to Joseph. W. Ballantine", The Voice of Korea, May 29, 1945; "Syngman Rhee Charges 'Big 3' OK'd Korean Deal", Korean Independence, May 23, 1945; "Concerning Mr. Grew's Statement on Korea", Korean Independence, June 13, 1945; 『독립』,

밝히는 서한을 보냈고 영국 수상 처칠 또한 6월 7일자로 공식 부인하는 성명을 발표하였다.[51] 소련은 미・영의 공식부인 성명과 달리 공산당 기관지를 통해 5월 24일자로 얄타밀약설을 반박하면서 이번 일은 심리가 불결한 사람이 책임지지 않는 황당한 주장으로 논평하였다.[52]

따라서 얄타밀약설에 대한 이승만의 선전활동은 국제적으로 여론화됨으로서 한국의 독립문제를 재확인하는 등 나름의 성공을 거두었다고 볼 수 있으며,[53] 이를 계기로 이승만은 자신의 정치적, 국제적 입지를 더욱 강화할 수 있었다. 이승만은 주미외교위원부 개조문제로 연합회에서 탈퇴한 이후 미주한인사회에서 매우 위축된 상태에 있었다. 임정의 훈령을 받아 상항회의 임정대표단을 구성했으나 연합회측의 거부로 이마저 뜻대로 되지 못했고, 임정대표단의 이름으로 상항회의에 참가하려는 노력마저 무산되었으며, 상항회의에 한국문제가 거론될 희망조차 보이지 않았다. 그동안 임정의 공식 외교대표로 자임하며 추진해 온 자신의 모든 외교활동이 수포로 돌아가게 된 마당에 임정은 물론 자신의 대외적 권위와 위신은 크게 추락할 수밖에 없었다. 이런 상황에서 미국의 정부와 언론을 비롯해 상항회의에 모여든 각국 대표들에게 얄타밀약설을 국제적인 화제거리로

1945년 5월 23일, 「조선은 과연 또 팔리웠는가」; 5월 30일, 「미국무성의 공식부인」; 『신한민보』 1945년 5월 31일, 「미국 국무부의 부인」.

51) "Letter from Yongjeung Kim to Edward R. Settinus Jr.", *The Voice of Korea*, May 29, 1945; 『독립』, 1945년 6월 6일, 「영미가 부인하였다고」; 『신한민보』, 1945년 6월 14일, 「얄타회의에 비밀조약이 없다」.

52) 『신한민보』, 1945년 5월 31일, 「아방은 조선, 만주 … 도모라는 전전을 부인」.

53) 상항에 거주하는 익명의 한인이 쓴 글을 보면, 상항회의에서 가장 논란거리는 폴란드문제인데 상항회의를 떠나 외교관들과 신문기자들 사이의 주요 화제는 이승만의 얄타밀약설 선전으로 인한 한국문제였다고 할 정도로 한국의 독립문제가 크게 이슈화되었다. (『신한민보』, 1945년 5월 31일, 「소식중의 소식」)

만들고 자신의 존재를 크게 부각시키는데 성공함으로써 이승만의 정치적, 국제적 위상은 크게 높아졌다. 비록 그것이 소련측으로부터 타협할 수 없는 극단적인 반소·반공주의 인물로 낙인찍히거나, 또는 대소 견제의식을 갖고 있던 미국 내 보수적인 반공주의 세력으로부터 이승만의 존재가치가 높이 평가되었던 것 간에 해방을 바로 눈앞에 둔 상황에서 이승만의 정치적, 국제적 입지와 위상은 그만큼 강화될 수 있었다고 생각된다.

그러나 이승만이 그토록 원했던 임정의 승인노력은 얄타밀약설에 대한 선전활동으로 인해 미국정부로부터 완전히 외면되었고 오히려 임정의 진로에 부정적인 영향을 끼쳤다.[54] 중국과 소련 역시 임정에 대해 부정적인 인식을 갖게 만들었다. 때문에 중경 임정은 5월 26일자로 얄타에서의 밀약설은 사실무근이라는 성명을 발표하여 이승만과 거리를 두고자 했으나 성과를 거두지 못했다.[55]

3. 해외한족대표단의 선전외교활동

얄타밀약설을 유포한 이승만의 선전활동에 대한 해외한족대표단의 반응은 무척 냉소적이고 비판적이었다. 그동안 여러 차례의 합석회의를 통해 겨우 한인대표단을 구성하고 공동의 「성명서」를 발표하여 이제부터 본격적인 공동활동을 펼칠 수 있는 마당이었다. 이런 마당에 이승만이 얄타밀약설의 선전방식을 두고 자신의 의견에 동조하지 않는다고 그간의 모든 합석회의의 결과를 무산시키고 독단적인 행동을 펼친 것은 해외한족대표단의 입장에서 볼 때 아쉬움이 적지 않았다. 해외한족대표단은 반

54) 고정휴, 「샌프란시스코회의(1945)와 얄타밀약설」, 311~312쪽; 정병준, 『우남 이승만 연구』, 역사비평사, 2005, 267쪽.

55) 이정식, 앞의 글, 425쪽.

드시 합동공작을 계속하자는 생각이었으나 이승만의 거절로 더 이상 진척시킬 수 없었다.[56)]

해외한족대표단은 처음 이승만이 얄타밀약설을 제기할 때부터 증거가 불충분한 것을 갖고 대미공세의 선전용 재료로 활용하겠다는 이승만의 제안을 거부했다. 이러한 생각은 이승만이 얄타밀약설을 계속 선전할 때도 마찬가지였다. 반이승만 입장에 서 있던 미주한인들의 생각은 만약 얄타밀약설이 사실이라면 우리 한인 모두가 싸울 것이지만 먼저 사실유무가 밝혀져야 할 것이라 하였다. 상항회의에 참가한 각국의 외교계에서도 이승만의 주장이 무모한 행동이자 웃음거리에 불과한 것으로 평가하였다.[57)] 해외한족대표단에서 기록을 담당한 이정근은 이승만의 이런 행동이 한국독립운동에 큰 손해를 입힌 실책으로 평가하였다.[58)]

해외한족대표단을 파견한 연합회는 이승만의 얄타밀약설을 통해 위축된 한국독립운동을 재개하기 위해 국제적인 동정과 지지를 얻을 방안을 모색했다. 연합회는 이승만의 선전활동이 오히려 한인들이 동정과 지지를 구해야 할 얄타회의의 당사국인 미 · 영 · 소의 입장을 국제적으로 난처하게 만들었으며, 이로 인해 우리 한인과 이들 당사국들 간의 관계도 소원해져 한국의 독립운동에 불리한 상황을 만들었다고 생각했다. 먼저 대한인국민회 중앙상무부는 직접 「성명서」를 발표하고 이승만의 얄타밀약설 뿐만 아니라 전쟁 후 한국에 대한 어떠한 신탁통치설도 믿을 수 없는 풍문으로 돌리고 한국의 절대 독립만을 위해 분투노력할 것이라 하였다. 해외한족대표단 단장 한시대는 *San Francisco Daily News* 5월 24일자에 이승만의 반소운동을 비판하는 견해를 밝혔고,[59)] 미주한인의 공식입장을 정

56) 『신한민보』, 1945년 5월 17일, 「공동성명서 작성회의 기사」.

57) 『신한민보』, 1945년 5월 31일, 「이박사의 전보」; 『독립』, 1945년 5월 30일, 「사설」, "금후로 우리의 할 일이 무엇인가".

58) 『국민보』, 1945년 6월 13일, 「국제회의와 한인활동의 득실」.

리한 「비망록('Statement of Faith')」을 작성해 6월 2일자로 연합국 주요 외교대표들과 언론사들에게 발송했다.[60]

「비망록」을 발표한 연합회의 의도는 이승만의 얄타밀약설 선전활동이 다수 미주한인들의 민의가 아니라는 점과 이로 인해 나타난 미·영·소·중 등 연합국들과 한인들 간의 감정적인 균열로 손상된 한국광복운동을 정상화시키기 위한 방편에서 나왔다. 재미한족연합위원회의 이름으로 발표된 이 「비망록」에는 카이로선언을 신뢰하고 대서양헌장의 원칙이 이행될 것임을 확신한다고 전제한 뒤 상항회의의 목적을 지지하며, 미·영·소·중의 지도로 한국이 완전한 독립국이 될 것임을 믿으며, 한국 국민은 연합국의 일원으로 태평양전쟁에서 최후 승리를 촉진시키는데 앞장설 것임을 결의하였다. 즉, 연합회의 입장은 한국의 독립과 자유는 어떤 선동이나 비난의 수단으로 이루어지는 것이 아니라 국제적인 의지가 뒷받침 되어야 할 것이며 일본의 패배를 위해 한인들이 최선의 노력을 다할 것이라는 점을 보여주는 것이었다. 이러한 연합회의 노력에 대해 중국·프랑스·영국·소련·캐나다의 상항회의 대표단과, 미 국무부는 감사한다는 회신을 보내 주었다.[61] 또한 「비망록」을 발표한 바로 그 날 해외한족대표단은 미국 국내 언론기자들을 포함하여 각국의 주요 통신기자 20여 명을 초청해 만찬회를 개최하고 한국독립을 위한 동정과 지지를 구하는 노력도 병행했다.[62]

해외한족대표단은 한국지도를 통해 한국을 널리 알리는 선전활동을 전개했다. 한길수와 전경무의 노력으로 상항지역 신문인 *Call and Bulletin*

---

59) 『독립』, 1945년 5월 30일, 「한시대씨 반소비엣트 선전을 공격」.

60) "UKC Statement of Faith", *The New Korea, June* 14, 1945.

61) 『신한민보』, 1945년 6월 21일, 「재미한족연합위원회 성명서에 대한 각국대표회답」.

62) 『신한민보』, 1945년 6월 14일, 「해외한인대표단은 각 통신기자 초대회」.

에 처음으로 한국지도가 게재되었고 그 뒤 5개의 미국 신문으로 확대되어 한국을 알리는데 이용되었다.[63] 반응이 좋다고 판단한 연합회는 8,000장을 더 제작해 미주한인사회의 주요 신문들을 비롯해 상항에 있는 각국 대표들에게 배포하였다. 여기에 호응해 임정대표단도 *San Francisco Chronicle*를 통해 한국지도를 소개하는 선전활동을 전개하였다.

63) 『신한민보』, 1945년 6월 28일, 「재미한족연합회 대표단의 보고」; 『독립』, 1945년 7월 18일, 「상항대회에 관한 한길수씨의 보고」.

제 6 부

미주한인의 해방대비와 재미한족연합위원회의 국내파견활동

제19장

샌프란시스코회의 이후 미주한인의 해방 대비활동

1. 동지회의 해방 대비

샌프란시스코회의('상항회의')를 둘러싼 임정대표단과 해외한족대표단의 활동은 많은 물질과 노력에도 불구하고 외교적 성과를 거두지 못했다. 『독립』 신문사의 사장 겸 총무인 백일규는 이번 두 대표단의 활동에 대해 매우 부정적으로 평가하였다.[1] 그는 이번 상항회의에서 중국 대표가 한국 임정에 대해 한마디도 언급하지 않았음을 지적하고 우리 대표단의 외교운동에 문제점이 적지 않았다고 했다. 또 두 대표단의 공동 「성명서」가 오히려 우리 독립운동에 득보다 실을 주었다고 주장하였으며, 이번에 사용한 막대한 금전을 차라리 해방될 한국의 경제발전을 위해 제공되었으면 더 가치가 있었을 것이라고 주장했다. 이러한 지적은 외교적 성과는 차치 하더라도 해방 이후를 적극적으로 대비해야 할 시점에서 두 대표단의 합동노력이 무산되고 내부 결속을 이루지 못한 것을 강하게 질타한 것이다.

이승만을 중심으로 한 임정대표단은 이번 상항에서의 활동에 대해 솔

1) 『독립』, 1945년 6월 6일, 「상항안전대회의 종횡관」.

직히 성공하지 못했음을 고백하였다.[2] 그리고 두 대표단이 구성되어 상호 경쟁하고 갈등을 빚은 것은 부끄러운 일로 간주하였다. 임정대표단은 한국 임시정부의 대외적 위상이 자신들이 생각한 것 이상으로 매우 미약하다는 것을 깨달았다. 하지만 모든 한인들이 다시금 임정을 봉대하며 임정중심으로 활동해 나가야 한다는 점에 대해선 확고부동했다.

이승만을 지지하는 동지회북미총회는 해방 이후를 대비한 정치활동에 착수했다. 동지회북미총회는 7개 지방대표가 참석한 제1회 동지미포대회(1945. 5. 26~6. 24)를 로스앤젤레스에서 개최하여 회명의 변경과 정강의 제정을 시도했다.[3] 그리하여 동지회북미총회를 대한민주당(大韓民主黨, Korean Nationalist Democratic Party)으로 바꾸고 설립 목적은 정치·외교·군사운동으로 광복운동을 촉진하는데 두었다. 그리고 기존의 3대 정강 외에 다음의 세 정강을 첨부하였다.[4]

1. 본당은 대한민족의 절대독립을 주장함.
2. 본당은 민주주의를 수립하여 이로써 정체를 건설함.
3. 본당은 활민운동으로써 대한 인민의 자유와 생명, 재산을 보장함.

이어서 9개의 정책을 결의하여 해방 이후 독립국가 수립을 위한 구체적인 방향을 제시하였다.

1. 임정이 한국에 들어가 총선거를 실시할 시까지 절대 봉사함.
2. 선거권은 남녀평등으로 함.
3. 국제통상을 장려함.

---

2) 『독립』, 1945년 7월 25일, 「상항대회에 관한 임정대표단의 보고」.
3) 대회 운영은 의장 이살음, 부의장 윤병구, 서기 김진목·송헌영이 하였다.
4) 『북미시보』, 1945년 7월 1일, 「동지회 제1회 미포대표대회 결안」.

4. 왜적의 불법소유는 국유로 몰수하고 사유재산은 종법 처결하기로 주장함.
5. 독립주권을 손상하는 자는 종법 응징하기로 주장함.
6. 의무교육을 전국적으로 실시키로 주장함.
7. 한국 국방을 위하여 의무 군사교련을 실시하기로 주장함.
8. 국제평화를 위하여 한국군병으로 일본을 경찰하기로 주장함.
9. 종교·출판·언론·집회 등 자유를 보장하기로 주장함.[5)]

즉, 해방 이후에도 임정을 절대 봉대하면서 자주적인 근대민족국가를 수립하려고 구상하였다.

이상의 의결과 함께 동지회 하와이총회와 북미총회를 관할하는 중앙위원부를 만들어 동지회의 조직을 강화하기로 하였다. 또 기존의 군사운동금과 독립금은 임정에, 외교운동비는 주미외교위원부에 보내 이들의 활동을 계속 지원하기로 의결하였다.

동지회북미총회에 의해 실시된 제1회 동지미포대회는 해방 이후 독립국가 수립을 위한 국내외의 정치활동을 대비하기 위한 사전 준비의 성격이 강했다. 그런데 동지미포대회는 동지회북미총회 자체의 활동을 대비하기 위한 것이라기보다 상항회의를 통해 부각된 이승만의 향후 정치활동을 보다 효과적으로 지원하기 위한 조치로 볼 수 있다. 즉, 동지회의 특성상 종신 총재로 추대된 이승만을 지원하는데 모든 활동이 집중되어 있었던 만큼 이번 대회 또한 전적으로 이승만의 정치적 입지를 강화해서 해방 이후를 대비하려는 의도가 내포되어 있었던 것이다.

---

5) 『북미시보』, 1945년 7월 1일, 「동지회 제1회 미포대표대회 결안」. 그런데 대한민주당의 결성은 예정대로 추진되지 못했다. 동지회 중앙부와 대부분의 회원들이 이러한 변신에 동의하지 않았기 때문이다.

2. 연합회의 해방 대비

연합회는 일본의 패망이 머지않은 상황에서 해방 후를 대비하기 위한 방안을 모색했다. 그러한 방안은 1945년 5월 연합회 의사부 위원장 김원용에 의해 「재미한족연합위원회 1개년 계획」이라는 문건으로 발표되었다.[6] 이 문건에서 연합회가 설립된 이후 지난 4년 동안 추진해 온 활동의 성과에 대해 연합회는 다음과 같이 정리하고 긍정적으로 평가했다.

> 본 위원회의 사업적 성공을 말하자면 오로지 재미한족이 조국을 위하는 시대적 각오가 절실하여 정신과 물질로 국민된 의무를 완전히 하도록 협조하며 희생하는 무서운 활동으로써 각 사회단체의 지도계급을 편달하고, 각 단체의 영도적 임무에 당하고 대중의 기대를 충분히 부흥하고, 또는 한국에 대한 자기들의 사명을 착실히 하고자 분투한 결과로 된 것임을 기억하는 바이다.

그런데 향후 1개년에 대해 연합회는 재미한족이 40년간의 독립운동을 총결산하고 총동원을 요구하는 중요한 때라 하고 그 이유를 세 가지로 설명했다. 첫째, 구주의 전쟁은 종결되고 연합군이 일본을 토멸하기 위해 전력을 집중하는 이 때에 한국 민족은 왜적을 진멸시키고 완전한 해방을 스스로 이루어내야 할 역사적으로 처음 되는 큰 전투와 승리를 약속하는 1개년이라 했다. 둘째, 해방되는 한국은 비참한 파괴와 죽음과 질병 등 온갖 재난을 당하는 중에 있고 또 당할 것이기 때문에 이 무서운 재난을 구하는 첫 손은 오직 재미한족에 있으며 재미한족은 이런 막중한 책임을 갖고 향후 1개년을 대비해야 할 것이라 했다. 셋째, 해방되는 한국은 경제·정치·군사 등 여러 가지 신건설을 요구하는 때인데 전후 한국을 건

---

6) 『신한민보』, 1945년 5월 24일, 「재미한족연합위원회 1개년 계획」.

설하려는 계획을 늦어도 1개년 안에 그 대강만이라도 수립해야 할 것이라 했다. 이러한 때 재미한족이 생명과 재산을 한 군데로 모아 진실한 희생을 바치지 않으면 한국의 독립 시기는 지연될 것이니 연합회는 비상한 사명과 임무를 갖고 향후 1년을 대비해야 한다고 역설했다.

향후 1개년을 대비해야 할 방도에 대해 연합회는 다섯 가지를 제시하였다.

> 첫째, 해방된 한국의 국가건설을 위해 1백만 달러 이상의 국제신용기금을 마련할 것.
> 둘째, 해방된 한국 국민의 구제를 위해 50만달 이상의 전후한국구제금을 마련할 것,
> 셋째, 미주한인의 독립운동에 관한 선전과 전후건설계획을 준비하기 위해 워싱턴사무소를 확장할 것,
> 넷째, 임시정부를 후원하는 일과 대일전 참전을 위한 특무공작을 협동할 것.
> 다섯째, 연합회의 대내외 활동을 지원하기 위해 연 예산을 6만 달러로 정하고 이를 위해 매 개인이 36달러 이상을 특연할 것.

연합회가 「재미한족연합위원회 1개년 계획」이라는 문건을 통해 해방된 한국의 국가건설을 위해 중요한 책임을 담당해야 할 것이라는 점을 밝힌 것은 연합회의 향후 위상과 역할이 어떠해야 함을 잘 제시해 주었다.

샌프란시스코회의에서 연합회 해외한족대표단의 활동을 보고해 온 이정근은 1945년 6월 연합회의 향후 방향과 과제를 정리하며 자신의 견해를 밝혔다.[7] 그는 이승만이 상항회의에서 얄타밀약설을 제기함으로써 대외적 신망을 스스로 추락시켰다고 보았다. 그로 인해 재미한인단체와 임

7) 『신한민보』, 1945년 6월 21일; 6월 28일, 「국제회의 중 한인활동의 득실」.

정 간을 연결하고 임정을 대표하여 외국과의 친선과 원조를 얻는 일을 담당해야 할 주미외교위원부가 그 직능과 집행능력을 상실하였으며 앞으로도 그것이 회복될 가망성은 불가능하다고 전망했다. 그는 이들 대신할 기관으로 연합회 밖에 없음을 이번 상항회의를 통해 증명해 주었다고 했다. 그래서 연합회가 앞으로 스스로 종속적인 위치에 만족하여 임정을 돕는 것으로 만족하지 말고 미주한인사회와 한국독립운동에 정치적 지도력을 당당히 발휘해야 한다고 주장했다.

이어서 이정근은 연합회가 정치적 지도력을 발휘해야 할 이유를, 세 가지로 설명했다. 첫째, 연합회가 미주한인사회의 각 단체에 의해 조직된 연합기관이란 것이 미국과 중국에 널리 알려진 점, 둘째, 이미 인정된 연합기관인 연합회에 모든 능력자를 규합해 협력하는 것이 보다 효율적이란 점, 셋째, 이번 상항회의에서 연합회는 협동과 타협의 정신을 보여주었고 지도자적 능력의 모습을 연합국에 잘 증명해 준 점 등이라고 하였다. 예컨대 연합회가 「비망록」을 작성해 각국 외교대표들에게 발송한 것은 임정이 위임한 주미외교위원부의 외교활동을 대신한 독자적인 외교수행 능력을 잘 보여준 것으로 평가하였다. 그는 현 시점에서 군사활동의 중심은 원동의 한인이 지도하되 정치활동의 중심은 미주한인이 중심이 되어 지도해야 할 때로 보았다. 따라서 연합회가 이제부터 솔선수범하여 우리 독립운동을 지도해 나가야 하며 이를 위해 미주한인들은 연합회를 중심으로 더욱 후원해 줄 것을 당부하였다.

이상에서 제기된 연합회의 기본 생각에는 대한민국임시정부를 중심으로 모든 독립운동을 추진해야 한다는데 이의가 없었다. 그렇지만 이승만이 주미외교위원부를 계속 장악하고 있고 중경의 임정이 주미외교위원부의 개조노력 없이 맹목적으로 이승만을 계속 지지하는 한 연합회는 심리상으로는 임정을 인정하겠지만 실상은 임정과 분리한 독자행동을 모색하겠다는 생각이었다. 또 해방된 한국의 자주독립국가 건설을 위해 연합회가 일정한 역할과 활동을 추진해 나가겠다는 강한 의도도 갖고 있었다. 연합회의 독자노선의 입장은 그동안 한국독립운동을 총괄하며 지도해 온 중경 임정의 역할을 회의적으로 바라보는 것이었다. 결국 이런 태도는 임정의 존립과 위상에 상당한 타격을 주는 것임과 동시에 전 민족의 역량을 결집시켜 자주독립국가를 건설하려는 우리 민족의 과제를 험난하게 만드는 것이었다.

3. 전후 국내 구제활동의 준비

미주한인사회는 미일전쟁을 계기로 피폐해진 국내 동포들을 대비하기 위해 전후구제활동을 시작해야 한다는 의견이 1945년부터 일기 시작했다. 그러한 여론에 힘입어 먼저 로스앤젤레스에 기반을 둔 연합회 집행부는 3월 3일 회의에서 구제부를 설치하기로 의결하고 구제부장에 황성택을 선임했다.[8] 구제부는 연합회 집행부가 전쟁으로 생활이 힘들어진 국내 동포들을 물질적으로 적극 지원하기 위해 설립한 것으로 앞으로 있을 해방을 실질적으로 대비하기 위한 조직이었다. 일본 패망을 바로 눈앞에 둔 8월 5일 연합회 집행부는 구제부 발기인대회를 열고 11명의 이사들을 선임했다.[9] 본격적으로 국내 동포의 지원활동을 전개하기 위해 구제부의 조직을 확대한 것이다.

하와이에서도 북미와 마찬가지로 대한부인구제회를 중심으로 전쟁 종결 후 국내 동포를 구제해야 한다는 여론이 일어났다. 1945년 3월 10일 각기의 여성단체 대표들이 참석한 가운데 국내 동포 구제를 위한 임시임

8) 홍선표 편, 『재미한족연합위원회 회의록』, 202~203쪽.

9) 같은 책, 204~205쪽.

원을 선정했다. 그런 노력의 결과 하와이 여성들은 4월 8일 전체대회를 개최해 전후한국부인구제연합회를 설립했다.[10] 전후한국부인구제연합회('전후한국구제위원회'이란 이름으로도 부름)의 초대 회장은 동지회측의 대한부인구제회 중앙부장이던 민함라가 선임되었다.

연합회 집행부가 중심이 돼 결성한 구제부와 하와이 내 여성단체들의 자발적인 조직으로 탄생된 전후한국부인구제연합회는 해방 이후 어려움에 처한 국내 동포를 구제하는데 대비할 수 있었다.

10) 『국민보』, 1945년 4월 11일, 「부인대회보고」. 전후한국부인구제연합회는 '전후한국구제위원회'로도 불렀다.

제20장

재미한족연합위원회 한국파견대표단의 결성

1. 한국파견대표단의 결성

연합회는 미일전쟁을 계기로 일본이 패망하리라는 것을 확신했으나 중경 임시정부와의 적극적인 협력을 통해 중국과 미국의 확실한 지원을 이끌어내 한국의 해방을 앞당기고자 중경특파를 계획했다. 1942년 4월 연합회 제1차 전체위원회에서 원동특파원 2명을 선출하기로 결정하고 집행부에서는 김호를, 의사부에서는 전경무를 특파원으로 선임했다. 중경특파원 파견계획은 처음에 이승만의 협조를 기대하고 추진했으나 주미외교위원부 개조문제로 연합회와 이승만 사이에 충돌이 발생하자 무산되었고, 당초 지원을 약속했던 중경의 임정은 분명하지 못한 태도로 차일피일 미루며 시간만 허송하였다. 이것은 연합회가 임시정부를 불신하는 한 요인으로 작용하였다. 1945년에 들어서면서도 연합회의 중경특파문제는 해결되지 못한 과제로 남고 있었다.

이런 가운데 1945년 5월 7일 중경 임정에서 제38차 임시의정원회의에서 광복운동에 관한 중요문제를 해결하기 위해 전체 해외 한인들을 대상으로 독립운동자대표대회를 소집하기로 결의하였다.[1] 독립운동자대표대회는 임정이 중국과 러시아 그리고 미주지역의 한인 대표들을 중경에 모아 새로운 독립운동 조직을 결성하고, 이를 통해 해방 이후 국내에 들어갔을 때 임정 중심의 조직적이고 통일된 활동을 모색하기 위한 것이었다.

독립운동자대표대회 소식은 임정 고문인 소유린을 통해 연합회 집행부에 알려졌다. 집행부는 다시 의사부에 대표파견을 제의하면서 중경특파문제가 재추진되었다.[2] 연합회 의사부는 7월 30일 회의에서 연합회 대표를 3인으로 정하되 2인은 의사부에서, 1인은 집행부에서 선출하도록 하였고, 경비는 워싱턴사무소 경비를 포함하여 6만 달러의 예산으로 하되 하와이가 2/3를, 북미가 1/3을 분담하는 것으로 결정하였다.[3]

이후 연합회 의사부는 집행부와의 협의를 거쳐 북미에서 2인, 하와이에서 3인, 도합 5인으로 파견대표를 확대시키려 했다. 연합회가 특파원의 수를 확대하려 한 것은 임정 중심의 중국지역 한인뿐만 아니라 소련지역에 있는 한인들도 협력의 대상으로 삼고 대대적인 독립운동을 준비하기 위함이었다. 이렇게 해서 사전에 협력 체제를 갖춘 해외 독립운동가들이 해방이 되어 국내로 들어갔을 때 국내 지도자들과 원만한 협력관계를 성사시킬 수 있을 것으로 전망했다.[4] 그렇지만 이러한 준비 도중 일제가 항복함에 따라 연합회의 원대한 계획은 무산되었다.

해방이 되자 연합회는 중경특파계획이 현실성이 없다고 판단하고 해방된 조국 건설에 참가하기 위한 국내파견으로 변경하였다. 세부적인 일은 워싱턴사무소 선전부장 전경무에 의해 추진되었다. 그는 먼저 미국 국무부와 전쟁부에 보낸 8월 15일자 서신에서 해방된 조국의 정치 · 사회 · 경

---

1) 국회도서관 편, 『대한민국임시정부임시의정원문서』, 1974, 546쪽.

2) 『국민보』, 1945년 8월 1일, 「제38차 임시의정원결의안」.

3) 『국민보』, 1945년 8월 1일, 「원동대표파견을 의정」. 이 때 연합회 의사부는 중경특파원으로 김원용과 도진호를 선임했다.

4) 「국민보」, 1945년 8월 22일, 「원동특파와 새 조선」.

제의 회복과 한국의 자치행정을 돕는데 참여할 것과 한국에 주둔할 미군정의 행정사항에 필요한 영어통역을 지원해 한미 간의 협력을 증진하겠다는 뜻을 제안하고 연합회 대표단의 귀국 협조를 공식으로 요청하였다.[5)]

미국 국무부는 9월 14일자 서신에서 연합회 대표단의 귀국 협조요청을 흔쾌히 받아들였다.[6)] 미국정부가 연합회에 대해 이처럼 호의적이었던 것은 미국정부에 늘 협조해 왔던 연합회의 활동 때문이었다. 샌프란시스코회의 개최 당시 이승만 중심의 임정대표단의 경우 얄타밀약설을 제기한 이승만의 노골적인 대미 비판활동에 대해 미국정부는 이승만을 타협할 수 없는 독선적인 인물이자 확실한 반공주의자로 평가하였다. 그 전부터 이승만의 대안으로 신진 한인들에서 찾으려 한 미국정부는 얄타밀약설에 대한 이승만의 강력한 선전활동으로 그에 대한 부정적인 인상이 더욱 각인되었다. 그렇지만 미주한인사회에서 이승만과 필적할 대안 인물을 찾는다는 것이 어려운 상황이어서 미국정부로서도 이승만의 개인적 위상과 정치적 역량을 완전히 무시할 수 없는 형편이었다.

대신 연합회의 경우는 샌프란시스코회의 당시 외교활동을 통해 미국정부의 입장을 두둔하고 순응하는 태도로 일관했다. 이것은 이승만을 비판하고 견제하기 위한 방편에서 더욱 두드러졌지만 연합회 본래 가지고 있던 대미 지원과 협조라는 고유의 성격을 잘 반영하는 것이었다. 연합회는 이승만과 그를 지지하는 동지회와 달리 미국정부로부터 비교적 긍정적인 인식을 심어주었다. 이처럼 연합회가 미국의 입장을 대변하고 협력할 수 있는 세력으로 평가받음으로써 연합회 대표단의 귀국 협조요청에 대해

5) 도1386, Letter from J. Kyuang Dunn to James F. Byrnes, Secretary, Department of State (1945.8.15); 도1391, Letter from J. Kyuang Dunn to John J. McCloy, Assistant Secretary of War Department(1945.8.15).

6) 도1384, Letter from J. Kyuang Dunn to Joseph W. Ballantine(Office of Far Eastern Affairs, Department of State)(1945.9.22).

미국정부는 순순히 허락할 수 있었다.

연합회가 미국정부의 허가와 협조를 받아 해방된 한국에 대표단을 파견하게 된 것은 매우 중요한 의미를 지닌다. 그동안 미국 내 많은 독립운동의 단체들이 있었지만 아무도 미국정부의 인정을 받지 못하였다. 연합회 대표단 보다 먼저 귀국한 이승만도 동지회나 주미외교위원부의 대표가 아닌 개인자격으로 귀국했음을 비교해 보면 확연히 구분된다. 미국정부가 비록 자신들의 필요에 의해서지만 연합회 대표단의 입국을 허가한 것은 연합회를 미주한인 대부분의 총의가 담긴 대표 단체로 인정하는 것임과 동시에 국제상의 한 정치단체로 인정하였음을 대내외적으로 확인시켜주는 것이었다.[7] 이것은 미국 내 연합회의 위상을 크게 제고시켜 주었다.

연합회의 국내 파견준비는 의사부와 집행부에서 각각 진행되었다. 의사부는 국내파견대표로 김원용・도진호・안창호・정두옥・전경무・최두욱・조제언・안정송・박금우 등 9명을 선정하였다.[8] 집행부는 한시대・송종익・김호・김병연・김성락 등 5명을 선정하였다. 10월 24일 선정된 14명은 다음과 같이 재미한족연합위원회 한국파견대표단(이하 '대표단' 또는 '연합회 대표단'으로 약함)을 구성하였다.

---

7) 연합회 대표단의 입국문제는 전경무의 외교적 수완과 노력의 공을 무시할 수 없지만 한편으로 미국의 필요에 따른 것이었음을 인정하지 않을 수 없다.

8) 도1062, Letter from J. Kyuang Dunn to James Osbourn(Visa Division, Department of State)(1945.10.18); 재미한족연합연합위원회 편, 『해방조선』, 1948. 181쪽; 『국민보』, 1945년 9월 5일, 「한국특파원 선거발표」. 원래 선임된 사람은 8월 24일 특별회에서 선정한 김원용・도진호를 비롯하여 안창호・정두옥・전경무・최두욱・조제언・김현구・안정송・조병요・유진석・박금우 등 12명이었는데 최종 선발과정에서 김현구・조병요・유진석이 빠져 9명이 되었다.

단 장 : 한시대
부단장 : 김원용
서 기 : 도진호 · 김병연
재 무 : 송종익 · 최두욱
외교원 : 전경무 · 조제언
대언인 : 김호
사교원 : 정두옥 · 안창호 · 김성락 · 안정송 · 박금우[9)]

대표단의 파견경비는 자비부담과 공공비용을 혼합하기로 했다. 개인 여비는 자비 부담을 원칙으로 하여 선발된 대표들의 자발적인 특연을 통해 충당하게 했고, 귀국 이후 필요한 국내활동의 경비는 4만 달러를 책정해 이를 북미와 하와이에서 반반씩 분담하는 것으로 정했다.[10)] 특별경비를 모금하지 않는 대신 의사부는 기왕에 모금된 군사운동금을 대표단의 경비로 전환하기로 결정하였고,[11)] 집행부는 은행에 예치해 놓은 독립금과 중경여비를 전환해 사용하는 것으로 했다.

연합회 대표단 제1진인 한시대 · 김호 · 전경무 · 송종익 · 김병연 · 김성락 등 6명은 미 육군부에서 제공한 비행기를 타고 1945년 11월 4일 서울에 도착하였다. 이듬해 2월 12일 제2진인 김원용 · 도진호 · 최두욱 · 조제언 · 박금우 · 안정송 · 안창호 · 정두옥 등 8명의 대표단은 호놀룰루에서 미 육군부에 제공한 군용선을 타고 서울에 도착했다.

한국에 도착한 연합회 대표단은 실무 추진을 위한 방편으로 업무를 분

---

9) 『해방조선』, 181쪽.

10) 『국민보』, 1945년 9월 5일, 「한국특파원 선거발표」; 10월 17일, 「물전물벌하라」(정두옥). 이런 자비부담의 원칙 때문에 대표단에 합류하고 싶어도 경제적인 능력이 없는 사람은 참가할 수 없었다.

11) 『국민보』, 1945년 11월 21일, 「군사운동후원금처결」. 그외 의사부는 은행에 예치해 놓은 독립금과 기타 제경비도 국내활동비로 사용한 것으로 보인다.

장했다. 처음 제1진이 도착했을 때는 정치부·경제부·사회부·문화부·조사부 등 5개의 업무로 사무를 분장했다. 그러다 제2진 대표단이 입국한 뒤 정치부와 경제부로 축소시켰다가,[12] 다시 정치부·경제부·문화부로 확정했다. 각 분과의 위원은 다음과 같다.

정치부 : 한시대·김원용·전경무·정두옥·김병연·안정송
경제부 : 조제언·송종익·최두욱·박금우
문화부 : 김호·김성락·안창호·도진호[13]

그러나 이런 업무 분장은 다소 형식적이었고 실제 운영은 이와 상관없이 진행된 것 같다. 연합회 대표단은 서울 종로의 한청빌딩에 사무소를 설치하고 본격적인 국내활동에 착수했다.

2. 한국파견대표단의 활동방향

연합회 대표단은 한국으로 떠나기 직전인 1945년 10월 27일 자체 모임을 갖고 대표단의 사명을 세 가지로 정했다. 첫째, 일제 치하에서 참혹한 화(禍)를 받았고 해방 직후 언어와 습관이 다른 연합국의 군정을 받고 있는 국내동포들을 위문할 것, 둘째, 국내에서 과도정권이 수립되는 때에 미주한인을 대표하여 협력할 것, 셋째, 국내정세를 살펴 정치운동에 협력하되 건설 전선으로 확립하고 조금이라도 탈선하지 말 것 등이었다.[14] 이

12) 『신한민보』, 1946년 3월 21일, 「대표단의 분파공작」.
13) 『신한민보』, 1946년 4월 11일, 「대표단의 분파공작」.
14) 『신한민보』, 1946년 12월 5일, 「재미한족연합위원회 대표단의 보고」; 『해방조선』, 181~182쪽.

것은 아직까지 국내 상황을 전혀 경험하지 못한데서 나온 추상적인 활동 방향이었다고 할 수 있다. 그리고 체류기간은 1년으로 정했다.

귀국 직후 연합회 대표단은 언론을 상대로 미주한인들이 한국의 독립을 보장하기 위해 기울였던 노력과 성과에 대해 설명했다.[15] 당시 국내 민중들은 포츠담선언으로 우리의 자주독립이 보장되었다고 들었지만 어떠한 경위와 곡절을 거처 되었는지 궁금해 하고 있었다. 연합회 대표단의 외교원 전경무는 과거 미주한인 공동대표였던 정한경・유일한과 함께 태평양국제대회(International of Pacific Relation, IPR: 1945년 1월 5일 버지니아주 핫 스프링스에서 개최)에 참관해 카이로선언에 나타난 “in due course” 문제를 거론한 결과 해방 된 한국은 6개월 안에 반드시 독립국이 되도록 결의했다는 것을 설명했다.[16] 이같은 전경무의 설명은 국내 언론과 민중으로 하여금 연합회 대표단의 국내활동에 대한 기대를 불러일으켰다.

연합회 대표단은 1945년 11월 13일 자유신문사에서 가진 좌담회에서 재미한족연합위원회의 성격과 국내 정치상황에 대한 나름의 견해를 밝혔다.[17] 즉, 연합회는 조국 독립을 위해 만든 미주한인 단체의 통합체이며 비록 이승만을 지지하는 동지회가 탈퇴했으나 미 국무성과 긴밀한 관계를 갖고 있다고 했다. 연합회 대표단은 해외에서 귀국한 한인들에 대해 국내 인사들이 지나치게 기대하고 의존하는 경향에 우려를 표명했다. 미군정청에 대해선 조선 사정에 어두워 너무 기대할 필요는 없으나 우선 협력하는 것이 순서라고 했다. 38선의 문제는 미・소의 정부만이 해결할 수

---

15) 『자유신문』, 1945년 11월 11일, 「범태평양회의 참석 전경무, 조선독립 보장되었다고 언명」

16) 이러한 활동의 성과에 대해선 『국민보』 1945년 1월 31일, 「태평양국제대회의 성과와 우리 중에 된 일」 참조.

17) 최영희, 『격동의 해방3년』, 한림대학교 아시아문화연구소, 1996, 90쪽.

있으며 친일파는 당장 처단이 어렵겠지만 건국사업에 제외되는 것은 당연하며, 초당파적 · 초이념적 단결로 우리의 정당한 요구를 주장해야 할 것이라 역설했다.

미국정부와 밀접한 관계를 맺고 있고 미국정부의 전폭적인 지원을 받아 귀국한 연합회 대표단에 대해 미 군정청은 크게 환영하였다. 주한미주둔군 사령관 하지는 연합회 대표단에 대해 군정청의 사무를 맡아 미군정의 활동을 도와줄 것을 제의했다.[18]그러나 대표단은 군정청의 월급을 받는 직원은 될 수 없고 재미동포들이 원하는 것과 새로운 국가건설을 위해 능력과 성의를 다해 돕고 싶다 하여 제의를 사양했다.[19] 그러자 하지는 김호 · 전경무 등 4명을 초청하여 연합회 대표단이 국내의 정세와 내부사정을 자세히 조사해서 보고해 줄 것을 요청했다.

연합회 대표단은 하지의 요청에 따라 도착 직후부터 국내의 정치 · 경제 · 문화 · 교통 등 과도기에 처해 있는 국내 상황을 상세히 조사하였다. 조사 목적은 미군정의 시책과 한국의 독립을 촉성하고 공헌하는데 초점을 두었다. 대표단은 각 정당과 각 방면에서 장래의 계획과 의견들을 수집하였고 중경 임정 각원들과도 수차에 걸친 회합을 통해 의견을 청취하였다. 조사 결과는 1945년 12월 21일 정치 · 경제 · 사회 · 군정 등 4방면을 정리한 「조선의 자주독립 촉성」이라는 건의안으로 작성되어 미 군정청에 제출되었다.[20]

---

18) 이 때 하지는 대표단 단원의 경력을 물어보고는 김호 · 송종익 · 한시대는 농예국에, 김병연 · 김성락 · 전경무는 정보국에 각각 사무 책임을 맡아달라고 부탁했다.(『신한민보』, 1946년 10월 17일, 「재경대표단장 한시대씨의 대표단 경과보고」)

19) 위와 같음.

20) 『자유신문』 1945년 12월 21일, 「재미한족연합회, 군정청에 당면문제에 대한 건의안 제출」.

건의안은 귀국한 지 약 한 달 반 동안 각 방면에 대한 직·간접의 조사를 통해 작성된 것으로 연합회 대표단의 시국인식과 민족문제에 대한 분명한 입장을 보여준 점에서 의미 있는 결과물이었다. 국내의 각 언론들은 미 군정청의 요청에 의해 작성된 이번 건의안이 금후 군정청의 시책과 조선 독립을 촉성하는데 다대한 공헌을 할 것으로 평가하고 특별히 주목하였다.

작성된 건의안의 내용은 다음과 같다.

[정치]

군정에 협조하는 동시에 정치, 경제, 사회적 광복과 발전을 향상시키며 조선정부를 수립하기 위하여서는 모든 정치단체의 급속합동을 인정한다. 그러므로 한국임시정부로 하여금 즉시 각 정당과 단체 수령을 회합케 하여 급속 합동의 실현에 착수케 하기를 제의한다.

[경제]

1) 물자겹핍과 통화팽창, 일본통치 하에 계획경제의 착취를 당한 조선의 생활필수품은 그 수요의 전수(全數)를 일본에 의존해 왔고 또 일본의 통치 방식으로 한국 내의 생산은 제한을 받고 과거 10년간에 근소의 공장이 조선에 설립되었으나 이것은 일인 군수품 제조를 위한 것이었다. 그리고 과거 40년간 국민의 수요품은 제조가 거의 정지되었으며 일본 항복 후에는 생활 필수물자는 전연 입하되지 않았다. 방금 한국에 있는 물품은 전부가 일군(日軍) 혹은 일상인(日商人)의 소유품인데 이것은 목하 미 군정 적산관리 하에 있으므로 생활 필수물자의 결핍은 일익(日益) 심각화 하는 현상에 있다. 이것은 즉시 통화팽창을 조장하는 결과를 초래하여 일반의 생활을 극도로 위협하고 있는데, 이에 대처하는 경제회복과 안정책으로서는 재고품을 정당히 처분하는 동시에 국내생필품의 생산증강을 위하여 현유(現有) 공장을 개편할 필요가 있다. 이 실행방법으로서 다음의 몇 항목을 제의한다.

(가) 물품의 처분

(1) 주요물품의 수량과 소재지 일람표를 작성하여 최고판매가격을 제정할 것.

(2) 물품분배는 관리과, 영단 혹은 신용있는 상인을 통하여 지정가격에 의하여 배급할 것.

(3) 개인 수요량을 작정하여 2항에 의한 배급을 하되 위반자는 처벌할 것.

(나) 공장의 개편

(1) 기계시설, 작업생산능력, 생산종별 등의 공장 실정을 조사

(2) 작업상 필요한 기계부분품 및 기술과 원료품의 수입

2) 취직: 8·15 이후 금보증이 없는 일본 지폐의 남발로 실업이 증가하는 일방 유한한 물품을 가지고 천정 모를 물가폭등으로 인하여 일반 생활은 큰 위기에 당면하고 있다. 이 실업의 구제대책으로서는 인구의 8할을 점하는 농촌에 복귀하게 하며 직공은 속히 공장으로 돌아가 작업에 종사케 할 것. 이 복직대책으로서는 정치수령과 각 정당 협조아래 농촌을 시찰하여 선전계몽기관을 설치하고 래춘파종(來春播種)을 준비케 하여 실업군 복귀 권유에 노력하며 노변행상을 엄봉(嚴封)하는 동시에 38도 이남의 전 공장을 일제히 재개하여 조업 개시하게 할 것.

3) 일본재산의 차압

(1) 일본인소유 상점과 공장은 어떤 개인이나 단체에 매각치 않게 하며 일인 재산은 국제협의에 의하여 한국정부에서 정당한 교섭이나 배상으로 해결케 할 것.

(2) 한국경제회복에 필요한 재산은 군정관리 하에 적당한 운영자격자에 합법적 대상으로 맡길 것.

4) 정당한 비용 이외의 이윤은 군정청이 보관하였다가 한국정부에 인계할 것.

5) 이상 제의가 채택되면 군정부는 이를 공포할 것.

[사회]

(가) 공중위생: 노변음식점의 폐지, 소제차의 증설, 진준(塵埃)철거, 약품의 료기기의 수입을 급속히 실시하여 공중위생을 보지할 것.

(나) 구제: 재미한인구제회에서 회수한 고의류(古依類)를 즉시 한국에 운반하여 구제에 충당케 할 것.

(다) 교통: 버스와 전차의 대수를 증가하여 교통난을 완화할 것.

(라) 통신: 적어도 한국과 미국, 중국 간의 국제우편과 국내의 한국우정의 원활화를 기할 것.

[군정]

미군정부는 현재의 고문 개선과 군정부 직원의 현 급료를 물가 비례로 출급(出給)하도록 개량할 것. 그리고 군정부의 지위와 좌기 조목의 관계를 명시하기를 제의한다.

一. 한국임시정부의 조직

一. 국내안전대책

一. 농지문제 해결방책

一. 노동문제 해결방책[21)]

이상을 정리해 보면 먼저 정치면의 주요 요지는 국내 각 정당과 각 단체들은 미 군정청에 협조하고 모든 정치단체들은 급속히 합동하되, 임정을 중심으로 조속히 합동해야 할 것이라 했다. 경제면에서는 물자결핍과 통화팽창, 그리고 실업 등으로 경제난이 심각한 상태이며 이를 위해 현 공장의 상태를 개선하고 일본이 남겨놓은 적산을 빠짐없이 미 군정청이 관리해서 경제발전에 사용되도록 할 것이라 하였다. 사회면에서는 공중위생・구제・교통・통신 등이 원활히 추진되도록 할 것이며 이 가운데

21) 『자유신문』, 1945년 12월 21일, 「재미한족연합회, 군정청에 당면 문제에 대한 건의안 제출」.

재미한인구제회에서 모집한 중고 의류를 즉시 한국에 운반하여 구제에 충당할 것을 요청했다. 마지막으로 군정문제에 대해선 자질시비가 많은 고문관 제도를 개선할 것과 군정부의 급료를 물가 비례에 맞게 현실화 해 줄 것을 요구했다. 향후 미 군정청의 활동방향에 대해선 한국 임정의 조직, 국내 안정, 농지문제 및 노동문제 등의 해결방책에 있다고 했다.

연합회 대표단의 조사활동은 국내문제를 객관적으로 이해하고 분석하는데 적지 않은 도움을 주었을 것으로 생각된다. 어느 한편에 치우치지 않은 중간적인 입장에 서서 견해가 다른 각 단체나 정파들의 다양한 의견들을 청취하고 정리하는 것은 오랜 세월 조국을 떠나 해외에서만 살아왔던 연합회 대표단에게 복잡한 국내정세에 대한 안목을 발전시킬 수 있는 좋은 계기였다. 이러한 조사 분석의 결과물은 이후 1948년 11월 연합회의 이름으로 『해방조선』이란 책으로 발간되었다.

국내 사정을 어느 정도 파악한 연합회 대표단은 1946년 1월 1일 시국입장을 발표하여 대표단의 활동방침을 대내외에 천명하였다. 미주한인 13개 단체를 대표한 연합회 대표단은 미주한인들의 총의를 받들어 국내에 있는 모든 혁명집단과 민중지도자들과 협조하여 독립완성의 대업을 위해 공동 분투할 것이며, 이를 위해 어느 1당 1파에 치우침 없이 널리 조사, 검토하여 민족진영의 활로를 촉구하며 건국의 기초를 확립하는데 매진할 것이라 하였다. 그리고 국내에 입국한 임시정부에 대해선 변함없이 지지할 것이며 임정이 신중하고 치우침이 없이 민중의 동향을 지도한다면 과도정권을 수립하는 중요한 사명을 수립할 수 있을 것으로 기대했다. 국내 좌우이념의 대립에 대해 대표단은 매우 심각하게 받아들였으나 당면한 대강의 내용을 들여다보면 좌우의 정치적·경제적 주장에 별 차이가 없었다고 했다. 따라서 공동의 목표를 위해 좌우가 총역량을 결집하는 것이 진정한 지도자의 사명이라 했다. 경제면에서 대표단은 민중생활의 향상이 정치의 기초가 되어야 함을 역설하고 특권계급의 발생을 저

지하고 전국적인 산업협의기관을 설립하여 빈곤상태를 극복해 나가야 할 것이라 했다.[22)]

연합회 대표단이 내건 국내활동의 방향을 보면 특정의 정당이나 정파에 치우치지 않고 중간적인 입장에 서서 좌우 협력을 통해 민생경제를 살리고 자주적인 통일독립국가를 수립하는 기반을 마련하는데 있었다. 연합회 대표단의 김호가 약 8개월 간 국내활동을 하면서 느낀 소감을 적어 국민회 회원들에게 보낸 글을 보면, 오늘날까지 각 정당과 사회단체가 우리 대표단을 자기편으로 끌어들이고자 했으나 모두 거절하고 중립을 취했다고 했다.[23)] 이 때 그가 말한 중립이란 아무 생각과 활동 방향이 없는 그런 것이 아니라 극좌나 극우를 피한 중간노선이었다.

연합회는 미국에 있을 때와 달리 귀국 직후에는 중경 임정에 대한 기대를 걸고 있었다. 임정 요인들이 환국하자 한국 민중들은 임정에 대해 절대적인 지지를 보냈는데 아마 이런 모습을 본 연합회는 기존의 임정 무시의 태도에서 벗어나 좌우 세력을 통합하고 민심을 대변하는 구심점의 역할을 임정이라면 가능할 것으로 전망했다. 대표단은 중간적인 입장에서서 좌우의 협력을 도출하려 했음에도 불구하고 처음부터 반공적인 자세를 갖고 있었다. 그렇다고 대표단은 극우의 입장을 동조하는 것도 아니었다. 연합회 대표단이 중경 임정의 역할에 기대한 것은 극좌나 극우를 배제하면서 좌우를 아우르는 세력 통합의 가능성을 본 때문이었지 임정 법통론에 입각한 자세는 아니었다. 만약 중경 임정을 통한 세력 통합의 기대가 무너진다면 중경 임정에 대한 신뢰도 무너져 연합회 대표단은 언제라도 원래의 모습, 즉 임정 무시의 태도로 되돌아갈 수 있었다.

신탁문제에 대해 연합회 대표단은 매우 신중하였지만 받아들이는 입장

---

22) 『신한민보』, 1946년 2월 28일, 「대표단이 발표한 우리 주장」.

23) 『신한민보』, 1946년 8월 1일, 「국민회원 여러분에게 올리나이다」.

이었다. 미국 국무부 극동국장 빈센트(Carter Vincent)가 한국의 신탁통치를 거론한 후[24] 국내 정계는 신탁문제를 예의 주시하고 있는 마당에 1945년 12월 27일 모스크바삼상회의를 통해 의결된 한국의 신탁과 임정 수립 등을 포함한 4개항의 결정서가 『동아일보』를 통해 알려졌다. 이로써 신탁을 둘러싼 정쟁과 혼란은 국내를 뒤 덮기 시작했다. 이럴 때 연합회 대표단의 전경무는 다음과 같이 밝혔다.

> 지난 7월 전쟁이 끝나기 전 미국의 외교문제 특히 신탁문제의 권위자로 극동부장 존 카터 빈센트씨가 조선에 만일 신탁통치를 실시하면 어떻게 되느냐는 것을 나에게 물을 때에 나는 3천만을 대표한 것은 아니나 절대 반대한다는 것을 주장한 일이 있다.
>
> 그리고 그 후 9월 전쟁이 끝난 후 9월 프랑스에서 또 10월 뉴욕에서 정치외교문제중 조선에 관해서 강연한 것이 있는데 조선이 일본으로부터 해방은 된다 하더라도 곧 그 독립된 정부를 수립할 수 없는 것이므로 한동안 신탁통치를 실시하되 그 기간은 우리로서는 전연 알 수 없다고 말한 것을

---

24) 미국무부 극동국장 빈센트의 신탁통치 발언은 다음과 같다.
"조선에 있어서 우리의 정치문제는 용이한 것이라 할 수 없다. 조선은 일본으로부터 분리되어 세계 자주독립 국가군의 일원이 되었다. 그러나 다년간 일본의 질곡(桎梏)하에 있던 조선으로서는 곧 정치적 능력을 가졌다고 볼 수는 없다. 그러기 때문에 우리는 일정기간의 신탁통치를 주장한다. 그 기간 중에 조선은 자치능력을 양성 준비할 것이다. 그 기간이 얼마가 적당한 가는 말할 수 없다. 그러나 그 기간은 짧으면 짧을수록 좋다 할 수 있다. 38도선으로 조선이 양단 점령된 것은 군사적 목적에 의한 것이다. 이것은 분명히 조선통치의 견지에서 만족할 수 없는 일이다. 우리는 북부조선을 점령하고 있는 소련군과 신탁통치가 실현되기 전까지에 일어나는 모든 행정적 문제를 이해와 협조로 해결해야 할 것이다. 그 조선의 신탁통치는 연합국이 원칙적으로 기뻐서 참가할 것으로 믿는다." (『자유신문』 1945년 12월 29일, 「미국무성 극동부장 빈센트, 조선탁치에 관해 연설」)

> 나는 기억하고 있다.
>
> 하여간 4개국 간에 신탁통치의 위원회를 조직하고 모든 행정을 조선인에게 주기는 주되 이 위원회에서 지정된 일국이 이를 주관하게 될 것이다. 그러므로 그 기간을 최고 5개년 간이라고는 했지만 그 안에 우리가 행정에 대한 모든 실권을 잘 운영해 간다면 그 이내에 신탁통치는 단축될 것이라고 믿는다.[25]

즉, 일본의 패망과 동시에 곧바로 독립된 정부를 수립할 수 없는 것이므로 한동안 신탁통치는 불가피하며 가능한 계획한 5년보다 우리 민족의 활동 여하에 따라 그 기간을 단축시켰으면 좋겠다는 견해였다.

전경무의 견해는 신탁통치에 대한 연합회 대표단의 공식 의견으로 간주될 수 있다. 이것은 미국정부의 신탁통치 방침을 수용하되 가능한 그 기간을 단축시키자는 현실론적인 태도였다.

---

25) 『자유신문』, 1945년 12월 29일, 「재미한족연합위원회대표 전경무, 탁치전망에 대해 언급」

제21장

한국파견대표단의 국내활동

1. 중간세력의 통합운동과 통일정부수립운동

연합회 대표단은 귀국 직후 하지와의 면담에서 국내의 모든 활동은 자유롭게 하되 다만 당파만은 조직하지 말아달라는 당부를 받았다.[1] 연합회 대표단 또한 이와 같은 생각이었다. 때문에 처음부터 어느 정파나 특정 정당에 치우치지 않고 좌우의 지도자를 두루 만나 교섭하는데 주력했다.

그렇지만 연합회 대표단은 중경 임정에 대해서는 민족의 역량을 결집시킬 수 있을 것으로 판단하고 일개의 정당·단체와 달리 보았다. 이로 인해 연합회 대표단은 1946년 1월 10일 한국민주당이 주최하는 국민대회는 불참했으나 중경 임정이 1월 20일 과도정권수립을 위해 각계 정당·단체의 대표 21명을 소집한 비상정치회의주비회에는 한시대를 대표로 참가시켰다.[2]

1) 『신한민보』, 1946년 4월 18일, 「대표단 중 하와이 대표의 보고」.

2) 중경 임시정부로부터 소집 통보를 받은 정당 및 단체는 21개였으나 실제로 18개의 단체 대표만 참석했다. 소집에 불응한 단체는 조선공산당과 여운형이 이끄는 조선인민당, 중국 연안에서 귀국 과정에 있었던 조선독립동맹 등

비상정치회의는 중경 임정이 반탁운동과 임정법통론에 입각하여 과도정부 수립을 위한 대의체(代議體) 건설을 통해 임정의 위상과 세력을 확대할 방안에서 추진되었다.[3] 연합회 대표단은 비상정치회의가 향후 좌우 세력을 대표하여 민주주의정부를 조직하기 위한 임시국회와 같은 역할을 할 것으로 기대했다. 한시대는 비상정치회의주비회 부회장에 선출되어 주비회 회장 안재홍 등 임원들과 함께 조직 조례 제정을 위한 기초위원 선출과 2월 1일 비상국민회의에 참가할 61개 단체를 선정·발표하는데 참여했다. 2월 2일 비상국민회의에서 일할 각 부문별 위원 103명이 선정되었는데, 연합회 대표단에서는 김호가 외무위원, 송종익은 재정위원, 한시대는 산업경제위원, 김병연은 예산위원에 각각 선임되었다.[4]

그러나 비상국민회의는 이승만과 독립촉성중앙협의회가 참여하기로 결정하면서부터 내부 이탈이 일기 시작했다. 1946년 1월 23일 비상정치회의주비회 제4차 회의에서는 이승만과 독립촉성중앙협의회의 합류를 결정하고 '비상정치회의'를 '비상국민회의'로 변경하기로 결의했다. 이승만과 독립촉성중앙협의회의 합류가 결정되자 같은 날 조선해방동맹과 조선혁명당이 탈퇴를 선언하였고 그 다음날 무정부주의자총연맹의 유림(柳林) 탈퇴 선언을 했다. 탈퇴의 명분은 독립촉성중앙협의회가 비상정치회의를 수중에 넣으려 한다는 것과 조선공산당과 인민당을 참여시키지 못한 것을 이유로 삼았다. 탈퇴한 이들 세 단체는 모두 중도좌파 계열이었다. 이와 동시에 중경 임정 내부에서 진보세력임을 자처하던 김원봉·성주식·김성숙 등이 이승만의 참여에 반발하면서 좌익의 참여 없이 정치적 통일은 불가능하다는 이유를 들어 주비회에서 탈퇴했다. 임정의 확대강화를

3개 단체였다. 따라서 중경 임정은 비상정치회의주비회를 개최하면서 정국의 주도능력을 과시할 수 있었다.

3) 도진순, 『한국민족주의와 남북관계』, 서울대출판부, 1998, 63~64쪽.

4) 『조선일보』, 1946년 2월 4일, 「법제위원을 선임」.

위해 추진한 비상국민회의가 임정의 우경화와 세력의 축소를 초래했다.

이런 가운데 1946년 2월 1일 명동성당에서 167명의 인사가 참가한 가운데 비상국민회의를 결성하였다. 그러나 임정법통론의 일환으로 결성된 비상국민회의는 결성 직전부터 좌익계의 불참으로 우익집단으로 전락한데다 미군정 당국의 거부에 직면하였다. 2월 13일 비상국민회의에서 28명의 최고정무위원들을 임명하자 그 다음날 미 군정청은 이들을 '남조선대한국민대표민주의원'(이하 '민주의원')으로 임명해 미 군정청의 자문행정기관으로 전환시켰다.[5] 비상국민회의가 탄생과 동시에 사실상 소멸하게 된 것이다. 이것은 중경 임정에서 구상한 임정법통론의 무산은 물론이고 임정의 존재 의의마저 축소시키는 것을 의미하였다. 민주의원은 임정 내부의 반발에 불구하고 1946년 2월 14일 결성식을 거행하고 출범했다.

미 군정청은 민주의원을 통해 향후 있을 미소공동위원회와 남한의 정치정세를 풀어나가고자 했다. 그러나 민주의원에 대한 정치계와 일반의 시각은 대체로 부정적이었다. 즉, 좌익의 경우 비상국민회의의 사생아로 비난했고 김구와 임정측은 민주의원의 성립 자체에 불만을 표시했다. 다만 이승만과 한국민주당만은 현실을 받아들이고 향후 임시정부 수립을 위한 방편으로 생각했다. 일반 여론의 경우는 민주의원의 성립을 미군정 주도의 남한과도정권 수립을 위한 정계 통합의 한 수단으로 간주한 반면, 남북 통합을 통한 통일정부의 수립 면에서 볼 때는 부정적으로 평가했다. 이러한 기우는 북한의 대응에서 잘 드러났다. 북한은 남한의 민주의원을 남한단독정부 수립의 전 단계로 파악하고 이에 맞서 북조선임시인민위원회를 결성해 맞대응하였다.[6]

중도 좌파계의 탈퇴 선언으로 중경 임정의 비상국민회의가 우익 중심

---

5) 이러한 요인을 이승만과 미군정청의 정치고문이자 이승만의 로비스트로 활동한 굳펠로우 간의 공작 결과로 보고 있다.(도진순, 앞의 책, 67~68쪽 참조)

6) 안재홍, 「민정장관을 사임하고」, 『신천지』 7월호, 1948.

으로 축소되고 더구나 민주의원으로 전락되는 것은 연합회 대표단이 바라던 바가 아니었다. 연합회 대표단이 중경 임정을 지지했던 것은 각계각층의 인사들을 통합할 수 있는 구심점 역할 때문이었다. 이제 그 가능성이 사라짐으로써 중경 임정에 대한 기대는 실망으로 전락하였다. 연합회 대표단의 김호는 김항규 · 박치호 · 배성룡 · 이극로 · 윤덕병 등 27명[7]과 함께 1월 31일 '통일정권촉성회'를 결성하고 성명을 발표했다. 성명서의 요지는 다음과 같다.

> 우리는 통일을 부르짖은 지 벌써 반년이 되었으나 통일의 각도는 점점 멀어지고 말았다. 그래서 이에 실망한 민중들의 발붙일 길은 오직 자폭과 타락뿐이요, 그 결과로는 생산기능의 전면적 마비, 각종 파렴치죄(破廉恥罪)의 속출, 폭리배(暴利輩)들의 횡행, 빈번한 비문화적 폭력의 발로 등 현상이 전면화하여 우리 사회는 사회의 기능을 거의 상실하고 말았다. 이것은 긴급대책을 당면한 초미의 급무인 것과 동시에 우리 국가건설의 모체가 될 모든 요소의 파괴를 의미하는 것이다. 이 이상 통일을 천연(遷延)하는 것은 민족의 멸망을 자초하는 것이다. 우리는 여기서 국민의 일원으로서 통절히 느끼는 바 있어서 통일정권촉성회(統一政權促成會)를 조직하여 동감의 애국 열사들의 궐기를 갈망하는 바이다.[8]

---

7) 27명의 명단은 다음과 같다.
김항규(金恒圭) · 김용기(金容基) · 정도영(鄭道永) · 정낙윤(鄭樂倫)
이경석(李景錫) · 박치호(朴治鎬) · 이우식(李祐植) · 이병일(李秉一)
박현욱(朴玄煜) · 김병룡(金秉龍) · 윤덕병(尹德炳) · 유석현(劉錫鉉)
권오익(權五翼) · 김관제(金觀濟) · 권태경(權泰景) · 이극로(李克魯)
정순갑(鄭淳甲) · 김 호(金 乎) · 이형우(李亨雨) · 이시목(李時穆)
민병두(閔丙斗) · 배성룡(裵成龍) · 기수영(李遂榮) · 김성서(金成瑞)
송의국(宋義國) · 정열모(鄭烈模) · 김연진(金淵鎭)

8) 『서울신문』, 1946년 2월 1일 「통일정권촉성회 결성」.

요컨대 좌우의 이념을 초월해 조속히 통일된 정치세력을 만들어서 기존의 정치세력은 즉시 해산하자는 것이었다.

이후 연합회 대표단은 마지막까지 임정의 권위를 인정하여 임정 명의로 남북통일을 추진할 계획을 임정측에 제시했다. 그러나 답신을 받지 못했다고 한 것으로 보아[9] 비상국민회의와의 결별 이후 임정과의 관계도 단절한 것으로 보인다. 연합회 대표단은 1946년 4월 11일 창덕궁 인정전에서 미 군정청과 정당 등 각계 인사 300명이 참석한 가운데 대한민국임시정부 제27주년 입헌기념식을 개최할 때 한시대가 대표로 참석하여 축사한 뒤부터 사실상 임정과 결별하였다.[10]

임정 중심의 통합운동이 무산되고 민주의원이 수립되면서 통일정부 수립이라는 민족적 과제는 점차 힘들어 갔다. 모스크바삼상회의의 결실로 마침내 1946년 3월 미소공동위원회(1946. 3. 20~5. 6)가 개최되었으나 한국임시정부 구성을 위한 협의대상의 문제로 그 전망은 밝지 못했다.[11] 그리고 미소공동위원회가 열리고 있던 1946년 4월부터 미 군정청을 중심으로 반소(反蘇)의 남한단독정부수립론이 대두하여 국내 각계로부터 커다란 공분을 불러 일으켰고 여기에 이승만과 한국민주당까지 남한단정론에 편승함으로써 정국은 더욱 복잡하기 시작했다.[12] 특히 4월 6일자 AP통신에 의해 보도된 미 군정청의 남한단정론 소식에 대해 연합회 대표단의 재무

9) 『신한민보』, 1946년 6월 20일, 「김성락 박사의 고국사정 진술」.

10) 『조선일보』, 1946년 4월 10일, 「제27회 대한민국임시입헌기념식 거행」.

11) 소련측 대표는 반탁행위를 들어 민주의원의 미소공위의 참여를 반대했고 대신 남북 양 지역에 광범위하게 존재하고 있던 좌익세력인 인민위원회의 참여를 강조해 미군측 대표와 대립했다. (커밍스, 김주환 옮김, 『한국전쟁의 기원』 하, 청사, 1986, 61쪽)

12) 『동아일보』 1946년 4월 7일, 「남부 조선에 단정수립설」; 1946년 4월 10일~12일, 「정치 농간에 인질된 조선」.

위원이던 송종익은,

> 어떠한 경위를 밟고 온 뉴스인지 몰라도 참말 같지 않다. 군정청에서 이에 대한 답변이 있을 줄 안다. 그러나 이것이 만일 사실이라면 근본문제로 들어가 고 루즈벨트, 장개석, 처칠 3씨의 카이로협정의 위약이 되고 만다. 그러므로 우리는 조선의 신정부 수립은 삼상회의에서 결정된 한계 내에서 정하여지기를 바라마지 않는다.[13)]

하여 남한단정설을 일축했다.

남한단정설이 유포되는 가운데 연합회 대표단이 추진해야 할 시급한 과제는 통일정부수립이라는 민족적 과제에 더욱 진력하는 일이었다. 이를 위해 대표단은 좌우를 통합할 중간세력을 규합하되 극좌 편향을 제외한 현실적인 좌익 이념을 일관한 진보적 우익을 양성해 가기로 했다.[14)] 이러한 노력의 배경에는 제1차 미소공동위원회가 결렬된 1946년 5월 말부터 미 군정청의 지지 속에 추진하던 김규식과 여운형의 좌우합작운동을 성공시키기 위한 의도도 포함되어 있었다.

연합회 대표단은 통일정부수립을 위한 방안으로 좌우를 통합할 중간세력의 규합에 직접 나섰다. 먼저 1946년 4월 연합회 대표단의 한시대·김호·전경무는 중경에 있던 신한민주당의 홍진(洪震)·김붕준(金朋濬)·유동열(柳東說)과, 만주에 있던 조선혁명당의 김돈(金墩), 그리고 신한민족당 내의 합동반대파인 김희섭(金喜燮)·박근실(朴根實)·김령(金嶺) 등과 협의하여 중간 세력의 결성을 모색했다.[15)] 신한민주당은 중경 임시정부의

13) 『서울신문』 1947년 4월 7일, 「각 정당·사회단체, 단정수립설에 대해 견해 표명」.

14) 『신한민보』, 1947년 7월 11일, 「국내 5당의 합동진보」.

15) 『서울신문』, 1946년 4월 17일, 「신한민주당·조선혁명당·재미한족연합위

야당으로 홍사단원동위원부 출신이 주축인 중도우익의 정당이었고, 조선혁명당은 남만주에 기반을 둔 민족운동세력으로 중도좌익의 정당이었다. 신한민족당의 합동반대파는 1946년 4월 초 한국독립당·국민당·한국민주당 간의 4당 합동 시도와 4월 18일 한국독립당·국민당과의 3당 합동 시도 때 반대했던 중도 성향의 인물들이었다. 따라서 연합회 대표단이 이들 세력들과 규합을 시도하는 것은 중간 세력의 결집을 의미는 것이었다.

1946년 6월 12일 연합회 대표단 한시대·김호·김원용은 연합회 사무실에서 신한민주당(김붕준·김진성·신영삼)·조선혁명당(김진호·김재덕·최경)·신한민족당(김려식·손공인·이용)·청우당(송중곤)·무소속(정병조)의 대표들과 합동교섭위원회를 구성하고 중간 세력을 통합하기 위한 준비에 착수했다.[16] 합당교섭위원회는 뒤이어 삼우구락부와 국민당이 합류해 8당으로 확대되었고 정강·정책·재정의 3개 분과위원회의 조직과 정강·정책의 초안을 토대로 9월 15일 통합대회를 거행하기로 결의했다.

마침내 9월 15일 천도교 청우당에서 약 1,000여 명의 당원과 추가로 국민당과 삼우구락부의 대표가 참가한 가운데 통합대회가 개최되었다.[17] 연합회 대표단의 김원용이 사회를 보았고 김호가 의장으로 선출되었는데 이는 연합회 대표단이 처음부터 중간 세력의 통합대회를 주도한 때문이었다. 통합대회에 참석한 김규식은 축사에서 "분열로만 걸어 온 오늘의 정계에 있어 경하로운 일이며 나아가서는 민족 통일에 큰 공헌이 있기를 바란다"는 요지로 이번 통합대회를 치하했다. 통합 정당의 명칭은 신진당(新進黨)으로 명명하였고 중앙위원으로 김호·한시대·유동렬 등 105명과 감찰위원 박치호·전호엽 등 9명이 선정되었다. 초대 위원장은 유동렬, 부위원장은 김호·김붕준·이용이 선출되었다. 이 때 제정된 신진당

원회 등 정당결성 동향」.

16) 『서울신문』, 1946년 6월 14일, 「국내외 여러 정당 합당운동 전개」.

17) 『조선일보』, 1946년 9월 17일, 「신진당 결성」.

의 강령은 다음과 같다.

一. 자주독립국가의 완성과 민주주의정치의 실현을 기함.
一. 국민의 평등생활을 기본으로 하는 경제제도의 확립을 기함.
一. 민족문화의 건전한 발양으로서 인류문화에 공헌함을 기함.

즉, 신진당은 자주독립국가의 완성과 민주주의 정치의 실현을 기하고 평등생활을 기반으로 한 경제제도를 확립하며 민족문화를 발양시켜 인류문화에 공헌하는데 두었다.[18]

중간 정당의 통합이라는 과제를 위해 신진당을 결성한 연합회 대표단은 신진당을 중심으로 좌우 정당 간의 지속적인 통합 시도는 물론 조직과 활동을 확대시켜 나갔다. 1946년 9월 24일 철도종업원에 의한 '9월 총파업'과 10월 1일 대구 '인민항쟁'의 발발로 국내의 시국상황이 극도의 혼란에 빠지자 10월 16일부터 신진당을 비롯해 9개 정당 대표들이 모여 긴급시국대책간담회를 개최하였다. 10월 23일 광화문 거리 인민당 회의실에서 개최한 시국대책간담회에서는 대구에 조사단을 파견해 하지에게 사태수습을 위한 진정서를 보내기로 결의했고, 이어서 대구항쟁의 확산을 우려해 민족적 자중을 당부하는 담화를 발표했다.[19]

연합회 대표단은 계속 반복되고 있는 남한단정설을 불식시키기 위한 노력을 경주했다. 남한단정설은 미 군정청과 우익지도부의 공식적인 부인에도 불구하고 계속 제기되고 있었다. 특히 6월 3일 이승만이 남한만의 단독정부를 수립하자는 정읍발언과 그 다음 날의 전주발언으로 남한단정론은 정계의 핵심 논란으로 부각되었다. 한국독립당과 신한민족당·조선

18) 위와 같음; 『신한민보』, 1946년 12월 5일, 「신진당헌」; 『조선일보』 1946년 9월 17일, 「신진당 결성」.
19) 『조선일보』, 1946년 10월 24일, 「각 정당 시국대책간담회 제5차 회의 개최」.

어학회 등 각계의 정당·단체들은 '조선은 하나다'라며 분명히 반대했다. 연합회 대표단 단장 한시대는 6월 5일자로 남한만의 단독정부를 절대 반대한다는 성명서를 내고 강경하게 비판했고 향후 남북은 통일된 정부를 수립하는데 매진해야 할 것임을 천명했다.[20] 6월 29일 이승만이 '민족통일'이라는 거대한 이름을 내걸고 민족통일총본부를 결성하고 좌우 단체의 참가를 요구하자 한시대는 민중의 기초 없이 몇몇 사람이 모여 조직하는 것은 민주주의가 아니라 하여 참가를 거부했다.[21] 연합회 대표단은 남한 단정설을 주장하는 이승만의 망발과 그릇된 지도는 시일이 지나면 민중도 차차 알게 될 것이라 하여 미국에서부터 가졌던 이승만에 대한 비판적인 태도를 분명히 하였다.

연합회 대표단은 모스크바삼상회의의 결실인 임시정부를 조속히 수립하기 위해선 좌우합작운동의 결실과 미소공동위원회의 속개가 선결 과제로 인식하고 이에 대한 지원과 지지활동을 전개했다. 연합회 대표단은 좌우합작운동을 지지하는 인사들과 함께 1946년 7월 12일 좌우합작촉성회(左右合作促成會, 또는 '좌우합작촉성위원회')를 결성했다.[22] 이 날 모임에서 한시대는 사회를 맡았고 이극로는 회의 취지를 설명하였다. 그리고 좌우합작촉성회의 강령과 규약이 제정되었고,[23] 그 실천 방법으로 다음을 결의하였다.

---

20) 『신한민보』, 1946년 6월 20일, 「남한 단독정부설에 대한 한시대씨의 성명」; 『신한민보』 1946년 7월 18일, 「재경대표단의 보고」.

21) 『신한민보』, 1946년 8월 1일, 「민족통일총본부」.

22) 『신한민보』, 1946년 8월 22일자. 「합작운동 촉진」. 그러나 조직의 내용이 없어 어떤 인물로 구성되었는지는 알 수 없지만 '통일정권촉성회'에서 활동한 인물들이 중심이 된 것으로 보인다.

23) 강령과 규약의 내용은 자료미비로 알 수 없으나 김규식과 여운형의 좌우합작운동을 적극 지지하는데 있었던 것 같고, 이를 통해 미소공동위원회를 재개하여 조속히 임시정부를 수립하려 했던 것으로 생각된다.

一. 김·여[김규식과 여운형] 양씨에게 좌우합작 노력에 대한 감사문을 발송.

一. 하지 중장이 김·여 양씨 합작에 찬의를 표함에 대한 감사문을 발송.

一. 전 국민에게 보내는 「메세지」.

一. 아(俄) 대표에게 보내는 「메세지」.

一. 8·15 해방 기념 행사를 합작해 하도록 할 것.

一. 합작을 목적으로 한 단체가 있다면 또한 합작할 것.[24)]

이상의 결의를 갖고 연합회 대표단에서 서기로 활동한 도진호는 배성룡(裵成龍) 등과 함께 그 해 7월 좌우합작촉성회란 이름으로 미국대표 아놀드와 소련대표 쉬티코프에게 다음 요지의 메시지를 보냈다.

> 자주독립의 조선 국가독립을 위하여 노력하는 각하께서는 조선의 제사태를 엄정히 이해하여 전민족이 갈망하는 남북통일과 좌우합작 사태에 노력하는 김규식 박사, 여운형 씨의 통일공작에 미소 양국의 우호적 협조가 있기를 바라는 것이며, 이러한 전민족의 통일노력과 병행하여 미소공위가 속개됨으로써 조선민주주의임시정부 수립이 촉진될 것이다.[25)]

요컨대 좌우합작촉성회가 바란 조선민주주의임시정부의 수립은 통일정부 수립을 위한 전단계로, 좌우합작을 통한 전민족의 통일 노력과 미소공동위원회가 속개되어야 이룰 수 있는 것으로 전망했다.

한시대는 1946년 7월 15일자로 보낸 「재미동포에게 고합니다」라는 글에서 현 국내정세에서 급선무는 '민족 일치의 합작'이라 했다.[26)] 그리고 해방된 한국에 민주주의 독립국가 건설을 위한 제1단계로 임시정부를 수

24) 『신한민보』, 1946년 8월 22일자. 「합작운동 촉진」.

25) 『동아일보』, 1946년 7월 19일자, 「미소대표에게 메세지 좌우합작촉진회서」.

26) 『신한민보』, 1946년 8월 8일자, 「재미동포에게 고합니다」.

립해야 하는데 이것은 무엇보다 전 민족의 협력이 필요한 일이라 했다. 따라서 미소공동위원회의 재개가 중요하며 특별히 김규식·여운형의 좌우합작운동은 민족적 단결을 위한 중요한 출발점이므로 반드시 성취되어야 한다고 강조했다.

연합회 대표단은 좌우합작을 성공시키고 통일정부를 수립하기 위한 방편으로 국민계몽운동을 실시했다. 한시대는 7월 18일자와 8월 1일자 라디오방송을 통해, 좌우합작에 의한 단결만이 목표에 도달하는 유일한 방법이라 역설하였고, 이를 성취하기 위해 파당적 논쟁을 버리고 운동의 통합과 정당과 민중 사이의 협동을 재촉하자고 했다.[27] 7월 23일에는 종로의 기독교청년회관에서 연합회 주최로 대중 강연회를 개최해 계몽활동에 나섰다.[28] 약 1,000여 명이 참석한 이 날 강연회는 한시대가 「합작 공작의 필요」, 안정송이 「통일과 여성의 사명」, 김호가 「재미동포의 운동 개략」이라는 제목을 갖고 각각 발표했는데, 모두가 좌우합작과 민족 통일을 역설했다.

또 연합회 대표단은 8·15 해방 1주년을 기념하는 때를 맞이하여 미군용 비용기 6대를 이용해 전단지 50만 장을 살포했다. 연합회 대표단은 이 전단지 살포를 통해 신국가 건설의 3대 원칙으로 "좌우합작", "통일정부수립", "민중생활의 안정"을 천명했다.[29]

이처럼 연합회 대표단은 좌우합작을 통해 민족적 단결을 이루고 공전

27) 「The speech broadcasted by UKC(1946.7.18; 8.1)」(이현주, 「재미한족연합위원회 대표단의 귀국과 정치활동」, 『한국독립운동사연구』 제20집, 2003, 114쪽에서 재인용)

28) 『신한민보』, 1946년 8월 22일, 「경성통신 : 양파합작 알선, 우당통일 결성」; 8월 29일, 「박금우 여사의 대표단 공작보고」.

29) 『신한민보』, 1946년 8월 22일, 「8·15 해방기념일 선전표어」; 국사편찬위원편, 『자료대한민국사』 3, 「전단」, 122~123쪽.

된 미소공위를 재개해 임시정부를 수립하는 한편 민생생활을 안정시킴으로써 하루빨리 통일된 독립국가를 건설할 수 있다고 보았다.

그런데 연합회 대표단 중 상당수가 신진당 결성을 전후로 대거 미국으로 돌아감으로써 국내활동의 여력이 미약해 졌다. 가장 먼저 김성락이 1946년 5월 미군 군용선을 타고 한국을 떠나 5월 29일 시애틀에 도착했고 박금우는 7월 하순경 서울을 출발해 8월 11일 포틀랜드에 도착했다.[30)]연합회 대표단 단장 한시대와 전경무·안정송은 9월 초 선편으로 서울을 떠나 9월 15일 샌프란시스코에 도착했다. 조제언·안창호·최두욱·송종익·김병연은 11월 초 선편으로 한국을 떠나 11월 18일 샌프란시스코에 도착했다.[31)] 특별히 11월 조제언 등 5명이 한국을 떠날 때 도미의 명분을 미국에 돌아가서 신진당 미주지부를 결성하겠다는 것으로 했지만[32)] 실제로 미국에서 미주지부의 결성으로까지 이어지지 못했다. 문화방면에서 외교활동에 주력한 전경무는 조선체육회가 추진한 올림픽 참가교섭의 일로 분주히 미국과 한국을 오가며 활동하다 1947년 5월 비행기 추락사고로 사망했다. 입법의원의 관선의원으로 피선된 김호만 남아 국내 정치활동에 깊숙이 관여했다. 뒤이어 김원용은 미군정청의 민정장관으로 발탁된 안재홍의 후임으로 관선의원에 선출되어 1947년 2월 10일 호놀룰루를 떠나 다시 한국에 들어왔다. 김호와 김원용은 1948년 1월 24일 샌프란시스코로 되돌아가기까지 국내 정치활동에 전념했다.

연합회 대표단은 1년을 약속하고 국내로 들어왔으나 이 가운데 2/3 이상 한국을 떠난 것이다. 이것은 연합회 대표단의 국내활동이 계획한 만큼

---

30) 『신한민보』, 1946년 5월 30일, 「김성락 박사」; 8월 22일, 「박금우여사의 대표단 공작보고」.

31) 『신한민보』, 1946년 9월 26일, 「재경대표 단장 회환」; 11월 7일, 「재경대표 5씨 도미」

32) 『신한민보』, 1946년 12월 19일, 「신진당에 참가할 필요」.

여의치 못했음을 반증한다. 또 국내 정치의 복잡하고 대립적인 상황과 국내 지지기반이 거의 없는 연합회 대표단의 실정을 감안할 때 예상되는 일이었다. 그리고 연합회 대표단은 미주한인사회를 대표한다는 자부심으로 국내활동에 뛰어들었으나 이승만 같이 국내외에서 명성을 떨칠 만큼 정치적 위상과 지도력을 갖춘 인물을 갖고 있지 못했다. 국내 민중들의 입장에서 볼 때 연합회 대표단은 미주지역에서 독립운동을 한 인물들이었지만 그저 미 군정청의 후광을 받아 활동하는 정도로 인식될 뿐이었다. 즉, 연합회 대표단은 한국 민족을 이끌 정치적 기반과 영향력을 갖춘 인물들로 구성된 그룹이 아니었다. 때문에 의욕은 넘쳐도 국내 민심을 충족시킬 만한 역량을 발휘하기란 쉽지 않았다. 이제 대표단의 인물들이 대거 미국으로 돌아 간 상황에서 김호·김원용 중심의 연합회 대표단만으로 활발한 정치활동을 기대하기란 어려웠다.

하지만 김호와 김원용은 입법의원의 관선의원으로 활동하면서 중간파 세력의 결집을 통한 정당통합운동과 통일정부 수립을 위해 매진했다. 1947년 6월 14일 김호는 신진당의 새 위원장에 선출되어 당권을 장악한 뒤 좌우합작운동을 후원하는데 진력했다. 이러한 노력으로 김호는 좌우합작위원회의 조직이 확대될 때 정치위원에 선임되었다.[33] 미소공동위원회의 재개와 성과를 위해 김호와 김원용은 김규식·안재홍·여운형·홍명희·원세훈 등과 함께 1947년 5월 3일자로 하지에게 연명 서신을 보냈다. 서울에서 개최할 미소공동위원회에 참가할 대표 선정에 혼란을 막기 위한 방안을 조언하기 위함이었다. 신진당 대표인 김호는 재개할 미소공동위원회에서 각 정당과 사회단체 발언 대표자 23명의 한 사람으로 선임되었다.[34]

1947년 7월 여운형의 암살로 좌우합작운동이 큰 타격을 입으면서 남한

---

33) 『경향신문』, 1947년 6월 19일 「합위 신위원 16씨 가맹」.

34) 『조선일보』, 1947년 6월 25일자. 「공위 참가단체 발언대표자 결정」.

단독정부수립설이 다시 거론되자 김호와 김원용은 통일정부 수립을 위한 중간파 정당의 통일운동에 박차를 가했다. 1947년 9월 8일 두 사람은 김병로・안재홍・박용희・이극로・홍명희 등 7인과 함께 민족국가로의 독립의 염원을 담은 다음의 공동성명을 발표했다.

> 오늘날 우리 민족에게는 오직 뚜렷한 하나의 목표가 있다. 그 목표란 무엇이냐? 민족국가로의 독립이며 정치적 경제적 완전자주를 확보하는 독립이니 이 목표를 향하여 용왕매진(勇往邁進)하는 것이 우리 민족의 절대적인 사명이다. 지금 우리들은 민족독립의 절대적 사명을 다시 한번 선양코자 소이(小異)를 버리고 대동을 취하여 한 기치 아래 모이기로 약속하였다. 하루바삐 큰 세력으로 성장하여 절대적 사명을 완수하려 하니 민족독립을 염원하는 동지여 우리와 한데 뭉치어 함께 나아가자.[35]

공동성명을 계기로 민주통일당의 홍명희는 9월 11일 신당발기위원회를 구성하였고 민주통일당・민중동맹・신한국민당과의 합당으로 신당 창당을 본격화 하였다.

김호와 김원용은 건민회의 이극로와 함께 홍명희의 중간 정당 통일을 위한 신당 창당에 참여했다. 그런데 실세로 활동하던 김호와 김원용이 신당 창당을 위해 신진당을 빠져나가자 신진당은 내부 반발과 와해 위기를 초래했다. 신진당에 잔류한 중앙위원들은 김호와 김원용의 탈당을 비난하였고 이들의 신당 창당을 반대했다.[36] 특히 당내에 중간노선을 지지하는 김붕준파(金朋濬派)와 우경노선을 따르는 이용파(李鏞派) 사이의 파쟁으로 신진당은 세력이 급격히 약화되어 지리멸렬한 상태가 되었다.[37]

---

35) 『조선일보』, 1947년 9월 9일, 「독립사명 달성에 단결」.

36) 『동아일보』, 1947년 9월 14일, 「신당과 무관계 신진당서 성명」.

37) 서울시 경찰국 조사과, 『사찰요람: 우익・중간・제3세력・기타』, 1955, 37~

홍명희에 의해 주도된 신당발기위원회의 활동은 마침내 1947년 10월 19일 천도교 대강당에서 민주독립당으로 결실을 맺었다. 이날 결당대회에서 김호와 김원용은 박용희 · 이극로 · 홍명희 등과 함께 5명의 공동의장에 선임되었고, 제2일차인 10월 20일에는 김호와 김원용이 170명의 중앙집행위원에 선출되었다.[38)]

새로 결성된 민주독립당은 5개의 중간파 정당의 주류 진영이 합류해서 만든 통합 정당이었다. 민주독립당은 홍명희를 대표로 하는 중앙조직을 정비하였고 5개조의 정강과 22개조의 정책을 발표했다. 정강 · 정책의 주요 내용은 '완전 독립' '민주주의', '민족통일'에 두었고 '자주적인 민주통일정부의 수립'을 내세웠다.[39)]

연합회 대표단의 김호와 김원용은 민주독립당이라는 중간파 정당의 통합운동과 별도로 범 중간파 정당의 강력한 협의체인 민족자주연맹의 결성에도 참여했다. 민족자주연맹준비위원회는 1947년 10월 초에 구성되었지만 민주독립당의 창당 문제로 연기되다 11월 중순부터 활기를 띄었다. 그 결과 민족자주연맹은 12월 20일 800명의 전국 대의원이 참석한 가운데 범 중간파 정당을 대변하는 협의체로 결성되었다.

민족자주연맹은 4개의 연합단체와 14개의 정당, 25개의 사회단체 및 개인으로 구성되었고 중간파 정당통합운동의 오랜 결실의 산물이었다.[40)] 김호와 김원용은 민족자주연맹의 중앙집행위원에 선출되었으나[41)] 1948년 1월 한국을 떠나게 되어 있어 뚜렷한 활동을 남길 수 없었다. 김호와 김

38쪽.

38) 『동아일보』, 1947년 10월 21일, 「민주통일당 결당식」; 10월 22일, 「중집원 선출, 민주독립당 결당식」.

39) 도진순, 앞의 책, 179쪽.

40) 위의 책, 198쪽.

41) 『서울신문』, 1947년 12월 30일자.

원용은 한정된 체류기간인 1년은 물론이고 이미 2년을 넘게 한국에 남아 있었다. 책임을 맡고 있던 남조선과도입법의원의 활동도 1948년 1월 유엔임시한국위원단이 입국한 뒤 남한단정론이 현실화 되자 두 사람은 모든 활동을 접고 1948년 1월 25일 도미하였다.

김호·김원용의 도미로 연합회 대표단이 그동안 국내에서 추진해 온 중간 세력의 통합운동과 이를 통한 통일정부수립운동은 마감하고 말았다. 그러나 연합회 대표단은 마지막까지 범 중간세력의 협의체인 민족자주연맹에 참가함으로써 그 정치이념과 시대정신을 공유하고자 했다. 즉, 민족자주를 기반으로 한 '완전독립'과 '민족통일' 그리고 '민주주의의 실현'이라는 민족자주연맹의 이념에[42] 적극 찬동하며 지지함으로써 통일정부수립이라는 민족적 과제를 해결하는데 앞장섰다. 이러한 연합회 대표단의 자세는 일제강점시기 동안 자주독립을 꿈 꾸어왔던 미주한인들이 마지막 남은 통일정부 수립이라는 민족적 과제를 이루는데 최선을 다하겠다는 의지의 표현이었다.

2. 남조선과도입법의원에서의 의정활동

1) 입법의원의 설립과 성격

김호와 김원용이 한국에서 가장 오랫동안 활동한 곳은 남조선과도입법의원(이하 '입법의원')이다. 두 사람은 입법의원의 관선의원으로 선출되어 활동했다. 먼저 입법의원의 성립 과정과 그 성격을 정리하면서 두 사람의 활동상을 살펴보겠다.[43]

42) 도진순, 앞의 책, 192~194쪽.

43) 입법의원의 성립과 활동에 대해서는 김영미, 「미군정기 남조선과도입법의

입법의원이 설립하게 된 이면에는 미 군정청의 정치적 필요 때문이었다. 미 군정청은 1946년 2월 설립된 민주의원을 통해 남한 내 정치세력을 통합한다는 구상을 갖고 있었으나 여운형의 탈퇴로 성과를 거두지 못하자 새로운 대책으로 입법기구 설립을 계획하였다. 미 군정청의 정치고문 랭던은 1946년 5월 24일 미국 국무장관에게 한국인들에게 행정책임을 보다 많이 맡기기 위한 방안으로 입법기구 설립을 처음으로 제의했다. 미국 국무부는 6월 초 '대한정책'이라는 비망록을 미 군정청에 보내 랭던의 제안을 반영한 입법자문기구의 설립을 지시하였다. 미 국무부는 입법자문기구의 설립을 통해 남한 내 제반개혁을 실시해 북조선에서 실시한 소련의 개혁정책보다 우월하다는 것을 보여주고 대소협상의 주도권을 장악하려 했다. 이를 위해 반탁투쟁으로 미국의 입장을 곤경에 빠트린 김구와 이승만 등 임시정부의 세력을 배제하고 남한 내 새로운 세력을 중심으로 추진하려 했다. 군정청은 남한에서의 개혁추진을 반대하는 것 외에는 대체로 미 국무부와의 같은 견해를 갖고 있었다. 미 군정청은 정당통합을 위해 극우파에서 벗어나 온건파에 주목하였다. 그러한 노력은 여운형을 비롯한 중간 좌익들을 극좌파로부터 분리시켜 김규식을 비롯한 온건한 우익과 합력하도록 하는 좌우합작운동으로 나타났다. 미 군정청은 중도세력의 좌우합작운동을 이용해서 이를 기반으로 입법기구를 만들려 했다.

미 군정청은 1946년 6월 30일 좌우합작운동을 지지한다는 성명서를 발표하고 입법기구 설립계획을 담은 군정장관 러취(Archer L. Lerch)의 편지를 처음으로 공개했다. 그렇지만 한국민주당을 제외하고 입법기구의 설립안에 대한 여론은 좋지 않았다. 좌우합작세력 또한 좌우합작과 입법기구 설립문제를 연계시키려는 미 군정청의 의도를 강력히 반대했다.

원의 성립과 활동」(『한국사론』 32, 서울대 국사학과, 1994) 참조

그런데 좌우합작운동이 조선공산당과 한국민주당의 좌우합작원칙을 둘러싼 마찰로 교착상태에 빠지고 좌익 3당인 조선공산당·조선인민당·남조선신민당이 좌우합작문제와 3당 합당문제로 내분이 일어나면서 중요한 변화가 일어났다. 여기에 미 군정청은 좌익세력을 탄압하면서 중도좌파의 세력을 극좌파인 조선공산당과 분리시키는 공작을 전개했다. 그 결과 중도좌파를 이끌고 있던 여운형이 평양을 방문하고 돌아온 직후 좌우합작을 계속 추진할 것과 입법기구 설립을 지원하겠다는 태도를 공개하면서 좌우합작운동은 다시 활기를 띠게 되었다.

미 군정청은 1946년 9월 좌우합작위원회에서 입법기구 설립안을 공식 제출했고 좌우합작위원회는 9월 23일 회의에서 7가지의 조건을 내건 요구서를 군정청에 제출했다. 좌우합작위원회의 요구사항은 입법기구에 대한 군정장관의 권한을 초안의 '재가'·'인준'이라는 표현을 '동의'로 낮출 것과 의원수를 처음 60명에서 90명으로 하고 그 과반수를 좌우합작위원회에서 선출하도록 해서 입법기구에 대한 합작위원회의 주도권을 보장하는 것이었다.

미 군정청은 1946년 10월 8일 좌우합작의 7원칙을 지지하고 입법기구 설립을 위한 7개 조건의 요망을 수락한다고 발표했다. 그리고 10월 12일 법령 제118호 「남조선과도입법의원 창설」을 공포했다. 그런데 공포된 법령은 좌우합작위원회가 요망한 것과 달랐다. 입법위원을 미 군정청 산하의 한 기관으로 만들고 의원의 임명권과 해산권, 선거권 등 모두 군정장관에게 두었으며 의원자격을 둘러싼 친일파의 규정도 크게 완화시켰다. 이에 좌우합작세력이 크게 반발하자 미 군정청은 정치범의 석방과 현 경찰·행정기구의 전면 개혁, 그리고 친일파 숙청 등 급진적인 개혁을 약속하면서 사태를 무마시켰다. 실상은 어디까지나 좌우합작세력의 지원을 받기 위한 미봉책에 불과한 것이었다.[44]

입법의원의 민선의원 선거는 1946년 10월 14일 서울을 선두로 해서

30일까지 전국적으로 실시되었다. 선거 결과 민선의원은 한국민주당 14명, 독촉국민회, 17명, 한국독립당 3명, 인민위원회 2명, 무소속 9명이었다. 제주도 의원 2명을 제외하고 정치적으로 이승만과 김구를 지지하는 우익세력의 압승으로 나타났다. 이 때문에 미군정 사령관 하지도 민선의원이 거의 친일파, 지주들로 가득 찬 실패작이었다고 평가할 정도였다.[45] 또한 선거도 불법적으로 치러져 좌우합작위원회는 서울과 강원도의 선거 무효를 제기하였고 경찰의 개혁을 요구했다. 미 군정청은 선거 무효에 따른 재선거는 수용했으나 경찰개혁의 요구는 우익세력의 약화를 우려해 받아들이지 않았다. 당초 조건부로 입법기구 설립안을 지지해 온 여운형 등 중도좌파 세력은 11월 23일 입법의원에 대한 반대의사를 발표하고 미 군정청과의 협력을 거부하였다.

반면 김규식을 중심으로 하는 좌우합작위원회는 11월 25일 서울과 강원도의 재선거가 발표되자 입법기구 설립에 적극 협력하였다. 그리고 관선의원 명부를 작성해 11월 30일 미 군정청에 제출하였고 12월 7일 그 명단을 발표하였다.[46] 관선의원 45명은 거의 조직적 기반이 없는 온건파들이었다. 좌익의 경우 실세인 조선공산당 계열은 완전히 배제되었고 온건 좌익인 사회노동당과 근로대중당 계열로 구성되었다. 그 나머지는 대부분 성향이 불분명하고 조직적 기반이 없는 인물들이었다. 이러한 관선의원은 표면상 좌우합작위원회에서 작성한 명단을 미 군정청이 그대로 인정한 것으로 보였지만 실상은 군정청의 버취(Leonard M. Bertsch) 중

---

44) 김영미, 「미군정기 남조선과도입법의원의 성립과 활동」, 『한국사론』 32, 서울대 국사학과, 1994. 263~264쪽.

45) 브루스 커밍스, 『한국전쟁의 기원』, 일원서각, 39쪽.

46) 『동아일보』, 「입법의원 관선의원 선임서와 성명서 발표」; 『조선일보』, 「조선과도 입법의원 관선 45 의원 7일 발표」; 『경향신문』, 1946년 12월 8일, 「입의 관선의원 발표」.

위가 첫 명단을 작성할 때부터 개입함으로써 군정청의 의도가 반영된 것이었다. 즉, 미 군정청은 입법기구가 좌우익의 통합체라는 대외 상징성을 가지면서 군정에 충성스런 기구가 되길 원해 좌익적 색채를 띠지만 조직적 기반이 없거나 미국에 우호적인 인물들을 주로 선정했던 것이다.[47)]

입법의원에 참가한 인물은 대체로 이승만을 지지하는 한국민주당과 김구를 지지하는 독촉국민회 계열의 우익세력이 과반수 이상이었다. 대신 중간파 의원들은 미 군정청이 개혁에 적극적인 입장이 아닌 상황에서 세력면에서 미약했다. 때문에 중간파 의원들이 입법의원을 통해 개혁을 추진하겠다는 발상은 처음부터 실현하기 어려운 구조였다.

입법의원은 1946년 12월 12일 개원하여 1948년 5월 20일 폐원하기까지 219회의 회합을 가졌다. 1년 반의 기간 동안 입법의원은 총 33건의 법률안을 심의했다.[48)] 이 가운데 입법의원의 발의가 13건, 군정장관의 발의가 약 18건이었다. 심의안 통과여부를 보면 군정장관이 발의한 18건의 안건은 거의 모두 시행되었다. 입법의원에서 발의한 안건은 단 4건만 통과 시행되었는데, 이것도 미 군정청이 역점을 둔 「입법의원 선거법」을 제외하면 '공창제 폐지령', '유흥영업정지법', '남조선과도입법의원 해산' 등 중요하지 않은 것들이었다. 따라서 미 군정청은 자신들의 필요에 의한 안건들은 대부분 통과·시행하였고 입법의원에서 제의한 안건들은 대다수 미처리 혹은 보류시켰다. 이러한 결과는 입법의원의 최종 결정권을 군정장관에게 부여하고 그 시행여부에 대해 어떠한 제한 규정도 않은 제118

---

47) 이로 인해 관선의원으로 선임된 여운형(사회노동당)·장건상(사회노동당)·조완구(한국독립당)·엄항섭(한국독립당)·홍명희(민주통일당)와 민선의원으로 선출된 조소앙(서울)·문도배(제주도)·김시탁(제주도)는 의원직을 사임하였고 관선의원 윤기섭(조선혁명당)·황진남(사회노동당)·신기언(사회노동당)·김학배(사회노동당)는 소속당으로부터 제명당했다.

48) 여기에 대한 분석은 김영미, 앞의 글, 298~301쪽 참조.

호 법령에 이미 예견되어 있었다.

2) 연합회 대표단의 의정활동

김호는 연합회 대표단의 좌우합작운동의 지지와 성원, 미 군정청의 호의적인 자세 등에 힘입어 김규식과 군정청의 추천을 받아 남조선과도입법의원 관선의원에 선출되었다. 미국으로 되돌아간 김원용은 민정장관으로 부임한 안재홍의 후임으로 미 군정청의 추천을 받아 1947년 3월 4일 관선의원에 선출되어 다시 국내로 돌아왔다. 김호는 입법의원의 특별위원회에서 적산대책위원장에 선임되어 적산관리문제를 비롯해 부일협력자·민족반역자·전범·간상배에 대한 특별법 조례제정 등 주요 영역에서 두드러진 활동을 펼쳤다. 김원용은 재일본조선동포실정조사단(단장 황보익)의 일원이 되어 현장 파견조사를 실시했다.[49)]

김호는 입법의원 원법(院法) 수정을 위한 9인의 한 사람으로 뽑혀 활동했다. 이것은 입법의원이 모스크바삼상회의 결정을 원칙으로 전국적이고 통일된 임정을 수립하는데 기여해야 한다는 생각에서였다. 이와 함께 김호는 능숙한 영어실력 때문에 미 군정청측과 교섭하기 위해 마련한 입법의원 연락위원회의 위원장에 선임되어 입법의원을 대변했다.

연합회 대표단의 주요활동을 보면 우선 적산대책위원장 김호는 미군정청의 「관재령」 제8호의 부당성을 개선하는데 앞장섰다. 「관재령」 제8호는 미 군정청 관재처가 과거 일본(인) 소유였던 재산에 대한 관리원칙을 제정한 것으로 미국인 고문관이 재산의 유지·보존·운영·처분을 위한 모든 책임을 지도록 규정했다.[50)] 때문에 각계에서 한국인의 불만이 고조

---

49) 『서울신문』, 1947년 4월 27일, 「입의 본회의」; 『경향신문』, 1947년 5월 9일, 「89 입의 본회의」.

50) 이현주, 「재미한족연합위원회 대표단의 귀국과 정치활동」, 『한국독립운동사연구』 제20집, 2003. 8, 119쪽.

되고 있었다. 김호는 「관재령」 제8호가 미 군정청으로 하여금 한국의 모든 경제권마저 장악하려는 것으로 간주하고 이제는 한국인에게 그 권한을 넘겨주어야 한다고 생각했다.[51] 김호는 한국인 누구에게나 적산을 불하하면 국가 경제부흥에 노력할 것이니 결코 모리배의 손에 넘어갈 것이라고 볼 수 없다고 했다.[52] 모든 적산을 한국인들에게 불하해서 하루바삐 한국의 경제발전에 보탬이 되게 하기 위함이었다.

「관재령」 제8호를 수정하기 위한 노력은 1947년 2월 28일 미 군정청에서 14명의 조미공동위원회가 조직되고 규정 재심사를 위한 6명의 소위원회가 설치되면서 본격화 되었다.[53] 김호는 민정장관 안재홍과 함께 6인의 소위원회에 참여해 미국인 고문관의 동의를 받는다는 전제 하에 한국인에게 관리책임을 맡기는 「관재령」 제9호를 이끌어 냈다. 나아가 같은 해 12월에는 군정청으로 하여금 「관재령」 제10호를 발표하게 함으로써 점차 법인 기업에 대한 관리책임도 전적으로 법인 이사회에 넘기는 조치를 취하도록 했다.[54]

다음으로 연합회 대표단은 부일협력자 처벌법인 민족반역자특별법 조례를 제정하는데 앞장섰다. 민족반역자특별법은 1947년 3월 13일 입법의원에서 처음으로 상정되었는데 입법의원 내부에서 논란을 일으킨 주요 의제 중 하나였다. 민족반역자특별법은 3월 17일 중도파 의원이 작성한 「초안」을 필두로 중도파의 「수정안」제시와 여기에 맞서 우익의원의 「재수정안」제시, 그리고 마지막으로 절충안으로 나타난 「최종안」 등 모두 4

---

51) 『서울신문』, 1947년 2월 8일, 「관재령 제8호에 대한 각 견해」; 『동아일보』, 1947년 4월 19일 「입법의원 제55차 본회의」.

52) 『경향신문』, 1947년 4월 12일, 「적산처분의 가부 49 입의 본회의서 논란」.

53) 『조선일보』, 1947년 2월 28일, 「운용권 이양하라, 관재령 수정안 제안내용」; 3월 1일, 「적산은 조선의 생명선, 조선인의 이익위해 활용할 터」.

54) 이현주, 앞의 글, 121쪽.

개의 안으로 전개되었다. 이렇게 복잡하게 추진된 것은 입법의원 내부에서 친일의 개념과 범위, 적용대상을 둘러싸고 우익 의원들과 중도파 의원 간의 이해관계가 얽히면서 논란이 증폭되었기 때문이다.

연합회 대표단의 김호는 우익의원이 제안한 「재수정안」을 반대했다. 재수정안을 둘러싸고 대립이 심해지자 5월 6일 「재수정안」을 제안한 우익의원 서우석 · 송종옥 · 김익동 · 김영규 · 장면 등 5인과 「재수정안」 반대파인 김호 · 신기언 · 박건웅 · 장자일 · 이종근 등 5인을 각각 '절충위원'으로 삼아 다시 재협의에 들어갔다.[55] '절충위원' 대표인 김호는 5월 7일 다음과 같이 「절충안」을 제시했다.

1. 재수정안을 주로 하여 수정안과 강순(姜舜) 등 제 의원이 제출한 안을 참고로 해서 축조토의에 부칠 것.
2. 정의와 열거를 병행할 것.
3. 전범은 안 넣어도 좋다.
4. 습작(襲爵)과 습왕(襲王)을 구별하여 습왕은 민족반역자 규정에서 제외하고 부일협력자 규정에 넣기로 함.
5. 일정시대의 형사 고등계 및 사법주임은 죄적 여하를 불구하고 민족반역자로 규정할 것.
6. 일정한 한계를 명확히 정해서 한계선 이상의 자는 당연범 그 이하는 선택범으로 할 것.
7. 건국을 방해할 목적으로 공사(公私)시설을 파괴 혹은 살인방화범은 민족반역자로 규정함은 동 특별조례가 과거 일제강점시대에 민족을 박해한 악질분자 숙청에 본의가 있는 만큼 현행범은 현행 법률로 처벌하자.[56]

---

55) 『서울신문』, 1947년 5월 6~8일, 「부일협력자조례 재수정안」; 『동아일보』, 1947년 5월 8일, 「경파 연파 타협보고」.

56) 『서울신문』, 1947년 5월 9일, 「입의 본회의」; 『조선일보』 1947년 5월 8일, 「부일자등처단법률안 재수정안 결국 회부」.

이같은 김호의 「절충안」은 여러 면에서 합의를 보았다고 했다.[57] 「절충안」에서는 민족반역자는 당연범으로, 부일협력자는 당연범과 선택범으로 구분하며, 전범자는 부일 혹은 반역자 규정에 포함시키는 등을 합의하였다. 그렇지만 우익측 절충위원이자 재수정안측 위원인 서우석(徐禹錫)은 우선 전범을 부일협력자로 규정하자는 데는 합의를 보았으나 총괄적으로 김호의 안대로 합의되지 못하였다고 했다.[58] 그리고 경찰계의 사법주임 등에 관한 것도 논쟁이 많았는데 결국 그 중 죄적(罪籍)이 현저한 자만 한정할 것인가 전부를 처벌할 것인가는 본 회의에서 규정하자는 타협이 있었다고 했다.

이러한 논란을 거쳐 5월 8일과 16일 다시 논의되고 7월 2일 「최종안」이 제정되었다.[59] 그런데 「최종안」은 「수정안」을 절충한 것이었지만 거의 「재수정안」을 기초로 한 것이었기에 「초안」과는 완전히 다른 실효성이 적은 법안이었다.[60]

민족반역자특별법은 미 군정청이 요구한 「보통선거법」을 통과시킨 대가로 얻은 것이었으나 미 군정장관으로부터 인준을 받지 못했다. 군정장관 대리 헬믹은 특별법이 통과된 지 5개월이 지난 11월 27일자 편지에서 친일파를 가려내는 문제가 어렵다는 것과 이런 법률은 전 조선의 민의가 반영된 민선(民選)의 입법의원에서 제정해야 한다는 논리로 특별법을 반대했다.[61]

1947년 5월 16일 김호와 김원용는 5월 20일부터 재개할 미소공동위원회의 대책으로 이정진・김붕준・정이형 등 5명과 함께 남북의 통일정부 수립을 위해 북조선인민위원회와 교섭하자는 긴급 제안을 제출했다.[62] 이

57) 『조선일보』, 1947년 5월 9일, 「반역자처단법규 절충안보고」.

58) 『조선일보』, 1947년 5월 8일, 「부일자등처벌법률안 재수정안 결국 회부」.

59) 이강수, 『반민특위 연구』, 나남출판, 2003, 69쪽.

60) 김영미, 앞의 글, 290쪽.

61) 『입의속기록』 제178호(1947.11.24)

62) 『조선일보』, 1947년 5월 17일, 『북조선인민위원회와 교섭 75차 입의에 김호

긴급제안은 5월 19일 입법의원에서 다룰 것이 아니라고 한 민선측 의원의 반대로 미결처리 되다,[63] 5월 20일 회의에서 민선의원과 관선의원 각 5인씩 미소공동대책위원회를 구성해서 그 대책을 마련하자는 서상일 의원의 동의가 가결되어 유안된 것 같다.[64]

이와 별도로 김호와 김원용은 1947년 5월 20일 개최하는 미소공동위원회에 직접 전보(1947. 5. 20)를 보내, 3·8선을 철폐하고 통일·민주정부를 수립해 줄 것을 당부했다.

> 미아공동위원회는 간담상조하여 조선 민족을 위해서 통일·민주정부를 수립하기를 바랍니다. 3·8선을 철폐하고 통일조선민주정부를 수립하는 것이 정치·경제상으로, 또 역사상으로 조선민족의 유일한 활동올시다. 이것이 조선 민족의 연합국에 대한 기대오니 이번에는 이를 성공하여 3·8선을 철폐하고 통일정부를 수립함을 바라나이다.[65]

연합회 대표단의 의정활동은 기울인 노력에 비해 큰 성과를 거두지 못했다. 입법의원에서 제정된 의안이라도 미 군정청의 의도와 부합되는 것에 한에 시행되었고 그에 반하는 것은 보류되거나 거부되어 거의 실현될 수 없었기 때문이다. 김호는 입법의원에서 제정한 임시약헌과 민족반역자 특별법이 11월 27일자 군정장관 대리 헬믹의 서신에 의해 인준 보류되고 거부되자 다음과 같은 논리로 크게 반발했다.

> 1. 본 법의원은 법령 제118호 2조에 의거하여 선거법과 기구개혁안 급 임시약헌과 관리 임명에 필요한 자격심사에 관한 입의권(立議權)에 근거

씨등 제안』.

63) 『조선일보』, 1947년 5월 21일, 「교섭문제미결 76차 입의후반」.

64) 『동아일보』, 1947년 5월 21일, 「공위제안 위해 북조선인민위와 협의」.

65) 『신한민보』, 1947년 5월 22일, 「미아공동위원회에 보낸 공전」.

하여 부일협력자에 대한 법안을 기초하였다고 생각하는데 이 법안에 대하여 인준을 거부하는 이유는 무엇인가.

2. '임시약헌(臨時約憲)'과 '부일협력자 등에 대한 법안'은 군정장관이 입의(立議)에 부여한 권한으로 본원이 제정한 것으로 보는가 안 보는가?
3. 입의는 남조선 9도 1시에서 두 번 혹은 세 번의 투표에 의해서 선출된 45명의 민선(民選)과 민선만으로는 불충분하다 하여 각계각층의 유지를 관선으로 추천한 관선 45명으로 된 것이나, 이 관(官)·민선(民選) 혼합으로 된 의원이 민중의 의사를 대표하지 못한 것이라면 무슨 이유로 1년간이나 입의를 존속시켜 왔는가?
4. 조선 전체의 민의를 대표한 것이 아니라고 해서 임시약헌에 대한 인준을 보류했다고 하나 임시약헌은 남조선에만 국한된 것이라고 보는데 장관 견해는 무엇인가?
5. 서한에 지적하기를 '부일협력자 등의 법안'을 인준한다면 불가피한 경우로 부일한 현존의 우수한 관리가 제거되므로 인준할 수 없다고 했으니 자격심사라는 것은 본의원의 의원에만 적용되고 관리에는 적용되지 않는다는 말인가?[66]

이처럼 김호를 선두로 해서 의원들이 강력히 반발하자 입법의원은 김호·김도연·서우석·여운홍·홍성하 등 5인을 정리위원으로 선임하고 12월 3일 미 군정청에 공식 질문서를 제출했다.[67] 헬믹의 답변 여하에 따라 입법의원이 해산이냐 존속이냐 할 만큼 절박한 상황이었다. 12월 9일 헬믹은 '임시약헌'은 유엔의 결정에 의하여 불원간 독립국가가 수립될 터이니 그 때 새로 구성되는 입법의회에서 토의하는 것이 옳다고 답변했다. 민족반역자특별법인 부일협력자처단법안은 통과된 지 수개월이 지난 상황이었지만 그는 다시 재고해 보겠다고만 답신했다.[68] 그리고 지난 11월

66) 『입의속기록』 제181호(1947.11.28)

67) 『경향신문』, 1947년 12월 5일, 「입의의 존폐결정 딘장관 답변은 무엇」.

27일자 서신 내용을 취소하고 입법의원의 권한을 인정하겠다고 했다.[69]

이러한 답신에 대해 입법의원은 헬믹의 제안을 그대로 받아들이고 넘어갔다. 이것은 한국문제가 이미 국제연합(UN)으로 넘어가 눈앞에 다가온 남한단독정부의 수립이 현실화 된 마당에 이를 역행하기 어렵다고 판단한 입법의원들이 자포자기한 심정 때문이었다.

3. 경제·문화·외교활동

연합회 대표단의 활동은 정치활동 외에도 경제와 문화 등 다방면에서 전개되었다. 먼저 경제활동을 보면 연합회 대표인 조제언은 1946년 2월 한국 도착 직후부터 전국 실업가를 망라한 한국상업회를 조직하고 국제상업회와의 연관을 통해 국내 상업을 부흥하는 일에 전념했다.[70] 대표단의 정두옥과 송종익은 대구방문을 기회로 대구지역 상공업의 육성을 위해 경제 간담회에 참석해 한국제품의 대미수출 방안을 조언해 주었다.[71]

연합회 대표단이 귀국 이전부터 준비해 온 구제활동은 대표단의 국내 도착을 계기로 본격적으로 추진되었다. 연합회 집행부 내 구제부의 주관으로 미국 각지에서 모아진 구제품은 24박스에 2톤 반이 되었는데 1945년 5월 28일 이를 미 군용선편으로 한국에 보내졌다.[72] 연합회 대표단은 미 군정청으로부터 구제품을 인계받아 직접 국내 한인들에게 배포하였

68) 『경향신문』, 1947년 12월 10일, 「약헌은 신입의에서 결정, 부일협력자 등 법안은 재고려」.

69) 『서울신문』, 1947년 12월 11일과 12일자.

70) 『국민보』, 1945년 5월 1일, 「전 · 조 양씨의 활약」.

71) 『국민보』, 1946년 5월 8일, 「대구유지의 초대로 경제간친회」.

72) 『신한민보』, 1946년 5월 30일, 「제1차 구제품을 내지로 수송」.

다. 또한 하와이 전후한국부인연합구제회는 자체 모집한 구제품을 미군정청으로 보냈다. 이러한 미주한인들의 구제활동은 국내 사정이 매우 어려워진 6·25전쟁 기간 동안에도 계속되었다.

연합회 대표단은 문화활동에도 관심을 기울였다. 하와이 대한인국민회의 이명우는 연합회 대표단의 귀국을 계기로 서울에 『국민보』의 출간을 제안했다. 그는 해방 직후 국내에서 발간되는 신문이 8종이고 잡지가 4종뿐인 줄을 알고 국내 민중을 계몽하고 연합회 대표단의 활동상을 적극 선전하기 위해 『국민보』의 국내 발간을 제의했다.[73] 이런 제안을 실현하기 위해 하와이 대한인국민회는 200만원의 예산을 세워 『국민보』 발간사업을 준비하려 했다.[74] 그러나 국내 정치활동에 바쁜 연합회 대표단이 발간문제를 다룰 여력을 갖지 못해 발간 계획은 구상만 세운 채 무산되었다. 이 때문에 대표단은 도미한 후 국내 동포를 상대로 계몽운동을 활발히 전개하지 못한 점을 못내 아쉬워하였다.

연합회 대표단의 김호·송종익·도진호는 영화가 한국문화를 새로 발전시키는데 중대한 일익을 담당할 것으로 판단하고 한국 영화의 발전에 큰 관심을 기울였다. 그리하여 각계 인사 23명이 참가한 가운데 1946년 10월 20일 발기총회를 갖고 조선영화사를 설립했다.[75] 자본금 1,000만 원으로 시작한 조선영화사는 향후 한국의 영화 발전을 위해 귀중한 토대가 되었다.

연합회 대표단이 정치활동 외에 가장 활발히 전개했던 것은 외교원인 전경무의 국제외교활동이었다. 전경무는 미국에서 연합회 워싱턴사무소의 선전부장으로 있으면서 외교문제를 전담해 왔고 귀국한 뒤에는 중립을 표방한 외교협회(회장 조소앙)의 총무로 선임되어 국제적인 외교활동을 전개했다. 외교협회는 전경무를 비롯한 신봉휴·이여성·백남운·하경덕·문

73) 『국민보』, 1945년 9월 5일, 「국민회 문화사업」.

74) 『국민보』, 1946년 1월 23일, 「총임원록」; 3월 27일, 「한국대표단에 보고」.

75) 『조선일보』, 1946년 10월 24일, 「조선영화사를 조직」.

장욱 등 69명의 발기로 1946년 2월 11일 종로 기독교청년회관에서 200여 명이 참석한 가운데 설립되었다.[76] 설립 목적은 조선을 둘러싼 국제정세를 파악하고 건국사업에 필요한 국제 친선외교를 담당하는데 두었다. 그렇지만 관련 기록의 부재로 이후 구체적인 활동상은 드러나 있지 않다.

해방 직후 조선체육회는 제14회 런던올림픽 참가를 위해 탁월한 외교능력을 갖고 있던 전경무를 끌어들였다. 조선체육회는 1946년 5월 28일 올림픽대책위원회을 발기하고 동년 6월 6일 종로 기독교청년회관에서 각계 인사 40여 명이 참석한 가운데 올림픽대책위원회를 결성했다.[77] 설립목적은 1948년 런던에서 개최할 올림픽대회의 참가를 준비하기 위함이었다. 올림픽대책위원회 초대 회장은 유억겸이 맡았고, 전경무는 이상백과 함께 부위원장에 선임되었다. 전경무는 미국올림픽위원회의 후원문제를 교섭하고 한국의 올림픽 참가를 위한 국제외교를 담당했다. 이후 그는 1947년 5월 16일 조선체육회의 부회장에 선임되었다.[78]

전경무는 1946년 9월 미국 워싱턴으로 건너가 1948년 런던에서 개최될 올림픽체육대회에 한국 선수의 출전문제와 런던에서 개최할 태평양연구회에 한국 대표의 참가문제를 주선했다. 먼저 그는 1947년 9월 영국 런던에서 개최되는 태평양연구회에 한국대표 3인의 참가를 교섭하여 총회로부터 2인의 참석을 허락받았다.[79] 국제올림픽경기에 한국 선수들의 참가권을 얻기 위해 그는 1947년 6월 20일 스톡홀름에서 열리는 국제올림픽총회의 참석문제를 교섭하였고,[80] 이를 위해 미국올림픽위원회와의

---

76) 『서울신문』, 1946년 2월 12일, 「국제친선에 기여, 외교협회 창립총회 개최」.

77) 제14회 올림픽준비위원회・올림픽후원회 편, 『올림픽소책』, 1947. 9. 24~31쪽.

78) 『동아일보』, 1947년 5월 17일, 「올림픽위원회 조직」. 당시 선임된 주요 임원은 회장 여운형, 부회장 유억겸, 이사장 이병학이며 모두 유임되었다.

79) 『국민보』, 1947년 2월 26일, 「독립당 회결」.

교섭도 시도하였다.[81] 독립된 정부를 아직 수립하지 못한 상태에서 한국의 국제올림픽의 참가는 그리 쉽지 않은 일이었다. 전경무는 이런 난관 속에 국제올림픽총회의 초청을 얻어내는 성과를 올렸다.

그 외 전경무의 다양한 활동은 1947년 3월 초 하와이 한국독립당하와이총지부에서 보고한 내용을 통해 자세히 드러난다.[82] 그는 먼저 한국에 유년군(보이스카웃)을 조직하였으나 기구가 없고 모든 것이 부족하므로 미국 보이스카웃총부와 교섭하여 복장과 여러 가지 기구 수십톤을 지원받아 냈다. 유년군 장정(章程) 1만권을 번역할 허가를 얻었었으며 1947년 5월 미국서 개최되는 유년군 총회에 한국유년군 대표 2인의 참가권을 얻었다. 한국여자유년군(걸스카웃)의 음악대에 악기가 없는 것을 알고 미국 학교에서 쓰던 악기를 청구하여 지원을 받았다. 미국 상업부에 한국의 물산과 경제부흥에 대한 문제를 제안해 많은 호감과 희망을 심어주었고, 아울러 한국인 상업인을 미국 상업계에 견학하도록 주선해 한국 상업의 발전을 꾀하도록 했다. 한국의 농구팀을 하와이로 초청해 하와이의 각 팀과 시합을 개최하도록 주선해 주었다. 미국 대중을 상대로 한 연설을 통해 그는 한국 민족을 돕기 위해 한국에 필요한 책 1,000권과 채종(菜種) 300근을 기부 받아 한국으로 부쳐주었다.

이상의 활동 보고 외 전경무는 불원 장래에 개최할 태평양국제평화회의에 한국문제를 대비할 것과, 한국에 있는 일본척식회사의 재산 처리문제를 재 줄 것을 당부했다. 그는 한국에는 영문보다 순 한글의 신문을 발간하는 것이 더 필요하며 이를 통해 언론기관을 바로 잡고 국민을 계몽시켜 질서를 유지하는 것이 시급하다고 역설했다.

누구보다 분주하게 활동하던 전경무는 1947년 5월 29일 국제올림픽위

80) 위와 같음.

81) 『신한민보』, 1947년 3월 6일, 「올림픽 참가유망」.

82) 『국민보』, 1947년 4월 9일, 「전경무씨의 외교성적」.

원회 총회가 열리는 스톡홀롬으로 가는 도중 동경 부근에서 비행기 조난 사고로 순직하였다. 그의 순직은 연합회 대표단의 막대한 손실뿐만 아니라 올림픽준비를 위해 노력했던 한국체육계와 신생 한국의 국제외교활동에 커다란 손실이었다. 이후 그의 유지는 이원순이 이어받아 한국선수단의 런던올림픽 참가를 이루어냈다.

4. 국내파견활동의 성과와 한계

김호와 김원용이 1948년 1월 미국으로 돌아감으로써 지난 2년간의 연합회 대표단의 국내활동은 사실상 끝났다. 미국으로 돌아온 뒤 연합회는 더 이상 국내 정치운동에 간여할 수 없다고 판단하고 앞으로 미주한인들이 해야 할 일은 미국사회에 국내 소식을 알리고 한국문제를 선전하는 것으로 전망했다.

연합회 대표단은 비록 짧았지만 2년여 동안의 국내활동 경험을 통해 미 군정청의 행정능력에 적지 않은 실망감을 가졌던 것 같다. 미 군정청은 한국의 전통에 관한 풍속이나 사정도 모른 채 군정을 실시해 심각한 행정상의 어려움을 자초했다고 보았다. 미 군정청은 자문기관과 통역관 그리고 중간관리자들을 제대로 통제하고 운영하지 못함으로써 미국인들조차 한인들이 건네주는 뇌물에 부패하고 말았다고 했다. 이에 따라 김호는 지난 2년간 미 군정청의 성적은 실패한 것으로 간주했다.[83]

연합회 대표단이 국내활동을 전개할 때 이승만과 그의 지지자들의 방해공작은 가뜩이나 복잡한 국내 정치상황과 맞물려 적지 않은 어려움을 받았다. 이승만에 대해 속속들이 알고 있었던 관계로 연합회 대표단이 한

83) 『신한민보』, 1948년 2월 19일, 「남조선 경과 상황보고」.

국에 입국할 때부터 미주 동지회측은 미 군정청에 전보 수십장을 보내 연합회 대표단은 모두 공산당이요 이승만을 반대하고 싸우기 위해 간다고 모함했다. 하지도 이런 사실을 대표단에 알리고 이것이 사실이냐고 반문할 정도였다.[84] 연합회 대표단은 이승만의 남한단독정부수립론을 단호히 비판하였고 이승만이 친일파를 엄호한다는 풍문에도 근거 있다는 태도를 취했다.[85] 연합회 대표단이 국내에 있는 동안 여전히 이승만과 타협할 수 없는 관계를 유지한 것은 과거 미주한인사회의 오랜 갈등의 산물이기도 했지만 연합회 대표단이 가진 정치력과 포용력의 한계를 보여주는 것이기도 했다.

연합회 대표단의 국내활동은 처음 가졌던 원대한 포부에 비해 그 성과는 미미했다. 연합회 대표단은 국내 지지기반을 전혀 갖지 못하였으나 당시 막강한 실권을 가진 미 군정청의 지원을 받아 보다 우월한 위치에서 활동할 수 있었다. 하지만 대표단은 이런 우월적인 지위를 자파세력을 확대시키는 방편으로 사용하지 않았다. 오히려 끝까지 중간적인 입장에 서서 이념과 정파를 초월하며 중간 및 중도 세력을 통합하고 통일정부를 수립하는데 진력했다.

그러나 연합회 대표단의 이런 노력은 결실을 거두지 못했다. 이를 두고 연합회 대표단의 미숙한 역량 때문으로 비판할 수 없다. 당시 통일정부 수립의 과제는 국내에 단단한 민중적 기반이나 조직을 갖추고 있거나 아니면 그렇지 못한 경우이거나 간에 쉽게 해결할 수 있는 것이 아니었다. 한국민 전체가 짊어져야 할 중차대한 민족적 과제였기 때문이다.

한정된 짧은 기간이었지만 연합회 대표단의 국내활동은 해방된 한국에서 통일정부 수립이라는 민족적 과제를 해결하는데 참여함으로써 신생

---

84) 『신한민보』, 1946년 10월 17일, 「재경대표단장 한시대의 대표단 경과보고」.
85) 『신한민보』, 1948년 2월 19일, 「김호씨의 보고」.

대한민국을 건설하는데 이바지하였다고 생각한다. 이러한 모습 속에는 그 성과나 성패의 여부를 떠나 고달픈 타국살이 속에서 한국의 자주독립과 근대적인 독립국가를 건설하기 위해 살아 온 미주한인들의 정신과 의지가 그대로 녹아 있었다. 이런 연유로 일제강점시기 미주한인들의 삶과 활동은 과소평가할 수 없는 고귀한 가치를 지닌다.

글을 맺으며

본서의 연구는 1930년 전후의 시기부터 해방 후 대한민국 정부가 수립되는 1948년의 시기까지 자주독립과 통일정부 수립을 위해 기울인 미주한인사회 최대의 독립운동기관인 연합회를 중심으로 그 조직과 활동을 고찰했다. 이러한 고찰을 통해 본서는 미주한인사회가 추구해 온 독립운동의 실상과 그 의미를 파악하고 되새기고자 했다.

1930년대 미주한인사회는 내부분열을 극복하기 위해 통일운동에 전념했던 시기였다. 광주학생운동 소식이 전파되던 1930년 하와이 한인사회는 한인협회와 한인단합회, 그리고 이승만의 동지회 부흥운동 등을 통해 통일운동을 전개했다. 그러나 이승만의 경우 지나치게 동지회 중심으로 결집시키려한 이승만의 과욕이 기존 하와이교민단의 반발을 사면서 오히려 동지회와 하와이교민단 사이에 심각한 파쟁과 분열로 이어졌다. 그 결과 한동안 하와이 한인사회의 독립운동은 침체에 빠졌다.

하와이 한인사회의 독립운동 열기는 일제의 만주침략과 윤봉길의거 전후 김구를 비롯한 임정에 대한 지원 열기로 다시 고조되었다. 동지회는 1933년 4월 5개의 군소 단체들과 한인연합협의위원회를 조직하여 동지회의 조직과 회세(會勢)를 강화하였고, 교민단은 국민회를 복설(復設)해 회세를 회복시켰다.

중일전쟁 발발 이후 하와이 한인사회에 임정 후원을 중심으로 독립운동이 거세게 일어나자 국민회와 동지회는 상호 합동을 모색하였다. 1937

년과 1938년 두 차례에 걸쳐 시도된 국민회와 동지회의 통일운동은 성과면에서 볼 때 이룬 것은 없었으나, 과거 쌓아두었던 두 단체의 해묵은 감정을 털어냄으로써 독립운동을 위해 서로 협력할 수 있는 길을 열어놓았다.

1930년대 북미 한인사회는 대한인국민회의 침체와 한인공동회의 설립 등으로 분열되면서 내부 통일문제에 대해 다양한 여론이 일고 있었다. 이에 따라 1931년 11월 중가주한인공동회의 김호를 중심으로 국민회·나성한인공동회·묵경자성단 등이 미주한인연합회를 결성하고 임정봉대를 위한 통일된 행동을 전개하였다. 그러나 미주한인연합회는 조직력이 취약한데다 1933년 4월 국민회가 한국대일전선통일동맹에 가입한다는 명분으로 탈퇴하고, 중가주와 로스앤젤레스의 한인공동회가 대한독립당을 결성하면서 유명무실해 졌다.

1933년 3월 김규식의 방미 이후 한 때 북미 한인사회에는 한국대일전선통일동맹 가입바람이 일어났다. 그러나 이것은 통일운동의 산물인 기존 미주한인연합회를 붕괴시킨 결과를 초래하며 오히려 한인사회 내부를 분열시켰다. 그렇지만 한국대일전선통일동맹으로의 가입 바람은 한국 독립에 대한 미주한인들의 열망과 광복을 위해 결집할 수 있다는 가능성을 보여준 점에서 그 의의를 평가할 수 있다.

1935년 북미 한인사회는 최진하에 의해 국민회 중심의 합동운동이 성공을 거두면서 통일된 역량을 갖출 수 있었다. 새로운 정책 제시와 아울러 능력있는 인재를 수용하기 위한 위원제의 도입 등 국민회의 변신은 분열된 북미 한인사회를 국민회로 결집시켜 놓았다. 그러나 중일전쟁 이후 중국후원회와 조선의용대미주후원회의 결성 등으로 인해 북미 국민회의 위상은 다시 흔들리기 시작하였다.

1930년대 미주한인사회가 내부의 통합과 통일을 위해 진력한 시기라면 1940년대는 이러한 노력을 결실화 하는 시기였다. 1940년 10월 하와이

내 6개의 한인 단체들이 모여 미국 국방을 후원하기 위한 연합한인위원회를 결성한 뒤 하와이 한인사회에는 연합활동이 전개되었다. 이에 따라 공동의 기념식과 공동의 광복군후원활동을 전개하는 등 단결된 힘을 보이기 시작하였다. 북미의 국민회는 비록 중국후원회와 조선의용대후원회의 결성 등으로 한인사회의 지도력이 흔들리고 있었으나 적극적인 광복군 지원활동을 통해 다시 자체 위상과 함께 그 지도력을 회복하였다.

이런 자신감 속에서 북미 국민회는 하와이의 국민회와 동지회에게 통일된 힘으로 독립운동의 사명을 완수해 나갈 것을 제의하였다. 북미 국민회의 제의에 호응한 하와이의 국민회와 동지회는 마침내 1941년 4월 20일 해외한족대회를 개최하였다.

해외한족대회는 '임정봉대', '광복군후원', '외교문제의 전개'라는 공동의제를 갖고 두 국민회와 동지회 등 세 단체 중심으로 준비되었다. 곧 참가 범위를 임정을 지지하는 미주를 비롯한 해외의 주요 단체들로 확대하기로 함에 따라 미주 내 9개 단체의 대표가 참석한 대규모의 대회가 되었다.

해외한족대회의 결과는 4월 29일 발표된 결의안에 나타났다. 주요 내용을 보면, '독립전선의 통일', '임정봉대', '군사운동의 전개', '외교운동의 추진', '미국 국방공작의 후원', '재정의 통일', '재미한족연합위원회의 결성' 등 일곱 가지이다. 대회 진행 도중 신설될 주미외교위원부의 외교원 인선문제로 한 때 동지회측과 중한민중동맹단측 사이에 갈등이 일어났지만 김호의 주선으로 이승만을 외교원으로, 한길수를 미 국방공작봉사원으로 각각 선임하면서 대회는 성공적으로 치러졌다.

해외한족대회의 성과에 대해 중경의 임시정부를 비롯해 민족전선연맹은 그 업적을 치하하고 높이 평가하였다. 그러한 영향은 1939년 7당 통일회의 이후 좌절되었던 중경 내 좌우 독립운동 단체들의 임정 중심의 통일운동에도 미쳤다. 그리고 해외한족대회는 미주한인들에게도 상당한 민족적 자부심과 자신감을 불러일으킴으로써 이후 재미한족연합위원회를 중심으로 독립운동을 전개하는데 열과 성의를 다하는 계기를 마련하였다.

재미한족연합위원회(이하 '연합회')는 임정을 중심으로 외교와 군사, 그리고 모든 재정을 통일·집중하기로 한 해외한족대회의 결의안을 수행하기 위해 각 단체와의 연합으로 만들어진 미주한인사회 최대의 독립운동 기관이었다. 해외한족대회에서 결의된 연합회의 설립목적은 조국의 독립운동과 독립전선의 통일로 독립을 되찾는 것과 동포사회의 발전에 기여하는 것이었다. 이에 따라 독립금을 수합해 임정과 주미외교위원부를 지원하거나 각종 대외활동을 추진해 나갔다.

연합회는 하와이의 의사부(議事部)와 북미의 집행부(執行部)로 나누어져 있고 위원제(委員制)로 운영되었다. 운영은 두 부서의 협력을 통해 이루어졌는데 정기적인 모임은 없었지만 시국의 필요에 따라 매년 봄철 1942년부터 1944년까지 전체위원회를 통해 주요 안건과 활동방향을 결정하였다. 중앙조직을 갖추지 못하였기 때문에 주요사항에 대한 원칙만 결정되면 각 부서의 운영은 대체로 자율적으로 이루어졌다. 때문에 연합회는 일정한 조직의 틀이 없이 사정에 따라 변형되었고, 회원 단체에 대한 강력한 지도력을 발휘하기도 어려워 연합체로서의 한계를 갖고 있었다. 연합회는 참가단체의 회원 수 비례에 따라 대표자의 수가 결정되었기 때문에 자연 회원이 가장 많은 두 국민회와 동지회 중심으로 구성되고 주도되었다. 특별히 북미 국민회의 경우는 여타 단체에 비해 압도적인 회세로 인해 집행부를 장악하였다. 연합회의 이러한 관행도 1943년 회원 50명당 1인으로 참여의 폭을 확대하였고, 이후 점차 평등한 참여로 발전해 나갔다.

연합회는 재정 모집을 비롯한 자체 활동을 통해 그 역할과 위상을 제고해 나갔다. 독립금으로 통일한 재정의 모집과 지원활동은 연합회의 주요 사명 중 하나였다. 연합회의 예산은 미일전쟁 이후 고조된 독립운동의 열기로 독립금의 수입이 증대하자 처음 2만 달러에서 6만 달러로 대폭 증대하였다. 독립금의 수입 중 임정에 2/3, 주미외교위원부에 1/3을 지원하기로 한 약속대로 연합회는 많은 재정을 임정과 주미외교위원부로 지원하였다. 이 가운데 연합회가 임정에 지원한 금액은 58,201달러인데 이는 총 독립금 수입 149,481달러의 38.9%에 해당하는 금액이었다.

그러나 모금된 독립금은 원칙대로 집행되지 않았다. 주요 원인은 1943년부터 일어난 연합회와 이승만 사이에 주미외교위원부 사무확대 문제로 발생한 분쟁 이후 독립금의 수입이 급격히 떨어진데 있었다. 그리고 북미민중대회와 새로 결집한 동지회북미총회를 중심으로 이루어진 이승만 지지자들이 연합회의 집행부를 거치지 않고 직접 이승만에게 자금을 송부하면서 연합회로의 재정집중의 원칙이 깨어졌기 때문이었다. 이승만과 연합회 간의 분쟁으로 인해 집행부는 주미외교위원부에 대해 1943년 2월부터 송금을 중단하였고, 의사부는 그 이듬해 2월부터 재정지원을 중단하였다.

그런데 이승만과 연합회 간의 분쟁 과정에서 중경의 임정이 연합회가 요구한 주미외교위원부 개조문제에 소극적으로 대처하자 1944년부터 연합회의 임정지원은 급격히 줄기 시작하였다. 1944년 10월에 개최된 재미한인 전체대표회에서 주미외교위원부 개조를 위한 인선 결정이 임정에 의해 거부당한 후부터 임정에 대한 재정지원은 집행부의 경우 완전히 단절된 반면 의사부는 형식적인 지원에 그쳤다. 더구나 카이로선언 이후 군사운동에 대한 관심으로 대대적인 군사금을 모집하였으나 한국광복군이 실제 활동을 할 때까지 적립한다는 원칙하에 송금하지 않았다가, 결국 연합회의 자체 활동경비로 전용하고 말았다. 따라서 재정의 경우를 볼 때 연합회는 단순히 재정을 모금해 지원하는 후원단체로 머물러 있지 않았고 재정을 통해 연합회의 권위와 의사를 반영시키는 수단으로 사용하였음을 알 수 있다.

연합회가 적극적으로 대외활동을 추진한 것은 1942년 4월에 개최된 제1차 전체위원회부터였다. 연합회는 주미외교위원부의 사무를 확대하기 위해 김호와 정한경을 새 위원으로 천거하고 전후계획을 준비하기 위한 연구과와 전후계획연구부를 신설하였으며, 중경특파계획을 수립해 이를 추진하기로 하였다. 이것은 미일전쟁 발발 이후 고조된 독립운동의 열기가 연합회에 반영된 것이었다.

중경특파원 파견계획은 미주와 임정 간의 연락사무와 임정의 대외활동 지원, 연합국의 대일항전 승리를 위한 정보수집, 그리고 임정승인활동 등을 지원하기 위한 것이었다. 특파원으로는 김호와 전경무가 선정되었다. 그러나 이 계획을 반대한 이승만과 임시정부의 소극적인 태도로 성과를 보지 못하였다. 그렇지만 연합회는 이 일을 통해 대외활동의 능력과 독자활동의 기반을 다질 수 있었다.

연합회의 본격적인 독자활동은 워싱턴사무소를 설치하면서였다. 워싱턴사무소는 연합회가 중경특파원 파견과 주미외교위원부의 사무확대 노력이 이승만의 반대에 부딪히고, 오히려 이 일로 심각한 분쟁에 빠지자 주미외교위원부와 별도의 활동을 모색하기 위해 설립된 것이었다. 연합회는 워싱턴사무소의 역할이 외교활동을 위한 것이 아니라 연합회의 사무를 원활히 하기 위해 만든 것이라 하여 주미외교위원부의 영역을 침범하는 것이 아님을 주장하였다. 이는 정부 외교를 주관하는 임정의 권위에 도전한다는 오해를 불식시키기 위함이었다.

하지만 연합회는 임정이 주미외교위원부의 개조문제에 소극적인데다 1944년 10월 주미외교위원부 개조를 위한 재미한인 전체대표회에서 결정한 위원 인선이 거부당하자 워싱턴사무소를 독자적인 외교활동 기구로 활용하였다. 김원용과 전경무로 구성된 워싱턴사무소는 한인포로 및 재미한인에 대한 군사작전의 참여 노력을 비롯해 각종 국제대회나 미국 내 주요 기관과 단체들을 대상으로 한국문제를 제출하는 등 활발한 선전·외교활동을 전개하였다. 이러한 대외활동은 연합회의 위상 제고뿐만 아니라 미주지역 독립운동의 중추기관으로서 연합회의 정체성을 잘 드러낸 것이었다.

연합회는 군사활동과 미국 국방후원을 전개했다. 재미한인경위대를 조직하여 한국광복군의 산하 조직으로 만들어 박용만과 노백린에 의해 시도되었던 무장독립투쟁의 상무정신을 계승하려 하였다. 미국 국방을 후원하기 위해 국방공채를 구입하거나 군부대의 위문활동을 전개하는 등 인적·물적 지원을 아끼지 않았다. 연합회가 해방 전까지 미 국방공채를 구매한 금액은 의사부의 경우 약 65~70만 달러에 달했고, 집행부의 경우 55만~60만 달러나 되었다. 아울러 재미한인 청년들의 징병을 도왔는데, 1944년까지의 집행부의 통계를 보면 195명이 미국 군대에 자원 입대하였다. 이러한 미 국방후원활동은 재미한인들이 미국에 대한 충성을 표시하려 한 것이었지만 실제로는 일제와 전쟁을 하고 있는 미국을 도움으로써 한국의 해방을 앞당길 수 있다는 독립의 염원이 담겨 있었다. 그리고 이러한 활동은 미일전쟁 발발 이후 미국정부에서 미주한인을 적성 외국인으로 취급하려는 태도를 불식시키기 위한 노력의 일환이었다.

연합회는 설립 직후부터 내부 갈등과 분쟁으로 시련을 겪어야 했다. 이승만과 한길수 간의 갈등은 이승만이 국방공작봉사원으로 임명된 한길수가 자신의 외교영역을 침해해 월권행위를 하고 있는데 분개하여 상호 인신공격으로까지 확대되었다. 또 한길수의 과장된 활동이 이승만을 비롯해 미주한인들로부터 지탄을 받았다. 이러한 상황에 대해 연합회는 이승만을 지지함으로써 결국 한길수는 1942년 1월 사직하였고, 그 결과 그를 지원하던 중한민중동맹단과 조선의용대미주후원회마저 연합회를 떠났다. 그러나 한길수는 사직 이후 오히려 이승만에 대해 각종 선전물 등으로 공개적으로 성토하고, 자신이 반임정주의자이거나 공산주의자 또는 일본의 밀정이라는 소문에 대해 반박하였다. 이승만은 이런 한길수의 행동을 한인이 분열된 것으로 보는 미국이 임정승인을 지연하는 구실로 삼고 있다고 공격하였다.

연합회가 한길수에 대해 다시 관심을 갖게 된 것은 이승만과 주미외교위원부 사무확장 문제를 협의하기 위해 워싱턴DC에 갔던 김호와 전경무에 의해서였다. 전경무는 워싱턴에 체류하면서 한길수의 활동능력을 다시 평가한 반면 이승만의 외교활동은 과장되어 있어 변화가 필요하다는 사실을 알게 되었다. 이런 평가는 먼저 전경무와 한길수 사이에 「임시연합선언」으로 발전하여 이후 한길수와 연합회의 관계는 상호 협조적인 관계로 전환되었다.

워싱턴에 체류하던 김호와 전경무는 주미외교위원부 사무확대를 위해 이승만에게 4개 조건을 제시했으나 이승만이 반발해 심각한 갈등관계에 빠지고 있었다. 김호와 전경무가 외교활동의 효과와 주미외교위원부의 위상을 제고하기 위해 제시한 4개 조건에 대해 이승만은 연합회가 정부의 공식 외교기관인 주미외교위원부의 권한을 침해하고 있다고 보고 명확한 역할분담을 요구하였다. 즉, 민간기구로서의 연합회와 정부기관으로서의 주미외교위원부 사이에 분명한 책임 한계를 인정해 이를 공포하면 연합회의 요구조건을 수용하겠다는 것이었다. 이승만이 생각한 연합회의 역할이란 독립금을 수합해 2/3는 임정에, 1/3은 주미외교위원부에 지원하는 것으로, 후원기관의 역할에만 충실하라는 것이었다.

연합회는 임정에 대해서는 분명한 봉대원칙을 견지했으나 주미외교위원부의 문제에 대해서는 이승만과 생각이 달랐다. 주미외교위원부를 설립해서 이승만을 외교원으로 선임한 것은 임정이 아니라 해외한족대회의 결의에 의한 것이므로 연합회가 주미외교위원부의 문제에 간여할 수 있다고 생각했다. 더구나 연합회는 막강한 재정권을 갖고 있어서 이를 무기로 이승만을 압박할 수 있었기 때문에 이승만의 이런 요구를 쉽게 받아들일 수 없었다.

연합회와 이승만 간의 갈등은 미주한인사회의 주도권 문제와 결부되어 있었다. 이승만은 미주지역에 대한 모든 재정과 활동이 주미외교위원부로 집중되어야 한다고 생각하였다. 반면 연합회는 전체 미주한인들의 공결로 성립된 대표기관이니 만큼 일개 정부의 대리기관에 종속되거나 좌지우지 될 수 없다고 보았다. 따라서 양자의 인식차이는 좁혀지기 어려웠다.

초기에 연합회의 집행부와 이승만 사이서 비롯된 갈등은 중립적인 위치에서 분쟁의 확산을 막으려 했던 의사부로 확대되었다. 연합회 의사부는 집행부의 이승만 소환요구를 검토하여 1944년 10월 4일 이승만을 외교고문으로 승차시키고 주미외교위원부의 지도부를 능력있는 새로운 인물로 구성하는 방안을 의결하였다. 그리고 이러한 방안을 중경의 임정에게 보내 허락해 줄 것을 요청하였다. 그러나 김구는 그해 11월 15일자로 보낸 답전에서 미주한인사회의 내부 사정을 더 조사해야 한다는 이유를 들어 연합회의 요구를 들어주지 않았다.

연합회와 이승만 사이가 더 이상 타협하기 힘들어지자 이승만과 그 지지자들은 북미민중대회와 동지회북미총회를 결성하며 대응했다. 그리고 독립금을 모금해 주미외교위원부와 임정에 직접 송부했다. 이런 상황에서 그동안 이승만의 탈퇴 요구에도 불구하고 자제해 왔던 동지회 중앙부는 마침내 1943년 12월 23일 연합회를 탈퇴하였다.

카이로선언 이후 동지회의 탈퇴는 열강으로부터 한국의 독립을 보장받은 직후에 나온 것이어서 대외적으로 볼 때 명분있는 행동이 아니었다. 국제정세가 한국문제에 대해 유리하게 전개되고 있는 마당에 이승만이 연합회와 완전히 분리한 것은 자구책의 일환으로써, 자기 지지자들을 기반으로 독자노선을 구축하겠다는 것 외 다른 의미를 찾을 수 없었다.

이승만과 연합회 간의 분쟁을 살펴볼 때 이승만은 미주한인사회의 변화에 적응하지 못하고 있었다. 1919년 3·1운동 당시 상해 임정의 대통령으로 활동했던 때의 이승만과 1940년대 주미외교위원부의 위원장으로 활동하던 이승만과는 다른 환경이었고 위상면에서도 큰 차이가 있었다. 그리고 1930, 40년대를 거치면서 미주한인사회에는 김호·한시대·전경무·한길수 등과 같이 이승만에 비해 젊고 의욕적인 새로운 인물들이 등장해 이들을 중심으로 독립운동 전반에 대한 변화의 바람들이 일고 있었다. 이승만에 대해서도 동지회를 제외한 미주한인들은 그를 단지 풍부한 외교 경력을 가진 인물로 대할 뿐 한인사회의 지도자로 추대하거나 인정하는 그런 상황이 아니었다. 그러나 이승만은 임정이라는 거대한 방패를 동원해 주미외교위원부 위원장이라는 직책으로 미주한인사회를 자신의 의도대로 주도하려 하였다. 이것은 이승만 스스로 자신의 권위를 임정의 권위와 동일시했기 때문이었다.

연합회가 존중한 것은 임정 그 자체였지 연합회에 의해 선임되고 임정에 의해 승인된 이승만이 아니었다. 연합회가 이승만에 대해 정면으로 반박한 것은 미주한인의 총의로 결성된 연합회 고유의 권한을 행사하는 행위였다. 이승만이 연합회에 반발해 끝까지 주미외교위원부의 위원장직을 고수하려 했던 것은 미주한인사회의 이런 시대적, 환경적 변화와 연합회 설립의 본뜻을 인정하지 않겠다는 것이었다. 결국 이승만과 연합회는 각기 독자노선을 택할 수밖에 없었다.

동지회 탈퇴 이후 연합회는 중경 임정에 대해 이승만의 외교실패와 외교가로서의 자질론을 집중 거론하면서 주미외교위원부 개조문제를 지속적으로 제기하였다. 주미외교위원부에서 이승만을 제거해 연합회가 미주한인사회를 주도해야 한다는 것을 직설적으로 요청한 것이었다. 연합회의 계속된 요구에 임정은 주미외교위원부 개조문제를 연합회에 위임하고 재미한인 전체대표회를 통해 해결할 것을 지시하였다.

1944년 10월 28일부터 11월 5일까지 개최된 재미한인 전체대표회는 15명의 새로운 주미외교위원부 위원을 인선했다. 인선의 결과는 이승만과 동지회계의 인사를 배제하는 대신, 북미 국민회와 북미대한인유학생총회,

그리고 하와이 국민회·한국독립당하와이총지부·민족혁명당하와이총지부·중한민중동맹단 등의 인물들로 구성하였다. 그러나 임정은 동지회가 불참하여 절대합동이 안되었다는 이유를 들어 전체대표회의 결과를 거부했다. 그리고 임정은 직접 외교위원을 임명하였는데, 연합회가 처음부터 배제했던 이승만을 위원장에 재임시겼다. 이런 임정의 방침에 연합회는 크게 반발하였고 이에 따라 연합회와 이승만 간의 문제는 연합회와 임정 간의 갈등으로 확산되었다.

전체대표회 이후 연합회는 임정과 관계를 재정립하고 임정에 대한 무조건적인 지원과 지지라는 종전의 태도를 변경했다. 그 결과 임정에 대한 연합회의 재정지원은 급격히 감소하였다. 그리고 연합회는 워싱턴사무소를 설립해 선전·외교활동면에 있어서도 주미외교위원부와 완전히 분리해 독자적인 방향으로 나갔다.

임정에 대한 연합회의 시각은 카이로선언 이후 이미 비판적으로 바뀌고 있었다. 그렇지만 임정은 이런 분위기를 헤아려 대처할 만한 정책이나 사고를 갖지 못하였다. 임정은 이승만에 편중해 집착함으로써 당시 다수 미주한인의 뜻을 대변한 연합회를 보다 객관적으로 파악하지 못하였다. 이것은 당시 임정이 가진 정치력의 한계였다. 한편 연합회는 다수 미주한인의 힘만 믿고 임정의 승인을 받아 이승만을 쉽게 축출할 수 있다고 생각했다. 이것은 임정과 이승만 사이의 관계를 제대로 파악하지 못했기 때문에 나온 일방적인 처사였다.

주미외교위원부 개조문제를 둘러싸고 연합회와 이승만 사이에 전개된 미주한인사회의 분쟁은 해방을 눈앞에 둔 상황에 임시정부로 확산되면서 한국독립운동계를 분열시켰다. 특별히 연합회의 중경특파계획이 좌절돼 임정과 연합회 사이의 이해를 증진시켜 한국독립운동의 추진을 한 단계 상승시킬 기회를 잃은 것은 연합회뿐만 아니라 해방을 눈앞에 둔 시점에 아쉬운 일이었다. 미주지역 독립운동계의 분열은 해방 공간에 임정으로 역량을 결집해 통일된 근대적인 자주독립국가를 수립하고자 염원했던 우리 민족의 숙원을 지난하게 만들었다.

연합회와 임정·이승만 간의 분열상은 샌프란시스코회의를 둘러싸고 그대로 노출되었다. 이승만이 중심이 된 임정대표단과 연합회가 중심이 된 해외한족대표단으로 각각 구성된 것이다. 두 대표단은 샌프란시스코회의 동안만이라도 공동으로 선전외교활동을 전개하기 위해 서로 협력하기로 하면서 한인대표단을 구성하고 공동 「성명서」를 발표했다. 그러나 이승만이 얄타밀약설을 일방적으로 유포함으로써 두 대표단의 공동활동의 노력은 무산되었다.

이승만의 얄타밀약설은 얄타회의 직후부터 암암리에 유포되고 있던 것을 이승만이 공개적으로 제기한 것이었다. 얄타밀약설의 제기로 미국과 영국은 한국의 독립을 다시 한번 확인시켜주는 성과를 가져다주었다. 반면 이승만에 대해선 반소·반공주의자로서의 정체성을 대외에 각인시켜 줌으로써 정치적으로나 국제적으로 이승만의 입지를 굳혀 주는 계기를 만들어 주었다.

샌프란시스코회의를 둘러싼 선전외교활동이 두 대표단의 분열로 소기의 성과를 거두지 못하였으나 일본의 패망과 한국의 해방은 더욱 가까이 다가왔다. 해방을 대비하기 위해 먼저 동지회북미총회는 자체의 조직을 대한민주당으로 전환시키려 하였다. 이것은 이승만의 국내 정치활동을 돕기 위한 일환이었다. 연합회는 해방을 대비해 자체 역량을 더욱 강화하기로 하였고 국내 동포의 구제활동을 계획했다.

해방이 되자 연합회는 대표단을 구성해 국내에 파견하기로 계획을 수립했다. 이는 종전의 중경특파계획을 변경한 것이었다. 연합회의 대표단 파견 추진계획은 전경무의 외교적 노력으로 미국정부의 승인을 받았다. 미국정부의 승인은 미주한인사회에 연합회의 정치적 위상을 확인시켜 주었다. 한시대를 단장으로 한 14명의 연합회 한국파견대표단은 두 팀으로 나누어져 1945년 10월과 그 이듬해 2월 각각 해방된 한국에 입국했다.

연합회 한국파견대표단은 어느 특정 정당이나 단체에 편중하거나 소속되지 않고 중립의 입장에서 중간노선을 택했다. 이것은 미군정 사령관 하지의 부탁으로 국내 사정을 조사한 뒤 나온 결과로 이후 연합회 대표단의 활동 방향이 되었다.

연합회 대표단은 처음 임정을 중심으로 세력 결집을 시도했으나 이승만과 독립촉성중앙협의회의 참가로 임정이 보수 우경화되면서 이를 포기하고 스스로 중간세력 결집에 나섰다. 그러한 노력의 결실은 1946년 9월 마침내 중도성향의 정당체인 신진당의 결성으로 나타났다.

신진당을 결성한 연합회 대표단은 남한단정설을 극력 반대하고 통일정부 수립을 위한 좌우합작운동과 미소공동위원회의 속개를 적극 지지하고 성원하였다. 이를 위해 방송과 연설, 전단지의 공중 살포 등 다양한 방식을 동원하여 국민을 계몽했다.

연합회 대표단은 신진당 결성을 전후로 대표단원의 대부분이 미국으로 돌아갔다. 남은 대표는 입법의원의 관선의원으로 선출된 김호와 김원용만 남게 되었다. 연합회 대표단의 활동은 크게 위축될 수밖에 없었다. 그러나 두 사람은 홍명희를 중심으로 추진된 중간파 정당의 통합체인 민주독립당의 결성과 중간파 정당의 강력한 협의체인 민족자주연맹의 결성에 앞장섰다. 이러한 노력을 통해 연합회 대표단은 '완전한 독립'과 '민족통일', 그리고 '민주주의의 실현'이라는 이념 하에 통일정부를 수립하려는 우리 민족의 숙원을 해결하려 했다.

입법의원의 관선의원이 된 김호와 김원용은 특별히 일제가 남긴 적산자산의 처리문제와 민족반역자특별법 제정에 의정활동을 집중하였다. 이것은 경제건설과 민족의 정기와 정통성을 회복하기 위한 것으로 신생 대한민국 건설의 토대를 구축하는 일이었다. 그러나 두 사람의 의정활동은 입법의원이 미 군정청에 의해 좌지우지되는 현실에서 그 성과를 거둘 수 없었다.

연합회 대표단은 정치활동 외에도 경제와 문화를 비롯해 다양한 외교활동을 전개하였다. 전국 실업가를 망라한 한국상업회의 조직과 대미수출을 통해 국내 상업의 부흥, 조선영화사 설립을 통한 문화활동, 외교협회의 설립과 런던올림픽 참가를 위한 국제외교 등 다양한 방면에서 추진되었다. 이 가운데 국제올림픽에 한국선수단을 처음으로 참가시키기 위한 전경무의 외교활동은 매우 두드러졌다.

약 2년 동안 전개된 연합회 대표단의 국내활동은 성과면에서 볼 때 미미할 수 있다. 연합회 대표단은 국내 기반이 전무한 상태에서 민중을 이끌 지도자나 지도력을 갖추고 있지 않았다. 비록 미 군정청의 지원을 받을 수 있는 여건은 있었지만 연합회 대표단은 그러한 지원을 받아 활동하려하지 않았다. 대신 자신의 역량만을 갖고 자신들이 의도한 바대로 중간노선의 입장에 서서 중간세력의 결집과 이를 통한 통일정부 수립이라는 과업을 수행하려 했다. 이런 연유로 연합회 대표단의 국내활동은 기대한 만큼 현실의 벽을 뚫고 나가기에는 역부족인 상황이었다.

그러나 미주한인사회에서 연합회의 결성과 활동이 그러했듯이 해방 이후 연합회 대표단이 목표했던 것은 반드시 과업을 성취하겠다는 목표 달성의 가치보다 그러한 목표를 달성하기 위해 치러야 할 대가에 더 큰 가치와 비중을 두었다. 즉, 목표한 바를 이루느냐 아니냐의 문제가 아니라 목표를 정한 뒤 그것을 성사시키기 위한 과정을 더 중요시 했던 것이다. 때문에 연합회 대표단의 활동은 통일정부를 수립해 완전한 자주독립국가를 건설하려는 미주한인의 열망과 정신을 심어준 것에 그 의의가 있었다고 하겠다.

연합회는 조국 독립을 간절히 염원하는 미주한인들의 꿈을 안고 결성된 미주한인사회 최대의 독립운동기관이다. 비록 그 꿈을 실현하는 과정에서 이승만과 임시정부에 대한 갈등과 불화가 발생해 그 의미가 감소되기도 했다. 그렇지만 연합회가 이런 불화 때문에 그 존재의 정당성이나 활동의 의의를 축소시키거나 무시할 수 없다.

미주한인사회가 제2차 세계대전 발발 직후 한국의 독립을 위해 한 마음이 되어 자발적으로 연합회를 결성한 것은 미주지역의 독립운동사 뿐만 아니라 한국독립운동사 전반에 걸쳐 선도적인 역할을 수행한 것으로 평가할 수 있다. 연합회는 조직력과 지도력 등에서 적지 않은 한계를 보이고 있다. 하지만 한국 민족의 자주독립과 해방 후 통일정부의 수립, 그리고 이를 통한 완전한 자주독립국가를 건설하기 위한 연합회의 시도는 그 속에 담겨 있던 미주한인들의 꿈과 이를 실현하기 위한 끊임없는 도전의 연속이었다. 이런 점에서 연합회의 결성과 활동은 정당한 평가와 함께 역사적 의의가 있다고 하겠다.

附 錄

[人名·團體名·大會名의 英文一覽]

1. 人 名

姜永數 : Young Hio Kang

高德華 : Duck Wha Ko

郭林大 : Lowell K. Kwahk

金 剛 : Diamond Kim

金秉瑛 : Pyengyun Kim

金聖樂 : Sung Nark Kim

金永琦 : Young Kee Kim

金龍成 : Arthur Yong Sung Kim

金龍中 : Yongeung Kim

金元容 : Warren Yong Kim

金鉉九 : Henry Cu Kim

金顯哲 : Hyun Chul Kim

金惠媛 : Hai Won Kim

金乎(金廷鎭) : Charles Ho Kim

都鎭鎬 : Chin Ho Tough

閔燦鎬 : Chan Ho Min

朴錦友 : Keum Woo Park

朴노라 : Nora Park

朴祥燁 : Sang Ryup Park

朴相夏 : Sang Ha Park

朴容萬 : Yongman Pak

朴元傑 : Wonkul Park

朴在炯 : Chay Hyung Park

裵義煥 : Edward W. PaiI

白一圭 : Il Kyu Paik, Earl Kyu Paik

孫承雲 : Syung Woon Sohn

宋鍾翊 : Chong Ik Song

宋哲 : Leo Chul Song

宋憲澍 : Heun Jur Song

申斗湜 : Doo Shik Shynn

申相根 : James S. Shinn

沈永信 : Youngsin Shin
安元奎 : Won Kiu Ahn
安貞松 : Chung Song Ahn
安昌鎬 : Chang Ho Ahn
安顯卿 : Hyun Kyung Ahn
劉慶商; Kingsley K. Lyu
兪東勉 : Dong Men You
柳一韓 : Il Han New
柳鎭錫 : David C. Youth
尹赫 : Harry Yoon
李薩音 : Sarum Lee
李聖禮 : Sung Rey Lee
李承晩 : Syngman Rhee
李容稷 : William Yongchik Lee
李正根 : Chung Keun Lee
林노다 : Rhoda Lim
林마벨 : Mabel Lim
林炳稷 : Ben C. Limb
任成雨 : Sung Woo Lim
任一 : Earl Yim
林昌榮 : Channing Liem
張世雲 : Sae Woon Chang
田耕武 : Jacob Kyuang Dunn
鄭德根 : Dakin K. Chung
鄭德興 : Duke H. Chung
鄭斗玉 : Doo Ok Chung
鄭雲樹 : Woon Soo Chung
鄭翰景 : Henry Chung, Henry C. DeYoung
趙光元 : Noah K. Cho
趙炳堯 : Pyung Yo Cho
趙齊彦 : Jay Uhn Cho
崔能益 : Neung Ik Choy
崔斗旭 : Doo Wook Choy
崔昌德 : Chang Duk Choy
韓吉洙 : Kilsoo K. Haan, Kenneth Haan
韓始大 : Si Dai Hahn
黃思溶 : Sa Yong Whang
玄楯 : Soon Hyun

2. 團體名 및 大會名

가와島 韓人團合會 : Korean United Society of Kauai
가와이 大韓臨時政府軍事後援會 : Korean National Army Service in Kauai
歐美駐箚韓國委員部(歐美委員部) : Korean Commission to America and

Europe
大朝鮮國民軍團 : Korean National Brigade
大朝鮮獨立團 : Korean Independence League
大韓婦人救濟會 : Korean Women's Relief Society
大韓愛國婦人會 : Korean Women's Patriotic Society
大韓女子愛國團 : Korean Women's Patriotic League
大韓人國民會 : Korean National Association
大韓人國民會總會(大韓國民總會); Headquarters of Korean National Association
大韓人婦人會 : Korean Women's Society
同志殖產會社 : Dongj Investment Company 또는 Dongji Siksanhoi
同志會 : Korean Nationalist Party, 또는 Dongji Hoi
同志會 中央部 : Headquarters of Dongji Hoi
同志會 北美總會 : North America Headquarters of Dongji Hoi
猛虎軍 : Tiger Brigade
美洲韓人聯合會 : The United Korean Association of America
民族戰線聯盟 : Korean National Front Federation
民族革命黨 : Korean National Revolutionary Party
民族革命黨北美總支部 : North America Branch of the Korean National Revolutionary Party
民族革命黨荷哇伊總支部 : Hawaii Branch of the Korean National Revolutionary Party
北美 大韓人國民會 : Korean National Association of North America
와히아와 臨時政府後援會 : League to Support the Korean Provisional Government of Wahiawa
嶺南婦人實業同盟會 : Ladies Youngnan Society
워싱턴(華府)事務所 : Washington Office

在美韓族聯合委員會 : United Korean Committee in America

在美韓族聯合委員會 議事部 : Honolulu Office of United Korean Committee in America

在美韓族聯合委員會 執行部 : L.A. Office of United Korean Committee in America

朝鮮義勇隊美洲後援會聯合會 : League to Aid Korean Volunteers in China

駐美外交委員部 : Korean Commission

中韓民衆同盟團 : Sino-Korean People's League

荷哇伊 大韓人國民會 : Korean National Association of Hawaii

高麗經濟會 : Korea Economic Society

韓國獨立黨荷哇伊總支部 : Hawaii Branch of the Korean Independence Party 또는 Tokniptang

韓國事情社 : Korean Affairs Institute

韓美協會 : Korean American Council

[加州]韓人警衛隊 : California Korean Reserves

韓人少年兵學校 : Korean Youth Military Academy

韓人自由大會 : Korean Liberty Conference

海外韓族大會 : All-Korean Overseas Convention

縣旗式 : Korean National Flag Day

참고문헌

[新聞·雜誌·通信文類]

『獨立新聞』, 『新韓國報』, 『新韓民報』, 『國民報』, 『太平洋雜誌』, 『太平洋週報』, 『國民報－太平洋週報』, 『獨立新聞』, 『독립』, 『주미외교위원부통신』, 『同志別報』, 『공동보』, 『공론』, 『北美時報』, 『민중시보』, 『중한민중동맹단선전문』, 『의용보』, 『민족전선』, 『연합회보』, 『韓人協會公報』, 『우라키』, 『朝鮮義勇隊通訊』, 『신천지』, 『자유신문』, 『서울신문』, 『동아일보』, 『조선일보』, *The Korean Student Bulletin, The Honolulu Star Bulletin*

[未刊行 資料]

독립기념관 소장 在美韓族聯合委員會 자료 1,000여 점.

한국학중앙연구원 소장 在美韓族聯合委員會 M/F자료 800여 점.

독립기념관 소장 同志會 · 國民會 · 僑民團 · 中韓民衆同盟團 자료.

大韓人國民會總會館 소장 大韓人國民會 자료 400여 점.

연세대학교 도서관 소장 『大韓人國民會中央執行部會錄(1941～1944)』.

『대한인하와이교민단자치규정』

『臨時僑民團關係法令集』

『1997년도 獨立有功者功績書』(국가보훈처)

『美洲地域 興士團員 履歷書』

The Case of Korean National Association

[刊行 資料]

『立議速記錄』

서울특별시 경찰국 사찰과, 『査察要覽』, 1955.

합동통신사조사부 편역, 『얄타비밀협정 』, 합동통신사, 1955.

추헌수 편, 『資料韓國獨立運動』 1 · 2, 연세대학교 출판부, 1971.

국회도서관 편, 『大韓民國臨時政府議政院文書』, 1974.

＿＿＿＿＿＿, 『韓國民族運動資料』(中國篇), 1976.

김국태 역, 『해방 3년과 미국』 I , 돌베게, 1984.

C. L. 호그 저, 신복룡 · 김원덕 역, 『한국분단보고서』 상 · 하, 풀빛, 1992.

원주문화사, *Foreign Relations of the United States* (『미국외교문서 : 한국편』) *1942~1948* I , 1992.

＿＿＿＿＿, 『미국무성 한국관계 문서(1940~1944)』, I ~Ⅳ, 1993.

국사편찬위원회 편, 『韓國獨立運動史 資料(臨政篇)』, 1 · 2 · 3 · 4, 1983

＿＿＿＿＿＿＿＿, 『韓國獨立運動史 資料(臨政篇)』, 21 · 22 · 23,1993.

＿＿＿＿＿＿＿＿, 『韓國獨立運動史 資料(臨政篇)』, 24 · 25, 1994.

＿＿＿＿＿＿＿＿, 『大韓民國史資料集』(李承晩關係書翰資料集) 28, 1996.

＿＿＿＿＿＿＿＿, 『資料 大韓民國史』 3, 1996.

국가보훈처 편, 『大韓民國臨時政府 承認關聯文書』, 1994.

＿＿＿＿＿＿, 『獨立有功者功勳錄』, 5 · 12, 1995.

＿＿＿＿＿＿, 『美洲韓人民族運動資料』, 1998.

＿＿＿＿＿＿, *Napko Project of Oss*, 2001.

조선일보사, 『1898~1949 언론인 이승만의 글모음 : 뭉치면 살고』, 1995.

우남이승만문서편찬위원회 편, 『雩南李承晩文書』 6~8, 12, 연세대 현대한국학연구소, 1998.

한시준 편, 『大韓民國臨時政府法令集』, 국가보훈처, 1999.

홍선표 편, 『재미한족연합위원회 회의록』, 연세대학교 출판부, 2005.

Korea and Pacific War, United Korean Committee in America, Planning and Research Board, L.A., November, 1943.

Choy Bong-Youn, *Koreans In America*, Nelson Hall Publishers, Chicago, 1979.

The United States and The Korean Problem : Documents, 1943～1953, United States Government Printing Office, Washington, July, 1953.

The Syngman Rhee Telegrams Ⅳ, The Institute For Modern Korean Studies,2000.

United States Policy Regarding Korea, 11834～1950, Institute of Asian Culture Studies, Hallym University, 1987(한철호 역, 『미국의 대한 정책』, 한림대 아시아문화연구소, 1998)

Why Isn't Korea Recognized?, The Korean-American Council, Washington D.C., 1943.

內務省警保局, 『社會運動の狀況』 6,(1934), 三一書房, 1972.

[著書]

강만길, 『조선민족혁명당과 통일전선』, 화평사, 1991.

______, 『趙素昻』, 한길사, 1982.

강만길・심지연, 『항일투쟁과 좌우합작』, 우사연구회, 2000.

郭林大, 『못잊어 華麗江山』, 대성문화사, 1974.

구대열, 『한국국제관계사연구』 2, 역사비평사, 1995.

고정휴, 『이승만과 한국독립운동』, 연세대학교출판부, 2004.

김경창, 『동양외교사』, 집문당, 1987.

金九, 도진순 주해, 『白凡逸志』, 1997.

金時佑・朴學柱, 『영원히 살아있는 사람 : 村岩 金顯哲』, 촌암문화재단, 2000.

김영범, 『한국근대민족운동과 의열단』, 창작과 비평사, 1997.
金元容, 『在美韓人五十年史』, 캘리포니아 리들리, 1958.
김종수, 『국제기구론』, 법문사, 1970.
김희곤 · 한상도 · 한시준 · 유병용, 『대한민국임시정부의 좌우합작운동』, 한울, 1995.
대구흥사단, 『友江 宋鍾翊 先生』, 우강 송종익기념사업회, 1999.
도널드 스턴 맥도날드(Donald Stone MacDonald), 한국역사연구회 1950년대반 역, 『한미관계 20년사(1945~1965) －해방에서 자립까지－』, 한울아카데미, 2001.
도진순, 『한국민족주의와 남북관계』, 서울대 출판부, 1998.
로버트 T. 올리버 저 · 박일영 역, 『李承晩秘錄』, 국제문화협회, 1982.
리차드 알렌 저, 尹大均 역, 『韓國과 李承晩』, 합동통신사, 1961.
민병용, 『美洲移民 100년-初期人脈을 캔다』, 한국일보사, 1986.
방선주, 『在美韓人의 獨立運動』, 한림대 아시아문화연구소, 1989.
선우학원, 『아리랑 그 슬픈 가락이여 : 미주이민 90주년을 맞으며』, 대흥기획, 1994.
손세일, 『李承晩과 金九』, 일조각, 1970.
송건호, 『徐載弼과 李承晩 : 815와 指導者路線』, 정우사, 1980.
애국동지후원회 편, 『韓國獨立運動史』, 1956,
오인철, 『하와이移民과 獨立運動-한인교회와 사진신부와 관련하여-』, 상 · 하, 전일실업, 1999.
연세대학교 국학연구원 편, 『미주한인의 민족운동』, 2003.
유동식, 『하와이 한인과 교회-그리스도연합감리교회 85년사』, 그리스도연합감리교회, 1988.
유병은, 『단파방송 연락운동』, KBS문화사업단, 1991.
柳永益, 『이승만의 삶과 꿈』, 중앙일보사, 1996.
______편, 『이승만연구』, 연세대 출판부, 2000.

윤병석, 『國外韓人社會와 民族運動』, 일조각, 1990.
이강수, 『반민특위 연구』, 나남출판, 2003.
이상수, 『송철회고록』, L.A., 키스프린팅, 1985.
李元淳, 『인간 이승만』, 신태양사, 1965.
______, 『世期를 넘어서 : 海史 李元淳 自傳』, 신태양사, 1989.
이정식, 「해방전후의 이승만과 미국」, 『이승만연구』, 연세대학교출판부, 2000.
______, 『대한민국의 기원』, 일조각, 2006.
이주영, 『미국사』, 대한교과서주식회사, 1995.
이현희, 『柳一韓의 獨立運動』, 동방재단, 1995.
이호재, 『韓國人의 國際政治관』, 법문사, 1994.
林炳稷, 『林炳稷回顧錄』, 여원사, 1964.
재미한족연합위원회 편, 『해방조선』, 나성, 1948.
제임스 I. 머트레이 저, 구대열 역, 『한반도의 분단과 미국』, 을유문화사, 1989.
鄭斗玉, 『在美韓人獨立運動實記』, 인하대 한국학연구소, 『한국학연구』 3, 별집, 1991.
趙炳玉, 『나의 回顧錄』, 민교사, 1959.
정병준, 『우남 이승만 연구』, 역사비평사, 2005.
정용욱, 「解放以前 美國의 對韓構想과 對韓政策」, 『韓國史硏究』 83호, 1993
______, 「해방 전후 미국의 대한정책」, 서울대출판부, 2003.
조순승, 『한국분단사』, 형성사, 1982.
차상철, 『해방전후 미국의 대한정책』, 지식산업사, 1991.
최기영, 「1930~40년대 미주기독교인의 민족운동과 사회주의 –李慶善을 중심으로–」, 『한국기독교와 역사』 제20호, 2004.
崔鳳潤, 『떠도는 영혼의 노래–民族統一의 꿈을 안고–』, 동광출판사, 1986.
커밍스, 김주환 옮김, 『한국전쟁의 기원』 상・하, 청사, 1986.
한상도, 『한국독립운동과 국제환경』, 한울, 2000.
한승인, 『독재자 이승만』, 일월서각, 1984.

한시준, 『韓國光復軍硏究』, 일조각, 1993.

한표욱, 『이승만과 한미외교』, 중앙일보사, 1996.

許 政, 『내일을 위한 證言』, 샘터, 1979.

胡春惠, 『中國안의 韓國獨立運動』, 단국대 출판부, 1978.

Bong Youn Choy, *Koreans In America*, Nelson Hall, Chicago, 1979(최봉윤, 『미국속의 한국인』, 종로서적, 1983)

Dae-Sook Suh ed., *The Writings of Henry Cu Kim : Autobiography with Commentaries on Syngman Rhee, Pak Yong-man, and Chong Sun-man*, University of Hawaii Press, 1987.

Hyun Chan Kim & Wayne Patterson, The Koreans in America 1882~1974, New York, Oceana Publication, 1974.

John K. Hyun, *A Condensed History of The Kungminhoe(1903~1945)*, Korean Cultural Research Center, 1986; 『국민회약사』, 고려대 민족문화연구소, 1986.

Wayne Patterson, *The Korean Frontier in America : Immigration to Hawaii 1896~1910*, Center for Korean Studies, University of Hawaii Press, 1988.

______________, *The Ilse*, Center for Korean Studies, University of Hawaii Press, 2000.

[論文]

고정휴, 「독립운동기 이승만의 외교노선과 제국주의」, 『역사비평』, 1995 겨울호.

_____, 「제2차 세계대전기 재미한인사회의 동향과 주미외교위원부의 활동」, 『국사관논총』 49집, 1995.

_____, 「대한민국임시정부와 미주지역 독립운동」, 한국근현대사학회편, 『대

한민국임시정부수립 80주년기념논문집』, 국가보훈처, 1999.
_____, 「샌프란시스코회의(1945)와 얄타밀약설」, 연세대학교 국학연구원 편, 『미주한인의 민족운동』, 2003
_____, 「하와이 중한민중동맹단(1938~1945)연구」, 『한국근현대사연구』 제34집, 2005, 가을호.
김도형, 「1930년대 초반 하와이 韓人社會의 動向」, 『한국근현대사연구』 9, 1998.
_____, 「태평양전쟁기 재미한인의 '전시행동'」, 『역사문화연구』 21, 2004.
김영미, 「미군정기 남조선과도입법의원의 성립과 활동」, 『한국사론』 32, 서울대 국사학과, 1994.
김영범, 「朝鮮義勇隊硏究」, 『한국독립운동사연구』 제2집, 1988.
민병용, 「미주에서의 독립운동사연구」, 『한국독립운동의 이해와 평가』, 한국독립운동사연구소, 1995.
박기성, 「태평양 전시하의 해외독립운동 방송체제」, 『방송학연구』 5, 한국방송학회, 1992.
방선주, 「임시정부/광복군지원 재미한인단체에 대한 미국정보기관의 사찰」, 『한국무장독립운동에 관한 국제학술대회 논문집』, 1988.
_____, 「1930년대 재미한인의 독립운동」, 『한민족독립운동사』 8, 국사편찬위원회, 1990.
_____, 「1930~40년대 구미에의 독립운동과 열강의 반응」, 『한국독립운동과 윤봉길의사』, 매헌윤봉길의사의거 제60주년 기념 국제학술회의 1992.
_____, 「在美 3·1運動 總司令官 白一圭의 鬪爭一生」, 『水邨 朴永錫 敎授華甲紀念 韓民族獨立運動史論叢』, 1992.
_____, 「미주지역에서 한국독립운동의 특성」, 『한국독립운동사연구』 제7집, 1993.
_____, 「한길수와 이승만」, 『이승만연구』, 연세대 현대한국학연구소, 2000.
배경식, 「중경시기 '반한독당세력'의 임시정부 개조운동」, 한국근현대사학회 편,

『대한민국임시정부 수립80주년기념논문집』(상), 1999.

손보기, 「해외독립운동사」, 『한국현대문화사대계』 8, 고려대 민족문화연구소, 1981.

서대숙, 「미주에서의 투쟁」, 『재발굴 한국독립운동사』, 한국일보사, 1989.

신용하, 「대한민국임시정부와 카이로선언」, 한국근현대사학회편, 『대한민국임시정부수립 80주년기념논문집』(하), 1999.

신재홍, 「제2차 세계대전기 大韓民國臨時政府의 對歐美外交活動, 「수촌박영석교수화갑기념 한국민족독립운동사논총」, 탐구당, 1992.

염인호, 「1940년대 재중국 한인 좌파의 임시정부 참여」, 한국근현대사학회편, 『대한민국임시정부수립 80주년기념논문집』(하), 1999.

윤동현, 「이승만 외교의 변천과정과 내용분석 : 대미외교를 중심으로」, 고려대 석사학위논문, 1987.

이완범, 「한반도 신탁통치문제 1943~46」, 『해방전후사의 인식 3』, 한길사, 1987.

이호재, 「2차대전 중 한국인의 대외인식과 주의 : 신한민보의 내용을 중심으로」, 『아세아연구』, 고려대 아세아문제연구소, 1982.

이우진, 「한국독립운동에 대한 미국의 태도 : 루즈벨트 행정부의 신탁통치 구상을 중심으로」, 『한국독립운동과 열강관계』, 평민사, 1985.

이현주, 「재미한족연합위원회 대표단의 귀국과 정치활동」, 『한국독립운동사 연구』 제20집, 2003.

장영민, 「해방 후 '미국의 소리(Voice of America) 한국어방송'에 관한 연구(1945~1950)」, 『한국근현대사연구』 제50집, 2009, 가을호.

정용욱, 「解放 以前 美國의 對韓構想과 對韓政策」, 『한국사연구』 83집, 1993.

______, 「1942~47년 美國의 對韓政策과 過渡政府形態 構想」, 서울대 박사학위논문, 1996.

______, 「태평양전쟁기 임시정부의 대미외교」, 한국근현대사학회편, 『대한민국임시정부수립 80주년기념 논문집』, 국가보훈처, 1999.

정병준, 「해방 직전 임시정부의 민족통일전선운동」, 『대한민국임시정부수립80주년기념논문집』(하), 1999.

_____, 「김호의 항일독립운동과 정치활동」, 『한국민족운동사연구』 43, 2005.

최기영, 「朝鮮義勇隊와 美洲韓人社會」, 『한국근현대사연구』 11, 1999.

한규무, 「玄楯(1878~1968)의 인물과 활동」, 『國史館論叢』 제40집, 1992.

한시준, 「이승만과 대한민국임시정부」, 『이승만연구』, 연세대 현대한국학연구소, 2000.

홍순호, 「解放直前의 韓美關係(1942~45) : 미국의 重慶 大韓民國臨時政府에 대한 不承認政策을 중심으로」, 『이화여대사회과학논집』 12, 1992.

홍선표, 「1930년대 재미한인의 통일운동」, 『한국독립운동사연구』 제10집, 1996.

_____, 「이승만의 통일운동」, 『한국독립운동사연구』 제11집, 1997.

_____, 「1930년대 후반 하와이 한인의 통일운동」, 『한국독립운동사연구』 제12집, 1998.

_____, 「하와이 해외한족대회연구」, 『한국독립운동사연구』 제13집, 1999.

_____, 「대한민국임시정부의 주석제」, 한국근현대사학회편, 『대한민국임시 정부수립 80주년기념논문집』, 국가보훈처, 1999.

_____, 「일제하 미국유학연구」, 『국사관논총』 96, 국사편찬위원회, 2001.

_____, 「미주한인의 군사운동 －노백린과 윌로스 한인비행가양성소－」, 『미주한인사회와 독립운동』, 2003.

_____, 「백일규의 민족운동과 안창호」, 『도산학연구』 제11·12집, 2006.

_____, 「해방 이전 대한인동지회의 조직과 활동」, 『한국독립운동사연구』 제33집, 2009.

Clarence Weems, 「Washington' First Steps Toword Korean-American Joint Action」, 『한국독립운동과 윤봉길의사』, 매헌윤봉길의사의거 제60주년기념 국제학술회의, 1992.

Hong Kyu Park, “From Pear Harbor to Cairo : America's Korean

Diplomacy 1941～43", *Diplomatic History* 13-3, Summer, 1989.

James I. Matray, "An End to Indifference : America's Korean Policy During World WarⅡ", *Diplomatic History* 11-2, Spring, 1978.

Kingsley K. Lyu, "Korean Nationalist Activities in Hawaii and the Continental United States, 1900～1945", *Amerasia Journal* 4 : 1-2, University of California, 1977.

稲葉强,「太平洋戰爭中の在美朝鮮人運動-特に韓吉洙の活動お中心に」,『朝鮮民族運動史研究』, 7, 1991.

찾아보기

ㅂ

ㅇ

ㅈ

ㅊ

ㅎ

[저자 약력]

▌홍선표(洪善杓)는 한양대학교 사학과와 동 대학원에서 한국근대사를 연구하며 문학박사 학위를 받았고, 2003년부터 2004년까지 펜실베이니아대학교 동아시아연구소에서 연구교수로 활동했다. 1987년부터 현재까지 독립기념관 한국독립운동사 연구소에서 책임연구위원으로 근무하면서 순천향대학교와 호서대학교를 비롯해 현재 한국기술교육대학교에서 강의하고 있다.

▌주요 논저

『서재필과 그 시대』(공저, 2003), 『미주한인사회와 독립운동』(공저, 2003), 「1945년 샌프란시스코회의를 둘러싼 미주한인의 대응과 활동」(2005),「1920년대 유럽에서의 한국독립운동」(2006), 「백일규의 민족운동과 도산 안창호」(2006), 『3·1운동 직후 무장투쟁과 외교운동』(공저, 2008), 「해방이전 대한인동지회의 조직과 활동」(2009), 『서재필 개화 독립 민주의 삶』(2009), 『동암 장효근의 삶과 민족운동』(2010), 『이승만과 대한민국 건국』(공저, 2010), *From the Land of Hibiscus: Koreans in Hawaii*, 1903~1950,(공저, 2007) 등 다수

자주독립과 통일정부 수립을 위한

재미한인의 꿈과 도전

저 자 **홍 선 표**
발 행 **연세대학교 출판부**
주 소 서울시 서대문구 연세로 50
전 화 2123-3380~2
팩 스 2123-8673
http://www.yonsei.ac.kr/press
e-mail ysup@yonsei.ac.kr
등 록 1955년 10월 13일 제9-60호
인 쇄 (주) 태화북스

2011년 3월 1일 1판 1쇄
ISBN 978-89-7141-952-6 (93910)

정가 30,000원